Anne Paefgen

Rationalitätsdefizite im Handeln von Controllern

GABLER EDITION WISSENSCHAFT

Schriften des Center for Controlling & Management (CCM), Band 34

Herausgegeben von
Universitätsprofessor Dr. Dr. h. c. Jürgen Weber
WHU – Otto Beisheim School of Management, Vallendar

Die Schriftenreihe präsentiert Ergebnisse betriebswirtschaftlicher Forschung im Bereich Controlling und Führung. Sie basiert auf einer akteursorientierten Sicht des Controlling, in der die Rationalitätssicherung der Führung einen für die Theorie und Praxis zentralen Stellenwert einnimmt.

Anne Paefgen

Rationalitätsdefizite im Handeln von Controllern

Ausprägungsformen und Gegenmaßnahmen

Mit einem Geleitwort von Prof. Dr. Dr. h.c. Jürgen Weber

GABLER EDITION WISSENSCHAFT

Bibliografische Information der Deutschen Nationalbibliothek
Die Deutsche Nationalbibliothek verzeichnet diese Publikation in der Deutschen Nationalbibliografie; detaillierte bibliografische Daten sind im Internet über <http://dnb.d-nb.de> abrufbar.

Dissertation WHU – Otto Beisheim School of Management Vallendar, 2007

1. Auflage 2008

Lektorat: Frauke Schindler / Stefanie Loyal

Gabler ist Teil der Fachverlagsgruppe Springer Science+Business Media.
www.gabler.de

Umschlaggestaltung: Regine Zimmer, Dipl.-Designerin, Frankfurt/Main
Gedruckt auf säurefreiem und chlorfrei gebleichtem Papier
Printed in Germany

ISBN 978-3-8349-1003-5

Geleitwort

Controlling wird an meinem Lehrstuhl als eine Funktion verstanden, die die Rationalität der Führung sichern soll. Basis dieser Sicht ist eine verhaltensorientierte Perspektive. Sie fußt auf der Forschungsanweisung des methodologischen Individualismus und modelliert die Akteure potentiell eigennützig und kognitiv begrenzt. Erstere Annahme liegt auch der neuen Institutionenökonomik zu Grunde. Allerdings ist sie nur auf Situationen gerichtet, in denen der Prinzipal weitgehende Kenntnis des Handlungskontextes und der Handlungsmöglichkeiten des Agenten besitzt. Daneben sind vielfältige Situationen denkbar, in denen die Freiheitsgrade der Agenten so groß sind, dass es zu grundsätzlichen Abweichungen des Handelns der Agenten kommen kann. Für solche Abweichungen können auch kognitive Begrenzungen ursächlich sein, die die verhaltenswissenschaftliche Forschung in hoher Zahl präsentiert. Wenn Manager derart – bezogen auf die Ziele des Unternehmens und die mit ihrer Tätigkeit verbundenen Erwartungen – fehlerhaft handeln können, liegt es nahe, Maßnahmen zur Verhinderung oder Verminderung der Wirkungen solcher Fehler zu reflektieren. Exakt hier ist die Controllingauffassung des Lehrstuhls zu verorten.

Die Funktion der Rationalitätssicherung wird potentiell von unterschiedlichen Aufgabenträgern wahrgenommen. Ein exponierter davon sind Controller. Diese nehmen in der Praxis in erheblichem Umfang die Rationalität des Managements sichernde Ergänzungs- und Begrenzungsaufgaben in Bezug auf Manager wahr. Sowohl die Wahrnehmung dieser Funktionen als auch deren positive Wirkung auf den Unternehmenserfolg sind in den letzten Jahren durch empirische Studien mehrfach belegt worden.

Modelliert man Manager als potentiell eigennützig und kognitiv begrenzt, wäre es inkonsistent, für Controller weiterhin die traditionelle implizite Unterstellung vollkommener Rationalität zu treffen – sonst hätte Dieter *Schneider* weit tiefer gehend Recht, als er es selbst mit seinem „Supermann-Vorwurf" annahm. Gilt die grundlegende Annahme potentiell eigennütziger und kognitiver begrenzter Akteure nicht nur für Manager, sondern auch für Controller, ergibt sich ein Rationalitätssicherungsproblem zweiter Ordnung: „Wer sichert die Rationalität des Rationalitätssicherers?" Welche Konsequenzen daraus für die Wahrnehmung deren Aufgaben bestehen, sind in der Controlling-Literatur bisher aber nicht systematisch untersucht worden. An dieser Stelle setzt die vorliegende Arbeit von *Paefgen* an.

Für sie lässt sich ein sehr positives Urteil fällen. Sie bezieht ihren wissenschaftlichen Wert primär aus ihrem strukturierenden, ordnenden Ansatz. Auch im inhaltlichen Detail erzielt sie vielfältige Erkenntnisfortschritte. Die Arbeit ist weiterhin durch eine extrem präzise und konsistente Bearbeitung gekennzeichnet. Damit werden auch die zuweilen etwas normativ erscheinenden Argumente und Aussagen legitimiert. Angesichts des Neuigkeitsgrades und des bewusst gewählten breiten Untersuchungsfokus waren diese grundsätzlich nicht zu vermeiden. Die Arbeit beinhaltet eine sehr umfassende Literaturanalyse und sticht durch eine klare Sprache hervor. Alles in allem stellt sie ein Musterbeispiel der Ausdifferenzierung und Anwendung der rationalitätssicherungsbezogenen Controllingtheorie dar. Sie bietet eine Vielzahl von Ansatzpunkten, das „Problem 2. Ordnung" durch unterschiedliche empirische Techniken (z.B. Experimente oder Tiefeninterviews) weiter und stärker ins Detail gehend zu erforschen. Damit sei der Arbeit ein breiter Leserkreis gewünscht. Sie hat ihn verdient!

Prof. Dr. Dr. h.c. Jürgen Weber

Vorwort

„Sed quis custodiet ipsos custodes?“
Juvenal, Satiren VI

In der Konzeption als Rationalitätssicherung der Führung hat das Controlling die Funktion, potentielle Rationalitätsdefizite im Handeln von Managern aufgrund eigeninteressierten Handelns und kognitiver Begrenzungen zu identifizieren und zu lindern. Wesentliche Träger dieser Funktion sind Controller. Nur: Muss nicht auch für Controller die Annahme gelten, eigennützig zu handeln und kognitiv begrenzt zu sein? Dann aber stellt sich die Frage: Wer sichert die Rationalität der Controller selbst oder – wie der römische Satiriker JUVENAL fragt – wer bewacht die Wächter? Diese Frage wird in der Controllingforschung zwar aufgeworfen, bisher aber nicht umfassend beantwortet. Mit der vorliegenden Arbeit soll ein Beitrag geleistet werden, diese Forschungslücke zu schließen.

Die Arbeit entstand während meiner Tätigkeit als wissenschaftliche Mitarbeiterin am Lehrstuhl für Controlling und Unternehmenssteuerung sowie am Center for Controlling & Management der WHU – Otto Beisheim School of Management. Die Arbeit wurde dort im Dezember 2007 als Dissertation angenommen. Besonders herzlich danke ich meinem Doktorvater Herrn Prof. Dr. Dr. h.c. Jürgen Weber. Er hat die Arbeit angeregt und durch seine Bereitschaft, jederzeit meine Fragen zu diskutieren, sehr zu ihrem Gelingen beigetragen. Die Atmosphäre an seinem Lehrstuhl war geprägt von großer wissenschaftlicher Freiheit und Kollegialität. Danken möchte ich auch Herrn Prof. Dr. Peter Witt für die Übernahme des Zweitgutachtens und die damit verbundenen Mühen.

Meinen zahlreichen Kolleginnen und Kollegen am Lehrstuhl sowie am Center for Controlling & Management verdanke ich nicht nur wertvolle Anregungen, sondern auch eine wunderbare Zeit. Es war schön mit Euch! Mein Dank gilt insbesondere dem damaligen CCM-Team Prof. Dr. Bernhard Hirsch, Dr. Sven Schaier, Dr. Dennis Spillecke und Oliver Strangfeld. Besonders danke ich auch Herrn Dr. Roman Müller, der mir durch unzählige Anmerkungen und Diskussionen sehr geholfen hat, den Mitgliedern der Akteursmodellgruppe um Herrn Dr. habil. Matthias Meyer und dem Sekretariatsteam.

Sehr große Unterstützung habe ich auch von meiner Tante Brigitte Drux, meiner Schwester Katharina Paefgen und meinem Freund Michael Schüller erhalten, wofür ich sehr dankbar bin. Schließlich gilt mein tiefer Dank meinen lieben Eltern, Petra und Paul-Georg Paefgen, für ihren Zuspruch und ihre Zuneigung. Ihnen widme ich diese Arbeit.

Anne Paefgen

Inhaltsübersicht

Inhaltsverzeichnis

Abbildungsverzeichnis

Abkürzungsverzeichnis

AICPA	American Institute of Certified Public Accountants
Anm.	Anmerkung
bzw.	beziehungsweise
CFO	Chief Financial Officer
DGQ	Deutsche Gesellschaft für Qualität
et al.	et alii
f.	folgende
ff.	fortfolgende
Hrsg.	Herausgeber
i. V. m.	in Verbindung mit
Jg.	Jahrgang
Nr.	Nummer
o. Jg.	ohne Jahrgang
o. V.	ohne Verfasser
S.	Seite(n)
Sp.	Spalte
u. a.	unter anderem, und andere
vgl.	vergleiche
Vol.	Volume
WHU	Wissenschaftliche Hochschule für Unternehmensführung
WPO	Wirtschaftsprüferordnung

1 Einführung

1.1 Controlling als Rationalitätssicherung – Rationalitätssicherung von Controllern

Dieser Arbeit liegt die Konzeption des Controllings als Rationalitätssicherung der Führung zugrunde.[1] Ausgehend von einer Analyse des Führungszyklus sind akute und potentielle Rationalitätsdefizite im Handeln[2] von Managern zu identifizieren und zu lindern.[3] Als Träger dieser Controllingfunktion kommt den Controllern eine besondere Bedeutung zu. Sie erfüllen die klassische führungsunterstützende Entlastungsaufgabe, nehmen die Rolle eines kritischen Counterparts wahr und ergänzen in dieser Rolle kognitive[4] Beschränkungen von Managern. Gleichzeitig ist es ihre Aufgabe, ein Gespür für die Eigeninteressen von Managern und darin begründete potentielle Zielkonflikte mit dem Unternehmen zu entwickeln und die Manager gegebenenfalls zu begrenzen. So können Controller zu einer Effizienz- und Effektivitätssteigerung des Führungshandelns beitragen und Managern helfen, ihre Führungsaufgabe rational zu vollziehen.[5]

Auf einer abstrakten Ebene lassen sich die zur Rationalitätssicherung der Führung zu erfüllenden Aufgaben der Controller als Entlastung, Ergänzung und Begrenzung von Managern charakterisieren.[6] Das Spektrum der hierunter zu subsumierenden konkreten Rationalitätssicherungsaufgaben ist sehr breit und wird wesentlich durch die traditionellen Controlleraufgaben[7] – Informationsversorgung, Planung, Kontrolle und übergreifende Koordination[8] – beschrieben.[9]

---

1 Siehe zu der Konzeption des Controllings als Rationalitätssicherung der Führung grundlegend Weber, J./Schäffer, U. (1999a).
Führung wird als zielorientierte Einflussnahme zur Erfüllung gemeinsamer Aufgaben verstanden. Führungshandlungen schränken demzufolge Freiheitsgrade anderer Handlungen ein. Vgl. Wunderer, R./Grunwald, W. (1980), S. 62; ähnlich Gaugler, E. (1966), S. 78f.

2 Handeln kann auch als willensgesteuertes Agieren beschrieben werden. Davon abzugrenzen ist ein unbewusstes Reagieren. Unbewusstes Reagieren und willensgesteuertes Agieren werden insgesamt als menschliches Verhalten bezeichnet. Vgl. Schanz, G. (1993a), Sp. 4522.
Wenn in der weiteren Untersuchung der Begriff Verhalten oder auch Verhaltenswissenschaften benutzt wird, ist ausschließlich das willensgesteuerte Agieren, also das Handeln von Interesse.

3 Vgl. Weber, J./Schäffer, U. (1999a), S. 734ff.; Irrek, W. (2002), S. 48f.

4 Kognition ist ein umfassender Begriff für alle Formen des Erkennens und Wissens. Vgl. Zimbardo, P. G./Gerrig, R. J. (1999), S. 275.

5 Eine höhere Effektivität kann durch Spezialisierungsvorteile realisiert werden. Eine höhere Effizienz basiert auf dem niedrigeren Entgeltniveau von Controllern. Vgl. Herzog, A. (1999), S. 41ff.; Eschenbach, R./Niedermayr, R. (1996), S. 88ff.

6 Vgl. Weber, J./Schäffer, U. (1999a), S. 732f.; Weber (2001), S. 156; Weber, J./Schäffer, U. (2001), S. 26ff.; Weber, J. (2004a), S. 40.

7 Vgl. Mann, R. (1973), S. 20; Serfling, K. (1992), S. 17; Küpper, H.-U. (2005), S. 12f.; Weber, J. (2004a), S. 9ff. Für eine Literaturübersicht vgl. Horváth, P. (2003), S. 25ff.

Die Notwendigkeit einer Rationalitätssicherung der Führung und damit der Entlastung, Ergänzung und Begrenzung von Managern ergibt sich aus den in der Konzeption des Controllings als Rationalitätssicherung der Führung getroffenen Eigenschaftsannahmen des eigeninteressierten Handelns und der kognitiven Beschränkungen von Managern,[10] Beschränkungen ihres Wissens und ihrer kognitiven Fähigkeiten.[11] Diese Eigenschaftsannahmen werden jedoch nicht nur für Manager als Träger der Führungshandlungen getroffen. Sie bestehen auch für Controller als Träger der Rationalitätssicherungshandlungen.[12] Folglich können auch die Effizienz und Effektivität der Aufgabenerfüllung von Controllern beeinträchtigt sein – zumal die an Controller gestellten Anforderungen hoch sind.[13] Handeln Controller eigeninteressiert und zugleich abweichend von den Unternehmenszielen oder weisen sie kognitive Beschränkungen auf, können sie nicht – oder nur eingeschränkt – rationalitätssichernd wirken. Demzufolge ergibt sich aus den in der Konzeption des Controllings als Rationalitätssicherung der Führung getroffenen Eigenschaftsannahmen ein „Problem zweiter Ordnung". Analog zu dem "Problem erster Ordnung", der Frage nach potentiellen Rationalitätsdefiziten im Handeln von Managern und einer Rationalitätssicherung durch Controller, umfasst das „Problem zweiter Ordnung" die Frage nach potentiellen Rationalitätsdefiziten im Handeln von Controllern sowie der Notwendigkeit, den Möglichkeiten und Grenzen einer Rationalitätssicherung von Controllern selbst. WEBER fragt explizit: *„Controller haben u. a. die Aufgabe, die Rationalität ihrer Manager zu sichern. Nur: Wer sichert die Rationalität der Controller selbst oder – bekannter formuliert – wer kontrolliert den Kontrolleur?"*[14]

---

8 Zu den Aufgaben von Controllern vgl. Weber, J. (2002b), S. 26f. Im Fortgang dieser Arbeit liegt der Schwerpunkt der Betrachtung auf den klassischen Controlleraufgaben Informationsversorgung, Planung und Kontrolle sowie dem Zusammenhang zwischen diesen Aufgabenbereichen.

9 Vgl. Weber, J. (2004a), S. 45.

10 Der von SIMON geprägte Begriff der „Bounded Rationality" umfasst lediglich kognitive Beschränkungen des Akteurs. Im Kontext dieser Arbeit werden Rationalitätsdefizite sowohl auf kognitive Beschränkungen als auch auf eigeninteressiertes Handeln zurückgeführt. Vgl. Simon, H. A. (1957), S. XXIV sowie Weber, J./Schäffer, U. (1999a), S. 733. Im Folgenden wird synonym zu kognitiven Beschränkungen von einem beschränkten „Können" des Akteurs gesprochen. Zielkonflikte zwischen dem Akteur und dem Unternehmen werden auch als abweichendes „Wollen" bezeichnet. Vgl. hierzu Weber, J. (2004a), S. 36. Auch VON ROSENSTIEL verwendet diese Begriffe. Vgl. Rosenstiel, L. v. (2000), S. 48f.; siehe auch Lawler, E. E./Rhode, J. G. (1976), S. 26.

11 Fähigkeiten seien hierbei definiert als die zu einem bestimmten Zeitpunkt bestehenden Leistungsmöglichkeiten eines Akteurs. Vgl. Schanz, G. (1977), S. 187.

12 Vgl. Weber, J. (2004b), S. 470. Die Plausibilität dieser Annahme bringt BAUMGARTNER mit der Formulierung auf den Punkt: *„Denn auch der Controller hat keine übermenschlichen Fähigkeiten. Wäre er in der Lage, die wesentlichen Entscheidungen besser als die einzelnen Instanzen zu treffen, so müsste er unverzüglich an die Spitze der Unternehmung gestellt werden."* Baumgartner, B. (1980), S. 100.

13 Vgl. für ein umfangreiches Anforderungsprofil exemplarisch Küpper, H.-U. (2005), S. 504ff.; Karlowitsch, M. (1997).

14 Weber, J. (2004a), S. 567.
Das „Problem zweiter Ordnung" – eine Kontrolle der Kontrolleure – ist keineswegs neu. Bereits der römische Satiriker JUVENAL stellt in den Satiren VI die frei mit ‚Wer bewacht die Wächter?' übersetzte Frage: ‚Sed quis custodiet ipsos custodes?' 2000 Jahre später beschreibt POWER in seiner Analyse einer „Audit Society" die in unterschiedlichen gesellschaftlichen Bereichen zunehmende Bedeutung interner Kontrollsysteme, die Diskussion über die Gratwanderung zwischen „sachlicher Nähe" und Kompetenz sowie Unab-

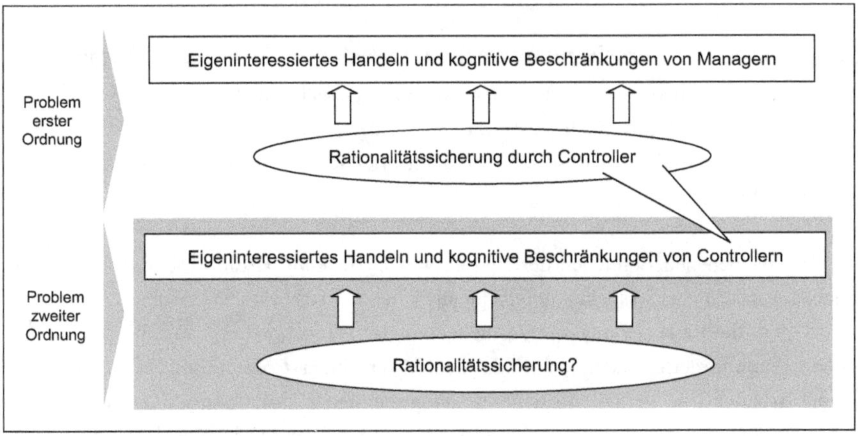

Abbildung 1: Das „Problem zweiter Ordnung“[15]

Das „Problem zweiter Ordnung“ und die damit verbundenen Überlegungen zu potentiellen Rationalitätsdefiziten im Handeln von Controllern sind nicht allein aus der theoretischen Perspektive der Konzeption des Controllings als Rationalitätssicherung der Führung virulent. Auch Vertreter anderer Controllingkonzeptionen wie beispielsweise HORVÁTH fragen: *„Wie kommt es, dass vermeintlich rational denkende und handelnde Manager – aber auch Controller – aus richtigen Zahlen falsche Schlüsse ziehen?“*[16] Zudem liefert die Praxis Hinweise für die Relevanz des „Problems zweiter Ordnung“ Es bestehen empirische Anhaltspunkte für Rationalitätsdefizite im Handeln von Controllern und damit für ein eigeninteressiertes Handeln oder kognitive Beschränkungen.[17] WEBER/DAVID/PRENZLER zum Beispiel erfassen in einer Studie zur strategischen Positionierung des Controllerbereichs Unzufriedenheit mit der kaum an Inhalten orientierten Arbeit von Controllern sowie einer ungenügenden Zukunftsorientierung der klassischen Controllerprozesse wie der Informationsversorgung oder der operativen Planung.[18] Zugleich verursachen schlecht kontrollierbare Handlungsspielräume von Controllern Unbehagen über potentiell eigeninteressiertes, von den Unternehmenszielen abweichendes Handeln derselben.[19]

---

hängigkeit in der Beurteilung und Notwendigkeit eines „meta-monitoring“ interner Kontrollsysteme. *„The rise of internal control as the auditable object has also made the role of internal auditors more visible and has re-opened debates about optimal balances between internal and external arrangements for assurance, which may trade off competence and proximity against independence.“* Vgl. Power, M. (1997), insbesondere S. 67. Intensiv wird das „Problem zweiter Ordnung“ im Bereich der Wirtschaftsprüfung diskutiert, vgl. exemplarisch Westhoff, A. (2003); Kilian, M. (2004).

15 Eigene Darstellung.

16 Horváth, P. (2004a), S. 123.

17 Vgl. Kapitel 3 dieser Arbeit.

18 Vgl. Weber, J./David, U./Prenzler, C. (2001), S. 39.

19 Vgl. zum Beispiel Landsberg, G. v./Mayer, E. (1988), S. 106.

1.2 Stand der Forschung und erkenntnisleitende Forschungsfragen

Die vorliegende Arbeit ist aufgrund der expliziten Berücksichtigung motivationaler und kognitiver Aspekte des Handelns der Akteure bei der Ableitung der Problemstellung und der sich anschließenden Analyse der verhaltensorientierten betriebswirtschaftlichen Forschung zuzuordnen.[20]

In den verschiedenen Bereichen der Betriebswirtschaftslehre ist die Einbeziehung verhaltenswissenschaftlicher Aspekte unterschiedlich stark ausgeprägt.[21] Obwohl GAULHOFER bereits 1989 die Einbeziehung zur Vermeidung einer Stagnation der Controllingdiskussion nachdrücklich forderte, finden sich in der deutschsprachigen Controllingforschung nur vereinzelt Arbeiten, die verhaltensorientierte Fragestellungen des Controllings behandeln.[22] WIELPÜTZ zum Beispiel bezieht sich mit der Darstellung der Motivation seiner Arbeit unmittelbar auf GAULHOFER.[23] Er beschäftigt sich mit verhaltenswissenschaftlichen Bezugspunkten des Controllings wie Widerständen bei der Einführung einer Controllingabteilung in einem Unternehmen,[24] führungspolitischen und motivationalen Aspekten der Controller-

---

20 Der Begriff Verhaltensorientierung wird in Abgrenzung zum Begriff Entscheidungsorientierung verwendet. Bei einer Betrachtung von Fragestellungen aus einer verhaltensorientierten Perspektive finden motivationale Aspekte sowie kognitive Beschränkungen der handelnden Akteure – abweichend zu einer entscheidungsorientierten Betrachtung – Berücksichtigung. Die Charakteristika der Entscheidungs- und Verhaltensorientierung werden für das Rechnungswesen erläutert von Weber, J. (1994), S. 99ff. Siehe auch Bramsemann, U./Heineke, C./Kunz, J. (2004), S. 553.

21 Sehr intensiv setzt sich die Absatzwirtschaft insbesondere im Teilgebiet des Konsumentenverhaltens mit psychologischen Erkenntnissen auseinander. Vgl. bspw. Kroeber-Riel, W./Weinberg, P. (1999). Umfangreiche verhaltensorientierte Forschung erfolgt auch in den Bereichen Behavioral Accounting und Behavioral Finance. Vgl. für einen Überblick zum Behavioral Accounting zum Beispiel Birnberg, J. G./Shields, J. F. (1989). Für den Bereich der Behavioral Finance vgl. zum Beispiel Goldberg, J./Nitzsch, R. v. (2000).

22 *„Neuere und weitere Impulse für die Controlling-Diskussion sind nach der hier vorgelegten Ansicht erst aus der verstärkten Einbeziehung der verhaltensbezogenen Aspekte des Controlling in die Diskussion zu erwarten. Dies umso mehr, als es sich beim Controlling um einen Aufgabenbereich handelt, welcher von vornherein ganz bewußt [!] als bereichsübergreifende ‚Querschnittsfunktion' zur Koordination von betrieblichen Abläufen konzipiert war und ist, die in erster Linie von Menschen gestaltet und vollzogen werden. Mit dieser konzeptionellen Festlegung ist dem Controlling die Qualifizierung als vordringlich organisatorisch-verhaltensrelevantes Problemfeld quasi in die Wiege mitgegeben worden."* Gaulhofer, M. (1989), S. 145. Vgl. neben GAULHOFERS Plädoyer für die Einbeziehung verhaltenswissenschaftlicher Erkenntnisse in die Controlling-Diskussion Zünd, A. (1974); Macharzina, K. (1976); Holzer, P./Lück, W. (1978); Zünd, A. (1978a); Delhees, K. H. (1985); Hauschildt, J. (1987), S. 156; Freimuth, J. (1987); Freimuth, J. (1990); Römer, G. (1987); Landsberg, G. v./Mayer, E. (1988), S. 108; Biel, A. (1988).
Für eine systematische Darstellung des Verhaltensbezugs im Controlling vgl. Hoffjan, A. (1998), S. 67ff.

23 Vgl. Wielpütz, A. U. (1996), S. 11.

24 Vgl. Wielpütz, A. U. (1996), S. 53ff.; siehe auch Uhlendorf, M. (1994).

tätigkeit,[25] der Bedeutung eines geschulten Umgangs mit Konflikten im Controlling[26] sowie den verhaltensrelevanten Wirkungen ausgewählter Controllinginstrumente[27].[28]

Dass auch fünfzehn Jahre nach GAULHOFERS Plädoyer ein Forschungsdefizit in der verhaltensorientierten Controllingforschung besteht, belegt ein 2004 in „Die Betriebswirtschaft" erschienener Aufsatz, der wiederum unter Bezugnahme auf GAULHOFER *„die Notwendigkeit einer verstärkten und veränderten Verhaltensorientierung der Controlling-Forschung"* fordert.[29] BRAMSEMANN/HEINEKE/KUNZ analysieren den verhaltensorientierten Gehalt der koordinationsorientierten Controllingkonzeptionen von HORVÁTH und KÜPPER sowie der Konzeption des Controllings als Rationalitätssicherung der Führung von WEBER/SCHÄFFER und zeigen, dass alle drei Konzeptionen zwar verhaltensorientierte Elemente enthalten, jedoch *„die Einbeziehung verhaltensorientierter Aspekte in die Controlling-Forschung bisher in ihrer Umsetzung noch nicht in letzter Konsequenz erfolgt ist"*.[30] Der Rationalitätssicherungsansatz hat einen explizit verhaltensorientierten Ausgangspunkt zur Bestimmung der Controllingkonzeption und insofern die deutlichsten verhaltensorientierten Elemente:[31] Die Funktion des Controllings ergibt sich unmittelbar aus den für die Akteure getroffenen Eigenschaftsannahmen – eigeninteressiertes Handeln und kognitive Beschränkungen –, die rationalitätssichernde Maßnahmen erfordern.[32]

Konsequenterweise werden diese Eigenschaftsannahmen in der Konzeption des Controllings als Rationalitätssicherung der Führung sowohl für die Träger der Führungshandlungen als auch für die Träger der Rationalitätssicherungshandlungen getroffen. WEBER thematisiert das daraus erwachsende und in dieser Arbeit fokussierte „Problem zweiter Ordnung" zwar explizit, indem er die Frage nach der Notwendigkeit und den Möglichkeiten einer Rationalitätssicherung der Rationalitätssicherer aufwirft.[33] Im Kontext des Rationalitätssiche-

---

25 Vgl. Wielpütz, A. U. (1996), S. 56ff.

26 Vgl. Wielpütz, A. U. (1996), S. 104ff. *„Es liegt also schon in der Anlage der Controlling-Funktion an sich der Konflikt programmiert, denn niemand läßt sich freiwillig und gerne in die Karten schauen."* Freimuth, J. (1990), S. 246f.

27 Vgl. Wielpütz, A. U. (1996), S. 193ff.

28 Neben der Arbeit von WIELPÜTZ sind die Monographien von SCHORB, HOFFJAN und BECKER zu nennen. Siehe Schorb, M. (1994); Hoffjan, A. (1998); Becker, A. (2003). Vgl. auch die Arbeit von SÜßMAIR, der jedoch stärker auf das Rechnungswesen abstellt: Süßmair, A. (2000); Süßmair, A. (2004).

29 Bramsemann, U./Heineke, C./Kunz, J. (2004), S. 551.

30 Bramsemann, U./Heineke, C./Kunz, J. (2004), insbesondere S. 564. Vgl. auch Irrek, W. (2002), S. 49. Darüber hinaus weisen auch andere konzeptionelle Betrachtungen wie zum Beispiel die von PIETSCH/SCHERM zum reflexionsorientierten Controlling verhaltenswissenschaftliche Bezüge auf. Vgl. Pietsch, G./Scherm, E. (2001); Pietsch, G. (2003); Pietsch, G./Scherm, E. (2004).

31 Vgl. Becker, A. (2003), S. 40; Schäffer, U./Weber, J. (2004), S. 461; Bramsemann, U./Heineke, C./Kunz, J. (2004), S. 562ff.

32 Vgl. Weber, J./Schäffer, U. (1999a), S. 733.

33 Vgl. Weber, J. (2004a), S. 567ff.

rungsansatzes erfolgte jedoch bisher keine systematische Betrachtung dieser Problemstellung.[34]

Losgelöst von der Konzeption des Controllings als Rationalitätssicherung der Führung finden sich in der deutschsprachigen Controllingforschung insbesondere in den Dissertationen von HERZOG und WEIßENBERGER Hinweise zu dieser Problemstellung.

Nach Wissen der Verfasserin ist die Arbeit von HERZOG die einzige, die ausdrücklich kognitive Beschränkungen und die Gefahr opportunistischen Handelns von Controllern und daraus resultierende Rationalitätsdefizite thematisiert.[35] Das eigentliche Erkenntnisziel dieser Arbeit ist jedoch die Entwicklung eines Strukturierungsrahmens für die institutionelle Gestaltung der Aufgabenzuordnung zu Controllerbereichen, gleichsam die Entwicklung einer *„Organisationstheorie des Controlling"*.[36] Von den Unternehmenszielen abweichendes eigeninteressiertes Handeln und kognitive Beschränkungen von Controllern sowie potentielle Lösungsansätze werden in diesem Kontext lediglich als Teilaspekte gestreift.

Die Arbeit von WEIßENBERGER thematisiert die Informationsbeziehung zwischen dem Management und dem Rechnungswesen.[37] Auf dem theoretischen Fundament der Prinzipal-Agenten-Theorie und unter Anwendung der formal-analytischen Methode untersucht WEIßENBERGER Zielkonflikte zwischen den Akteuren des Rechnungswesens und des Managements und die daraus erwachsende Opportunismusgefahr sowie entsprechende Gegenmaßnahmen.[38] Ihre Problemstellung weicht daher von der Problemstellung der vorliegenden Arbeit in einigen Punkten ab: Hier stehen die Akteure des Controllings im Mittelpunkt, für die auch die Eigenschaftsannahme kognitiver Beschränkungen besteht und deren Beziehung zu den Akteuren des Managements nicht auf eine Informationsbeziehung beschränkt ist. Folglich sind auch die theoretische Basis und die angewandte Methode unterschiedlich.

---

34 Eine Betrachtung der Arbeiten, die auf dem von WEBER/SCHÄFFER 1999 in „Die Betriebswirtschaft" vorgestellten Rationalitätssicherungsansatz basieren, legt dieses Forschungsdefizit offen. Trotz verschiedener Perspektiven auf diese Controllingkonzeption wurde die hier behandelte Problemstellung noch nicht thematisiert. LANGENBACH leitete Kriterien für die Effizienz und Effektivität der Rationalitätssicherung ab und prüfte diese für externe Träger der Rationalitätssicherung. PRITSCH beschäftigte sich beispielsweise mit Realoptionen als einem spezifischen Instrument der Rationalitätssicherung. LIEKWEG und FLORISSEN untersuchten Rationalitätsdefizite und Ansatzpunkte für Gegenmaßnahmen im Kontext des Risikomanagements und Preismanagements. Vgl. Weber, J./Schäffer, U. (1999a); Langenbach, W. (2001a); Pritsch, G. (2000); Liekweg, A. (2003); Florissen, A. (2005).

35 Vgl. Herzog, A. (1999).

36 Vgl. Küpper, H.-U. (2005), S. 483.

37 Vgl. Weißenberger, B. E. (1997).

38 Ausgangspunkt der Prinzipal-Agenten-Theorie ist die Interaktionsbeziehung zwischen einem Prinzipal und einem Agenten, in der der Prinzipal an den Agenten Aufgaben delegiert. Die Grundannahme besteht in einem Interessenkonflikt zwischen dem Prinzipal und dem Agenten. Beide sind bestrebt, ihren Nutzen zu maximieren, und handeln eigeninteressiert. Dieses Verhalten wird jedoch erst aufgrund von Informationsasymmetrien virulent, die es dem Prinzipal nicht ermöglichen, das Handeln des Agenten vollständig zu beurteilen. Vgl. zum Prinzipal-Agenten-Modell Meyer, M. (2004).

Neben diesen beiden Dissertationen, die direkte Hinweise für die vorliegende Arbeit liefern, erfährt an einzelnen Stellen in der Controllingliteratur die Gefahr eines eigeninteressierten, von den Zielen des Unternehmens abweichenden Handelns explizit Beachtung.[39] Darüber hinaus gibt es in der konzeptionellen und empirischen Controllingliteratur Anhaltspunkte für Rationalitätsdefizite im Handeln von Controllern, die im dritten Kapitel dieser Arbeit untersucht werden. Empirische Beobachtungen oder Darstellungen von Controllinginstrumenten lassen Rückschlüsse auf Rationalitätsdefizite zu.[40] Allerdings werden die Ursachen dieser Rationalitätsdefizite nur selten analysiert. Aufgrund ihrer Multikausalität ist es meist nicht eindeutig, ob eigeninteressiertes Handeln oder kognitive Beschränkungen ursächlich sind.

Auch die Forschung zur Effektivität und Effizienz des Controllings berührt einige für die Problemstellung dieser Arbeit relevante Aspekte.[41] Gegenstand dieser Forschung ist häufig die empirische Überprüfung von Hypothesen über den Einfluss des Controllings auf bestimmte Indikatoren, die operationalisierten Controllingzwecke. Diese Indikatoren reflektieren die zu erfüllenden Aufgaben sowie weitere Voraussetzungen der Zweckerreichung. Damit liefern sie für die vorliegende Arbeit Hinweise auf mögliche Rationalitätsdefizite im Handeln von Controller. Es sollen Beeinträchtigungen der Effizienz und Effektivität im Handeln ergründet werden.[42]

Da weder potentielle Rationalitätsdefizite im Handeln von Controllern noch ihre Ursachen bisher umfassend adressiert wurden, finden sich auch nur wenige Überlegungen zur Reduzierung oder Vermeidung dieser Defizite. Wie kognitiven Beschränkungen von Controllern begegnet werden kann, wird analog zu der Beschäftigung mit dem Problem an sich nicht diskutiert. Maßnahmen zur Kontrolle oder Motivation von Controllern, die auf die Vermeidung eines eigeninteressierten Handelns ausgerichtet sind, werden in den Standardwerken

---

39 Vgl. zum Beispiel Zünd, A. (1978a), S. 54; Baumgartner, B. (1980), S. 101; Landsberg, G. v./Mayer, E. (1988), S. 108; Witt, F.-J. (1991), S. 33; Yakhou, M./Dorweiler, V. P. (1995), S. 114; Horak, C./Pelzmann, L. (1996), S. 591; Kappler, E. (2000), S. 327.

40 Vgl. exemplarisch Blohm, H./Heinrich, L. J. (1965); Witte, E. (1972); Landsberg, G. v./Mayer, E. (1988), S. 108; Witt, F.-J. (1988), S. 161; Reiß, M./Höge, R. (1995); Weber, J. et al. (2003); Peffekoven, F. P. (2004); Pietsch, G./Scherm, E. (2004), S. 539; Reichmann, T. (2004), S. 88; Schaefer, S./Lange, C. (2004); Hirsch, B. (2005).

41 Die Begriffe Effektivität und Effizienz werden zumeist synonym verwendet. Vgl. zum Beispiel Niedermayr, R. (1994), S. 162f.; Benz, K. (1998), S. 51f. Für Übersichten zu diesem Forschungsbereich vgl. zum Beispiel Welge, M. K. (1988), S. 456ff.; Benz, K. (1998), S. 63ff. Siehe weiter Witt, K./Witt, F.-J. (1991); Amshoff, B. (1993); Niedermayr, R. (1994); Kurrle, A. (1995); Dyckhoff, H./Ahn, H. (2001); Exner, K. (2003).

42 Vgl. hierzu auch den so genannten Störgrößen-Ansatz, der davon ausgeht, dass „*die Erfahrungen der Praxis immer wieder beweisen, daß nur ein Teil aller sich vollziehenden Prozesse störungsfrei, d. h. gemäß dem vorgedachten Schema (Plan) ablaufen*". Koreimann, D. S. (1964), S. 97. Siehe auch Benz, K. (1998), S. 93ff., und die dort angegebene Literatur.

der Controllingforschung nicht erwähnt.[43] Sehr vereinzelt liegen praxisorientierte Beiträge vor.[44] Ein Blick in die Literatur zur internen Revision zeigt, dass ihr als Teil des unternehmensinternen Kontrollsystems Aufgaben zugewiesen werden, die eine kritische Überprüfung der Arbeitsergebnisse von Controllern umfassen. Die interne Revision ist somit als Träger möglicher Kontrollmaßnahmen in Betracht zu ziehen.[45]

In der deutschsprachigen Controllingforschung ergibt sich das folgende Forschungsdefizit: Die im Rationalitätssicherungsansatz getroffenen Eigenschaftsannahmen führen zu dem erläuterten „Problem zweiter Ordnung", der Problemstellung dieser Arbeit. WEBER thematisiert dieses Problem zwar; es wird jedoch im Rationalitätssicherungsansatz bislang nicht umfassend adressiert. Auch anderweitig existiert in der Controllingliteratur keine umfassende und systematische Aufarbeitung von durch Controller verursachten Rationalitätsdefiziten sowie entsprechender Gegenmaßnahmen. Hinweise in der konzeptionellen und empirischen Controllingliteratur verdeutlichen allerdings, dass Controller nicht immer vollkommen rational handeln, und bekräftigen damit die Relevanz der Problemstellung der vorliegenden Arbeit. Eine Auseinandersetzung mit möglichen Ursachen findet jedoch nicht statt. Da durch Controller verursachte Rationalitätsdefizite bisher nicht analysiert wurden, fehlen weitestgehend Aussagen zu entsprechenden Gegenmaßnahmen.

Auch in der angloamerikanischen Forschung zum Management Accounting, die der deutschen Controllingforschung entspricht, besteht dieses Forschungsdefizit. Dieses Ergebnis ergab eine Schlagwortsuche sowie die systematische Sichtung der letzten zehn Jahrgänge der folgenden Zeitschriften: „Review of Accounting Studies", „Contemporary Accounting Research", „Journal of Accounting & Economics", „Accounting Review", „Journal of Accounting Research", „Accounting, Organizations and Society" und „Behavioral Research in Accounting". Zudem findet die hier fokussierte Problemstellung – eigeninteressiertes, mit den Unternehmenszielen nicht kongruentes sowie kognitiv beschränktes Handeln von Controllern – in etablierten Lehrbüchern zum – weitgehend zu dem deutschen Controlling deckungsgleichen Management Accounting[46] – keine Berücksichtigung.[47] Gründe hierfür

---

43 Zu dieser Fragestellung wurden Standardwerke der Controllingforschung untersucht: Hahn, D./ Hungenberg, H. (2001); Horváth, P. (2003); Küpper, H.-U. (2005); Reichmann, T. (2001); Ewert, R./Wagenhofer, A. (2004). Als Ausnahme vgl. Weber, J. (2004a), S. 563ff.

44 Knappe, praxisorientierte Beiträge stammen von Becker, F. G. (1998) und Witt, F.-J. (2004).

45 Das Deutsche Institut für Interne Revision e. V. stellt in einer empirischen Erhebung 1990 fest, dass in ca. 60 % der Fälle das Controlling turnusmäßig oder von Fall zu Fall ein Prüfungsgebiet der internen Revision darstellt. Allerdings ist die interne Revision in 26 % der Fälle dem Controlling unterstellt, was eine objektive Prüfung der Arbeitsweise und -ergebnisse des Controllings erschwert. Vgl. die Aufgabenzuordnung zu Controllern und internen Revisoren bei Deppe, H. (1987), S. 134ff.; zum Beispiel für den Kontext des Risikomanagements bei Liekweg, A. (2003), S. 337ff.

46 Vgl. zum Verhältnis zwischen dem Controlling und Management Accounting Weber, J./Schäffer, U. (2006), S. 25.

können sein, dass in angloamerikanischen ebenso wie in deutschen Lehrbüchern eine funktionale Perspektive eingenommen wird und weniger Betrachtungen auf der Ebene der Handlungsträger erfolgen oder dass die Erforschung des Problems erster Ebene noch Lücken aufweist und daher auch eine Beschäftigung mit dem nachgeordneten Problem noch aussteht.

Die in der angloamerikanischen Accountingliteratur erarbeiteten, auf der Prinzipal-Agenten-Theorie basierenden Forschungsergebnisse, die Erkenntnisse zu einem eigeninteressierten Handeln von Akteuren liefern,[48] lassen sich nicht immer uneingeschränkt auf die vorliegende Problemstellung übertragen, da sie häufig die Beurteilbarkeit der Leistungen der Agenten voraussetzen.[49] Controllerleistungen sind nicht immer vollständig beurteilbar.[50]

Die in dieser Arbeit eingenommene verhaltensorientierte Perspektive weist darüber hinaus auf die Erkenntnisse der Forschung zum Behavioral Accounting, das verhaltensorientierte Rechnungswesen, hin. Mit diesem erstmals 1967 von BECKER verwendeten Begriff[51] wird eine Disziplin bezeichnet, deren Aufmerksamkeit der Erforschung des Zusammenhangs zwischen den Vorgängen des Rechnungswesens und deren Verhaltenswirkungen gilt: *„Behavioral Accounting considers the impact of the process of measuring and reporting on people and organizations.“*[52] Auch wenn die Forschung zum Behavioral Accounting vordergründig die Wirkung von Informationen, Zielvorgaben, Kontrollen usw. auf ihre Adressaten betrachtet und weniger dysfunktionale Aspekte auf der Ebene der Absender fokussiert, können die grundsätzlich über die menschliche Informationsverarbeitung gewonnenen Erkenntnisse auf die Problemstellung der vorliegenden Arbeit übertragen werden. Die Forschung zum Behavioral Accounting liefert Hinweise auf Rationalitätsdefizite im Handeln von Controllern, die auf ein eigeninteressiertes, nicht zielkongruentes Handeln und auch kognitive Beschränkungen von Controllern zurückzuführen sind.

---

47 Vgl. Anthony, R. N./Govindarajan, V. (2003), siehe auch Kaplan, R. S./Atkinson, A. A. (1998); Sunder, S. (1997).

48 Vgl. hierzu auch die Darstellung des Forschungsstandes bei Weißenberger, B. E. (1997), S. 4ff.

49 Vgl. zum Beispiel den Ansatz von Conroy, R. M./Hughes, J. S. (1987).

50 Vgl. Abschnitt 4.2.1.

51 Vgl. Becker, S. W. (1967).

52 Bruns, W. J./DeCoster, D. T. (1969), S. 5. Als erste diesem Forschungsgebiet zuzuordnende Arbeit wird meist *„The Impact of Budgets on People“* von ARGYRIS angeführt. Vgl. Argyris, C. (1952). In der deutschsprachigen Literatur ist die Arbeit von HÖLLER als Klassiker der Forschung zum Behavioral Accounting anzusehen. Vgl. Höller, H. (1978); siehe auch Holzer, P./Lück, W. (1978); Kochhan, W. (1979); Schönbrunn, N. (1988); Heide, T. (2001). BIRNBERG/SHIELDS strukturieren die Forschung zum Behavioral Accounting in fünf Schulen: Managerial Control, Accounting Information Processing, Accounting Information Systems Design, Auditing Process Research und Organizational Sociology. Vgl. ausführlich Birnberg, J. G./Shields, J. F. (1989). Zu weiteren Strukturierungen des Behavioral Accountings siehe z. B. Haller, A. (1989); Becker, A. (2003), S. 63f. SCHOENFELD nennt auch den Kontingenzansatz als einen Forschungszweig des Behavioral Accountings, der in dieser Arbeit aufgegriffen wird. Vgl. Schoenfeld, H.-W. M. (1993).

Die Recherche in der angloamerikanischen Literatur bestätigt im Wesentlichen das für die deutschsprachige Literatur aufgezeigte Forschungsdefizit. Unmittelbare Hinweise für die Problemstellung dieser Arbeit finden sich nur begrenzt. Erkenntnisse des Behavioral Accounting lassen sich jedoch übertragen.

Insgesamt besteht ein erhebliches Forschungsdefizit für die Problemstellung dieser Arbeit. Sie verfolgt daher das Ziel, die Relevanz sowie mögliche Lösungen für das „Problem zweiter Ordnung" zu ergründen, das heißt, inwiefern Controller selbst als Träger der Rationalitätssicherung aufgrund eines eigeninteressierten Handelns und kognitiver Beschränkungen Rationalitätsdefizite aufweisen und welche Gegenmaßnahmen geeignet sein können. Aufgrund der ohnehin sehr breiten Problemstellung werden Erklärungsansätze für Rationalitätsdefizite im Handeln von Controllern auf das Handeln individueller Akteure beschränkt. Aus dem gemeinsamen Handeln von Akteuren abgeleitete Erklärungsansätze finden hier keine Berücksichtigung.[53]

Grundlage der Analyse sind eine Charakterisierung der Aufgaben von Controllern, die auf der Basis der Controllingliteratur erarbeitet werden kann, sowie eine intensivere Beschäftigung mit den Eigenschaften der Akteure, ihren Präferenzen und Fähigkeiten. Dafür ist insbesondere ein Rückgriff auf psychologische Literatur beziehungsweise Literatur an der Schnittstelle von Psychologie und Ökonomik erforderlich. Darauf aufbauend kann die erste erkenntnisleitende Forschungsfrage beantwortet werden:

1) *Welche potentiellen Rationalitätsdefizite können im Handeln von Controllern bei der Erfüllung ihrer klassischen Aufgaben auftreten und welche Eigenschaften der Akteure sind hierfür als ursächlich anzusehen?*
   i) *Inwiefern bergen die klassischen Aufgaben Konfliktpotential zwischen den individuellen Zielen der Controller und den Zielen des Unternehmens?*
   ii) *Inwiefern erklären kognitive Beschränkungen der Controller, das heißt fehlendes Wissen oder beschränkte kognitive Fähigkeiten, Rationalitätsdefizite in ihrem Handeln bei der Erfüllung ihrer klassischen Aufgaben?*

Die zweite Forschungsfrage nimmt Bezug darauf, dass der Situation im weiteren Sinne zuzuordnende Faktoren, die teilweise gestaltbar sind, die Wahrscheinlichkeit für Rationalitätsdefizite im Handeln von Controllern beeinflussen.

[53] Zu Erklärungsansätzen für Rationalitätsdefizite, die auf dem gemeinsamen Handeln von Akteuren basieren, siehe die Ausführungen bei Florissen, A. (2005), S. 128ff. Sie können auf die vorliegende Arbeit übertragen werden.

2) *Welche situativen Determinanten wirken wie auf das Auftreten von Rationalitätsdefiziten im Handeln von Controllern und welche dieser Determinanten sind beeinflussbar?*

Im letzten Schritt bilden die Erkenntnisse über potentielle Rationalitätsdefizite im Handeln von Controllern und ihre Ursachen sowie die situativen Determinanten dieser Rationalitätsdefizite den Ausgangspunkt für Überlegungen zu der Notwendigkeit, den Möglichkeiten und Grenzen einer Sicherung der Rationalität der Rationalitätssicherer. Die dritte Forschungsfrage lautet demzufolge:

3) *Sind Maßnahmen zur Rationalitätssicherung von Controllern notwendig und wenn ja, welche Maßnahmen können zur Vermeidung und Linderung der Rationalitätsdefizite im Handeln von Controllern ergriffen werden? Bestehen Grenzen einer Rationalitätssicherung von Controllern?*

1.3 Forschungsmethodisches Vorgehen

1.3.1 Grundsätzliches forschungsmethodisches Vorgehen

In der Wissenschaftstheorie werden pragmatische und theoretische Wissenschaftsziele unterschieden.[54] Erkenntnisziel theoretischer Untersuchungen ist es, normative Aussagen über reale Zusammenhänge zu gewinnen.[55] Im Gegensatz dazu besteht das pragmatische Wissenschaftsziel in der Nutzbarmachung von Erkenntnissen für die Gestaltung der Realität. Pragmatische Forschung in der Betriebswirtschaftslehre dient der Erarbeitung von Aussagen, die der *„betrieblichen Praxis Hilfestellung bei der Lösung ihrer Probleme"* bieten können.[56] Die vorliegende Arbeit verfolgt ein solches pragmatisches Wissenschaftsziel.

Zur Beantwortung der aufgezeigten Forschungsfragen und zur Realisierung des Wissenschaftsziels ist eine geeignete Forschungsmethode zu wählen. Die Betriebswirtschaftslehre zeichnet sich durch einen Pluralismus an Forschungsmethoden aus. GROCHLA unterscheidet die sachlich-analytische, empirische und formal-analytische Forschung.[57] Die empirische Forschung zielt auf die Prüfung von Hypothesen ab. Diese werden zunächst aus einem gedanklichen Bezugsrahmen abgeleitet und dann einem Abgleich mit der Realität unterzogen.[58] Formal-analytische Forschung ist durch einen unmittelbaren Problembezug geprägt. Die Bildung mathematischer Modelle soll zur Lösung des abstrakten Problems führen.[59] Bei der sachlich-analytischen Forschung *„steht eine Art gedankliche Simulation der Realität mit dem Erkenntnisziel, die Beziehung transparent zu machen und hieraus direkt Handlungsempfehlungen abzuleiten im Vordergrund"*.[60] Erklärungen von Sachverhalten und Empfehlungen zu ihrer Gestaltung werden auf der Basis eines gedanklichen Bezugsrahmens generiert, der auf Plausibilitätsüberlegungen, Theorien sowie empirischen Erkenntnissen anderer Forschungsarbeiten beruht.

Da die Problemstellung dieser Arbeit – Rationalitätsdefizite im Handeln von Controllern selbst – bisher in der Controllingforschung noch nicht systematisch adressiert wurde, steht die gedankliche Durchdringung dieser Thematik im Vordergrund. Es kommt eine sachlich-analytische Forschungsmethode zur Anwendung. Erst auf dieser Basis können weitere For-

54 Vgl. Chmielewicz, K. (1994), S. 169f.
55 Aussagen dieser Art werden auch als „Immer- und-Überall-Wenn-Dann-Aussagen" bezeichnet.
56 Grochla, E. (1976), S. 632.
57 Vgl. Grochla, E. (1978), S. 68 und 72ff.
58 Vgl. Grochla, E. (1978), S. 78ff.
59 Vgl. Grochla, E. (1978), S. 85ff.
60 Grochla, E. (1978), S. 72.

schungsmethoden, etwa die empirische Überprüfung ausgewählter Zusammenhänge in der Unternehmenspraxis, eingesetzt werden.[61]

1.3.2 Methodische Aspekte verhaltensorientierter betriebswirtschaftlicher Forschung

Aufgrund der expliziten Berücksichtigung motivationaler und kognitiver Aspekte des Handelns der Akteure ist die vorliegende Arbeit der verhaltensorientierten betriebswirtschaftlichen Forschung zuzuordnen. Sie erfordert sorgfältige methodische Vorüberlegungen.

Die Öffnung der Betriebswirtschaftslehre gegenüber den Verhaltenswissenschaften ist vor dem Hintergrund der Kluft zwischen der Realität[62] und den Annahmen ökonomischer Rationalität[63] zu verstehen. Sie kann im deutschsprachigen Raum als Reaktion auf das erste Paradigma der Betriebswirtschaftslehre – GUTENBERGS Rekonstruktion des Unternehmens als Faktorkombinationsprozess[64] – angesehen werden. GUTENBERGS Ansatz liegt die Annahme eines rational handelnden Akteurs – eines Homo Oeconomicus[65] – zugrunde, der seine Ressourcen so alloziiert, dass ein maximaler Zweckerfolg erreicht wird.[66] Er handelt gemäß dem Rationalprinzip, wonach mit gegebenen Mitteln ein maximales Ergebnis, oder ein bestimmtes Ergebnis mit möglichst geringem Mitteleinsatz erreicht werden soll.[67] Das Modell des Homo Oeconomicus basiert auf der Annahme absoluter Rationalität. Entsprechend diesem Verständnis besitzt der Homo Oeconomicus vollständige Information, trägt keine Informationskosten und agiert unendlich schnell.[68] In GUTENBERGS Ansatz erfährt die, das menschliche Handeln betreffende Sozialdimension keine Beachtung. GUTENBERG war

---

61 Neben der vergleichsweise neuartigen Problemstellung der Arbeit wäre eine empirische Forschungsmethode zudem mit dem Problem der Wahl geeigneter Auskunftspersonen behaftet. Die Forschungsfragen dieser Arbeit umfassen die Ergründung potentieller Rationalitätsdefizite im Handeln von Controllern sowie der Ursachen in den Eigenschaften der Controller. Potentielle Auskunftspersonen zur Beantwortung dieser Forschungsfrage sind Controller selbst sowie vorgesetzte Controller oder Manager, insbesondere der Managementcounterpart. Aussagen von Controllern zu Rationalitätsdefiziten in ihrem eigenen Handelen sowie möglichen Ursachen werden jedoch stark verzerrt sein. Es ist unwahrscheinlich, dass Controller ein eigeninteressiertes, den Unternehmenszielen widersprechendes Handeln zugeben. Kognitive Beschränkungen laufen vielfach unbewusst ab, so dass Controller selbst hierzu nicht auskunftsfähig sind. Bei den Auskünften vorgesetzter Controller oder Manager ist mit Verzerrungen zu rechnen, da diese unter Rechtfertigungsdruck bezüglich der Personalauswahl im Controllerbereich stehen. Grundsätzlich sind Befragungen von Auskunftspersonen zu Rationalitätsdefiziten im Handeln von Controllern mit dem Problem behaftet, dass die Controllerleistungen nicht vollständig beurteilbar sind.

62 Vgl. Schanz, G. (1979), S. 469; Eichenberger, R. (1992), S. 40; Kappler, E. (1993), Sp. 3648.

63 Zu dem Rationalitätsbegriff vgl. ausführlich Abschnitt 2.2.1.

64 Vgl. Gutenberg, E. (1929); Gutenberg, E. (1951/1969).

65 Der Homo Oeconomicus wird hier nicht als Menschenbild, sondern als Erklärungsmodell oder Analysekonstrukt verstanden. Er wird dementsprechend nicht als eigennützig handelnder Mensch, sondern als ein Modell angesehen, mit dessen Annahmen sich in einer bestimmten Situation das Handeln des Akteurs erklären lässt. Ethische oder moralische Diskussionen sind daher ausgeschlossen. Vgl. Becker, G. S. (1993), S. 385; Homann, K./Suchanek, A. (2000), S. 415; Meyer, M./Heine, B.-O. (2005), S. 11.

66 Vgl. Kirsch, W. (2001), S. 321. Siehe auch Becker, J. (2003), S. 41.

67 Vgl. Kirsch, W. (2001), S. 35.

68 Vgl. Simon, H. A. (1955), S. 99; Kappler, E. (1993), Sp. 3655; Homann, K./Suchanek, A. (2000), S. 416.

sich zwar selbst dieses Defizits seines Theoriegebäudes bewusst. Er sah aber keine Möglichkeit, die Sach- und Sozialdimension zu verknüpfen.[69]

Die Öffnung der Betriebswirtschaftslehre gegenüber den Verhaltenswissenschaften wurde wesentlich durch die Arbeit von HEINEN, einem Schüler GUTENBERGS, geprägt und durch KIRSCH[70] und SCHANZ[71] weitergeführt. Unter Einfluss der Arbeiten von SIMON zur Unzulänglichkeit der Annahmen des Homo Oeconomicus bezieht HEINEN explizit Erkenntnisse der Nachbardisziplinen wie der Psychologie und Soziologie ein.[72] Ziel ist die Analyse des Entscheidungsverhaltens auf der Basis von Grundmodellen des Menschen, der Organisation und der Gesellschaft. Dabei kommt den Eigenschaften der Entscheidungsträger große Bedeutung zu: *„Die entscheidungsorientierte Betriebswirtschaftslehre [...] entlässt den ‚Homo Oeconomicus' der klassischen Mikroökonomie in das Reich der Fabel."*[73]

Die Anwendung verhaltenswissenschaftlicher Theorien auf die Fragestellungen der Betriebswirtschaftslehre hat bereits Erkenntnisfortschritte erbracht und verspricht für die Zukunft weitere. KÖHLER stellt fest, dass *„die Forschungen in Nachbardisziplinen durchaus Anregungen"* liefern, wobei es sich *„aber dabei nicht um größere zusammenhängende Hypothesensysteme, sondern eher um Mosaiksteine"* handele.[74] Dennoch wird die sozialwissenschaftliche Öffnung der Betriebswirtschaftslehre kontrovers diskutiert.[75] Von grundsätzlichem Charakter sind die geäußerten Bedenken über den möglichen Verlust einer Eigenständigkeit der Betriebswirtschaftslehre als Folge einer Integration verhaltenswissenschaftlicher Erkenntnisse.[76] Diskutiert wird auch die Frage nach der Zulässigkeit einer Übernahme verhaltenswissenschaftlicher Einsichten in die Betriebswirtschaftslehre, die

---

69 Vgl. Gutenberg, E. (1989), S. 48f. sowie Meyer, M./Heine, B.-O. (2005), S. 3ff. und insbesondere S. 7 sowie Rühli, E. (1989), S. 103ff.

70 Vgl. Kirsch, W./Klein, H.-K. (1977b).

71 Vgl. Schanz, G. (1988).

72 Erste Überlegungen zum entscheidungsorientierten Ansatz finden sich bei Heinen, E. (1962), S. 9ff. Vgl. auch Heinen, E. (1971), für eine Übersicht sowie Heinen, E. (1976); Rühli, E. (1989).
Zu beachten ist, dass HEINENS Verwendung des Begriffs Entscheidungsorientierung dem hier dargestellten Verständnis von Verhaltensorientierung entspricht. Anliegen ist lediglich die Einordnung des Forschungsvorhabens in die verhaltensorientierte betriebswirtschaftliche Forschung. Für eine umfassende Darstellung der historischen Entwicklung der Verhaltensorientierung in der Betriebswirtschaftslehre vgl. Walter-Busch, E. (1991), S. 374ff. Für einen kurzen Überblick siehe Schanz, G. (1993a); Meyer, M./Heine, B.-O. (2005), S. 7ff.

73 Vgl. Heinen, E. (1976), S. 395.

74 Vgl. Köhler, R. (1977), S. 308.

75 Die kontroversen Diskussionen lassen sich unter anderem darauf zurückführen, dass die Betriebswirtschaftslehre seit ihrer Gründung mit quantitativen Ansätzen der Statistik und Mathematik gut vertraut ist. Auch die enge Zusammenarbeit zwischen Betriebswirtschaftslehre und Volkswirtschaftslehre, wie sie GUTENBERG und SCHNEIDER propagierten, verstärkte die Kluft zwischen der Betriebswirtschaftslehre und den Verhaltenswissenschaften. Vgl. Staehle, W. H. (1999). S. 127.

76 Insbesondere die Habilitationsschrift von KIRSCH war Auslöser dieser Diskussion in den 70er Jahren. Vgl. die Kommentare von Blohm, H. (1971), S. 893ff.; Budäus, D. (1972), S. 373ff.; Kirsch, W. (1972), S. 222ff.; Reber, G. (1972), S. 147ff.; Heinen, E. (1976), S. 444.

ihren Nährboden in den Risiken und potentiellen Fehlern findet, die mit einer interdisziplinären Forschung einhergehen. Unter dem Schlagwort „Dilettantismusgefahr“[77] lassen sich die mögliche, mangelnde handwerkliche Sorgfalt, Missverständnisse und Fehldeutungen durch das Überschreiten einer Sprachgrenze, die Unvollständigkeit und Oberflächlichkeit der Forschung aufgrund begrenzter Ressourcen des Forschers sowie ein „Nebeneinander“ statt einer erkenntnisleitenden Integration der Einsichten der unterschiedlichen Disziplinen subsumieren. Zum Beispiel wird an HEINENS Ansatz kritisch beurteilt, dass er nicht auf eine systematische Integration der verschiedenen theoretischen Perspektiven angelegt ist und dadurch im Vergleich zu GUTENBERGS produktionsorientierter Theorie der Unternehmung weniger präzise und klar ist.[78] Gerade diese kritische Diskussion über die Öffnung der Betriebswirtschaftslehre gegenüber den Verhaltenswissenschaften liefert aber wertvolle Hinweise für eine bewusste Vermeidung der aufgezeigten Gefahren.[79]

Mit dem Forschungsprogramm der Institutionenökonomik wird gegenwärtig ein einheitlicher theoretischer Bezugsrahmen angestrebt, bei dem die Integration der Sozialdimension erfolgt, indem soziale Phänomene unter Rückgriff auf das Handeln der Akteure erklärt werden. Da diese Eigenschaftsannahmen jedoch am Modell des Homo Oeconomicus und nicht – wie bei den verhaltenswissenschaftlichen Ansätzen angestrebt – am Realverhalten orientiert sind, findet lediglich die in der klassischen Ökonomik als Nutzenfunktion des Akteurs beschriebene „Wollensdimension“, die Motivation des Akteurs durch Eigeninteresse, Berücksichtigung. Insbesondere in einem von hoher Unsicherheit gekennzeichneten Kontext kommt jedoch auch die Bedeutung kognitiver Beschränkungen der Akteure zum Tragen.

An dieser Stelle ist der am Lehrstuhl für Controlling und Telekommunikation der WHU – Otto Beisheim School of Management entstandene und fortlaufend weiterentwickelte Ansatz einer Integration der Wollens- und Könnensdimension zu verorten.[80] Dass eine solche Integration prinzipiell möglich ist, haben die Arbeiten von SIMON zum Konzept der Bounded Rationality in den 50er Jahren des 20. Jahrhunderts gezeigt.[81] Erwähnenswert sind auch die empirischen Einsichten der psychologischen Forschergruppen um KAHNEMAN und TVERSKY, die das menschliche Entscheidungsverhalten für die Wirtschaftswissenschaften weiter erhellen. Ihre Bedeutung für die Wirtschaftswissenschaften wird durch die Verlei-

---

77 Vgl. Reber, G. (1972), S. 148ff.; Reber, G. (1978), S. 99f.; Egner, H. (1984); S. 421ff.; Schneider, D. (1984), S. 1070ff.; Chmielewicz, K. (1994), S. 24ff.

78 Vgl. Kirsch, W. (1978), S. 9.

79 Vgl. Deters, J. (1992), S. 101.

80 Die Überlegungen an der WHU haben eine Reihe von Veröffentlichungen hervorgebracht. Vgl. Bach, S. et al. (2001); Meyer, M./Heine, B.-O. (2005); Meyer, M. (2005); Heine, B.-O. et al. (2006).

81 Vgl. Simon, H. A. (1955); Simon, H. A. (1957), sowie Simon, H. A. (1959). So konstatiert SIMON: *„It is only because individual human beings are limited in knowledge, foresight, skill, and time that organizations are useful instruments for the achievement of human purpose.“* Simon, H. A. (1957), S. 199. Vgl. auch Conlisk, J. (1996).

hung des Nobelpreises 2002 an KAHNEMAN *„für das Einführen von Einsichten der psychologischen Forschung in die Wirtschaftswissenschaften, besonders bezüglich Beurteilungen und Entscheidungen bei Unsicherheit"* unterstrichen.[82]

Auch die vorliegende Arbeit steht in dieser verhaltensorientierten Tradition des Lehrstuhls für Controlling und Telekommunikation an der WHU. Zur Analyse der Problemstellung werden sowohl ein eigeninteressiertes Handeln der Akteure als auch kognitive Beschränkungen berücksichtigt. Theoretisch entsteht die Problemstellung dieser Arbeit sogar erst aus diesen im Rationalitätssicherungsansatz getroffenen Eigenschaftsannahmen zum „Wollen" und „Können" der Akteure. Diese werden jedoch durch Hinweise in der konzeptionellen und empirischen Literatur validiert.

Die Entstehung und die Auswirkungen von Rationalitätsdefiziten und negativen Interaktionsergebnissen bei Trägern der Rationalitätssicherungshandlungen in ihren traditionellen Aufgabenbereichen und in der übergeordneten Aufgabe der Rationalitätssicherung sowie das daraus entstehende „Problem zweiter Ordnung", die Notwendigkeit, die Möglichkeit und Grenzen einer Rationalitätssicherung der Controller selbst, sollen durch das Handeln individueller Akteure erklärt werden. Grundsätzliche Hinweise dazu beinhaltet die Forschungsanweisung des methodologischen Individualismus. Sie umfasst die Empfehlung, nach der *„soziale Phänomene, insbesondere das Funktionieren der sozialen Institutionen, immer als das Resultat der Entscheidungen, Handlungen, Entwicklungen menschlicher Individuen verstanden werden sollten".*[83] Der Zugang zu der zu untersuchenden Fragestellung wird stets über das handelnde Individuum, den Akteur, gewählt.[84] Die betriebswirtschaftliche Fragestellung wird somit zunächst in der Sozialdimension erörtert – im Hinblick auf das Individuum und unter Berücksichtigung des Interaktionsphänomens. Dann werden die Auswirkungen in der Sachdimension betrachtet, die eingebettet ist in die Sozialdimension. Die methodologisch-individualistische Forschung stellt gleichsam einen Versuch dar, Erklärungen für Phänomene auf der Makroebene zu finden, indem der Erklärungsansatz auf der Mikroebene – der Ebene individueller Akteure – ansetzt.[85] Soziale Phänomene werden über eine *„mikrofundierte Makroanalyse"* erklärt.[86] Im Sinne der Mikrofundierung ist die Mo-

---

82 Siehe hierzu die Ausführungen zur Vergabe des „The Bank of Sweden Prize in Economic Sciences in Memory of Alfred Nobel 2002" an DANIEL KAHNEMAN. Vgl. o. V. (2002). Vgl. auch Hirsch, B. (2003) sowie Camerer, C. F. (1999); Süßmair, A. (2004), S. 640. Vgl. den grundlegenden Aufsatz von Kahneman, D./Tversky, A. (1979), zur so genannten Prospect Theory.

83 Popper, K. R. (1967/2000), S. 348. Vgl. zum Beispiel auch Udehn, L. (2002).

84 Vgl. Wessling, E. (1991), S. 34. Damit grenzt sich der methodologische Individualismus gegen holistische und kollektivistische Forschungsansätze ab. So konstatiert HAYEK: *„The social sciences, thus do not deal with 'given' wholes but their task is to constitute these wholes by constructing models which reproduce the structure of relationships between some of the many phenomena which we always simultaneously observe in real life."* Hayek, F. A. v. (1979), S. 56.

85 Vgl. Meyer, M. (2005), S. 5 ; Heine, B.-O. et al. (2006), S. 4ff.

86 Gerecke, U. (1998), S. 158.

dellierung von Akteuren auf eine Problemstellung auszurichten, die das Verhalten von Akteuren im Aggregat zu erklären versucht. Ziel der Modellierung auf der Mikroebene ist somit nicht die möglichst realitätsnahe Abbildung des Menschen, sondern die Wahl eines möglichst einfachen Modells, das es erlaubt, die interessierende Problemstellung in einen möglichst einfachen Zusammenhang zu bringen.[87] Aspekte, die für die zu untersuchende Problemstellung keinen systematischen Erklärungswert besitzen, sind im Hinblick auf eine möglichst sparsame, das heißt komplexitätsreduzierende Modellierung zu vernachlässigen. Diese Empfehlung wird als die Empfehlung einer pragmatischen Reduktion bezeichnet.[88] In der vorliegenden Arbeit ist diesen Überlegungen insofern Rechnung zu tragen, als dass gemäß dem methodologischen Individualismus Rationalitätsdefizite im Handeln von Controllern unter Rückgriff auf die Ebene des einzelnen handelnden Controllers erklärt werden. Allerdings sollen Controller gemäß der Empfehlung der pragmatischen Reduktion nur gerade so spezifisch modelliert werden, dass die identifizierten Rationalitätsdefizite erhellt werden können.

Methodisch ist neben der grundlegenden Entscheidung für eine Befolgung der Forschungsanweisung des methodologischen Individualismus eine Entscheidung darüber zu treffen, welche Forschungsstrategie prinzipiell bei der Integration verhaltensorientierter Elemente angewendet werden soll.[89] In Anlehnung an WALTER-BUSCH können vier Forschungsstrategien für eine Einbeziehung verhaltensorientierter Aspekte unterschieden werden.[90] Sie lassen sich anhand von drei Kriterien differenzieren:

- Das grundsätzlichste Differenzierungskriterium ist im angestrebten Erkenntnisfortschritt zu sehen. Soll neben einem Erkenntnisfortschritt für die Betriebswirtschaftslehre auch ein Erkenntnisfortschritt für die Verhaltenswissenschaften erzielt werden?

ZINTL unterscheidet in diesem Zusammenhang ein Modell zum Zweck der Mikrofundierung und eine Mikrotheorie, die auch auf das Verhalten einzelner Individuen angewandt werden kann. Dabei sind die jeweiligen Anforderungen an die Modellbildung von Bedeutung: *„Die Ansprüche, die an die Mikrofundierung einer Makrotheorie zu stellen sind, sind anders und vor allem geringer als die Ansprüche, die man an eine für sich allein betrachtete Mikrotheorie stellen muss."* Vgl. insgesamt Zintl, R. (1989) und besonders S. 57.

87 Vgl. Suchanek, A. (1994), S. 100ff.

88 Vgl. grundlegend hierzu die Arbeit von Suchanek, A. (1994).

89 Vgl. hierzu Budäus, D. (1972), S. 374f.; American Accounting Association (1974), S. 127ff.; Staehle, W. H. (1999), S. 131, sowie den Aufsatz von Bramsemann, U./Heineke, C./Kunz, J. (2004), insbesondere S. 555ff.

90 WALTER-BUSCH setzt sich mit dem grundlegenden Problem des Umgangs einer wissenschaftlichen Disziplin mit nachbarwissenschaftlichen Erkenntnissen auseinander. Vgl. Walter-Busch, E. (1984), auch Staehle, W. H. (1999), S. 126ff.
BRAMSEMANN/HEINEKE/KUNZ diskutieren die Forschungsstrategien zur Einbeziehung verhaltenswissenschaftlicher Erkenntnisse explizit im Kontext einer verhaltensorientierten Controllingforschung. Vgl. insgesamt Bramsemann, U./Heineke, C./Kunz, J. (2004).

- Ein weiteres Unterscheidungskriterium ergibt sich aus der Verwendung der verhaltenswissenschaftlichen Elemente. Sollen sie in die eigene Theoriebildung einbezogen oder lediglich dazu verwendet werden, um zu pragmatischen Aussagen zu gelangen?[91]
- Das letzte Abgrenzungskriterium ist der Umfang, in dem Erkenntnisse verhaltenswissenschaftlicher Nachbardisziplinen in die Forschung einbezogen werden. Das Spektrum reicht von „umfassend“ bis „gering“ und verhält sich analog zu einem Trade-off zwischen großer Realitätsnähe und analytischer Erklärungskraft. Der möglichst wirklichkeitsgetreuen Erfassung des Handelns der Akteure stehen die Abnahme des Abstraktionsgrades und die Zunahme der Komplexität entgegen, die erhellende Schlussfolgerungen erschweren.

Auf der Basis dieser Abgrenzungskriterien lassen sich vier Strategietypen unterscheiden:[92] Die *integrative* Forschungsstrategie strebt auch für die verhaltenswissenschaftlichen Nachbardisziplinen einen Erkenntnisfortschritt an. Die Trennung zwischen den Forschungsdisziplinen wird bei dieser Forschungsstrategie weitestgehend aufgehoben.

Die drei weiteren Forschungsstrategien verfolgen lediglich für die Betriebswirtschaftslehre einen Erkenntnisfortschritt, beziehen aber nicht im gleichen Maße verhaltenswissenschaftliche Elemente in die Theoriebildung mit ein: Die *rezeptive* Forschungsstrategie wendet verhaltenswissenschaftliche Elemente nicht bei der Theoriebildung an, sondern greift lediglich im Einzelfall auf Erkenntnisse der Nachbardisziplinen zurück. Diese werden auf die eigene Problemstellung übertragen und auf dieser Grundlage Gestaltungsempfehlungen erarbeitet. Die *inkrementelle* und die *umfassende* Strategie integrieren verhaltenwissenschaftliche Elemente in unterschiedlichem Umfang in die Theoriebildung beziehungsweise den zugrunde liegenden theoretischen Bezugsrahmen. Die Erkenntnisse der Nachbardisziplinen dienen im Wesentlichen einer Änderung der verhaltensorientierten Annahmen der Theoriebildung. Während die *inkrementelle* Strategie nur in begrenztem Umfang das Modell des Akteurs an die Realität annähert, ergänzt die *umfassende* Strategie die betriebswirtschaftliche Problemstellung um eine Vielzahl verhaltensorientierter Aspekte.

Da sich in der vorliegenden Arbeit das Objekt des Erkenntnisfortschritts nicht auf die Verhaltenswissenschaften erstreckt, scheidet eine integrative Forschungsstrategie aus. Eine re-

---

91 Wenn im Kontext einer verhaltensorientierten Betriebswirtschaftslehre verallgemeinerungsfähige pragmatische Aussagen getroffen werden sollen, so erfordert dies die Einbeziehung verhaltensorientierter Elemente in den theoretischen Bezugsrahmen. Andernfalls können lediglich pragmatische „Ad-hoc Aussagen“ getroffen werden.

92 Vgl. zu den folgenden Ausführungen Budäus, D. (1972); American Accounting Association (1974); Walter-Busch, E. (1984); Deters, J. (1992); Staehle, W. H. (1999); Bramsemann, U./Heineke, C./Kunz, J. (2004). Die Forschungsstrategien sind nicht immer deutlich voneinander abzugrenzen; ihre Grenzen sind vielmehr fließend. Vgl. hierzu Bramsemann, U./Heineke, C./Kunz, J. (2004), S. 556f.

zeptive Forschungsstrategie soll nicht verfolgt werden, da eine Einbeziehung verhaltenswissenschaftlicher Elemente in den theoretischen Bezugsrahmen angestrebt wird. Bei der Unterscheidung zwischen einer inkrementellen und einer umfassenden Forschungsstrategie wurde bereits auf den damit verbundenen Trade-off zwischen Realitätsnähe und analytischer Erklärungskraft hingewiesen. Zudem kann das menschliche Verhalten in seiner ganzen Komplexität kaum erfasst werden, da eine Vielzahl von Einflussfaktoren zu berücksichtigen ist.[93] Somit scheint die Verfolgung einer inkrementellen Forschungsstrategie zweckmäßig und eine Fokussierung auf ausgewählte verhaltensorientierte Elemente angezeigt zu sein.

Für das forschungsmethodische Vorgehen in dieser Arbeit ist zusammenfassend festzuhalten, dass mit der Lösung der Problemstellung ein pragmatisches Wissenschaftsziel verfolgt wird. Dazu soll die sachlich-analytische Forschungsmethode eingesetzt werden. Da die Lösung der Problemstellung die Berücksichtigung verhaltenswissenschaftlicher Erkenntnisse bedingt und somit ein interdisziplinäres Vorgehen erforderlich ist, werden zusätzlich methodische Aspekte verhaltensorientierter Forschung berücksichtigt. Grundsätzlich ist die Forschungsanweisung des methodologischen Individualismus zu beachten, nach der der Zugang zur Problemstellung über den handelnden Akteur zu suchen ist. Darüber hinaus werden verhaltenswissenschaftliche Erkenntnisse im Rahmen einer inkrementellen Forschungsstrategie integriert.

93 Vgl. Schneider, D. (1981), S. 29. Für eine ausführliche Beurteilung der Forschungsstrategien vgl. Bramsemann, U./Heineke, C./Kunz, J. (2004), S. 557ff.

1.4 Gang der Argumentation

Der Gang der Argumentation richtet sich nach den drei Forschungsfragen sowie den zur Beantwortung dieser Forschungsfragen erforderlichen konzeptionellen Grundlagen. Die Arbeit gliedert sich in fünf Kapitel. Im Anschluss an dieses einführende *erste Kapitel* werden im *zweiten Kapitel* die Grundlagen der Arbeit gelegt. Hierzu erfolgt zunächst eine Darstellung des Controllingverständnisses dieser Arbeit sowie der Controlleraufgaben als Untersuchungsobjekt der Rationalitätsdefizite (Kapitel 2.1). Der zweite Baustein dieses Kapitels ist eine Auseinandersetzung mit dem Begriff Rationalität sowie eine Konkretisierung der Eigenschaftsannahmen – eigeninteressiertes Handeln und kognitive Beschränkungen – und damit des der Arbeit zugrunde liegenden Akteursverständnisses. Es dient als Strukturierungsrahmen für die potentiellen Ursachen von Rationalitätsdefiziten im Handeln von Controllern (Kapitel 2.2).

Im *dritten Kapitel* werden Rationalitätsdefizite im Handeln von Controllern bei der Erfüllung ihrer klassischen Aufgaben – der Informationsversorgung, Planung und Kontrolle – unter Berücksichtigung der unterschiedlichen Formen der Führungsunterstützung identifiziert und ihre Ursachen ergründet (Kapitel 3.1). Im Anschluss werden die herausgearbeiteten Ursachen systematisch strukturiert (Kapitel 3.2).

Die Ergebnisse des dritten Kapitels bilden die Basis für das *vierte Kapitel*. Ausgehend von einer Betrachtung zu der Notwendigkeit einer Rationalitätssicherung von Controllern werden in diesem vierten Kapitel zur Beantwortung der zweiten Forschungsfrage situative Determinanten der Rationalitätsdefizite im Handeln von Controllern herausgearbeitet. Diese sind teilweise beeinflussbar und leiten über zu der Beantwortung der dritten Forschungsfrage, den Möglichkeiten und Grenzen einer Rationalitätssicherung der Rationalitätssicherer selbst.

Das *fünfte Kapitel* beschließt die Arbeit mit einer kritischen Würdigung der Ergebnisse und einem Ausblick für weitere Forschung in diesem Bereich.

Die nachstehende Abbildung fasst den Gang der Argumentation zusammen.

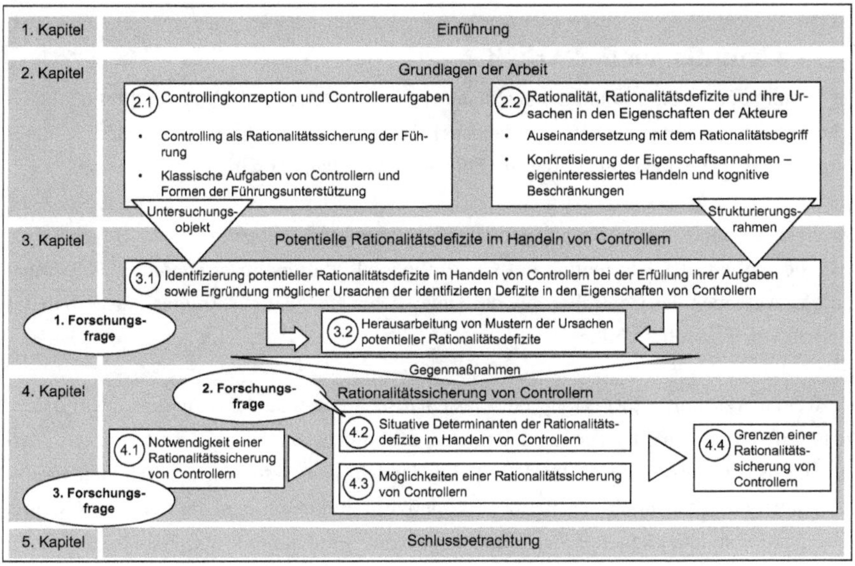

Abbildung 2: Gang der Argumentation[94]

[94] Eigene Darstellung.

2 Grundlagen der Arbeit

Zur Lösung der Problemstellung – des in der Konzeption des Controllings als Rationalitätssicherung der Führung deutlich werdenden Problems zweiter Ordnung – bedarf es eines konzeptionellen Bezugsrahmens, der im Folgenden aufgespannt wird.

Der erste Abschnitt dieses Grundlagenteils (2.1) widmet sich ausführlich der theoretischen Basis der Arbeit, der Konzeption des Controllings als Rationalitätssicherung der Führung und den Aufgaben der Controller, die das Untersuchungsobjekt der Rationalitätsdefizite im Handeln von Controllern bilden.

Im zweiten Abschnitt (2.2) erfolgt eine systematische Auseinandersetzung mit dem in den Wirtschaftswissenschaften zentralen Begriff der Rationalität. Hieraus lässt sich das Verständnis so genannter Rationalitätsdefizite im Handeln von Akteuren, der Rationalitätssubjekte, ableiten. Ursächlich für Rationalitätsdefizite sind die Eigenschaften der Akteure. Ausgehend von dem ökonomischen Handlungsmodell werden die grundsätzlich getroffenen Eigenschaftsannahmen – eigeninteressiertes Handeln und kognitive Beschränkungen – und damit das Akteursverständnis der Arbeit konkretisiert. Es dient zugleich als Strukturierungsrahmen für die möglichen Ursachen potentieller Rationalitätsdefizite im Handeln von Controllern.

Das Kapitel schließt mit einer kurzen Zusammenfassung (2.3).

2.1 Controllingkonzeption und Controlleraufgaben

2.1.1 Controllingkonzeption

In der Controllingliteratur finden sich verschiedene Controllingkonzeptionen[95].[96] Dieser Arbeit liegt die von WEBER/SCHÄFFER entwickelte Konzeption des Controllings als Rationalitätssicherung der Führung zugrunde.[97]

Ausgangspunkt der Argumentation von WEBER/SCHÄFFER sind die empirisch beobachtbaren Aufgaben von Controllern – die Controllership[98].[99] Controller agieren überwiegend in einem Unternehmensumfeld, das von einer Koordination durch Pläne gekennzeichnet ist und leisten Führungsunterstützung.[100] Pläne geben den Ausführenden verbindliche Ziele vor, die Basis der Kontrollen sind. Die von Controllern wahrgenommenen Aufgaben können zu der übergeordneten Aufgabe der Sicherstellung der Funktionsfähigkeit einer Koordination durch Pläne zusammengefasst werden. WEBER/SCHÄFFER sehen diesen gemeinsamen Nenner der empirischen Vielfalt der Controlleraufgaben[101] als Basis einer originären Funktion des Controllings an, die sie als *Sicherstellung der Rationalität der Führung* bezeichnen.[102]

---

95 Eine Controllingkonzeption beinhaltet Aussagen über die funktionale Abgrenzung, die institutionale Gestaltung sowie die instrumentelle Unterstützung des Controllings vor dem Hintergrund der aus dem übergeordneten Unternehmenszweck abgeleiteten Zwecke des Controllings. Vgl. Schweitzer, M./Friedl, B. (1992), S. 142f.; Eschenbach, R./Niedermayr, R. (1996); Pietsch, G./Scherm, E. (2000), S. 396.

96 Der Begriff Controlling ist in der Betriebswirtschaftslehre nicht einheitlich definiert: *„Jeder hat seine eigene Vorstellung darüber, was Controlling bedeutet oder bedeuten soll, nur jeder meint etwas anderes."* Preißler, P. R. (2000), S. 12. Es lassen sich unterschiedliche und teilweise auch gegensätzliche Begriffsbestimmungen ausmachen. Vgl. hierzu Weber, J. (2004a), S. 22ff.; Küpper, H.-U. (2005), S. 5ff. Jede Begriffsbestimmung hat plausible Elemente, weist jedoch zugleich theoretische Defizite auf. Vgl. hierzu Weber, J. (2004a), S. 23ff. sowie Zenz, A. (1998), S. 40ff. Zu Ordnungsversuchen der bestehenden Vielfalt siehe zum Beispiel Amshoff, B. (1993); Zenz, A. (1998).

97 Zur Sichtweise des Controllings als Funktion zur Sicherstellung der Führungsrationalität vgl. Weber, J./Schäffer, U. (1999a); Weber, J./Schäffer, U. (1999b); Weber, J./Schäffer, U. (1999c); Weber, J. (2004a), S. 31ff.; Weber, J. (2004b).
Der Gedanke einer Rationalitätssicherung durch das Controlling war bis zu seiner Prägung durch WEBER und SCHÄFFER nicht grundsätzlich neu. Er findet sich an verschiedenen Stellen in der Controllingliteratur. Rationalitätssicherung wurde jedoch in früheren Arbeiten als eine unter vielen Controllingaufgaben und nicht als integrative Klammer angesehen. Vgl. Harbert, L. (1982), S. 237ff.; Schmidt, A. (1986), S. 61ff.; Göpfert, I./Hoppenheit, C. (1991), S. 156; Schildbach, T. (1992), S. 23. Vgl. zu einer Kritik an dieser Controllingkonzeption zum Beispiel Pietsch, G./Scherm, E. (2000), S. 399ff.; Irrek, W. (2002); Müller, A. (2003).

98 Der Ursprung der Controllership liegt in den USA. Vgl. hierzu den Aufgabenkatalog des Financial Executive Institute bei Horváth, P. (2003), S. 26ff.; Weber, J. (2004a), S. 11. Circa 50 Jahre später zeichnete sich in Deutschland ein ähnliches Bild der Controlleraufgaben. Vgl. hierzu Landsberg, G. v./Mayer, E. (1988), S. 71.

99 Vgl. Weber, J./Schäffer, U. (1999a), S. 732.

100 Vgl. Weber, J. (2004a), S. 65ff.; Weber, J./Schäffer, U./Prenzler, C. (2001), S. 28, sowie die dort angegebene Literatur.

101 AMSHOFF belegt die empirische Vielfalt von Controlleraufgaben mit dem Begriff der *„realen Variabilität"*. Amshoff, B. (1993), S. 71.

102 BECKER sieht darin die Quintessenz des Rationalitätssicherungsansatzes. *„Zusammenfassend lässt sich die Rationalitätssicherungsfunktion des Controlling als Sicherung des Primats der Planung und der plandeterminierten Unternehmensführung beschreiben."* Becker, A. (2003), S. 39.

Die Funktionsweise von Plänen als Koordinationsmechanismus reflektiert der Führungszyklus. Daher bilden der Führungszyklus und das Handeln von Managern im Führungszyklus das Bezugsobjekt der Rationalitätssicherung.[103] Der Führungszyklus ist durch die Phasen der Willensbildung, Willensdurchsetzung, Ausführung und Kontrolle sowie die phasenübergreifende Informationsbereitstellung charakterisiert.[104] Die Phase der Willensbildung bildet den Planungsprozess ab, dabei lassen sich eine reflexive und eine intuitive Vorgehensweise unterscheiden.[105] Eine reflexive Vorgehensweise basiert auf ausreichendem, problemadäquatem explizitem Wissen, das sich aus Erfahrung oder gezielter Informationssuche speist. Können weder die angewandte Entscheidungslogik noch die einzelnen Parameter dargestellt werden, muss die Willensbildung intuitiv erfolgen. In der sich anschließenden Phase der Willensdurchsetzung wird der in Form von Zweck-Mittel-Relationen festgelegte Wille zur Realisierung an die ausführenden Stellen übermittelt. Hierzu werden je nach Wissensstand Angaben über das anzustrebende Ergebnis, den Realisationsprozess hin zu diesem Ergebnis und die einzusetzenden Produktionsfaktoren gemacht. Die folgende Phase, die Ausführung, ist keine Führungshandlung. Für den Ausführenden bestehen typischerweise keine Freiheitsgrade. In der Phase der Kontrolle wird das realisierte mit dem angestrebten Ergebnis abgeglichen. Erkenntnisse aus dieser Phase fließen in einem Rückkopplungsprozess als endogene Informationen zurück in die Willensbildung und -durchsetzung.

Maßstab des Handelns im Führungszyklus ist die Rationalität. WEBER/SCHÄFFER rekurrieren in ihren Aussagen zum Rationalitätsverständnis auf die Zweck-Mittel-Rationalität.[106] Zweckrationales Handeln bemisst sich an der Wahl effektiver Mittel und ihrer effizienten Verwendung im Hinblick auf einen gegebenen Zweck. Zweck des Führungshandelns in einem Unternehmen ist für gewöhnlich die Gewinnmaximierung unter Nebenbedingungen.[107] Im Sinne der Zweckrationalität auftretende Rationalitätsdefizite im Führungszyklus, das heißt Abweichungen des realen von einem rationalen Führungshandeln und damit Probleme einer Koordination durch Pläne sind auf die Eigenschaften der Träger der Führungshand-

103 In der Literatur werden eine funktionale und eine prozessuale Sichtweise der Führung unterschieden. Führung wird demnach entweder in unterschiedliche Teilfunktionen aufgegliedert oder als Entscheidungsprozess der Führung modelliert. Vgl. hierzu sowie für eine Literaturübersicht Weißenberger, B. E. (1997), S. 15ff.
WEBERS in Anlehnung an BLEICHER/MEYER vorgestellte handlungstheoretische Sichtweise eines Führungszyklus weist Elemente beider Perspektiven auf. Vgl. Weber, J. (2004a), S. 67ff.; Bleicher, K./Meyer, E. (1976).

104 Vgl. Weber, J./Schäffer, U. (1999a), S. 734ff.

105 Vgl. Weber, J./Schäffer, U. (1999a), S. 734; Weber, J./Schäffer, U. (1999b). WEBER/SCHÄFFER verweisen in diesem Kontext auch auf GUTENBERG, der eine rationale, eine irrationale und eine gestalt-vollziehende Schicht unternehmensführender Tätigkeit unterscheidet. Vgl. Gutenberg, E. (1983), S. 131f. Vgl. zu dem Begriff und der Rolle der Intuition Behling, O./Eckel, N. L. (1991).

106 Vgl. Weber, J./Schäffer, U. (1999a), S. 734f.; Weber, J. (2004a), S. 50ff. sowie Abschnitt 2.2.1.

107 Vgl. Wöhe, G./Döring, U. (2002), S. 96. Vgl. zur Bedeutung der normativen Komponente des Zielbegriffs für die Ausrichtung der Führung Weißenberger, B. E. (1997), S. 18ff.

lungen – eigeninteressiertes Handeln und kognitive Beschränkungen – zurückzuführen. Diese Eigenschaften erfordern die Rationalitätssicherung als Funktion des Controllings.[108]

Die zur Erfüllung dieser Funktion des Controllings zu vollziehenden führungsunterstützenden Aufgaben von Controllern können sehr unterschiedlich sein und auf unterschiedlichen Delegationskalkülen basieren. Die Aufgaben reichen von einer einfachen kapazitativen *Entlastung* bis hin zu einer Wahrnehmung der Rolle des kritischen Counterparts, die als *Ergänzung* kognitiv beschränkter Manager oder als *Begrenzung* bei seiner zweifelhaften Motivation ausgeprägt sein kann.[109] Während Entlastungsaufgaben im engeren Sinne eine Führungsunterstützung sind, lassen sich Ergänzungs- und Begrenzungsaufgaben zur übergeordneten Sicherstellung der Rationalität – oder auch Effektivität und Effizienz[110] – der Führung aggregieren.[111] Rationalitätsdefizite sind reaktiv zu identifizieren und zu reduzieren oder proaktiv zu vermeiden.[112] Insgesamt umfasst die Sicherstellung der Rationalität der Führung *„die Menge aller Handlungen zur Erhöhung der Wahrscheinlichkeit, dass die Realisierung von Führungshandlungen der antizipierten Zweck-Mittel-Beziehung entspricht“*[113]. Konkret erfüllen Controller zur Führungsunterstützung im engeren Sinne und zur Rationalitätssicherung die traditionellen Aufgaben der Informationsversorgung, Planung und Kontrolle.

Aufgrund der induktiven Ableitung lässt sich das gesamte empirisch beobachtbare Aufgabenspektrum von Controllern unter die Sicherstellung der Rationalität der Führung als Funktion des Controllings subsumieren. Rationalitätssicherung der Führung als Funktion des Controllings umfasst zudem als integrative Klammer die drei weiteren in der betriebswirtschaftlichen Forschung vertretenen Controllingkonzeptionen – Controlling als Informationsversorgungsfunktion, als spezielle Form der Führung und als Koordinationsfunktion.[114] Diese sind jeweils als kontextspezifische Ausprägungen der Rationalitätssicherung der Führung vor dem Hintergrund unterschiedlicher Engpässe der Führungsrationalität anzusehen.[115]

---

108 Vgl. auch Albach, H. (1990), S. 537ff.

109 Vgl. Weber, J./Schäffer, U. (1999a); Weber, J./Schäffer, U./Prenzler, C. (2001); Weber, J. (2004a), S. 40ff.

110 Vgl. Dyckhoff, H./Ahn, H. (2001); Ahn, H./Dyckhoff, H. (2004).

111 Vgl. Weber, J. (2004a), S. 40ff.

112 Vgl. Weber, J./Schäffer, U. (1999a), S. 731ff.; David, U. (2005), S. 48.

113 Schäffer, U./Weber, J. (2004), S. 461.

114 Vgl. zu einer Übersicht über diese drei Controllingkonzeptionen zum Beispiel Weber, J. (2004a), S. 22ff.; ähnlich Günther, T./Niepel, M. (2000), S. 224.

115 Vgl. hierzu sowie zu dem Folgenden Weber, J./Schäffer, U. (1999a), S. 737ff., insbesondere die Abbildung auf S. 739; Pietsch, G./Scherm, E. (2000), S. 399.
LANGENBACH sieht den Vorteil der Definition des Controllings als Rationalitätssicherung darin, *„dass dieses Leitbild eine integrative Klammer der theoretischen, zunächst unterschiedlich erscheinenden Ansätze bildet“*. Langenbach, W. (2001a), S. 25.
Anzumerken ist, dass die drei Controllingkonzeptionen auch einer historischen Entwicklung des Controllings entsprechen und insofern für ihre Zeit typische Rationalitätsengpässe aufzeigen. Vgl. Stoffel, K. (1995), S. 223ff.

Frühe Definitionsversuche verstehen Controlling im Kern als *Informationsversorgungsfunktion* und sehen den größten Engpass in einer mangelnden informationellen Basis der einzelnen Phasen des Führungszyklus.[116] Aufgabe des Controllings ist es, den Informationsbedarf zu identifizieren, Informationen zu beschaffen, aufzubereiten und bereitzustellen. Controller sichern in diesem Kontext die Rationalität, indem sie Träger der Führungshandlungen mit relevanten Informationen unterstützen und dadurch eine Steuerung des Unternehmens auf der Basis ausreichenden Wissens ermöglichen.[117]

In einer Definition des Controllings als *spezieller Form der Führung* wird der Engpass in einer unzureichenden Willensbildung sowie einer mangelnden Verknüpfung zwischen Kontrolle und Willensbildung gesehen. Folglich ist es die Aufgabe des Controllings, diesen Regelkreis zwischen systematischer Zielplanung und Realisationskontrolle zu gewährleisten.[118] Controlling wird hier zum *„Synonym planmäßiger Unternehmensführung"*.[119] Durch die Stärkung der reflexiven Willensbildung sichern Controller Rationalität.

Die *koordinationsorientierten Ansätze* zielen auf eine Verbindung der verschiedenen Führungsteilsysteme, der Informations-, Planungs-, Kontroll-, Organisations- und Personalführungssysteme durch das Controlling ab. Der dominante Engpass wird folglich in einer unzureichenden Koordination dieser Teilsysteme gesehen.[120] Die Rationalitätssicherungsfunktion des Controllings besteht in einer Verbesserung der Koordination und damit einer Steigerung der Effizienz und Effektivität der Führungshandlungen.[121]

Zusammenfassend ist der *Zweck* des Controllings als Sicherstellung der Rationalität der Führung die Reduzierung von Rationalitätsdefiziten in einem durch Plankoordination gekennzeichneten Führungsumfeld.[122] Dies ist als originärer Kern des Controllings anzusehen.

---

116 Vgl. Hoffmann, F. (1972), S. 85; Heigl, A. (1989), S. 3.

117 Vgl. Becker, A. (2003), S. 38.

118 Vgl. Mann, R. (1973), S. 11; Siegwart, H. (1986), S. 111; Hahn, D. (1987), S. 6; Weber, J. (2004a), S. 25ff.

119 Weber, J. (2004a), S. 26.
Der Ansatz eines Controllings als spezieller Form der Führung ist nur dann definitorisch gehaltvoll, wenn Controlling als Steuerung und Kontrolle neben eine Führungsfunktion der Zielsetzung und Willensbildung tritt und insofern von Führung abgegrenzt werden kann. Vgl. hierzu die definitorische Fassung von Krüger, W. (1979), S. 162; Siegwart, H. (1986), S. 109.

120 Als Vertreter der koordinationsorientierten Ansätze sind insbesondere HORVÁTH und KÜPPER zu nennen. Während HORVÁTH jedoch die Koordination auf das Planungs-, Kontroll- und Informationssystem beschränkt, erweitert KÜPPER die Betrachtung um das Organisations- und Personalführungssystem. Vgl. den grundlegenden Aufsatz von Horváth, P. (1978) sowie Horváth, P. (2003), S. 116ff. Siehe explizit zu der Erweiterung KÜPPERS Küpper, H.-U. (2005), insbesondere S. 194ff. Vgl. zu einer Kritik Weber, J./Schäffer, U. (2000); Weber, J. (2004a), S. 27ff. sowie Schildbach, T. (1992), S. 24; Wall, F. (2000).

121 Controlling hat im koordinationsorientierten Ansatz insofern bezogen auf Führungshandlungen den gleichen Zweck wie Führungshandlungen auf Ausführungshandlungen. In Konsequenz kann von Controlling als „Metaführung" gesprochen werden. Vgl. Weber, J. (2004a), S. 30.

122 Vgl. David, U. (2005), S. 49f.

Keine (andere) spezialisierte Funktion verfolgt diesen Zweck.[123] Die *Aufgaben*, die den Trägern dieser Funktion zur Verfolgung dieses Ziels entlang des Führungszyklus obliegen, umfassen folglich Maßnahmen zur Vermeidung oder Reduzierung von Rationalitätsdefiziten. Als *Instrumente* zur Bewältigung dieser Aufgaben kommen alle betriebswirtschaftlichen Methoden und Verfahren in Frage. Ein Instrument wird dann zu einem Controllinginstrument, wenn es zur Sicherstellung der Rationalität beiträgt.[124] Bei den *Trägern* der Rationalitätssicherungsfunktion erweitern WEBER/SCHÄFFER den Kreis. Auch wenn überwiegend Controller die Aufgaben der Rationalitätssicherung wahrnehmen, können auch andere interne oder externe Akteure – wie zum Beispiel Manager selbst oder Banken – Träger der Rationalitätssicherungsfunktion sein.[125]

Mit den in dieser Konzeption des Controllings für die handelnden Akteure getroffenen Eigenschaftsannahmen schließt sich der Kreis zu der Problemstellung der vorliegenden Arbeit. Die für die Träger der Führungshandlungen getroffenen Eigenschaftsannahmen – eigeninteressiertes Handeln und kognitive Beschränkungen – führen zu der Notwendigkeit der Rationalitätssicherung. Diese Eigenschaftsannahmen bestehen jedoch auch für die Träger der Rationalitätssicherungshandlungen.[126] Aus theoretischer Perspektive führt dies zu dem hier thematisierten „Problem zweiter Ordnung".

---

123 Vgl. Weber, J. (2004a), S. 48.

124 So auch Amshoff, B. (1993), S. 267; Schäffer, U./Weber, J. (2004), S. 464. Zu unterschiedlichen Definitionsansätzen für Controllinginstrumente vgl. Pritsch, G./Weber, J. (2001), S. 173ff.

125 Vgl. Schäffer, U./Weber, J. (2004), S. 463; Weber, J. (2004b), S. 483f. LANGENBACH hat Effizienz- und Effektivitätskriterien zur Wahl eines geeigneten Trägers der Rationalitätssicherung entwickelt. Vgl. Langenbach, W. (2001a), S. 107ff.

126 Vgl. hierzu explizit Weber, J. (2004b), S. 470, der selbst anmerkt, dass dem ursprünglichen Beitrag zu einem Controlling als Rationalitätssicherung diese Annahme nur implizit zu entnehmen ist.

2.1.2 Controlleraufgaben

Controllern als wichtigen Trägern der Rationalitätssicherung obliegen die abstrakten Aufgaben der Entlastung, Ergänzung und Begrenzung als unterschiedliche Formen der Führungsunterstützung sowie die darunter zu subsumierenden konkreten Controlleraufgaben. Die Aufgaben von Controllern bilden die Grundlage für die Analyse der Rationalitätsdefizite in ihrem Handeln und sollen im Folgenden dargestellt werden.[127]

2.1.2.1 Differenzierung nach der Form der Führungsunterstützung

In einer Interaktion mit den Trägern der Führungshandlungen obliegen den Controllern entlang des Führungszyklus abstrakte führungsunterstützende Aufgaben,[128] die in Entlastungsaufgaben als Führungsunterstützung im engeren Sinne sowie Ergänzungs- und Begrenzungsaufgaben als Rationalitätssicherung differenziert wurden.[129] Ursächlich für die Notwendigkeit dieser Aufgaben sind die Eigenschaften der Träger der Führungshandlungen – eigeninteressiertes Handeln und kognitive Beschränkungen. Die Aufgaben werden zum einen unmittelbar von dem Managementcounterpart und zum anderen von einer höheren Managementebene an Controller delegiert. Darüber hinaus müssen Controller selbst entscheiden, wann sie durch die Aufgabenwahrnehmung nutzenstiftend wirken können. Es lassen sich verschiedene Nutzenkalküle unterscheiden, die hinter einer Zuweisung von Aufgaben zu Controllern stehen können.[130]

- Kapazitätseffekte werden realisiert, wenn Manager an die Grenzen ihrer Kapazität stoßen.
- Spezialisierungsvorteile entstehen, wenn Controller eine Aufgabe qualitativ besser oder schneller ausführen können oder die Aufgabenausführung durch Controller schlichtweg günstiger ist.

---

127 Diese Darstellung ist jedoch mit dem Problem behaftet, *„daß [!] man sich bei dem Versuch, Aufgaben und Instrumente des Controlling allgemeingültig einzugrenzen und sie insbesondere gegenüber denjenigen traditioneller betrieblicher Funktionsträger abzugrenzen, auf ein nahezu unlösbares Vorhaben einlassen würde“*. Vgl. Franz, S. (1989), S. 34.
ANTHONY drückt plakativ die Bandbreite der Controlleraufgaben aus, wenn er sagt: *„In practice, people with the title of controller have functions that are at one extreme, little more than bookkeeping and, at the other extreme, de facto general management.“* Vgl. Anthony, R. N. (1965), S. 28.

128 DEYHLE formuliert dies sehr treffend in Bezug auf eine Ergänzung der Manager durch Controller: *„Zahlen, die betriebswirtschaftlichen Zusammenhänge und die ökonomische Logik bilden [...] ein Metier für sich.[...] Wie soll jetzt der ‚Non-Accountant' als Manager damit umgehen können? Antwort: ‚Zusammen mit seinem Controller.'“* Deyhle, A. (1993), S. 37f.; siehe auch Eschenbach, R./Niedermayr, R. (1996), S. 86ff.

129 Vgl. Weber, J. (2004a), S. 40ff., sowie Weber, J./Schäffer, U./Prenzler, C. (2001), die allerdings lediglich in Entlastung und Ergänzung unterscheiden. Sie ordnen die Begrenzung eines abweichenden Wollens der Manager der Ergänzung unter. Auch SATHE, der in einer Studie von 1982 die Beteiligung von Controllern am Managementprozess umfassend untersucht hat, differenziert ausgehend von einem begrenzten Können sowie möglicherweise bestehenden Willensbarrieren von Managern ihre Ergänzung und Begrenzung. Vgl. Sathe, V. (1982), S. XVff.

130 Vgl. hierzu Weber, J. (2004a), S. 555ff.

- Erfahrungs- und Motivationseffekte werden generiert, wenn Controller durch ihre spezifische Sicht auf die Sachlage die Gesamtperspektive erweitern können beziehungsweise die Sichtweise sowie die Motivation von Managern im Hinblick auf die Ziele des Unternehmens korrigieren.

Im Folgenden werden die Aufgabenprofile näher erläutert.[131] WEBER merkt jedoch an, dass die Übergänge zwischen den Aufgabentypen fließend sind. Die Situation determiniert die Ausprägung einer Handlung als Entlastung, Ergänzung oder Begrenzung.[132]

Entlastungsaufgaben – Führungsunterstützung im engeren Sinne – delegieren Manager zumeist unmittelbar an Controller. Der Nutzen dieser Delegation liegt im Wesentlichen in Kapazitätseffekten. Durch die entlastende Tätigkeit von Controllern können Manager ihre knappe Kapazität für nicht delegierbare Aufgaben verwenden. Zudem können oftmals Spezialisierungs- und Erfahrungsvorteile erzielt werden, wenn Controller bestimmte Aufgaben besser, schneller oder weniger aufwendig, das heißt auch kostengünstiger, erfüllen können.[133] Ein Großteil der routinemäßigen, konkreten Controlleraufgaben wie zum Beispiel die Erstellung von Standardberichten oder die Gewährleistung effizienter Planungsprozesse, ist dieser Aufgabenkategorie zuzurechnen. Mit der Wahrnehmung von Entlastungsaufgaben in der Informationsversorgung, Planung und Kontrolle sollen die notwendigen Voraussetzungen rationalen Handelns von Managern geschaffen werden.[134] Die Anforderungen von Entlastungsaufgaben an Controller bestehen insbesondere in umfangreichem Methodenwissen.

Ergänzungsaufgaben intendieren unmittelbarer als Entlastungsaufgaben eine rationalitätssichernde Wirkung. Entlang des Führungszyklus ist es die Aufgabe von Controllern, als kritischer Counterpart zum Beispiel durch das Hinterfragen der Prämissen eines Planes Rationalitätsdefizite, die auf kognitiven Beschränkungen des Trägers der Führungshandlung basieren, zu reduzieren oder zu verhindern.[135] In Abhängigkeit von dem Auftraggeber lassen sich verschiedene Fälle einer Ergänzung unterscheiden: Controller werden von hierarchisch übergeordneter Stelle mit der Ergänzung von Managern – die selbst unter Umständen die Notwendigkeit einer Ergänzung nicht erkennen – betraut. Denkbar ist auch, dass Controller Ergänzungsleistungen nach eigenem Ermessen anbieten. Erst durch ein aktives Verständnis

---

131 Vgl. hierzu ausführlich David, U. (2005), S. 52ff.

132 Vgl. Weber, J. (2004a), S. 42f.

133 Vgl. Weber, J. (2004a), S. 40ff.; Peffekoven, F. P. (2004), S. 564; David, U. (2005), S. 54. Die Entlastung der Manager durch Controller ist in der Literatur allgemein anerkannt. Vgl. Landsberg, G. v./Mayer, E. (1988), S. 14; Niedermayr, R. (1994), S. 74; Eschenbach, R./Niedermayr, R. (1996), S. 65ff.; Herzog, A. (1999), S. 106f. und 123f.

134 Vgl. Weber, J./Schäffer, U./Prenzler, C. (2001), S. 29; Schäffer, U./Weber, J. (2004), S. 462f.

135 Vgl. ähnlich Weber, J./Schäffer, U./Prenzler, C. (2001), S. 34ff.

der Ergänzung werden Controller ihrer Rolle als kritischer Counterpart oder Sparringspartner gerecht. Anzumerken ist, dass sie ein hohes Maß an Unabhängigkeit für die Wahrnehmung dieser Aufgabe benötigen.[136]

Die Nutzenkalküle sind bei einer Ergänzungstätigkeit der Controller nicht so offensichtlich wie bei einer Entlastungstätigkeit. Sie lassen sich als Spezialisierungs- und Erfahrungsvorteile charakterisieren.[137] Controller prüfen auf der Grundlage ihres Fach- und Methodenwissens und mit abweichender Perspektive – das Spannungsfeld zwischen Reflexion und Intuition ausbalancierend – reaktiv den Einsatz der richtigen Mittel und den richtigen Einsatz dieser Mittel zur Verwirklichung des Zwecks und fordern aktiv den richtigen Einsatz richtiger Mittel ein.[138] Insbesondere im zweiten Fall, einer Delegation von höherer Stelle, können Spezialisierungs- und Erfahrungsvorteile konterkariert werden, wenn Manager sich ungewollt kontrolliert fühlen.[139] Die Anforderungen der Ergänzungsaufgaben an Controller bestehen neben einem fundierten Methodenwissen in Faktenwissen über das Geschäft, die Branche, den Markt und die Manager. Controller müssen zudem ihre Sichtweise kommunizieren können.

Begrenzungsaufgaben sind ein Sonderfall einer Ergänzung von Managern. Auch hierbei ist es Aufgabe von Controllern, entlang des Führungszyklus zum Beispiel durch kritisches Hinterfragen von Planprämissen Rationalitätsdefizite zu reduzieren oder zu verhindern. Im Unterschied zu Ergänzungsaufgaben sind jedoch nicht kognitive Beschränkungen der Manager zu ergänzen, sondern deren eigeninteressiertes, mit den Unternehmenszielen konfligierendes Handeln zu begrenzen.[140] Der Controller wird zum *„Hüter der ökonomischen Moral“*.[141] Der Auftrag zur Begrenzung erfolgt von einer höheren Stelle. Analog zu Ergän-

---

136 Vgl. Weber, J. (2004a), S. 38.

137 Vgl. Weber, J./Schäffer, U./Prenzler, C. (2001), S. 30ff.

138 Vgl. Schäffer, U./Weber, J. (2004), S. 463.
PIETSCH/SCHERM diskutieren in ihrer Konzeption eines reflexionsorientierten Controllings die abweichungs- und perspektivenorientierte Reflexion. Während die abweichungsorientierte Reflexion mit der klassischen Kontrolle gleichzusetzen ist, finden sich unverkennbare Parallelen zwischen perspektivenorientierter Reflexion und der hier vorgestellten Ergänzung des Managements durch das Controlling. So sehen PIETSCH/SCHERM die Distanz zu getroffenen Entscheidungen als wesentliches Ziel einer perspektivenorientierten Reflexion durch das Controlling an und beziehen sich in diesem Zusammenhang auf Controllerrollen, die einen kritischen Dialog zwischen Controllern und Managern umfassen, wie zum Beispiel des kritischen Counterparts oder Sparringspartners. Den unterschiedlichen Formen des kritischen Dialogs – dieser kann von einem einfachen Mitdenken bis hin zu einem kritischen Infragestellen der Argumente des Managements reichen – ist gemeinsam, dass *„der Controller das Ziel verfolgt, die Wahrnehmungs- und Handlungsmuster des Managers kritisch zu hinterfragen“*. Vgl. Pietsch, G./Scherm, E. (2001), S. 309ff.

139 Vgl. Lanter, N. (1996), S. 156ff. und 175ff.

140 Bereits 1980 regt BAUMGARTNER implizit eine Begrenzung durch Controller an. *„Schließlich müssen wir uns aber auch fragen, ob es ausreicht, dass der Controller lediglich die Fähigkeit zu Reaktion, zur Adoption und zur Koordination sichert, oder ob es nicht auch seine Aufgabe sein sollte, die Bereitschaft der Instanzen zu entsprechenden Entscheidungen zu fördern oder gar zu erzwingen.“* Baumgartner, B. (1980), S. 99. Vgl. auch Schildbach, T. (1992), S. 30.

141 Weber, J. (2004a), S. 42.

zungsaufgaben begrenzen Controller darüber hinaus auch aus eigener Initiative, sofern dies erforderlich ist. Mit begrenzenden Tätigkeiten wird die Realisierung von Motivationseffekten intendiert. Controller stellen sicher, dass Manager im Sinne der Unternehmensziele handeln. Ein hohes Maß an Faktenwissen sowie eine enge Interaktion mit Managern im Rahmen der Entlastung oder Ergänzung erlauben es ihnen, eigeninteressiertes Handeln von Managern zu erkennen, das nicht im Einklang mit den Zielen des Unternehmens steht. Auch für die Wahrnehmung von Begrenzungsaufgaben müssen Controller unabhängig sein.[142]

2.1.2.2 Differenzierung nach den klassischen Aufgabenbereichen

Die abstrakteren Entlastungs-, Ergänzungs- und Begrenzungsaufgaben von Controllern liegen „quer“ zu ihren konkreteren Aufgaben: Die klassischen Controlleraufgaben – Informationsversorgung, Planung und Kontrolle – können sowohl entlastenden, ergänzenden als auch begrenzenden Charakter haben.[143] Sie sollen im Folgenden unter Rückgriff auf konzeptionelle und empirische Literatur näher betrachtet werden.[144]

2.1.2.2.1 Informationsversorgung

Eine der empirisch beobachtbaren Kernaufgaben von Controllern ist die Versorgung der Träger der Führungshandlungen mit Informationen im Führungszyklus.[145] Unter Informationen werden hier zu einem bestimmten Zweck übermittelte Daten[146] verstanden, die Wissen[147] repräsentieren und bei ihrem Empfänger potentiell zu einer Erweiterung seines Wissens führen.[148]

---

142 Analog wird für Wirtschaftsprüfer ein hohes Maß an Unabhängigkeit gefordert. Vgl. Kilian, M. (2004), S. 191, und die dort angegebene Literatur.

143 Vgl. Weber, J. (2004a), S. 45. Neben den Aufgaben der Informationsversorgung, Planung und Kontrolle fallen sonstige Aufgaben wie die Übernahme des Projektmanagements oder des Risikomanagements an.

144 Übergreifende Koordinationsaufgaben, zu denen – so WEBER (vgl. Weber, J. (2002b), S. 26f.) – zum Beispiel Beratungsaufgaben von Controllern gehören, sollen hier nicht betrachtet werden. In dieser Arbeit werden die Aufgaben der Informationsversorgung, Planung und Kontrolle betrachtet.

145 Vgl. Landsberg, G. v./Mayer, E. (1988), S. 71; Sahl, N./Schmidt, R. (1991), S. 33; Amshoff, B. (1993), S. 320ff.; Niedermayr, R. (1994), S. 213ff.; Stoffel, K. (1995), S. 79ff.; Horváth, P. (2003), S. 20; Weber, J. (2004a), S. 105ff. Im Folgenden wird nur die formale Informationsversorgung betrachtet.

146 Unter Daten werden hier mit einer Bedeutung versehene Zeichen oder Zeichenreihen verstanden. Vgl. Schäffer, U. (1996a), S. 45; Wall, F. (1999), S. 28.

147 Wissen umfasst die Bestandsmenge aller im menschlichen Gedächtnis repräsentierten Daten mit Handlungsbezug. Vgl. zu dieser Definition Schäffer, U. (1996a), S. 47.

148 Vgl. zu dieser Definition Weber, J. (2004a), S. 104f.
Im wirtschaftswissenschaftlichen Schrifttum herrscht Uneinigkeit über den Informationsbegriff (vgl. Lehner, F./Maier, R. (1994), S. 8ff. und S. 77) oder er wird gar für undefinierbar gehalten (vgl. Kirsch, W. (1977), S. 79). Eine häufige Definition in der Betriebswirtschaftslehre ist nach WITTMANN die Information als zweckorientiertes Wissen. Vgl. Wittmann, W. (1959), S. 14.
BODE hat sich intensiv mit dem Informationsbegriff in der Betriebswirtschaftslehre auseinandergesetzt und mit den Dimensionen Semiotik, Träger, Neuheitsgrad, Wahrheitsgehalt und Zeitbezogenheit ein Raster für die Einordnung unterschiedlicher Definitionen geschaffen. Während mit Bezug auf die Dimension der Semiotik der hier verwendete Datenbegriff der semantischen Ebene zuzuordnen ist (Zeichen oder Zeichenreihen mit Bedeutung), hat der Informationsbegriff pragmatischen Charakter, da Informationen einen Zweckbezug aufweisen. Vgl. Bode, J. (1997).
KOSIOL ordnet Informationen in das System wirtschaftlicher Güter ein und bezeichnet sie als immaterielle Realgüter. Vgl Kosiol, E. (1966), S. 167ff.

Der Informationsversorgung kommt innerhalb des Aufgabenspektrums von Controllern eine wichtige Rolle zu: Frühe Definitionsansätze des Controllings stellen auf die Informationsversorgung als Kern des Controllings ab.[149] Zudem verwenden Controller einen hohen Anteil ihrer Zeit auf die Erfüllung der Informationsversorgungsaufgabe.[150] Schließlich ist die Versorgung mit Informationen grundsätzlich als die Basis einer rationalen Unternehmensführung anzusehen.[151] BAUER konnte eine Beziehung zwischen hochwertigen Informationsdiensten von Controllern und dem Unternehmenserfolg empirisch bestätigen.[152]

Übergeordnet dienen die von den Controllern bereitgestellten Informationen zum einen der Entscheidungsfundierung. Sie schaffen Transparenz und reduzieren die Unsicherheit.[153] Zum anderen sollen sie im weitesten Sinne das Verhalten der Träger der Führungshandlungen steuern.[154] Die konkreten, mit der Informationsversorgung verfolgten Zwecke leiten sich aus den Aufgaben der Informationsempfänger ab. Sie sind deckungsgleich mit den in der Literatur erläuterten Berichtszwecken: Dokumentation, Planung, Kontrolle, Steuerung.[155] Das Spektrum der für diese Zwecke bereitzustellenden Informationen ist breit und geht über den angestammten Bereich von Controllern hinaus.[156]

Zweckentsprechend werden Informationen auch unterschiedlich genutzt. Für eine Klassifizierung der Nutzungsarten von Informationen erweist sich der Rückgriff auf die Marketingliteratur und insbesondere einen Beitrag von MENON/VARADARAJAN als fruchtbar.[157] MENON/VARADARAJAN stellen eine Vielzahl von Konzepten und Operationalisierungen vor und bezeichnen die Unterscheidung in eine instrumentelle, konzeptionelle und symbolische In-

---

PICOT/FRANCK bezeichnen Informationen gar als *„die unternehmerische Ressource schlechthin"*. Picot, A./Franck, E. (1988), S. 544.

149 Vgl. Hoffmann, F. (1972), S. 85; Heigl, A. (1989), S. 3. Vgl. auch Schildbach, T. (1992), S. 23; Reichmann, T. (2001).
Bereits 1954 haben SIMON ET AL. die Ergebnisse einer empirischen Studie des Controllerbereichs veröffentlicht, die diesem die gezielte Beschaffung und Weiterleitung von Informationen zuweisen. Vgl. Simon, H. A. et al. (1954).

150 Vgl. Weber, J./David, U./Prenzler, C. (2001), S. 15.

151 Insofern ist es nachvollziehbar, dass bei der Einführung eines Controllings oftmals der erste Schritt der Aufbau der Informationsversorgung ist. Vgl. Weber, J. (2002b), S. 9. Siehe weiter Gaydoul, P. (1980), S. 152; Hauke, P. (1984), S. 7; Sahl, N./Schmidt, R. (1991), S. 33; Amshoff, B. (1993), S. 267; Eschenbach, R./Niedermayr, R. (1996), S. 76; Bauer, M. (2002), S. 49; Pietsch, G./Scherm, E. (2003), S. 1f. Ähnlich Küpper, H.-U. (2005), S. 109.

152 Vgl. Bauer, M. (2003), S. 119f.

153 Vgl. Likert, R. (1967), S. 128; Witte, E. (1972), S. 12ff.; Heinen, E. (1976), S. 21ff.; Hauke, P. (1984), S. 30. Informationen werden auch als *„Rohstoffe von Entscheidungen"* angesehen. Vgl. Teichmann, H. (1984), Sp. 1894. Siehe auch Witte, E. (1972), S. 10ff.; Simon, H. A. (1957), S. 123ff.

154 Vgl. Niedermayr, R. (1994), S. 91. Zu diesen beiden grundsätzlichen Zwecken der Informationsversorgung vgl. für den Kontext der Kostenrechnung beziehungsweise des Management Accounting zum Beispiel Horngren, C. T. (1992), S. 296f.

155 Vgl. Asser, G. (1971), S. 661; Küpper, H.-U. (2001), S. 152f.; Horváth, P. (2003), S. 608.

156 Vgl. für eine Übersicht Horváth, P. (2003), S. 351. Siehe auch Weber, J. (2004a), S. 106ff.

157 Vgl. für einen Überblick über Formen der Informationsnutzung in der Marketingliteratur Karlshaus, J. T. (2000), S. 22ff. Für einen allgemeinen Überblick vgl. Schäffer, U./Steiners, D. (2004).

formationsnutzung als das am weitesten verbreitete Konzept.[158] Bei einer instrumentellen Nutzung werden Informationen unmittelbar zur Fundierung von Entscheidungen herangezogen. Die konzeptionelle Nutzung ist ein entscheidungsunabhängiger Gebrauch der Informationen. Die Informationsnutzung wirkt sich lediglich auf das Wissen über grundlegende Zusammenhänge oder Wirkungsmechanismen im Unternehmen und im Unternehmensumfeld oder die Ziele des Akteurs aus. Die Informationen dienen darüber hinaus als Kommunikationsgrundlage. Das Entscheidungsverhalten wird so nur indirekt geprägt. Eine symbolische Informationsnutzung liegt vor, wenn Informationen nachträglich eine bereits getroffene Entscheidung argumentativ stützen beziehungsweise legitimieren.[159] Die unterschiedlichen Nutzungsarten sind mit unterschiedlichen Anforderungen an die Gestaltung der Informationsversorgung verbunden.[160]

Zur Schaffung einer transparenten, informationellen Basis rationaler Unternehmensführung obliegt Controllern die Sicherung der Deckungsgleichheit zwischen dem Informationsangebot und dem objektiven sowie subjektiven Informationsbedarf, wobei Letzterer die Basis der Informationsnachfrage bildet.[161] Die konkreten Aufgaben werden in der Literatur in system- und prozessorientierte Teilaufgaben untergliedert.[162]

Die systemorientierten Teilaufgaben umfassen die Etablierung eines Informationsversorgungssystems und damit die Festlegung der grundsätzlichen Elemente der Informationsversorgung wie die Informationsempfänger, die Übermittlungszeitpunkte und -formen, die Informationsversorgungsinstrumente und -methoden sowie die Beobachtungsbereiche beziehungsweise die internen und externen Datenquellen. Als Mittel zur Erfassung und Beschaffung von Informationen dient auf operativer Ebene ein leistungsfähiges Rechnungswesen, das

158 Vgl. zum Folgenden Menon, A./Varadarajan, P. R. (1992). Diese aus der Marketingliteratur stammende Differenzierung ist kompatibel mit den im Rechnungswesen gängigen Informationsnutzungsformen. Vgl. zu dieser Überlegung Karlshaus, J. T. (2000), S. 38f. Vgl. zu den Informationsnutzungsformen in der Rechnungswesenliteratur zum Beispiel Macintosh, N. B. (1994), S. 150ff.; Birnberg, J. G./Turopolec, L./Young, S. M. (1983), S. 112f.; Ansari, S./Euske, K. J. (1987), S. 549ff.

159 Der übliche Zusammenhang zwischen Informationen und Entscheidungen wird hierbei umgedreht. Entscheidungen fungieren als Rohstoffe für Informationsversorgungsleistungen. Vgl. Pietsch, G./Scherm, E. (2003), S. 9. Siehe auch O'Reilly, C. A. (1978), S. 175; Feldman, M. S./March, J. G. (1981); Ansari, S./Euske, K. J. (1987), S. 552; Chapman, C. S. (1997); Aust, R. (1999), S. 58; Pfeffer, J. (1999), S. 242ff.; Schäffer, U./Steiners, D. (2004), S. 388.
Diese Form der Informationsnutzung wird in der Rechnungswesenliteratur negativ bewertet, jedoch – solange sie im Einklang mit den Unternehmenszielen steht – in der Marketingliteratur durchaus positiv beurteilt.

160 Vgl. Weber, J. (2004a), S. 115.

161 AMSHOFF spricht in diesem Zusammenhang auch von der Sicherung der Informationskongruenz. Vgl. Amshoff, B. (1993), S. 193f. Siehe auch Gaydoul, P. (1980), S. 151ff.; Schmidt, A. (1986), S. 88ff; Niedermayr, R. (1994), S. 65.

162 Siehe zum Folgenden insbesondere die Übersichten bei Amshoff, B. (1993), S. 275ff. sowie 321ff. Vgl. auch Berthel, J. (1975), S. 23ff.; Kirsch, W./Klein, H.-K. (1977a), S. 46ff.

für Controllingzwecke auszubauen ist.[163] Auf strategischer Ebene ist die Erarbeitung einer Analysestruktur der zu beobachtenden Umwelt- und Unternehmensbereiche relevant, die sowohl ungezielte als auch routinemäßige Beobachtungen kanalisiert.[164] In unmittelbarem Zusammenhang zu dem Informationsversorgungssystem steht ein tragfähiges Datenverarbeitungssystem.[165]

Die prozessorientierten Teilaufgaben stellen die Informationsversorgungsaufgabe im engeren Sinne dar. Sie umfassen den innerhalb eines Informationsversorgungssystems stattfindenden Informationsversorgungsprozess, der in die Phasen der Informationsbedarfsermittlung, Datenbeschaffung, Datenweiterverarbeitung, Informationsspeicherung sowie Informationsaufbereitung und -übermittlung untergliedert werden kann.[166]

In der ersten Phase ist der Informationsbedarf als die *„Summe derjenigen Informationen, die zur Erfüllung eines informationellen Interesses [...] erforderlich sind“*[167], für die Aufgabenerfüllung im Führungszyklus hinsichtlich Inhalt, Form und Zeitpunkt zu ermitteln, so dass das Informationsangebot die Eigenschaften der Vollständigkeit, Zweckadäquanz, Zuverlässigkeit, Verständlichkeit, Rechtzeitigkeit und Wirtschaftlichkeit erfüllt.[168] Der objektive Informationsbedarf leitet sich aus den Aufgaben der Informationsempfänger ab und umfasst die zur Erfüllung dieser Aufgaben objektiv erforderlichen Informationen.[169] Neben den Aufgaben ist auch der Unternehmenskontext ein wichtiger Anhaltspunkt für die Bestimmung des objektiven Informationsbedarfs.[170] Der subjektive Informationsbedarf hängt von dem Empfänger, seinen Fähigkeiten und Einstellungen ab.[171] Objektiver und subjektiver Informationsbedarf sind in der Regel nicht deckungsgleich.[172] Objektiv erforderliche Informationen sind nicht immer Bestandteil des subjektiven Informationsbedarfs. Umgekehrt kann der subjektive und artikulierte Informationsbedarf objektiv nicht erforderliche

---

163 Vgl. Baumgartner, B. (1980), S. 39f.; Landsberg, G. v./Mayer, E. (1988), S. 69; Amshoff, B. (1993), S. 270f. und 320f.; Niedermayr, R. (1994), S. 80; Weber, J. (2004a), S. 135ff.

164 Vgl. Niedermayr, R. (1994), S. 81.

165 Vgl. Gaydoul, P. (1980), S. 208ff.; Niedermayr, R. (1994), S. 81.

166 Analog zu einer in der Literatur diskutierten Strukturierung des Entscheidungsprozesses ist auch der Informationsversorgungsprozess als eine Strukturierung zu analytischen Zwecken zu verstehen. In der Realität können sich Phasen überlappen oder in einer anderen zeitlichen Reihenfolge auftreten. Es finden sich unterschiedliche Strukturierungen des Informationsversorgungsprozesses in der Literatur. Vgl. hierzu Wacker, W. H. (1971), S. 195; Berthel, J. (1975); Wittmann, W. (1980); Gemünden, H. G. (1992); Amshoff, B. (1993), S. 272ff.; Koch, R. (1994), S. 43ff.; Küpper, H.-U. (2005), S. 110.

167 Vgl. Berthel, J. (1992), Sp. 873. Vgl. auch Wall, F. (1999), S. 33.

168 Vgl. zu verschiedenen Informationseigenschaften zum Beispiel Tushman, M. L./Nadler, D. A. (1978); Berthel, J. (1992), Sp. 872ff.; Gemünden, H. G. (1993), Sp. 1726; Küpper, H.-U. (2001), S. 139; Horváth, P. (2003), S. 362f., sowie insbesondere die Übersicht bei Weißenberger, B. E. (1997), S. 34f.

169 Vgl. Berthel, J. (1975), S. 32.

170 Vgl. hierzu den Kontingenzansatz des Behavioral Accounting. Siehe für einen Überblick Schoenfeld, H.-W. M. (1993); Littkemann, J. (1997).

171 Vgl. Küpper, H.-U. (2005), S. 141f.

172 Vgl. Horváth, P. (2003), S. 363; Weber, J. (2004a), S. 119.

Informationen umfassen. Aufgabe von Controllern ist es, mit verschiedenen Methoden der Informationsbedarfsanalyse den objektiven und subjektiven Bedarf zu ermitteln[173] sowie die Informationsnachfrage anzuregen[174]. Die bereitzustellenden Informationen werden aus einer Zusammenschau der unterschiedlichen Bedarfe festgelegt. Dabei kann die Informationsversorgungsaufgabe, die in erster Linie entlastenden Charakter hat, auch ergänzend und begrenzend wirken,[175] so dass nicht nur aus der Entlastung resultierende Kapazitäts- und Spezialisierungseffekte, sondern auch Erfahrungs- und Motivationseffekte realisiert werden können.[176]

Im Anschluss an die Informationsbedarfsermittlung und die Festlegung der bereitzustellenden Informationen ermitteln Controller in der Phase der Datenbeschaffung den Datenstand. Die vorhandenen Datenquellen und ihre Inhalte werden erfasst und hinsichtlich ihrer Eignung zur Erfüllung des ermittelten Informationsbedarfs beurteilt. Auf dieser Basis können mögliche Datenlücken identifiziert werden.[177] Für Daten, die nicht unmittelbar aus bestehenden Systemen abgerufen werden können, sind Bezugsquellen innerhalb und außerhalb des Unternehmens zu ermitteln und zu koordinieren.[178] Dabei sind der zeitliche und monetäre Aufwand der Datenbeschaffung gegen den Nutzen der Daten abzuwägen. Die Komplexität der Entscheidung über die Datenbeschaffung steigt bei mehreren möglichen Datenquellen.

In der nächsten Phase werden die beschafften Daten gegebenenfalls weiterverarbeitet, nach Regeln miteinander verknüpft und analysiert.[179] In dieser Phase erfolgt die „technische" Anwendung vieler betriebswirtschaftlicher Instrumente beziehungsweise Controllinginstrumente beispielsweise der Kosten- und Leistungsrechnung, des Target Costing oder Verfahren der Investitionsrechnung etc.[180]

---

173 KÜPPER unterscheidet die Methoden der Informationsbedarfsanalyse anhand der verschiedenen Quellen sowie zwei grundsätzlichen Analysemethoden – der deduktiven und der induktiven Methode der Informationsbedarfsermittlung. Bei der induktiven Methode der Bedarfsanalyse werden die tatsächlichen Gegebenheiten im Unternehmen analysiert, um daraus Schlüsse auf den Informationsbedarf zu ziehen. Bei der deduktiven Methode der Bedarfsanalyse soll der Informationsbedarf systematisch mittels logischer Analysen der Aufgaben und Problemstellungen der Informationsempfänger abgeleitet werden. Vgl. ausführlich Küpper, H.-U. (2005), S. 144ff.; Horváth, P. (2003), S. 374ff.

174 Vgl. Welge, M. K. (1988), S. 36; Amshoff, B. (1993), S. 272f. Die Aufgabe der Erhöhung des geäußerten Informationsbedarfs trägt der von WITTE aufgestellten und bestätigten Hypothese Rechnung, dass die Entscheidungseffizienz nicht mit der Informationsversorgung, sondern der aktiven Informationsnachfrage korreliert. Vgl. Witte, E. (1972), S. 47ff. AMSHOFF zeigt jedoch, dass die Wahrnehmung dieser Aufgabe noch nicht sehr ausgeprägt ist. Vgl. Amshoff, B. (1993), S. 321f.

175 Vgl. Gaydoul, P. (1980), S. 153; Niedermayr, R. (1994), S. 90.

176 Vgl. Peffekoven, F. P. (2004), S. 563.

177 Vgl. Berthel, J. (1975), S. 59; Amshoff, B. (1993), S. 273.

178 Vgl. Niedermayr, R. (1994), S. 90.

179 Vgl. Sahl, N./Schmidt, R. (1991), S. 33; Niedermayr, R. (1994), S. 90f.

180 Vgl. zu dieser Sichtweise Horváth, P. (2003), insbesondere S. 373ff.

Fallen der Zeitpunkt der Informationserstellung und der Informationsverwendung auseinander, sind die Informationen zu speichern. Diese sehr technische Aufgabe von Controllern innerhalb der Informationsversorgung wird nicht weiter betrachtet.[181]

In der letzten Phase werden die Informationen aufbereitet und übermittelt. Empirisch ist dies eine der wichtigsten Phasen des Informationsversorgungsprozesses.[182] Von Relevanz ist in diesem Zusammenhang das betriebliche Berichtswesen, das *„die Informationserstellung und -übermittlung in Form von Berichten an die Mitarbeiter, vor allem an die Führungspersonen einer Unternehmung"* umfasst.[183] Berichte dienen der Überbrückung des Entstehungs- und Verwendungsorts von Informationen in Unternehmen.[184] Die Gestaltung des Berichtswesens erfolgt jedoch nicht allein unter dem Aspekt der Informationsübermittlung, sondern ist in die Gestaltung der Informationsversorgung als Ganzes einzubetten.[185] Die Berichte sind entlang verschiedener Dimensionen wie Berichtsersteller, Berichtsempfänger, Berichtszweck, Berichtsinhalt, Berichtsform, Berichtstermin und Berichtstyp[186] auszugestalten.[187] Unter Ausschöpfung dieses Gestaltungsspektrums produzieren Controller – hier als die Berichtsersteller – empfängerorientierte Berichte und übermitteln sie. Im Anschluss an die Übermittlung stellen sie sicher, dass die Bedeutung der Informationen erfasst wird und die Träger der Führungshandlungen sie richtig nutzen.

2.1.2.2.2 Planung

Planung wird in der Betriebswirtschaftslehre nicht einheitlich definiert. Die meisten Definitionen fassen Planung als einen systematischen, informationsverarbeitenden Prozess zur Erstellung eines Entwurfs auf, der zukunftsbezogenes Handeln zielorientiert vorbereitet.[188] Die wesentlichen aus dieser Definition resultierenden Merkmale der Planung sind ihre Zukunfts-, Ziel- und Gestaltungsbezogenheit sowie ihre Rationalität.[189] Das Merkmal der Rationalität ist auf die systematische und zielgerichtete Vorgehensweise der Planung zurückzuführen, wobei Ziele normative Aussagen oder Vorstellungen sind, die erwünschte oder angestrebte zukünftige Zustände der Realität beschreiben.[190] Planung entspricht im Wesentli-

181 Vgl. Amshoff, B. (1993), S. 320.

182 Vgl. Hahn, D. (1978); Reichmann, T./Kleinschnittger, U. (1987), S. 1093 und 1109; Amshoff, B. (1993), S. 321; Niedermayr, R. (1994), S. 215.

183 Küpper, H.-U./Weber, J. (1997), S. 27. Vgl. weiter Göpfert, I. (2002), Sp. 145; Koch, R. (1994), S. 53; Küpper, H.-U. (2001), S. 152f.; Weber, J. (2004a), S. 281.

184 Vgl. Horváth, P. (2003), S. 607; Weber, J./Schaier, S./Strangfeld, O. (2005), S. 13.

185 Hier verdeutlicht sich die Strukturierung des Informationsversorgungsprozesses zu analytischen Zwecken.

186 Als Berichtstypen werden Standard-, Bedarfs- und Abweichungsberichte unterschieden. Vgl. Weber, J./Schaier, S./Strangfeld, O. (2005), S. 19f.

187 Vgl. Küpper, H.-U. (2005), S. 152ff.; Weber, J. (2004a), S. 282ff.

188 Vgl. hierzu Kosiol, E. (1965), S. 389; Wild, J. (1982), S. 13; Amshoff, B. (1993), S. 185; Schweitzer, M. (2005), S. 21; Adam, D. (1996), S. 31ff.; Küpper, H.-U. (2005), S. 63; Horváth, P. (2003), S. 168; Macharzina, K./Wolf, J. (2005), S. 348; Weber, J. (2004a), S. 311.

189 Vgl. Schweitzer, M. (2005), S. 17f.; Goeldel, H. (1997), S. 11f.; Küpper, H.-U. (2005), S. 63.

190 Vgl. Amshoff, B. (1993), S. 151, und die dort angegebene Literatur.

chen einer primär reflexiv ausgeprägten Willensbildung.[191] Als Planungsinhalte können Ziele, Maßnahmen und Ressourcen unterschieden werden.[192] Planung kann weiter nach den Gegenstandsbereichen (Funktionsbereichen, Divisionen usw.), dem Zielbezug (formalziel- oder sachzielorientiert) sowie nach dem Horizont beziehungsweise den Planungsebenen (strategisch, taktisch, operativ) unterschieden werden.[193] Controller sind vor allem in die operative Planung, insbesondere die formalzielorientierte operative Planung, die Budgetierung, involviert.[194] Das Resultat der Planung sind Pläne. Pläne werden als ergebnisbezogene Anordnungen charakterisiert und stellen das dominierende Instrument der Willensdurchsetzung dar.[195]

Der übergeordnete Zweck der Planung besteht darin, die Erfolgswahrscheinlichkeit von Unternehmensaktivitäten durch wirtschaftliches Handeln, die effektive und effiziente Allokation knapper Ressourcen, zu erhöhen.[196] Hieraus lassen sich nachrangige Zwecke ableiten.[197] In Anlehnung an WEBER sind *Prognose*, *Koordination* und *Motivation* die drei wesentlichen Zwecke der Planung.[198] Die Erfüllung des Prognosezwecks strebt die Reduktion von Unsicherheit und Komplexität an. Unsicherheit und Komplexität sind wesentliche Merkmale bei den von den Trägern der Führungshandlungen zu treffenden Entscheidungen. In der Planung sollen wichtige Einflussgrößen des Unternehmenserfolgs bestimmt und ihre Entwicklung prognostiziert werden. So können frühzeitig Risiken, aber auch Chancen erkannt und eine erfolgreiche Anpassung des Unternehmens an die Rahmenbedingungen bewirkt werden sowie das Unternehmensgeschehen insgesamt transparenter und kalkulierbarer gemacht werden. Darüber hinaus trägt die Planung dazu bei, dass das Verhalten einzelner Mitarbeiter oder Unternehmensbereiche vorhersehbarer wird, indem Handlungsalternativen

---

[191] Vgl. Wild, J. (1982), S. 13; Macharzina, K./Wolf, J. (2005), S. 348f.; Weber, J. (2004a), S. 312. GOELDEL arbeitet heraus, dass Planung nicht mit Willensbildung gleichzusetzen ist. Planung ist zwar immer eine Form der Willensbildung. Da das Ergebnis eines Willensbildungsprozesses aber nicht notwendigerweise ein Plan ist, entspricht die Willensbildung nicht immer der Planung. Von dieser Unterscheidung soll jedoch im Folgenden abstrahiert werden, da Controller typischerweise in einem Kontext handeln, in dem eine Koordination durch Pläne dominiert und der hierfür typische Willensbildungsprozess die Planung ist. Vgl. Goeldel, H. (1997), S. 64f.

[192] Vgl. Pfohl, H.-C. (1981), S. 116ff.; Amshoff, B. (1993), S. 250ff. Siehe auch die Abbildung bei Horváth, P. (2003), S. 205.

[193] Vgl. Horváth, P. (2003), S. 202; Küpper, H.-U. (2005), S. 68; Weber, J. (2004a), S. 319 sowie 365ff., 423ff., 487ff.

[194] Vgl. Baumgartner, B. (1980), S. 39; Reichmann, T./Kleinschnittger, U. (1987), S. 1109; Sahl, N./Schmidt, R. (1991), S. 32; Amshoff, B. (1993), S. 308f.; Niedermayr, R. (1994), S. 213ff.; Stoffel, K. (1995), S. 174 sowie 248; Peemöller, V. H. (1997), S. 152.

[195] Vgl. Weber, J. (2004a), S. 312.

[196] Vgl. Arbeitskreis „Integrierte Unternehmensplanung" der Schmalenbach-Gesellschaft – Deutsche Gesellschaft für Betriebswirtschaft e. V. (1991), S. 813. Siehe auch Schweitzer, M. (2005), S. 23; Küpper, H.-U. (2005), S. 63; Horváth, P. (2003), S. 169.

[197] Vgl. zum Folgenden Schweitzer, M. (2005), S. 23; Goeldel, H. (1997), S. 13ff.; Pfohl, H.-C./Stölzle, W. (1997), S. 65ff.; Horváth, P. (2003), S. 168ff.; Macharzina, K./Wolf, J. (2005), S. 351f.

[198] Vgl. Weber, J. (2004a), S. 417.

festgelegt und andere ausgeschlossen werden.[199] Die Erfüllung des Koordinationszwecks bedeutet, dass interdependente Entscheidungen und Handlungen durch die Planung vorbereitet und in einem Gesamtplan integriert werden. Koordinationsbedarf besteht sowohl horizontal – über verschiedene Unternehmensbereiche – als auch vertikal – über verschiedene Planungsebenen – hinweg. Der Motivationszweck ist ein mitarbeiterorientierter Aspekt. Die Mitarbeiter sollen durch die als Leistungsanreiz verwendeten Planwerte sowie durch die Mitwirkung an der Planung zur Erreichung der Unternehmensziele angeregt werden.

In der Controllingliteratur besteht Einigkeit darüber, dass Controller an der Planung der Ziele, Maßnahmen und Ressourcen eines Unternehmens beteiligt sind. Die Planungsaufgabe ist eine ihrer Kernaufgaben.[200] Controller agieren überwiegend in einem Unternehmensumfeld, das durch den Koordinationsmechanismus „Pläne“ geprägt ist und sind für die Funktionsfähigkeit dieses Koordinationsmechanismus verantwortlich.[201] Auch die Planungsaufgabe kann in system- und prozessorientierte Teilaufgaben gegliedert werden. Daneben haben Controller gemäß WEBER die Aufgabe, Pläne zu hinterfragen und so die Rationalität der Planentstehung zu sichern.[202]

Die systemorientierten Teilaufgaben werden als Metaplanung bezeichnet.[203] Dies ist ein wichtiges Aufgabengebiet von Controllern, in dem sie weitgehend über ein alleiniges Entscheidungsrecht verfügen.[204] Durch die Etablierung eines angemessenen Planungssystems schaffen sie die Voraussetzungen für eine bewusste, systematische und methodisch saubere Planung. Festzulegen sind zum Beispiel die Teilpläne, die Zahl der Planungsebenen, der Detaillierungsgrad der Pläne sowie die Planungszeiträume.[205] Unter die systemorientierten Teilaufgaben fällt auch eine methodische und instrumentelle Unterstützung durch die Controller. Beispiele hierfür sind die Erstellung von Planungshandbüchern, in denen in Abhängigkeit der zu lösenden Probleme Instrumente und Methoden vorgegeben werden, sowie die Lieferung konkreter Planungstools, wie beispielsweise Spreadsheets zur Ermittlung eines Kapitalwerts.[206] Schließlich erarbeiten Controller einen Planungskalender, in dem vom Anfangstermin der Planung bis zum Endtermin die unterschiedlichen Planungsebenen,

199 Vgl. Wild, J. (1982), S. 16.

200 Vgl. Hahn, D. (1978), S. 202ff.; Amshoff, B. (1993), S. 308ff.; Niedermayr, R. (1994), S. 213ff.; Horváth, P. (2003), S. 20. Siehe auch bereits Peirce, J. L. (1954). SZYPERSKI/MÜLLER-BÖLING arbeiten heraus, dass Controllern vielfältige Planungsaufgaben zugewiesen werden und eine Abgrenzung zu den als zentrale oder dezentrale Planungsabteilung bezeichneten speziellen Planungsorganen in der betrieblichen Praxis keineswegs eindeutig möglich ist. Vgl. Szyperski, N./Müller-Böling, D. (1984), S. 135.

201 Vgl. Weber, J. (2004a), S. 65ff.

202 Vgl. Weber, J. (2004a), S. 339ff.

203 Vgl. hierzu Amshoff, B. (1993), S. 254; Niedermayr, R. (1994), S. 78; Hamprecht, M. (1996), S. 32f.; Becker, H.-J. (2005), S. 16.

204 Vgl. Landsberg, G. v./Mayer, E. (1988), S. 69; Amshoff, B. (1993), S. 312f.; Niedermayr, R. (1994), S. 78.

205 Vgl. Amshoff, B. (1993), S. 255 und 310.

206 Vgl. Welge, M. K. (1988), S. 117; Peemöller, V. H. (1997), S. 100; Weber, J. (2004a), S. 343f.

-gegenstände und -inhalte in ihrer sachlogischen und zeitlichen Verknüpfung dargestellt werden.[207]

Die Erarbeitung eines Planungskalenders und damit die Aufgabe der Ablaufgestaltung bilden einen fließenden Übergang zu den prozessorientierten Teilaufgaben von Controllern in der Planung. Sie beziehen sich jeweils auf unterschiedliche Zielbezüge und Gegenstandsbereiche und fallen auf allen drei Planungsebenen – strategisch, taktisch, operativ – an.[208] Der Planungsprozess ist eine Detaillierung der Phase der Willensbildung des Führungszyklus. Er wird in der Literatur unterschiedlich gegliedert, besteht jedoch üblicherweise aus den Phasen der Zielbildung und Problemfeststellung, der Alternativengenerierung, Alternativenbewertung und Entscheidung.[209] Nicht immer vollziehen Controller in der Realität die Planungsaufgaben in der Reihenfolge, die der Planungsprozess vorsieht. Zudem ist die Zuordnung der Controlleraufgaben in der Planung zu den einzelnen Phasen des Planungsprozesses nicht immer eindeutig. Für den Fortgang der Arbeit ist jedoch allein von Bedeutung, dass die wesentlichen potentiellen Rationalitätsdefizite im Handeln von Controllern bei der Erfüllung der Planungsaufgabe erfasst werden.

Die Charakterisierung der Planung als informationsverarbeitender Prozess weist auf die Bedeutung der Versorgung der Träger der Führungshandlungen mit planungsrelevanten Informationen innerhalb des Planungsprozesses hin.[210] Die Informationsversorgung umspannt alle Phasen des Planungsprozesses. In der Phase der Zielbildung beziehungsweise Problemfeststellung sind Controller an der Erarbeitung der Planungsprämissen beteiligt, indem sie Umwelt- und Unternehmensanalysen oder -prognosen durchführen. Sie wirken bei der Festlegung des Analysespektrums mit und beschaffen oder generieren die benötigten Informationen.[211]

Controller sind auch – abhängig von der Planungsebene in unterschiedlichem Maße – an der sich anschließenden Zielbildung beteiligt. Sie brechen Ziele auf nachfolgende Planungsebenen herunter und tragen Sorge für ihre Operationalisierung.[212] Aus einer Zusammenschau der Ziele mit der Lageanalyse und -prognose sind Probleme bei der Erreichbarkeit erkenn-

---

207 Vgl. Amshoff, B. (1993), S. 253f. und 310; Franz, K.-P. (1995), S. 400ff.; Peemöller, V. H. (1997), S. 101.

208 Vgl. Amshoff, B. (1993), S. 310f.

209 Vgl. Zimmermann, C. (2001), S. 111; Horváth, P. (2003), S. 193ff.
Analog zum Informationsversorgungsprozess sind die Phasen des Planungsprozesses sach-logische Phasen, In der Realität werden nicht immer alle Phasen dieses Prozesses in dieser Reihenfolge, in jeder Planungsperiode und auf allen Planungsebenen durchlaufen. Vgl. Szyperski, N./Müller-Böling, D. (1984), S. 127f.

210 Vgl. Wacker, W. H. (1971), S. 42; Szyperski, N./Müller-Böling, D. (1984), S. 143; Amshoff, B. (1993), S. 307; Niedermayr, R. (1994), S. 83f.; Hamprecht, M. (1996), S. 33; Pietsch, G./Scherm, E. (2003), S. 7; Weber, J. (2004a), S. 338.

211 Vgl. Welge, M. K. (1988), S. 117; Becker, W. (1988), S. 274; Amshoff, B. (1993), S. 309; Wall, F. (1996), S. 10; Peemöller, V. H. (1997), S. 153; Weber, J. (2004a), S. 338.

212 Vgl. Weber, J. (2004a), S. 92ff. Siehe auch Becker, W. (1988), S. 274; Welge, M. K. (1988), S. 108ff.

bar.[213] In der Phase der Generierung von Handlungsalternativen erbringen Controller zumeist nur einfache Unterstützungsleistungen, sofern sich die Handlungsalternativen aus einer Kombination der in der Planperiode veränderbaren Größen, den so genannten Entscheidungsvariablen ergeben.[214] Intensiv eingebunden sind Controller in die Bewertung der Handlungsalternativen. Sie beschaffen oder generieren die hierfür erforderlichen Informationsgrundlagen und verarbeiten unter Umständen die Planungsannahmen unter Anwendung betriebswirtschaftlicher Methoden, so dass den Handlungsalternativen Wertgrößen zugeordnet werden können, die die Bildung einer Rangordnung und damit eine rationale Entscheidung erlauben.[215] Zudem gehört die Kommentierung der Tragfähigkeit dieser Bewertung zu den Aufgaben von Controllern. Darüber hinaus ist es Bestandteil der prozessorientierten Teilaufgaben, Pläne der strategischen, taktischen und operativen Planungsebene zu integrieren sowie Pläne verschiedener Gegenstandsbereiche (Funktionsbereiche, Divisionen etc.) abzustimmen, Abgleichrunden zu initiieren und zu moderieren.[216]

Des Weiteren betont WEBER die Aufgabe der inhaltsbezogenen Rationalitätssicherung der Planentstehung beziehungsweise der Pläne selbst.[217] Controller analysieren die Planentstehung und das Ergebnis im Hinblick auf Rationalitätsdefizite im Handeln von Managern, die sowohl in einem eigeninteressierten, mit den Unternehmenszielen konfligierenden Handeln als auch kognitiven Beschränkungen von Managern ihre Ursachen haben können. Unter Einnahme einer bewusst kritischen und risikoscheuen Haltung hinterfragen sie den Weg hin zu dem erarbeiteten Planansatz, die verwendeten Verfahren und Methoden sowie den Planansatz selbst, die geplanten Ziele, Maßnahmen und Ressourcen, die gesetzten Prämissen, die Berücksichtigung von Risiken sowie die herangezogenen Daten und Informationen.[218] Der Übergang zu Kontrollaufgaben ist fließend.[219]

Gemäß WEBER/SCHÄFFER obliegt Controllern in der Planung die Rationalitätssicherungsaufgabe, das erwähnte Spannungsfeld zwischen Reflexion und Intuition auszubalancieren.[220] Planung baut wesentlich auf Reflexion als Willensbildungsmechanismus auf.

---

213 Vgl. Küpper, H.-U. (2005), S. 64; Peffekoven, F. P. (2004), S. 178. SZYPERSKI/MÜLLER-BÖLING zeigen empirisch, dass Controller in die Problemerkennung involviert sind. Vgl. Szyperski, N./Müller-Böling, D. (1984), S. 143.

214 Vgl. Schweitzer, M. (2005), S. 24.

215 Vgl. Weber, J. (2004a), S. 434.

216 Vgl. Szyperski, N./Müller-Böling, D. (1984), S. 143; Amshoff, B. (1993), S. 257 und 310; Niedermayr, R. (1994), S. 83 und 86; Hamprecht, M. (1996), S. 33; Küpper, H.-U. (2005), S. 70f.; Weber, J. (2004a), S. 343f.

217 Vgl. Weber, J. (2004a), S. 339ff. Siehe ähnlich auch Szyperski, N./Müller-Böling, D. (1984), S. 143; Amshoff, B. (1993), S. 310 sowie Weber, J. (2004a), S. 339ff.

218 Vgl. ähnlich Welge, M. K. (1988), S. 117; Amshoff, B. (1993), S. 310f.; Niedermayr, R. (1994), S. 86.

219 PFOHL/STÖLZLE bezeichnen die Kontrolle der Planung als eine weitere Form der Kontrolle. Vgl. Pfohl, H.-C./Stölzle, W. (1997), S. 76.

220 Vgl. Weber, J./Schäffer, U. (1999a), S. 734; Pietsch, G./Scherm, E. (2003), S. 8f.; Weber, J. (2004a), S. 346ff. MINTZBERG konstatiert hierzu: „*To my mind, organizational effectiveness does not lie in that nar-*

Gleichwohl erbringt eine Kombination mit einer intuitiven Vorgehensweise insgesamt bessere Lösungen.[221] Naheliegend ist, dass Controller eine reflexive Willensbildung vertreten. Auf der Basis der reflexiven Analysen der Controller werden die intuitiven Urteile der Manager kritisch hinterfragt. Umgekehrt können Controller vor dem Hintergrund der intuitiven Einschätzung von Managern ihre reflexive Vorgehensweise noch einmal überprüfen.[222] Bei einem (vermeintlichen) Einklang von Reflexion und Intuition ist es Aufgabe von Controllern, bewusst Widersprüche zur Rationalitätssicherung der Planentstehung herbeizuführen.

Während die system- und prozessorientierten Teilaufgaben von Controllern in der Planung überwiegend entlastende und auch ergänzende Tätigkeiten darstellen und Kapazitäts- sowie Spezialisierungs- und Erfahrungseffekte aufgrund des hohen betriebswirtschaftlichen Fakten- und Methodenwissens und des geringeren Entgelts von Controllern realisiert werden sollen, hat der Aufgabenbereich der inhaltsbezogenen Rationalitätssicherung ergänzenden und begrenzenden Charakter. Neben kognitiven Beschränkungen der Träger der Führungshandlungen sollen auch eigeninteressiertes, mit den Unternehmenszielen konfligierendes Handeln aufgedeckt und begrenzt und neben den bereits erwähnten Effekten auch Motivationseffekte realisiert werden.

2.1.2.2.3 Kontrolle

Eng verbunden mit der Planung ist die Kontrolle.[223] WILD vertritt die These, Planung sei ohne Kontrolle sinnlos und Kontrolle ohne Planung unmöglich.[224] Auch wenn die Kontrolle wesentlich zur Absicherung der Planung beiträgt,[225] greift diese These zu kurz. Kontrollen können auch ohne vorherige Planung – zum Beispiel im Vergleich zu früheren Istwerten – durchgeführt werden. Insofern umfasst der Begriff Kontrolle mehr als die gleichnamige Phase im Führungszyklus, in der das realisierte Ergebnis mit dem gebildeten Willen vergli-

---

row-minded concept called ‚rationality'; it lies in a blend of clear-headed logic and powerful intuition.“ Vgl. Mintzberg, H. (1976), S. 58.

221 GOELDEL erläutert, dass je nach dem Grad der Wissensdefizite eine Willensbildung durch Intuition sogar dominieren kann. Da die Ebene der strategischen Planung durch ein höheres Maß an Unsicherheit und damit Wissensdefiziten gekennzeichnet ist, macht dies oftmals ein intuitives Vorgehen erforderlich. Vgl. Goeldel, H. (1997), S. 77ff.

222 Es sind jedoch auch Situationen denkbar, in denen die Förderung der Intuition von Managern durch Controller geboten scheint. WEBER/SCHÄFFER führen hierzu das Beispiel eines in dynamischeres Fahrwasser geratenen Unternehmens an, dessen Manager sich aufgrund höherer Wissensdefizite von bewährten Methoden verabschieden müssen. Aufgabe der Controller ist es, die Träger der Führungshandlungen auf der Grundlage ihrer Erfahrungen zu intuitiven Führungshandlungen zu ermutigen. WEBER/SCHÄFFER betonen, dass Reflexivität nicht mit Rationalität gleichzusetzen sei. Rationalität könne gerade aus der Nutzung des fruchtbaren Spannungsverhältnisses von Reflexion und Intuition entstehen. Vgl. Weber, J./Schäffer, U. (1999a), S. 736.
PIETSCH/SCHERM ziehen unmittelbar den Reflexionsbegriff zur Definition der Funktion des Controllings heran. Sie verstehen Reflexion jedoch anders als WEBER/SCHÄFFER und betonen den Handlungscharakter der Reflexion. Controlling wird von ihnen als Reflexion von Entscheidungen begriffen. Vgl. Pietsch, G./Scherm, E. (2001); Pietsch, G./Scherm, E. (2004).

223 Vgl. zu den Verbindungen zwischen Planung und Kontrolle Küpper, H.-U. (2001), S. 181ff.

224 Vgl. Wild, J. (1982), S. 44.

225 Vgl. Siegwart, H./Menzl, I. (1978), S. 86.

chen wird. Dementsprechend wird Kontrolle hier nicht ausschließlich als Soll-Ist-Vergleich, sondern allgemein als Vergleich zwischen einer Normgröße und einer zu prüfenden Größe definiert.[226] Zudem bezieht sich Kontrolle gemäß der hier vertretenen Definition nicht allein auf eine Gegenüberstellung der Größen. Ein prozessuales Verständnis umfasst daraus abgeleitete weitere Schritte.[227] Nach dem Aufdecken eines Kontrollproblems, der Festlegung der Vergleichsgrößen sowie der Durchführung des Vergleichs erfolgen die Analyse der festgestellten Abweichungen und die Ableitung von Handlungsimplikationen sowie die Aufbereitung und Übermittlung der Kontrollinformationen.[228] Die Kontrolle ist wie die Planung als systematischer, informationsverarbeitender Prozess anzusehen.[229]

Mit der Kontrolle sollen drei wesentliche Zwecke erfüllt werden:[230] Dem Zweck der *Dokumentation* entsprechend, werden Abweichungen zwischen den jeweiligen Vergleichsgrößen festgestellt. Auf dieser informatorischen Basis kommt der Kontrolle der Zweck der *Erkenntnisgewinnung* zu. Es werden Erkenntnisse über die Güte der Prämissen und getroffenen Prognosen, über die Ziele und ihre Erreichung gewonnen. Im Sinne einer Feed-back-Kontrolle werden diese Erkenntnisse dazu verwendet, gesetzte Ziele abzusichern und zu erreichen. Im Sinne einer Feed-forward-Kontrolle können sie aber auch zu einer Anpassung des Sollwerts beitragen. Der Zweck der Erkenntnisgewinnung betont den Lernaspekt der Kontrolle.[231] Schließlich sind Kontrollen auf die Erfüllung des *Präventivzwecks* gerichtet, da sie eine verhaltensbeeinflussende Wirkung auf die handelnden Akteure entfalten.[232] Neben den intendierten positiven Verhaltenseffekten können Kontrollen jedoch auch negative Effekte zur Folge haben, die es abzuwägen gilt.[233] Mit der Verfolgung dieser genannten Zwecke trägt die Durchführung von Kontrollen wiederum zum übergeordneten Zweck rationaler Unternehmensführung bei.

---

226 Vgl. Pfohl, H.-C. (1981), S. 59; Schweitzer, M. (2005), S. 89; Küpper, H.-U. (2005), S. 169.

227 Vgl. Posselt, S. G. (1986), S. 39; Schweitzer, M. (2005), S. 89f.; Weber, J. (2004a), S. 313f.

228 Vgl. Kosiol, E. (1965), S. 390; Dellmann, K. (1992), S. 137; Küpper, H.-U. (2005), S. 177ff. Diese dem reinen Vergleich nachgelagerten Aktivitäten werden in der Literatur teilweise unter dem Begriff Steuerung subsumiert.

229 Vgl. Amshoff, B. (1993), S. 187; Küpper, H.-U. (2005), S. 169.

230 Vgl. Baumgartner, B. (1980), S. 63f.; Weber, J. (2004a), S. 314; Friedl, B. (2005), S. 263f.; Küpper, H.-U. (2001), S. 170f.; Macharzina, K./Wolf, J. (2005), S. 425.

231 Vgl. hierzu insbesondere die Habilitationsschrift von SCHÄFFER *„Kontrolle als Lernprozess"*. Vgl. Schäffer, U. (2001b) sowie Schäffer, U. (2004), S. 491f. Siehe auch Siegwart, H./Menzl, I. (1978), S. 72ff.; Gabele, E. (1982), S. VII; Benz, K. (1998), S. 119.

232 Vgl. Thieme, H.-R. (1982), S. 23f.; Amshoff, B. (1993), S. 187f.; Wall, F. (1996), S. 10; Küpper, H.-U. (2001), S. 178; Peffekoven, F. P. (2004), S. 178; Schäffer, U. (2004), S. 492; Weber, J. (2004a), S. 314; Macharzina, K./Wolf, J. (2005), S. 425.

233 Vgl. Höller, H. (1978), S. 69ff. und 209ff.; Pfohl, H.-C. (1981), S. 93; Thieme, H.-R. (1982); Posselt, S. G. (1986), S. 73ff.; Amshoff, B. (1993), S. 188f.; Küpper, H.-U. (2005), S. 170f.; Schäffer, U. (2001a), S. 207f.; Weber, J. (2004a), S. 314.
Der Begriff „Kontrolle" ist überwiegend negativ belegt. Er wird häufiger mit dem Begriff Überwachung als dem Verständnis der Kontrolle als Lernprozess assoziiert.

Analog zu den Planungsinhalten können Ziele, Maßnahmen und Ressourcen die abstrakten Kontrollinhalte sein.[234] Sie sind über die Auswahl der konkreten Kontrollobjekte näher zu bestimmen. Als Kontrollarten sind mit Bezug zum Planungsprozess Prämissen-, Planfortschritts- und Realisationskontrollen zu unterscheiden.[235] Sie lassen sich ausgehend von der Art der herangezogenen Informationen – faktisch, prognostisch oder normativ – weiter als Ist-Ist-, Soll-Soll-, Soll-Ist-, Soll-Wird-, Wird-Ist- oder Wird-Wird-Vergleiche konkretisieren.[236] Entsprechend dem mit einer Kontrolle verbundenen Planungshorizont können operative, taktische und strategische Kontrollen differenziert werden.

Da Planung ohne Kontrolle – so MELLEROWICZ – nur von halber Wirkung ist[237] und Controller für die Funktionsfähigkeit des Koordinationsmechanismus „Pläne" verantwortlich sind, fällt auch die Kontrolle in ihren Aufgabenbereich. Gemeinsam mit der Informationsversorgung und der Planung zählt sie zu den wichtigsten Aufgaben von Controllern.[238] Die Kontrolle ist zudem für den Erfolg des Unternehmens von zentraler Bedeutung.[239] Analog zur Planungsaufgabe liegt auch bei der Kontrollaufgabe der Fokus der Controllertätigkeit auf dem Bereich der operativen oder taktischen Kontrolle.[240] Neben der ohnehin geringeren Einbindung von Controllern in strategische Fragestellungen ist dies darauf zurückzuführen, dass Vergleichsgrößen für operative Kontrollen zumeist gut zugänglich sind, zumal, wenn sie aus der Kostenrechnung stammen. Für strategische Kontrollen fehlen oftmals geeignete Kontrollgrößen. Auch die der strategischen Planung inhärente größere Unsicherheit erschwert Kontrollen. Es dominieren Planfortschrittskontrollen, bei denen zuvor terminierte Meilensteine daraufhin analysiert werden, ob die eingeschlagene strategische Richtung noch realisiert werden kann, und Prämissenkontrollen, bei denen die angenommenen Planungsgrundlagen auf ihre Vollständigkeit und Konsistenz überprüft werden.[241] Innerhalb der Kontrollaufgaben lassen sich ebenfalls system- und prozessorientierte Teilaufgaben von Controllern unterscheiden.[242]

Im Rahmen der systemorientierten Teilaufgaben obliegt Controllern die Entwicklung eines Kontrollsystems. Nach AMSHOFF besitzen sie für diesen Aufgabenbereich ein allerdings

---

234 Vgl. Amshoff, B. (1993), S. 260.

235 Vgl. Macharzina, K./Wolf, J. (2005), S. 373ff.

236 Vgl. Pfohl, H.-C. (1981), S. 59; Amshoff, B. (1993), S. 264ff.; Schweitzer, M. (2005), S. 90 und 95ff.; Niedermayr, R. (1994), S. 106f.; Küpper, H.-U. (2005), S. 174f.

237 Vgl. Mellerowicz, K. (1976), S. 323.

238 Vgl. Landsberg, G. v./Mayer, E. (1988), S. 69; Sahl, N./Schmidt, R. (1991), S. 32; Amshoff, B. (1993), S. 217; Niedermayr, R. (1994), S. 214; Stoffel, K. (1995), S. 159; Weber, J./Kosmider, A. (1991); Schäffer, U. (2001a), S. 208; Schäffer, U. (2001c), S. 405.

239 Vgl. zum Beispiel Dehler, M. (2001), S. 221.

240 Vgl. Amshoff, B. (1993), S. 314 und 320; Niedermayr, R. (1994), S. 213ff.; Peemöller, V. H. (1997), S. 152.

241 Vgl. Niedermayr, R. (1994), S. 89; Horváth, P. (2003), S. 175; Weber, J. (2004a), S. 506f.

242 Vgl. ähnlich Amshoff, B. (1993), S. 259ff.

schwach ausgeprägtes alleiniges Entscheidungsrecht.[243] Der Aufbau, die Detailliertheit und Präzision des Planungssystems geben die grundsätzliche Struktur des Kontrollsystems vor. Controller sind für die Integration der beiden Systeme verantwortlich.[244] Es gilt festzulegen, für welche Kontrollinhalte, welche Arten von Kontrollen, zu welchem Zeitpunkt, wie häufig und mit welchen Kontrollinstrumente und -methoden zum Einsatz kommen.

Daran anknüpfend beschaffen Controller im Rahmen der prozessorientierten Teilaufgaben der Kontrolle – im Kontrollprozess – die benötigten Daten, führen die Kontrollen durch und ermitteln die Abweichungen. Die festgestellten Abweichungen sind anhand zuvor definierter Toleranzwerte für zulässige Abweichungsspannen zu beurteilen und in ihren Ursachen zu ergründen.[245] Auf dieser Grundlage sind Handlungsimplikationen, die Entwicklung kurzfristiger Gegensteuerungsmaßnahmen sowie die Erarbeitung längerfristiger Korrekturkonzepte zu generieren. Controller treten hier überwiegend beratend an die Manager heran.[246] Schließlich bereiten Controller die relevanten Kontrollinformationen auf und übermitteln sie in einem Kontrollbericht an die Träger der Führungshandlungen.

Auch die Kontrollaufgaben von Controllern können entlastenden, ergänzenden und begrenzenden Charakter haben. Es überwiegt der entlastende Charakter. Stellen Controller die Einbeziehung der aus den Kontrollen generierten Informationen bei weiteren Entscheidungen und Handlungen sicher, kann dies jedoch auch ergänzenden und begrenzenden Charakter haben. Zudem ergibt sich der begrenzende Charakter der Kontrollaufgaben aus dem Präventivzweck der Kontrolle. In Kenntnis der Durchführung von Kontrollen müssen Manager schon im Vorhinein darauf achten, Entscheidungen zu treffen, die im Einklang mit den Unternehmenszielen stehen.

2.1.2.2.4 Zusammenhang zwischen den klassischen Controlleraufgaben

Die drei klassischen Controlleraufgaben – Informationsversorgung, Planung und Kontrolle – sind auf die Sicherstellung der Rationalität der Führung in einem Umfeld ausgerichtet, das durch eine Koordination durch Pläne gekennzeichnet ist. Der Führungszyklus verdeutlicht den Zusammenhang zwischen den Aufgabenbereichen.[247]

Die Planungsaufgaben beziehen sich auf die Phasen der Willensbildung und -durchsetzung. Zur Sicherstellung der Rationalität der Führung sind die richtigen Willensbildungsmodelle

---

243 Vgl. Amshoff, B. (1993), S. 315f.; Niedermayr, R. (1994), S. 79f.
244 Vgl. Amshoff, B. (1993), S. 189f. und 262.
245 Vgl. Siegwart, H./Menzl, I. (1978), S. 50f.; Posselt, S. G. (1986), S. 118 und 160f.
246 Vgl. Amshoff, B. (1993), S. 317.
247 Vgl. Pfohl, H.-C./Stölzle, W. (1997), S. 3. Teilweise ist eine definitorische Trennung zwischen Planungs- und Kontrollaufgaben kaum vorzunehmen. Wenn zum Beispiel die Konsistenz verschiedener Ziele durch den Controller in der Planung überprüft wird, kann dies auch als Kontrolle – Soll-Soll-Vergleich – gewertet werden.

richtig anzuwenden, der gebildete Wille ist auf seine Realisierbarkeit zu hinterfragen, seine Kommunikation zu gewährleisten und opportunistisches Handeln von Managern aufzudecken beziehungsweise zu verhindern. Planung und Pläne als das Resultat der Planung bilden eine mögliche, sehr wichtige Grundlage der Kontrolle.

Kontrollen dienen der Gewährleistung aktueller und zukünftiger Planrealisierungen, indem sie zu Erkenntnissen führen, die in den fortlaufenden Führungszyklus im Sinne eines Regelkreises einfließen und Lernprozesse anstoßen.[248] Die Informationsversorgung ist als Basisaufgabe anzusehen, da Informationen unter anderem das bindende Glied zwischen der Planung und der Kontrolle sind.[249] Über alle Phasen des Führungszyklus hinweg haben Controller die Aufgabe, die Träger der Führungshandlungen mit Informationen zu versorgen. Insofern ist der Informationsversorgungsprozess der Planung und Kontrolle vorgelagert, es werden Informationen produziert, die in die Planung und Kontrolle einfließen. Die Zwecke der Informationsversorgung verdeutlichen dies. Gleichzeitig überlappen sich teilweise der Informationsversorgungs-, Planungs- beziehungsweise Kontrollprozess, da im Zuge der Planung und Kontrolle Daten zu Informationen weiterverarbeitet werden und Controller für ihre Aufbereitung und Übermittlung und damit die Sicherstellung der zweckorientierten Verwendung zuständig sind. WEBER formuliert hierzu: *„Informationen bilden die ‚Sprache' der Planung und Kontrolle. Beide sind ohne aussagekräftige Informationen nicht möglich.“*[250]

---

248 KÜPPER betont, dass trotz dieser engen Verbindungen Planung als die gedankliche Vorwegnahme künftigen Geschehens etwas ganz anderes sei als die Überprüfung von Tatbeständen. Vgl. Küpper, H.-U. (2005), S. 183f.

249 Noch deutlicher als die oben genannten Berichtszwecke verdeutlichen in der Literatur vorgenommene Unterscheidungen verschiedener Informationsarten den Charakter der Basisaufgabe der Informationsversorgung. So differenzieren beispielsweise HUMMEL/MÄNNEL im Kontext der Kostenrechnung Anregungs- und Initialinformationen zur Problemerkennung in der Phase der Willensbildung, Alternativen-, Beschränkungs- und Prognoseinformationen zur konkreteren Planung, Vorgabeinformationen für Zwecke der Willensdurchsetzung sowie Kontrollinformationen zur Überprüfung der Zielerreichung. Vgl. Hummel, S./Männel, W. (1990), S. 23f.

250 Weber, J. (2004a), S. 32. Siehe auch Gaydoul, P. (1980), S. 152; Lanter, N. (1996), S. 45.

2.2 Rationalität, Rationalitätsdefizite und ihre Ursachen in den Eigenschaften der Akteure

Ausgehend von der Konzeption des Controllings als Rationalitätssicherung der Führung und den dort getroffenen Eigenschaftsannahmen steht die Analyse des Problems zweiter Ordnung, die Frage nach der Notwendigkeit, den Möglichkeiten und Grenzen einer Sicherung der Rationalität von Controllern selbst im Mittelpunkt dieser Arbeit.

Ein wichtiger Schritt ist die Identifizierung potentieller Rationalitätsdefizite im Handeln von Controllern und die Ergründung ihrer Ursachen in den Eigenschaften der Akteure. Demzufolge haben in dieser Arbeit Aussagen zur Rationalität des Handelns von Akteuren eine hohe Bedeutung. Sie bilden das Fundament für die Ableitung potentieller Rationalitätsdefizite im Handeln von Controllern und stellen zugleich einen Anknüpfungspunkt für die Beurteilung der Notwendigkeit und die Entwicklung von Gegenmaßnahmen dar.

Im Folgenden soll eine systematische Auseinandersetzung mit dem Rationalitätsbegriff und seinen Dimensionen in Anlehnung an WEBER/SCHÄFFER/LANGENBACH[251] erfolgen. Von besonderer Bedeutung sind Aussagen zu dem Rationalitätssubjekt als Träger rationaler und beschränkt rationaler Handlungen, in dessen Eigenschaften die Ursachen von Rationalitätsdefiziten zu suchen sind.

2.2.1 Rationalitätsbegriff

Die Auseinandersetzung mit dem Begriff Rationalität ist ein Kernthema in der Wissenschaft überhaupt.[252] Auch in den Wirtschaftswissenschaften wird ihm eine große Bedeutung beigemessen.[253] Die Betriebswirtschaftslehre befasst sich mit dem rationalen Handeln der Akteure im Unternehmen.[254]

Das vorherrschende, auf MAX WEBER zurückgehende Rationalitätsverständnis ist die Zweck-Mittel-Rationalität:[255] *„Zweckrational handelt, wer sein Handeln nach Zweck, Mittel und Nebenfolgen orientiert und dabei sowohl die Mittel gegen die Zwecke, wie die Zwecke*

251 Vgl. Weber, J./Schäffer, U./Langenbach, W. (2001), S. 46ff.

252 Vgl. Habermas, J. (1988), S. 15ff. Der Rationalitätsbegriff hat eine Vielzahl unterschiedlicher Bedeutungen. Vgl. Weber, J./Schäffer, U./Langenbach, W. (2001), S. 47.

253 Vgl. Schanz, G. (1979), S. 469.
Einen Überblick über die Entwicklung des Rationalitätsbegriffes in der Ökonomik liefert Kastrop, C. (1993).

254 RESCHER unterscheidet als drei Dimensionen der Rationalität die praktische Rationalität (Was soll man tun, wie soll man handeln?), die kognitive Rationalität (Was soll man glauben oder akzeptieren?) und die evaluative Rationalität (Was soll man bevorzugen?). Vgl. Rescher, N. (1988). Anknüpfungspunkte für einen Großteil der ökonomisch orientierten Untersuchung zur Rationalität ist gemäß dieser Systematik die praktische Rationalität. Vgl. Valcárel, S. (2004), Sp. 1237.

255 Vgl. Myrdal, G. (1933), S. 326; Kappler, E. (1993), Sp. 3653.

gegen die Nebenfolgen, wie endlich auch die verschiedenen möglichen Zwecke gegeneinander rational abwägt: also jedenfalls weder affektuell (und insbesondere nicht emotional), noch traditional handelt."[256] Zweckrationales Handeln bedeutet folglich, im Hinblick auf einen gegebenen Zweck unter Beachtung von Nebenfolgen geeignete Mittel zu finden, für gegebene Mittel mögliche Zwecke zu identifizieren und die Widerspruchslosigkeit der Zwecke zu gewährleisten.[257] Die gewählten Mittel müssen effektiv sein, den gegebenen Zweck zu erfüllen, sowie effizient, mit einer optimalen Output/Input-Relation.[258] Oftmals lässt sich zweckrationales Handeln entlang von Mittel-Zweck-Ketten beschreiben, wenn Zwecke wiederum nur Mittel zur Erreichung eines übergeordneten Zwecks sind.[259]

Die Zweck-Mittel-Rationalität ist ein formales Prinzip,[260] das die inhaltliche Bestimmung oder gar Hinterfragung der zugrunde liegenden Zwecke nicht umfasst. Inhaltlich wird die Zweck-Mittel-Rationalität erst über die Bestimmung der zu verfolgenden Zwecke belebt.[261] So genanntes wertrationales Handeln setzt indes eine inhaltliche Auseinandersetzung mit dem Zweck voraus und ist „*durch bewußten [!] Glauben an den [...] unbedingten Eigenwert eines bestimmen Sichverhaltens rein als solchen und unabhängig vom Erfolg*"[262] gekennzeichnet.

Im ökonomischen Kontext findet sich die Zweck-Mittel-Rationalität bereits in GUTENBERGS produktionsorientierter Theorie der Unternehmung als so genanntes Rationalprinzip, dem der Homo Oeconomicus folgt: „*An sich liegt nun das Denken in der Zweck-Mittel-Relation allem zugrunde, und zwar nicht nur im wirtschaftlichen Leben, sondern im menschlichen Leben überhaupt. ‚Unvernünftig handeln' heißt überhaupt unzweckmäßig handeln, heißt die Mittel nicht richtig auf den Zweck, dessen Erreichung sie dienen sollen, abgestimmt haben. Welcher Art dieser Zweck sei, der zu realisieren ist, bleibt dabei ohne Belang.*"[263]

Sowohl in der Konzeption des Controllings als Rationalitätssicherung der Führung als auch in dieser Arbeit wird rationales Handeln als zweckrationales Handeln verstanden.[264] Dabei wird Rationalität bezogen auf die Handlungen eines individuellen Akteurs im ökonomi-

---

256 Vgl. Weber, M. (1988), S. 566.
257 Vgl. Tenbruck, F. H. (1972), S. 99.
258 Vgl. das in der Betriebswirtschaft gängige ökonomische Prinzip. Vgl. Götzelmann, F. (1991), S. 573.
259 Vgl. Simon, H. A. (1957), S. 62.
260 Vgl. Weber, M. (1972), S. 13.
261 Vgl. Kappler, E. (1993), Sp. 3649.
262 Weber, M. (1972), S. 12.
263 Vgl. Gutenberg, E. (1929), S. 30, sowie Meyer, M./Heine, B.-O. (2005), S. 3ff.
264 Zur Zweck-Mittel-Rationalität als Rationalitätsbegriff im Rationalitätssicherungsansatz vgl Weber, J./Schäffer, U. (1999a), S. 734; Weber, J. (2004a), S. 50ff.
DYCKHOFF/AHN operationalisieren die im Rationalitätssicherungsansatz zugrunde gelegte zu sichernde Zweck-Mittel-Rationalität der Führungshandlungen über die Begriffe der Effektivität und Effizienz. Vgl. Dyckhoff, H./Ahn, H. (2001), S. 111ff. sowie Ahn, H./Dyckhoff, H. (2004), S. 517ff.

schen Kontext untersucht. Für die Bearbeitung der Problemstellung der vorliegenden Arbeit ist die recht allgemein gefasste Zweck-Mittel-Rationalität stärker auszudifferenzieren. Im Folgenden werden verschiedene Rationalitätsebenen, Rationalitätsdefizite sowie ein geeigneter Maßstab zweckrationalen Handelns und die Frage, wer die Zweckrationalität des Handelns misst, diskutiert. Schließlich kommt insbesondere dem Rationalitätssubjekt, dem handelnden Akteur und seinen Eigenschaften, die als die Ursachen von Rationalitätsdefiziten im Handeln anzusehen sind, Bedeutung zu.

2.2.2 Rationalitätsebenen

Zweckrationales Handeln wurde als der Einsatz geeigneter Mittel zur Realisierung eines gegebenen Zwecks oder die Zuführung gegebener Mittel zu einem geeigneten Zweck beschrieben. Die in der Entscheidungstheorie getroffene Unterscheidung in substantielle und prozedurale Rationalität reflektiert den Grundgedanken einer Zweck-Mittel-Rationalität. Während substantielle Rationalität durch die Realisierung der Zwecke erreicht wird, ist prozedurale Rationalität bereits durch die Ausrichtung der Mittel auf den Zweck gewährleistet.[265] Ein Grundmuster der Betriebswirtschaftslehre, die Kombination von Faktoren in einem Prozess zur Erzielung eines Ergebnisses, legt nahe, die Unterscheidung in eine prozedurale und substantielle Rationalität um die Rationalität der Einsatzfaktoren zu ergänzen.

Folglich werden drei Ebenen der Rationalität unterschieden – die Input-, Prozess- und Ergebnisrationalität[266] – auf denen die Rationalität im Handeln von Akteuren beurteilt und verbessert werden kann.[267] Die Inputrationalität betrifft die für einen rationalen Handlungsprozessablauf erforderlichen Einsatzfaktoren. Die Einsatzfaktoren sind als rational anzusehen, wenn die Ressourcen beispielsweise in Form von Handlungsträgern, organisatorischen Rahmenbedingungen oder Methoden effektive und effiziente Mittel zur Realisierung des Zwecks – des rationalen Handlungsprozessablaufs – sind. Die Prozessrationalität bezieht sich auf den Handlungsprozess und ist gegeben, wenn durch eine effiziente Transformation der Einsatzfaktoren der intendierte Zweck realisiert wird.[268] Die Ergebnisrationalität ist gegeben, wenn der Zweck mit effektivem und effizientem Mitteleinsatz erreicht wurde.

Zwischen diesen drei Rationalitätsebenen bestehen Abhängigkeiten. Die Inputrationalität ist eine Voraussetzung für die Prozessrationalität. Diese wiederum ist eine Bedingung für die rationale Zweckerzielung. Weisen bereits die Einsatzfaktoren oder der Prozessablauf Rationalitätsdefizite auf, wird auch das Ergebnis nicht rational sein.

---

[265] Vgl. Kirsch, W./Klein, H.-K. (1977b), S. 67ff.; Eisenführ, F./Weber, M. (2003).
[266] Vgl. Weber, J./Schäffer, U./Langenbach, W. (2001), S. 50ff.
[267] Vgl. Weber, J./Schäffer, U./Langenbach, W. (2001), S. 50ff.; Weber, J. (2004a), S. 53f.
[268] Vgl. Eisenführ, F./Weber, M. (2003), S. 5f.

2.2.3 Rationalitätsdefizit und Rationalitätsmaßstab

Die Vorstellung eines zweckrational handelnden Homo Oeconomicus ist als ein Ideal anzusehen, dem sich ein Entscheidungsträger verpflichtet fühlen sollte, und dem er versuchen sollte, sich anzunähern. Aufgrund seiner vielfältigen Beschränkungen wird er dieses Ideal jedoch nie erreichen. HOLLAND/MILLER konstatieren: *„Usually, there is only one way to be fully rational, but there are many ways to be less rational.“*[269] Weder die gleichzeitige Berücksichtigung sämtlicher Zwecke noch die vollständige Einbeziehung aller Mittel unter Abwägung aller möglichen Nebenfolgen kann von einem Akteur geleistet werden.[270] Rationalität ist jedoch kein „binäres“ Phänomen – gegeben oder nicht. Sie kann in unterschiedlichen Abstufungen erfüllt sein. Dies drückt der von SIMON geprägte Begriff „Bounded Rationality“ – beschränkte Rationalität – aus.[271]

Im Kontext des Rationalitätssicherungsansatzes sind Erscheinungsformen beschränkter Rationalität auf die getroffenen Eigenschaftsannahmen – eigeninteressiertes Handeln und kognitive Beschränkungen – zurückzuführen. Sie sind nicht gleichzusetzen mit irrationalem Handeln. Der Akteur maximiert seinen Nutzen auf der Basis der von ihm wahrgenommenen Situation und handelt insofern rational.[272] Wenn Handeln aus der Perspektive des Akteurs rational, jedoch aus der Perspektive externer Beobachter nicht rational ist, stellt sich die Frage, wer die Rationalität des Handelns misst. Verbunden damit ist die Frage nach einem Maßstab und der Begründbarkeit von Rationalität. WEBER/SCHÄFFER argumentieren über die von HABERMAS entwickelte kommunikative Rationalität. Rationalität ist demnach nicht objektiv ableitbar, aber begründbar. Die Begründung somit stets relativer Rationalität erfolgt durch den im Diskurs der Beteiligten und Betroffenen – also Experten – erzielten Konsens.[273] WEBER spricht von Rationalität auch als *„herrschende[r] Meinung von Fachleuten hinsichtlich einer bestimmten Zweck-Mittel-Situation“.*[274]

In einem komparativen Ansatz sind Rationalitätsdefizite in diesem Sinne als offenkundig inferiore Zustände der Rationalitätsobjekte, also mangelnde Effizienz und Effektivität im

269 Vgl. Holland, J. A./Miller, A. (1991), S. 367.
270 Vgl. Tenbruck, F. H. (1972), S. 31.
271 Vgl. Simon, H. A. (1957).
272 Vgl. dazu ausführlich den folgenden Abschnitt 2.2.4 sowie Homann, K./Suchanek, A. (2000), S. 29ff.; Götzelmann, F. (1991), S. 574; Weber, J./Schäffer, U./Langenbach, W. (2001), S. 56.
SCHANZ wirft sogar die Frage auf, ob begrenzte Rationalität besonders zweckmäßig sei, wenn doch ihre Ursachen bereits in den menschlichen Eigenschaften angelegt seien. Er versteht den Begriff der begrenzten Rationalität innerhalb der Wirtschaftswissenschaften lediglich als *„Reminiszenz an die Vorstellung von einer objektiven bzw. vollkommenen Rationalität“*. Vgl. Schanz, G. (1979), S. 471; Kappler, E. (1993), Sp. 3656.
273 Vgl. Habermas, J. (1988). Siehe auch Kappler, E. (1993), Sp. 3660; Langenbach, W. (2001b), S. 58ff.
274 Weber, J. (2004a), S. 51. Vgl. auch Pietsch, G./Scherm, E. (2003), S. 3, sowie Power, M. (1997), S. 80.

Handeln, anzusehen.[275] Dieser Zugang zu Rationalitätsdefiziten wird gewählt, da Soll-Rationalität, sogar verstanden als erreichbare Rationalität, nicht immer objektiv zu bestimmen ist, und insofern auch eine Diskrepanz zwischen der Ist- und der Soll-Rationalität nicht eindeutig ermittelt werden kann.[276]

2.2.4 Rationalitätssubjekt

Rationalitätssubjekte sind die Träger der Handlungen, die auf ihre Rationalität hin zu beurteilen sind. Sowohl individuelle Akteure als auch Gruppen können Träger rationaler Handlungen sein. Folglich kann sowohl im Handeln einzelner als auch im gemeinsamen Handeln mehrerer Akteure die Rationalität beschränkt sein. In der vorliegenden Arbeit wurde die Betrachtung auf individuelle Akteure beschränkt.

Da die Ursachen der identifizierten Rationalitätsdefizite in den Eigenschaften der Akteure zu suchen sind, müssen diese für eine Analyse der Rationalitätsdefizite im Handeln von Controllern sowie für die möglicherweise notwendige Ableitung von Gegenmaßnahmen näher betrachtet werden. Die grundsätzlichen Annahmen über den Akteur – eigeninteressiertes Handeln sowie kognitive Beschränkungen – werden in der Konzeption des Controllings als Rationalitätssicherung der Führung explizit getroffen und führen wie dargelegt zu dem „Problem zweiter Ordnung".[277] Hinweise in der empirischen und konzeptionellen Controllingliteratur erlauben Rückschlüsse auf Rationalitätsdefizite im Handeln von Controllern und bestätigen die Existenz und Relevanz des „Problems zweiter Ordnung". Zugleich validieren sie die in der Konzeption des Controllings als Rationalitätssicherung getroffenen Eigenschaftsannahmen, da zur Erklärung dieser Phänomene die im neoklassischen Modell des Homo Oeconomicus bestehende Annahme eigeninteressierten Handelns um Annahmen über kognitive Beschränkungen des Akteurs zu erweitern ist. Gemäß der Forschungsanweisung des methodologischen Individualismus liegt damit der Zugang zur Fragestellung auf der Ebene des Individuums.

Einen natürlichen Referenzpunkt für eine methodologisch individualistische Erklärungsstrategie bildet der ökonomische Ansatz.[278] HOMANN/SUCHANEK formulieren als Kern der öko-

---

275 SCHANZ bezieht sich auf das Konzept der Bounded Rationality und formuliert: *„Von ‚begrenzter Rationalität' ist dabei nicht zuletzt deshalb die Rede, weil real existierende Menschen aufgrund ihrer Erkenntnissituation in der Regel gar nicht wissen können, wo das Maximum der Zielerreichung liegt."* Vgl. Schanz, G. (1979), S. 470. Und WEBER erläutert hierzu, dass insbesondere in einem wissensdefizitären Kontext Soll-Rationalität weniger als absoluter Vergleichsmaßstab zu verstehen ist denn als Handlungsmaxime, *„Ist-Rationalität durch die Beseitigung oder Verringerung offensichtlicher Rationalitätsdefizite zu verbessern"*. Vgl. Weber, J. (2004b), S. 474ff., insbesondere S. 476.

276 Auch wenn eine Soll-Rationalität nicht immer eindeutig zu bestimmen ist, so gibt es doch aufgrund von Erfahrungen oder Experten in dem relevanten Gebiet Vorstellungen von ihr. Vgl. Pritsch, G./Weber, J. (2004), S. 73.

277 Vgl. Weber, J. (2004a), S. 470.

278 Vgl. Becker, G. S. (1993), S. 403; Meyer, M./Heine, B.-O. (2005), S. 6.

nomischen Handlungstheorie, dass Akteure ihren Nutzen unter Restriktionen maximieren.[279] Als Nutzen wird die Realisierung der Ziele des handelnden Akteurs begriffen.[280] In der ökonomischen Handlungstheorie wird ein offener Nutzenbegriff verwendet – im Eigeninteresse des Akteurs ist alles, was ihm Nutzen stiftet.[281] Der Nutzen bildet im Sinne der Zweck-Mittel-Rationalität eine eindeutige Entscheidungsgrundlage des Akteurs bei der rationalen Auswahl von Handlungsalternativen. Das Nutzenstreben vollzieht sich unter Restriktionen, die die Handlungsmöglichkeiten des Akteurs einschränken. Neben den klassischen ökonomischen Budgetrestriktionen führen HOMANN/SUCHANEK zum Beispiel technische und soziale Restriktionen an. Budgetrestriktionen ergeben sich aus den dem Akteur zur Verfügung stehenden Ressourcen. Technische Restriktionen bilden Beschränkungen ab, die den gezielten Einsatz der Ressourcen verhindern. Soziale Restriktionen sind Einschränkungen durch andere Akteure und Institutionen.[282] Die Gesamtheit der Restriktionen wird als Situation bezeichnet. Die Verknüpfung zwischen dem Handeln des Akteurs, der Situation und seinen Nutzenvorstellungen, den Anreizen,[283] stellt das auch als Rationalitätsannahme bezeichnete Prinzip der Nutzenmaximierung dar.[284]

Während mit dem Prinzip der Nutzenmaximierung die Eigenschaftsannahme eigeninteressierten Handelns im Kern des Modells des Homo Oeconomicus besteht, weist der ökonomische Ansatz in der kognitiven Dimension menschlichen Handelns eine Unzulänglichkeit auf – diese Dimension bleibt weitgehend unberücksichtigt.[285] Einen Anknüpfungspunkt für die Integration der kognitiven Dimension bietet die von dem Akteur wahrgenommene Situation.[286] In der von ihm subjektiv wahrgenommenen Situation handelt der Akteur rational. Aus der Perspektive eines externen Beobachters kann dieselbe Handlung jedoch durchaus Rationalitätsdefizite aufweisen.[287] Dabei prägt nicht allein die Wahrnehmungsfähigkeit im enge-

---

Zu der Verwendung der ökonomischen Handlungstheorie als anschlussfähigem Bezugsrahmen einer verhaltensorientierten Controllingforschung vgl. auch Bramsemann, U./Heineke, C./Kunz, J. (2004), S. 554ff. Diese betonen insbesondere, dass die Offenheit der Dimensionen des ökonomischen Handlungsmodells Raum für eine spezifische Ausgestaltung bietet.

279 Vgl. Homann, K./Suchanek, A. (2000), S. 29ff.; Wessling, E. (1991), S. 32. Siehe auch Camerer, C. F. (1999), S. 10575.

280 Vgl. ähnlich Richter, M. (1999), S. 425.

281 Vgl. Schanz, G. (1988), 108f.; Becker, G. S. (1993), S. 386; Homann, K./Suchanek, A. (2000), S. 30.

282 Vgl. Homann, K./Suchanek, A. (2000), S. 31ff.; Becker, G. S. (1993), S. 386.

283 Anreize können dabei sowohl positiv als auch negativ sein. Vgl. Homann, K./Suchanek, A. (2000), S. 61ff.; Jost, P.-J. (2000a), S. 80f. Siehe zu dem Begriff Anreiz auch Rosenstiel, L. v. (1999), S. 50.

284 Vgl. Homann, K./Suchanek, A. (2000), S. 31.

285 Vgl. Meyer, M./Heine, B.-O. (2005), S. 14f. und 18.

286 Vgl. hierzu auch Meyer, M./Heine, B.-O. (2005), S. 6, insbesondere Fußnote 28, und die dort angegebene Literatur.

287 Dies entspricht dem Gedanken des Rationalitätsprinzips von POPPER. Verhalten, das aus externer Perspektive als begrenzt rational erscheint, ist als rationales Verhalten in einer bestimmten Situation zu interpretieren. Vgl. Popper, K. R. (1967/2000), S. 350ff. *„[I]n unserer Sprache gesagt, handelt es sich um eine Heuristik, die die Vielfalt der Erscheinungen der sozialen Welt auf die vielfältigen Bedingungen zuschreibt und gerade dadurch viel über diese Welt, über diese Bedingungen, in Erfahrung bringt.“* Homann, K./Suchanek, A. (2000), S. 431; auch S. 418. Vgl. auch Meyer, M. (2005), S. 14ff.

ren Sinne die Situation als Handlungsgrundlage des Akteurs. Wissensdefizite und Beschränkungen weiterer kognitiver Fähigkeiten sind hierbei gleichermaßen zu bedenken.

2.2.4.1 LINDENBERGS Methode der abnehmenden Abstraktion

Die Konkretisierung der getroffenen Eigenschaftsannahmen und damit die Modellierung des Akteurs ist als Ausdifferenzierung des Modells des Homo Oeconomicus in der kognitiven Dimension zu verstehen.[288] Sie hat *„immer mit Bezug auf die jeweils zu untersuchende Fragestellung zu erfolgen und kann dementsprechend von Fall zu Fall variieren."*[289] Mit der Konkretisierung der Eigenschaftsannahmen werden explizit verhaltenswissenschaftliche Elemente in die konzeptionellen Grundlagen der Arbeit aufgenommen.[290] Dies soll und kann jedoch nicht als Abbildung des Realverhaltens, sondern – im Sinne der gewählten inkrementellen Forschungsstrategie – lediglich in begrenztem Umfang erfolgen.[291]

Aus unterschiedlichen Ansätzen für methodisch kontrollierte interdisziplinäre Forschung[292] wurde die von dem Soziologen LINDENBERG entwickelte Methode der abnehmenden Abstraktion[293] als geeignet identifiziert.[294] LINDENBERGS Ausgangspunkt ist das Spannungsfeld zwischen analytischer Kraft und deskriptiver Exaktheit beziehungsweise Realitätsnähe. Modelltheoretische Ansätze verbinden typischerweise große analytische Kraft mit hohem Abstraktionsgrad zulasten der deskriptiven Exaktheit. Empirische Ansätze erreichen ihre deskriptive Exaktheit zumeist auf Kosten der analytischen Kraft.[295] Die Methode der abnehmenden Abstraktion erlaubt eine systematische Synthese der Pole dieses Spannungsfelds durch eine schrittweise Ausdifferenzierung einer abstrakten, den Ausgangspunkt bildenden Kerntheorie. Die Basisannahmen der verwendeten Kerntheorie werden mit so genannten Brückenannahmen sukzessive verbunden, so dass schließlich ein problemadäquates Modell eines Akteurs entsteht. *„A core theory consists of a number of guiding ideas that can be*

---

288 Vgl. Meyer, M./Heine, B.-O. (2005), S. 22f., sowie Heine, B.-O. et al. (2006), S. 2.
Vgl. die in Abschnitt 1.3.2 erwähnte Diskussion um die Gültigkeit der Annahme des Homo Oeconomicus.

289 Heine, B.-O. et al. (2006), S. 2.

290 Zur Notwendigkeit der Einbeziehung anderer Disziplinen wie zum Beispiel der Psychologie vgl. Simon, H. A. (1959), S. 253ff.; McFadden, D. (1999), S. 99. In dieser Arbeit erfolgt insbesondere ein Rückgriff auf Aussagen der deskriptiven Entscheidungstheorie sowie der Kognitionspsychologie.

291 Vgl. die Erläuterungen in Abschnitt 1.3.2.

292 Für einen Vergleich zwischen der Methode der abnehmenden Abstraktion, dem ökonomischen Imperialismus, dem Paralleldiskurs und dem Sequenzverfahren als alternative Strategien interdisziplinärer Forschung vgl. Heine, B.-O. et al. (2006), S. 9ff.

293 Vgl. Lindenberg, S. (1991); Lindenberg, S. (1992).

294 Für eine Detaillierung der getroffenen Eigenschaftsannahmen als Ursache von Rationalitätsdefiziten wird im Folgenden auf den am Lehrstuhl für Controlling und Telekommunikation der WHU entwickelten Ansatz zu einer Verknüpfung von Wollens- und Könnensaspekten in der Modellierung eines ökonomischen Akteurs zurückgegriffen. Dieser Ansatz besaß in der Vergangenheit stärker den Charakter eines konkreten Akteursmodells. Vgl. Bach, S. et al. (2001), sowie insbesondere den Anhang in Heine, B.-O. et al. (2006). Der aktuelle Stand sieht einen Ansatz zur problemspezifischen Modellierung eines Akteurs als gewinnbringend an. In einer Reihe von Forschungspapieren werden die bisher angestellten Überlegungen konsolidiert und der aktuelle Stand der Überlegungen dargestellt. Vgl. Meyer, M./Heine, B.-O. (2005); Meyer, M. (2005) und insgesamt Heine, B.-O. et al. (2006), S. 58ff.

295 Vgl. Lindenberg, S. (1992), S. 3f.

made more specific by auxiliary assumptions that bridge the gap between the core and a more or less simplified reality. These auxiliary assumptions therefore are called bridge assumptions."[296] Die Integration der kognitiven Dimension erfolgt im Wesentlichen anhand interdisziplinärer Erkenntnisse über Brückenannahmen.

Für die Bearbeitung der breiten Problemstellung dieser Arbeit, das dargestellte „Problem zweiter Ordnung", erscheint die Ableitung *eines* problemspezifischen Akteursmodells gemäß der Methode der abnehmenden Abstraktion jedoch nicht zielführend.[297] *Ein* Akteursmodell, das sich zum Beispiel durch spezifische Brückenannahmen zu Beschränkungen der Bewertungsfähigkeit auszeichnet, kann nicht das breite Spektrum der potentiellen Rationalitätsdefizite im Handeln von Controllern erklären. Geeigneter ist ein Strukturierungsrahmen, der das prinzipiell zugrunde liegende Akteursverständnis reflektiert und bei der Ursachenergründung der identifizierten Rationalitätsdefizite hilft. LINDENBERG liefert auch hierzu Hinweise. Er hat die Methode der abnehmenden Abstraktion so angelegt, dass verschiedene Kerntheorien anwendbar sind. Er selbst verwendet als Kerntheorie den ökonomischen Ansatz, das Modell des Homo Oeconomicus in der Formulierung des RREEMM-Modells:

- Resourceful,
- Restricted,
- Expecting,
- Evaluating,
- Maximizing Man.[298]

LINDENBERG verwendet dieses Modell mit der Begründung, dass „*[n]ot every core theory allows this stepwise development as well as any other. [...] By contrast, RREEMM offers an immediate guide to bridge assumptions: an analysis of the action situation (the ‚logic of the situation', as Popper would say).*"[299]

296 Lindenberg, S. (1992), S. 6.

297 Deshalb wurde die Methode der abnehmenden Abstraktion hier nur in ihren Grundzügen dargestellt. Für eine ausführliche Darstellung vgl. Lindenberg, S. (1991), S. 49ff.; Lindenberg, S. (1992), S. 6ff.; Heine, B.-O. et al. (2006), S. 15ff.

298 Synonym zum Modell des Homo Oeconomicus werden in der Literatur die folgenden Begriffe verwendet: „rational choice theory", „REMM", bzw. „RREEMM", „(subjective) expected utility theory", „chicago man", „Savage paradigm". Die ersten drei Begriffe lassen offen, ob es sich um ein sach- oder formalanalytisches Modell handelt, wohingegen die letzten drei Begriffe eine formalanalytische Konnotation haben. Vgl. Becker, G. S. (1993), S. 403; McFadden, D. (1999), S. 75; Meckling, W. H. (1976), S. 548ff. beziehungsweise Lindenberg, S. (1985), S. 100.

299 Vgl. Lindenberg, S. (1992), S. 8f.

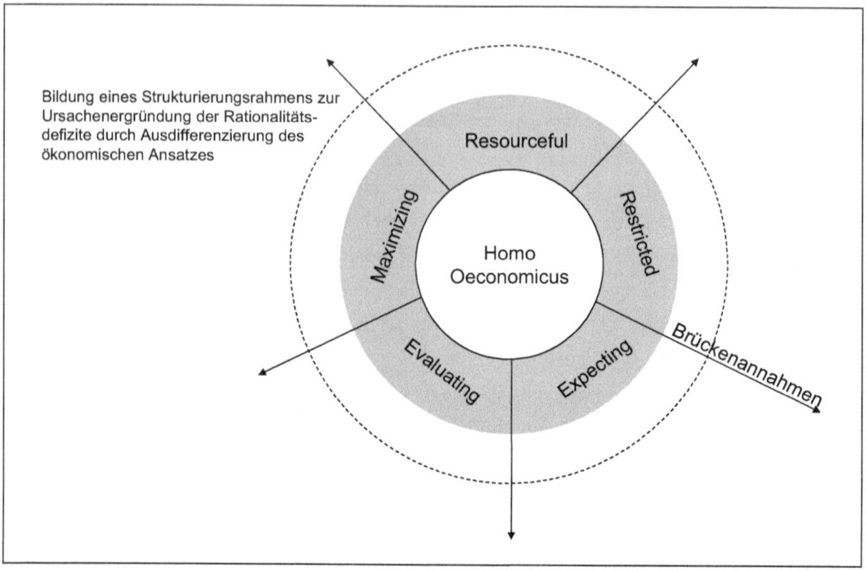

Abbildung 3: LINDENBERGS Methode der abnehmenden Abstraktion[300]

2.2.4.2 Informationsverarbeitungsansatz als Fundament

Während LINDENBERGS Methode der abnehmenden Abstraktion die methodische Basis des Strukturierungsrahmens zur Analyse der vorliegenden Problemstellung bildet, sind die in diesem Abschnitt dargestellten Grundgedanken des Informationsverarbeitungsansatzes das inhaltliche Fundament.

Der Informationsverarbeitungsansatz ist der deskriptiven Entscheidungstheorie zuzuordnen und beinhaltet eine strukturierte Darstellung kognitiver Prozesse und dabei bedeutender Eigenschaften eines Akteurs, die sein äußeres Handeln 8erklären.[301] Der Informationsverar-

300 Quelle: Hirsch, B. (2006), S. 25.

301 Vgl. Kirsch, W./Klein, H.-K. (1977b), II. Band, S. 103ff., S. 356ff.; Newell, A./Simon, H. A. (1972), S. 4ff.; Abel, B. (1977), S. 53ff. Vgl. als Überblick aus organisationstheoretischer Perspektive zu verschiedenen Ausprägungen des Informationsverarbeitungsansatzes Wolf, J. (2003), S. 237ff.
Zur Kritik an diesem Ansatz vgl. Abel, B. (1977), S. 54f.; Pfohl, H.-C./Braun, G. E. (1981), S. 360ff.; Wessling, E. (1991), S. 118f.
Dem Informationsverarbeitungsansatz liegt die Analogie der Datenverarbeitung zwischen künstlichen und natürlichen Datenverarbeitungssystemen zugrunde. Dies erklärt die komplexitätsreduzierte Darstellung kognitiver Prozesse. Die psychologische Forschung kann Datenverarbeitungsprozesse detaillierter erfassen, was jedoch für die vorliegende Arbeit und die hier verfolgte inkrementelle Forschungsstrategie nicht erforderlich ist. Vgl. Kirsch, W./Klein, H.-K. (1977b), II. Band, S. 87.
Anzumerken ist an dieser Stelle, dass der Begriff Information im Informationsverarbeitungsansatz anders definiert wird als in dieser Arbeit. Er entspricht der Verwendung des Begriffs Daten in dieser Arbeit. Vgl. zu den hier getroffenen Definitionen Abschnitt 2.1.2.2. Vgl. zum Informationsbegriff im Informationsverarbeitungsansatz Kirsch, W./Klein, H.-K. (1977b), II. Band, S. 78ff. SCHÄFFER spricht analog zur Informa-

beitungsansatz betrachtet den Akteur im Rahmen des Entscheidungsprozesses als offenes Verhaltenssystem, auf das Elemente aus der Umwelt einwirken und das umgekehrt Einfluss auf die Umwelt nimmt.[302] Er bildet sowohl motivationale Aspekte als auch kognitive Beschränkungen ab.

Das Datenverarbeitungssystem des Akteurs setzt sich im Wesentlichen aus dem Kurz- und dem Langzeitgedächtnis zusammen.[303] In dem kapazitativ beschränkten Kurzzeitgedächtnis finden die bewussten Datenverarbeitungsprozesse statt.[304] Bestandteile eines Verarbeitungsprozesses im Kurzzeitgedächtnis wurden entweder als Signale aus der Umwelt aufgenommen oder aus dem Langzeitgedächtnis aktiviert. Das Langzeitgedächtnis, dessen Kapazität nahezu unbeschränkt ist, enthält die kumulierten Ergebnisse von Datenverarbeitungsprozessen und stellt insofern das Ergebnis der Entwicklung des Individuums dar.[305] Sein Inhalt wurde über das Kurzzeitgedächtnis aufgenommen.[306]

KIRSCH bezeichnet den Inhalt des Langzeitgedächtnisses auch als Persönlichkeit mit den Elementen Begriffe, kognitive Programme und Werte. Begriffe[307] bestehen aus einer spezifischen Konfiguration von Daten. Darunter fallen zum Beispiel Theorien, Modelle, Gesetzmäßigkeiten und Hypothesen. Sie sind das Resultat von Lernprozessen des Individuums. Auch kognitive Programme sind Begriffe.[308] Sie haben den Charakter von Vorgaben und steuern die Datenverarbeitung, indem sie für diese und einzelne Datenverarbeitungsschritte eine geordnete Vorgehensweise festlegen. Auf diese Weise lenken sie die aus der Datenverarbeitung resultierenden Handlungen. Es werden kognitive Programme unterschiedlicher Komplexität unterschieden. Heuristische Vorgehensweisen sind komplexe kognitive Pro-

---

tionsverarbeitungsfähigkeit von einer Datentransformationsfähigkeit. Vgl. Schäffer, U. (1996a), S. 50. Für ganz ähnliche terminologische Überlegungen siehe Wessling, E. (1991), S. 115. Bei den folgenden Erläuterungen zum Informationsverarbeitungsansatz wird der Begriff Information durch den Begriff Daten ersetzt.

302 Vgl. Kirsch, W./Klein, H.-K. (1977b), II. Band, S. 76ff.

303 Vgl. hierzu sowie im Folgenden Kirsch, W./Klein, H.-K. (1977b), II. Band, S. 87ff.

304 MILLER hat unter Berücksichtigung bereits veröffentlichter experimenteller Untersuchungen und durch eigene Experimente den Zusammenhang zwischen der Menge von Daten und den Möglichkeiten zur Verarbeitung dieser Daten bestätigt. Er gab Probanden eine Reihe von Tönen vor, die jeweils verschiedene Frequenzen aufwiesen. Im Anschluss daran wurden die einzelnen Töne wiederholt und die Versuchspersonen gebeten zu beschreiben, der wievielte Ton in der ursprünglichen Reihe der jeweilige Ton war. Die Versuchspersonen konnten diese Aufgabe, als sie drei oder vier verschiedene Töne zuordnen mussten, ohne Fehler lösen. Bei fünf Tönen traten dagegen schon häufiger Verwechslungen auf. Mit steigender Zahl der zu ordnenden Töne stieg auch die Zahl der Verwechslungen. Es ergab sich, dass die Probanden durchschnittlich etwa sechs Töne richtig voneinander unterscheiden konnten. Ergebnisse ähnlicher Art wurden auch bei Versuchen mit anderen Variablen wie der Lautstärke von Tönen, der Konzentration einer Salzlösung oder Anzahl von Punkten auf einer Geraden nachgewiesen. MILLER stellte als Mittelwert der Ausprägungen der Variablen, die erkannt werden konnten, den Wert 6,5 fest. Vgl. Miller, G. A. (1956). Siehe auch Zimbardo, P. G./Gerrig, R. J. (1999), S. 240ff.

305 Vgl. Abel, B. (1977), S. 58 und 62.

306 Demzufolge steht die Wahrnehmung am Anfang einer Kette von Verarbeitungsprozessen. Vgl. Kanning, U. P. (1999), S. 27.

307 Vgl. Kirsch, W./Klein, H.-K. (1977b), II. Band, S. 104ff.; Abel, B. (1977), S. 63ff.

308 Vgl. Kirsch, W./Klein, H.-K. (1977b), II. Band, S. 128ff.; Abel, B. (1977), S. 65ff.

gramme.[309] Werte[310] sind spezifische, da normative Begriffe. Auch sie lenken die Datenverarbeitung und die daraus resultierenden Handlungen des Individuums, da positive Werte als Entscheidungsgründe und Richtungsdeterminanten fungieren.

Der Informationsverarbeitungsansatz sieht den folgenden Ablauf vor: Der Akteur als offenes Verhaltenssystem nimmt einen Teil der von der Umwelt gesendeten Signale auf. Welche Signale aufgenommen werden, hängt von den aktuell im Kurzzeitgedächtnis verarbeiteten Daten ab. Die aufgenommenen Signale werden im Kurzzeitgedächtnis interpretiert. Auf der Basis dieser Interpretation werden im Langzeitgedächtnis gespeicherte Daten abgerufen oder neue Daten im Langzeitgedächtnis gespeichert. Erhöhen sich bei diesem Vorgang Umfang oder Qualität der Begriffe, wird dies als Lernen bezeichnet.[311] Dabei werden entweder vorhandene kognitive Strukturen mit neuen Daten verknüpft oder bestehende Strukturen so verändert, dass neue Daten integriert werden können.[312] Gleichzeitig fließen aus dem Langzeitgedächtnis Begriffe, kognitive Programme zur Lenkung der Datenverarbeitung sowie die Werte, für die die Datenverarbeitung erfolgt, in das Kurzzeitgedächtnis und bestimmen so über die Aufnahme neuer Signale aus der Umwelt. Ergebnis dieses Zusammenspiels von Kurz- und Langzeitgedächtnis ist die Handlung des Akteurs, die wiederum die Umwelt beeinflusst.[313]

Der als Grundlage der Konkretisierung der Eigenschaftsannahmen des Akteurs herangezogene Informationsverarbeitungsansatz kann wie folgt zusammengefasst und zu der ökonomischen Handlungstheorie, dem Ausgangspunkt der Überlegungen zum Rationalitätssubjekt, in Beziehung gesetzt werden:[314] Der Akteur weist im Langzeitgedächtnis einen Bestand an Wissen auf, der als einfache Begriffe oder – sofern es sich um so genanntes Methodenwissen handelt – als kognitive Programme gespeichert ist. Daneben bestehen weitere kognitive Programme, die die Datenverarbeitung und die Handlungen des Akteurs lenken. Aufgrund der mit der Kapazität des Kurzzeitgedächtnisses gleichzusetzenden und daher beschränkten Verarbeitungsfähigkeit sind jedoch der Wissensbestand und die kognitiven Programme des Akteurs beschränkt. So erklären sich die kognitiven Beschränkungen des Akteurs, die seine Wahrnehmung der Situation prägen.

---

309 Vgl. Abel, B. (1977), S. 67; Pfohl, H.-C./Braun, G. E. (1981), S. 356 und 371ff.

310 Vgl. Kirsch, W./Klein, H.-K. (1977b), II. Band, S. 120ff.; Abel, B. (1977), S. 64f.

311 Vgl. Schäffer, U. (2001b), S. 39f.

312 In diesem Zusammenhang wird auch von assimilativen und akkomodativen Lernprozessen gesprochen. Vgl. hierzu ausführlich unter Verweis auf weiterführende Literatur Kehrmann, T. (2002), S. 45ff.

313 Vgl. Kirsch, W./Klein, H.-K. (1977b), II. Band, S. 95ff. Siehe ähnlich Nitzsch, R. v. (2002), S. 2ff.

314 Vgl. Heineke, C. (2005), S. 37ff.

In dynamischer Perspektive ist aufgrund der beschränkten Verarbeitungsfähigkeit auch die Lernfähigkeit des Akteurs beschränkt.[315] In Abhängigkeit von dem Lernzeitpunkt werden Ex-ante- und Ex-post-Lernen unterschieden. Ex-ante-Lernen führt zu einer Verbesserung der kognitiven Strukturen vor einer Handlung.[316] Aufgrund der Beschränkungen des Wissens und der kognitiven Programme kann der Akteur erforderliches Ex-ante-Lernen jedoch nur unzureichend antizipieren und durchführen. Ex-post-Lernen erfolgt nach vollzogener Handlung und wird auch als Kontrolle bezeichnet.[317] Der Akteur lernt durch Abgleich des intendierten mit dem tatsächlichen Ergebnis seiner Handlung. Eine Übereinstimmung bestätigt seine Begriffe und kognitiven Programme. In subjektiv vergleichbaren Situationen wird er wieder so handeln. Führt er bei Abweichungen Kontrollhandlungen durch, können zum einen allgemein kognitive Beschränkungen die Ergründung von Abweichungsursachen verhindern. Zum anderen geschehen Kontrollhandlungen auf der Basis von Feedback über die Zusammenhänge zwischen der Handlung des Akteurs und dem Handlungsergebnis. Dieses Feedback kann aus verschiedenen Gründen – auch aufgrund kognitiver Beschränkungen – unvollständig oder verzerrt sein. In der Folge weisen die Lernprozesse Mängel auf oder unterbleiben.[318] Bei Abweichungen kann auch das Phänomen der Kontrollillusion eintreten. Es bedeutet, dass der Akteur der Illusion erliegt, die Situation unter Kontrolle zu haben, und Kontrollhandlungen unterlässt.[319]

Die Restriktionen des Handelns sind als aus der Umwelt auf den Akteur als offenes Verhaltenssystem einwirkende Signale zu verstehen. Die Werte entsprechen der Nutzenvorstellung des Akteurs.[320] Schließlich kann die Rationalitätsannahme im ökonomischen Handlungsmodell als spezifisches kognitives Programm angesehen werden, das den zielorientierten Einsatz der Verarbeitungsfähigkeit, des Wissens und anderer kognitiver Programme steuert. Mit der Formel „Akteure maximieren ihren Nutzen unter Restriktionen" erklärt das ökonomische Handlungsmodell das grundlegende Prinzip der Handlungsauswahl durch den Akteur. Der Informationsverarbeitungsansatz ist eine Darstellung der dabei ablaufenden kognitiven Prozesse. Während die Nutzenvorstellungen die Richtung seines Handelns vorgeben, prägen die kognitiven Beschränkungen die Wahrnehmung der Situation durch den Akteur, auf deren Grundlage sich sein Handeln vollzieht.

---

315 Vgl. Eichenberger, R. (1992), S. 49f.; Schäffer, U. (2001b), S. 65f.

316 Vgl. Schäffer, U. (2001b), S. 33; Weber, J. (2002a), S. 40f.

317 Zu Kontrolle als Lernprozess siehe ausführlich Schäffer, U. (2001b).

318 Vgl. Russo, J. E./Schoemaker, P. J. H. (1989), S. 194ff.; Eichenberger, R. (1992), S. 50.

319 Vgl. Kleindorfer, P. R./Kunreuther, H. C./Schoemaker, P. J. H. (1993), S. 95f.; Herzog, A. (1999), S. 187; Nitzsch, R. v. (2002), S. 55f.

320 Eine Kritik am Informationsverarbeitungsansatz besteht darin, dass der motivationalen Dimension menschlichen Verhaltens zu wenig beziehungsweise überhaupt keine Beachtung geschenkt wird. Vgl. Schanz, G. (1979), S. 470.

2.2.4.3 Strukturierungsrahmen zur Analyse der Rationalitätsdefizite

Ausgehend von der von LINDENBERG verwendeten Kerntheorie, der Theorie rationalen Entscheidens, dem Modell des Homo Oeconomicus in der Formulierung des RREEMM-Modells, ist der Strukturierungsrahmen zur Analyse der Ursachen potentieller Rationalitätsdefizite im Handeln von Controllern zu entwickeln. Dieser Strukturierungsrahmen ist gleichermaßen als das konkretisierte Akteursverständnis der vorliegenden Arbeit zu verstehen.

2.2.4.3.1 Eigeninteressiertes Handeln

Für die Abbildung der Eigenschaftsannahme eigeninteressierten, nutzenmaximierenden Handelns ist keine Erweiterung des RREEMM-Modells notwendig, da diese Annahme bereits im Kern des Modells als einer Formulierung des Homo Oeconomicus besteht.[321]

Die Nutzenvorstellung in einer Situation, die auch als Anreiz bezeichnet[322] und im Informationsverarbeitungsansatz mit dem Begriff „Wert"[323] belegt wird, ist als Erwartung über die Realisierung von Zielen zu verstehen. Die Ziele des Akteurs erklären sich aus seinen Bedürfnissen[324], Einstellungen[325] und Werten[326]. Die Anreize in einer Situation sollten positiv und geeignet sein, die Ziele des Akteurs zu realisieren und in einem ausgewogenen Verhältnis zu den von dem Akteur dafür zu erbringenden Beiträgen stehen.[327]

Akteure versprechen sich von dem Zusammenschluss in Organisationen, hier Unternehmen, dass sich ihr Nutzen durch die Verfolgung der Unternehmensziele erhöht. Ihr Streben nach der Realisierung ihrer Ziele begründet ihr Handeln im Unternehmen. Zugleich erklärt es aber auch ihr eigeninteressiertes Handeln.[328] Somit lassen sich die Ziele des Akteurs im Unternehmen und die gemeinsamen Ziele, die Ziele des Unternehmens, unterscheiden. Beste-

321 Vgl. Homann, K./Suchanek, A. (2000), S. 414ff.

322 Vgl. Homann, K./Suchanek, A. (2000), S. 32 i. V. m. S. 61.

323 KIRSCH verwendet Werte synonym zu Motiven und Zielen. Vgl. Kirsch, W./Klein, H.-K. (1977b), II. Band, S. 122 und 126.

324 Bedürfnisse seien hier verstanden als Mangelzustände, die in dem Individuum den eine Handlungsbereitschaft bewirkenden Wunsch nach ihrer Beseitigung hervorrufen. Vgl. Amann, C. (1993), S. 220. Die psychologische Motivationspsychologie hat zahlreiche Mangelzustände identifiziert. Die bekanntesten Klassifikationen der Bedürfnisse und Motive menschlichen Handelns sind die MASLOWSCHE Bedürfnispyramide und die Zwei-Faktoren-Theorie nach HERZBERG. Vgl. Maslow, A. H. (1954); Herzberg, F./Mausner, B./Snyderman, B. (1959); Herzberg, F. (1966); Zimbardo, P. G./Gerrig, R. J. (1999), S. 319ff.; Jost, P.-J. (2000a), S. 19ff.; Nitzsch, R. v. (2002), S. 37ff.

325 Einstellungen seien hier verstanden als auf einzelne Gegenstände oder Sachverhalte bezogene erlernte, relativ überdauernde Bewertungen eines Akteurs. Vgl. Amann, C. (1993), S. 225.

326 Werte seien in dieser Arbeit definiert als erlernte, weitgehend intersituativ gültige, überdauernd aktualisierte und normativ begründete Dispositionen eines Individuums im Sinne von Vorstellungen von letztlich Erstrebenswertem, die als Grundkriterium der Beurteilung menschlichen Handelns und seiner Konsequenzen handlungsleitende Qualität aufweisen. Vgl. Amann, C. (1993), S. 229. Zur in den Sozialwissenschaften gebräuchlichsten Definition von Werten vgl. Kluckhohn, C. (1951), S. 195.

327 Vgl. in diesem Zusammenhang auch die Überlegungen von BARNARD zur Teilnahme eines Mitarbeiters an einer Organisation Barnard, C. I. (1938).

328 Vgl. Williamson, O. E. (1964), S. 28ff.; Jost, P.-J. (2000a), S. 483.

hen Konflikte zwischen diesen Zielen[329] und sind die Ziele nicht durch die Gestaltung der Anreize in Einklang gebracht, kann ein opportunistisches Handeln des Akteurs resultieren.[330] Als Alternative zu einem Verlassen des Unternehmens[331] versucht der Akteur durch ein eigeninteressiertes, den Unternehmenszielen zuwiderlaufendes Handeln, seine Ziele zu realisieren. Zielkonflikte werden jedoch erst virulent, wenn der Akteur über Handlungsspielraum aufgrund von Informationsasymmetrien verfügt, den er zur Verfolgung seiner Ziele nutzen kann. Gemäß der Prinzipal-Agenten-Theorie entstehen Handlungsspielräume aufgrund von Informationsasymmetrien zwischen dem Prinzipal und dem Agenten.[332] Sie können jedoch auch auf Kompetenzasymmetrien zurückgeführt werden.[333] Opportunismus ist demzufolge eine situationsabhängige Reaktion auf Anreizbedingungen, die aus Unternehmensperspektive zu Rationalitätsdefiziten führen kann.[334]

Die Annahme eigeninteressierten Handelns ist nicht als Aussage über die Motivationsstruktur des Akteurs im Sinne einer ausschließlichen Verfolgung egoistischer Motive, sondern als gemeinsamer Bezugspunkt unterschiedlicher Einflussfaktoren des Handelns zu verstehen. Über den im ökonomischen Handlungsmodell verwendeten offenen Nutzenbegriff kann all das, was dem Akteur Nutzen stiftet, in die Betrachtung integriert werden:[335] Die Ziele und damit der Nutzen des Akteurs erklären sich zu großen Teilen über seine Bedürfnisse. In Anlehnung an MASLOW lassen sich fünf Bedürfnisklassen unterscheiden, die in einer hierarchischen Rangfolge angeordnet sind.[336] Physiologische Bedürfnisse des Akteurs sind zu befriedigende Grundbedürfnisse. Das Bedürfnis nach Sicherheit gilt der Absicherung der Befriedigung der physiologischen Bedürfnisse. Soziale Bedürfnisse beinhalten den Wunsch nach Kontakt mit anderen Personen. Ich-Bedürfnisse äußern sich in dem Wunsch nach Anerkennung sowohl durch andere als auch bezogen auf die Selbsteinschätzung, nach Unabhängigkeit und Kompetenz. Selbstverwirklichungsbedürfnisse stehen in der Bedürf-

---

329 Vgl. Jost, P.-J. (2000a), S. 484ff. Vgl. Kirsch, W./Klein, H.-K. (1977b), III. Band, S. 57 sowie 94ff.; Cyert, R. M./March, J. G. (1963), S. 26; Staehle, W. H. (1999), S. 389f.

330 WILLIAMSON definiert Opportunismus als ein auf die Verfolgung von Eigeninteressen unter Anwendung von Arglist abzielendes Verhaltensmuster. Die Komponente „Arglist" soll in dieser Arbeit als nicht notwendig angesehen werden. Vgl. Williamson, O. E. (1985), S. 47; Jost, P.-J. (2000a), S. 481.

331 *„[O]pportunism is an alternative to leaving the organization that may be evoked when satisfaction is low."* March, J. G./Simon, H. A. (1993), S. 129.

332 Es ist der Grundgedanke der Prinzipal-Agenten-Theorie, dass sich Zielkonflikte ohne einen Handlungsspielraum durch Informationsasymmetrien zwischen dem Prinzipal und einem Agenten nicht auswirken, da andernfalls unmittelbar Sanktionsmöglichkeiten bestehen. Vgl. Jensen, M. C./Meckling, W. H. (1976), S. 308ff.; Richter, R./Furubotn, E. G. (1999), S. 195ff.; Jost, P.-J. (2000a), S. 487ff.; Meyer, M./Heine, B.-O. (2005), S. 11ff.; Meyer, M./Heine, B.-O. (2005), S. 16ff.

333 Bestehen Kompetenzasymmetrien, dann hat der Akteur eine gute Position bei der Verhandlung über die Verteilung des Kooperationsgewinns, da er selbst in einem höheren Maße dazu beigetragen hat. Vgl. Meyer, M. (2004), S. 209, insbesondere Fußnote 281.

334 Vgl. Kirchgässner, G. (1991), S. 21f.; Homann, K./Suchanek, A. (2000), S. 428ff.

335 Vgl. Williamson, O. E. (1964), S. 6. Siehe auch Meyer, M./Heine, B.-O. (2005), S. 11.

336 Hier soll allein die Klassifizierung der Bedürfnisse nach MASLOW genutzt werden. MASLOW ordnet diese zudem nach ihrer Dringlichkeit hierarchisch an. Davon wird abstrahiert. Vgl. Maslow, A. H. (1954), S. 69. Siehe auch Wiswede, G. (1995), S. 62ff.

nishierarchie an höchster Stelle und reflektieren die Entfaltung der Persönlichkeit. Bezüglich dieser fünf Bedürfnisklassen vertritt MASLOW die so genannte Rangfolgehypothese, nach der ein Bedürfnis einer höheren Klasse erst handlungsleitend wird, wenn die Bedürfnisse der vorgelagerten Klassen befriedigt sind. Empirisch zeigt sich allerdings, dass Bedürfnisse unterschiedlicher Klassen gleichzeitig das Handeln eines Akteurs beeinflussen können.[337] Davon wird auch in dieser Arbeit ausgegangen. Mit Bezug zu der Klassifizierung der Bedürfnisse nach MASLOW können insbesondere die folgenden Präferenzen des Akteurs zu Konflikten mit den Unternehmenszielen führen.[338]

Eine erste von den Zielen des Unternehmens abweichende individuelle Präferenz des Akteurs ist die *Reduzierung des Arbeitsleids*.[339] Diese Präferenz lässt sich aus den sozialen Bedürfnissen und Selbstverwirklichungsbedürfnissen erklären. Diese umfassen den Wunsch nach Kontakt mit anderen Personen sowie persönlicher Entfaltung, der im Arbeitskontext Grenzen gesetzt sind. Die Reduzierung des Arbeitsleids erfolgt zugunsten der Erfüllung dieser Bedürfnisse, sofern die Befriedigung anderer Bedürfnisse dadurch nicht gefährdet wird. Aus Unternehmensperspektive entstehen Rationalitätsdefizite dadurch, dass der Akteur mögliche und sinnvolle Leistungen nicht erbringt oder den persönlichen Aufwand für die zu erbringenden Leistungen vermindert.[340]

Der Akteur kann zudem *Karrierepräferenzen* verfolgen, die zu Handlungen oder dem Unterlassen von Handlungen führen, die nicht im Einklang mit den Zielen des Unternehmens stehen.[341] Die Verfolgung beziehungsweise die Realisierung von Karrierezielen dient der Befriedigung des Ich-Bedürfnisses, da Akteure Anerkennung durch Dritte erhalten und ihr Selbstwertgefühl steigt. Auch das Bedürfnis nach Selbstverwirklichung kann durch erreichte Karriereziele befriedigt werden. Weiterhin werden der Arbeitsplatz und damit das Einkommen gesichert, was der Befriedigung von Sicherheits- und physiologischen Bedürfnissen zuträglich ist. Mit Karrierepräferenzen eng verbunden ist das Streben des Akteurs nach (mehr) *Einfluss*, da das Erreichen von Karrierezielen oftmals mit einem größeren – zumindest formalen – Einfluss korrespondiert. Einfluss zu haben und auszuüben, kann auch ein Ziel an sich sein.[342]

---

337 Vgl. Berthel, J./Becker, F. G. (2003), S. 23f.

338 Vgl. hierzu auch Jost, P.-J. (2000a), S. 486; Lambert, R. A. (2001), S. 5f.

339 Arbeitsscheu ist die in der ökonomischen Literatur dominierende Präferenzvermutung. Vgl. Schäffer, U. (2002), S. 87.

340 Vgl. Jensen, M. C./Meckling, W. H. (1976), S. 313.

341 Vgl. Williamson, O. E. (1964), S. 34. Mit Bezug zu Zielen des Controllers vgl. David, U. (2005), S. 50f.

342 Vgl. Jost, P.-J. (2000a), S. 25.

Die *Risiko*präferenz des Akteurs kann eine andere sein als die des Unternehmens.[343] Die Risikobereitschaft des Akteurs wird wesentlich von seinem Bedürfnis nach Sicherheit moderiert.[344]

Schließlich können abweichende *Zeitpräferenzen* zu Zielkonflikten führen, wenn der Akteur Entscheidungen vor seinem individuellen Zeithorizont trifft, der determiniert ist durch die Verweildauer im Unternehmen oder in der Position, und dabei den Zeithorizont des Unternehmens außer Acht lässt.[345]

2.2.4.3.2 Kognitive Beschränkungen

Im Kern des Modells des Homo Oeconomicus wird der Akteur als vollkommen rational angenommen.[346] Die Problemstellung der vorliegenden Arbeit erfordert jedoch die Berücksichtigung kognitiver Beschränkungen des Akteurs. Zur Entwicklung eines für diese Problemstellung geeigneten Strukturierungsrahmens, der das Akteursverständnis in der kognitiven Dimension reflektiert, sollen die, den Homo Oeconomicus reflektierenden Annahmen des RREEMM-Modells durch das Treffen von Brückenannahmen ausdifferenziert werden. Im Rahmen der Analyse des Problems zweiter Ordnung wird zur Erklärung der identifizierten Rationalitätsdefizite im Handeln von Controllern auf diese Brückenannahmen zurückgegriffen. Zentrale Erklärungsgrundlage ist die aus der Darstellung des Informationsverarbeitungsansatzes hervorgehende, auf der beschränkten Kapazität des Kurzzeitgedächtnisses beruhende Beschränkung der Verarbeitungsfähigkeit des Akteurs.[347]

Die vorgenommenen Erweiterungen des RREEMM-Modells erklären die im folgenden Kapitel identifizierten potentiellen Rationalitätsdefizite im Handeln von Controllern. Sie sind daher als das Ergebnis eines iterativen Prozesses zu verstehen.

LINDENBERG definiert die einzelnen Annahmen des RREEMM-Modells wie folgt: „Resourceful“ bedeutet, dass der Akteur aktiv und intelligent nach Möglichkeiten der Zielrealisierung sucht. „Restricted“ meint, dass Güter knapp sind, wodurch die Wahlmöglichkeiten beschränkt sind. „Expecting“ besagt, dass der Akteur Zustände und Geschehnisse mit einer bestimmten Wahrscheinlichkeit belegt. „Evaluating“ meint, dass der Akteur Zustände und Geschehnisse bewertet. Da der Akteur erfinderisch ist, versucht er, das „Maximizing“

---

343 Vgl. Eisenführ, F./Weber, M. (2003), S. 31f.
344 Vgl. Williamson, O. E. (1964), S. 32.
345 Vgl. Eisenführ, F./Weber, M. (2003), S. 31f.
346 Vgl. Homann, K./Suchanek, A. (2000), S. 414ff.
347 Siehe auch Nitzsch, R. v. (2002), S. 2f.

betreffend, aus den beschränkten Möglichkeiten das Beste zu machen.[348] Entsprechend der Methode der abnehmenden Abstraktion werden diese Annahmen systematisch erweitert.[349]

Resourceful

Die Resourceful-Annahme besagt, dass der Akteur aktiv und intelligent nach Möglichkeiten der Zielrealisierung sucht. Die strenge ökonomische, im Sinne des Modells des Homo Oeconomicus erfolgende Interpretation dieser Annahme sieht vor, dass der Akteur die objektiv beste Entscheidungsalternative auch immer findet.[350] MECKLING erklärt zu der Rolle der Resourcefulness, dass *„[i]n applying this model [RREEMM-Modell, A P.], [...] economists must (and implicitly do) endow the individual with knowledge, ingenuity, and intelligence".*[351] Der Akteur kann Wahrscheinlichkeiten nur schätzen und Handlungsalternativen bewerten, wenn er über hierfür erforderliche kognitive Fähigkeiten und Wissen verfügt. Diese Voraussetzungen bildet die Resourceful-Annahme ab. Demnach verbergen sich hinter der Resourceful-Annahme übergreifende Annahmen, die Wissen und kognitive Fähigkeiten des Akteurs betreffen. Sie rechtfertigen die strenge ökonomische Annahme und beeinflussen zugleich andere Annahmen des Modells. Die restriktive Annahme der Ökonomen ist jedoch vor dem Hintergrund der Erkenntnisse des Informationsverarbeitungsansatzes in Frage zu stellen und durch Brückenannahmen zu erweitern.

Übergeordnet ist die grundsätzlich *beschränkte Verarbeitungsfähigkeit* des Akteurs eine der Resourceful-Annahme zuzuordnende erweiternde Annahme, die als Grund dafür angeführt werden kann, dass der Akteur die objektiv beste Entscheidungsalternative nicht findet. Ebenso ist *beschränktes Wissen* eine schlüssige Erweiterung der Resourceful-Annahme. Wissen wurde als die Bestandsmenge aller im menschlichen Gedächtnis repräsentierten Daten mit Handlungsbezug definiert.[352] Es ist im Langzeitgedächtnis des Akteurs als explizites oder implizites Wissen gespeichert.[353] Implizites Wissen zeichnet sich im Unterschied zu explizitem Wissen dadurch aus, dass es einen starken Bezug zu individuellen Erfahrungen aufweist und schwierig zu formalisieren und kommunizieren ist.[354] Es entsteht durch unbewusste kognitive Prozesse, in deren Verlauf Abbilder der Struktur der Umwelt, auch der Zusammenhänge wichtiger Elemente der Umwelt, entwickelt werden.[355] Aufgrund der beschränkten Verarbeitungsfähigkeit ist das Wissen des Akteurs als Resultat von Verarbei-

348 Vgl. Lindenberg, S. (1991), S. 55.
349 Vgl. die Anwendung der Methode der abnehmenden Abstraktion zur Erklärung von Verhaltensanomalien in der wertorientierten Zielplanung bei Hirsch, B. (2006), insbesondere S. 24ff. Zu der Restricted-Annahme vgl. die Erläuterungen in der Einführung zu Abschnitt 2.2.4.
350 Vgl. Lindenberg, S. (1991), S. 55; Hirsch, B. (2006), S. 25.
351 Vgl. Meckling, W. H. (1976), S. 549.
352 Vgl. ausführlicher zu dieser Definition Schäffer, U. (1996a), S. 47.
353 Vgl. Zimbardo, P. G./Gerrig, R. J. (1999), S. 250ff.
354 Vgl. grundlegend zu implizitem Wissen Polanyi, M. (1966).
355 Vgl. Lubit, R. (2001), S. 166.

tungsprozessen unvollkommen.[356] Das Ausmaß von Wissensbeschränkungen wird durch den Handlungskontext beeinflusst.

Wissensbeschränkungen können sich auf verschiedene Wissensarten – Fakten-, Methoden- und Beziehungswissen – beziehen: Faktenwissen wird auch als deklaratives Wissen bezeichnet. Bei dem Faktenwissen des Akteurs handelt es sich um das „Gewusst-was".[357] Methodenwissen wird auch als prozedurales Wissen bezeichnet. Dabei handelt es sich um das „Gewusst-wie". Es ist Teil dessen, was im Informationsverarbeitungsansatz als kognitive Programme bezeichnet wird. Es umfasst Wissen darüber, wie Dinge getan und wie Fertigkeiten erworben, erhalten und abgerufen werden.[358] Nach HERZOG soll hier eine weitere Wissensart – das Beziehungswissen – unterschieden werden. Beziehungswissen betrifft das Wissen über die Quellen von Fakten- und Methodenwissen und kann daher als „Gewusst-wer" umschrieben werden. Insbesondere in größeren Organisationen ist Beziehungswissen von Bedeutung.[359] Beschränkungen des für eine Handlung relevanten Wissens können zu Rationalitätsdefiziten führen.

Das Finden der objektiv besten Entscheidungsalternative kann auch durch die Anwendung gezielter *Strategien der Verarbeitung und Vereinfachung* in Frage gestellt werden, auf die der Akteur aufgrund seiner beschränkten Verarbeitungsfähigkeit zurückgreift.[360]

Eine Möglichkeit zur Beherrschung der Komplexität ist die vereinfachte Abbildung komplexer Handlungskontexte in so genannten *mentalen Modellen*, impliziten Wissenselementen[361].[362] DENZAU/NORTH charakterisieren mentale Modelle als *„internal representations that individual cognitive systems create to interpret the environment"*.[363] Die zentrale Annahme ist, dass Entscheidungen und Handlungen der Akteure auf mentalen Modellen basie-

---

356 HERZOG spricht insofern von kognitiven Fähigkeiten auch als wissensgenerierenden Fähigkeiten. Vgl. Herzog, A. (1999), S. 69ff.

357 Vgl. zu einer ausführlicheren Charakterisierung des Faktenwissens Zimbardo, P. G./Gerrig, R. J. (1999), S. 244ff.

358 Vgl. Zimbardo, P. G./Gerrig, R. J. (1999), S. 234f.

359 Vgl. Herzog, A. (1999), S. 71.

360 Vgl. Kirsch, W./Klein, H.-K. (1977b), I. Band, S. 83ff.; Bruner, J. S./Goodnow, J. J./Austin, G. A. (1956), S. 54 und 81ff.; Becker, J. (2003), S. 45.

361 Vgl. Ambrosini, V./Bowman, C. (2001), S. 813; Lubit, R. (2001), S. 166.

362 In der Literatur finden sich auch die Begriffe interne Modelle, innere Modelle oder kognitive Modelle. Vor dem Hintergrund der Problemstellung seiner Arbeit setzt sich KEHRMANN wesentlich differenzierter mit mentalen Modellen auseinander und grenzt diese zu internen Modellen ab. Vgl. Kehrmann, T. (2002), S. 38ff. Eine der ersten Charakterisierungen zu inneren beziehungsweise mentalen Modellen stammt von BOULDING, der jedoch den Begriff des Images dafür verwendet. Vgl. Boulding, K. E. (1956). Vgl. für eine erste Veröffentlichung unter Verwendung des Begriffs mentale Modelle Johnson-Laird, P. N. (1980); Johnson-Laird, P. N. (1983) sowie den Sammelband Gentner, D./Stevens, A. L. (1983). Vgl. auch Kirsch, W./Klein, H.-K. (1977b), I. Band, S. 76ff.; Denzau, A. T./North, D. C. (1994), S. 4f.; Weber, J./Grothe, M./Schäffer, U. (2001), S. 107ff.; Bach, S. et al. (2002), S. 3f.

363 Denzau, A. T./North, D. C. (1994), S. 4.

ren, die ihre Situationswahrnehmung beeinflussen.[364] Zur Bildung mentaler Modelle verfügt der Akteur über verschiedene kognitive Programme wie Abstraktion, Komplexbildung oder Ersetzen fehlender Informationen durch Hypothesenbildung.[365] Hypothesen über tatsächliche Zusammenhänge werden dabei im Wesentlichen durch Analogiebildung zwischen bekannten und als ähnlich eingestuften Zusammenhängen und dem vorliegenden Kontext generiert.[366]

Mentale Modelle sind mit Chancen und Gefahren verbunden. Auf der einen Seite ermöglichen sie durch Vereinfachung die Bewältigung komplexer Handlungskontexte. Auf der anderen Seite determinieren sie als intervenierende Variable zwischen den aus der Umwelt auf den Akteur wirkenden Signalen und der Reaktion des Akteurs seine Wahrnehmung sowie andere kognitive Fähigkeiten.[367] WESSLING konstatiert in diesem Zusammenhang: *„Damit wird implizit jedes für eine Handlung notwendige Wissen des Individuums als subjektiv verzerrt angenommen.“*[368] Mentale Modelle des Akteurs führen zu einer kognitiven Rahmengebung, zu einem Framing des Handlungskontextes beziehungsweise der Entscheidungssituation, auf deren Grundlage der Akteur handelt.[369] Insbesondere da mentale Modelle das Resultat von Lernprozessen sind und die Entwicklung und Erfahrungen des Akteurs darstellen, reflektieren sie den Handlungskontext aufgrund von Pfadabhängigkeiten oder mangelnden Feedbackinformationen nicht immer optimal. Mit steigender Unsicherheit des Handlungskontextes nimmt die Gefahr inadäquater mentaler Modelle zu. Unzulässige Vereinfachungen oder falsche Hypothesen- und Analogiebildungen führen zu Rationalitätsdefiziten im Handeln des Akteurs. Besonders problematisch ist hierbei der unbewusste, implizite Charakter mentaler Modelle.[370]

Eine weitere Strategie der Verarbeitung und Vereinfachung ist der Rückgriff auf ein Repertoire kognitiver Programme – so genannter *heuristischer Prinzipien*. Damit ökonomisiert der Akteur sein inneres – das Langzeitgedächtnis betreffende – und sein äußeres Suchver-

---

364 KIRSCH sieht innere Modelle als Bestandteil der einer Handlung zugrunde liegenden Definition der Situation an. Vgl. Kirsch, W./Klein, H.-K. (1977b), II. Band, S. 138ff.

365 Vgl. für eine Übersicht zu diesen Methoden Pfohl, H.-C./Braun, G. E. (1981), S. 390ff.; Bach, S. et al. (2002), S. 3.

366 Vgl. Johnson-Laird, P. N. (1980), S. 108; Holyoak, K. J. (1984), S. 206ff.

367 Vgl. Kirsch, W./Klein, H.-K. (1977b), I. Band, S. 77ff.; Bach, S. et al. (2002), S. 3f.

368 Vgl. Wessling, E. (1991), S. 119.

369 Folgendes Zitat von SENGE verdeutlich den Zusammenhang zwischen mentalen Modellen und Framing: *„Mental models are the images, assumptions, and stories which we carry in our minds of ourselves, other people, institutions, and every aspect of the world. Like a pane of glass framing and subtly distorting our vision, mental models determine what we see.“* Senge, P. M. et al. (1994), S. 235f. Vgl. zum Framing Tversky, A./Kahneman, D. (1981), S. 453; Tversky, A./Kahneman, D. (1986), S. 257 sowie 272f.; Russo, J. E./Schoemaker, P. J. H. (1989), S. 15; Eichenberger, R. (1992), S. 28ff.; Lindenberg, S. (2000), insbesondere S. 18; Russo, J. E./Schoemaker, P. J. H. (2002), S. 19ff.; Eisenführ, F./Weber, M. (2003), S. 368.

370 Vgl. Ambrosini, V./Bowman, C. (2001), S. 813; Senge, P. M. (1990), S. 176. Der implizite Charakter mentaler Modelle verhindert eine automatische Anpassung an geänderte reale Situationen.

halten.[371] Die am häufigsten diskutierten Heuristiken sind die Verfügbarkeits-, Repräsentativitäts- und Verankerungsheuristik.[372] Bei der Verfügbarkeitsheuristik werden Einschätzungen der Wahrscheinlichkeiten von Ereignissen in Abhängigkeit von der Leichtigkeit vorgenommen, mit der Beispiele und Assoziationen dieses Ereignisses im Gedächtnis verfügbar sind.[373] Die Repräsentativitätsheuristik ist ein kognitives Programm, demzufolge bei der Beurteilung von Ereignissen solche als wahrscheinlich erachtet werden, die stereotypischen Erwartungen entsprechen.[374] Die Verankerungsheuristik schließlich ist ein kognitives Programm, mit dem ein Akteur einen mehr oder weniger zufälligen Richtwert als Ausgangspunkt seiner Überlegungen wählt und davon ausgehend – jedoch zumeist unzureichende – Adjustierungen vornimmt.[375] Heuristiken vereinfachen zwar die Komplexität des Handlungskontextes und erhalten die Handlungsfähigkeit des Akteurs.[376] Da ihre Anwendung jedoch unbewusst erfolgt, kann es – sofern die den Heuristiken zugrunde liegenden Annahmen verletzt werden – zu kognitiven Verzerrungen und systematischen Fehlern des Akteurs in der Verarbeitung kommen, die dem Finden der objektiv besten Entscheidungsalternative entgegenstehen.[377]

---

[371] Vgl. Kirsch, W./Klein, H.-K. (1977b), I. Band, S. 81ff. sowie 94ff.
„Information from both the environment and the individual's memory needs to be selected. Meaning is given to the information and, indeed, such sources of information selected then have to be weighted and combined to form a final judgement. Since people do not have the mental capacity to do these operations in the manner of a computer, they employ simplifying strategies." Hogarth, R. W. (1980), S. 36.
Arbeiten zu Heuristiken wurden stark durch die Forschergruppe um KAHNEMAN und TVERSKY geprägt. MCFADDEN spricht im Zusammenhang mit der Anwendungen von Heuristiken von so genannten *„cognitive anomalies, circumstances in which individuals exhibit surprising departures from rationality"*. McFadden, D. (1999), S. 79. SWIERINGA ET AL. hingegen betonen: *„[T]hese heuristics may represent simplifications of, rather than departures from, the normative approach."* Swieringa, R. J. et al. (1976), S. 186.

[372] KEREN/TEIGEN sprechen von *„three canonical heuristics"*. Vgl. Keren, G./Teigen, K. H. (2004), S. 95ff. Siehe auch Tversky, A./Kahneman, D. (1974); Swieringa, R. J. et al. (1976), S. 160; Auer-Rizzi, W. (1998), S. 131ff.; Kanning, U. P. (1999), S. 83ff.; McFadden, D. (1999), S. 84ff.; Jost, P.-J. (2000a), S. 256ff.; Nitzsch, R. v. (2002), S. 19ff.; Strack, F./Deutsch, R. (2002); Becker, J. (2003), S. 49ff.

[373] Vgl. Jost, P.-J. (2000a), S. 267; Nitzsch, R. v. (2002), S. 13ff.; Becker, J. (2003), S. 46; Connolly, T./Ordóñez, L. (2003), S. 497f.; Eisenführ, F./Weber, M. (2003), S. 176.
Es wird sehr viel eher das Auftreten einer mit dramatischen Ereignissen verbundenen Todesursache in Erwägung gezogen als das Auftreten gewöhnlicher Todesursachen. Slovic, P./Fischhoff, B./Lichtenstein, S. (1979), S. 15.

[374] Beispielsweise erscheint vielen Menschen, die in einer Lotterie mitspielen, die Zahlenfolge 10, 4, 8, 32, 36, 23 als repräsentativ für übliche Ergebnisse einer Ziehung. Die Zahlenfolge 1, 2, 3, 4, 5, 6, die objektiv mit gleicher Wahrscheinlichkeit auftreten kann, gilt demgegenüber als nicht zu erwartendes Ergebnis. Vgl. Kanning, U. P. (2001), S. 202.

[375] Vgl. Bolger, F./Harvey, N. (1993), S. 779; Russo, J. E./Schoemaker, P. J. H. (1989), S. 88; Eisenführ, F./Weber, M. (2003), S. 179f.; Nitzsch, R. v. (2002), S. 22f.; Connolly, T./Ordóñez, L. (2003), S. 497; Epley, N./Gilovich, T. (2005), S. 199ff.
Beispielsweise wird die Urteilsbildung über eine Person von dem ersten Eindruck geprägt, den diese Person hinterlässt. Vgl. Kanning, U. P. (2001), S. 203

[376] Vgl. Tversky, A./Kahneman, D. (1974), S. 1124; Russo, J. E./Schoemaker, P. J. H. (1989), S. 81; Jost, P.-J. (2000a), S. 188ff.; Nitzsch, R. v. (2002), S. 20.

[377] Vgl. Tversky, A./Kahneman, D. (1974), S. 1124; Irle, M. (1971), S. 156ff.; Conlisk, J. (1996), S. 670f. und 676f.; Auer-Rizzi, W. (1998), S. 130ff.; Hammond, J. S./Keeney, R. L./Raiffa, H. (1998), S. 47.
Kognitive Verzerrungen können bei Laien ebenso wie bei Experten auftreten und beruhen nicht auf motivatorischen Beschränkungen. Vgl. Tversky, A./Kahneman, D. (1974), S. 1130.

Auch eine *selektive oder verzerrte Wahrnehmung* des Akteurs steht der objektiv besten Entscheidungsalternative im Wege.[378] Mit der Wahrnehmung des Akteurs ist seine Fähigkeit angesprochen, relevante Aspekte der Umwelt und seiner selbst aufzunehmen, zu speichern und zu kombinieren.[379] Die beschränkte Verarbeitungsfähigkeit führt auch zu Beschränkungen der Wahrnehmungsfähigkeit.[380] Dies ist zunächst nicht problematisch, da nur ein geringer Teil der auf den Akteur wirkenden Signale für das Finden der objektiv besten Entscheidungsalternative relevant ist. Im Gegenteil, die Filterung der Wahrnehmung dient sogar der Fokussierung und der Vermeidung einer Blockierung der Verarbeitungskapazität durch unbrauchbare Signale. Erklärungsgrundlage der Filterwirkung der Wahrnehmung, die zwar unbewusst, jedoch mit einer gewissen Regelmäßigkeit erfolgt, ist die Hypothesentheorie der Wahrnehmung.[381] Die Wahrnehmung ist als dreistufiges Prüfverfahren zu verstehen. In der ersten Stufe wird eine Wahrnehmungshypothese aktiviert. In der zweiten Stufe erfolgt die Aufnahme von Signalen zu dem Wahrnehmungsgegenstand. In der dritten Stufe wird die Hypothese entweder bestätigt oder verworfen.[382] Die Wahrnehmungshypothesen als Ausgangspunkt dieses Prozesses bilden sich aufgrund der aktuellen Verarbeitungsvorgänge im Kurzzeitgedächtnis, die wiederum von dem im Langzeitgedächtnis gespeicherten Wissen – also auch den mentalen Modellen[383] – geprägt sind. Wahrnehmung erfolgt somit wissensgestützt.[384]

Systematische Wahrnehmungsverzerrungen treten auf, wenn sich Signale aus der Umwelt oder im Langzeitgedächtnis gespeichertes Wissen, das die Wahrnehmung beeinflusst, durch besonders leichte Verfügbarkeit auszeichnen und Wahrnehmungshypothesen stärken.[385] Es können verschiedene Verfügbarkeitsverzerrungen unterschieden werden:[386]

- Primacy-Effekt: Zuerst wahrgenommene Stimuli erhalten ein höheres Gewicht.
- Recency-Effekt: Gegenläufig zum Primacy-Effekt bewertet der Akteur zuletzt wahrgenommene Stimuli höher und behält diese länger als zuvor wahrgenommene Stimuli.

HEINER entwickelt die Hypothese, dass das Handeln des Akteurs Muster aufweist, die auf der Anwendung von Heuristiken beruhen, die er aufgrund seiner begrenzten Rationalität verwendet, und dass der Ökonom diese Muster fälschlicherweise als Optimierung durch den Akteur interpretiert. „*[T]he observed regularities that economics has tried to explain on the basis of optimization would disappear if agents could actually maximize.*" Heiner, R. (1983), S. 586ff.

378 Vgl. Bazerman, M. H./Chugh, D. (2006), S. 88ff.

379 Vgl. Weber, J. (2002a), S. 35.

380 Vgl. Kanning, U. P. (1999), S. 33ff.

381 Vgl. Bruner, J. S./Postman, L. (1951); Wiswede, G. (1995), S. 79f.; Miller, A. C. (2003), S. 240ff.

382 Vgl. Nitzsch, R. v. (2002), S. 10.

383 Vgl. Russo, J. E./Schoemaker, P. J. H. (2002), S. 25f.

384 Vgl. Hopwood, A. G. (1976), S. 126; Kirsch, W./Klein, H.-K. (1977b), I. Band, S. 80f.; Nitzsch, R. v. (2002), S. 10; Miller, A. C. (2003), S. 182, insbesondere die dortige Fußnote 890.

385 Vgl. Tversky, A./Kahneman, D. (1974); Russo, J. E./Schoemaker, P. J. H. (1989), S. 82; Nitzsch, R. v. (2002), S. 13ff.

386 Vgl. Jost, P.-J. (2000a), S. 250ff.

- Halo-Effekt: Die Wahrnehmung des Akteurs in einer Situation wird durch ein hervorstechendes Merkmal verzerrt. Andere Merkmale bleiben unberücksichtigt.
- Vividness-Effekt: Lebhafte Erinnerungen, die in einem bestimmten Kontext leichter aus dem Langzeitgedächtnis hervorgerufen werden können, verzerren die Wahrnehmung des Akteurs.

Darüber hinaus kann die Wahrnehmung durch so genannte Bestätigungsverzerrungen geprägt sein,[387] die die Theorie der kognitiven Dissonanz nach FESTINGER erklärt: Konsonante Stimuli stärken in der ersten Stufe des Wahrnehmungsprozesses die Wahrnehmungshypothesen, so dass der Akteur lediglich die Signale aus der Umwelt aufnimmt, die mit dem bestehenden Bild seiner selbst oder seiner Umwelt, seinen Einstellungen, Werten, Meinungen etc. kompatibel sind, und andere dissonante Stimuli ignoriert. Er präferiert die Aufnahme konsonanter Stimuli, da er nach Stabilität und Konsistenz seiner Wahrnehmungen strebt.[388]

Eng verbunden mit dem Phänomen der Bestätigungsverzerrungen ist der so genannte Self-Serving Bias. Die Wurzeln dieser Verzerrung liegen in der Attributionstheorie, die sich mit der Frage beschäftigt, wie der Akteur Ursachen für den Erfolg oder Misserfolg einer Handlung attribuiert.[389] Der Self-Serving Bias besagt, dass der Akteur Verzerrungen im Hinblick auf eine Förderung seiner eigenen Interessen aufweist.[390] Bezüglich der beschränkten Wahrnehmungsfähigkeit des Akteurs kann dies bedeuten, dass er selektiv die Informationen wahrnimmt, die seine Eigeninteressen stützen.[391] Der Self-Serving Bias ist insofern enger zu fassen als Bestätigungsverzerrungen.

Anhand der Wahrnehmung konkretisiert sich insgesamt der bereits beschriebene Effekt des Framing, einer Rahmengebung der Situation, die potentielle Rationalitätsdefizite im Handeln von Akteuren erklären kann: Eine selektive oder verzerrte Wahrnehmung kann dazu führen, dass relevante Signale nicht aufgenommen werden. Die Folge ist ein mangelndes Problembewusstsein oder lediglich eine Teilsicht auf das Problem beziehungsweise die Entscheidungssituation. Wesentliche Aspekte – Ziele, Handlungsalternativen, Handlungsbedin-

---

387 Vgl. Nitzsch, R. v. (2002), S. 10f.; Russo, J. E./Schoemaker, P. J. H. (1989), S. 75f.; Hammond, J. S./Keeney, R. L./Raiffa, H. (1998), S. 52; Auer-Rizzi, W. (1998), S. 154f.; Bazerman, M. H./Chugh, D. (2006), S. 92.

388 Vgl. Festinger, L. (1957). FREY/GASKA geben einen Überblick zu den Forschungsarbeiten, die sich mit der Theorie der kognitiven Dissonanz beschäftigen, und beziehen sich dabei auch auf das hier dargestellte Phänomen. Vgl. Frey, D./Gaska, A. (1993), insbesondere S. 295ff.; siehe auch Wiswede, G. (1995), S. 83ff.

389 Vgl. Nitzsch, R. v. (2002), S. 35.

390 Vgl. Kaplan, T. R./Ruffle, B. J. (2004), S. 1.

391 *„Psychological research shows that our desires powerfully influence the way we interpret information, even when we're trying to be objective and impartial."* Bazerman, M./Loewenstein, G./Moore, D. (2002), S. 98.

gungen oder Handlungskonsequenzen – bleiben gegebenenfalls unberücksichtigt.[392] Das Finden der objektiv besten Entscheidungsalternative ist nicht möglich.

Restricted

Ökonomen interpretieren die Restricted-Annahme dahingehend, dass der Akteur Budgetrestriktionen unterliegt.[393] Während HOMANN/SUCHANEK unter Budgetrestriktionen im weiteren Sinne auch beschränkte Fähigkeiten, Kenntnisse und Informationen der Akteure subsumieren und damit gerade an dieser Stelle kognitive Aspekte integrieren,[394] werden kognitive Beschränkungen in dieser Arbeit auf einer Metaebene in der Wahrnehmung der Situation durch den ökonomischen Akteur verortet. Auch LINDENBERG zeigt, dass sich die theoretische Verarbeitung kognitiver Aspekte innerhalb der Methode der abnehmenden Abstraktion nicht auf die Restricted-Annahme des RREEMM-Modells beschränken muss.[395] Kognitive Beschränkungen des Akteurs werden in dieser Arbeit über die übrigen Annahmen des RREEMM-Modells abgebildet.[396] Zu erwähnen ist, dass neben der einfachen Annahme der Ökonomen zu dem zweiten „R", den Einkommensrestriktionen des Akteurs, auch technische und soziale Restriktionen angenommen werden können. Unter Letztere fallen zum Beispiel auch die kognitiven Beschränkungen anderer Akteure als Restriktionen des Handelns des fokussierten Akteurs.[397]

Expecting

Die Expecting-Annahme besagt, dass der Akteur den Zuständen und Geschehnissen stets korrekte Wahrscheinlichkeiten zuweist.[398] Diese Interpretation wird im Folgenden durch Unter- und Überschätzungen der Wahrscheinlichkeiten erweitert und in Frage gestellt. Grundsätzlich steht der Fähigkeit zur Bildung stets korrekter Wahrscheinlichkeitsurteile die beschränkte übergeordnete Verarbeitungsfähigkeit des Akteurs entgegen.[399] Die Folge können Handlungen sein, die ex post nicht optimal sind.[400]

Die ökonomische Theorie des Verhaltens unter Unsicherheit beruht auf drei zentralen Elementen: der Einstellung des Akteurs gegenüber Unsicherheit, seiner Fähigkeit, mit Unsicherheit im Sinne der Wahrscheinlichkeitsrechnung umzugehen, und seiner Fähigkeit, die für seine Handlungen relevanten Risiken beziehungsweise Wahrscheinlichkeiten einzu-

392 Vgl. Schoeffler, S. (1954), S. 249ff.; Tversky, A./Kahneman, D. (1986), S. 257; Russo, J. E./ Schoemaker, P. J. H. (1989), S. 16; Lindenberg, S. (2000), S. 16f.
393 Vgl. Lindenberg, S. (1992), S. 55f.; Lindenberg, S. (1985), S. 100.
394 Vgl. Homann, K./Suchanek, A. (2000), S. 31.
395 Vgl. Lindenberg, S. (1992), S. 8.
396 Vgl. zu dieser Argumentation auch Hirsch, B. (2006), S.26f.
397 Vgl. Heine, B.-O. et al. (2006), S. 18.
398 Vgl. Lindenberg, S. (1985), S. 100; Lindenberg, S. (1991), S. 56.
399 Vgl. exemplarisch Swieringa, R. J. et al. (1976), S. 160.
400 Vgl. Schoeffler, S. (1954), S. 249.

schätzen.[401] Brückenannahmen zu der Expecting-Annahme können an diesen drei Elementen ansetzen.

Die Einstellung des Akteurs gegenüber Unsicherheit wurde bereits unter dem Aspekt abweichender Risikopräferenzen behandelt. Über diesen motivationalen Aspekt hinausgehend können beschränkte methodische Fähigkeiten des Akteurs, etwa unzureichendes Methodenwissen zur Anwendung von Verfahren der Wahrscheinlichkeitsrechnung, zu Unter- oder Überschätzungen von Wahrscheinlichkeiten führen.[402] Doch selbst wenn der Akteur das erforderliche Methodenwissen in ausreichendem Maße besitzt, können Wahrscheinlichkeitsurteile unzutreffend sein. Für einzelne Verarbeitungsschritte lassen sich bei der Bildung eines Wahrscheinlichkeitsurteils Annahmen bezüglich der Fähigkeiten des Akteurs treffen, die Über- oder Unterschätzungen der für seine Handlungen relevanten Wahrscheinlichkeiten erklären. In Anlehnung an EISENFÜHR/WEBER können die Verarbeitungsschritte in die Erfassung einer Datenbasis, auf deren Grundlage Wahrscheinlichkeiten ermittelt werden, die Ableitung der Wahrscheinlichkeiten sowie die eigene Kritik an den gebildeten Wahrscheinlichkeitsurteilen differenziert werden.[403]

Die Bildung eines Wahrscheinlichkeitsurteils erfolgt ausgehend von einer *Datenbasis*, die sich aus Vergangenheits- und Gegenwartsdaten sowie weiteren Einflussfaktoren zusammensetzt, die bei der Transformation der Grunddaten in Wahrscheinlichkeiten zu beachten sind.[404] Die bei der Ausdifferenzierung der Resourceful-Annahme dargestellte selektive und/oder verzerrte Wahrnehmung führt zu einer unvollständigen oder ungeeigneten Datenbasis und erklärt die Bildung nicht korrekter Wahrscheinlichkeitsurteile. Die Datenbasis ist demzufolge stark durch die im Langzeitgedächtnis des Akteurs verhafteten Erfahrungen geprägt.[405] Besonderen Erklärungsgehalt besitzen hierbei die erläuterten mentalen Modelle des Akteurs, die zu einem Framing der Situationswahrnehmung führen: Reflektieren die mentalen Modelle den Handlungskontext nur unzureichend, ist auch die dem Wahrscheinlichkeitsurteil zugrunde liegende Datenbasis unvollständig oder gar ungeeignet. So kann der Akteur überraschende Einflussfaktoren oder menschliche Aktionen und Reaktionen in seinen mentalen Modellen nicht oder nur höchst unzureichend abbilden, so dass diese Einflussfaktoren in der Datenbasis unberücksichtigt bleiben.[406] Darüber hinaus führen die die Wahrnehmung beeinträchtigenden kognitiven Verzerrungen – wie Verfügbarkeits- und Bestäti-

401 Vgl. Eichenberger, R. (1992), S. 15.
402 Vgl. Weber, J. (2002a), S. 36; Jost, P.-J. (2000a), S. 280ff.
403 Vgl. Eisenführ, F./Weber, M. (2003), S. 175ff.
404 Vgl. Zimbardo, P. G./Gerrig, R. J. (1999), S. 5.
405 Vgl. Milburn, M. A. (1978), S. 17ff.; Macharzina, K. (1984), S. 93; Eichenberger, R. (1992), S. 26.
406 Vgl. Adam, D. (1996), S. 195.

gungsverzerrungen sowie der Self-Serving Bias – zu einer ungeeigneten Datenbasis für die Bildung eines Wahrscheinlichkeitsurteils.[407]

Ausgehend von der Datenbasis werden *Wahrscheinlichkeiten abgeleitet*. Die Annahme, dass Akteure heuristische Prinzipien anwenden, erklärt Über- oder Unterschätzungen von Wahrscheinlichkeiten.[408] Gemäß der Verfügbarkeitsheuristik ist mit der systematischen Überschätzung der Wahrscheinlichkeit der in der Datenbasis verfügbaren – zum Beispiel auffälligen – Ereignisse zu rechnen.[409] Verzerrte Wahrscheinlichkeitsurteile sind auch bei der Anwendung der Repräsentativitätsheuristik zu erwarten.[410] Die Wahrscheinlichkeit eines Ereignisses wird aus ungerechtfertigterweise als repräsentativ angesehenen Referenzpunkten abgeleitet. So werden zum Beispiel bei dem Effekt der Regression zur Mitte „nahe liegende" Werte wie Vergangenheitswerte ohne Berücksichtigung der Grundverteilung als repräsentativ angesehen.[411] Ein Zusammenspiel zwischen der Verfügbarkeits- oder Repräsentativitätsheuristik und der Verankerungsheuristik erhellt darüber hinaus eine unzureichende Anpassung verfügbarer beziehungsweise als repräsentativ erachteter Ausgangsdaten.[412] Das zu beobachtende Phänomen einer unzulässigen Fortschreibung von Entwicklungen lässt sich so erklären: Ein aus Vergangenheitsdaten abgeleiteter Anker als Ausgangswert wird nicht oder nur unzureichend angepasst, da der Akteur aufgrund seiner mentalen Modelle Änderungen im Handlungsraum, die Trendbrüche induzieren, nicht erkennt.[413] Weitere verzerrte Wahrscheinlichkeitsschätzungen gemäß der Repräsentativitätsheuristik sind zum Beispiel der als Gesetz der kleinen Zahlen bezeichnete Effekt, bei dem Akteure bereits eine kleine Stichprobe als repräsentativ für die Grundgesamtheit ansehen und auf dieser Basis die Ableitung der Wahrscheinlichkeit vornehmen.[414] Bei dem so genannten Basisrateneffekt missachten Akteure ausgehend von repräsentativen Referenzpunkten die grundlegende Häufigkeitsverteilung (Basisrate) von Ereignissen.[415] Verzerrungen bei der Schätzung von Wahrscheinlichkeiten können auch auf den Self-Serving Bias zurückgeführt

407 Vgl. Nitzsch, R. v. (2002), S. 13ff.
408 Vgl. Eichenberger, R. (1992), S. 25.
409 Vgl. ausführlich Tversky, A./Kahneman, D. (1973).
410 Vgl. Kahneman, D./Tversky, A. (1973); Swieringa, R. J. et al. (1976).
411 Vgl. zum Beispiel Jost, P.-J. (2000a), S. 263ff.; Becker, J. (2003), S. 50f.
412 Vgl. in diesem Zusammenhang auch den so genannten Konjunktionseffekt. Vgl. Tversky, A./Kahneman, D. (1974), S. 1128f.; Auer-Rizzi, W. (1998), S. 136f.; Jost, P.-J. (2000a), S. 263ff. i. V. m. 276ff.; Nitzsch, R. v. (2002), S. 26.
413 Vgl. Auer-Rizzi, W. (1998), S. 140; Hammond, J. S./Keeney, R. L./Raiffa, H. (1998), S. 48; Nitzsch, R. v. (2002), S. 24f.
414 Damit eng verknüpft ist die Verzerrung der Vernachlässigung der Grundgesamtheit, bei der Akteure missachten, dass mit der Größe der Stichprobe die Zuverlässigkeit der Aussage steigt. Vgl. zu diesen Effekten Tversky, A./Kahneman, D. (1974), S. 1124; Kleindorfer, P. R./Kunreuther, H. C./Schoemaker, P. J. H. (1993), S. 92f.; Jost, P.-J. (2000a), S. 262f.
415 Mit diesem Effekt in Verbindung steht der Konversionseffekt, bei dem Akteure bei bedingten Wahrscheinlichkeiten Bedingung und Ereignis vertauschen. Vgl. Tversky, A./Kahneman, D. (1974), S. 1128f.; Kleindorfer, P. R./Kunreuther, H. C./Schoemaker, P. J. H. (1993), S. 87ff.; Jost, P.-J. (2000a), S. 259ff.; Nitzsch, R. v. (2002), S. 31.

werden. Der Akteur nimmt Über- oder Unterschätzungen vor, die seinem Eigeninteresse förderlich sind.

Schließlich kann der Akteur eine *unzureichende Kritik* am eigenen Wahrscheinlichkeitsurteil aufweisen, mit der Folge, dass er Über- oder Unterschätzungen nicht revidiert. Er überschätzt die Genauigkeit der von ihm gebildeten Wahrscheinlichkeitsurteile und damit seine eigenen Kenntnisse und Fähigkeiten. Dieses Phänomen wird als Overconfidence-Effekt bezeichnet und steht ebenfalls in enger Verbindung mit dem Self-Serving Bias.[416] Akteure verzichten aufgrund des Overconfidence-Effekts – im Sinne der Verankerungsheuristik – auf die Generierung weiterer Daten, mit denen sie ihr Urteil verifizieren oder anpassen könnten.[417]

Die Annahme der Ökonomen zu der Expecting-Annahme kann auch im Zusammenhang mit Kausalurteilen in Frage gestellt werden, da der Akteur bei der Bildung von Kausalurteilen möglichen Ursachen eines Handlungsergebnisses Wahrscheinlichkeiten zuweist.[418] Der Akteur bildet Kausalurteile in einem so genannten kausalen Kontext, in dem er Bezugspunkte wie zum Beispiel die Ähnlichkeit von Ereignissen als Hinweise auf ursächliche Beziehungen heranzieht.[419] Der kausale Kontext ist als kognitiver Rahmen (Frame) anzusehen und insofern durch die Wahrnehmung des Akteurs und damit sein Wissen sowie seine mentalen Modelle geprägt und durch die diskutierten Wahrnehmungsverzerrungen verzerrt. Darüber hinaus sind alle bei den Fähigkeiten des Akteurs zur Bildung korrekter Wahrscheinlichkeitsurteile getroffenen Annahmen beziehungsweise Einschränkungen auf die Bildung von Kausalurteilen übertragbar. Zudem können auch bei Kausalurteilen Attributionstendenzen im Sinne des Self-Serving Bias auftreten.[420] Akteure attribuieren Ursachen zu Handlungsergebnissen bevorzugt so, dass ihr Selbstwert gestärkt wird: Positive Handlungsergebnisse werden eher den eigenen Eigenschaften und Fähigkeiten zugewiesen. Misserfolge werden durch externe Faktoren erklärt.

---

416 *„[P]erhaps the most robust finding in the psychology of judgment is that people are overconfident."* De Bondt, W. F. M./Thaler, R. H. (1995), S. 389. Siehe auch Lichtenstein, S./Fischhoff, B./Phillips, L. D. (1982); Russo, J. E./Schoemaker, P. J. H. (1989), S. 70ff.; Harvey, N. (1990); Kleindorfer, P. R./Kunreuther, H. C./Schoemaker, P. J. H. (1993), S. 97ff.; Hammond, J. S./Keeney, R. L./Raiffa, H. (1998), S. 56; Jost, P.-J. (2000a), S. 279; Nitzsch, R. v. (2002), S. 55f.; Schoemaker, P. J. H. (2004), S. 275f.

417 Zur Interpretation des Overconfidence-Effekts als Auswirkung der Verankerungsheuristik vgl. Tversky, A./Kahneman, D. (1974), S. 1129; Auer-Rizzi, W. (1998), S. 141f.

418 Vgl. Einhorn, H./Hogarth, R. W. (1986), S. 4. Wendet der Akteur beispielsweise ausgehend von einem kausalen Bezugspunkt die Repräsentativitätsheuristik an, kann dies zu kausalen Fehlurteilen führen. Vgl. Tversky, A./Kahneman, D. (1974), S. 1126; Nitzsch, R. v. (2002), S. 33ff.

419 Vgl. ausführlich Jost, P.-J. (2000a), S. 286ff. Siehe auch Swieringa, R. J. et al. (1976), S. 161.

420 Vgl. Jost, P.-J. (2000a), S. 295. Zur Attributionstheorie vgl. Kanning, U. P. (1999), S. 91ff.; Nitzsch, R. v. (2002), S. 35.

Evaluating

Ökonomen nehmen bezüglich der Evaluating-Annahme an, dass der Akteur Zustände und Geschehnisse beziehungsweise Handlungsalternativen rational in einem Nutzenkalkül bewertet.[421] Rationale Bewertung im Sinne der ökonomischen Theorie bedeutet, dass die von den Akteuren gezeigten Präferenzen bestimmten Anforderungen wie der Vollständigkeit – alle Alternativen sind miteinander vergleichbar – und der Transitivität – alle Alternativen lassen sich in eine konsistente Reihenfolge bringen – genügen und sich mittels einer Nutzenfunktion darstellen lassen.[422] Aufgrund der beschränkten übergeordneten Verarbeitungsfähigkeit ist jedoch auch die Fähigkeit des Akteurs zur Bildung rationaler Werturteile beschränkt.[423] Dies führt zur Auswahl ungeeigneter Handlungsalternativen.[424]

Eine Ursache von Beschränkungen bei der Bildung von Werturteilen kann unzureichendes Methodenwissen des Akteurs – über die Anwendung formaler Entscheidungsmodelle – sein.[425] Daneben ist die beschränkte Verarbeitungsfähigkeit des Akteurs ein Grund dafür, dass dieser im Regelfall der Berücksichtigung mehrerer Ziele nicht in der Lage ist, zur Bewertung der Handlungsalternativen ein Zielsystem zu generieren, das die Kriterien der Vollständigkeit, Transitivität usw. erfüllt und in eine konsistente Präferenzordnung überführt werden kann.[426]

Es sind weitere Abweichungen von einer rationalen Bewertung im Sinne der ökonomischen Theorie denkbar, die übergeordnet auf ein Framing des Akteurs zurückzuführen sind. Die Wahrnehmung der Handlungssituation ist von den im Langzeitgedächtnis gespeicherten Begriffen, dem Wissen, den mentalen Modellen – den Erfahrungen des Akteurs –, aber auch von seinen Werten und Einstellungen und schließlich seinen Eigeninteressen geprägt.[427]

---

421 Vgl. Lindenberg, S. (1985), S. 100; Lindenberg, S. (1991), S. 55f.

422 Vgl. zum Beispiel Varian, H. R. (1991), S. 32ff.; Eichenberger, R. (1992), S. 7f.; Becker, J. (2003), S. 41f. Bei der Fähigkeit des Akteurs zur Bewertung handelt es sich um die abstrakte Fähigkeit, Alternativen in eine konsistente Präferenzordnung zu bringen. Eine inhaltliche Hinterfragung der Präferenzen soll an dieser Stelle nicht erfolgen.

423 Für einen Überblick möglicher Beschränkungen und Verzerrungen der Fähigkeit zur Bildung konsistenter Werturteile vgl. Eichenberger, R. (1992), S. 10ff.; Jost, P.-J. (2000a), S. 197ff.

424 Vgl. Schoeffler, S. (1954), S. 249f.

425 Vgl. Weber, J. (2002a), S. 36.

426 Vgl. Schauenberg, B. (1985), S. 284f.; Pfohl, H.-C./Braun, G. E. (1981), S. 46f.; Kleindorfer, P. R./Kunreuther, H. C./Schoemaker, P. J. H. (1993), S. 131f. Zu den Anforderungen an die Erstellung des vorgelagerten Zielsystems vgl. Jost, P.-J. (2000a), S. 222ff.; Nitzsch, R. v. (2002), S. 162ff.

427 Vgl. zu kognitiven Rahmen der Entscheidungssituation und ihrer Abhängigkeit von der Darstellung des Kontextes Kahneman, D./Tversky, A. (2000), S. 150ff. und 156f. sowie Jost, P.-J. (2000a), S. 197ff.; Russo, J. E./Schoemaker, P. J. H. (2002), S. 27f.; Connolly, T./Ordóñez, L. (2003), S. 504.
Im Kontext der Bildung von Werturteilen haben Framing-Effekte zur Folge, dass die Präferenzen eines Akteurs keine allgemeine Gültigkeit für alle Entscheidungssituationen besitzen, sondern in Abhängigkeit vom jeweiligen Kontext einer Entscheidungssituation variieren können. Vgl. Connolly, T./Ordóñez, L. (2003), S. 500f.
Einen Nachweis von Framing-Effekten liefern beispielsweise McNeil, B. J./Pauker, S. G./Tversky, A. (1988), S. 562ff., oder Simonson, I. (1990).

Framing-Effekte widersprechen der ökonomischen Theorie, die annimmt, dass die Beschreibung der Handlungssituation keinen Einfluss auf die Präferenzen des Akteurs hat.[428] Im Extremfall einer Entscheidungssituation, mit der der Akteur keine Erfahrung hat und in der er auf der Grundlage seiner mentalen Modelle keine Analogien bilden kann, liegt ein Verstoß gegen die Anforderung der Vollständigkeit der Präferenzen vor. Der Akteur ist bei der Beurteilung von Konsequenzen einzelner Handlungsalternativen nicht in der Lage, Vorstellungen des Zielbeitrags zu entwickeln.[429]

Abweichungen von den klassischen ökonomischen Annahmen können auch dadurch entstehen, dass der Akteur aufgrund seiner beschränkten Verarbeitungsfähigkeit nicht alle Konsequenzen gegeneinander abwägen kann. Daher bewertet er relativ zu einem Bezugspunkt,[430] der durch die beschriebenen Framing-Effekte beziehungsweise Verfügbarkeitsverzerrungen subjektiv festgelegt sowie möglicherweise gemäß der Verankerungsheuristik nur unzureichend angepasst wurde.[431]

Die Anforderung der Vollständigkeit wird verletzt, wenn Entscheidungsalternativen weit von diesem Bezugspunkt entfernt liegen und aus diesem Grund nicht bewertet werden können. Die Anforderung der Transitivität ist in Frage gestellt, weil die Nähe zu dem gewählten Bezugspunkt zum Maßstab der Wertigkeit einer Handlungsalternative wird, was das Einhalten einer konsistenten Bewertung erschweren kann.[432] In diesem Zusammenhang ist zum Beispiel der Regret-Effekt zu erwähnen, bei dem der Akteur bei seiner Bewertung seine spätere Enttäuschung oder Freude über andere nicht gewählte Alternativen berücksichtigt.[433] Als eine weitere auf einem Framing des Akteurs basierende Bewertungsverzerrung ist der Outcome-Bias zu nennen.[434] Akteure stützen sich bei der Beurteilung von Entscheidungen auf das Ergebnis und nicht auf die Qualität des Entscheidungsprozesses. Auch Bestätigungsverzerrungen[435] und analog der Self-Serving Bias[436] können die wahrgenommenen Informationen und auf dieser Basis die Bewertungen der Handlungsalternativen dahinge-

---

428 Vgl. Jost, P.-J. (2000a), S. 198; Koonce, L./Mercer, M. (2005), S. 9.

429 Vgl. Jost, P.-J. (2000a), S. 201. Im wirtschaftswissenschaftlichen Kontext ist die monetäre Bewertung qualitativer Kriterien ein klassisches Beispiel dafür, dass eine Transformation der Handlungsalternativen in die Dimension der Zielgröße nicht immer gelingt. Vgl. Adam, D. (1996), S. 12f.

430 Vgl. Eisenführ, F./Weber, M. (2003), S. 370.

431 Vgl. hierzu die Ausführungen zu den Wahrnehmungs- und Prognosefähigkeiten der Akteure im selben Abschnitt sowie Jost, P.-J. (2000a), S. 250ff. Siehe auch Auer-Rizzi, W. (1998), S. 138; Nitzsch, R. v. (2002), S. 24f.; Eichenberger, R. (1992), S. 25.

432 Vgl. Russo, J. E./Schoemaker, P. J. H. (1989), S. 25f.; Nitzsch, R. v. (2002), S. 104. Siehe hierzu auch Hirsch, B. (2006), S. 30f.

433 Vgl. Connolly, T./Ordóñez, L. (2003), S. 501.

434 Vgl. Eichenberger, R. (1992), S. 27.

435 Vgl. Hammond, J. S./Keeney, R. L./Raiffa, H. (1998), S. 52.

436 BAZERMAN/LOEWENSTEIN/MOORE kommen für die Frage *„Why good accountants do bad audits?“* zu dem Schluss, dass *„often, we can't tell whether an error in auditing is due to bias or corruption“*. Vgl. Bazerman, M./Loewenstein, G./Moore, D. (2002), S. 100.

hend verzerren, dass diese im Einklang mit dem Bild ihrer selbst, ihrer Umwelt, ihren Einstellungen, Werten, Meinungen sowie ihrem Eigeninteresse stehen.

Weitere Verzerrungen des Akteurs bei der Bildung von Werturteilen lassen sich erklären, indem die einfache von der klassischen Ökonomik unterstellte Nutzenfunktion durch die komplexere Nutzenfunktion der von KAHNEMAN und TVERSKY entwickelten Prospect Theory ersetzt wird.[437] Diese sieht eine S-förmige Nutzenfunktion vor, die im Gewinnbereich konkav und weniger steil und im Verlustbereich konvex und steiler verläuft. Sie reflektiert zum einen eine abnehmende Sensitivität bei steigenden Gewinnen und Verlusten sowie eine Asymmetrie in der Bewertung von Gewinnen und Verlusten. Betragsmäßig gleiche Verluste werden stärker gewichtet als Gewinne. Dieses Phänomen wird als Verlustaversion bezeichnet und bedeutet, dass Akteure ausgehend von einem neutralen Bezugspunkt, den sie jedoch subjektiv auf der Grundlage ihrer Situationswahrnehmung festlegen, sensitiver in der Dimension sind, in der sie relativ zu diesem Bezugspunkt verlieren. Da identische Handlungsalternativen unterschiedlich dargestellt werden können und somit Einfluss auf die Wahl des Bezugspunkts haben, kann allein die Beschreibung einer Handlungsalternative risikosuchendes in risikoaverses Handeln beziehungsweise risikoaverses in risikosuchendes Handeln wechseln.[438] Der Wahl des Bezugspunktes kommt bei dieser relativen Bewertung von Handlungsalternativen eine entscheidende Bedeutung zu: *„[T]he important notion of a stable preference order must be abandoned in favor of a preference order that depends on the current reference level.“*[439] Erklärungspotential für die Verlustaversion des Akteurs birgt die Theorie der kognitiven Dissonanz. Jede Entscheidung ist mit einem bestimmten Commitment verbunden. Die Höhe des Commitments ist von verschiedenen Faktoren wie zum Beispiel der Freiwilligkeit der Entscheidung abhängig. Die Verlustaversion ist als Antizipation von Dissonanzen im Verlustfall zu verstehen. Diese sind umso größer, je stärker das Commitment des Akteurs ist.[440]

In der Forschergruppe um KAHNEMAN/TVERSKY wurde eine Reihe von Urteilstendenzen erforscht, die eine Verlustaversion des Akteurs zum Ausdruck bringen und über die S-förmige Wertfunktion erklärt werden können. Zum Beispiel bringt der Status-quo-Effekt die Neigung eines Akteurs zum Ausdruck, den Status quo fortzuschreiben, da er den Nachteilen und Risiken des Verlassens höhere Bedeutung beimisst als den Vorteilen.[441] In-

437 Vgl. Kahneman, D./Tversky, A. (1979), S. 277ff.; Tversky, A./Kahneman, D. (1991); Wiswede, G. (1995), S. 75ff.; Jost, P.-J. (2000a), S. 206ff.; Nitzsch, R. v. (2002), S. 103ff.; Becker, J. (2003), S. 62ff.; Connolly, T./Ordóñez, L. (2003), S. 503f. Siehe auch Camerer, C. F. (1999), S. 10575.

438 Vgl. Connolly, T./Ordóñez, L. (2003), S. 504.

439 Kahneman, D./Knetsch, J. L./Thaler, R. H. (2000), S. 170.

440 Vgl. Arkes, H. R./Blumer, C. (2000), S. 109ff.; Hammond, J. S./Keeney, R. L./Raiffa, H. (1998), S. 50; Nitzsch, R. v. (2002), S. 106f.

441 Vgl. Tversky, A./Kahneman, D. (1991), S. 1040ff.; Hammond, J. S./Keeney, R. L./Raiffa, H. (1998), S. 48f.; Nitzsch, R. v. (2002), S. 119. Synonym wird auch von dem so genannten Besitztumseffekt gespro-

sofern ist der Status-quo-Effekt als ein Sonderfall des Regret-Effekts anzusehen. Bewertungsverzerrungen können auch von zuvor getroffenen Entscheidungen abhängen.[442] Eine solche Urteilstendenz ist der Sunk-Cost-Effekt.[443] Bereits durchgeführte Investitionen veranlassen Akteure dazu, Entscheidungen zu treffen, die sie andernfalls nicht treffen würden. Sie legen ihren Bewertungen Sunk Costs zugrunde, die für anstehende Entscheidungen irrelevant sind, da sie unwiederbringlich verloren sind, und rechtfertigen damit gemäß der Theorie kognitiver Dissonanz[444] in der Vergangenheit getroffene Entscheidungen. Durch das Festhalten an Entscheidungen der Vergangenheit, für die Sunk Costs angefallen sind, wird die Realisierung von Verlusten vermieden.[445] In diesem Kontext ist der von THALER eingeführte Effekt des Mental Accounting erwähnenswert. Dieser besagt, dass Akteure so genannte mentale Konten führen, in denen sie alle durchgeführten Projekte isoliert verbuchen.[446] Durch das Festhalten an Entscheidungen, für die bereits Sunk Costs angefallen sind, bleibt das entsprechende mentale Konto des Akteurs geöffnet. Zum einen müssen Verluste dadurch nicht endgültig realisiert werden. Zum anderen wiegt der Nutzen aus einer potentiellen Verlustverringerung wesentlich höher als ein Gewinn in selber Höhe auf einem anderen Konto.

Verzerrungen der Werturteile treten auch auf, wenn Akteure Wahrscheinlichkeiten bewerten. Daher gehen sie von Bezugspunkten aus, in deren Umgebung eine abnehmende Sensitivität vorliegt. Diese Bezugspunkte legen sie jedoch nicht subjektiv fest, sondern sie sind mit Unmöglichkeit (0 %) und Sicherheit (100 %) natürlich gegeben. Das als Sicherheitseffekt bezeichnete Phänomen besagt, dass Akteure – entgegen der Erwartungsnutzentheorie – Sicherheit im Vergleich zu unsicheren Alternativen überproportional hoch bewerten. Es ist Ausdruck einer speziellen Wahrscheinlichkeitsgewichtungsfunktion zwischen diesen natürlichen Bezugspunkten.[447] Ein Äquivalent findet dieser Effekt in der zeitlichen Perspektive in dem Immediately-Effekt. Ausgehend von dem gegenwärtigen Zeitpunkt als Bezugspunkt werden Ergebnisse, die zeitnah eintreten, höher bewertet als Ergebnisse, die mit zeitlicher Verzögerung eintreten.[448]

---

chen. Vgl. Thaler, R. H. (1980); Kahneman, D./Tversky, A. (2000), S. 160f.; Eisenführ, F./Weber, M. (2003), S. 365.

442 Vgl. Jost, P.-J. (2000a), S. 212ff.

443 Vgl. Thaler, R. H. (1980); Russo, J. E./Schoemaker, P. J. H. (1989), S. 24; Hammond, J. S./Keeney, R. L./Raiffa, H. (1998), S. 50; Arkes, H. R./Blumer, C. (2000), S. 103ff.; Jost, P.-J. (2000a), S. 217f.

444 Vgl. Brockner, J. (1992), S. 43.

445 Eine Verstärkung dieses Effekts in dem Sinnet, dass ein Festhalten an Entscheidungen aufgrund getätigter Investitionen, die Sunk Costs darstellen, zu weiteren Sunk Costs führt, wird als Escalation of Commitment bezeichnet. Vgl. hierzu ebenfalls Brockner, J. (1992); Auer-Rizzi, W. (1998), S. 256ff.

446 Vgl. Eisenführ, F./Weber, M. (2003), S. 369; Nitzsch, R. v. (2002), S. 21f.

447 Vgl. ausführlich Kahneman, D./Tversky, A. (1979), S. 265f.; Kahneman, D./Tversky, A. (2000), S. 153ff.; Tversky, A./Kahneman, D. (1986), S. 266; Nitzsch, R. v. (2002), S. 130ff.; Jost, P.-J. (2000a), S. 238ff.

448 Vgl. Eichenberger, R. (1992), S. 21ff.; Kleindorfer, P. R./Kunreuther, H. C./Schoemaker, P. J. H. (1993), S. 173; Nitzsch, R. v. (2002), S. 125f.

Maximizing

In der ökonomischen Handlungstheorie wird die Maximizing-Annahme von dem auch als Rationalitätsannahme bezeichneten Prinzip der Nutzenmaximierung reflektiert. Vor dem Hintergrund der vorausgegangenen Argumentation soll diese Annahme des RREEMM-Modells nicht erweitert werden. Sie ist vielmehr als Zusammenfassung zu begreifen.[449]

An der Rationalitätsannahme wird die Kritik geübt, der Akteur besitze keine ausreichenden kognitiven Fähigkeiten für maximierende Handlungsentscheidungen.[450] SIMON wirft zudem die Frage auf, ob der Akteur überhaupt ein maximierendes Nutzenniveau verfolge oder ob er nicht eher nach Satisfizierung, Erreichung eines bestimmten Anspruchsniveaus, strebe.[451] Dieser Kritik an der Rationalitätsannahme kann entgegnet werden, dass der Akteur auf der Grundlage der subjektiv wahrgenommenen Situation – an dieser Stelle werden kognitive Beschränkungen integriert – rational handelt. Zudem wird in der ökonomischen Handlungstheorie ein offener Nutzenbegriff verwendet. Die Frage, ob der Akteur maximiert oder satisfiziert, erscheint insofern nicht schlüssig beantwortbar zu sein. Ein und dieselbe Handlung kann aus der Perspektive des Akteurs rational, aber aus der Perspektive eines externen Beobachters beschränkt rational sein. Bei der anschließenden Analyse von Rationalitätsdefiziten im Handeln von Controllern wird eine externe Perspektive eingenommen.

Die nachstehende Abbildung visualisiert den Strukturierungsrahmen zur Analyse der Ursachen potentieller Rationalitätsdefizite im Handeln von Controllern.

449 Vgl. die Einführung zu Abschnitt 2.2.4.

450 Vgl. Simon, H. A. (1955), S. 104ff. und 114; March, J. G./Simon, H. A. (1993), S. 157ff.

451 Vgl. Simon, H. A. (1955), S. 104ff.; March, J. G./Simon, H. A. (1993), S.161ff. Die Rationalitätsannahme wird in der Literatur kontrovers diskutiert. Die diskutierten Fragen betreffen das Spannungsfeld zwischen dem empirischen Gehalt und der methodischen Eignung der Rationalitätsannahme. Siehe Schanz, G. (1988), S. 105ff.; Homann, K./Suchanek, A. (2000), S. 415ff.

Eigeninteressiertes Handeln	**Kognitive Beschränkungen**		

Abweichende Präferenzen
• Reduzierung Arbeitsleid
• Karrierepräferenzen
• Einfluss als eigenständiges Ziel
• Risikopräferenzen
• Zeitpräferenzen
	Resourceful-Annahme
	• Beschränkte Verarbeitungsfähigkeit
	• Begrenztes Methoden-, Fakten- und Beziehungswissen
	• Verarbeitungsstrategien
	  • Mentale Modelle
	  • Heuristiken
	• Beschränkte Wahrnehmungsfähigkeit sowie Wahrnehmungsverzerrungen
	  - Verfügbarkeitsverzerrungen
	  - Bestätigungsverzerrungen
	  - Self-Serving Bias
		Expecting-Annahme
		• Beschränkte Fähigkeit zur Bildung von Wahrscheinlichkeitsurteilen und Verzerrungen bei der Bildung von Wahrscheinlichkeitsurteilen
		  - Verfügbarkeitsheuristik
		  - Verankerungsheuristik
		  - Repräsentativitätsheuristik (Regression zur Mitte, Basisrateneffekt, Gesetz der kleinen Zahlen)
		  - Overconfidence-Effekt
		• Beschränkte Fähigkeit zur Bildung von Kausalurteilen und Verzerrungen
			Evaluating-Annahme
			• Beschränkte Fähigkeit zur Bildung von Werturteilen und Verzerrungen bei der Bildung von Werturteilen (Framing)
			  - Verfügbarkeitsheuristik
			  - Verankerungsheuristik
			  - Regret-Effekt
			  - Outcome-Bias
			  - Effekte, die auf der Prospect Theory basieren

Abbildung 4: Überblick Strukturierungsrahmen[452]

[452] Eigene Darstellung.

2.3 Zusammenfassung

Die Konzeption des Controllings als Rationalitätssicherung der Führung und insbesondere die in dieser Konzeption für die handelnden Akteure getroffenen Eigenschaftsannahmen – eigeninteressiertes Handeln und kognitive Beschränkungen – führen zu der als „Problem zweiter Ordnung" bezeichneten Problemstellung dieser Arbeit. Analog zu der im Rationalitätssicherungsansatz fokussierten Fragestellung nach Rationalitätsdefiziten im Handeln von Managern und entsprechenden Gegenmaßnahmen thematisiert diese Arbeit die Frage nach potentiellen Rationalitätsdefiziten im Handeln von Controllern und der Notwendigkeit sowie den Möglichkeiten und Grenzen, diesen entgegenzuwirken.

Zur Bearbeitung dieser Problemstellung umfasst der vorausgegangene Grundlagenteil zwei wesentliche Blöcke. Zum einen wird das Handeln von Controllern charakterisiert, indem die empirisch beobachtbaren und zu dem Kern und zugleich Zweck des Controllings – der Sicherstellung der Rationalität der Führung – aggregierbaren Aufgaben näher beschrieben werden. Zum anderen wird ein Strukturierungsrahmen zur Analyse der Ursachen der Rationalitätsdefizite im Handeln von Controllern entwickelt, der das konkretisierte Akteursverständnis der Arbeit reflektiert. Dabei basiert dieser Strukturierungsrahmen auf der Methode der abnehmenden Abstraktion von LINDENBERG. Inhaltlich liegen ihm der Informationsverarbeitungsansatz sowie Theorien aus der Kognitionspsychologie zugrunde.

Im folgenden Kapitel werden die Elemente des Grundlagenteils zusammengeführt. Potentielle Rationalitätsdefizite im Handeln von Controllern werden entlang ihrer Kernaufgaben ergründet und unter Verwendung des Strukturierungsrahmens auf ihre Ursachen zurückgeführt.

3 Ausprägungsformen potentieller Rationalitätsdefizite im Handeln von Controllern

Das „Problem zweiter Ordnung“, das sich aus der Konzeption des Controllings als Rationalitätssicherung der Führung ergibt, reflektiert die jahrhundertealte Frage – *„Sed quis custodiet ipsos custodes?“* – Wer bewacht die Wächter selbst?[453] Der Lösung dieses Problems, der Frage nach den Möglichkeiten und Grenzen, Rationalitätsdefiziten im Handeln von Controllern entgegenzuwirken, muss die Ergründung potentieller Rationalitätsdefizite und ihrer möglichen Ursachen, die Beantwortung der ersten Forschungsfrage, vorausgehen. Erst dann kann die Frage beantwortet werden, ob überhaupt die Notwendigkeit besteht, die Rationalität der Rationalitätssicherer zu sichern und welche Maßnahmen hierzu ergriffen werden können.

Die Ergründung potentieller Rationalitätsdefizite im Handeln von Controllern im ersten Abschnitt dieses Kapitels (3.1) erfolgt anhand der klassischen Aufgaben – der Informationsversorgung, Planung und Kontrolle – und unter Berücksichtigung der unterschiedlichen Formen der Führungsunterstützung. Die Darstellung des Forschungsstandes zu der Problemstellung dieser Arbeit legt offen,[454] dass das „Problem zweiter Ordnung“, dessen Brisanz sich aus den im Rationalitätssicherungsansatz getroffenen Eigenschaftsannahmen ergibt, zwar von WEBER thematisiert wird, im Kontext des Rationalitätssicherungsansatzes bisher jedoch nicht umfassend behandelt wurde. Auch losgelöst vom Rationalitätssicherungsansatz existiert in der Controllingliteratur keine systematische Auseinandersetzung mit Rationalitätsdefiziten im Handeln von Controllern. Das gleiche Forschungsdefizit kennzeichnet die angloamerikanische Controllingliteratur. Allerdings finden sich sowohl in der deutschen als auch in der angloamerikanischen, konzeptionellen und teilweise auch empirischen Controllingliteratur Hinweise, die Rückschlüsse auf Rationalitätsdefizite im Handeln von Controllern erlauben. Die im Folgenden dargestellten, identifizierten Rationalitätsdefizite basieren auf Hinweisen aus der Literatur, Ergebnissen der Forschung zum Behavioral Accounting sowie Plausibilitätsüberlegungen. Aufgrund des hohen Innovationsgrades der Problemstellung dieser Arbeit kann kein Anspruch auf eine vollständige Erfassung aller möglichen Rationalitätsdefizite bestehen und die getroffenen Aussagen sind teilweise spekulativer Natur.

Die herausgearbeiteten Rationalitätsdefizite werden anhand des aus dem RREEMM-Modells entwickelten Strukturierungsrahmens auf mögliche Ursachen zurückgeführt. Zuerst werden sie durch die dem RREEMM-Modell immanente Annahme eines eigeninteressierten Handelns erklärt und dann im zweiten Schritt durch die relevanten ursächlichen kognitiven

[453] Vgl. das einführende Kapitel zu dieser Arbeit, insbesondere Fußnote 14.
[454] Vgl. Abschnitt 1.2.

Beschränkungen erhellt. Zu den einzelnen Annahmen des RREEMM-Modells werden gezielt Brückenannahmen getroffen. Aufgrund der dargestellten Quellenlage sind auch die in diesem Zusammenhang getroffenen Aussagen spekulativer Natur. Mögliche und plausible Erklärungen für potentielle Rationalitätsdefizite werden aufgezeigt. Letztlich können aber nur empirische Untersuchungen zeigen, welche Erklärungen praktisch die größte Relevanz besitzen.

Im Hinblick auf die Rationalitätsebenen liegt der Schwerpunkt der Betrachtung auf der Ebene der Prozessrationalität. Es wird untersucht, welche potentiellen Rationalitätsdefizite Controller bei der Erfüllung ihrer Aufgaben in ihrem Handeln aufweisen können, die einer Realisierung der intendierten Aufgabenzwecke sowie des übergeordneten Zwecks der Rationalitätssicherung der Führung entgegenstehen und damit zu einer beschränkten Ergebnisrationalität führen. Diese ist nur dann vollständig gegeben, wenn die Zwecke mit effektivem und effizientem Mitteleinsatz erreicht werden. Die Ergebnisrationalität selbst bietet jedoch kaum Ansatzpunkte für eine detaillierte Analyse potentieller Rationalitätsdefizite im Handeln von Controllern. Die Inputrationalität bezieht sich auf die Einsatzfaktoren der Handlungsprozesse, auf die Handlungsträger selbst sowie die Rahmenbedingungen und bietet deshalb für die Analyse der Defizite im Handeln von Controllern wenig Hinweise. Sie ist allerdings bei den Überlegungen zu einer Rationalitätssicherung von Controllern von Bedeutung.

Aus der Darstellung der Zusammenhänge zwischen den klassischen Controlleraufgaben geht hervor, dass diese teilweise in einer Input-Prozess-Output-Beziehung zueinander stehen. Deshalb können Defizite der Prozessrationalität im Handeln von Controllern zugleich Defizite der Input- oder der Ergebnisrationalität sein.

Im zweiten Abschnitt dieses Kapitels (3.2) werden die Ursachen der identifizierten potentiellen Rationalitätsdefizite systematisch strukturiert. Diese Strukturierung bildet die Basis für die Beantwortung der zweiten und dritten Forschungsfrage im vierten Kapitel dieser Arbeit.

Das Kapitel endet mit einer Zusammenfassung (3.3).

3.1 Potentielle Rationalitätsdefizite im Handeln von Controllern bei ihrer Aufgabenerfüllung

3.1.1 Informationsversorgung

Die Informationsversorgung nimmt im Aufgabenspektrum von Controllern die Position der Basisaufgabe ein. Potentielle Rationalitätsdefizite bei der Informationsversorgung wirken sich auf die Erfüllung der Aufgaben der Planung und Kontrolle aus. Daher werden zuerst potentielle Rationalitätsdefizite im Handeln von Controllern bei der Erfüllung ihrer Aufgabe der Informationsversorgung untersucht.

Die Informationsversorgungsaufgabe konkretisiert sich als Sicherung der Kongruenz zwischen dem Informationsangebot und dem objektiven und subjektiven Informationsbedarf.[455] Controller versorgen die Träger der Führungshandlungen mit den notwendigen Informationen in der erforderlichen Qualität und Quantität, zum richtigen Zeitpunkt und in systematischer Weise unter Kosten-Nutzen-Aspekten. Sie stellen das Verständnis und die richtige Nutzung der Informationen sicher.[456] Das erarbeitete Informationsangebot soll die Eigenschaften der Vollständigkeit, Zweckadäquanz, Zuverlässigkeit, Verständlichkeit, Rechtzeitigkeit und Wirtschaftlichkeit besitzen und die folgenden Informationsprobleme lösen:[457]

- Das *Qualitätsproblem* der Informationsversorgung betrifft die Vollständigkeit der Informationen, ihre Zweckadäquanz, Zuverlässigkeit und Genauigkeit.
- Das *Quantitätsproblem* betrifft die Festlegung des erforderlichen und unter Aspekten der Verständlichkeit sinnvollen Umfangs der bereitzustellenden Informationen.
- Das *Zeitproblem* benennt die rechtzeitige Informationsbereitstellung.
- Das *Kommunikationsproblem* betrifft die Verständlichkeit und damit insbesondere die geeignete Form der Informationen. Es ist eng mit dem Quantitätsproblem verbunden.
- Das *Wirtschaftlichkeitsproblem* umfasst Kosten-Nutzen-Überlegungen bei der Bereitstellung von Informationen.

Empirische Untersuchungen zeigen, dass bei der Erfüllung der Aufgabe der Informationsversorgung Verbesserungsbedarf besteht: *„Our findings suggest that accountants and information system managers can do much to improve the ways their reports and systems*

---

455 Vgl. Abschnitt 2.1.2.2.1.

456 Vgl. Müller, W. (1974); Becker, W. (1988), S. 273f.; Welge, M. K. (1988), S. 35; Sahl, N./Schmidt, R. (1991), S. 33; Amshoff, B. (1993), S. 269.

457 Zu den Informationsproblemen vgl. Schmidt, A. (1986), S. 89; Amshoff, B. (1993), S. 269ff.; Hofstetter, P. A. (1993), S. 55f.; Niedermayr, R. (1994), S. 66; Terharn, J. (1996), S. 30ff.; Horváth, P. (2003), S. 350.

provide data and information.“[458] Potentielle Rationalitätsdefizite im Handeln von Controllern bei der Informationsversorgungsaufgabe können dazu führen, dass die Informationsprobleme nicht zufriedenstellend gelöst werden und die Informationsversorgung ihre Zwecke als Mittel der Rationalitätssicherung nur unzureichend erfüllt. Sie werden im Folgenden anhand der Teilaufgaben der Informationsversorgung dargestellt.

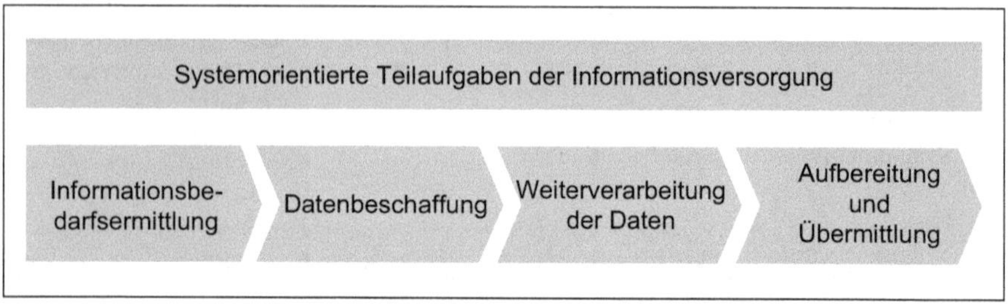

Abbildung 5: Untersuchungsobjekt „Informationsversorgung“[459]

3.1.1.1 Defizite bei der Erfüllung systemorientierter Teilaufgaben

Die systemorientierten Teilaufgaben der Informationsversorgung umfassen Vorentscheidungen zu den grundlegenden Elementen des Informationsversorgungssystems. Dies sind die Informationsempfänger, die Übermittlungszeitpunkte und -formen, die Informationsversorgungsinstrumente und -methoden sowie die Beobachtungsbereiche beziehungsweise die Datenquellen. In diesem Abschnitt werden nicht zu allen diesen Elementen potentielle Rationalitätsdefizite im Handeln von Controllern dargestellt. Sie werden teilweise bei den davon berührten Phasen der prozessorientierten Teilaufgaben aufgegriffen.

Bezüglich der Informationsempfänger, die mit den Berichtsempfängern des Berichtswesens gleichzusetzen sind, werden Adressatengruppen gebildet, die jeweils einen homogenen Informationsbedarf aufweisen.[460] Ein Rationalitätsdefizit im Handeln von Controllern kann darin bestehen, dass sie Gruppen homogener Informationsempfänger nicht sauber segmentieren. In der Folge führt dieses Defizit dazu, dass die übermittelten Berichte nicht geeignet sind, den Bedarf aller Empfänger zu befriedigen, und die Informationsprobleme teilweise ungelöst bleiben. Eine Voraussetzung für die Bildung homogener Adressatenkreise ist die Ermittlung des Informationsbedarfs. Hierbei auftretende Rationalitätsdefizite sind folglich auch als Ursachen inhomogener Adressatengruppen anzusehen.[461] Die Annahme eigeninteressierten Handelns von Controllern ist Grundbestandteil des Modells des Homo Oecono-

458 McKinnon, S. M./Bruns, W. J. (1992), S. 195.
459 Eigene Darstellung.
460 Vgl. für ein Beispiel Weber, J./Schaier, S./Strangfeld, O. (2005), S. 20. Zu verschiedenen internen und externen Adressaten der Informationsversorgung der Controller vgl. zum Beispiel Weber, J./Paefgen, A./Spillecke, D. (2004), S. 14; Mosiek, T. (2002), S. 154ff.
461 Vgl. hierzu Abschnitt 3.1.1.2.1.

micus. Sie vermag zu erklären, dass Controller die Segmentierung der Informationsempfänger mit wenig Sorgfalt durchführen oder ganz unterlassen, um ihr Arbeitsleid zu reduzieren. Auch Erweiterungen der Resourceful-Annahme des RREEMM-Modells – fehlendes Wissen und unpassende mentale Modelle von Controllern – können erklären, dass Controller eine solche Segmentierung vollständig unterlassen.[462] Controller sind in der Regel stark durch ihren spezifischen funktionalen Erfahrungshorizont geprägt. Dies erklärt ihre Wissensdefizite im Hinblick auf den Grundgedanken des Marketings, eine gezielte Befriedigung der Kundenbedürfnisse.[463] Zudem können die mentalen Modelle von Controllern erklären, dass sie die Informationsempfänger nicht als Kunden und ihre Leistungen nicht als Produkte wahrnehmen, deren Gestaltung sie an den Bedürfnissen ihrer Kunden ausrichten sollten.

Zu den systemorientierten Teilaufgaben der Informationsversorgung zählt auch die Festlegung der relevanten Beobachtungsbereiche beziehungsweise Datenquellen des Informationsversorgungssystems.[464] Die Bestimmung dieses Elements des Informationsversorgungssystems weist ebenfalls Interdependenzen zu der Bestimmung des Bedarfs der Informationsempfänger auf und kann durch Rationalitätsdefizite bei der Ermittlung des Informationsbedarfs beeinflusst werden. Die Entscheidungen von Controllern stellen immer eine Selektion aus den möglichen Beobachtungsbereichen und Datenquellen dar. Darüber hinaus ist es zur Lösung des Wirtschaftlichkeitsproblems erforderlich zu selektieren. Eine Selektion kann jedoch sowohl der gesamten Informationsversorgung, insbesondere der Lösung des Qualitätsproblems, als auch der Erreichung der Zwecke der Planungs- und Kontrollaufgaben abträglich sein, da die Informationsversorgung den Input für diese Aufgaben darstellt. Ein Rationalitätsdefizit im Handeln von Controllern kann in diesem Zusammenhang darin bestehen, dass die selektierten Beobachtungsbereiche – und damit eng verbunden die erschlossenen Datenquellen – vornehmlich auf unternehmensinterne Bereiche ausgerichtet sind und eher monetäre als non-monetäre Aspekte erfassen.[465]

Dieses potentielle Rationalitätsdefizit im Handeln von Controllern kann mit eigeninteressiertem Handeln und kognitiven Beschränkungen begründet werden. Gegebenenfalls selektieren Controller zur Reduzierung ihres Arbeitsleids Beobachtungsbereiche und Datenquellen so, dass der für sie damit verbundene Aufwand gering ist. Ihre Verwurzelung im Rechnungswesen vermag zu erklären, dass sie Beobachtungsbereiche, die vornehmlich unternehmensinterne und monetäre Aspekte abdecken, mit geringerem Aufwand erfassen kön-

---

[462] Vgl. Schimank, C. (1995), S. 61; Weber, J./Paefgen, A./Spillecke, D. (2004), S. 19; Langer, A./Munhoz, S. (2005), S. 663f.
[463] Vgl. Meffert, H. (1997), S. 8; Kotler, P./Bliemel, F. (1999), S. 8f.
[464] Vgl. Amshoff, B. (1993), S. 270.
[465] Für die Innenorientierung der Controller vgl. zum Beispiel Hungenberg, H. (1992), S. 52; David, U. (2005), S. 147.

nen.[466] Eine unausgewogene Selektion der Beobachtungsbereiche und Datenquellen kann aber auch durch kognitive Beschränkungen entstehen. Der Self-Serving Bias erklärt die dargestellten Muster eigeninteressierten Handelns als kognitive Beschränkung. Darüber hinaus können in Erweiterung der Resourceful-Annahme die mentalen Modelle von Controllern, die allgemein durch ihren Erfahrungshorizont und insbesondere durch ihre Wurzeln im Rechnungswesen geprägt sind, eine selektive, durch Verfügbarkeitsverzerrungen oder auch Bestätigungsverzerrungen gekennzeichnete Wahrnehmung und damit eine einseitige Auswahl der Beobachtungsbereiche und Datenquellen bewirken. Erweiternde Annahmen zu der Resourceful- und der Evaluating-Annahme – fehlendes Wissen von Controllern über die Aufgabenbereiche der Manager, die Erfolgsfaktoren des Geschäfts und andere relevante Determinanten des Informationsbedarfs[467] sowie Beschränkungen der Fähigkeit zur Bildung von Werturteilen – können erklären, dass Controller nicht in der Lage sind, für alle potentiellen Beobachtungsbereiche und Datenquellen Vorstellungen des Nutzenbeitrags zu entwickeln, und sie daher ausschließen.

Zur systematischen Erfassung und Beschaffung von Daten sind den festgelegten Beobachtungsbereichen und Datenquellen entsprechende, auf die Erfüllung des Bedarfs ausgerichtete Systeme zu installieren. Diese Informationssysteme sollten so konstruiert sein, dass sie auch einen im Zeitablauf Veränderungen unterworfenen Bedarf erfüllen können.[468] Die Verfolgung dieses Ziels darf nicht zur Konstruktion zu komplexer Systeme führen, da sie wie auch die daraus generierten Informationen oftmals mit Qualitätsproblemen behaftet sind.[469] Komplexe Systeme zeichnen sich durch Inkonsistenzen, Intransparenz und – paradoxerweise – durch Inflexibilität aus, die daher rührt, dass sie zwar auf die Befriedigung eines veränderlichen Informationsbedarfs ausgerichtet sind, falls sie jedoch an ihre Grenzen stoßen, sind Systemänderungen nur mit einem sehr hohen Aufwand durchzuführen oder es müssen sogar neue Systeme entwickelt werden.[470]

Übermäßig komplexe Systeme können ein Rationalitätsdefizit im Handeln von Controllern sein, das zum einen als Folgedefizit aus anderen Rationalitätsdefiziten und zum anderen als eigenständiges Rationalitätsdefizit erklärt werden kann.

Sehr komplexe Informationssysteme können als Folgedefizit einer unausgewogenen Aufgabenwahrnehmung erklärt werden. Diese Argumentation verdeutlicht nicht nur die aus sehr

[466] Vgl. Heigl, A. (1989), S. 11; Weber, J. (2004a), S. 9ff.

[467] Die Interdependenz zwischen der Festlegung des den systemorientierten Teilaufgaben der Informationsversorgung zugehörigen Elements der Datenquellen sowie Beobachtungsbereiche und der prozessorientierten Aufgabe der Informationsbedarfsermittlung wird an dieser Stelle deutlich. Vgl. Abschnitt 3.1.1.2.1.

[468] Vgl. Weber, J. (2004a), S. 111.

[469] Vgl. Weber, J. (1998), S. 320; Weber, J. (2004a), S. 111f.

[470] Vgl. Herzog, A. (1999), S. 201.

komplexen Informationssystemen resultierenden Qualitäts-, sondern auch die Wirtschaftlichkeitsprobleme der Informationsversorgung. Übergreifend zu ihren klassischen Aufgaben und immer auf den Zweck des Controllings, die Sicherstellung der Rationalität der Führung, ausgerichtet, liegen Tätigkeitsschwerpunkte von Controllern in der Entwicklung und dem Betrieb von Systemen zur Informationsversorgung, Planung und Kontrolle sowie der Bereitstellung geeigneter Methoden und Modelle für die Phasen des Führungszyklus. Ein Großteil der Controllerarbeit ist stark quantitativ an Prozessen im Unternehmen ausgerichtet.[471] In der Literatur finden sich Hinweise darauf, dass Controller system- und methodenorientierte Aufgaben, die einen engen Bezug zu diesen Tätigkeitsschwerpunkten aufweisen, sehr intensiv wahrnehmen und andere – stärker inhaltlich ausgerichtete Aufgaben – vernachlässigen.[472]

Zielkonflikte zwischen Controllern und dem Unternehmen können dazu führen, dass Controller Aufgaben außerhalb ihres Tätigkeitsschwerpunkts bewusst vernachlässigen. Eine Erklärung bietet die Präferenz, das Arbeitsleid zu senken. Controller bringen möglicherweise diesen Aufgaben weniger Interesse entgegen und verbinden mit ihrer Erfüllung ein höheres Arbeitsleid. Aufgrund mangelnder Erfahrung kann die Erfüllung dieser Aufgaben auch mit einem höheren Arbeitseinsatz und insofern einem höheren Arbeitsleid verbunden sein. Der höhere Arbeitseinsatz besteht unter Umständen auch in notwendigen, vorgelagerten Lernprozessen. Die nicht optimale Allokation der Kapazitäten von Controllern kann dann als Folge ihrer mangelnden Bereitschaft angesehen werden, für diese Tätigkeiten fehlendes Wissen und Fähigkeiten zu erwerben.[473] Auch Karrierepräferenzen von Controllern vermögen eine ungleiche Allokation ihrer Kapazitäten und im Zusammenhang damit eine mangelnde Lernbereitschaft zu erklären. Das für die angestammten Tätigkeitsbereiche von Controllern notwendige systembezogene Faktenwissen sowie ihr Methodenwissen sind vielfältiger und insbesondere über Unternehmensgrenzen hinweg einsetzbar. Aufgaben außerhalb des Tätigkeitsschwerpunkts von Controllern erfordern vornehmlich Wissen, das die Spezifika des Unternehmens oder des Unternehmensbereichs betrifft. Die Ausführung von Tätigkeiten, die dieses Wissen vermitteln, beziehungsweise das Erlernen dieses Wissens, steigert zwar den Wert von Controllern für das Unternehmen, nicht jedoch ihren Marktwert.[474] Je nach geplanter oder erwarteter Verweildauer in ihrer Position oder im Unternehmen können die Erfüllung dieser Aufgaben und die damit verbundenen Lernprozesse aus der Perspektive von Controllern ineffektiv sein. Insofern können auch Zeitpräferenzen die

---

471 Vgl. Herzog, A. (1999), S. 98; David, U. (2005), S. 148ff.

472 Vgl. Bernstein, P. L. (1996), S. 116; Niedermayr, R. (1997), S. 66; Remmel, M. (1997), S. 14; Herzog, A. (1999), S. 180f.; David, U. (2005), S. 147. Siehe auch Dhebar, A. (1993), S. 70f.

473 Vgl. Stamm, M. (1991), S. 198.

474 Vgl. Becker, G. S. (1983), S. 16ff.; Herzog, A. (1999), S. 98.

Lernbereitschaft von Controllern sowie die Entscheidung über die Wahrnehmung von Aufgaben determinieren.

Hinsichtlich kognitiver Beschränkungen leisten die mentalen Modelle von Controllern als erweiternde Annahme zu der Resourceful-Annahme einen Erklärungsbeitrag für die nicht optimale Ressourcenallokation. Da sich in den mentalen Modellen von Controllern vielfach ihre funktionale Prägung manifestiert, können sie erklären, warum diese die anfallenden system- und methodenorientierten Aufgaben rund um ihre Tätigkeitsschwerpunkte verstärkt wahrnehmen und gegenüber inhaltlich orientierten Aufgaben priorisieren. Die funktionale Prägung von Controllern kann zugleich – in Erweiterung der Evaluating-Annahme – die Bewertung von Handlungsalternativen beeinflussen. Controllern kann das Wissen fehlen, den Nutzen der Erfüllung von Aufgaben außerhalb ihres Tätigkeitsschwerpunktes richtig einzuschätzen. Sie bewerten ihn gegebenenfalls zu niedrig und alloziieren ihre Kapazitäten falsch. Auch zeitliche Bewertungsverzerrungen vermögen das beschriebene Phänomen zu erklären. Der Immediately-Effekt kann erklären, dass Controller diejenigen Handlungsalternativen beziehungsweise Aufgaben, deren Resultate für sie einschätzbar sind und die sich aus ihrer Perspektive zügig einstellen, gegenüber solchen Aufgaben priorisieren, deren Ergebnisse sie nicht absehen können oder die sich erst wesentlich später einstellen. Dementsprechend kann es sich ergeben, dass sie Aufgaben ihres vertrauten Tagesgeschäfts oder die Optimierung quantitativer Modelle oder Systeme vorziehen. Im Ergebnis bliebe für Beratungsaufgaben beispielsweise keine Zeit mehr.[475] Dieses Phänomen wurde auch unter der Bezeichnung „Greshamsches Gesetz der Planung" bekannt.[476]

Neben dieser Erklärung als Folgedefizit, können zu komplexe Systeme auch als ein eigenständiges Defizit erklärt werden. Controller können mit der Konstruktion komplexer Systeme Eigeninteressen verfolgen. Manager werten die Merkmale komplexer Systeme – zum Beispiel einen hohen Detaillierungs- und Präzisierungsgrad – als Qualitätsmerkmal, obwohl diese nur oberflächlich Qualität suggerieren.[477] HERZOG bemerkt, dass simple Systeme zumeist keine Bewunderung hervorrufen.[478] Komplexe Systeme hingegen vermitteln eher den Eindruck der Kompetenz und Fachkenntnis ihrer Konstrukteure und sind Controllern somit zur Verfolgung ihrer Karriereziele dienlich. Übermäßig komplexe Systeme zeichnen sich oftmals auch durch eine hohe Intransparenz aus, deren bewusste Erzeugung ebenfalls durch Karrierepräferenzen von Controllern erklärt werden kann. Controller werden in diesem Fall

475 Vgl. Landsberg, G. v. (1987), S. 276; Weißenberger, B. E. (1997), S. 54; Herzog, A. (1999), S. 180f.

476 Vgl. zum Greshamschen Gesetz der Planung Leschke, M. (1996), S. 194. Siehe auch March, J. G./Simon, H. A. (1993), S. 206.

477 Vgl. Weber, J. (1999), S. 737.

478 Vgl. Herzog, A. (1999), S. 201.

zwar ihrer Verantwortung für Transparenz nicht gerecht.[479] Durch die Konstruktion intransparenter Systeme, die nur sie selbst beherrschen und deren Annahmen nur ihnen bekannt sind, können sie jedoch nicht nur Informationsasymmetrien[480] insbesondere im Hinblick auf die Nutzung der Systeme erzeugen, sondern auch Kompetenzasymmetrien[481], die es ihnen erlauben, ihre eigenen Ziele zu verfolgen. Sie können so ihre im Unternehmen ohnehin monopolartige Informationszugangsstellung stärken und eine Abhängigkeit der Manager von ihrem Wissen über die Informationssysteme erzeugen. Abhängigkeiten können sie im weiteren Verlauf zur Verbesserung ihrer Anreize und damit zur Verfolgung ihrer Karrierepräferenzen nutzen. Auch potentielle kognitive Beschränkungen von Controllern können einen zu hohen Komplexitätsgrad der Informationssysteme als eigenständiges Defizit erklären. In Erweiterung der Resourceful-Annahme kann Controllern Wissen über die mit sehr komplexen Systemen verbundenen Gefahren fehlen oder sie interpretieren sie aufgrund des Self-Serving Bias als Chancen. In Erweiterung der Evaluating-Annahme sind systematische Bewertungsverzerrungen – Unterbewertungen der Gefahren komplexer Systeme – eine mögliche Folge. Stark funktional geprägte mentale Modelle von Controllern können erklären, dass sie eine vermeintliche Genauigkeit komplexer Systeme hoch bewerten.

Die Inflexibilität komplexer Systeme wurde als eine ihrer Gefahren genannt. Komplexe Systeme sind gegenüber erforderlichen Änderungen oftmals nicht robust, so dass arbeitsintensive Neugestaltungen erfolgen müssen.[482] Es ist ein mögliches Rationalitätsdefizit im Handeln von Controllern, erforderliche Änderungen oder Neuentwicklungen nicht durchzuführen, so dass das Qualitätsproblem der Informationsversorgung ungelöst bleibt. Gerade Informationssysteme tragen dazu bei, Veränderungen in der In- und Umwelt zu erkennen und einen dahingehenden Informationsbedarf von Managern zu befriedigen, indem diese Erkenntnisse zur Förderung der Anpassungsfähigkeit in dem Unternehmen verbreitet werden. Daher wird ihrer Aktualität eine hohe Bedeutung beigemessen.[483]

Ausbleibende sachlich erforderliche Änderungen der Informationssysteme können durch ein eigeninteressiertes Handeln von Controllern erklärt werden. Solange Manager den geänderten Bedarf selbst noch nicht erkannt haben, können Controller die erforderlichen Änderun-

---

479 DAVID spricht von der Kompetenz der Transparenzerzeugung von Controllern. Vgl. David, U. (2005), S. 152ff.

480 Vgl. Weißenberger, B. E. (1997), S. 54ff.; Herzog, A. (1999), S. 217.

481 Vgl. auch hierzu Herzog, A. (1999), S. 201.

482 Vgl. Herzog, A. (1999), S. 201.
Es ist insbesondere zu berücksichtigen, ob die den aktuellen Systemen zugrunde liegenden Prämissen auch weiter Bestand haben. Andernfalls sind Neuentwicklungen von Systemen erforderlich. Vgl. Weber, J./Weißenberger, B. E./Aust, R. (1997), S. 33.

483 Vgl. Hofstetter, P. A. (1993), S. 57. Siehe auch Weber, J. (1998), S. 319f.

gen ungestraft unterlassen und so ihr Arbeitsleid reduzieren. Ihre Zeitpräferenzen können hierbei moderierend wirken.

Das Defizit kann auch auf kognitive Beschränkungen von Controllern zurückgeführt werden. Die auf einem eigeninteressierten Handeln basierenden Erklärungen können gemäß dem Self-Serving Bias den Charakter einer kognitiven Beschränkung annehmen. Eng damit verbunden können die allgemeiner zu fassenden Bestätigungsverzerrungen in Erweiterung der Resourceful-Annahme der Grund dafür sein, dass Änderungen unterbleiben. Zur Vermeidung kognitiver Dissonanzen nehmen Controller Informationen, die einen geänderten Bedarf der Manager und damit die Notwendigkeit einer Änderung der angebotenen Produkte aufzeigen, gegebenenfalls nicht wahr. Kognitive Dissonanzen können zum Beispiel dadurch ausgelöst werden, dass Controller die Systeme zuvor unter hohem Arbeitseinsatz entwickelt haben. Doch auch fehlendes Faktenwissen und unveränderte mentale Modelle als implizite Wissenselemente vermögen zu erklären, dass Controller Veränderungen der Rahmenbedingungen, die Systemänderungen erforderlich machen, nicht wahrnehmen. In Erweiterung der Evaluating-Annahme des RREEMM-Modells leisten Bewertungsverzerrungen einen Erklärungsbeitrag. Der Status-quo-Effekt vermag zu erklären, dass Controller keine Veränderungen der Systeme oder Neuentwicklungen vornehmen. Sie messen möglichen Nachteilen veränderter oder neuer Systeme eine höhere Bedeutung als den potentiellen Vorteilen bei. Auch ein Handeln im Einklang mit dem Sunk-Cost-Effekt kann das Defizit erklären. Der Sunk-Cost-Effekt weist insbesondere auf das Wirtschaftlichkeitsproblem der Informationsversorgung hin. Es besteht die Gefahr, dass Controller ihrer Bewertung der Handlungsalternativen „Änderung des Informationsversorgungssystems“ und „keine Änderung des Informationsversorgungssystems“ bereits im Zusammenhang mit dem bestehenden System durchgeführte Investitionen zugrunde legen. Zur Rechtfertigung dieser Investitionen unterlassen sie möglicherweise weitere Änderungen.[484] Der Sunk-Cost-Effekt kann hier zu einer Verzerrung der Kosten-Nutzen-Überlegungen bei der Lösung des Wirtschaftlichkeitsproblems führen. Irrelevante Kosten werden über- beziehungsweise der Nutzen von Systemänderungen wird gegebenenfalls unterbewertet.

3.1.1.2 Defizite bei der Erfüllung prozessorientierter Teilaufgaben

3.1.1.2.1 Informationsbedarfsermittlung

In der ersten Phase des Informationsversorgungsprozesses ermitteln Controller den Informationsbedarf der Empfänger im Hinblick auf den Zweck, dem die Informationen dienen sollen, auf den Inhalt, die Form und den Zeitpunkt, und konzipieren auf dieser Grundlage das Informationsangebot.[485] Mit dem Zweck eng verbunden ist die Nutzungsform. Bezüglich

[484] Vgl. Herzog, A. (1999), S. 201.

[485] Die Ermittlung des Informationsbedarfs von Managern ist eng verbunden mit den Aufgaben von Controllern im Rahmen der systemorientierten Teilaufgaben der Informationsversorgung. Vgl. Abschnitt 3.1.1.1.

des Inhalts sind die Informationsgegenstände, der Informationsbezug, der Präzisions-, Detaillierungs-, Verdichtungs- und Aktualitätsgrad festzulegen. Der formale Bedarf konkretisiert sich in der Informationsmenge, die wiederum von dem Detaillierungs- und Verdichtungsgrad beeinflusst wird, der Darstellungsform der Informationen und der Aufmachung. Bei der Bestimmung des Zeitpunkts des Informationsbedarfs gilt es, die Rechtzeitigkeit und den erforderlichen Aktualitätsgrad festzulegen. Das Informationsangebot soll insgesamt die postulierten Informationseigenschaften erfüllen.

Analog zu den Elementen des Informationsversorgungssystems werden nicht alle Dimensionen des Informationsbedarfs und die damit verbundenen potentiellen Rationalitätsdefizite im Handeln von Controllern in dieser Phase des Informationsversorgungsprozesses ausführlich thematisiert. Der gesamte Prozess folgt der Maxime einer bedarfsgerechten Informationsversorgung, so dass es gerechtfertigt scheint, sie teilweise in den folgenden Phasen des Informationsversorgungsprozesses aufzugreifen.

Die Literatur gibt Hinweise dafür, dass Controller ihrer Aufgabe, das Informationsangebot mit dem objektiven und subjektiven Informationsbedarf in Einklang zu bringen, nicht immer gerecht werden.[486] Zum Beispiel besteht die Gefahr, dass sie den Zweck, für den die Manager Informationen benötigen, nicht richtig erfassen und das Informationsangebot in Erwartung einer instrumentellen Nutzung durch die Empfänger konzipieren. Diese nutzen die ihnen bereitgestellten Informationen allerdings häufiger konzeptionell oder symbolisch, wie empirische Studien gezeigt haben.[487] WANICZEK stellt empirisch fest, dass die Anforderungen an die Informationsversorgung wesentlich durch die Orientierung an einem mehrdimensionalen Performance Measurement beeinflusst werden, die Informationsversorgung diesen Anforderungen jedoch nur unzureichend gerecht wird.[488]

Die Informationsgegenstände können mit den Dimensionen der Balanced Scorecard in Finanz-, Prozess-, Markt-/Kunden-, Mitarbeiter- und Innovationskennzahlen differenziert werden.[489] Ein oft angeführtes Beispiel für das Auseinanderfallen des Informationsangebots und des Informationsbedarfs und ein Qualitätsproblem der Informationsversorgung ist die Vernachlässigung nicht-finanzieller im Vergleich zu finanziellen Kennzahlen.[490] Auch im Hinblick auf innen- und außenorientierte Informationen fallen Bedarf und Angebot ausein-

---

486 Vgl. Hauschildt, J. (1989), S. 377ff.; Amshoff, B. (1993), S. 443; Niedermayr, R. (1994), S. 66 sowie 169.

487 Vgl. Homburg, C. et al. (2000), S. 251.

488 Vgl. Waniczek, M. (2001), S. 339.

489 Vgl. Weber, J./Schaier, S./Strangfeld, O. (2005), S. 23.

490 Vgl. Anthony, R. N. (1965), S. 42; Heckert, J. B./Willson, J. D. (1967), S. 564f.; Stata, R. (1989), S. 71; Eccles, R. G. (1991); Hartung, W. (2002), S. 502; Weber, J./Blum, H. (2001), S. 21; Weber, J./Sandt, J. (2001), S. 13; Weber, J. (2004a), S. 106ff.; Schäffer, U./Steiners, D. (2005), S. 212; Lixenfeld, C. (2006a), S. 3.

ander. SCHÄFFER/STEINERS zeigen, dass das Angebot außenorientierter Informationen über Kunden, Märkte und Wettbewerber als unzulänglich angesehen wird.[491] Dabei ist eine gleichgewichtete Berücksichtigung unternehmensinterner und -externer Aspekte von großer Bedeutung.[492] Abweichend von dem Bedarf dominiert zudem eine starke Vergangenheitsorientierung des Informationsangebots, dies drückt sich auch in den gewählten Informationsbezügen aus.[493] Vorjahreswerte und daraus abgeleitete Planwerte finden sich häufig; zukunftsorientierte Hochrechnungen finden sich seltener.[494] Auch bezüglich des erforderlichen Aktualitätsgrades entspricht das Informationsangebot oft nicht dem Informationsbedarf.[495] Dies berührt sowohl eine inhaltliche als auch eine zeitliche Dimension und deutet auf das ungelöste Zeitproblem der Informationsversorgung hin. Der Bedarf nach aktuellen und rechtzeitig übermittelten Informationen trägt der Anpassungsfähigkeit des Unternehmens an geänderte Rahmenbedingungen Rechnung.[496]

Die für ein Auseinanderfallen des Informationsbedarfs und des Informationsangebots angeführten Beispiele und darüber hinaus allgemein eine Inkongruenz zwischen dem Informationsbedarf und -angebot können auf der einen Seite durch die im Kern des RREEMM-Modells bestehende Annahme eigeninteressierten Handelns erklärt werden. Die Präferenz von Controllern, ihr Arbeitsleid zu reduzieren, vermag zu erklären, dass sie sich nicht mit Methoden zur Ermittlung des Informationsbedarfs von Trägern der Führungshandlungen beschäftigen oder diese wenig sorgfältig anwenden. Auch wenn ihnen der Informationsbedarf von Managern bekannt ist, richten sie möglicherweise ihr Angebot nicht unter Mehraufwand daran aus, sondern betreiben eine Informationsversorgung „von der Stange“. Zeitpräferenzen von Controllern können das Bemühen um eine Befriedigung des Informationsbedarfs von Managern gemäß ihrer geplanten oder erwarteten Verweildauer in ihrer Position oder im Unternehmen beeinflussen. Nicht immer rechtfertigt die angenommene Verweil-

491 Vgl. Schäffer, U./Steiners, D. (2005), S. 218. Siehe auch Johnson, H. T. (1992); Mia, L./Chenhall, R. H. (1994), S. 20; Murphy, C. et al. (1995), S. 14; Weber, J./Schäffer, U./Bauer, M. (2000), S. 12; Weber, J. (2004a), S. 296; David, U. (2005), S. 147; Hirsch, B. (2005), S. 284f.; Weber, J./Schaier, S./Strangfeld, O. (2005), S. 43f.

492 Dies verdeutlicht der so genannte SWOT-Ansatz, der den Rahmen für die strategische Analyse bildet. Das Akronym SWOT steht für „Strengths” und „Weaknesses” (unternehmensintern) sowie „Opportunities” und „Threats” (unternehmensextern). Vgl. Andrews, K. (1980).

493 Vgl. Weber, J./David, U./Prenzler, C. (2001), S. 39; Hartung, W. (2002), S. 502; Lutz, J. (2006), S. 8. Siehe auch Amshoff, B. (1993), S. 444.

494 Vgl. mit Bezug zu Monatsberichten Waniczek, M. (2001), S. 337; Weber, J./Schaier, S./Strangfeld, O. (2005), S. 47. Joos-Sachse, T. (1997), S. 466. Systematische, dynamische Prognosen der weiteren Entwicklung bis zum Jahresende sind von hoher Bedeutung; Controller dürfen nicht von statischen Verhältnissen ausgehen. Vgl. Weber, J. (2004a), S. 296f.

495 Zur Bedeutung aktueller, zeitnaher Informationen vgl. Chenhall, R. H./Morris, D. (1986), S. 20f.; Schäffer, U./Steiners, D. (2005), S. 214.

496 Vgl. Denk, R./Kunesch, H. (1996), S. 541; Horváth, P. (2003), S. 351.

dauer aus der Perspektive von Controllern den Aufwand einer Auseinandersetzung mit dem Bedarf von Managern und den Möglichkeiten seiner Erfüllung.[497]

Auf der anderen Seite können kognitive Beschränkungen von Controllern erklären, dass ein bestehender Informationsbedarf nicht erkannt und deshalb benötigte Informationen nicht oder aber nicht benötigte Informationen angeboten werden. Dabei ist ein objektiver und ein subjektiver Informationsbedarf zu unterscheiden.[498]

Den Ausgangspunkt für die Festlegung des Informationsangebots bildet der objektive Informationsbedarf.[499] Zu seiner Ermittlung werden überwiegend deduktive Methoden der Informationsbedarfsanalyse eingesetzt.[500] Einerseits kann der objektive Bedarf aus den Entscheidungsmodellen der Informationsempfänger abgeleitet werden. Andererseits können deduktiv-logische Analysen durchgeführt werden, bei denen die objektiv notwendigen Informationen ausgehend von den Zielen des Unternehmens, den bekannten oder zu bestimmenden Aufgaben und Problemstellungen der Informationsempfänger sowie den situativen Gegebenheiten, dem Kontext, ermittelt werden. Das Fehlen dieses Methodenwissens als erweiternde Brückenannahme zu der Resourceful-Annahme der Ökonomen kann zwar Defizite bei der Ermittlung des Informationsbedarfs erklären. Ebenso wie die spezifische funktionale Prägung von Controllern Wissensdefizite zu erklären vermag, kann sie jedoch auch als plausibles Argument dafür angeführt werden, dass das controllerspezifische Methodenwissen – und hierzu zählen die Methoden der Informationsbedarfsermittlung – vorhanden ist. Schließlich ist die Informationsversorgung eine der Kernaufgaben von Controllern.[501]

Im Zuge deduktiv-logischer Analysen bietet der Unternehmenskontext Aufschluss über den objektiven Informationsbedarf.[502] Die abzubildenden Tatbestände, insbesondere die Bedeu-

---

[497] Vgl. ähnlich Herzog, A. (1999), S. 218.

[498] Vgl. Küpper, H.-U. (2001), S. 141f.; Weber, J./Schaier, S./Strangfeld, O. (2005), S. 13f.; Hirsch, B./Paefgen, A./Schaier, S. (2008), S. 5.

[499] Vgl. Berthel, J./Moews, D. (1970); Amshoff, B. (1993), S. 272.

[500] Vgl. hierzu sowie zum Folgenden Küpper, H.-U. (2005), S. 147ff.; Horváth, P. (2003), S. 364ff.

[501] Die Annahme ist, dass Controller durch ihre Ausbildung und Berufserfahrung insbesondere über Fach- und Methodenwissen in ihren traditionell ausgeführten Aufgabenfeldern verfügen. Vgl. Landsberg, G. v./Mayer, E. (1988), S. 69ff. und 89; Herzog, A. (1999), S. 79f.; David, U. (2005), S. 145.

[502] ZÜND unterscheidet in Abhängigkeit der Umweltsituation die Eignung dreier Controllertypen – Registrator, Navigator und Innovator. Dabei bezieht er sich auf die empirische Untersuchung von Simon, H. A. et al. (1954). Bei geringer Komplexität und Dynamik sollten Controller mit dem traditionellen Rechnungswesen den Geschäftsverlauf erfassen und als Registrator eine vornehmlich dokumentierende Funktion erfüllen. Bei einer begrenzt komplexen und dynamischen Umwelt ist eine höhere Reaktions- und Anpassungsfähigkeit des Unternehmens erforderlich. In diesem Umfeld sollten Controller die Rolle eines Navigators übernehmen, stärker in Planung und Kontrolle involviert sein und aktiv Entscheidungsunterstützung leisten. Die Informationsversorgung sollte nicht mehr allein in der Übermittlung dokumentierender, vergangenheitsorientierter Informationen bestehen. Vermehrt müssen Planungs- und Steuerungsinformationen geliefert, Manager rechtzeitig auf Abweichungen aufmerksam gemacht und ein „Management by exception" ermöglicht werden. Nehmen Komplexität und Dynamik weiter zu, müssen Controller als Innovator zukunfts- und akti-

tung unternehmensexterner Informationen, das Ausmaß an Zukunftsbezogenheit oder der erforderliche Aktualitätsgrad des Informationsangebots werden durch die Dynamik und Komplexität der Unternehmensumwelt und ihrer Teilbereiche wie Wettbewerber, Kunden usw. bestimmt.[503] Controller berücksichtigen diese Kontextabhängigkeit des Informationsbedarfs nicht immer ausreichend.[504]

Im Hinblick auf ein eigeninteressiertes Handeln von Controllern kann ihre Präferenz, das Arbeitsleid zu reduzieren, erklären, dass sie den Aufwand einer Auseinandersetzung mit dem Unternehmenskontext scheuen. Bezüglich kognitiver Beschränkungen kann Controllern in Erweiterung der Resourceful-Annahme das Wissen über die Bedeutung des Kontextes für den Informationsbedarf fehlen. Bei einer hohen Komplexität des Kontextes besteht ein umfangreicherer Informationsbedarf. Fehlendes Wissen kann ebenfalls dazu führen, dass Controller den Kontext falsch einschätzen. Da eine treffende Beurteilung des Unternehmenskontextes nur in Relation zu anderen Kontexten möglich ist, bietet fehlendes Wissen über entsprechende Benchmarks eine plausible Erklärung. Ebenfalls in Erweiterung der Resourceful-Annahme können Beschränkungen der Wahrnehmungsfähigkeit Fehleinschätzungen des Kontextes bewirken. Mit der Festlegung der Beobachtungsbereiche grenzen die Controller möglicherweise bereits die für sie wahrnehmbare Komplexität ein, so dass entsprechende Verfügbarkeitsverzerrungen Fehleinschätzungen der Komplexität des Kontextes nach sich ziehen können.

Neben dem Unternehmenskontext bieten das operative Geschäft, die Aufgaben und Problemstellungen von Managern und ihre Vorgehensweise zu ihrer Lösung Aufschluss über den objektiven Informationsbedarf. Mit dem Wissen über die Ausgestaltung dieser Faktoren können Controller ableiten, welchem Zweck die Informationen dienen sollen und wie die Manager die Informationen nutzen werden, bezüglich welcher Informationsgegenstände ein Informationsbedarf besteht, welcher Informationsbezug dem Bedarf entspricht und wie der Präzisions-, Detaillierungs- und Aktualitätsgrad beschaffen sein sollten. Es ist jedoch eine plausible Annahme in Erweiterung der Resourceful-Annahme, dass Controllern Teile dieses

---

onsorientiert agieren. Die Informationsversorgung ist verstärkt als Früherkennung auszugestalten. ZÜND fügt an, dass diese drei Controllertypen Modellcharakter haben und gleichzeitig bestehen, wobei je nach Umweltausprägung ein Typ dominiert. Mit zunehmender Umweltunsicherheit kommen Controllern mehr Aufgaben zu. *„Die Tendenz zur Aufgabenausweitung ist unverkennbar."* Zünd, A. (1978a), S. 8. Siehe auch Zünd, A. (1985), S. 28ff.

503 Vgl. zum Beispiel Gordon, L. A./Miller, D. (1976); Waterhouse, J. H./Tiessen, P. (1978); Birnberg, J. G./Turopolec, L./Young, S. M. (1983); Chapman, C. S. (1997); Ewusi-Mensah, K. (1981). GORDON/MILLER konstatieren: *„By now it should be clear that an accounting information system should be designed in light of the contextual variables surrounding the specific organization."* Gordon, L. A./Miller, D. (1976), S. 65. Siehe auch Weber, J./Schaier, S./Strangfeld, O. (2005), S. 27ff.; Hirsch, B./Paefgen, A./Schaier, S. (2008), S. 24.

504 Vgl. Amshoff, B. (1993), S. 444.

Wissens fehlen und das Informationsangebot nicht auf den objektiven inhaltlichen und zeitlichen Bedarf abgestimmt ist.[505]

Ebenfalls in Erweiterung der Resourceful-Annahme kann eine limitierte Wahrnehmungsfähigkeit von Controllern Erklärungsgehalt für Defizite bei der Ermittlung des objektiven Informationsbedarfs bieten. Die im Zuge der systemorientierten Aufgaben festgelegten und Rationalitätsdefiziten im Handeln von Controllern unterworfenen Beobachtungsbereiche bilden den Input für die prozessorientierten Teilaufgaben.[506] Möglicherweise grenzen sie das Wahrnehmungsspektrum von Controllern ein und führen dazu, dass sie nicht alle Ereignisse im Handlungsraum wahrnehmen, die für die Bestimmung des Informationsbedarfs relevant sind, oder dass sie relevante Ereignisse und den Informationsbedarf somit in der zeitlichen Dimension nicht – nämlich erst verspätet – befriedigen.[507] Insbesondere in einem durch hohe Dynamik gekennzeichneten Unternehmenskontext, in dem der Anpassungsfähigkeit des Unternehmens eine hohe Bedeutung beikommt, kann eine verspätete Feststellung des objektiven Informationsbedarfs auch durch unangepasste mentale Modelle erklärt werden.[508] Die Anpassungsgeschwindigkeit der mentalen Modelle kann hinter der Geschwindigkeit zurückbleiben, mit der Handlungssituationen sich ändern. Die durch ihren funktionalen Erfahrungshorizont geprägten mentalen Modelle von Controllern beeinflussen nicht nur die Festlegung der Beobachtungsbereiche und die Wahrnehmung von Ereignissen im Aufgabenumfeld, sie können auch dazu führen, dass Controller bestimmte Informationen zur Lösung der anstehenden Aufgaben gar nicht als relevante Informationen wahrnehmen.[509] In diesem Sinne können die durch ihren funktionalen Erfahrungshorizont geprägten mentalen Modelle von Controllern die zu Beginn dieses Abschnitts angeführten Beispiele erklären, dass Controller außenorientierte Marktkennzahlen oder zukunftsorientierte Forecasts nicht als Bestandteil des Informationsbedarfs von Managern erkennen.[510] Ebenso können Verfügbarkeitsverzerrungen die Wahrnehmung der zu lösenden Aufgaben und Probleme und den daraus abgeleiteten, vermeintlich objektiven Informationsbedarf beeinflussen. Der Vividness-Effekt, der Halo-Effekt und andere Verfügbarkeitsverzerrungen können dazu führen, dass nicht-repräsentative Ereignisse sehr deutlich wahrgenommen werden und auf dieser Basis ein falsches Informationsangebot erstellt wird.

---

505 Vgl. Pohle, K. (1990), S. 8.

506 Sorg spricht auch von dem informationspathologischen Aspekt einer unangemessenen Dominanz eines Kontextes. Die in einem Kontext erfassten Aspekte eines Realitätsbereichs reichen nicht aus, um die „objektive" Komplexität der Realität abzubilden. Das von Controllern erarbeitete Informationsangebot unterliegt den Verzerrungen ihres Kontextes. Vgl. Sorg, S. (1982), S. 30.

507 Vgl. Weber, J. (2004a), S. 130.

508 Hierfür ist insbesondere der implizite Charakter der mentalen Modelle verantwortlich. Vgl. Ambrosini, V./Bowman, C. (2001), S. 813; Senge, P. M. (1990), S. 176.

509 Vgl. Staehle, W. H. (1969), S. 66; Gaydoul, P. (1980), S. 170; Hirsch, B. (2005), S. 283ff.

510 Vgl. Florissen, A. (2005), S. 309. Weber sieht in der Marktorientierung grundsätzlich eine Herausforderung für Controller. Vgl. Weber, J. (1997).

Auch erweiternde Annahmen zu der Expecting-Annahme des RREEMM-Modells vermögen eine falsche Informationsbedarfsermittlung zu erklären. Controller über- oder unterschätzen die Wahrscheinlichkeit von Ereigniseintritten und leiten in der Folge den Informationsbedarf von Trägern der Führungshandlungen falsch ab. Die Ursache derartiger Verzerrungen von Wahrscheinlichkeitsurteilen kann eine – durch die erläuterten Erweiterungen der Resourceful-Annahme geprägte – unvollständige oder verzerrte Informationsgrundlage von Controllern sowie darauf aufbauend die unreflektierte Anwendung der Verfügbarkeits- oder Verankerungsheuristik sein.

Schließlich lassen sich Rationalitätsdefizite bei der Ermittlung des objektiven Informationsbedarfs über erweiternde Annahmen zur Evaluating-Annahme erklären. Bewertungsverzerrungen können aufgrund eines durch den Erfahrungshorizont von Controllern zu erklärenden Framings die Ursache einer falschen Priorisierung der von den Managern zu lösenden Problemstellungen sein. Ein solches Framing kann auch erklären, dass Controller den Nutzen von zukunfts- gegenüber vergangenheitsorientierten Informationen systematisch unterbewerten. Beschränkungen der Fähigkeit zur Bildung von Werturteilen können sich auch darin äußern, dass Controller das bisherige Informationsangebot als Referenzpunkt ihrer Bewertung wählen und aufgrund der erläuterten selektiven Wahrnehmung relevanter Änderungen der Rahmenbedingungen nur unzureichend anpassen.[511]

Neben dem objektiven Informationsbedarf, der von der Person des Informationsempfängers unabhängig ist, besteht der subjektive Informationsbedarf. Er berücksichtigt die individuellen Fähigkeiten der Informationsempfänger und ihre Wünsche an die Ausgestaltung der Informationsversorgung.[512] Die Fähigkeiten der Informationsempfänger lassen sich vor allem hinsichtlich ihrer kognitiven Fähigkeiten und ihrer fachlichen Erfahrung konkretisieren. Es ist davon auszugehen, dass die Verarbeitungskapazitäten von Informationsempfängern beschränkt sind, aber durch entsprechende Erfahrungen erweitert werden können.[513] Die Wünsche der Informationsempfänger an ihre Informationsversorgung betreffen inhaltliche und formale Aspekte. Für den subjektiven Informationsbedarf spielt zum Beispiel die Frage eine Rolle, ob der Informationsempfänger sich bevorzugt an Zahlen orientiert oder eher zahlenavers ist.[514]

511 Vgl. ähnlich Eichenberger, R. (1992), S. 25.

512 WALL spricht von einer *„Anpassung an das Subjekt"*. Wall, F. (1999), S. 32. Siehe auch Weber, J. (2004a), S. 118f., sowie Mason, R. O./Mitroff, I. I. (1973), S. 478; Dermer, J. D. (1975); Hopwood, A. G. (1976); Macintosh, N. B. (1981), S. 41; Sorg, S. (1982), S. 38; Ferris, K. R./Haskins, M. E. (1989); Keller, T. (1994), S. 130ff.; Koch, R. (1994), S. 111f.

513 Vgl. Miller, G. A. (1956), S. 83f.; Coenenberg, A. G. (1966), S. 54; Kochhan, W. (1979), S. 59f.; Koch, R. (1994), S. 79ff.; Reichmann, T. (2001), S. 40f.; Weber, J. et al. (2003), S. 36; Weber, J. (2004a), S. 34ff.

514 Vgl. Weber, J. (2004a), S. 106. Besondere Bedeutung kommt dem so genannten kognitiven Stil der Informationsempfänger zu. Er hat Einfluss auf das Entscheidungsverhalten von Akteuren und drückt „die Art des Entscheidens" von Individuen aus. Es können ein analytischer und ein heuristischer kognitiver Stil unter-

Das eigeninteressierte Handeln von Controllern erklärt plausibel, warum diese den Informationsbedarf von Managern nicht oder nicht korrekt ermitteln. Darüber hinaus lässt sich dieses Defizit durch kognitive Beschränkungen von Controllern erklären.[515] Zur Ergründung des subjektiven Bedarfs werden induktive Verfahren der Informationsbedarfsermittlung eingesetzt: Der Informationsbedarf wird aus den situativen Gegebenheiten im Unternehmen abgeleitet. Als diesbezügliche Informationsquellen bieten sich betriebliche Dokumente sowie die Informationsempfänger selbst an.[516] Defizite bei der Ermittlung des subjektiven Informationsbedarfs können in erster Linie auf ein bei der Resourceful-Annahme zu verortendes beschränktes Methodenwissen zurückgeführt werden. Controller müssen sehr genau wissen, welche Erkenntnisse sie aus der Analyse der genannten Informationsquellen ziehen können. Die Analyse der den Informationsempfängern zur Verfügung stehenden Dokumente zeigt lediglich das aktuelle Informations*angebot* auf. Da jedoch bei der Dokumentenanalyse keine entsprechenden Informationen über deren Nutzung durch die Informationsempfänger gegeben werden, sind Rückschlüsse auf den subjektiven Informationsbedarf spekulativ. Ähnlich verhält es sich mit der betrieblichen Datenerfassung. Durch die Registrierung der Zugriffe auf gespeicherte Daten können zwar Rückschlüsse auf den subjektiven Bedarf, jedoch allenfalls den Ist-Bedarf, gezogen werden.

Die beste Quelle für die Ermittlung des subjektiven Informationsbedarfs sind die Informationsempfänger selbst.[517] Dabei stellen die induktiven Methoden zur Ermittlung des subjektiven Informationsbedarfs – insbesondere die Beobachtung und Befragung der Informationsempfänger – eine gute Grundlage für die Ermittlung des objektiven Informationsbedarfs dar, wenn deduktive Methoden bei komplexen Aufgabenstellungen an ihre Grenzen stoßen.[518] Die Informationsempfänger können aufgrund ihrer Fachkenntnisse und ihres Wissens über die zu lösenden Aufgaben sowie die relevanten Situationsbedingungen den objek-

---

schieden werden (vgl. Koch, R. (1994), S. 80ff.; Weber, J. (2004a), S. 292f.). Der analytische Stil ist geprägt durch ein geordnetes, diszipliniertes, systematisches, geradliniges und logisches Denken. Ein analytisch denkender Mensch kann spezifische Aspekte unabhängig von dem Kontext betrachten und separat beurteilen. Er baut Modelle und versucht, mit Hilfe mathematischen Kalküls zu einem optimalen Ergebnis seiner Entscheidung zu kommen. Ein heuristisch denkender Mensch gehorcht dagegen einer ungeordneten, undisziplinierten, sprunghaften Logik. Ihm gelingt es nicht, einzelne Aspekte aus ihrem Kontext zu isolieren, sondern nur mehrere als Ganzes zu analysieren. Er verwendet das ‚Trial and Error'-Verfahren und löst eine Aufgabe mehr mit „Durchwursteln" (muddling-through) anstatt mit Hilfe analytischer Modelle (vgl. Mock, T. J./Estrin, T. L./Vasarhelyi, M. A. (1972), S. 132; Dermer, J. D. (1973), S. 511; Driver, M. J./Mock, T. J. (1975), S. 497ff.; Pfohl, H.-C. (1981), S. 86; Preuß, R. K. (1991), S. 241.)

515 Verschiedene Verfasser sehen in der Abstimmung der Informationen auf den subjektiven Informationsbedarf der Empfänger einen Effizienz-Indikator des Controllings. Vgl. Amshoff, B. (1993), S. 443; Becker, W./Benz, K. (1996), S. 19; Benz, K. (1998), S. 141.

516 Vgl. Küpper, H.-U. (2005), S. 144ff.; Horváth, P. (2003), S. 364ff.

517 Controller können nicht nur bei der Konzeption der Ermittlung des subjektiven Informationsbedarfs Fehler machen. Auch bei der Umsetzung – zum Beispiel bei der Ausarbeitung eines Fragebogens – sind Rationalitätsdefizite denkbar, die hier nicht im Detail erläutert werden. Vgl. für ein solches Vorgehen Hirsch, B./Paefgen, A./Schaier, S. (2008), S. 14ff.

518 Vgl. Reichmann, T. (2001), S. 10f.

tiven Informationsbedarf selbst gut beurteilen.[519] Dieses methodische Wissen kann Controllern fehlen. Fehlendes Faktenwissen von Controllern über die die Informationen empfangenden Manager und deren Eigenschaften erklären Defizite bei der Ermittlung des subjektiven Informationsbedarfs. Eine unregelmäßige oder wenig intensive Interaktion zwischen Controllern und Managern kann dieses Wissensdefizit verstärken.[520] Ebenfalls in Erweiterung der Resourceful-Annahme plausibilisieren die durch ihren spezifischen Erfahrungshorizont geprägten mentalen Modelle von Controllern, dass diese für den Erfahrungshorizont von Managern typische kognitive Beschränkungen als Restriktionen ihres Handelns nicht erkennen und diese Faktoren demzufolge bei der Ermittlung des subjektiven Bedarfs nicht berücksichtigen. Kognitive Beschränkungen von Managern stellen als Restriktionen des Handelns von Controllern eine Erweiterung der ökonomischen Annahmen zur Restricted-Annahme des RREEMM-Modells dar.[521] Auch Bewertungsverzerrungen als erweiternde Annahmen zur Evaluating-Annahme können erklären, warum Controller Eigenschaften von Managern bezüglich des subjektiven Informationsbedarfs falsch bewerten.

Der subjektive Informationsbedarf ist zwar die Basis der Informationsnachfrage.[522] Aus verschiedenen Gründen, zum Beispiel, weil die Informationsempfänger sich ihres Bedarfs nicht bewusst sind, ihn nicht artikulieren können oder davon ausgehen, dass Controller ihn ohnehin nicht erfüllen können,[523] weichen der subjektive Bedarf und die Informationsnachfrage voneinander ab. Als ein weiteres Rationalitätsdefizit im Handeln von Controllern kann es insofern angesehen werden, wenn diese nicht ihrer Ergänzungsaufgabe nachkommen, die Informationsnachfrage der Manager zu aktivieren oder ein Informationsmarketing zu betreiben.[524] Darunter werden ein werbendes Informationsangebot oder die Bereitstellung von Informationen über Informationsmöglichkeiten verstanden.[525] Dieses Defizit kann durch ein eigeninteressiertes Handeln von Controllern, ihre Präferenz, das Arbeitsleid zu reduzieren, moderiert durch Zeitpräferenzen, sowie in Erweiterung der Resourceful-Annahme – analog zu einer unterlassenen homogenen Segmentierung der Informationsempfänger entsprechend ihrer Informationsbedürfnisse – so erklärt werden, dass Controllern keine Marketingdenkweise zu eigen ist.[526]

---

519 Vgl. für ein ähnliches Vorgehen in Form von Befragungen Homburg, C. et al. (2000), S. 244; Hirsch, B./Hufschlag, K./Pieroth, G. (2005), S. 251.

520 Vgl. Weber, J. (2004a), S. 106.

521 Vgl. Heine, B.-O. et al. (2006), S. 18.

522 Vgl. Witte, E. (1984), Sp. 1917f.

523 Vgl. Witte, E. (1972), S. 62f.; Scholl, W. (1992), Sp. 902; Küpper, H.-U. (2005), S. 141. Siehe auch Brockhoff, K. (1983), S. 56.

524 Empirische Untersuchungen stützen die Notwendigkeit einer Berücksichtigung des subjektiven Informationsbedarfs beziehungsweise einer Aktivierung der Informationsnachfrage. WITTE konnte zeigen, dass die Entscheidungseffizienz nicht mit der Informationsversorgung, sondern mit der Informationsnachfrage korreliert. Vgl. Witte, E. (1972), S. 47ff. Siehe auch Herzog, A. (1999), S. 186.

525 Vgl. Amshoff, B. (1993), S. 193f.; Benz, K. (1998), S. 47.

526 Vgl. Langer, A./Munhoz, S. (2005), S. 663f.

Der objektive und der subjektive Informationsbedarf von Managern sind im Zeitablauf Veränderungen unterworfen, da sie andere Problemstellungen lösen müssen und sich ihr Wissen und ihre Fähigkeiten mit der Zeit ändern. Folglich ist es als ein Rationalitätsdefizit anzusehen, wenn Controller Änderungen des Informationsbedarfs nicht erkennen.[527] Erklären lässt sich dies möglicherweise durch ein ausbleibendes kontinuierliches Hinterfragen der einmal ermittelten Informationsbedarfe aufgrund der Präferenz, das Arbeitsleid zu reduzieren, oder aufgrund von Zeitpräferenzen. Darüber hinaus sind die Erklärungen zu unterlassenen erforderlichen Änderungen von Informationssystemen übertragbar.

Weitere Rationalitätsdefizite im Handeln von Controllern lassen sich anhand der folgenden Abbildung verdeutlichen, die das Zusammenspiel zwischen Informationsangebot, objektivem Informationsbedarf und der Informationsnachfrage, basierend auf dem subjektiven Informationsbedarf darstellt.[528]

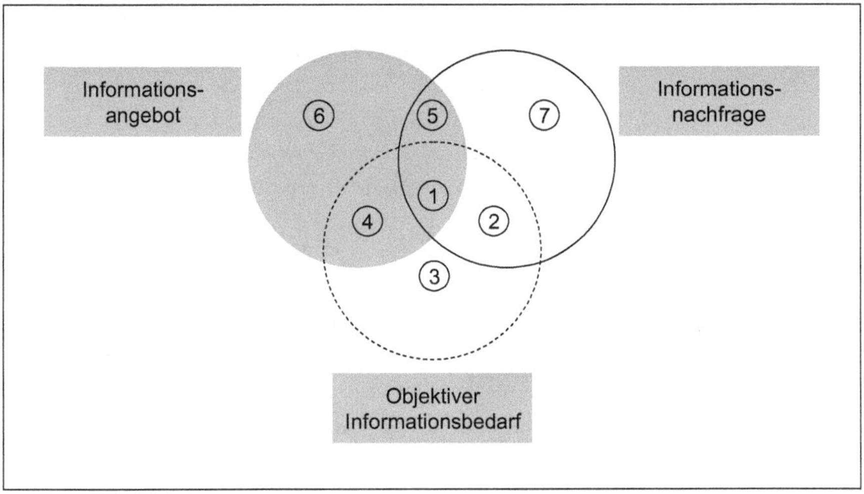

Abbildung 6: Zusammenspiel von Informationsangebot, -nachfrage und -bedarf[529]

[527] Vgl. zu unterlassenen, notwendigen Reaktionen auf geänderte Bedarfe recht allgemein Witt, F.-J. (1991), S. 33. Siehe auch Hungenberg, H. (1992), S. 52; Yakhou, M./Dorweiler, V. P. (1995), S. 114; Weber, J. (1996), S. 929.

[528] In der Regel sind der objektive und der subjektive Informationsbedarf nicht deckungsgleich. Vgl. Wall, F. (1999), S. 33ff.; Weber, J. (2004a), S. 292ff.
Diese Defizite gehen zwar streng genommen über Defizite bei der Ermittlung des Informationsbedarfs hinaus und stellen teilweise einen Vorgriff auf die sich anschließenden Phasen des Informationsversorgungsprozesses dar. Zur Vermittlung eines Überblicks über Rationalitätsdefizite im Handeln von Controllern bei der Herstellung der Kongruenz zwischen Informationsbedarf, -nachfrage und -angebot sollen sie jedoch hier erläutert werden.

[529] Quelle: Weber, J. (2004a), S. 119.

Lediglich in Feld 1 befinden sich das Informationsangebot, der objektive Informationsbedarf und die Informationsnachfrage im Einklang, und es liegen keine Rationalitätsdefizite im Handeln von Controllern vor.

Ein Rationalitätsdefizit kann darin bestehen, dass Controller nachgefragte, objektiv benötigte Informationen nicht anbieten, obwohl diesen im Rahmen der Wirtschaftlichkeit der Informationsversorgung keine Kosten-Nutzen-Überlegungen entgegenstehen (vgl. Feld 2, Abbildung 5).[530] Ein unvollständiges Informationsangebot bedeutet ein Qualitätsproblem bei der Informationsversorgung, erklärbar als Resultat aus Defiziten von Controllern bei der Ermittlung des Informationsbedarfs. Controller stufen den artikulierten Informationsbedarf möglicherweise als sachlich nicht erforderlich ein. Ein eigeninteressiertes Handeln von Controllern kann erklären, dass sie die Informationsnachfrage nicht befriedigen, wenn diese mit einem hohen Arbeitseinsatz verbunden ist. Denkbar ist auch, dass Controller die nachgefragten Informationen aufgrund von Karrierepräferenzen nicht in das Informationsangebot aufnehmen. Dieser Aspekt wird in den folgenden Phasen des Informationsversorgungsprozesses aufgegriffen. Da die Träger der Führungshandlungen die Informationen aktiv nachfragen, verfügen Controller jedoch über wenig Handlungsspielraum. Kognitive Beschränkungen von Controllern können Defizite bei der Umsetzung der nachgefragten und benötigten Informationen, bei der Beschaffung, Weiterverarbeitung und Aufbereitung und das unvollständige Informationsangebot erklären.

Ein mögliches weiteres Rationalitätsdefizit unterscheidet sich von dem vorangegangenen lediglich dadurch, dass die Träger der Führungshandlungen einen objektiv bestehenden Informationsbedarf nicht artikulieren (vgl. Feld 3, Abbildung 5).[531] Rationalitätsdefizite bei der Ermittlung des Informationsbedarfs können auch diese Konstellation aus Angebot, Nachfrage und Bedarf erklären. Da Manager die Informationen nicht aktiv nachfragen, ist es plausibel, dass Controller über einen größeren Handlungsspielraum zur Verfolgung ihrer eigenen Interessen verfügen. Zur Reduzierung ihres Arbeitsleids helfen sie Managern möglicherweise nicht, ihre kognitiven Grenzen zu überwinden, und erbringen eventuell auch die sachlich notwendige Ergänzungsleistung nicht.[532] Auch Zeitpräferenzen von Controllern können bei der Entscheidung für oder gegen die Bereitstellung objektiv benötigter, aber nicht nachgefragter Informationen eine Rolle spielen. Die Überlegung, dass Controller mittel- bis langfristig gerade durch ein aktives Vorschlagen und Unterbreiten innovativer Informationsprodukte den Nutzen der Informationsversorgung für die Informationsempfänger

530 Vgl. Weber, J. (2004a), S. 120.

531 Vgl. hierzu auch Sathe, V. (1982), S. 52, sowie den entsprechenden Effizienzindikator bei Amshoff, B. (1993), S. 444.

532 Vgl. Bauer, M. (2002), S. 119.

erhöhen und damit gegebenenfalls auch ihre Karriereperspektiven verbessern können, verdeutlicht dies.

An dieser Stelle ist zu Feld 4 in der Abbildung 5 ergänzend anzumerken, dass Controller auch wenn sie objektiv erforderliche, aber nicht nachgefragte Informationen anbieten, die Manager dahingehend sensibilisieren und ihre Informationsnachfrage aktivieren sollten. Mögliche Ursachen dafür, dass sie dies nicht immer tun, wurden bereits im Zusammenhang mit Abweichungen zwischen dem subjektiven Informationsbedarf und der Informationsnachfrage erläutert.

Es liegt auch ein Rationalitätsdefizit vor, wenn Controller nachgefragte, aber objektiv nicht benötigte Informationen anbieten (vgl. Feld 5, Abbildung 5).[533] Dieses Defizit führt zu einem Qualitäts- und Quantitäts- sowie zu einem Wirtschaftlichkeitsproblem der Informationsversorgung, da für die Produktion dieser Informationen auch anderweitig verwendbare Ressourcen eingesetzt werden. Weisen Controller dieses Rationalitätsdefizit in ihrem Handeln auf, leisten sie mit der Informationsversorgung keine Fokussierung auf inhaltlich und mengenmäßig relevante Informationen. Sie werden in diesem Fall ihrer Rationalitätssicherungsfunktion nicht gerecht, da sie eine notwendige Ergänzungsleistung nicht erbringen.[534] Dieses potentielle Defizit kann über die bereits angeführten Ursachen für Defizite bei der Ermittlung des Informationsbedarfs erklärt werden, aber auch über ein eigeninteressiertes Handeln von Controllern. Unter Umständen ist es aufwendiger, eine Ergänzungsleistung zu erbringen, Managern ihre fehlgeleitete Nachfrage zu erläutern oder gar Konflikte mit diesen einzugehen, als die entsprechenden Informationen bereitzustellen. In diesem Fall besitzt die Präferenz, das Arbeitsleid zu reduzieren, Erklärungsgehalt. Auch wenn Controller befürchten, dass die Informationsempfänger ihren Widerspruch nicht sachlich, sondern persönlich bewerten, ist es plausibel, dass sie versuchen, Konflikte mit ihnen zu umgehen. In diesem Fall sind ihre Karrierepräferenzen die Erklärungsgrundlage. Gehen Controller davon aus, dass die Manager die nachgefragten Informationen für die Verfolgung ihrer eigenen – mit den Unternehmenszielen nicht kongruenten – Interessen zum Beispiel symbolisch nutzen möchten, stellt die Konstellation aus Informationsbedarf, -angebot und -nachfrage eine unterlassene Begrenzungsleistung dar. Das können ebenfalls Karrierepräferenzen von Controllern erklären.

Von dieser Konstellation unterscheidet sich ein weiteres potentielles Rationalitätsdefizit dadurch, dass Manager die nicht benötigten, jedoch bereitgestellten Informationen auch

533 Aus der Perspektive der Informationsempfänger kann die Nachfrage nicht benötigter Informationen über die Unentgeltlichkeit der Controllerleistungen erklärt werden. Vgl. Weber, J. (2004a), S. 119. Siehe auch Frey, D. (1981).

534 Vgl. Weber, J. (2004a), S. 126f.

nicht nachfragen (vgl. Feld 6, Abbildung 5).[535] Auch dies verursacht Wirtschaftlichkeitsprobleme der Informationsversorgung. Zudem besteht die Gefahr, dass die wesentlichen Bestandteile der Informationsversorgung in der Fülle des Überflüssigen untergehen, also auch ein Qualitäts-, Quantitäts- und ein Kommunikationsproblem vorliegen.[536] Neben Defiziten im Handeln von Controllern bei der Ermittlung des Informationsbedarfs besteht eine Erklärung hierfür darin, dass Controller mit den bereitgestellten Informationen möglicherweise gezielt das Handeln von Managern in ihrem eigenen Interesse beeinflussen wollen.

Zu Feld 7 in Abbildung 5 ist anzumerken, dass eine fehlgeleitete Nachfrage von Managern vorliegt. Da Controller diese fehlgeleitete Nachfrage jedoch nicht befriedigen, haben sie offensichtlich den Informationsbedarf der Manager richtig ermittelt. Als ein Rationalitätsdefizit wäre es in dieser Konstellation anzusehen, wenn Controller die fehlgeleitete Nachfrage von Managern nicht korrigieren. Dieses Defizit könnte durch ein eigeninteressiertes Handeln von Controllern, insbesondere ihre Präferenz das Arbeitsleid zu reduzieren sowie ihre Karrierepräferenzen erklärt werden. Controller scheuen möglicherweise den mit einer Korrektur verbundenen Aufwand oder versuchen, karriereschädliche Konflikte zu vermeiden.

3.1.1.2.2 Datenbeschaffung

Für die Befriedigung des ermittelten Informationsbedarfs der Träger von Führungshandlungen müssen Controller untersuchen, ob die erforderlichen Daten vorhanden sind und sie andernfalls beschaffen. Die im Rahmen der systemorientierten Teilaufgaben der Informationsversorgung festgelegten Datenquellen und Beobachtungsbereiche sowie die darauf ausgerichteten Informationssysteme sind ein wesentlicher Input der Phase der Datenbeschaffung.

Auch wenn lediglich Daten aus den bestehenden Informationssystemen zur Befriedigung des Bedarfs abgerufen werden müssen, können dennoch Folgedefizite aus dem erläuterten Rationalitätsdefizit eines zu komplexen Systems entstehen.[537] Inkonsistenzen im Informationsangebot – identisch bezeichnete, jedoch unterschiedlich berechnete Kennzahlen zum Beispiel – können ihren Ursprung in der Beschaffung und Koordination von Daten aus sehr komplexen Systemen haben. Der Umgang mit diesen Systemen kann die – in Erweiterung der Resourceful-Annahme – beschränkten Verarbeitungsfähigkeiten von Controllern übersteigen. Sehr komplexe Systeme können auch zu einer Verzögerung und somit einem Zeitproblem der gesamten Informationsversorgung führen, die sich bei der Datenbeschaffung bemerkbar macht. Übermäßig komplexe Systeme basieren auf einer Vielzahl von Vorsystemen, die alle termingerecht, in ausreichender Qualität und im erforderlichen Umfang lie-

[535] Vgl. Kurrle, A. (1995), S. 158.
[536] Vgl. Blohm, H./Heinrich, L. J. (1965), S. 27.
[537] Vgl. Böhm, M./Müller, J. (1996), S. 513.

fern müssen, um die benötigten Daten extrahieren zu können.[538] Ausgehend von der Annahme, dass sehr komplexe Informationssysteme aufgrund ihres Detaillierungs- und Präzisionsgrades eine höhere Genauigkeit der Informationsversorgung ermöglichen, ist sehr komplexen Systemen neben den oben dargestellten Gefahren auch ein Trade-off zwischen der Genauigkeit und der Rechtzeitigkeit und damit der Aktualität der Informationsversorgung inhärent.[539]

Beim Abgleichen des Datenstandes mit dem zu befriedigenden Informationsbedarf kann ein weiteres potentielles Rationalitätsdefizit im Handeln von Controllern darin bestehen, eine Datenlücke festzustellen, obwohl objektiv keine besteht. Dadurch werden unnötige Beschaffungsprozesse ausgelöst, die zu einem Wirtschaftlichkeitsproblem der Informationsversorgung führen können. Dieses Defizit lässt sich zum einen als Folgedefizit von Defiziten bei der Informationsbedarfsermittlung erklären. Controller legen ihren Datenbeschaffungsmaßnahmen möglicherweise den falschen Informationsbedarf zugrunde. Haben sie den Informationsbedarf richtig erfasst, leistet ein eigeninteressiertes Handeln keinen schlüssigen Erklärungsbeitrag. Allerdings können kognitive Beschränkungen Erklärungen liefern. Ebenfalls als Folgedefizit komplexer Informationssysteme kann in Erweiterung der Resourceful-Annahme des RREEMM-Modells das Arbeiten mit sehr komplexen Informationssystemen die Verarbeitungsfähigkeiten von Controllern übersteigen, so dass ihnen gegebenenfalls Überblickswissen darüber fehlt, welche Daten überhaupt im System erfasst sind.[540] Weiteres Erklärungspotential besitzt eine beschränkte Wahrnehmung von Controllern. Diese kann durch Verfügbarkeitsverzerrungen limitiert sein. Controller nehmen dann selektiv nur die Datenquellen sowie die darin enthaltenen Daten wahr, auf die sie bereits in der Vergangenheit regelmäßig zugegriffen haben, die besonders auffällig oder leicht zugänglich sind.[541] Im Umkehrschluss übersehen sie andere, vorhandene Daten. Welche Datenquellen für Controller leicht zugänglich sind, wird unter anderem durch ihre funktional geprägten mentalen Modelle beeinflusst, die im Rahmen der systemorientierten Aufgaben als Determinante der Festlegung der Beobachtungsbereiche und Datenquellen herausgearbeitet wurden.

---

538 Vgl. Weber, J. (2004a), S. 130f.

539 MINTZBERG konnte zeigen, dass Führungskräften schnelle und unter Umständen spekulative Informationen wichtiger sind als richtige Informationen. Vgl. Mintzberg, H. (1972), S. 95f.
BLOHM/HEINRICH sehen in einer übertriebenen Genauigkeit der Informationsversorgung eine wichtige Schwachstelle und bemerken, dass jede Genauigkeit, die über die Anforderungen des Zwecks hinausgeht, übertrieben ist. Vgl. Blohm, H./Heinrich, L. J. (1965), S. 35. Siehe auch Baumgartner, B. (1980), S. 31; Chenhall, R. H./Morris, D. (1986), S. 20f.; Hungenberg, H. (1992), S. 54; Solaro, D. (1997), S. 428f.; Mueller, E. B. (1998), S. 344; Schäffer, U./Steiners, D. (2005), S. 214.
Zur Bedeutung der Schnelligkeit von Controllerleistungen im Allgemeinen vgl. Denk, R./Kunesch, H. (1996), S. 541.

540 Vgl. ähnlich Weber, J./Schäffer, U. (1999a), S. 737.

541 Vgl. Herzog, A. (1999), S. 185.

Ein Rationalitätsdefizit liegt auch dann vor, wenn Controller eine bestehende Datenlücke nicht erkennen beziehungsweise die vorhandenen Datenquellen nicht auf ihre Eignung überprüfen und zur Befriedigung des Informationsbedarfs auf verfügbare Daten oder Datenquellen zugreifen, die jedoch ungeeignet oder von minderer Qualität sind. Die Folge ist ein Qualitätsproblem der Informationsversorgung. WEBER/SCHÄFFER sehen eine zweckfremde Nutzung von Datenquellen sowie die Nutzung von Datenquellen mit Qualitätsmängeln als typische Rationalitätsdefizite in der Informationsversorgung an.[542] Eine zweckfremde Nutzung illustrieren sie anhand der Verwendung von Vollkosteninformationen zur Fundierung und Kontrolle von Entscheidungen.[543] Als Beispiel für die Nutzung qualitativ mangelhafter Quellen führen sie die Verwendung der Kostenrechnung zur Wirtschaftlichkeitserzielung und -kontrolle in Kostenstellen an, obwohl die zugrunde liegenden Kostenfunktionen überholt oder fehlerbehaftet sind.

Ursächlich kann ein eigeninteressiertes Handeln von Controllern sein. Gerade Daten, die zu Zwecken der Kontrolle verwendet werden, können von den Lieferanten der Controller verfälscht worden sein, wenn für diese bei korrekten Daten unerwünschte Anreize bestehen.[544] Manipulierte Daten erfüllen die Anforderungen an Daten im Hinblick auf die Zuverlässigkeit nicht, es besteht eine Datenlücke. Aufgrund der Präferenz, das Arbeitsleid zu reduzieren, besteht die Gefahr, dass Controller eine sorgfältige Überprüfung der Daten und Datenquellen unterlassen oder erkannte Datenlücken ignorieren. Sie gehen den „Weg des geringsten Widerstandes" und vermeiden Konflikte, was sowohl ihrer Arbeitsscheu als auch ihren Karrierepräferenzen förderlich sein kann. Zeitpräferenzen können auch hier ein Einflussfaktor sein. Einschränkend ist jedoch anzumerken, dass die Informationslieferanten im organisationalen Interessengeflecht zwar Schwächen ihrer Leistungen vertuschen wollen und manipulierte Informationen liefern, Controller aber gerade bestrebt sein können, Informationen über die Schwächen anderer zu übermitteln, um ihre eigene Position zu stärken.[545]

---

542 Vgl. Weber, J./Schäffer, U. (1999a), S. 737.

543 Ein weiteres Beispiel ist die Kalkulation von Preisen mit vergangenheitsorientierten Materialanschaffungskosten und nicht mit gegenwartsbezogenen Wiederbeschaffungskosten. Vgl. Weißenberger, B. E. (1997), S. 39.
Die Kostenrechnung wird grundsätzlich für eine Reihe von Zwecken wie die interne und externe Dokumentation, die Planungsunterstützung, die Wirtschaftlichkeitskontrolle sowie verstärkt eine Verhaltensbeeinflussung eingesetzt, denen ein einziges Kostenrechnungssystem nicht gerecht werden kann. Vgl. Weber, J. (2003b), S. 36ff.
BUNGENSTOCK bemerkt, dass trotz der vielfältigen Kostenrechnungszwecke häufig nur ein einziges Kostenrechnungssystem Anwendung findet, *„dessen Weg der Verrechnung und dessen Art der Bildung der Verrechnungsobjekte – auch beim Wandel der Zwecke der Kostenrechnung – unverändert bleiben."* Bungenstock, C. (1995), S. 8.

544 Vgl. Read, W. (1959); Wilensky, H. L. (1967), S. 43; Argyris, C. (1971); Dworatschek, S./Donike, H. (1972), S. 17; Roth, K. (1976), S. 105f.; Höller, H. (1978), S. 233ff.; Birnberg, J. G./Turopolec, L./Young, S. M. (1983), S. 112. Vgl. grundlegend zum Konzept der Information Inductance Prakash, P./Rappaport, A. (1977).

545 Vgl. Hoffjan, A. (1998), S. 101.

Bei potentiellen kognitiven Beschränkungen kann die die Resourceful-Annahme des RREEMM-Modells erweiternde Annahme mangelnden Wissens sowie allgemein einer wenig intensiven Interaktion erklären, dass Controller sich nicht immer über die Interessenlage der Datenlieferanten im Klaren sind, wenn deren Leistung beispielsweise an bestimmten Daten gemessen wird. Manipulierte Daten erkennen sie aus diesem Grund unter Umständen nicht.[546] Zudem kann eine limitierte Wahrnehmungsfähigkeit in Kombination mit einer in Erweiterung der Evaluating-Annahme beschränkten Bewertungsfähigkeit einen Erklärungsbeitrag leisten. Gemäß der Verfügbarkeitsheuristik messen Controller den ihnen zugänglichen Datenquellen sowie Daten – zum Beispiel den Systemen für das Standardreporting – möglicherweise unbewusst eine hohe Bedeutung bei und greifen darauf zurück.[547] So kann beispielsweise eine mangelnde Zukunftsorientierung der Informationsversorgung unter anderem durch das für Controller reichlich verfügbare vergangenheitsorientierte Datenmaterial erklärt werden. Die Verfügbarkeit oder Zugänglichkeit ist jedoch kein Maßstab für die Zweckadäquanz oder Qualität der Informationen. Schließlich sind Bestätigungsverzerrungen und der Self-Serving Bias zur Erklärung dieses Defizits zu berücksichtigen. Sofern Controller den Datenstand und die Informationsversorgungssysteme selbst entwickelt haben, ist es plausibel, dass sie zur Vermeidung kognitiver Dissonanzen unbewusst Hinweise ignorieren, die anzeigen, dass die erschlossenen Daten und Informationsquellen und ihre Inhalte unzureichende Qualitätsmerkmale aufweisen oder generell nicht geeignet sind.

Auch wenn Controller den Informationsbedarf und eine daraus resultierende Datenlücke richtig erkannt haben, können weitere Rationalitätsdefizite im Zusammenhang mit der Datenbeschaffung entstehen.

Ein Rationalitätsdefizit kann darin bestehen, dass Controller eine richtig erkannte Datenlücke nicht durch Prozesse der Datenbeschaffung schließen.[548] Auch in diesem Fall besteht die Gefahr, dass sie zur Befriedigung des Informationsbedarfs auf einen ungeeigneten Datenstand zurückgreifen oder – gerade wenn es sich bei der Informationsversorgung um eine vom Empfänger nicht beurteilbare Ergänzungsleistung handelt – keine Informationen bereitstellen. Hierfür können übergeordnet die dargestellten Ursachen für unterlassene Systemänderungen angeführt werden, da zur Beschaffung der benötigten Daten gegebenenfalls Systemänderungen erforderlich sind. Darüber hinaus kann dieses Defizit auf ein eigeninteressiertes Handeln zurückgeführt werden.[549] Die Erschließung neuer Quellen und die Anpassung komplexer oder inflexibler Systeme sind mit einem hohen Arbeitsaufwand verbunden, den Controller möglicherweise zu vermeiden suchen. Auch Karrierepräferenzen können ein Grund dafür sein, dass sie einen Informationsbedarf nicht befriedigen wollen und

546 Vgl. Mueller, E. B. (1998), S. 349.
547 Vgl. analog Florissen, A. (2005), S. 139f.
548 Vgl. Berthel, J. (1975), S. 64.
549 Vgl. Horváth, P. (2003), S. 353.

die entsprechenden Daten und Informationen nicht beschaffen. Moderiert werden kann dieses eigeninteressierte, von den Unternehmenszielen abweichende Handeln durch Zeitpräferenzen. Ebenso erklären potentielle kognitive Beschränkungen dieses Defizit. Denkbar ist, dass Controller die Informationen nicht beschaffen können, da ihnen – gerade wenn sie wenig Erfahrung mit der Art des zu befriedigenden Informationsbedarfs haben – in Erweiterung der Resourceful-Annahme das Wissen darüber fehlen kann, ob die benötigten Daten überhaupt existent sind, welche Quellen sie hierfür erschließen müssen oder inwiefern Systemanpassungen die Daten- oder Informationsbeschaffung ermöglichen.[550] In diesem Zusammenhang kann auch ein mangelndes Beziehungswissen von Controllern, das „Gewusst-wer" Zugang zu den entsprechenden Daten hat, von Bedeutung sein.[551] Anzumerken ist, dass Probleme bei der Erschließung neuer Informationsquellen beziehungsweise der Beschaffung von Daten neben einem eigeninteressierten Handeln und kognitiven Beschränkungen auch durch eine mangelnde Akzeptanz von Controllern entstehen können. Eine mangelnde Akzeptanz von Controllern kann zur Folge haben, dass die Informanten Daten nicht nur manipulieren, sondern auch unterschlagen, wenn sie befürchten müssen, dass die Datenweitergabe zu einer Verletzung ihrer eigenen Interessen führen könnte.[552]

Trotz des korrekten Erkennens einer Datenlücke kann ein weiteres Rationalitätsdefizit darin bestehen, dass Controller Daten beschaffen, obwohl dies nicht wirtschaftlich ist.[553] Je nachdem, ob sie der Befriedigung eines artikulierten oder nicht artikulierten Informationsbedarfs dienen soll, kann dies über die Präferenz, das Arbeitsleid durch die Vermeidung von Konflikten zu reduzieren,[554] sowie Karrierepräferenzen von Controllern erklärt werden.[555] Für Wirtschaftlichkeitsüberlegungen bei der Datenbeschaffung müssen Controller Entscheidungen darüber treffen, ob der Nutzen der Informationen den zeitlichen und monetären Aufwand übersteigt. Dabei lässt sich der Wert von Informationen ex ante nicht eindeutig bestimmen, sondern wird erst mit der Wirkung der Informationen offenkundig. Doch auch dann kann der Wert von Informationen nicht eindeutig bestimmt werden, da ein und dieselbe Information auf verschiedenen Ebenen Verwendung findet und Nutzen stiftet. Eine Erweiterung der Evaluating-Annahme vermag zu erklären, dass Controller den Nutzen einer Datenbeschaffung systematisch überschätzen, da die Informationsversorgung eine ihrer Kernaufgaben ist.

---

550 Vgl. Berthel, J. (1975). S. 59; Amshoff, B. (1993), S. 273; Horváth, P. (2003), S. 353.

551 Zur Bedeutung des Beziehungswissens vgl. Simon, H. A. et al. (1954), S. 3.

552 Vgl. Herzog, A. (1999), S. 248.

553 *„Die typische praktische Situation besteht ja in der Fragestellung, ob bei gegebenem Informationsstand weitere Informationen eingeholt werden sollen oder nicht."* Horváth, P. (2003), S. 376.

554 Diese Begründung besitzt jedoch nur so lange Gültigkeit, wie der Aufwand für die Datenbeschaffung niedriger ist als für die Konfliktbewältigung.

555 Vgl. hierzu die sich aus dem Zusammenspiel des Informationsbedarfs, der Informationsnachfrage und dem Informationsangebot ergebenden defizitären Konstellationen am Ende des Abschnitts 3.1.1.2.1.

Schließlich können bei der Datenbeschaffung an sich Rationalitätsdefizite im Handeln von Controllern auftreten. Ein solches Defizit kann darin bestehen, dass Controller ungeeignete oder qualitativ mangelhafte Daten beschaffen. Im Hinblick auf ein eigeninteressiertes Handeln kann die Präferenz, das Arbeitsleid zu reduzieren, erklären, dass Controller Daten oder Quellen gemäß der Reduzierung des damit verbundenen Aufwands beschaffen beziehungsweise erschließen.[556] Karrierepräferenzen vermögen zu erklären, dass sie Daten beschaffen, mit denen sie ihre Karriereziele fördern können.

In Erweiterung der Resourceful-Annahme des RREEMM-Modells leisten beschränkte Wahrnehmungsfähigkeiten einen plausiblen Erklärungsbeitrag. Die durch ihren funktionalen Erfahrungshorizont und damit ihre Kernaufgaben geprägten mentalen Modelle von Controllern beeinflussen möglicherweise die Festlegung der Beobachtungsbereiche und die Datenbeschaffung, da Controller aufgrund von Verfügbarkeitsverzerrungen Daten innerhalb dieser Bereiche eher wahrnehmen. HERZOG argumentiert, dass Verfügbarkeitsverzerrungen so stark sein können, dass Controller für sie verfügbare Daten auch dann bevorzugen, wenn dies ihrer Präferenz, das Arbeitsleid zu reduzieren, entgegensteht.[557] Die mentalen Modelle von Controllern können auch auf andere Weise Defizite bei der Datenbeschaffung erklären. Selbst wenn Beziehungswissen darüber, wer über die benötigten Daten verfügt, vorhanden ist, erklären deutlich unterschiedliche, jeweils durch die Funktionsbereiche der Akteure geprägte mentale Modelle die Kommunikationsprobleme oder sogar Informationsbarrieren zwischen einzelnen Unternehmensbereichen und eine nur unvollständige Erschließung dieser Datenquellen.[558] Ein Beispiel für den unternehmensinternen Bereich ist die unzureichende Eröffnung des Erfahrungswissens der Mitarbeiter anderer Funktionsbereiche wie des Marketings als relevante Informationsquelle für Planungsinformationen.[559] Schließlich können beschränkte Fähigkeiten zur Bildung von Werturteilen in Erweiterung der Evaluating-Annahme des RREEMM-Modells Defizite bei der Datenbeschaffung erklären. Controllern fehlt unter Umständen das Wissen, die Erfüllung der einzelnen Anforderungen an die Daten wie Zweckadäquanz, Zuverlässigkeit, Aktualität, Dauer ihrer Erschließung beziehungsweise Beschaffung und Wirtschaftlichkeit zu beurteilen. Bei mehreren Optionen können sie möglicherweise die Anforderungen der jeweiligen Option nicht beurteilen und abwägen. Stark funktional geprägte mentale Modelle beeinflussen auch die Bewertung und erklären insofern, dass Controller bei der Auswahl geeigneter Daten Kriterien, die ihrem funktionalen

556 Für dieses Handlungsmuster bei Managern vgl. Hermann, F./Seidensticker, F.-J. (2004), S. 8.

557 Vgl. ähnlich Herzog, A. (1999), S. 186. Dass Controller Make-or-Buy-Entscheidungen zugunsten der Eigenproduktion entscheiden, kann auch auf dieselben Gründe zurückgeführt werden, die erklären, dass Controller bei Wirtschaftlichkeitsüberlegungen einer Informationsbeschaffung regelmäßig für eine Beschaffung optieren.

558 Vgl. Schubert-Kaselowsky, I. v. (1979), S. 69; Köhler, R. (1985); Pietsch, G./Scherm, E. (2000), S. 397; Florissen, A. (2005), S. 145; Russo, J. E./Schoemaker, P. J. H. (2002), S. 35f. Siehe auch Amshoff, B. (1993), S. 444; Lutz, J. (2006), S. 8.

559 Vgl. Pieroth, G. (2002), S. 342. Siehe auch Herzog, A. (1999), S. 186.

Hintergrund entsprechen, wie Wirtschaftlichkeitsaspekte, über- und andere Kriterien unterbewerten. Daraus resultiert ein Qualitätsproblem der Informationsversorgung. Eine komplexe Bewertung kann die Verarbeitungsfähigkeit von Controllern übersteigen.

Die für die Phase der Datenbeschaffung aufgezeigten Rationalitätsdefizite verdeutlichen Verbindungen zwischen den system- und prozessorientierten Teilaufgaben der Informationsversorgung sowie zwischen den einzelnen Phasen des Informationsversorgungsprozesses. Zur Befriedigung des ermittelten Informationsbedarfs greifen Controller bei der Informationsbeschaffung aus verschiedenen Gründen unter Umständen auf den Datenstand, der durch die Erfüllung der systemorientierten Teilaufgaben geprägt wird, beziehungsweise auf Daten zurück, die sich durch besonders leichte Verfügbarkeit auszeichnen. Auch bei der Erschließung neuer Quellen sind die vorher festgelegten Beobachtungsbereiche ein wesentlicher Einflussfaktor. Nicht immer aber sind die beschafften und durch weitere Rationalitätsdefizite in dieser Phase des Informationsversorgungsprozesses geprägten Daten in allen Dimensionen geeignet, den Informationsbedarf zu erfüllen. Das Informationsangebot wird demzufolge nicht allein in der Phase der Ermittlung des Informationsbedarfs festgelegt und im Anschluss umgesetzt, sondern auch durch den erarbeiteten Datenstand sowie Rationalitätsdefizite in der Phase der Beschaffung geprägt.[560] Selbst bei einem korrekt ermittelten Informationsbedarf können durch eigeninteressiertes Handeln sowie kognitive Beschränkungen von Controllern ausgelöste Rationalitätsdefizite auftreten, die rückwirkend eine Befriedigung dieses Informationsbedarfs verhindern.

Die Ergebnisse der Datenbeschaffung bilden den Input für die sich anschließenden Phasen des Informationsversorgungsprozesses. Fehlende sowie Daten, die die Qualitätsanforderungen nicht erfüllen, können durch eine Weiterverarbeitung, Selektion oder Aufbereitung nicht ausgeglichen oder wesentlich verbessert werden. Sie prägen die Rationalität der weiteren Schritte des Informationsversorgungsprozesses und damit die Informationsversorgung als Ganzes. Mit den an die Informationsempfänger übermittelten Informationen bleiben die Probleme der Informationsversorgung ungelöst und die Entscheidungen und das Verhalten der Informationsempfänger werden nicht im Hinblick auf den übergeordneten Zweck der Rationalitätssicherung der Führung beeinflusst.[561] Umgekehrt können jedoch auch vollständige und qualitativ hochwertige Daten durch Rationalitätsdefizite im Handeln von Controllern in den sich anschließenden Phasen des Informationsversorgungsprozesses verspielt werden.[562]

---

560 Vgl. Russo, J. E./Schoemaker, P. J. H. (1989), S. 92; Pohle, K. (1990), S. 6; Herzog, A. (1999), S. 186; Waniczek, M. (2001), S. 338.

561 Vgl. Karlowitsch, M. (1997), S. 28; Ansari, S./Euske, K. J. (1987), S. 564.

562 Vgl. Waniczek, M. (2001), S. 339.

3.1.1.2.3 Weiterverarbeitung vorhandener oder beschaffter Daten

In dieser Phase werden die vorhandenen oder beschafften Daten zu den Informationen transformiert, die an die Informationsempfänger übermittelt werden. Eine Vielzahl von Controllinginstrumenten kommt zur Anwendung.[563] Planungs- und Kontrollinstrumente verdeutlichen, wie die Informationsversorgung, Planung und Kontrolle miteinander verbunden sind: Es werden nicht nur im Informationsversorgungsprozess Informationen für die Planung und Kontrolle generiert, sondern umgekehrt resultieren auch Informationen aus der Planung und Kontrolle. Die Analyse potentieller Rationalitätsdefizite im Handeln von Controllern bei der Weiterverarbeitung der Daten zu Informationen ist nicht auf Defizite bei der Anwendung einzelner Instrumente konzentriert. Vielmehr werden Rationalitätsdefizite allgemeineren Charakters herausgearbeitet.

Analog zu den mentalen Modellen eines Akteurs liegen Controllinginstrumenten vereinfachte Annahmen über die Realität zugrunde. Ein potentielles Rationalitätsdefizit im Handeln von Controllern besteht darin, diese Instrumente auch dann anzuwenden, wenn ihre Annahmen nicht im Einklang mit der Realität stehen.[564] Erklären lässt sich dies durch ein eigeninteressiertes Handeln von Controllern. Controller wollen möglicherweise ihr Arbeitsleid reduzieren, indem sie leicht zu handhabende Instrumente unabhängig von ihrer situativen Eignung einsetzen oder solche Instrumente einsetzen, die aufgrund ihrer Annahmen über die Realität zu Ergebnissen führen, mit denen sie ihre Karrierepräferenzen verfolgen können. In Erweiterung der Resourceful-Annahme des RREEMM-Modells kann das Rationalitätsdefizit durch mangelndes Methodenwissen von Controllern über die den Instrumenten zugrunde liegenden Prämissen und – analog zu den Ursachen für Defizite bei der Ermittlung des objektiven Informationsbedarfs – durch fehlendes Wissen über die für Manager relevante, abzubildende Realität erklärt werden. Die aus ihrer spezifischen funktionalen Perspektive resultierenden mentalen Modelle von Controllern können erklären, dass diese grundsätzlich nur bestimmte Ausschnitte der Realität wahrnehmen und nur auf dieser Grundlage einen Abgleich mit den Instrumenten vornehmen können. Erweiternde Annahmen zu der Evaluating-Annahme zeigen, dass es auf der Basis funktional geprägter mentaler Modelle zu Verzerrungen bei der Bewertung der Eignung eines Instrumentes kommen kann.

---

563 An dieser Stelle ist darauf hinzuweisen, dass die Phasen des Informationsversorgungsprozesses eine analytische Trennung darstellen. Zwischen den Phasen der Datenbeschaffung und der Weiterverarbeitung, der die Anwendung von Controllinginstrumenten zuzuordnen ist, bestehen enge Zusammenhänge. Zum Beispiel kann zur Befriedigung des ermittelten Informationsbedarfs zunächst die Entscheidung für die Anwendung eines Instruments sowie das Treffen entsprechender Annahmen erfolgen, bevor die benötigten Daten und Informationen beschafft werden. HORVÁTH fasst die Datenbeschaffung und Weiterverarbeitung in einem Kapitel zusammen (vgl. Horváth, P. (2003), S. 378ff.).

564 PEFFEKOVEN führt aus, dass Instrumente immer nur Hypothesen über die Beschaffenheit der Realität sind und daher zu erforschen ist, was sie abbilden, was sie verschleiern, warum sie ein bestimmtes Bild erzeugen und wie sie die Entscheidungen und das Verhalten der Akteure beeinflussen. Vgl. Peffekoven, F. P. (2004), S. 573.

Zum Beispiel interpretieren Controller Handlungssituationen möglicherweise vornehmlich in quantitativen Begriffen und wählen daher auch überwiegend quantitativ ausgerichtete Instrumente. Ebenso relevante qualitative oder strukturelle Aspekte blenden sie gegebenenfalls aus.[565]

Instrumenten sind nicht nur implizite Annahmen inhärent. Ihre Anwendung setzt oftmals auch das Treffen expliziter Annahmen – zum Beispiel die Festlegung der Höhe der Zinssätze von Investitionsrechnungen oder bestimmter Parameter eines Instruments – voraus. Rationalitätsdefizite hierbei lassen sich auf ein eigeninteressiertes Handeln von Controllern zurückführen. Controller verfolgen unter Umständen Karrierepräferenzen und treffen Annahmen so, dass Manager mit den resultierenden manipulierten Informationen ihre – ebenfalls zu den Unternehmenszielen inkongruenten – Ziele verfolgen können, indem sie die Informationen beispielsweise zur nachträglichen Legitimation eigeninteressierter Entscheidungen – also symbolisch – nutzen können.[566] Insbesondere, wenn Manager mit den bereitgestellten Informationen ihre Herrschaft sichern können,[567] entstehen Kompetenzasymmetrien zugunsten von Controllern.[568] Controller unterlassen in dieser Konstellation nicht nur die Begrenzung eigeninteressiert handelnder Manager, sondern sie unterstützen diese sogar. Beide Seiten können sich von einer solchen Kollusion Vorteile versprechen.[569] Controller können durch das Treffen expliziter Annahmen und die dadurch entstehenden Informationen Entscheidungen von Managern auch im Einklang mit ihren Risikopräferenzen beeinflussen: Während Manager mitunter bereit sind, erfolgsorientiert hohe Risiken einzugehen, tragen Controller kaum hohe Risiken und handeln aufgabenbedingt eher risikoscheu. Nicht immer ergänzen Controller und Manager sich in ihren Risikopräferenzen.[570] Controller werden ihrem Image als „Bremser" gerecht und induzieren möglicherweise ein risikoscheues Verhalten von Managern, das nicht im Einklang mit den Unternehmenszielen steht. Die bei

---

565 Vgl. ähnlich Thompson, J. D. (1967), S. 152. Siehe auch Höller, H. (1978), S. 214f.; Mason, R. O./Swanson, E. B. (1979), S. 70ff.

566 Vgl. zum Beispiel für umfassende Hinweise zur Informationsmanipulation Birnberg, J. G./ Turopolec, L./Young, S. M. (1983); Jaworski, B. J./Young, S. M. (1992), sowie für eine Literaturübersicht Lawler, E. E./Rhode, J. G. (1976), S. 83ff.
In diesem Zusammenhang ist eine vermeintlich paradoxe Erkenntnis von DEMSKI/FRIMOR/SAPPINGTON interessant. Sie zeigen, dass es sinnvoll sein kann, die Manipulation von Rechnungsweseninformationen kontrolliert zuzulassen beziehungsweise sogar zu erleichtern. Die Akteure weisen hierbei rasch Lerneffekte auf und können ihre Zeit frühzeitig in – aus Unternehmenssicht – produktive Verwendungsrichtungen lenken. Vgl. hierzu ausführlich Demski, J. S./Frimor, H./Sappington, D. E. M. (2004).

567 Aufgrund der Legitimität des Handelns, die die von Controllern bereitgestellten Informationen vermitteln können, sehen PIETSCH/SCHERM die Aufgaben von Controllern nicht nur als Sicherung der Rationalität, sondern auch als Sicherung der Herrschaft. Vgl. Pietsch, G./Scherm, E. (2003), S. 2. Siehe auch Birnberg, J. G./Turopolec, L./Young, S. M. (1983), S. 112, mit Verweis auf Prakash, P./Rappaport, A. (1977), sowie Hayes, D. C. (1983), S. 245f.

568 Vgl. Witt, F.-J. (1996), S. 13f.; Mueller, E. B. (1998), S. 181.

569 Kollusion bezeichnet eine Kooperation von Akteuren mit dem Zweck, ihren eigenen Nutzen entgegen der Intention einer Institution und auf deren Kosten ohne einklagbaren Vertrag zu erhöhen. Vgl. zu dieser Definition Strangfeld, O. (2009), S. 73.

570 Vgl. Pietsch, G./Scherm, E. (2001), S. 311.

expliziten Annahmen entstehenden Informationsasymmetrien können Controller auch nutzen, um ihre gering ausgeprägten formalen Einflussmöglichkeiten in faktischen Einfluss umzuwandeln.[571] Einflussnahme kann auch ein eigenständiges Ziel sein.

Andererseits können Rationalitätsdefizite im Zusammenhang mit explizit zu treffenden Annahmen auch auf kognitiven Beschränkungen von Controllern beruhen. Zu erwähnen ist, dass die Ergebnisse einer bewusst getroffenen Annahme zur Maximierung des eigenen Nutzens auch durch den Self-Serving Bias als kognitive Verzerrung erklärt werden können. Fühlen Controller sich ihrem Managementcounterpart sehr verbunden, kann dieser Effekt sich verstärken. BAZERMAN/LOEWENSTEIN/MOORE sehen „Familiarity" als einen den Self-Serving Bias verstärkenden Faktor an.[572] Controller sollten zwar in der Regel mit der Anwendung der Instrumente und mit den zu treffenden Annahmen ausreichend Erfahrung haben. Die Annahme mangelnden Methodenwissens erklärt jedoch in Erweiterung der Resourceful-Annahme des RREEMM-Modells das Defizit. In Abhängigkeit von der Art der Annahmen bietet auch mangelndes Faktenwissen eine Erklärungsgrundlage. Controller machen beispielsweise Fehler bei der Bestimmung verursachungsgerechter Kostentreiber im Rahmen einer Prozesskostenrechnung,[573] wenn ihnen Wissen über technische Abläufe fehlt. Darüber hinaus lassen sich nicht zweckmäßige Annahmen unterschiedlicher Art durch mentale Modelle, limitierte Wahrnehmungsfähigkeiten und -verzerrungen als Erweiterungen zu der Resourceful-Annahme erklären. Sofern die Annahmen Prognosen erfordern, können auch beschränkte Fähigkeiten zur Bildung von Wahrscheinlichkeitsurteilen und Verzerrungen der Wahrscheinlichkeitsurteile als Erweiterungen zur Expecting-Annahme sowie beschränkte Fähigkeiten zur Bildung von Werturteilen und entsprechende Verzerrungen als Erweiterung zur Evaluating-Annahme der Ökonomen das Defizit erklären.

Rationalitätsdefizite im Handeln von Controllern treten jedoch nicht nur im Vorfeld, sondern auch unmittelbar bei der Weiterverarbeitung bereits erfasster oder beschaffter Daten auf. WEBER konstatiert: *„Die Kunst liegt also in der richtigen Auswertung der erfassten Informationen."*[574] Unterlassen Controller – zum Beispiel bei der Anwendung von Instrumenten der Kosten- und Erlösrechnung – die erforderlichen Auswertungen und Datenverknüpfungen, dann gelangen sie zu objektiv falschen Schlüssen. WEINRICH bemerkt dazu: *„[W]enn er [der Controller, A. P.] ausgehend von vorhandenen Daten seine Analysen*

---

571 Vgl. Serfling, K. (1992), S. 92.

572 Vgl. Bazerman, M./Loewenstein, G./Moore, D. (2002), S. 100.

573 Vgl. zu den Schwierigkeiten bei der Umsetzung einer Prozesskostenrechnung Wielpütz, A. U. (1996), S. 260ff.; Ossadnik, W. (2000), S. 368; Lienhard, P. (2003), S. 90f.

574 Weber, J. (2004a), S. 112.

durchführt, sucht er dort, wo Licht, aber nicht das Gesuchte ist.“[575] Die Informationsversorgung ist in diesem Fall folglich mit einem Qualitätsproblem behaftet.

Potentielle Ursachen dieses Defizits können einerseits in einem eigeninteressierten Handeln von Controllern liegen. Zur Reduzierung ihres Arbeitsleids führen Controller nur die unbedingt erforderlichen beziehungsweise nachgefragten Auswertungen durch und lassen dabei Sorgfalt vermissen. Defizite bei der Datenauswertung können auch auf Karriere- oder Risikopräferenzen von Controllern zurückgeführt werden. Nicht nur vorab zu treffende Annahmen, auch die Datenauswertungen an sich bieten vielfältige Möglichkeiten, die resultierenden Informationen im Hinblick auf Karriere- oder Risikopräferenzen zu manipulieren.[576]

Andererseits können kognitive Beschränkungen von Controllern diese Rationalitätsdefizite erklären. Auch bei Auswertungen kann der Self-Serving Bias von Controllern in der erläuterten Weise zu unzweckmäßigen Ergebnissen führen. In Erweiterung der Resourceful-Annahme erklären beschränkte Verarbeitungsfähigkeiten von Controllern, dass sie insbesondere bei sehr komplexen Datenauswertungen Fehler machen. Limitationen des Fakten- und Methodenwissens können in Erweiterung der Resourceful-Annahme weitere Gründe für unterlassene Auswertungen oder Auswertungsfehler sein. Controllern kann das Faktenwissen darüber fehlen, was sich inhaltlich exakt hinter den erfassten Daten verbirgt,[577] oder das Methodenwissen darüber, wie die Daten im Hinblick auf die interessierende Fragestellung zu verknüpfen und gegebenenfalls unterschiedliche Auswertungen im nächsten Analyseschritt miteinander zu kombinieren sind.[578] Insbesondere, wenn die auswertenden Controller die Systeme nicht selbst entwickelt haben und die Datenquellen beziehungsweise die zu beantwortenden Fragestellungen sehr komplex sind, erscheint diese Erklärung plausibel.[579] Fehlendes Faktenwissen erklärt zusammen mit Beschränkungen der Bewertungsfähigkeit als Erweiterung der Evaluating-Annahme, dass Controller den Nutzen möglicher Auswertungen möglicherweise falsch bewerten und sinnvolle Analysen unterlassen oder überflüssige Analysen durchführen. Eine Folge dieser Bewertungsverzerrungen kann es auch sein, dass Controller ihre zeitlichen Ressourcen falsch allozieren. Wenn sie die Standardauswertungen durchgeführt haben, verbleibt ihnen keine Zeit mehr für weitere, aufwendigere Analysen, mit denen der Informationsbedarf der Manager besser befriedigt werden könnte.[580]

---

575 Weinrich, G. (1988), S. 120.

576 Vgl. Bartram, P. (1969), S. 268ff.; Kormann, H. (1974), S. 1633ff.; Schubert-Kaselowsky, I. v. (1979), S. 42; Hoffjan, A. (1998), S. 101; Peffekoven, F. P. (2004), S. 574.

577 Vgl. Weber, J. (2004a), S. 111.

578 Vgl. Mertens, P./Hansen, K./Rackelmann, G. (1977), S. 77ff.; Horváth, P. (2003), S. 353.

579 Vgl. Weber, J. (2004a), S. 113.

580 Vgl. ähnlich Lanter, N. (1996), S. 192f.; Herzog, A. (1999), S. 302.

Eine spezifische Form der Weiterverarbeitung von Daten ist die Prognose zukünftiger Entwicklungen auf der Basis der vorhandenen oder beschafften Daten. Ob und in welchem Maße Controller Prognosen selbst treffen, ist abhängig davon, ob sie als zentraler oder dezentraler oder einem Funktionsbereich zugeordneter Controller tätig sind.[581] Doch auch wenn Controller Prognosen nicht selbst tätigen, sind sie zumindest mit ihrer Rationalitätssicherung betraut. Zum Beispiel sind die zu erwartenden Ein- und Auszahlungen als Basis mehrperiodischer Bewertungen von Handlungsalternativen zu schätzen oder Forecasts – systematische Prognosen von Größen bis zum Jahresende – zu entwickeln.

Hierbei können Rationalitätsdefizite im Handeln von Controllern in Form von Über- oder Unterschätzungen von Wahrscheinlichkeiten auftreten. Eigeninteressiertes Handeln von Controllern erklärt manipulierte Prognosen genauso wie die Manipulation von Annahmen oder Datenauswertungen. Die erwarteten Zahlungsströme sind *der* Hebel zur Beeinflussung des Ergebnisses einer Investitionsrechnung.

Über- oder Unterschätzungen von Wahrscheinlichkeiten können auch in kognitiven Beschränkungen von Controllern begründet liegen. Neben einem unzureichenden Methodenwissen über formale Prognosemethoden können Beschränkungen der Fähigkeiten zur Bildung von Wahrscheinlichkeitsurteilen sowie Verzerrungen hierbei – erweiternde Annahmen zu der Expecting-Annahme des RREEMM-Modells – Gründe dafür sein, dass Controller Prognosefehler machen. Die erweiternden Annahmen zu der Expecting-Annahme der Ökonomen wurden für drei zu vollziehende Schritte – die Erfassung der zugrunde liegenden Datenbasis, die Ableitung von Wahrscheinlichkeiten sowie die Kritik am gebildeten Wahrscheinlichkeitsurteil – erläutert. Die Datenbasis ergibt sich teilweise aus den Ergebnissen der Phase der Datenbeschaffung und kann insofern unvollständig, qualitativ mangelhaft, manipuliert oder schlichtweg ungeeignet sein. Auch darüber hinaus führen Beschränkungen und Verzerrungen der Wahrnehmungsfähigkeit zu ungeeigneten oder unvollständigen Datengrundlagen für Prognosen. Funktional geprägte mentale Modelle der Controller können erklären, dass die von diesen herangezogene Datenbasis durch innen- oder vergangenheitsorientierte Daten charakterisiert ist. In der Folge können Prognoseverzerrungen bei der Ableitung der Wahrscheinlichkeiten auftreten. Gemäß der Verfügbarkeitsheuristik können die Leichtigkeit der Verfügbarkeit oder besonders bemerkenswerte Daten beziehungsweise Ereignisse die Prognosebildung beeinflussen. Gemäß der Repräsentativitätsheuristik und den damit in Verbindung stehenden Effekten wie dem Effekt der Regression zur Mitte oder dem Basisrateneffekt ist es plausibel, dass sich Controller bei der Prognose von Auszahlungsreihen an von ihnen als vergleichbar eingeschätzten Auszahlungsreihen anderer Projekte orien-

581 GAYDOUL weist Controllern bei der Prognose ökonomischer Bedingungen eine wichtige Rolle zu. Vgl. Gaydoul, P. (1980), S. 170.

tieren. In Erweiterung der Resourceful-Annahme erklärt jedoch fehlendes Faktenwissen über Projekte und ihre Rahmenbedingungen, dass die angenommenen Parallelen nicht gültig sind. Denkbar ist auch, dass sie sich bei Forecasts an der Entwicklung vergangener Jahre orientieren, diese in die Zukunft fortschreiben und – gemäß der Verankerungsheuristik – unter Berücksichtigung aktueller Trends und Entwicklungen wie beispielsweise einer veränderten Wettbewerbssituation etc. nicht ausreichend anpassen. So kommen sie zu falschen Wahrscheinlichkeitsurteilen.[582] Auch der Self-Serving Bias sowie eine unzureichende Kritik an den eigenen Prognoseergebnissen können als Ursache von Rationalitätsdefiziten angesehen werden. Der erläuterte Overconfidence-Effekt vermag dazu führen, dass Controller auf die Generierung von Informationen zur Verifizierung ihrer Prognosen verzichten.

Eine andere Form der Weiterverarbeitung von Daten ist ihre Verdichtung zu Kennzahlen. Kennzahlen werden als *„hochverdichtete Meßgrößen [!], die als Verhältniszahlen oder absolute Zahlen in einer konzentrierten Form über einen zahlenmäßig erfassbaren Sachverhalt berichten“*, verstanden.[583] Sie stellen vielfach monetäre Sachverhalte dar, bilden spätestens seit der Entwicklung der Balanced Scorecard jedoch verstärkt auch non-monetäre Sachverhalte ab.[584] Kennzahlen erfüllen eine Reihe von Funktionen: Anregungs-, Operationalisierungs-, Vorgabe-, Steuerungs- und Kontrollfunktion,[585] und werden demnach sowohl für Entscheidungsunterstützungs- als auch Verhaltensbeeinflussungszwecke eingesetzt.[586] Ihr Vorteil ist, dass sie die Träger der Führungshandlungen schnell und prägnant über einen Bereich informieren, statt mit einer Vielzahl einzelner Informationen, deren Auswertung wesentlich zeitintensiver und aufwendiger wäre. Mit Kennzahlen lassen sich Effizienzgewinne realisieren. Die Verdichtung von Daten zu Kennzahlen ist somit eine Möglichkeit, einen *„Mangel im Überfluss“*[587] in der Informationsversorgung zu lindern.[588] „Mangel im Überfluss“ bedeutet, dass das Informationsangebot zwar umfangreich ist, die relevanten Informationen jedoch nicht enthält. Die Verdichtung von Daten zu Kennzahlen ist aber auch mit der Gefahr eines Informationsverlustes und einer unzulässigen Simplifizierung der

---

582 Vgl. ausführlicher die in Abschnitt 2.2.4.3. erläuterten Beschränkungen der Prognosefähigkeit und Prognoseverzerrungen.

583 Küting, K. (1983), S. 237. Vgl. ferner zu Kennzahlen Staehle, W. H. (1969); Lachnit, L. (1976); Siegwart, H. (1998); Horváth, P. (2003), S. 565ff.; Weber, J. (2004a), S. 239ff.

584 Vgl. Kaplan, R. S./Norton, D. (1997); Weber, J./Radtke, B./Schäffer, U. (2001); Weber, J./Schäffer, U. (1999d).

585 Vgl. hierzu auch Lachnit, L. (1976), S. 220; Weber, J. (2004a), S. 244.

586 Vgl. Sandt, J. (2004), S. 161ff.

587 Koreimann, D. S. (1971), S. 10.
Auch wenn sich die technischen Möglichkeiten zur Informationsversorgung wesentlich verbessert haben (vgl. Weber, J. (2004a), S. 134ff.), bleibt das von KOREIMANN angesprochene Problem bestehen. Siehe auch Ackoff, R. L. (1967), S. B147; Gaydoul, P. (1980), S. 152ff.; Feldman, M. S./March, J. G. (1981), S. 174; Scholl, W. (1992), Sp. 901; Lixenfeld, C. (2006b), S. 2.

588 Vgl. Gaydoul, P. (1980), S. 152ff.

komplexen Realität verbunden.[589] Manager als Empfänger von Kennzahlen erliegen gegebenenfalls einer Kontrollillusion: Sie halten einen größeren Bereich für steuerbar, als dies angesichts der realen Komplexität möglich ist.[590]

Demzufolge ist der Grad der Verdichtung von hoher Bedeutung. Der richtige Verdichtungsgrad ist situationsspezifisch und orientiert sich sowohl an dem objektiven als auch an dem subjektiven Informationsbedarf.[591] Er ist so zu wählen, dass sich die angesprochenen Effizienzgewinne und die potentiellen Informationsverluste so zueinander verhalten, dass die Kennzahl effektiv zur Entscheidungsunterstützung und Verhaltensbeeinflussung eingesetzt werden kann.[592] Die Literatur liefert jedoch Hinweise darauf, dass Akteure dazu neigen, zu starke Verdichtungen vorzunehmen, die zu schlechten Entscheidungen führen.[593] Die Bestimmung des richtigen Verdichtungsgrades hat einerseits Auswirkungen auf inhaltliche Aspekte des Informationsangebots, andererseits beeinflusst sie auch die Menge der angebotenen Informationen. Eine zu starke oder zu geringe Verdichtung kann demnach sowohl zu einen Qualitäts- als auch einem Quantitätsproblem der Informationsversorgung führen.

ABDEL-KHALIK befasst sich in einer empirischen Studie mit dem Einfluss des Verdichtungsgrads von Kennzahlen auf Kreditentscheidungen in Banken.[594] Er stellte Bankangestellten Informationen über die Unternehmen zur Verfügung, die Kredite beantragt hatten. Die Informationen waren unterschiedlich stark verdichtet. Die Teilnehmer der Studie hatten über die Bewilligung der Kreditanträge zu entscheiden sowie das Ausfallrisiko zu bestimmen. ABDEL-KHALIK konnte anhand des paarweisen Vergleichs von Entscheidungen je nach Verdichtungsgrad der zugrunde liegenden Informationen zeigen, dass die Probanden, die detailliertere beziehungsweise schwacher aggregierte Informationen zur Verfügung hatten, das Insolvenzrisiko der potentiellen Kreditnehmer besser einschätzten.

Ein potentielles Rationalitätsdefizit im Handeln von Controllern kann darin bestehen, dass sie Manager mit zu stark verdichteten Informationen versorgen. Da der objektive und der subjektive Informationsbedarf Determinanten eines angemessenen Verdichtungsgrads von

---

589 Vgl. Sorg, S. (1982), S. 30; Staudt, E. et al. (1985), S. 73f.; Geiß, W. (1986), S. 46; Keren, M./Levhari, D. (1989), S. 214; Mueller, E. B. (1998), S. 348; Gladen, W. (2001), S. 12f.; Weber et al. (2003), S. 33; Weber, J. (2004a), S. 274ff.; Hirsch, B. (2005), S. 283.

590 Vgl. Herzog, A. (1999), S. 182f.; Lixenfeld, C. (2006a), S. 3. Übermittelte Kennzahlen beziehungsweise Informationen prägen die Vorstellungen ihres Empfängers über die Realität. Vgl. Morgan, G. (1988), S. 477ff.

591 Vgl. Lederer, A. L./Smith, G. L. (1988/1989), S. 54f.; Hirsch, B. (2005), S. 284. Der Gedanke der Informationspyramide verdeutlicht den Einfluss des objektiven Bedarfs auf den Verdichtungsgrad. Vgl. zur Informationspyramide zum Beispiel Blohm, H./Heinrich, L. J. (1965), S. 39f.; Koreimann, D. S. (1976), S. 45; Weber, J. et al. (2003), S. 35; Weber, J. (2004a), S. 109f.

592 Vgl. Landsberg, G. v. (1988), S. 102.

593 Vgl. Barefield, R. (1972); Lederer, A. L./Smith, G. L. (1988/1989).

594 Vgl. insgesamt Abdel-Khalik, A. R. (1973).

Kennzahlen sind, können die dargestellten Rationalitätsdefizite bei der Ermittlung dieser Bedarfe und die dafür angeführten Gründe auch als Ursachen eines unangemessenen Aggregationsgrads angeführt werden. Weitere Ursachen können darüber hinaus in einem eigeninteressierten Handeln und kognitiven Beschränkungen der Controller liegen. Ein bewusst zu hoher Aggregationsgrad der bereitgestellten Kennzahl bewirkt einen Informationsverlust und damit eine unvollständige Entscheidungsgrundlage der Informationsempfänger. Er lässt sich durch Karrierepräferenzen der Controller erklären. Treffen Manager auf der Basis verkürzter Informationsgrundlagen unzweckmäßige Entscheidungen und werden Personalentscheidungen nach der Regel *„Es wird der zuerst befördert, der die meisten Kerben am Colt hat“*[595] getroffen, können Controller Rationalitätsdefizite von Managern aufdecken, die sie selbst hervorgerufen haben. Bei den potentiell ursächlichen kognitiven Beschränkungen ist in Erweiterung der Resourceful-Annahme mangelndes Faktenwissen von Controllern über die mit einem starken Verdichtungsgrad verbundenen dargestellten Gefahren als mögliche Ursache dieses Rationalitätsdefizits anzuführen. Controller sind für die Bedeutung des Verdichtungsgrads nicht sensibilisiert. Ein zu starker Verdichtungsgrad kann weiter aus einer Kombination von Erweiterungen der Resourceful- und der Evaluating-Annahme erklärt werden. Controller werden häufig mit stark aggregierten Kennzahlen konfrontiert und besitzen als diejenigen, die Verdichtungen vornehmen, Wissen über die Bestandteile der resultierenden Kennzahlen sowie die Wege der Verdichtung. Daher ist es plausibel, dass sie die resultierende Kennzahl als komprimierte, jedoch ebenso aussagekräftige Darstellung des vorher durch einzelne Daten beschriebenen Zusammenhangs begreifen und den Informationsverlust nicht wahrnehmen. Auch kann es passieren, dass sie kognitive Beschränkungen von Managern im Umgang mit hochaggregierten Kennzahlen vor ihrem Erfahrungshorizont nicht als Restriktionen ihres Handelns wahrnehmen und in der Folge die Effizienzgewinne als Nutzen der Verdichtung wesentlich höher als die dargestellten Gefahren bewerten.

3.1.1.2.4 Aufbereitung und Übermittlung der Informationen

In der letzten Phase des Informationsversorgungsprozesses werden die im Hinblick auf den ermittelten Bedarf beschafften und weiterverarbeiteten Daten aufbereitet und als Informationen in Berichten an die Informationsempfänger übermittelt. Die Gestaltung des Berichtswesens erfolgt aber nicht allein unter dem Aspekt der Informationsübermittlung, sondern ist in die Informationsversorgung als Ganzes einzubetten. Daher bildet der Informationsbedarf der Informationsempfänger auch den Ausgangspunkt für die Gestaltung von Berichten. Er ist unter Ausschöpfung des gesamten Gestaltungsspektrums des Berichtswesens – Berichtsersteller, Berichtsempfänger, Berichtszweck, Berichtsinhalt, Berichtsform, Berichtstermin und Berichtstyp – in den Dimensionen Inhalt, Form und Zeitpunkt zu befriedigen.[596]

---

595 Weber, J. (2004a), S. 568.

596 Vgl. Weber, J./Schaier, S./Strangfeld, O. (2005), S. 13.

Das Berichtswesen kann insofern als Kristallisationspunkt der Informationsversorgung angesehen werden.[597] Rationalitätsdefizite in den vorgelagerten Phasen des Informationsversorgungsprozesses werden häufig erst im Zuge der Erstellung und Übermittlung der Berichte offensichtlich. Andererseits kann eine bis zur Gestaltung der Berichte gut aufgestellte Informationsversorgung an dieser Stelle noch gefährdet werden. HERZOG führt an, dass Controller gerade bei der Aufbereitung und Übermittlung der Informationen Schwächen zeigen.[598] Da das Berichtswesen in die Informationsversorgung als Ganzes eingebettet ist, ist nicht nur das Kommunikationsproblem der Informationsversorgung, das die Verständlichkeit der übermittelten Informationen betrifft, in dieser Phase des Informationsversorgungsprozesses zu lösen. Auch die anderen Informationsprobleme gilt es zu berücksichtigen.

Berichtsersteller und -empfänger sind die personalen Dimensionen der Berichtsgestaltung. In einem Unternehmen erstellen zwar nicht nur Controller Berichte, im Kontext dieser Arbeit werden jedoch ausschließlich Controller als *Berichtsersteller* betrachtet. Ursachen für Rationalitätsdefizite bei der Erstellung von Berichten werden demzufolge in den für Controller angenommenen Eigenschaften – eigeninteressiertes Handeln und kognitive Beschränkungen – gesucht. Die hier betrachteten *Berichtsempfänger* sind die Träger der Führungshandlungen, die Managementcounterparts der Controller. Für eine kundenorientierte Informationsversorgung ist der Kreis der Berichtsempfänger auf der Grundlage des Informationsbedarfs in homogene Segmente zu untergliedern. In diesem Kontext möglicherweise auftretende Rationalitätsdefizite und damit verbundene, ungelöste Informationsprobleme wurden bei den systemorientierten Teilaufgaben erwähnt.

Als *Berichtszwecke* und konkretere Zwecke der Informationsversorgung sind die Dokumentation, Planung, Kontrolle und Steuerung zu nennen.[599] Die Orientierung der Berichte an falschen Zwecken haben Qualitätsprobleme zur Folge und sind in erster Linie auf Defizite in der Phase der Ermittlung des Informationsbedarfs zurückzuführen. Doch auch im Zusammenhang mit der Gestaltung des Berichtswesens können den Berichtszweck betreffende Rationalitätsdefizite im Handeln von Controllern auftreten. Das allgemein formulierte Defizit, dass Controller die Nachfrage von Managern ungeachtet des objektiven Bedarfs befriedigen und insofern eine Ergänzungsleistung unterlassen, ist hier in der abgewandelten Form zu berücksichtigen, dass Controller der Nachfrage von Managern Folge leisten, Berichte zu erstellen, die alle Berichtszwecke gleichermaßen befriedigen, und die sachlich angezeigte

[597] Vgl. Hirsch, B./Paefgen, A./Schaier, S. (2008), S. 3.
[598] Vgl. Herzog, A. (1999), S. 137. Siehe auch David, U. (2005), S. 152f.
[599] Vgl. ähnlich Asser, G. (1971), S. 661.

Ergänzungsleistung im Sinne einer Fokussierung der Berichte auf einen Zweck unterlassen.[600]

Die verschiedenen Zwecke sind mit sehr unterschiedlichen Anforderungen an die inhaltliche Gestaltung der Berichte wie den Präzisions- und Aktualitätsgrad, den Detaillierungs- und Verdichtungsgrad und damit die Informationsmenge sowie die gesamte formale Gestaltung verbunden. Zudem liefern die Berichtszwecke Hinweise auf die Art der Nutzung der Informationen. Berichte für Planungszwecke oder zur Steuerung im engeren Sinne werden überwiegend instrumentell, können aber auch symbolisch genutzt werden. Berichte, die der Dokumentation oder der Steuerung im weiteren Sinne dienen, werden vorwiegend konzeptionell genutzt. Kontrollinformationen können instrumentell, konzeptionell sowie symbolisch verwendet werden.[601] Auch die Nutzungsarten sind mit Anforderungen an die inhaltliche und formale Gestaltung verbunden, die mit den Anforderungen an die Zwecke korrespondieren. Berichte, die mehrere Zwecke gleichzeitig erfüllen sollen, sind oft zu lang und unübersichtlich, erfüllen keinen Zweck hinlänglich und können von den Informationsempfängern nicht in der erforderlichen Weise genutzt werden.

Für dieses Defizit kann ein eigeninteressiertes Handeln von Controllern verantwortlich sein. Es besteht die Gefahr, dass Controller ihrer Präferenz, ihr Arbeitsleid zu reduzieren, folgen, wenn sie sich zwar sehr wohl der mit den Berichtszwecken und implizierten Nutzungsarten verbundenen, konfligierenden inhaltlichen und formalen Anforderungen bewusst sind, die nachgefragten Informationen aber dennoch in einem Bericht zusammenstellen. Die Auseinandersetzung mit Managern über die inhaltliche und formale Gestaltung der Berichte kann sehr aufwendig und zudem konfliktträchtig sein. Auch aufgrund von Karrierepräferenzen kann Controllern das Vermeiden von Konflikten opportun erscheinen. Auf Seiten kognitiver Beschränkungen vermag die die Resourceful-Annahme des RREEMM-Modells erweiternde Annahme fehlenden Wissens über die Anforderungen der Berichtszwecke und Nutzungsarten an die inhaltliche und formale Gestaltung das Defizit zu erklären.

Rationalitätsdefizite bei der Ausarbeitung des *Berichtsinhalts* betreffen vornehmlich das Qualitätsproblem der Informationsversorgung. Über den Detaillierungs- und Verdichtungsgrad sind aber auch das Quantitäts- und das Wirtschaftlichkeitsproblem betroffen. Diese Defizite können vielfach aus den dargestellten Defiziten in der Phase der Ermittlung des Informationsbedarfs resultieren. Wie gezeigt, wird das Informationsangebot zudem durch die Datenbeschaffung und deren Weiterverarbeitung sowie hierbei potentiell auftretende Rationalitätsdefizite im Handeln von Controllern beeinflusst.

---

600 Vgl. zu diesem Problem bei der Gestaltung von Berichten Weber, J./Schaier, S./Strangfeld, O. (2005), S. 21.

601 Vgl. hierzu Weber, J./Schaier, S./Strangfeld, O. (2005), S. 22.

Eine Aufgabe von Controllern im Hinblick auf den Berichtsinhalt ist es, Informationsbezüge herzustellen. Erst wenn Informationen zueinander in Beziehung gesetzt werden, ergeben sich Abweichungen, deren Analyse steuerungsrelevante Ergebnisse liefert.[602] Informationen lassen sich in der zeitlichen Dimension zwischen Ist-, Vergangenheits-, Plan- oder Prognosewerten sowie in der sachlichen Dimension zueinander in Beziehung setzen. Nicht zweckmäßige Informationsbezüge können aus Defiziten bei der Bestimmung des Informationsbedarfs der Manager resultieren. Darüber hinaus sollen die Informationsbezüge betreffenden Defizite[603] im Zusammenhang mit Rationalitätsdefiziten im Handeln von Controllern bei der Kontrolle angesprochen werden.[604]

Aus den dargestellten Konstellationen aus Informationsbedarf, -nachfrage und -angebot geht hervor, dass Controller unter Umständen nicht benötigte Informationen bereitstellen und umgekehrt benötigte Informationen nicht bereitstellen. Da in der Phase der Aufbereitung und Übermittlung der Informationen der Berichtsinhalt endgültig festgelegt wird, sollen eigeninteressiert motivierte Ursachen für eine sachlich nicht gerechtfertigte Informationsselektion an dieser Stelle gebündelt dargestellt werden.[605] Bei der Selektion der zu übermittelnden Informationen aus dem breiten Spektrum der übermittelbaren bestehen – insbesondere, wenn die Informationsversorgung den Charakter einer Ergänzungsleistung hat – Informationsasymmetrien zugunsten von Controllern, die diese im Einklang mit ihren eigenen Interessen nutzen können. Die Präferenz, das Arbeitsleid zu reduzieren, kann erhellen, dass Controller – insbesondere wenn keine Informationsnachfrage besteht – benötigte Informationen nicht bereitstellen, wenn dies mit einem hohen Arbeitsaufwand verbunden ist. Umgekehrt stellen sie möglicherweise nicht benötigte Informationen bereit, wenn sie andernfalls aufwendige Erklärungen liefern müssten. Karrierepräferenzen können erklären, dass sie benötigte Informationen zurückhalten oder gezielt nicht benötigte Informationen bereitstellen, um Manager in ihrem Sinne zu beeinflussen. In dem Fall, dass Controller annehmen, dass Manager die nachgefragten Informationen für die Verfolgung ihrer eigenen – mit den Unternehmenszielen nicht kongruenten – Interessen nutzen möchten, stellt die Konstellation aus Informationsbedarf, -angebot und -nachfrage eine unterlassene Begrenzungsleistung dar, die ebenfalls mit Karrierepräferenzen erklärt werden kann. Eine nicht

---

602 Vgl. Mertens, P./Griese, J. (1988), S. 71; Koch, R. (1994), S. 61.

603 Vgl. Schubert-Kaselowsky, I. v. (1979), S. 39.

604 Vgl. Abschnitt 3.1.3.1.

605 Die eigeninteressierte Selektion von Informationen ist als Form der Manipulation anzusehen. Vgl. Read, W. (1962); O'Reilly, C. A./Roberts, K. H. (1974); Jaworski, B. J./Young, S. M. (1992), S. 20.
HÖLLER hat 1978 als einer der Ersten darauf hingewiesen, dass zu untersuchen ist, inwieweit Wertungen der Informationsersteller in die bereitgestellten Informationen einfließen. Zuvor wurde diese Problematik unter der Annahme der Neutralität im Sinne von Sachlichkeit der Informationsproduzenten ausgeklammert. Vgl. Höller, H. (1978), S. 6, mit Verweis auf May, R. G./Mueller, G. G./Williams, T. H. (1975), S. 2. Siehe auch Blohm, H./Heinrich, L. J. (1965), S. 18, beziehungsweise Anlage 503; Kormann, H. (1974); Schubert-Kaselowsky, I. v. (1979), S. 42; Schönbrunn, N. (1988), S. 118.

zweckadäquate Festlegung des Berichtsinhalts lässt sich auch über die eigenständige Präferenz, Einfluss zu üben, erklären. Zeitpräferenzen von Controllern können eine moderierende Wirkung bei der Festlegung des Berichtsinhalts haben. Bezüglich kognitiver Beschränkungen ist ergänzend zu erwähnen, dass die übergreifende Verzerrung des Self-Serving Bias erklären kann, dass Controller den Berichtsinhalt im Einklang mit ihrem Eigeninteresse festlegen.

Ein mögliches Defizit auf der Schnittstelle des Berichtsinhalts und der Berichtsform sind redundante Informationen. Eigeninteressiertes Handeln, die Präferenz, das Arbeitsleid zu reduzieren, können erklärt, dass Controller die Informationen bei der Definition des Berichtsinhalts unter diesem Aspekt nicht sorgfältig selektieren. Kognitive Beschränkungen, die beschränkte Wahrnehmungsfähigkeit von Controllern als erweiternde Annahme zu der Resourceful-Annahme kann erklären, dass sie angesichts des teilweise hohen Umfangs der Berichte Redundanzen nicht wahrnehmen.[606]

Neben dem Berichtsinhalt ist die *Berichtsform* eine wichtige Gestaltungsdimension des Berichtswesens.[607] Sie soll den Informationsbedarf gut verständlich erfüllen und adressiert dabei besonders das Kommunikationsproblem der Informationsversorgung und das Quantitätsproblem.[608] Die Berichtsform umfasst den Umfang, die Darstellungsform und die Aufmachung eines Berichts. Der Berichtsumfang konkretisiert sich anhand der Seitenzahl oder der Anzahl der in einem Bericht enthaltenen Zahlen. Darstellungsformen sind Tabellen, Grafiken und Kommentare.[609] Unter die Aufmachung fallen die Reihenfolge der Informationen und das Layout.[610]

Grundsätzlich ergibt sich die angemessene Berichtsform aus dem Informationsbedarf der Empfänger, der auch in der formalen Dimension zu ermitteln ist. Insofern sind potentielle Defizite der Berichtsform unter anderem auf Defizite bei der Informationsbedarfsermittlung zurückzuführen. Der subjektive Informationsbedarf gibt teilweise unmittelbar Aufschluss über formale Gestaltungsaspekte.[611] Aus dem Zweck und damit verbunden der Nutzungsform sowie dem Inhalt des Informationsbedarfs, zu deren Bestimmung sowohl der objektive als auch der subjektive Informationsbedarf herangezogen werden können, lassen sich Anhaltspunkte für eine geeignete Berichtsform ableiten. Fehlendes Wissen von Controllern

606 Der Bericht eines Unternehmens, das an der Benchmarking-Studie der WHU zur Monatsberichterstattung teilgenommen hat, weist 295 Seiten auf. Vgl. Hirsch, B./Paefgen, A./Schaier, S. (2008), S. 16.

607 Zu der Bedeutung der formalen Gestaltung der von Controllern übermittelten Informationen vgl. Davis, L. R. (1989).

608 Vgl. Koch, R. (1994), S. 114f.

609 Vgl. Koch, R. (1994), S. 62.

610 Vgl. Wirth, T. (2000); Küpper, H.-U. (2001), S. 159; Weber, J. (2004a), S. 279ff.; Weber, J./Schaier, S./Strangfeld, O. (2005), S. 24ff.

611 Vgl. Blohm, H./Heinrich, L. J. (1965), S. 33; Benz, K. (1998), S. 136.

über diese Zusammenhänge als erweiternde Annahme zu der Resourceful-Komponente ist folglich ebenfalls ein plausibler Erklärungsansatz für eine misslungene Berichtsform.

KOREIMANNS Formulierung, es herrsche ein *„Mangel im Überfluss“*, ist ein Hinweis darauf, dass Berichte zu umfangreich sein können.[612] Eine hohe Anzahl von Seiten oder Zahlen sowie Zahlen je Seite führt zu einer großen Unübersichtlichkeit. Die Berichte büßen an Verständlichkeit ein.[613] Bei den Informationsempfängern kann es aufgrund ihrer beschränkten Verarbeitungsfähigkeiten zu einem buchstäblichen Information Overload kommen, der falsche Entscheidungen zur Folge haben kann.[614] Zu umfangreiche Berichte stellen unmittelbar ein Quantitätsproblem, jedoch auch ein Kommunikations- und Wirtschaftlichkeitsproblem dar.

Neben der Erklärung als Folgedefizit der Defizite bei der Informationsbedarfsermittlung, deren Erklärungskraft durch eine mangelnde Interaktion zwischen Controllern und Managern verstärkt wird, lassen sich zu umfangreiche Berichte durch ein eigeninteressiertes Handeln von Controllern erklären. Eine Fokussierung des Berichtsinhalts auf die wesentlichen Informationen ist unter Umständen aufwendiger als die Übermittlung der zur Verfügung stehenden Informationen, so dass ein arbeitsscheues Verhalten dieses Rationalitätsdefizit erklärt.[615] Umfangreiche Berichte demonstrieren zudem – analog zu sehr komplexen Systemen – einen vermeintlich höheren Arbeitseinsatz von Controllern und können der Verfolgung ihrer Karriereziele dienen. Auf Seiten kognitiver Beschränkungen lassen sich zu umfangreiche Berichte durch erweiternde Annahmen zu der Resourceful-Annahme erklären. Auf Wissensdefizite kann es zurückgeführt werden, dass Controller der These anhängen, eine mengenmäßige Maximierung der Informationsversorgung führe zu besseren Entscheidungen,[616] und nicht die durch empirische Erkenntnisse gestützte so genannte „Saturationsthese“ der formalen Berichtsgestaltung zugrunde legen.[617] Controllern kann auch das Faktenwissen zur Selektion der wirklich relevanten Informationen und damit der Begren-

612 Vgl. Koreimann, D. S. (1971), S. 10. Siehe auch Murphy, C. et al. (1995), S. 36.
Gerade Standardberichte wie zum Beispiel Monatsberichte zeichnen sich oft durch einen zu großen Umfang aus. Dies resultiert daraus, dass Standardberichte darauf ausgerichtet sind, einen umfassenderen Informationsbedarf zu befriedigen. Zudem wächst ihr Umfang im Zeitablauf, da für neu nachgefragte und angebotene Informationen selten andere Informationen gekürzt werden. Vgl. Weber, J. (2004a), S. 126ff.

613 REIß/HÖGE kritisieren ein *„aufgeblähtes Reporting“* durch *„Zahlenfriedhöfe und andere Formen von Blindleistungen“*. Reiß, M./Höge, R. (1995), S. 1723. Siehe auch Weber, J. et al. (2004), S. 31.

614 Im Zuge der Darstellung des Informationsverarbeitungsansatzes wurde die begrenzte Kapazität des Kurzzeitgedächtnisses erläutert. Vgl. hierzu Miller, G. A. (1956); Schroder, H. M./Driver, M. J./Streufert, S. (1967); Revsine, L. (1970); Wacker, W. H. (1971), S. 54; Kochhan, W. (1979), S. 54f.; Zimbardo, P. G./Gerrig, R. J. (1999), S. 240ff. MILLER hat verschiedene Reaktionen auf einen Information Overload klassifiziert. Vgl. Miller, J. G. (1960), S. 695ff.

615 Vgl. Blohm, H./Heinrich, L. J. (1965), S. 37.

616 Vgl. zu der These, dass die Güte von Entscheidungen mit den verfügbaren Informationen zunimmt, zum Beispiel Ackoff, R. L./Sasieni, M. W. (1968), S. 86; Coenenberg, A. G. (1966), S. 13.

617 Vgl. Gilchrist, J. C./Shaw, M. E./Walker, L. C. (1954), S. 556.

zung des Umfangs fehlen. Hier werden Wechselwirkungen zwischen dem Berichtsinhalt und der Berichtsform deutlich. Auch beschränkte Wahrnehmungsfähigkeiten erklären das Defizit. Controller als Informationsproduzenten nehmen aufgrund ihrer Fähigkeiten und ihres Wissen die kognitiven Beschränkungen der Informationsempfänger – deren Information Overload – als Restriktionen ihres eigenen Handelns möglicherweise nicht wahr und gestalten die Berichte folglich zu umfangreich.[618] Da sie routiniert sind im Umgang mit Zahlen, ist es plausibel, dass sie unter Umständen größere Informationsmengen verarbeiten können als Manager. Bewertungsverzerrungen als Erweiterung der Evaluating-Annahme erklären, dass Controller als die Informationsproduzenten systematisch einem „Mehr" an Informationen einen höheren Nutzen zuweisen.

Die Menge der übermittelten Informationen ist jedoch nicht die einzige Determinante der Verständlichkeit eines Berichts. Studien zeigen sogar, dass Manager eine große Menge an Informationen verarbeiten können, wenn diese nur gut dargestellt sind. Bezüglich der Darstellung und Aufmachung von Informationen werden allerdings Verbesserungsmöglichkeiten gesehen, was gleichbedeutend mit bestehenden Rationalitätsdefiziten ist.[619] Der bemängelte Charakter eines „Zahlenfriedhofs" der Berichte resultiert nicht nur aus der Menge, sondern auch aus der Darstellungsform. Empirische Untersuchungen zeigen, dass Controller im Verhältnis zu anderen Darstellungsformen Tabellen häufiger einsetzen und die Möglichkeiten der grafischen Aufbereitung und Kommentierung vernachlässigen.[620] Eine gute Berichtsform bedeutet eine ausgewogene Verwendung der drei Darstellungsformen Tabelle, Grafik, Kommentar.[621]

Dafür dass Controller überwiegend Tabellen verwenden, können verschiedene Erklärungen angeführt werden, die durchaus auch zusammenwirken können. Gründe dafür, dass Controller überwiegend Tabellen verwenden, können in einem eigeninteressierten Handeln liegen. Eine tabellarische Aufbereitung verursacht den geringsten Aufwand und reduziert das Arbeitsleid von Controllern. Controller können viele Informationen direkt in dieser Form aus den Informationssystemen generieren. Auf Seiten kognitiver Beschränkungen erklären Er-

---

618 Vgl. Witte, E. (1972), S. 47.

619 Vgl. McKinnon, S. M./Bruns, W. J. (1992), S. 193f., 208ff.

620 Vgl. Weber, J./Schaier, S./Strangfeld, O. (2005), S. 35ff.
SCHÄFFER/KÜNKELE stellen in einer Untersuchung zur Budgetkontrolle in deutschen Unternehmen fest, dass erfolgreiche Unternehmen signifikant mehr Grafiken und Bilder in ihren Berichten verwenden. Vgl. Schäffer, U./Künkele, J. (2006), S. 10.

621 DAVIS kommt auf der Grundlage von Experimenten zu dem Schluss, dass es nicht die eine beste Darstellungsform gibt, sondern diese abhängig von den zu übermittelnden Inhalten auszuwählen ist. Vgl. Davis, L. R. (1989). Siehe auch Koch, R. (1994), S. 149. Eine vermehrte Nutzung grafischer Elemente kann jedoch dazu beitragen, dass die Berichtsadressaten die bereitgestellten Informationen schneller aufnehmen können. Vgl. Hoffjan, A. (2003), S. 1045.
Für eine Übersicht zu Forschungsbeiträgen, die sich mit den Darstellungsformen Tabellen und Grafiken beschäftigt haben, vgl. Meyer, J.-A. (1996), S. 114ff.

weiterungen des RREEMM-Modells um Annahmen zu der Resourceful- und der Evaluating-Annahme das Defizit. Controller stellen Informationen möglicherweise deshalb bevorzugt in Tabellen dar, da ihnen das Wissen für die Erstellung von Grafiken sowie für das Verfassen von Kommentaren fehlt. Dadurch unterschätzen sie möglicherweise den Nutzen, den grafische Darstellungen oder Kommentierungen zum Verständnis der zugrunde liegenden Sachverhalte leisten. Eng damit verbunden, können nicht nur bei der Verteilung der Verwendung von Tabellen, Grafiken und Kommentaren, sondern auch bei der Verwendung selbst Rationalitätsdefizite in ihrem Handeln auftreten.[622] Fehlendes Wissen über die Eignung grafischer Formen zur Darstellung von Sachverhalten, kurz Wissen darüber, *„wie aus Zahlen Bilder werden"*[623], kann eine unzweckmäßige Verwendung von Grafiken erklären. Im Bezug auf Kommentare herrscht eine große Unzufriedenheit der Berichtsempfänger.[624] Es wird beklagt, dass Kommentare nicht auf die Erklärung außergewöhnlicher Sachverhalte beschränkt sind, sondern leere Formeln darstellen, die bereits durch Zahlen beschriebene, keineswegs außergewöhnliche Sachverhalte verbalisieren. Auch diese wenig zweckmäßige, keinen Nutzen stiftende Kommentierung kann durch ein eigeninteressiertes Handeln von Controllern, ihre Präferenz, das Arbeitsleid zu reduzieren, erklärt werden. Auch wenn Controllern in Erweiterung der Resourceful-Annahme das erforderliche Wissen über die Details des Geschäfts fehlt, nehmen sie außergewöhnliche oder erklärungsbedürftige Sachverhalte gegebenenfalls erstens nicht wahr und können sie zweitens nicht kommentieren.[625] So routiniert sie zudem im Umgang mit Zahlen sind, so wenig Erfahrung besitzen sie durchschnittlich im Umgang mit Sprache. Die freie, treffende Formulierung von Sachverhalten fällt ihnen gegebenenfalls schwer, so dass sie auf vorgefertigte Standardformulierungen zurückgreifen. Ergänzend sei darauf hingewiesen, dass das Verfassen von Kommentaren für Controller grundsätzlich eine schwierige Aufgabe ist, da gute Kommentare Wertungen enthalten, Controller jedoch auf die Wahrung ihrer Unabhängigkeit bedacht sein sollten.[626] Wertungen sind daher strikt auf eine sachliche Ebene zu beschränken.

Bezüglich der Aufmachung der Berichte ist über die Reihenfolge, in der die Informationen dargestellt werden, zu entscheiden. Gemäß dem Ankereffekt beeinflusst die Reihenfolge der Informationen maßgeblich das Verständnis der Informationsempfänger für die dargestellten Sachverhalte.[627] Sind Controller sich dieser Beeinflussungsmöglichkeit bewusst, können sie

622 Bei der an der WHU durchgeführten Benchmarking-Studie von an das Top-Management gerichteten Monatsberichten wurden die darin enthaltenen Kommentare durchgängig sehr negativ bewertet. Vgl. Weber, J./Schaier, S./Strangfeld, O. (2005), S. 39; Hirsch, B./Paefgen, A./Schaier, S. (2008), S. 23.

623 Vgl. die gleichnamige Einführung in diese Thematik einen populärwissenschaftlichen Beitrag von Zelazny, G. (2003).

624 Vgl. Weinrich, G. (1988), S. 123; Herzog, A. (1999), S. 222; Weber, J./Schaier, S./Strangfeld, O. (2005), S. 39.

625 Vgl. Lanter, N. (1996), S. 37.

626 Vgl. Sathe, V. (1982), S. 17ff.; Herzog, A. (1999), S. 250ff.; Weber, J. (2004a), S. 38.

627 Vgl. Weber, J./Riesenhuber, M. (2002), S. 22ff.; Nerdinger, F. W./Horsmann, C. (2004), S. 719.

das Situationsverständnis der Berichtsempfänger in Übereinstimmung mit den Unternehmenszielen prägen oder auch zur Verfolgung ihrer eigenen Ziele manipulieren. Zudem können sie bei der Festlegung der Reihenfolge selbst kognitiven Verzerrungen – insbesondere Wahrnehmungsverzerrungen in Erweiterung der Resourceful-Annahme – unterworfen sein. WEBER/RIESENHUBER führen zum Beispiel an, dass Controller *„von ihrem stets auf Misserfolge justierten Blickwinkel geprägt sind"*[628]. Die so beschaffenen mentalen Modelle von Controllern können die Festlegung der Reihenfolge von Informationen beeinflussen, da sie selbst negative Aspekte eines Sachverhalts zuerst wahrnehmen.

Nicht nur durch die Festlegung der Informationsreihenfolge eröffnet die Gestaltung der Berichtsform Controllern vielfältige Ansatzpunkte für eine Informationsmanipulation, mit denen sie die Manager ihren eigenen Zielen gemäß beeinflussen können. Beispielsweise können Controller bei Grafiken Achsenverkürzungen und -verlängerungen vornehmen oder die Höhe und Breite von Säulen so festlegen, dass ein anderes Bild suggeriert wird, als es die zugrunde liegenden Zahlen objektiv zeichnen. Auch Kommentare können Controller so suggestiv formulieren, dass sie damit das Handeln von Managern in die von ihnen intendierte Richtung beeinflussen. Durch die farbliche Gestaltung oder andere Elemente der Aufmachung kann das Auge des Informationsempfängers bei der Lektüre des Berichts gezielt gelenkt werden.[629] Zudem können Controller Berichte so unübersichtlich oder umfangreich gestalten, dass Manager bei dem Umgang mit den Berichten von den Erklärungen von Controllern abhängig sind.

Eine weitere Gestaltungsdimension des Berichtswesens ist der *Berichtstermin.* Eine nicht rechtzeitige, insbesondere eine verspätete Übermittlung von Informationen stellt ein Zeitproblem der Informationsversorgung dar und ist als Rationalitätsdefizit im Handeln von Controllern anzusehen.[630] Auch eine verspätete Berichterstattung kann als Folgedefizit von Defiziten bei der Informationsbedarfsermittlung, insbesondere der Ermittlung des erforderlichen Aktualitätsgrades sowie einer verspäteten Identifizierung des Informationsbedarfs, begründet werden. Sie lässt sich zudem auf die dargestellten Verzögerungen bei der Datenbeschaffung und damit auf sehr komplexe Systeme und ihre Ursachen zurückführen.[631] Nicht nur übermäßig komplexen Systemen, auch der Informationsversorgung insgesamt haftet der Trade-off zwischen der Genauigkeit und der Rechtzeitigkeit beziehungsweise der Aktualität der Informationsversorgung an. MINTZBERG konstatiert: *„Getting information*

628 Weber, J./Riesenhuber, M. (2002), S. 23.
629 Vgl. Blohm, H./Heinrich, L. J. (1965), S. 18, beziehungsweise Anlage 503; Kormann, H. (1974); Schubert-Kaselowsky, I. v. (1979), S. 42; Hoffjan, A. (1998), S. 101f.
630 Vgl. Amshoff, B. (1993), S. 443; Becker, W./Benz, K. (1996), S. 19; Benz, K. (1998), S. 141.
631 Vgl. Schubert-Kaselowsky, I. v. (1979), S. 33.

rapidly appears to be more important than getting it absolutely right."[632] Daher ist es im Zusammenhang mit dem Berichtstermin als ein potentielles Rationalitätsdefizit im Handeln von Controllern anzusehen, wenn diese den Trade-off zugunsten der Genauigkeit und damit einer verspäteten Informationsübermittlung entscheiden.

Erklären lässt sich dies insbesondere durch Bewertungsverzerrungen als erweiternde Annahme zu der Evaluating-Annahme. Ihnen kann das Wissen fehlen, den Nutzen sehr früh übermittelter, jedoch noch ungenauer Informationen einzuschätzen. Es mag auch ihrer funktionalen Prägung entsprechen, die Genauigkeit der Informationen ungeachtet der zeitlichen Verluste zu erhöhen. Eine verspätete sowie eine verfrühte Berichterstattung erklärt auch ein eigeninteressiertes Handeln von Controllern. Die Präferenz, das Arbeitsleid zu reduzieren, kann für eine verspätete Informationsübermittlung verantwortlich gemacht werden. Controller können so ihr tägliches Arbeitspensum reduzieren. Zudem können sie mit einer verspäteten Übermittlung Karriereziele verfolgen. Sie können Rationalitätsdefizite im Handeln von Managern induzieren, bei deren Sicherung sie sich profilieren können, wenn Manager auf der Basis einer unvollständigen Informationsgrundlage entscheiden müssen.[633] Andererseits können sie den Managern deren Abhängigkeit aufgrund bestehender Kompetenzasymmetrien verdeutlichen. Controller beziehungsweise die von ihnen bereitgestellten Informationen können zum Beispiel bei der Bewältigung von Unsicherheit eine große Rolle spielen, worin eine Abhängigkeit der Manager besteht. Übermitteln Controller an einzelne ausgewählte Empfänger Informationen früher als an andere und verschaffen diesen damit einen Informationsvorsprung, ist dies als kollusives Verhalten anzusehen, das auch ihren Karrierezielen zuträglich sein kann.

Die letzte Gestaltungsdimension betrifft den *Berichtstyp*. Er wird durch das Ereignis bestimmt, das die Erstellung des Berichtes auslöst. Standardberichte werden bei Erreichen eines bestimmten Zeitpunkts mit einem normierten Inhalt an einen festgelegten Adressatenkreis übermittelt. Abweichungsberichte resultieren aus dem Über- oder Unterschreiten festgelegter Schwellenwerte.[634] Bedarfsberichte werden zur Befriedigung eines speziellen Informationsbedarfs von Trägern der Führungshandlungen erstellt. Ein potentielles Rationalitätsdefizit besteht darin, dass Controller Bedarfs- und aufwendigere Abweichungsberichte gegenüber Standardberichten vernachlässigen. MURPHY ET AL. kommen im Rahmen einer Studie zu der Erkenntnis, dass *„most of the managers surveyed in this study stated that too much of the management accounting information which they receive is presented in stan-*

[632] Mintzberg, H. (1972), S. 95. Vgl. auch die Hinweise in Fußnote 539.
[633] Vgl. Blohm, H./Heinrich, L. J. (1965), Anlage 503.
[634] Potentielle Rationalitätsdefizite im Zusammenhang mit Abweichungsberichten werden im Abschnitt zu den Rationalitätsdefiziten im Handeln von Controllern bei der Erfüllung der Kontrollaufgabe erläutert.

dard reporting formats."[635] Zum einen besteht die Gefahr, dass Controller den Aufwand scheuen und ihr Arbeitsleid reduzieren, indem sie sich – gerade wenn Abweichungs- und Bedarfsberichte Ergänzungsleistungen darstellen – auf die Erstellung von Standardberichten beschränken. Zum anderen können Wissensbeschränkungen und mentale Modelle als Erweiterungen der Resourceful-Annahme gemeinsam mit Beschränkungen der Fähigkeit zur Bildung rationaler Werturteile als Erweiterungen der Evaluating-Annahme erklären, dass Controller sich unter Vernachlässigung anderer Berichtstypen auf Standardberichte konzentrieren oder ihr Zeitbudget nicht so einteilen, dass sie verstärkt Abweichungs- und Bedarfsberichte erstellen können.

Die Aufbereitung der Informationen in Berichten zielt auf die Erstellung gut verständlicher Berichte und damit unter anderem auf die Lösung des Kommunikationsproblems der Informationsversorgung ab. HERZOG weist Controllern daher übergeordnet die Rolle des Dolmetschers zu.[636] Controller greifen auf Daten aus verschiedenen Bereichen zu und haben vor ihrer Übermittlung die Aufgabe, diese Daten – zum Beispiel durch monetäre Bewertung – in eine Sprache zu übersetzen, die der Informationsempfänger versteht. Dass Controller möglicherweise dieser Rolle nicht gerecht werden wollen, kann durch ihre Präferenz, das Arbeitsleid zu reduzieren, erklärt werden. Sie wenden unter Umständen zu wenig Sorgfalt an. Karrierepräferenzen können auch erklären, dass Controller die Dolmetscherrolle bewusst unzureichend erfüllen, um eine Abhängigkeit der Manager von zusätzlichen Erklärungen zu erzeugen oder um Manager mit unverständlichen Informationen zu versorgen, die zu sichernde Rationalitätsdefizite nach sich ziehen. Dass Controller dieser Rolle nicht gerecht werden können, vermag fehlendes Wissen als Erweiterung der Resourceful-Annahme zu erklären. Verstehen Controller den Inhalt der zu übermittelnden Daten nicht, dann können sie nicht beurteilen, ob Manager sie verstehen, und können sie erst recht nicht in eine für die Manager verständliche Sprache übersetzen. Bereits 1929 war JORDAN daher der Ansicht: *„The Controller's department must know enough of the operations, to determine what the figures results of which are being recorded and presented mean and to be able to interpret them in language which is the language clearly understood by the department heads concerned.“*[637] Darüber hinaus können die durch die Funktionszugehörigkeiten jeweils unterschiedlich geprägten mentalen Modelle der Akteure in einem Unternehmen Kommunikationsstörungen aufgrund unterschiedlicher „Sprachen“ erklären. Diese Kommunikationsstörungen können nicht nur auftreten, wenn Controller Daten beschaffen,[638] sondern auch,

635 Murphy, C. et al. (1995), S. 16.
636 Vgl. Herzog, A. (1999), S. 139.
637 Vgl. Jordan, J. P. (1929), S. 6.
638 Vgl. Abschnitt 3.1.1.2.2.

wenn sie als Informationssender an Manager als Informationsempfänger Informationen übermitteln.[639]

Die Aufgabe der Informationsversorgung ist mit der Übermittlung der Informationen nicht abgeschlossen. Darüber hinaus obliegt es Controllern, zur Erreichung der Zwecke der Informationsversorgung und des übergeordneten Zwecks der Sicherstellung der Rationalität der Führung das Verständnis für die Berichtsinhalte und eng damit verbunden eine richtige Nutzung sicherzustellen.[640] Diese Aufgaben können den Charakter einer Ergänzungs-, aber auch einer Begrenzungsaufgabe haben, wenn Manager aufgrund eigener kognitiver Beschränkungen bewusst nur die Informationen in ihre Entscheidungsprozesse einfließen lassen, die ihre Position stärken.[641] Ein Indiz dafür, dass sie dieser Aufgabe nicht umfassend gerecht werden, liefert WANICZEK, der empirisch die Kommunikation über die Berichte zwischen Controllern und Managern als das größte Rationalitätsdefizit im Berichtswesen identifiziert.[642] Dass Controller nicht immer das Verständnis der Informationen sicherstellen, weil sie es zum Beispiel unterlassen, auf die den angewendeten Instrumenten inhärenten relevanten Prämissen wie Erlösverbunde bei Deckungsbeitragsrechnungen[643] hinzuweisen, und eine umfassende[644] und richtige Nutzung der übermittelten Informationen nicht gewährleisten, erklären ein eigeninteressiertes Handeln und kognitive Beschränkungen.

Allein schon zur Reduzierung ihres Arbeitsaufwands – moderiert durch ihre Zeitpräferenzen – können Controller die Aufgabe der Informationsversorgung mit der Übermittlung der Informationen als abgeschlossen ansehen. Auch Karrierepräferenzen können das Defizit erklären. Angesichts des unternehmensinternen Interessengeflechts versprechen Controller sich

---

639 Vgl. Koch, R. (1994), S. 121f. Zu den Kommunikationsstörungen vgl. Coenenberg, A. G. (1966), S. 59; Schubert-Kaselowsky, I. v. (1979), S. 69; Köhler, R. (1985); Deibl, M. (1995), S. 38; Murphy, C. et al. (1995), S. 36; Pietsch, G./Scherm, E. (2000), S. 397; Nerdinger, F. W./Horsmann, C. (2004), S. 711; Florissen, A. (2005), S. 145.

640 KÜPPER weist auf die Störungen hin, die bei Informationsempfängern entstehen können, und die von Controllern behandelt werden müssen. Vgl. Küpper, H.-U. (2001), S. 162f. Siehe auch Mueller, E. B. (1998), S. 94.
WITTE erläutert, dass die Informationsversorgung nur dann die gewünschte Effizienz bewirken kann, wenn sie bei den Managern auf eine adäquate Fähigkeit und Bereitschaft zur Verarbeitung der Informationen trifft. Vgl. Witte, E. (1972), S. 41.

641 Vgl. Mueller, E. B. (1998), S. 124; Pieroth, G. (2002), S. 342. Insbesondere, wenn Manager Informationen nicht nachgefragt haben, Controller sie aber für sachlich erforderlich halten, kommt der Aufgabe der Sicherstellung einer richtigen Nutzung hohe Bedeutung zu. Vgl. Lanzetta, J. T./Roby, T. B. (1957), S. 173f.

642 Vgl. Waniczek, M. (2001), S. 339.
In vier der sieben Unternehmen, die an der Benchmarking-Studie der WHU der an das Top-Management gerichteten Monatsberichte beteiligt waren, werden gleichwohl die wichtigsten Aspekte des Monatsberichts in einer Vorstandssitzung durch den Controllingleiter präsentiert. Vgl. Weber, J. (2004a), S. 296.

643 Vgl. Weber, J. (2004a), S. 214f. Laut WEBER sind Controllern Erlösverbunde – anders als Kostenverbunde – zumeist nicht bekannt. Vgl. Weber, J. (2004a), S. 230.

644 In der Literatur finden sich Hinweise, dass Manager nicht alle ihnen zur Verfügung stehenden Informationen nutzen. Vgl. Jordan, J. P. (1929), S. 7; Feldman, M. S./March, J. G. (1981), S. 174; Weber, J. et al. (2003), S. 38.

möglicherweise Vorteile davon, dass Träger der Führungshandlungen Informationen nicht richtig verstehen und folglich nicht richtig nutzen, oder aber davon, dass diese die Informationen ungehindert in ihrem Eigeninteresse nutzen können.

Bei kognitiver Beschränkung besteht die Gefahr, dass Controller aufgrund einer verzerrten Wahrnehmung, bedingt durch einen stark ausgeprägten funktionalen Erfahrungshorizont, in Erweiterung der Resourceful-Annahme kognitive Restriktionen der Manager nicht vollständig wahrnehmen Sie erkennen die Notwendigkeit nicht, ein Verständnis für die Berichtsinhalte sowie die richtige Nutzung sicherzustellen. Insbesondere, wenn Controller mit der Informationsversorgung nur auf eine Nachfrage der Manager reagieren und den Informationsbedarf nicht selbst abgeleitet haben, kann ihnen das erforderliche Wissen fehlen über die Funktionsweise und die Zusammenhänge des Geschäfts oder darüber, was das Unternehmen beziehungsweise den Unternehmensbereich bewegt. Sie können die Bedeutung der Informationen für die Manager nicht abschätzen, sie interpretieren und über ihre Erstellung und Übermittlung hinaus mit den Trägern der Führungshandlungen zur Sicherstellung des richtigen Verständnisses und der richtigen Nutzung kommunizieren.[645] Zudem erklären die durch einen charakteristischen funktionalen Erfahrungshorizont geprägten mentalen Modelle von Controllern, dass ihnen die Ideen des Marketings – wie zum Beispiel die Sicherstellung einer umfassenden Nutzung der vorhandenen Informationen – fremd sind und sie sie folglich nicht umsetzen. Grundsätzlich ist für die Sicherstellung des richtigen Verständnisses der Informationen und einer systematischen und unfassenden Informationsnutzung eine intensive Interaktion zwischen Controllern und Managern erforderlich.[646]

Mit der Sicherstellung des Verständnisses und der richtigen Nutzung der Berichtsinhalte schließt sich der Kreis zu der ersten Phase des Informationsversorgungsprozesses, der Ermittlung des Informationsbedarfs. Stellen Controller aus den möglichen aufgezeigten Gründen die Nutzung der Informationen nicht sicher oder setzen sie sich nicht mit der tatsächlichen Informationsnutzung auseinander, können sie diese Erkenntnisse zukünftig nicht in die Bestimmung des Informationsbedarfs einfließen lassen.

Die nachstehende Abbildung fasst die wesentlichen potentiellen Rationalitätsdefizite im Handeln von Controllern bei der Erfüllung ihrer Informationsversorgungsaufgaben zusammen.

---

645 Analog wurden die Probleme von Controllern bei der Auswahl kommentierungswürdiger Ereignisse und dem Verfassen der Kommentare begründet.

646 Vgl. Hirsch, B./Paefgen, A./Schaier, S. (2008), S. 9.

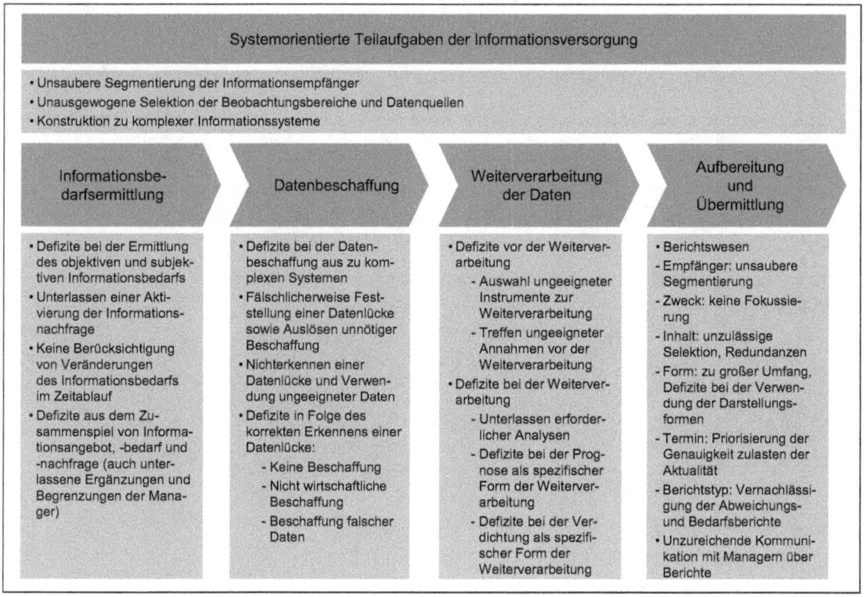

Abbildung 7: Potentielle Rationalitätsdefizite im Handeln von Controllern bei der Informationsversorgung[647]

3.1.2 Planung

Der zweite klassische Aufgabenbereich von Controllern ist die Planung. Informationen bilden die Grundlage für die Erfüllung der Planungsaufgabe. BERTHEL/MOEWS sehen die in der Planung verwendeten Informationen als Determinante des Erfolgs der Planung und anschließenden Plandurchführung an[648] und somit wesentlich für die Erfüllung der Zwecke der Planung. Die Planung ist jedoch nicht nur ein informationsverarbeitender Prozess, sie generiert auch Informationen. Die Anwendung der Planungsinstrumente ist als eine Form der Weiterverarbeitung von Daten zu Informationen zu verstehen. Die Aufgaben der Informationsversorgung und Planung sind somit auf das Engste verbunden.

Der übergeordnete Zweck der Planung besteht in der Erhöhung der Erfolgswahrscheinlichkeit von Unternehmensaktivitäten durch wirtschaftliches Handeln. In Anlehnung an WEBER wurden die konkreteren Planungszwecke – Prognose, Koordination und Motivation – unterschieden. Planung soll zu einer Reduktion der Unsicherheit und Komplexität innerhalb und außerhalb des Unternehmens beitragen, sie soll interdependente Entscheidungen und Handlungen vorbereiten und koordinieren sowie Akteure im Unternehmen durch die als Leis-

[647] Eigene Darstellung.
[648] Vgl. Berthel, J./Moews, D. (1970), S. 33. Siehe auch Kretschmer, P. (1979), S. 150.

tungsanreiz verwendeten Planwerte und eine Mitwirkung an der Planung zur Erreichung der Unternehmensziele anregen.[649]

Rationalitätsdefizite im Handeln von Controllern bei der Erfüllung ihrer Planungsaufgaben aufgrund eines eigeninteressierten Handelns oder kognitiver Beschränkungen können eine Ursache dafür sein, dass die Zwecke der Planung nicht oder nur unzureichend erfüllt werden. Sie werden im Folgenden anhand der Teilaufgaben der Planung dargestellt.

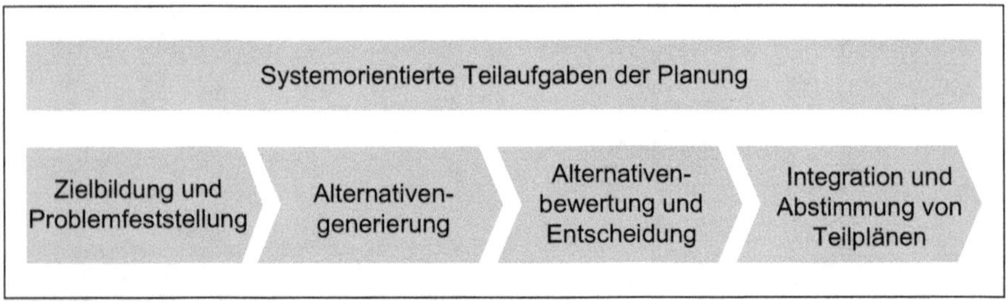

Abbildung 8: Untersuchungsobjekt „Planung"[650]

3.1.2.1 Defizite bei der Erfüllung systemorientierter Teilaufgaben

Auch Planungssysteme können eine zu hohe Komplexität – gekennzeichnet beispielsweise durch die Anzahl und Abgrenzung der Teilpläne, die Zahl der Planungsebenen sowie insbesondere den Detaillierungsgrad der Pläne – ausweisen, was als mögliches Rationalitätsdefizit im Handeln von Controllern angesehen werden kann.[651] Eine Folge komplexer Planungssysteme ist ihre Scheinrationalität, die die Manager in dem Gefühl einer – nicht vorhandenen – Planungssicherheit wiegt.[652] Ein sehr komplexes Planungssystem nimmt in der Regel auch keine Fokussierung auf wesentliche Planungsgrößen vor. Die Planung stellt in vielen Unternehmen nur eine Ergebnisvorschau und keine geistige Durchdringung von Handlungsalternativen dar. Sie erweist sich als periodisch wiederkehrende Prognose von Zahlen ohne Gestaltungscharakter.[653] Darüber hinaus besteht die Gefahr, dass ein komplexes Planungssystem für die konkrete Beplanung Ressourcen in einem nicht wirtschaftlichen Maß bindet. Eine höhere Komplexität des Planungssystems macht umfassendere Informationsgrundlagen erforderlich, die in keinem wirtschaftlichen Verhältnis zu ihrem Nutzen stehen. Schließlich

[649] Vgl. Weber, J. (2004a), S. 417.
[650] Eigene Darstellung.
[651] Vgl. Arbeitskreis „Integrierte Unternehmensplanung" der Schmalenbach-Gesellschaft – Deutsche Gesellschaft für Betriebswirtschaft e. V. (1991), S. 822; Herzog, A. (1999), S. 190; Waniczek, M. (2001), S. 337. Zu der Aufgabe der Controller, die Komplexität des Planungssystems zu bestimmen, siehe Amshoff, B. (1993), S. 254.
[652] Vgl. Pohle, K. (1990), S. 15; Weber, J. (2004a), S. 343.
[653] Vgl. Calingo, L. M. R. (1989). HUNGENBERG konstatiert auch, dass *„unter dem Etikett ‚Planung' [...] häufig eine Art ‚Vorwärtsbuchhaltung' betrieben [wird]."* Vgl. Hungenberg, H. (1992), S. 54.

ist die Beplanung eines komplexen Planungssystems aufgrund des Detaillierungsgrades der einzelnen Pläne und der komplexen Verknüpfungen der Teilpläne sehr zeitintensiv. Daher ist einem zu komplexen Planungssystem ein Trade-off zwischen der Genauigkeit und der Aktualität inhärent. Sehr detailliert ausgearbeitete Pläne können in dem Moment ihrer Verabschiedung bereits überholt sein. Doch nicht nur ein zu komplexes, auch ein zu grobes Planungssystem kann negative Folgen wie zum Beispiel eine mangelnde Sorgfalt bei der Planerstellung nach sich ziehen. In der Praxis scheint ein zu komplexes Planungssystem das häufiger auftretende Rationalitätsdefizit im Handeln von Controllern zu sein. Hierauf deutet die Vergabe des Preises des Internationalen Controllervereins im Jahr 2003 hin. Der Preis wurde an ein Unternehmen verliehen, in dem Controller einen so genannten „one page only"-Planansatz entwickelt haben, der so konzentriert ist, dass Manager die Planung für ihre Bereich selbst vornehmen können.[654]

Informations- und Planungssysteme sind über den Informationsbedarf eng miteinander verbunden. Mit den in der Planung produzierten Informationen werden Informationsbedarfe der Manager, aber auch anderer Adressatengruppen wie des Treasurybereichs oder der Steuerabteilung befriedigt.[655] Daher können zu komplexe Planungssysteme analog zu übermäßig komplexen Informationssystemen durch Rationalitätsdefizite im Handeln von Controllern bei der Informationsbedarfsermittlung erklärt werden. HUNGENBERG unterstellt Controllern, komplexe Planungssysteme zu entwickeln, um ihren eigenen – aufgrund von Eigeninteressen sehr detaillierten – Informationsbedarf befriedigen zu können.[656] Darüber hinaus können sehr komplexe Planungssysteme im Wesentlichen auf dieselben Ursachen zurückgeführt werden, die für zu komplexe Informationsversorgungssysteme angeführt wurden und als Folgedefizit einer zugunsten der methoden- und systemorientierten Aufgaben unausgewogenen Aufgabenverteilung von Controllern begründet werden.

Erklärungen, die auf einem eigeninteressierten Handeln von Controllern basieren, können an der Präferenz, das Arbeitsleid zu reduzieren, ansetzen. Die Entschlackung eines Planungssystems auf die wesentlichen Planungsgrößen ist möglicherweise arbeitsintensiver als die Gestaltung eines umfassenden Systems.[657] Die Karrierepräferenzen der Controller vermögen zu erklären, dass diese sehr komplexe Planungssysteme entwickeln, da die Merkmale, die Scheinrationalität hervorrufen, zugleich Qualität suggerieren. Weiter entstehen durch die Intransparenz komplexer Systeme Informationsasymmetrien, in deren Schutz Controller

---

654 Vgl. Internationaler Controllerverein e.V. (2003).

655 Vgl. Weber, J. (2004a), S. 432.

656 Vgl. Hungenberg, H. (1992), S. 54.

657 WEBER erläutert, dass nur durch das konsequente Entschlacken der Planung eine höhere Aktualität erreicht werden kann. Vgl. Weber, J./Linder, S. (2003), S. 19.

ihre Eigeninteressen verfolgen können, aber auch Kompetenzasymmetrien zwischen Controllern und Managern.

Erklärungen, die auf kognitiven Beschränkungen basieren, beziehen sich in Erweiterung der Resourceful-Annahme auf fehlendes Wissen über die Gefahren sehr komplexer Systeme und die Unkenntnis der Bedeutung des Kontextes, insbesondere der Dynamik für die Gestaltung des Planungssystems sowie eine verzerrte Wahrnehmung und Fehleinschätzung des Unternehmenskontextes selbst. Mit steigender Dynamik des Kontextes sollte die Komplexität des Planungssystems sinken, um Aktualität der Planung zu erhöhen.[658]

Zu den systemorientierten Teilaufgaben der Planung zählt auch die Erarbeitung eines Planungskalenders, in dem der Planungsprozess unter Angabe der einzelnen zu realisierenden Schritte, ihrer Verantwortlichen und insbesondere der Termine dargestellt wird. Die Erarbeitung des Planungskalenders ist eine sehr komplexe Aufgabe, bei der Controller aufgrund ihrer beschränkten Verarbeitungsfähigkeiten als Erweiterung zu der Resourceful-Annahme Fehler machen können, zum Beispiel, wenn sie zeitliche Schnittstellen im Planungsprozess nicht richtig aufeinander abstimmen oder den Planungsprozess zu spät anstoßen.

Planungskalender illustrieren den Trade-off zwischen Genauigkeit und Aktualität, der komplexen Planungssystemen inhärent ist. Es ist ein potentielles Rationalitätsdefizit im Handeln von Controllern, dass sie diesen Trade-off zugunsten der Genauigkeit entscheiden, auch wenn dies sachlich nicht geboten ist. Die Aktualität der Planung und damit die Fähigkeit eines Unternehmens, auf Veränderungen zu reagieren – also der Prognosefunktion der Planung gerecht zu werden – wird dadurch deutlich verschlechtert.[659] Erklärt werden kann dieses Defizit analog zur Priorisierung genauer gegenüber sehr zeitnahen, aktuellen Informationen, die im Zusammenhang mit dem Berichtstermin erläutert wurde. Doch auch bei weniger komplexen Planungssystemen kann die Konzeption des Planungskalenders diesen Trade-off hervorrufen. Teilpläne werden in den meisten Unternehmen sequentiell vollzogen. Sequentielle Planungen sind mit einem hohen Zeitaufwand verbunden, zeichnen sich aber auch durch ein hohes Maß an Genauigkeit aus. Laut HUNGENBERG ist es jedoch mit einer systematischen Analyse möglich, auf dem kritischen Pfad parallelisierbare Planungsaufgaben zu identifizieren und so die Aktualität zu erhöhen.[660] Dass Controller dies nicht immer tun, kann an ihrer Präferenz liegen, das Arbeitsleid zu reduzieren, da die Aufgabe mit einem hohen Arbeitsaufwand verbunden ist. In Erweiterung der Resourceful-Annahme kann fehlendes Wissen darüber, welche Planungsschritte sequentiell und welche parallel durchgeführt werden können, dieses Defizit erklären.

---

[658] Vgl. Dörner, D. (1989), S. 246.
[659] Vgl. Hungenberg, H. (1992), S. 54; Jenßen, A./Klatt, M. M. (2004), S. 462.
[660] Vgl. Hungenberg, H. (1992), S. 55.

Zu den systemorientierten Teilaufgaben der Planung gehört auch eine methodische und instrumentelle Unterstützung von Managern. Ein Rationalitätsdefizit im Handeln von Controllern kann darin bestehen, dass sie diese Aufgabe nicht wahrnehmen und eine Formalisierung und Systematisierung der Willensbildung unterlassen oder dass sie diese Aufgabe nur unzureichend wahrnehmen. Eine mangelhafte Dokumentation von Verfahren und Methoden hat zum einen zur Folge, dass sich keine ressourcenschonenden und die Wirtschaftlichkeit der Planung fördernden Willensbildungsroutinen einstellen.[661] Erfahrungseffekte und Effekte aus einem Ex-post-Lernen aus Fehlern oder Erfolgen der Vergangenheit können nicht realisiert werden. Zum anderen resultieren daraus begrenzte Möglichkeiten der Überprüfbarkeit, aber auch der Vergleichbarkeit der Willensbildung und ihrer Ergebnisse.[662] Als ursächlich für dieses Defizit ist einerseits ein eigeninteressiertes, das Arbeitsleid reduzierendes Handeln von Controllern anzusehen. Andererseits sind auch Karrierepräferenzen von Controllern als Erklärung denkbar: Je weniger Methoden und Verfahren dokumentiert sind, desto stärker sind Manager auf die Hilfe von Controllern angewiesen, die diese Kompetenzasymmetrien für die Verfolgung ihrer eigenen Interessen nutzen können. Bei kognitiven Beschränkungen kann als erweiternde Annahme zu der Resourceful-Annahme ein fehlendes Methodenwissen von Controllern – auch wenn diese Annahme vor dem Hintergrund ihres funktionalen Erfahrungshorizonts wenig plausibel erscheint –, eine nur unzureichende Planungsunterstützung erklären. Darüber hinaus erhellen die für Defizite bei der Ermittlung des subjektiven Informationsbedarfs angeführten Ursachen eine mangelhafte methodische Unterstützung. Insbesondere schlüssig erscheint es, dass Controller aus ihrer funktionalen Perspektive, vor dem Hintergrund ihres Wissens, den Bedarf von Managern nicht immer richtig einschätzen.[663]

3.1.2.2 Defizite bei der Erfüllung prozessorientierter Teilaufgaben

3.1.2.2.1 Zielbildung und Problemfeststellung

Eine wesentliche Aufgabe der Controller im Rahmen der Zielbildung und Problemfeststellung ist die Versorgung von Trägern der Führungshandlungen mit Informationen, die aus Umwelt- und Unternehmensanalysen sowie -prognosen gewonnen werden, die Grundlage für die Ableitung der Planungsprämissen bilden.[664] Diese Aufgabe ist übergreifend zu der Zielbildung und Problemfeststellung zu erfüllen. Im Hinblick auf die Unternehmensumwelt werden Informationen zum Beispiel über wirtschaftliche, gesellschaftliche oder politische Entwicklungen, Informationen über Wettbewerber, über die Branche oder relevante Märkte

---

661 Vgl. für den Preisbildungsprozess analog Florissen, A. (2005), S. 181ff.

662 PRITSCH/WEBER nennen das Beispiel einer uneinheitlichen Anwendung der Realoptionsmethode. Projekte, bei denen diese Methode zur Anwendung gelangt ist, deren Flexibilitätspotential demzufolge in die Bewertung eingeflossen ist, werden ungerechtfertigt bevorzugt gegenüber vergleichbaren Projekten, bei denen diese Methode nicht eingesetzt wurde. Vgl. Pritsch, G./Weber, J. (2004), S. 81f.

663 Vgl. ausführlich Abschnitt 3.1.1.2.1.

664 Vgl. Amshoff, B. (1993), S. 253; Peemöller, V. H. (1997), S. 117; Macharzina, K./Wolf, J. (2005), S. 440ff.

benötigt. Im Hinblick auf das Unternehmensinnere können Darstellungen der Stärken und Schwächen des Unternehmens, Kontroll- oder Steuerungsinformationen aus dem Rechnungswesen oder aus dem Personal- oder Forschungs- und Entwicklungsbereich für die Manager von Relevanz sein.[665] Die Informationsgrundlagen der Planung werden in vielen Unternehmen als unbefriedigend bezeichnet.[666] Bei der Ermittlung des Informationsbedarfs – auch in der Planung – angeführte Beispiele für ein Auseinanderfallen des Informationsbedarfs und des Informationsangebots verdeutlichen dies.[667]

Von Controllern häufig vernachlässigte nicht-finanzielle Informationen sind für die Planung sehr relevant, da zum einen oftmals erst durch die Kombination finanzieller mit nicht-finanziellen Informationen wesentliche erfolgsbestimmende Faktoren berücksichtigt werden können, die sich inhaltlich hinter der Entwicklung finanzieller Kennzahlen verbergen, wie die Kundenzufriedenheit oder das Qualitätsniveau der Produkte.

Zum anderen weisen nicht-finanzielle Informationen im Sinne vorlaufender Indikatoren auf zukünftige Entwicklungen hin und zeigen nicht nur mit zeitlicher Verzögerung auftretende Symptome einer Entwicklung an.[668] Zum Beispiel werden bei einer ausschließlichen Fokussierung auf Aspekte der Kosten- und Erlösrechnung gestiegene Auftragsbearbeitungszeiten und eine dadurch hervorgerufene Kundenunzufriedenheit nicht als Ursachen eines bereits rückläufigen Umsatzes oder gar als Indikatoren für eine rückläufige Umsatzentwicklung in der Zukunft erkannt. Somit ist die Vernachlässigung nicht-finanzieller Informationen gleichbedeutend mit einer zu stark an der Vergangenheit orientierten Informationsversorgung. In der Literatur findet sich explizit der Hinweis auf nicht ausreichend zukunftsorientierte Planungsgrundlagen.[669] Nur zukunftsorientierte Informationen gewährleisten einen erfolgreichen Umgang des Unternehmens mit geänderten Rahmenbedingungen. Insofern kommt einer zukunftsorientierten und aktuellen Informationsversorgung im Sinne einer Früherkennung durch vorlaufende Indikatoren, Prognosen oder Hochrechnungen sowohl für die Zielbildung als auch für die Problemfeststellung innerhalb der Planung eine hohe Bedeutung zu.[670] Unvollständige oder ungeeignete, insbesondere nicht zukunftsorientierte Grundlagen der Zielbildung und Problemfeststellung führen dazu, dass die Planung ihren Prognosezweck nicht erfüllt. Relevante Einflussfaktoren des Unternehmenserfolgs werden möglicherweise vernachlässigt oder ihre Entwicklung nicht prognostiziert. Planungsproble-

[665] Vgl. für eine umfassende Darstellung des potentiellen Informationsbedarfs zum Beispiel Grünewald, H.-G. (1989), Sp. 692ff.

[666] Horváth, P./Gaydoul, P./Hagen, W. (1978), S. 28.

[667] Vgl. Abschnitt 3.1.1.2.1. Mit Bezug zur Planung vgl. Pohle, K. (1990), S. 6 und 16; Hungenberg, H. (1992), S. 53f.; Joos-Sachse, T. (1997), S. 467.

[668] Vgl. Friedag, H. R. (1999), S. 51f.; Steinle, C./Bruch, H. (1999), S. 755; Ittner, C. D./Larcker, D. F. (2001), S. 370; Lienhard, P. (2003), S. 74.

[669] Vgl. Weinrich, G. (1988), S. 122; Eberenz, R. (1999), S. 139.

[670] Vgl. Denk, R./Kunesch, H. (1996), S. 541; Zimmermann, C. (2001), S. 117; Horváth, P. (2003), S. 351.

me, aber auch Chancen bleiben unerkannt und es werden Ziele definiert, die nicht zweckadäquat sind. Ungeeignete Ziele führen dazu, dass die Planung ihren Koordinationszweck nicht erfüllt, da Ziele die Koordination interdependenter Entscheidungen und Handlungen gewährleisten sollen.[671]

Da die im Informationsversorgungsprozess von Controllern generierten Informationen den Input für die Planung bilden, können inhaltlich ungeeignete, fehlende, manipulierte, durch den falschen Detaillierungs-, Präzisions- und Aktualitätsgrad gekennzeichnete, quantitativ unangemessene, in der falschen Darstellungsform zum falschen Zeitpunkt übermittelte informationelle Planungsgrundlagen auf Rationalitätsdefizite im Handeln von Controllern bei der Erfüllung des Informationsversorgungsprozesses und der möglichen Ursachen zurückgeführt werden.

Einige der potentiell auftretenden Rationalitätsdefizite bei der Bereitstellung der informationellen Grundlagen für die Zielbildung und Problemfeststellung lassen sich anhand des Controllinginstruments der Früherkennung illustrieren.[672] Früherkennungssysteme zielen auf die Wahrnehmung latenter Bedrohungen und Chancen zu einem Zeitpunkt ab, der eine ausreichende Reaktionszeit zur Entwicklung und Analyse von Maßnahmen zur Abwehr der Bedrohung sowie zur Nutzung der sich bietenden Chancen lässt. Früherkennungssysteme – insbesondere Frühwarnsysteme als Subsysteme von Früherkennungssystemen[673] – sind ein wichtiges Instrument zur Problemerkennung.[674]

Gemäß ihren historischen Entwicklungsstufen sind drei Generationen von Früherkennungssystemen zu unterscheiden. Früherkennungssysteme der ersten Generation basieren auf den Daten des Rechnungswesens. Die Früherkennungsinformationen werden durch einen Zeitvergleich von Kennzahlen oder durch innerjährliche Hochrechnungen gewonnen. Früherkennungssysteme der zweiten Generation basieren auf der – durch empirische Beobachtungen gestützten – Überlegung, dass bestimmte Indikatoren – so genannte „leading indicators“[675] – zukünftige Bedrohungen und Chancen ankündigen.[676] Die dritte Generation von Früherkennungssystemen ist als „strategischer Radar“ insbesondere auf die Erfassung

---

671 Zielen werden verschiedene Funktionen zugewiesen. Eine Funktion ist die Koordinationsfunktion. Ein Zweck der Planung ist ebenfalls die Koordination. Ziele sind das Mittel zur Erreichung dieses Zwecks. Planung erfolgt zumeist multipersonal, über verschiedene Bereiche und Ebenen, so dass der Koordination von Entscheidungen und Handlungen eine besondere Bedeutung zukommt. Vgl. zu Funktionen von Zielen allgemein Macharzina, K./Wolf, J. (2005), S. 209f.

672 Vgl. Krystek, U. (1990a), S. 419ff.; Horváth, P. (2003), S. 397ff.; Horváth, P. (2003), S. 256f.; Weber, J. (2004a), S. 527ff.

673 Vgl. Horváth, P. (2003), S. 256.

674 Vgl. Schweitzer, M. (2005), S. 63.

675 Vgl. Horváth, P. (2003), S. 256.

676 Vgl. für eine Übersicht möglicher Indikatoren Krystek, U. (1990a), S. 434.

schwacher Signale, die zumeist qualitativer Natur und oftmals neuartig sind, ausgerichtet.[677] Früherkennungsinformationen können unterschiedliche zeitliche Horizonte haben und werden daher sowohl für die operative als auch die strategische Planung eingesetzt. Während für die operative Planung überwiegend Systeme der ersten und zweiten Generation angewendet werden, dienen die Systeme der dritten Generation ausschließlich der Fundierung der strategischen Planung.[678]

Potentielle Rationalitätsdefizite im Handeln von Controllern bei der Entwicklung und Anwendung von Früherkennungssystemen können einerseits auf ein eigeninteressiertes Handeln zurückgeführt werden. Mangelnde Sorgfalt im Einsatz dieses Instruments erklärt die Präferenz von Controllern, ihr Arbeitsleid zu reduzieren. Darüber hinaus eröffnen sich Controllern vielfältige Möglichkeiten, durch Formen der Informationsmanipulation ihre Karrierepräferenzen zu verfolgen.

Andererseits erhellen kognitive Beschränkungen denkbare Defizite in der Anwendung von Früherkennungssystemen. Übergreifend stehen die funktional geprägten und damit vergangenheitsorientierten mentalen Modelle von Controllern einer zukunftsorientierten Informationsversorgung entgegen. Sie können das Spektrum der wahrgenommenen Informationen, aber auch die Bewertung des Nutzens von Informationen beeinflussen. WEBER beurteilt die Zuweisung von Aufgaben der strategischen Früherkennung zu Controllern derzeit als sehr weit von der Controllerpraxis entfernt.[679] Umfangreiches Wissen zum Beispiel über technologische Entwicklungen, Wirtschafts- und Marktveränderungen in ihrer Relevanz für das Unternehmen sowie sehr spezifische mentale Modelle sind erforderlich, um schwache Signale sicher empfangen und deuten zu können. In Erweiterung der Resourceful-Annahme ist es plausibel, dass Controller diesbezüglich kognitive Beschränkungen aufweisen, so dass sie vornehmlich auf der operativen Planungsebene in die Früherkennung eingebunden sind.

Ihre Fokussierung auf finanzielle Kennzahlen deutet jedoch darauf hin, dass sie auch die Möglichkeiten indikatorbasierter Früherkennungssysteme der zweiten Generation nur unzureichend ausschöpfen. Finanzielle Kennzahlen sind in der Regel keine „leading indicators“. Darüber hinaus lassen sich Defizite bei der Auswahl von Indikatoren im Sinne einer Früherkennung der zweiten Generation dadurch erklären, dass Controllern als erweiternde Annahme zu der Resourceful-Annahme des RREEMM-Modells das Wissen darüber fehlt, welche die für die Führung des konkreten Unternehmens relevanten Indikatoren sind. Ebenfalls in Erweiterung der Resourceful-Annahme können Verfügbarkeitsverzerrungen erklären, dass Controller auf die verfügbaren Indikatoren zurückgreifen, ohne deren Informationsge-

677 Zu dem Konzept schwacher Signale vgl. Ansoff, H. I. (1976).
678 Vgl. Krystek, U. (1990a), S. 425ff.
679 Vgl. Weber, J. (2004a), S. 530. Siehe aber auch Lutz, J. (2006), S. 8.

halt in Frage zu stellen. Welche Indikatoren für sie verfügbar sind, determinieren wiederum ihre mentalen Modelle und ihr Wissen. Insofern sind die Indikatoren mit dem Problem einer Fokussierung auf bestimmte Beobachtungsbereiche behaftet.[680] Bewertungsverzerrungen als Erweiterung zu der Evaluating-Annahme vermögen zu erklären, dass Controller aufgrund ihres fehlenden Wissens aus dem Spektrum der möglichen Indikatoren die falschen auswählen oder bei Verfügbarkeitsverzerrungen die Indikatoren allein aufgrund ihrer Verfügbarkeit als relevant bewerten.[681]

Controller können auch Rationalitätsdefizite bei der Einschätzung der sich hinter den Indikatoren verbergenden Kausalzusammenhänge in ihrem Handeln aufweisen. Diese lassen sich in Erweiterung der Resourceful-Annahme durch fehlendes Faktenwissen sowie in Erweiterung der Expecting-Annahme durch Beschränkungen der Fähigkeit zur Bildung von Wahrscheinlichkeitsurteilen erklären, da der Akteur bei der Bildung von Kausalurteilen möglichen Ursache-Wirkungs-Beziehungen Wahrscheinlichkeiten zuweist.

Auch bei der Ausgestaltung von Früherkennungssystemen der ersten Generation können Rationalitätsdefizite im Handeln von Controllern auftreten, obwohl diese Früherkennungssysteme vergangenheitsorientiert sind. Controllern kann in Erweiterung der Resourceful-Annahme Wissen darüber fehlen, welche Kennzahlen geeignet sind, Rückschlüsse auf zukünftige Entwicklungen zuzulassen. Da Informationen zur Früherkennung der ersten Generation oftmals das Ergebnis von Prognosen sind, können Beschränkungen der Fähigkeit zur Bildung von Wahrscheinlichkeitsurteilen und Verzerrungen dieser Fähigkeit in Erweiterung der Expecting-Annahme – wie sie für die Phase der Weiterverarbeitung von Daten innerhalb der Informationsversorgung dargestellt wurden – Rationalitätsdefizite im Handeln von Controllern bei dieser Form der Früherkennung erklären.[682] Nicht immer besitzen historische Wirkungszusammenhänge auch für die Zukunft Gültigkeit.[683]

Eine weitere Aufgabe von Controllern ist es, die auf der informationellen Basis entwickelten Planungsprämissen im Hinblick auf ihre Vollständigkeit, Plausibilität und Konsistenz zu hinterfragen. Auch hierbei können Rationalitätsdefizite im Handeln von Controllern auftreten. Sie resultieren möglicherweise daraus, dass sie die Präferenz, ihr Arbeitsleid zu reduzieren, oder Karrierepräferenzen verfolgen. Zudem erklären fehlendes Faktenwissen und vielfältige potentielle Wahrnehmungsbeschränkungen als erweiternde Annahmen zu der Resourceful-Annahme sowie beschränkte Fähigkeiten zur Bildung von Wahrscheinlichkeitsurteilen als erweiternde Annahmen zu der Expecting-Annahme, dass Controller das

680 Vgl. Abschnitt 3.1.1.1.
681 Vgl. Weinrich, G. (1988), S. 122.
682 Vgl. Abschnitt 3.1.1.2.3.
683 Vgl. Weber, J. (2004a), S. 528.

Fehlen relevanter Planungsprämissen sowie Planungsrestriktionen nicht erkennen oder gebildete Prämissen fälschlicherweise für plausibel erachten. Auch um Inkonsistenzen zwischen einzelnen Prämissen – zum Beispiel zwischen Währungsentwicklungen und Rohstoffpreisen – zu erkennen, ist ein umfangreiches Faktenwissen erforderlich, das Controllern fehlen kann.

Über die Bereitstellung der informationellen Grundlagen hinaus obliegen Controllern weitere Aufgaben im Rahmen der Zielbildung und Problemfeststellung, die in den folgenden beiden Abschnitten diskutiert werden.

3.1.2.2.1.1 Zielbildung

Controller wirken entweder unmittelbar an der Zielbildung mit oder sind beratend und hinterfragend – rationalitätssichernd – eingebunden.[684] WEBER bezeichnet Ziele auch als den *„zentralen Stellhebel für die Effizienz und Effektivität der Führung“*.[685] Potentielle Defizite bei der Zielbildung führen dazu, dass die Planung ihren Prognose-, Koordinations- und – da die gebildeten Ziele auch als Leistungsanreiz verwendet werden – ihren Motivationszweck nicht erfüllt. Mögliche Rationalitätsdefizite werden bezüglich des Zielinhalts, des Zielausmaßes und des Zeitbezugs der Ziele ergründet.[686]

Für den *Zielinhalt* identifiziert WANICZEK empirisch die Bildung einseitig finanzieller Ziele als ein Rationalitätsdefizit im Handeln von Controllern.[687] Da sich das unternehmerische Handeln an den gesetzten Zielen ausrichtet – *„what gets measured, gets done“*[688] –, ist damit die Gefahr verbunden, dass nicht-finanzielle Aspekte unberücksichtigt bleiben, obwohl gerade diese oftmals die Vorsteuergrößen darstellen, um finanzielle Ziele zu erreichen, und daher wichtige Hinweise für die Handlungsorientierung liefern.[689] Die Ursachen für dieses Defizit können einerseits in einem eigeninteressiertes Handeln von Controllern gesucht werden. Aufgrund ihrer Wurzeln im Rechnungswesen entsprechen finanzielle Ziele eher dem funktionalen Erfahrungshorizont von Controllern. Daher ist anzunehmen, dass sie in diesem Bereich über Wissen verfügen und durch eine Fokussierung auf die Bestimmung finanzieller Ziele ihr Arbeitsleid reduzieren. Darüber hinaus sind die Wirkungen finanzieller Ziele einfacher darstellbar und ihre Erfüllung kann leichter überprüft werden. Auch aus diesem Grund sind sie geeignet, das Arbeitsleid von Controllern im Führungszyklus zu redu-

---

684 Vgl. Abschnitt 2.1.2.2.2.

685 Vgl. Weber, J. (2004a), S. 80.

686 Vgl. zu diesen drei Dimensionen eines Ziels zum Beispiel Posselt, S. G. (1986), S. 58f.

687 Vgl. Waniczek, M. (2001), S. 337. Siehe auch Höller, H. (1978), S. 214; Weber, J. (2003a), S. 184. Für die perspektivische Ausgewogenheit im Rahmen einer wertorientierten Unternehmenssteuerung vgl. Weber, J. et al. (2005), S. 182.

688 Vgl. Ridgway, V. F. (1983); Weber, J. (2004a), S. 275.

689 Vgl. Weber, J. (2004a), S. 81; Weber, J. et al. (2005), S. 182. Zu den Vorteilen einer perspektivischen Ausgewogenheit des Steuerungssystems vgl. Lingle, J. H./Schiemann, W. A. (1996); Weber, J./Sandt, J. (2001).

zieren. Andererseits können potentielle kognitive Beschränkungen von Controllern dieses Defizit erklären. Den Erklärungshintergrund bildet auch hier ihr funktionaler Erfahrungshorizont. Er vermag fehlendes Wissen über das operative Geschäft und eine durch ihre Wurzeln im Rechnungswesen und die dementsprechenden mentalen Modelle geprägte Wahrnehmung von Controllern zu erklären. Diese erweiternden Annahmen zu der Resourceful-Annahme des RREEMM-Modells plausibilisieren, dass Controller nicht sicherstellen, dass sowohl finanzielle als auch nicht-finanzielle Ziele ausgewogen gebildet werden. Aus ihrem funktionalen Erfahrungshorizont können auch Bewertungsverzerrungen als Erweiterung der Evaluating-Annahme resultieren, die erklären, dass Controller den Nutzen nicht-finanzieller Ziele unterbewerten.[690]

In der Literatur besteht die zentrale Forderung, dass Zielinhalte beziehungsweise Zielvorgaben klar und verständlich sein und den erforderlichen Handlungsbezug aufweisen sollten.[691] Andernfalls besteht die Gefahr, dass Maßnahmen ergriffen werden, die der Zielverfolgung nicht zuträglich sind, oder es besteht Unsicherheit darüber, welche Maßnahmen eine effektive und effiziente Zielverfolgung darstellen. Unklare Zielvorgaben bergen aufgrund des inhärenten Risikos des Missverstehens auch die Gefahr einer mangelnden Motivation der Zielempfänger und bieten Spielraum für ein eigeninteressiertes, von den Zielen des Unternehmens abweichendes Verhalten.[692] Damit berühren unklare Zielvorgaben alle drei Zwecke der Planung: den Koordinations-, Prognose- und Motivationszweck. Es gibt Hinweise dafür, dass in zahlreichen Unternehmen Ziele nicht klar und verständlich formuliert werden.[693] Bei der Zielbildung spielen Kennzahlen aufgrund ihrer Vorgabefunktion eine wichtige Rolle. Ein potentielles Rationalitätsdefizit im Handeln von Controllern, das sich auf die Klarheit und Verständlichkeit von Zielvorgaben auswirkt, kann darin bestehen, dass die als Ziele vorgegebenen Kennzahlen zu stark verdichtet sind. Controller unterschätzen möglicherweise die Gefahr eines Informationsverlustes und einer unzulässigen Simplifizierung der tatsächlichen Komplexität gegenüber den zu realisierenden Effizienzgewinnen. Mögli-

690 ACKOFF befürchtet aufgrund der Bedeutung des Erfahrungshorizonts beziehungsweise des Wissens der Akteure, die Einflussfaktoren der Planung darstellen, einen „financial bias“, wenn die Planung im Finanzbereich angesiedelt ist. Vgl. Ackoff, R. L. (1970), S. 131.

691 Vgl. Höller, H. (1978), S. 89; Kenis, I. (1979), S. 707ff.; Locke, E. A./Latham, G. P. (1984), S, 20f.; Locke, E. A./Latham, G. P. (1990), S. 29ff.; Weber, J. (2004a), S. 92ff. Es wurde empirisch gezeigt, dass bei sehr leistungsmotivierten Aufgabenträgern die angegebene Anstrengung zur Einhaltung von Zielvorgaben wie auch die erzielte Leistung positiv mit dem Präzisions- und Detaillierungsgrad der Zielvorgaben korrelieren. Bei Aufgabenträgern mit niedriger Leistungsmotivation konnte dieser Zusammenhang allerdings nicht festgestellt werden. Vgl. hierzu Höller, H. (1978), S. 91; Carroll, S. J./Tosi, H. L. (1970); Steers, R. M. (1975).

692 Ein in der Literatur erwähntes Phänomen ist das so genannte rigide bürokratische Verhalten der Zieladressaten. Sie erfüllen zwar die Vorgaben, jedoch in einer Weise, mit der die beabsichtigte Zielsetzung nicht erreicht wird. Die vorgegebenen Ziele bilden das angestrebte übergeordnete Ziel nicht adäquat ab. Vgl. Höller, H. (1978), S. 217f.; Ridgway, V. F. (1983); Posselt, S. G. (1986), S. 73f.; Buggert, W. (1991), S. 31f.

693 Vgl. Macharzina, K. (2003), S. 372. HAUSCHILDT setzt sich mit der Frage der grundsätzlichen Möglichkeit der Zielklarheit in Abhängigkeit des Kontextes auseinander. Vgl. Hauschildt, J. (1988), S. 107.

che Ursachen für eine zu starke Verdichtung von Kennzahlen und die fehlende Aufdeckung wurden bereits bei den potentiellen Rationalitätsdefiziten im Handeln von Controllern bei der Weiterverarbeitung von Daten im Zuge des Informationsversorgungsprozesses diskutiert.[694]

Doch selbst wenn sich die Spitzenkennzahlen durch einen angemessenen Verdichtungsgrad auszeichnen, sind sie nicht zur Steuerung operativer Bereiche in einem Unternehmen geeignet. Aus den übergeordneten Zielen beziehungsweise aus den stark verdichteten Spitzenkennzahlen müssen für die operativen Ebenen verständliche Zielvorgaben abgeleitet werden.[695] Auch hierbei, sei es unmittelbar bei der Zielbildung oder ihrer kritischen Hinterfragung, können Controller Rationalitätsdefizite in ihrem Handeln aufweisen.[696]

Ein Beispiel für die Ableitung konkreterer Zielvorgaben ist die Bildung operativer Werttreiberhierarchien im Rahmen einer wertorientierten Unternehmenssteuerung.[697] Operative Werttreiberhierarchien sind Systeme aus formal und/oder sachlogisch verknüpften Werttreibern. Ausgehend von der jeweiligen wertorientierten Spitzenkennzahl – zum Beispiel dem Economic Value Added – werden Einflussgrößen dieser Kennzahl identifiziert.[698] Die Werttreiberhierarchie liefert ein Abbild beeinflussbarer Faktoren über das bestehende Geschäft des Unternehmens und ihre Verbindungen zueinander.

Zum einen kann ein eigeninteressiertes Handeln von Controllern, insbesondere ihre Präferenz, das Arbeitsleid zu reduzieren, moderiert durch Zeitpräferenzen, eine mangelnde Sorgfalt bei der Bildung oder der Überprüfung gebildeter Werttreiberhierarchien erklären. Zum anderen können kognitive Beschränkungen von Controllern fehlerbehaftete Werttreiberhierarchien erklären. Die Spitzenkennzahl wird meist zunächst formallogisch und anschließend sachlogisch aufgespaltet.[699] In Erweiterung der Resourceful-Annahme kann Controllern das Methodenwissen über die einzelnen Annahmen der wertorientierten Spitzenkennzahl und damit die Möglichkeiten ihrer formallogischen Aufspaltung fehlen. Vor dem Hintergrund des controllerspezifischen Erfahrungshorizonts ist dies jedoch weniger plausibel. Weitere Erklärungen für das herausgearbeitete potentielle Rationalitätsdefizit sind anzuführen.

694 Vgl. Abschnitt 3.1.1.2.3.

695 Vgl. Höller, H. (1978), S. 56; Hiromoto, T. (1989), S. 317; Weber, J. et al. (2004), S. 33.

696 Vgl. Amshoff, B. (1993), S. 443; Becker, W./Benz, K. (1996), S. 14; Benz, K. (1998), S. 116f. Siehe auch Henke, J. W. (1986), S. 87ff.

697 Vgl. Brunner, J. (1999), S. 66ff. und 152ff.; Rappaport, A. (1999), S. 67ff.; Copeland, T./Koller, T./Murrin, J. (2002), S. 132ff., Weber, J. et al. (2004), S. 105ff.

698 Vgl. Knorren, N. (1998), S. 119f.

699 Während RAPPAPORT den Begriff Werttreiber ausschließlich auf finanzielle Werttreiber, also die formallogische Aufspaltung wertorientierter Spitzenkennzahlen bezieht, sind zunehmend auch Werttreiber im Sinne von Stellhebeln des täglichen Geschäfts in der Literatur und Unternehmenspraxis unter diesem Begriff zusammengefasst. Vgl. Brunner, J. (1999), S. 66f.; Reinecke, S. (2000), S. 42.

Ebenfalls in Erweiterung der Resourceful-Annahme kann die grundsätzlich beschränkte Verarbeitungsfähigkeit angesichts der Komplexität einer solchen Werttreiberhierarchie dazu führen, dass Controller Fehler machen.[700] Möglicherweise erfassen sie die Komplexität des realen Ursache-Wirkungsgeflechts nicht und können es folglich nicht in eine Werttreiberhierarchie überführen oder eine bestehende Werttreiberhierarchie adäquat hinterfragen.[701] Zudem kann eine in Erweiterung der Expecting-Annahme beschränkte Fähigkeit von Controllern zur Bildung von Wahrscheinlichkeitsurteilen falsche Kausalurteile über die Ursache-Wirkungs-Beziehungen in einer Werttreiberhierarchie erklären. Die Bildung von Kausalurteilen erfolgt in einem so genannten kausalen Kontext, der als kognitiver Rahmen anzusehen ist und wesentlich von dem Wissen und den mentalen Modellen von Controllern beeinflusst wird. Fehlt Controllern in Erweiterung der Resourceful-Annahme das erforderliche Wissen über verschiedene Dimensionen des operativen Geschäfts oder erfassen sie aufgrund funktional geprägter mentaler Modelle nicht alle für die Bildung einer vollständigen Werttreiberhierarchie relevanten Aspekte, kann es zu einer fehlerhaften Erfassung der Ursache-Wirkungs-Beziehungen beziehungsweise zum Ignorieren von Interdependenzen kommen.[702] Deshalb treten in Erweiterung der Evaluating-Annahme Bewertungsverzerrungen bei der Bestimmung des Nutzens auf, den hierarchisch untergeordnete Werttreiber im Hinblick auf das Erreichen übergeordneter Werttreiber sowie das übergeordnete Ziel stiften. Im Extremfall können Controller den Nutzenbeitrag einzelner Werttreiber nicht bestimmen.

Die Bildung einer operativen Werttreiberhierarchie ist jedoch nur der erste Schritt hin zu operationalen Zielvorgaben. In einem zweiten Schritt sind die Werttreiber auszuwählen, die geeignete Zielvorgaben darstellen.[703] Hierbei besteht insbesondere das Problem, die richtige Tiefe der Werttreiber zu bestimmen. Für einen Mitarbeiter in der Produktion ist die Zielvorgabe einer Steigerung des Unternehmenswertes zu abstrakt. Ob die Vorgabe, die Qualität in der Produktion zu steigern, ausreicht, ist ebenfalls fraglich. Sie kann zum Beispiel durch die Vorgabe einer Verbesserung des Materialzuschnitts weiter konkretisiert werden. Je operativer die Prozessebene ist, desto größer sollten die unmittelbare Beeinflussbarkeit der Werttreibergrößen und ihre Messbarkeit sein, das heißt, desto mehr haben operative Werttreiber den Charakter von Messgrößen für Prozesse und Aktivitäten.[704] Controllern kann jedoch in Erweiterung der Resourceful-Annahme das erforderliche Wissen zum Beispiel über Arbeitsabläufe in der Produktion für eine Operationalisierung auf dieser Ebene fehlen. Wird die Bildung der Zielvorgaben auf dieser Ebene von anderen Akteuren übernommen, kann es

700 Vgl. zu der Komplexität von Ursache-Wirkungs-Zusammenhängen zum Beispiel Wall, F. (2001), S. 69f.; Fink, C. A./Heineke, C. (2004), S. 97.

701 Vgl. Kaufmann, L. (2002), S. 39.

702 Zur Bedeutung des Wissens für die Bildung von Ursache-Wirkungs-Beziehungen vgl. Wall, F. (2001), S. 66.

703 Vgl. Weber, J. (2004a), S. 259ff.; Weber, J. et al. (2004), S. 109.

704 Vgl. Brunner, J. (1999), S. 69.

Controllern schwer fallen, diese Vorgaben daraufhin zu hinterfragen, ob sie alle zielrelevanten Aspekte der Aufgabenerfüllung des Adressaten abdecken oder wichtige Aspekte ausgeblendet werden.[705] Die Auswahl von Zielen, die nicht intendierte Handlungswirkungen haben, kann auch in Erweiterung der Evaluating-Annahme durch Bewertungsverzerrungen gemäß dem Outcome-Bias erklärt werden. Allgemein besagt dieser, dass Akteure sich zu stark an den Ergebnissen von Entscheidungen und weniger an der Qualität der vorgelagerten Prozesse orientieren. Bezogen auf die Wahl geeigneter operativer Werttreiber als Zielvorgaben werden die ausgewählt, die zwar das intendierte Ergebnis einer Handlung abbilden, beispielsweise eine Umsatzsteigerung, nicht aber die durch den Adressaten der Zielvorgabe zu ergreifenden vorgelagerten Maßnahmen, zum Beispiel Maßnahmen zur Kundenbindung.

Bezüglich des *Zielausmaßes* haben Controller die Aufgabe, realistische Zielhöhen, die den Prognosezweck der Planung durch die Reduzierung der Unsicherheit erfüllen, und angemessene Zielhöhen im Hinblick auf den Motivationszweck der Planung zu setzen.[706] Controller wirken entweder selbst bei der Bestimmung des Zielausmaßes mit oder hinterfragen die festgelegten Zielausmaße auf ihre Adäquanz. Ungeeignete Zielhöhen können sowohl auf ein eigeninteressiertes Handeln als auch auf kognitive Beschränkungen zurückgeführt werden. Bei eigeninteressiertem Handeln vermag die Präferenz, das Arbeitsleid zu reduzieren, gegebenenfalls moderiert durch Zeitpräferenzen sowie Karrierepräferenzen von Controllern, einen Erklärungsbeitrag zu leisten. Zur Reduzierung ihres Arbeitsleids arbeiten Controller gegebenenfalls bei der Festlegung und Hinterfragung der Zielhöhen nicht sorgfältig oder vermeiden bewusst Konflikte mit Managern. Die Konfliktvermeidung kann auch durch Karrierepräferenzen von Controllern erklärt werden. Controller versprechen sich möglicherweise Vorteile wie eine Verbesserung ihrer Anreize davon, dass sie mit den Managern kolludieren und an der Bildung objektiv zu wenig ambitionierter Ziele mitwirken oder das Handeln von Managern bei der Bildung dieser Ziele nicht begrenzen.[707] Einflussnahme als eigenständiges Ziel von Controllern vermag zu erklären, dass diese auf die Bildung sehr hoch gesteckter Ziele hinwirken, die Manager kaum erreichen können und die – sofern variable Gehaltsbestandteile von Managern an die Zielerreichung gekoppelt sind – Einkommenseinbußen bedeuten.[708] Objektiv falsche Zielausmaße können auch auf kognitive Beschränkungen von Controllern zurückgeführt werden. Diese können sowohl der Bildung als auch der Hinterfragung der Ziele entgegenstehen. Ziele können normativ gesetzt oder auf der Basis interner Analysen oder externer Benchmarks gebildet werden. Werden Zielausmaße norma-

705 Vgl. Weber, J. (2004a), S. 275.
706 Vgl. Becker, W. (1988), S. 274; Niedermayr, R. (1994), S. 86.
707 Vgl. Arbeitskreis „Finanzierung" der Schmalenbach-Gesellschaft – Deutsche Gesellschaft für Betriebswirtschaft e. V. (1994), S. 907. Vgl. allgemein Weber, J. (2003a), S. 32; Staehle, W. H. (1969), S. 66; Reinecke, S. (2000), S. 43.
708 Vgl. hierzu allgemein Weber, J. (2004a), S. 568.

tiv gesetzt, lassen sich kognitive Beschränkungen aufgrund der normativen Komponente nur schwerlich identifizieren.

Bei einer Festlegung des Zielausmaßes durch interne Analysen muss die Frage beantwortet werden, ob Ziele aus der Vergangenheit fortgeschrieben werden können. Häufig können sie unter geringfügigen Anpassungen aus der Vergangenheit übernommen werden. Dies ist besonders im Hinblick auf den Koordinationszweck der Planung sinnvoll, da funktionierende Zielsysteme und damit Planungsgefüge beibehalten werden. Es passiert jedoch auch – insbesondere in einem dynamischen Umfeld, dass Ziele ohne sachliche Rechtfertigung aus der Vergangenheit fortgeschrieben werden.[709] Diese Gefahr besteht grundsätzlich wegen der in ihren funktional geprägten mentalen Modellen verhafteten Vergangenheitsorientierung von Controllern. Ob die Zielausmaße der Vergangenheit Gültigkeit für die Zukunft besitzen, kann nur auf der Basis von Informationen über die aktuellen Entwicklungen des Unternehmensumfeldes und des Unternehmens selbst beurteilt werden. Da Controller jedoch bei der Bereitstellung der informationellen Planungsgrundlagen möglicherweise Rationalitätsdefizite in ihrem Handeln aufweisen, kann auch ihre eigene informationelle Grundlage zur Bestimmung des Zielausmaßes fehlerbehaftet sein. Dann verfügen sie in Erweiterung der Resourceful-Annahme nicht über das für diese Aufgabe erforderliche Wissen.

Auch wenn Zielausmaße explizit durch Prognosen gewonnen werden sollen, bedeuten unvollständige oder verzerrte informationelle Grundlagen, dass Controller in Erweiterung der Expecting-Annahme ihre Prognosen auf einer ungeeigneten Datenbasis fundieren. Neben einer unvollständigen Datenbasis können weitere Verzerrungen bei der Bildung von Wahrscheinlichkeitsurteilen in Erweiterung der Expecting-Annahme Rationalitätsdefizite im Handeln von Controllern bei der Bildung oder Beurteilung des Zielausmaßes erklären. So kann zum Beispiel aufgrund der Verfügbarkeitsheuristik für besonders präsente Ereignisse der Vergangenheit – HIRSCH nennt als Beispiel den fast eingetretenen Konkurs der Lufthansa zu Beginn der 90er Jahre[710] – oder aufgrund der Repräsentativitätsheuristik für besonders augenfällige Ereignisse[711] eine hohe Eintrittswahrscheinlichkeit in der Zukunft angenommen werden, ohne diese gemäß der Verankerungsheuristik durch Hinzunahme neuer Informationen zu überdenken[712] oder gemäß dem Basisrateneffekt die grundlegende Häufigkeitsverteilung von Ereignissen zu berücksichtigen. In der Folge beeinflusst die angenommene Eintrittswahrscheinlichkeit das Ausmaß der relevanten Ziele. So bedeutet eine Übergewichtung des Liquiditätszieles aufgrund des Fast-Konkurses in der Vergangenheit, dass hohe Opportunitätskosten für nicht durchgeführte rentable Investitionen in Kauf genommen wer-

---

709 Vgl. ähnlich Mueller, E. B. (1998), S. 353f.; Herzog, A. (1999), S. 189; Bazerman, M. H. (2005), S. 24.
710 Vgl. Hirsch, B.(2006), S. 32.
711 Vgl. Eichenberger, R. (1992), S. 23f.
712 Vgl. Drews, H./Friedrichsen, M. (2006), S. 81.

den. Die Verankerungsheuristik kann auch als erweiternde Annahme zu der Evaluating-Annahme die Bildung und unzureichende Hinterfragung unangemessener Zielhöhen erklären. Akteure bewerten den Nutzen des Zielausmaßes anhand bewährter Zielausmaße der Vergangenheit ohne Hinzuziehung aktueller Informationen. Der Overconfidence-Effekt kann erklären, dass Controller ihre eigene Sicherheit bei der Festlegung des Zielausmaßes überschätzen und daher auf die Generierung von Informationen verzichten, mit denen sie es verifizieren könnten. Insbesondere wird die Skepsis von Controllern gegenüber ihren eigenen Prognosen – aber auch bei der Hinterfragung gebildeter Ziele – nicht mit steigender Dynamik des Unternehmensumfeldes zunehmen.[713]

Neben internen Analysen können Zielausmaße aus Benchmarks abgeleitet werden. Bewusst wird ein interner Fokus der Bestimmung des Zielausmaßes aufgegeben. Auf diese Weise soll gewährleistet werden, dass die intern als realistisch oder gar herausfordernd angenommenen Ziele dieser Einschätzung auch bei Einnahme einer externen Perspektive standhalten und das Unternehmen mit der Verfolgung und Realisierung dieser Ziele wettbewerbsfähig ist. Abgesehen von der Schwierigkeit, aufgrund von Vertrauensproblemen Zugang zu den für ein Benchmarking benötigten Informationen zu bekommen, besteht das größte Problem der Bestimmung des Zielausmaßes in der Auswahl geeigneter Vergleichsmaßstäbe.[714] Unabhängig davon, ob Controller selbst mit dieser Auswahl betraut sind oder sie „nur" auf ihre Eignung hinterfragen, kann insbesondere in Erweiterung der Resourceful-Annahme die Annahme mangelnden Faktenwissens über die Merkmale und Erfolgsfaktoren des Geschäfts Rationalitätsdefizite erklären. Dieses Wissen bildet die Grundlage für die Beurteilung der Ziele eines anderen Unternehmens oder Unternehmensbereichs als Benchmark für die Bestimmung eines geeigneten Zielausmaßes und beeinflusst insofern auch Beschränkungen der Bewertungsfähigkeit von Controllern in Erweiterung der Evaluating-Annahme des RREEMM-Modells.[715]

Unabhängig von der Methode zur Bestimmung des realistischen Zielausmaßes ist das Zielausmaß immer auch unter motivationalen Gesichtspunkten zu bedenken. LOCKE ET AL. haben in Experimenten nachgewiesen und die so genannte Goal-Setting-Theorie entwickelt, dass das Zielausmaß nur in einem bestimmten Intervall eine motivierende Wirkung hat.[716] So lange es realistisch erscheint, die gesetzten Ziele zu erreichen, erhöht der Akteur bei steigendem Schwierigkeitsgrad der Zielvorgabe seine Anstrengung. Übersteigt die Zielhöhe ein kritisches Maß, so dass die Ziele nur mit größtmöglicher Anstrengung zu erreichen sind, führt dies zu einem Leistungsdruckempfinden des Zielempfängers mit negativen Auswir-

713 Vgl. Drews, H./Friedrichsen, M. (2006), S. 80.
714 Vgl. Weber, J. (2002b), S. 26; Weber, J. (2004a), S. 84ff. sowie S. 476ff.
715 Zu der Wahl geeigneter Vergleichsgrößen vgl. ausführlich Abschnitt 3.1.3.2.1.
716 Vgl. Locke, E. A. (1966), S. 62; Locke, E. A. (1968); Locke, E. A./Latham, G. P. (1990).

kungen auf sein Leistungsverhalten. Als optimal im Hinblick auf die Motivation der Zielempfänger sind demnach Zielhöhen einzustufen, die realisierbar, aber zugleich herausfordernd sind.[717] Probleme bereiten die mangelnde Präzision dieser Forderung und ihre subjektive Komponente.[718] In Erweiterung der Resourceful-Annahme der Ökonomen kann Controllern das Wissen über diese Zusammenhänge der Goal-Setting-Theorie fehlen, und auch darüber, welches Zielausmaß für den einzelnen Zielempfänger die Forderung einer zu bewältigenden Herausforderung erfüllt. Generell kann Controllern aufgrund ihres Erfahrungshorizonts, der keine direkte Verbindung zu der Aufgabenausführung aufweist, das Wissen über die tatsächliche Erreichbarkeit der Ziele fehlen. Infolgedessen können sie den unterschiedlichen Zielhöhen in Erweiterung der Evaluating-Annahme auch keine oder nur fehlerhafte Nutzenwerte bezüglich ihrer Motivationswirkung zuordnen. Dies führt dazu, dass sie sich auch bei der Festlegung oder Beurteilung der Zielhöhe im Hinblick auf das geeignete Anspruchsniveau auf Bezugspunkte aus der Vergangenheit, aus anderen Bereichen usw. stützen, die nicht immer angemessen sind.[719]

Einige der genannten Aspekte spielen eine besondere Rolle im Rahmen der Budgetierung, der operativen, formalzielorientierten Planung als einer der Kernaufgaben von Controllern innerhalb der Planung. Im Rahmen der Budgetierung werden in Geldeinheiten bewertete Plangrößen vorgegeben.[720] In Abhängigkeit ihrer organisatorischen Stellung im Unternehmen – zentral oder dezentral – wirken Controller selbst bei der Festlegung dieser Plangrößen mit oder sind mit der Hinterfragung der gebildeten Budgets betraut.

Neben den auf einem eigeninteressierten Handeln basierenden Erklärungen für verfehlte Zielhöhen können Controller im Rahmen der Budgetierung zusätzlich Karrierevorteile dadurch realisieren, dass sie – sofern sie selbst als dezentraler Controller an der Budgeterreichung gemessen werden[721] – einen Budgetary Slack, eine bewusste Unterschätzung der erzielbaren Leistung einerseits und eine bewusste Überschätzung der benötigten Ressourcen andererseits,[722] – einbauen.[723] Die Tendenz, in Budgets Puffer einzubauen, resultiert aus der

---

717 Vgl. Stedry, A. C. (1960); Stedry, A. C./Kay, E. (1964); Höller, H. (1978), S. 101.

718 Vgl. Wielpütz, A. U. (1996), S. 201f.

719 Vgl. zu dieser Schlussfolgerung Florissen, A. (2005), S. 158f.

720 Vgl. Küpper, H.-U. (2001), S. 319; Horváth, P. (2003), S. 247; Weber, J. (2004a), S. 365f.

721 Vgl. Benz, K. (1998), S. 210f.

722 Empirische Studien haben bestätigt, dass dezentrale Budgetverantwortliche in Budgetverhandlungen dazu neigen, umfangreiche „budgetary slacks" in ihr Budget einzubauen. Vgl. Lowe, E. A./Shaw, R. W. (1968); Schiff, M./Lewin, A. Y. (1968); Onsi, M. (1973). Siehe auch Buggert, W. (1991), S. 30. Budgetary slacks wirken sich nicht automatisch dysfunktional aus. Wurden sie gebildet, um geringfügige Störungen auszugleichen, die durch unerwartete Veränderungen der relevanten Einflussfaktoren aufgetreten sind, haben sie sogar eine stabilisierende Wirkung. Vgl. Posselt, S. G. (1986), S. 76.

723 Vgl. Lowe, E. A./Shaw, R. W. (1968); Schiff, M./Lewin, A. Y. (1970), S. 263; Hopper, T. M. (1980), S. 402; Mueller, E. B. (1998), S. 28.

Kopplung des Prognose- und Motivationszwecks der Planung:[724] Um negative Konsequenzen für ihre Karriere wegen Nichteinhalten der Budgets zu vermeiden, treffen diejenigen, die an der Einhaltung der Budgets gemessen werden, Prognosen, die durch den Einbau von Puffern verzerrt sind. Auch im Hinblick auf eine Leistungsbeurteilung durch höher stehende Manager können Controller sich Karrierevorteile davon versprechen, dass sie möglichst häufig weit tragende Probleme – hier einen Budgetary Slack – bei ihrem Managementcounterpart aufdecken.[725]

Die potentiellen kognitiven Beschränkungen von Controllern, die als Erklärung für die Festlegung oder unzureichende Hinterfragung ungeeigneter Zielhöhen angeführt wurden, sind im Zusammenhang mit Rationalitätsdefiziten bei der Budgetierung um den Self-Serving Bias zu ergänzen. Die Wahrnehmung, Wahrscheinlichkeitsbildung und Bewertung können im Einklang mit dem Eigeninteresse von Controllern verzerrt sein. Auch wenn Controller selbst nicht an der Budgeteinhaltung gemessen werden, können sich insbesondere dezentral tätige Controller ihrem Unternehmensbereich oder Managementcounterpart sehr verbunden fühlen und Verzerrungen bei der Prognose oder Hinterfragung beziehungsweise Bewertung der Budgetwerte dahingehend aufweisen, dass die Budgets „ihrem“ Bereich oder dem Bereichsmanager förderlich sind.[726]

Darüber hinaus setzt die aktuelle Kritik an der klassischen Budgetierung unter anderem bei den Gefahren einer einfachen Fortschreibung von Vergangenheitswerten an.[727] Insbesondere mit einer zunehmenden Dynamik des Umfeldes verliert diese Form der Budgetierung ihre Eignung. Alternativ werden die Konzepte, die unter dem Stichwort „Better Budgeting” eine Verbesserung der funktionalen und institutionalen Aspekte der klassischen Budgetierung anstreben, sowie das Konzept des „Beyond Budgeting”, das einen Verzicht auf die herkömmliche Budgetierung vorsieht, diskutiert.[728] Neben einer Entfeinerung zeichnet sich das Konzept des Better Budgeting insbesondere durch eine Marktorientierung aus, die sich in der Forderung nach benchmarkingorientierten, relativen Zielen niederschlägt.[729] Auch wenn mit der Umsetzung dieser Forderung Ineffizienzen im Hinblick auf die Prognose- und Motivationsfunktion der Planung als die Probleme eines fortgeschriebenen Budgets überwunden

724 Vgl. Hopwood, A. G. (1974), S. 45 und 63f.

725 Vgl. Weber, J. (2004a), S. 568.

726 Vgl. Bazerman, M./Loewenstein, G./Moore, D. (2002), insbesondere S. 100: *„[O]nce people equate their own interests with another party's, they interpret data to favour that party. Attachment breeds bias.“*

727 Vgl. Dambrowski, J./Hieber, W. L. (1997), S. 297; Waniczek, M. (2001), S. 337; Weber, J./Linder, S. (2003), S. 12; Drews, H./Friedrichsen, M. (2006), S. 81.

728 Vgl. Hope, J./Fraser, R. (2003); Horváth, P. (2003), S. 248ff.; Weber, J./Linder, S. (2003); Weber, J. (2004a), S. 374ff.

729 Vgl. Weber, J./Linder, S. (2003), S. 15. Siehe dort auch eine Auflistung weiterer Merkmale des Better Budgeting.

werden können,[730] sind – wie aufgezeigt – potentielle Rationalitätsdefizite bei einer benchmarkingorientierten Zielbildung möglich.

Neben dem Zielinhalt und -ausmaß sind auch die *Zeitbezüge* der Ziele festzulegen und zu hinterfragen. Eigeninteressiertes Handeln, die Präferenz, das Arbeitsleid zu reduzieren, kann erklären, dass Controller zeitliche Interdependenzen von Zielen nicht analysieren.[731] Bei kognitiven Beschränkungen erklärt fehlendes Wissen über die Bedeutung der zeitlichen Bezüge als Erweiterung zu der Resourceful-Annahme der Ökonomen dieses Defizit. Ein spezifisches Rationalitätsdefizit im Zusammenhang mit den zeitlichen Bezügen ist eine Dominanz kurzfristiger Ziele.[732] Diese richten den Fokus auf operative Aktionen und führen zur Vernachlässigung strategischer Erfolgspotentiale.[733] Beispielsweise trägt die Reduzierung von Aufwendungen für die Forschung und Entwicklung zwar kurzfristig zu einer Gewinnsteigerung bei. Gleichzeitig werden damit jedoch langfristige Erfolgspotentiale des Unternehmens nicht nur nicht ausgebaut, sondern vernichtet.[734] Die Tendenz von Controllern, kurzfristige Zeitbezüge der Ziele zu bevorzugen, vermag ein eigeninteressiertes Handeln zu erklären. Mit dem Zukunftsbezug der Ziele steigt der Schwierigkeitsgrad ihrer Operationalisierung. Demzufolge reduzieren Controller mit der Verfolgung beziehungsweise Unterstützung kurzfristiger Ziele ihren Arbeitsaufwand. Auch Zeitpräferenzen von Controllern können tendenziell kurzfristige Ziele erklären. Controller legen möglicherweise ihre Verweildauer in der Position oder in dem Unternehmen, in dem sie auch an der Zielerreichung gemessen werden und dafür Verantwortung tragen, ihrer Entscheidung zugrunde. Ziele über diesen Zeithorizont hinaus sind für sie nicht von Relevanz. Bei kognitiven Beschränkungen der Controller erklären erweiternde Annahmen zur Expecting-Annahme die Dominanz kurzfristiger Ziele. Durch kurzfristige Zeitbezüge versuchen Controller unter Umständen, die Unsicherheitsproblematik – verstärkt durch ihre beschränkten Fähigkeiten zur Bildung von Wahrscheinlichkeitsurteilen – zu bewältigen. Darüber hinaus leistet der Immediately-Effekt als eine Bewertungsverzerrung in Erweiterung der Evaluating-Annahme einen Erklärungsbeitrag:[735] Die Erkenntnisse der Prospect Theory können erhellen, dass Controller die größere Sicherheit, mit der die Wirkung kurzfristiger Ziele eintritt, einer zwar ambitionierteren, jedoch ungewisseren Realisierbarkeit langfristiger Ziele vorziehen. Gemäß dem Regret-Effekt reduzieren sie mit kurzfristigen Zeitbezügen die Gefahr, Entscheidungen über die Bindung an langfristigere Ziele im Nachhinein bedauern zu müssen.

---

[730] Vgl. Weber, J./Linder, S. (2003), S. 12.
[731] Vgl. Weinrich, G. (1988), S. 120.
[732] Zur Forderung einer zeitlichen Ausgewogenheit von Zielsystemen vgl. Weber, J. et al. (2004), S. 33f.
[733] Vgl. Posselt, S. G. (1986), S. 74; Welge, M. K. (1988), S. 111.
[734] Vgl. Siefke, M. (1999), S. 61.
[735] Vgl. Eichenberger, R. (1992), S. 21ff.

3.1.2.2.1.2 Problemfeststellung

In einem idealisierten Planungsprozess werden im Anschluss an die Zielbildung aus einem Abgleich der gebildeten Ziele mit den Ergebnissen der Umwelt- und Unternehmensanalysen und -prognosen – den Planungsprämissen – potentielle Probleme auf dem Weg der Zielrealisierung identifiziert. Probleme werden falsch definiert, wenn die Ziele oder die Planungsprämissen fehlerbehaftet sind oder die Lücken zwischen beiden nicht richtig bestimmt werden.[736] In der Realität sind fortlaufend im Führungszyklus durch den Vergleich von Norm- und Vergleichsgrößen Probleme aufzudecken. Potentielle Rationalitätsdefizite im Handeln von Controllern werden ausführlich im Rahmen des dritten klassischen Aufgabenbereichs der Controller – der Kontrolle – diskutiert, da sie der Inbegriff des Abgleichs von Norm- und Vergleichsgrößen ist.

3.1.2.2.2 Alternativengenerierung

Controller sind in die Generierung innovativer Handlungsalternativen zur Lösung identifizierter Probleme zur Zielerreichung nicht intensiv eingebunden.[737] Diese sehr inhaltlich ausgerichtete Planungsaufgabe können sie aufgrund ihres spezifischen Erfahrungshorizonts und ihrer potentiell damit verbundenen Wissensdefizite kaum übernehmen.[738] Daher erbringen sie im Rahmen der Alternativengenerierung allenfalls Unterstützungsleistungen, indem sie zum Beispiel ihr Methodenwissen über Techniken der Alternativensuche bereitstellen.[739] Handlungsalternativen werden jedoch häufig nicht von Grund auf neu entwickelt, sondern ergeben sich aus einer Kombination der innerhalb der Planperiode veränderbaren Größen, der so genannten Entscheidungsvariablen. Zum Beispiel sind auf der operativen oder taktischen Planungsebene unter Berücksichtigung von Restriktionen etwa aus dem Absatz- oder Produktionsbereich alternative Produktprogramme zu ermitteln.[740] Controller sind ein potentieller Träger dieser Aufgabe. Rationalitätsdefizite in ihrem Handeln bei der Erfüllung – beispielsweise eine unvollständige Bestimmung der Restriktionen – können auf ein eigeninteressiertes Handeln, insbesondere mangelnde Sorgfalt zur Reduzierung des Arbeitsleids, zurückgeführt werden. Auch die in Erweiterung der Resourceful-Annahme grundsätzlich beschränkten Verarbeitungsfähigkeiten sind eine denkbare Ursache potentieller Rationalitätsdefizite, da die vollständige Erfassung des Entscheidungsfeldes eine sehr komplexe Aufgabe ist. Schließlich kann Controllern ebenfalls in Erweiterung der Resourceful-Annahme das Wissen über die zu berücksichtigenden Einflussfaktoren beziehungsweise Restriktionen der Handlungsalternativen fehlen.

---

[736] Vgl. Schweitzer, M. (2005), S. 79.
[737] Vgl. zum Beispiel Weber, J. et al. (2003), S. 11.
[738] Vgl. Weber, J. (2004a), S. 338.
[739] Vgl. Schweitzer, M. (2005), S. 63ff.
[740] Vgl. Hahn, D./Hungenberg, H. (2001), S. 469ff.; Schweitzer, M. (2005), S. 24.

3.1.2.2.3 Alternativenbewertung und Entscheidung

Controller sind in die Bewertung der generierten Handlungsalternativen intensiv eingebunden. Eine voreilige Festlegung auf eine Handlungsalternative kann zu gravierenden Fehlentscheidungen führen.[741] Daher sind die generierten Alternativen sorgfältig zu bewerten. Hierbei kommt eine Vielzahl von Controllinginstrumenten – beispielsweise Deckungsbeitragsrechnungen, Investitionsrechnungen, Nutzwertanalysen, Target Costing – zum Einsatz. Auf der Basis explizit getroffener Annahmen werden dann – wie im Zuge der Darstellung des Informationsversorgungsprozesses erläutert – die Daten zu Informationen verarbeitet. Die resultierenden Informationen sind als Wertgrößen, als Maß für die Zielerreichung, den herausgearbeiteten Handlungsalternativen zuzuordnen und bilden die Grundlage für rationale Entscheidungen über die für die Zielerreichung geeignete Handlungsalternative. Beispiele für die zu treffenden Entscheidungen sind Produktprogrammentscheidungen, Preisbildungsentscheidungen, Make-or-Buy-Entscheidungen oder Investitionsentscheidungen.

Die Aufgaben von Controllern im Rahmen der Alternativenbewertung bestehen zunächst darin, die Eignung der herangezogenen Willensbildungsmodelle, der zur Alternativenbewertung gewählten Controllinginstrumente, zu beurteilen, die Eignung der Träger der Führungshandlungen für die Durchführung der Bewertung festzustellen und den Datenbedarf zu bestimmen.

Bei den systemorientierten Teilaufgaben der Planung wurde das Defizit einer mangelnden Formalisierung und Dokumentation der Planungsmethoden und damit einer unzureichenden methodischen Unterstützung durch Controller diskutiert und im Wesentlichen auf die Präferenz, das Arbeitsleid zu reduzieren, zurückgeführt. Doch auch wenn im Zuge der Erfüllung der systemorientierten Teilaufgaben für Typen von Entscheidungsproblemen die heranzuziehenden Methoden festgelegt wurden, ist bei der Alternativenbewertung im Einzelfall zu beurteilen und sicherzustellen, dass das gewählte Willensbildungsmodell und dessen Bewertungskriterien in der konkreten Entscheidungssituation geeignet sind.[742] Ein Rationalitätsdefizit im Handeln von Controllern besteht hierbei in der Wahl ungeeigneter Willensbildungsmodelle. Controller können die für die Wahl eines geeigneten Willensbildungsmodells relevanten Fragen, ob Flexibilität hinsichtlich bestimmter Parameter besteht, ob neben monetären auch nicht-monetäre oder sogar qualitative Aspekte zu beachten sind usw., nicht immer beantworten. Die Wahl ungeeigneter Willensbildungsmodelle entspricht dem bei der Weiterverarbeitung von Daten zu Informationen angeführten Defizit der Auswahl nicht a-

---

741 Vgl. Schweitzer, M. (2005), S. 57.

742 SCHWEITZER sieht in der Wahl eines falschen Entscheidungsverfahrens einen möglichen Fehler in den Phasen der Bewertung und Entscheidung des Planungsprozesses. Vgl. Schweitzer, M. (2005), S. 80.

däquater Instrumente.[743] Dementsprechend können eigeninteressiertes Handeln und kognitive Beschränkungen auch als plausible Begründung für dieses Defizit angeführt werden.

Vor der Anwendung des Modells ist es auch eine Aufgabe von Controllern zu beurteilen, ob die Rationalität der Träger der Führungshandlungen den Anforderungen des gewählten Modells entspricht. Eigeninteressiertes Handeln von Controllern, ihre Präferenz, das Arbeitsleid zu reduzieren, aber auch ihre Karrierepräferenzen können erklären, dass sie diese Aufgabe unzureichend erfüllen, potentielle Konflikte mit Managern vermeiden und diese daher weder ergänzen noch begrenzen. Bei kognitiven Beschränkungen erklärt fehlendes Wissen in Erweiterung der Resourceful-Annahme das Defizit. Arbeiten Controller noch nicht lange mit ihrem Managementcounterpart zusammen, kann ihnen das Wissen über die kognitiven Beschränkungen der Manager, aber auch die Intentionen zu einem eigeninteressierten Handeln der Manager als Impuls zur Rationalitätssicherung fehlen. Umgekehrt ist auch denkbar, dass Controller aufgrund mangelnder Erfahrung noch kein Gespür dafür entwickelt haben, an welchen Stellen die gewählten Willensbildungsmodelle anfällig für kognitive Beschränkungen der Anwender sind oder Möglichkeiten eines opportunistischen Handelns bieten.

Eine weitere Aufgabe von Controllern ist es, eine angemessene Komplexität des gewählten Willensbildungsmodells sicherzustellen.[744] Es besteht eine Tendenz von Controllern zu sehr komplexen Willensbildungsmodellen, die in den meisten Fällen nicht effizient sind, weil dadurch potentiell nicht zu erfüllende Datenbedarfe entstehen können. Die Erklärung ist analog zu sehr komplexen Informations- und Planungssystemen. Der Hinweis auf die Datenbedarfe der Willensbildungsmodelle führt zu weiteren potentiellen Defiziten im Handeln von Controllern. Ein Defizit von Controllern kann in der unvollständigen oder falschen Bestimmung des Datenbedarfs bestehen. Neben der Erklärung durch ein eigeninteressiertes Handeln, die Präferenz, das Arbeitsleid zu reduzieren, lässt sich dieses Defizit auch auf Beschränkungen des Methodenwissens von Controllern als Erweiterung der Resourceful-Annahme zurückführen. Es ist jedoch plausibel anzunehmen, dass Controller dieses Methodenwissen als Bestandteil ihres funktionalen Erfahrungshorizonts besitzen. Wahrscheinlicher ist es, dass sie die Möglichkeiten zur Beschaffung der erforderlichen Daten verkennen. Die Datenerfordernisse sind oft nur unvollständig oder unter sehr großem Aufwand zu erfüllen. Da die Informationsversorgung eine der Kernaufgaben von Controllern ist, sind sie mit der Datenbeschaffung und -generierung sehr vertraut und weisen in der Folge – in Erweiterung der Resourceful-Annahme – systematische Wahrnehmungsverzerrungen bezüglich der Möglichkeiten auf, den aus einem Willensbildungsmodell abgeleiteten Datenbedarf zu erfüllen. Die Wahrnehmungsverzerrungen können insbesondere als Bestätigungsverzer-

[743] Vgl. Abschnitt 3.1.1.2.3.

[744] Für das Beispiel der Realoptionen vgl. in diesem Zusammenhang Pritsch, G./Weber, J. (2004), S. 81. Zu den Gefahren sehr komplexer Willensbildungsmodelle vgl. Weber, J./Schäffer, U. (1999a), S. 737.

rungen zur Vermeidung kognitiver Dissonanzen ausgeprägt sein. Controller vermeiden es, sich einzugestehen, dass ihr Handeln bei der Gestaltung des Informationsversorgungssystems, aber auch bei der Auswahl des konkreten Willensbildungsmodells von Rationalitätsdefiziten gekennzeichnet war.

Nach der Auswahl geeigneter Willensbildungsmodelle, der Sicherstellung der Rationalität von Träger der Führungshandlungen und der Bestimmung der Datenerfordernisse sind die benötigten Planungsgrundlagen zu beschaffen oder zu generieren, Annahmen zu treffen und die Bewertungen durchzuführen. Entweder obliegen Controllern diese Aufgaben oder sie sind damit betraut, die von den Managern beschafften Planungsgrundlagen sowie deren Bewertungen und Entscheidungen in ihrer Rationalität zu sichern.

Zum einen lassen sich Defizite bei der Erfüllung dieser Aufgaben, die hohe Freiheitsgrade eröffnen,[745] auf ein eigeninteressiertes Handeln von Controllern zurückführen. Ein arbeitsscheues Verhalten kann erklären, warum Controller mangelnde Sorgfalt walten lassen und einen Datenbedarf zwar erkannt haben, diesen jedoch nicht befriedigen, wenn dafür arbeitsintensive Datenbeschaffungsvorgänge, etwa Anpassungen inflexibler Informationsversorgungssysteme, notwendig sind.[746] Arbeitsscheues Verhalten kann auch erklären, dass Controller zur Vermeidung aufwendiger Konflikte mit ihren Managementcounterparts die gezielte Hinterfragung kritischer Datengrundlagen sowie gesamter Planansätze unterlassen oder aufgrund der aufwendigen Folgen der Identifizierung Defizite absichtlich nicht erkennen.[747] Damit werden sie ihrer übergeordneten Planungsaufgabe, das Spannungsfeld zwischen Intuition und Reflexion in der Willensbildung auszugleichen, nicht gerecht, da sie auch bei einer von ihrer reflexiven Betrachtung abweichenden intuitiven Einschätzung der Manager potentielle Konflikte bewusst vermeiden und *„faule Kompromisse"*[748] eingehen.

Auch Karrierepräferenzen von Controllern können ihr konfliktscheues Verhalten bedingen und legen darüber hinaus die folgenden Erklärungsansätze nahe: Führen Controller die Datenbeschaffung, Annahmenbildung und Bewertung selbst durch,[749] können sie die sich ihnen eröffnenden Handlungsspielräume dazu nutzen, gezielt Daten zurückzuhalten, gezielt Daten mit einem bestimmten Inhalt zu generieren – zum Beispiel Zahlungsstromprognosen als Basis für Investitionsrechnung –, gezielt Annahmen zu treffen – zum Beispiel bezüglich des Kapitalzinsfußes – oder gezielt die Bewertungen selbst zu manipulieren, so dass die Ergebnisse der Bewertungen die Interessen von Trägern der Führungshandlungen för-

---

745 Vgl. Hamprecht, M. (1996), S. 277.
746 Vgl. hierzu die Erläuterungen zur Inflexibilität von Informationsversorgungssystemen in Abschnitt 3.1.1.1.
747 Vgl. hierzu den von WEBER beschriebenen Rationalitätssicherungsprozess. Siehe Weber, J. (2004b), S. 481ff.
748 Vgl. Weber, J. (2004a), S. 350f.
749 Vgl. hierzu auch die Erläuterungen in den Abschnitten 3.1.1.2.2 und 3.1.1.2.3.

dern.[750] Davon, dass sie auf diese Weise zwar ökonomisch widersinnige, jedoch im Interesse der Manager stehende Pläne durchbringen, versprechen sie sich möglicherweise Vorteile für ihre Karriere.[751] Auch in diesem Fall werden Controller ihrer Aufgabe, das Spannungsfeld zwischen Intuition und Reflexion auszubalancieren, nicht gerecht. Sie folgen mit einer scheinrationalen Reflexion der sachlich nicht gerechtfertigten Intuition der Manager.[752]

Sind Controller mit der Hinterfragung der Planungsgrundlagen und der Planansätze betraut, können Karrierepräferenzen erklären, dass sie ihren Aufgaben der Ergänzung und Begrenzung nicht nachkommen und Rationalitätsdefizite im Handeln von Managern decken. Vorteile für ihre Karriere können sich daraus ergeben, dass sie mit Managern kolludieren, indem sie ihnen zwar deren identifizierte Rationalitätsdefizite im Handeln, insbesondere auf einem eigeninteressierten Handeln basierende, mitteilen, aber nicht weiterverfolgen.[753] Umgekehrt können Karrierepräferenzen allerdings auch bewirken, dass Controller Handlungsalternativen und deren Verantwortliche durch geschickte Manipulation oder intensives Hinterfragen zu Fall bringen.[754] Dieses Handlungsmuster erklärt sich insbesondere durch die bereits angeführte Argumentation, dass befördert wird, wer *„die meisten Kerben am Colt hat"*.[755] Einfluss als ein eigenständiges Ziel von Controllern vermag zu erklären, dass sie ihren Handlungsspielraum innerhalb der Datenbeschaffung, Annahmenbildung und Bewertung nutzen, um Einfluss auf Entscheidungen im Unternehmen zu nehmen, oder dass sie beim Hinterfragen der Planungsgrundlagen und Planansätze ohne sachliche Rechtfertigung von ihren formalen Rechten wie dem Vetorecht Gebrauch machen.

Risikopräferenzen von Controllern, die von denen des Unternehmens abweichen, können sich bemerkbar machen, wenn Controller zum Beispiel im Sinne der übergeordneten Unternehmensziele sinnvolle Projekte bei einer Entscheidung zwischen der Ergebnishöhe und dem Risikograd einzelner Handlungsalternativen etwa durch versteckte Kostenzuschläge im Einklang mit ihrer Risikoneigung „ausbremsen".[756] Auch beim Hinterfragen der Planungsgrundlagen sowie der Planansätze können Controller hemmend wirken.

Schließlich spielen auch Zeitpräferenzen eine Rolle. Controller werden zumeist nicht nach den langfristigen Folgen ihrer Leistungen beurteilt, da die Verantwortung für die eigentliche

[750] VOLMARY, CFO der Adler Gruppe, antwortet in einem Interview auf die Frage nach typischen Defiziten des Controllers mit einer Anekdote, der zufolge Controller die Frage eines Managers, was zwei plus drei sei, mit der Gegenfrage beantworten, welches Ergebnis denn im Sinne des Managers sei. Vgl. Volmary, T. (2006), S. 79.

[751] Vgl. ähnlich Herzog, A. (1999), S. 222.

[752] Vgl. Weber, J. (2004a), S. 349.

[753] Vgl. Weber, J. (2004a), S. 568.

[754] Vgl. Mueller, E. B. (1998), S. 195. Siehe auch Dhebar, A. (1993), S. 71ff.

[755] Weber, J. (2004a), S. 568.

[756] Vgl. Weißenberger, B. E. (1997), S. 242.

Entscheidung auf die Träger der Führungshandlung übergeht.[757] Dementsprechend ist es plausibel, dass sie bei identifizierten Rationalitätsdefiziten der Führung, die sich kurzfristig auswirken, eher Rationalitätssicherungsmaßnahmen ergreifen als bei langfristig relevanten Rationalitätsdefiziten.

Zum anderen lassen sich Defizite bei der Beschaffung der Planungsgrundlagen, der Alternativenbewertung oder dem Hinterfragen dieser Phase des Planungsprozesses und ihrer Ergebnisse durch kognitive Beschränkungen von Controllern erklären. Die Qualität der Ergebnisse der Alternativenbewertung hängt entscheidend von der Qualität der Datengrundlagen und den getroffenen Annahmen ab.[758] Die Teilaufgaben der Beschaffung der Planungsgrundlagen und des Treffens von Annahmen verdeutlichen den Charakter der Basis der Informationsversorgungsaufgabe, da diese Teilaufgaben im Wesentlichen den Phasen der Datenbeschaffung und der Weiterverarbeitung sowie der Informationsaufbereitung des Informationsversorgungsprozesses entsprechen.[759] Insofern sind auch die dafür herausgearbeiteten und auf kognitive Beschränkungen von Controllern zurückgeführten Defizite relevant. Diese intensivieren sich, sofern das Willensbildungsmodell nicht unter Rücksichtnahme auf die Datenerfordernisse ausgewählt wurde. Von besonderer Bedeutung für die Planung insgesamt sowie für die Alternativenbewertung im Besonderen sind die in der Phase der Weiterverarbeitung der Daten herausgearbeiteten und durch Erweiterungen der Expecting-Annahme erklärten Defizite bei der Prognose. Speziell die Prognosen der Auswirkungen, der Ergebnisse und der Zielerreichung der möglichen Handlungsalternativen – die auch den Charakter der Bildung von Kausalurteilen haben – sind für die Bewertung relevant.[760]

Ebenso sind die Defizite und ihre Erklärungen bei der Festlegung expliziter Annahmen übertragbar. Verzerrte Entscheidungen aufgrund falscher Annahmen lassen sich anhand eines in der Praxis beobachteten Beispiels verdeutlichen, der Festlegung von Verrechnungspreisen für interne Logistikdienstleistungen einer Handelskette. Die Lieferanten liefern Waren entweder mit einem Logistikaufschlag direkt an die Filialen oder ohne Logistikaufschlag an ein Zentrallager, von dem aus der Händler die Belieferung der Filialen selbst übernimmt. Das Entscheidungskriterium für die Handlungsalternativen „direkte Belieferung durch den Lieferanten“ und „Belieferung über das Zentrallager“ ist die Marge des Händlers. Bilden Controller die Verrechnungspreise für die interne Logistikdienstleistung, die Lagerung sowie die Belieferung von dem Zentrallager aus, nicht, wie dies in der Praxis geschieht, unter der relevanten Fragestellung, ob der Logistikaufschlag des Lieferanten höher

757 Vgl. Krystek, U./Zumbrock, S. (1993), S. 86f.; Herzog, A. (1999), S. 218.

758 Vgl. Martens, K. (2003), S. 145; Pritsch, G./Weber, J. (2004), S. 81.

759 Da die monetäre Bewertung eine der Kernkompetenzen von Controllern ist, wird den für die Phase der Ermittlung des Bedarfs dargestellten Defiziten eine geringere Bedeutung beigemessen.

760 Vgl. Schweitzer, M. (2005), S. 57ff.

ist als die Kosten, die durch die Distribution der Waren von dem Zentrallager aus entstehen, dann kommt es zu gravierenden Fehlentscheidungen bezüglich der Unternehmensziele.

Auch Rationalitätsdefizite im Handeln von Controllern bei eigenen Bewertungen oder beim Hinterfragen der Datengrundlagen, der Bewertungen und darauf fußenden Entscheidungen der Manager sowie der Ergänzung kognitiver Beschränkungen und Begrenzung eigeninteressierten Handelns von Managern können durch eigene kognitive Beschränkungen erhellt werden. In Erweiterung der Resourceful-Annahme kann eine beschränkte Verarbeitungsfähigkeit von Controllern erklären, dass sie Fehler bei der Durchführung oder Hinterfragung komplexer Bewertungen machen. Auch fehlendes Methodenwissen über die Vorgehensweise bei verschiedenen Willensbildungsmodellen und ihren Datenerfordernisse kann zur Erklärung angeführt werden.

Ebenfalls in Erweiterung der Resourceful-Annahme kann Controllern auch das erforderliche Faktenwissen fehlen.[761] Um Rationalitätsdefizite bei der Alternativenbewertung im Handeln von Managern identifizieren zu können, ist Wissen über typische Defizitmuster und damit die Sensibilisierung für die Wahrnehmung dieser Muster wichtig. Ein durch empirische Studien belegtes Muster ist zum Beispiel ein systematisch zu hoher Optimismus der planenden Handlungsträger bei der Prognose von Kosten, Zeit, Absatzmenge oder Umsatz.[762] Dass ihnen das Wissen über diese typischen Defizite von Managern fehlt, lässt sich durch eine fehlende Berufserfahrung sowie dadurch erklären, dass entweder ihre Beurteilungen der Prämissen vergangener Projekte zutreffend waren und daher keine Defizitmuster erlernt wurden oder Lernprozesse ausblieben beziehungsweise nicht rational erfolgten. Weiter ist Wissen über die Grundlagen des Geschäfts erforderlich, damit Controller wiederum das Wissen von Managern über die Produkte und Märkte sowie die Plausibilität der von diesen erarbeiteten Datengrundlagen und Annahmen einschätzen können. Schließlich kann Controllern Wissen über die kognitiven Restriktionen, die Intentionen und die typischen Argumentationsmuster ihres Managementcounterparts fehlen.[763] Die kognitiven Fähigkeiten, Intentionen und die Vorgeschichte eines Managers beeinflussen seine Bewertungsansätze.[764] Arbeiten Controller noch nicht lange oder nicht intensiv mit ihrem Managementcounterpart zusammen, fehlt ihnen auch dieses Wissen.

Ebenfalls in Erweiterung der Resourceful-Annahme können die funktional geprägten mentalen Modelle der Controller erklären, dass sie eine Anpassung der intuitiv geprägten Alter-

[761] Vgl. Weber, J. (2004a), S. 561.
[762] Vgl. Meadows, D. (1968); Bower, J. (1970); Mansfield, E. et al. (1971); Lovallo, D./Kahneman, D. (2003). Siehe auch Demmer, A./Weinmiller, S./Pieroth, G. (2004), S. 14.
[763] Zu Letzterem vgl. Weber, J. (2004a), S. 349.
[764] Vgl. Weber, J. et al. (2003), S. 15ff.

nativenbewertungen der Manager an ihre reflexiven Urteile fordern. Bestätigungsverzerrungen der Wahrnehmung vermögen in diesem Zusammenhang zu erklären, dass Controller nur solche Informationen aufnehmen, die ihre reflexiven Urteile stärken. Nicht immer – insbesondere, wenn Controller selbst kognitiven Beschränkungen erliegen – führen reflexive Urteile jedoch zu einer höheren Rationalität.[765] Speziell in einem sehr komplexen und dynamischen Umfeld, das analytisch nur unvollständig erfasst werden kann, ist ein reflexives Vorgehen problematisch.[766]

In Erweiterung der Expecting-Annahme erklären fehlendes Methodenwissen von Controllern über standardmäßig im Rahmen von Alternativenbewertungen durchzuführende Prognosen wie Absatzschätzungen, aber auch die beschränkte Fähigkeit von Controllern zur Bildung von Wahrscheinlichkeitsurteilen und Verzerrungen, dass sie bei der Hinterfragung der Prognosen von Managern Defizite aufweisen.

Fehlendes Faktenwissen kann auch zu Beschränkungen der Fähigkeit zur Bildung rationaler Werturteile in Erweiterung der Evaluating-Annahme führen. Ohne das entsprechende Faktenwissen können Controller die Sinnhaftigkeit einer Handlungsalternative, zum Beispiel einer bestimmten Investition, und damit die Entscheidung an sich inhaltlich nicht beurteilen.[767] Dies erklärt sowohl bei ihren eigenen Bewertungen als auch bei Rationalitätssicherungsmaßnahmen im Hinblick auf die Bewertungen der Manager potentielle Rationalitätsdefizite in ihrem Handeln. Bei der Anwendung oder Hinterfragung einer Nutzwertanalyse beispielsweise können sie zwar die methodischen Aspekte der Anwendung überprüfen. Ob aber die dargestellte Zielhierarchie konsistent ist und voneinander als unabhängig angenommene Ziele auch tatsächlich unabhängig oder inhaltlich deckungsgleich sind und insofern das dahinter stehende, übergeordnete Ziel überbewertet wird, können sie nicht beurteilen.[768]

Auch die in den mentalen Modellen von Controllern manifestierte starke Innenorientierung und Fokussierung auf finanzielle Aspekte sowie formale Zusammenhänge und damit die Betonung einer reflexiven Vorgehensweise kann – über entsprechende Verfügbarkeitsverzerrungen der Wahrnehmung[769] – zu Bewertungsverzerrungen führen. Es ist denkbar, dass Controller dazu tendieren, eine konsistente und an formalen Aspekten orientierte sowie Plausibilitätschecks standhaltende Bewertung als ausreichend anzusehen.[770] Die zugrunde liegenden Daten und Annahmen unterziehen sie deshalb keiner weiteren inhaltlichen Prü-

765 Vgl. Weber, J. (2004a), S. 350. Siehe auch Pritsch, G./Weber, J. (2004), S. 81.
766 Vgl. analog für das Preismanagement Florissen, A. (2005), S. 180.
767 Vgl. Pritsch, G./Weber, J. (2004), S. 73.
768 Vgl. Weber, J. (2004a), S. 396ff.
769 Vgl. Lixenfeld, C. (2006b), S. 3.
770 Vgl. ähnlich, jedoch in einem anderen Zusammenhang Bramsemann, U./Heineke, C. (2004), S. 65.

fung. Hinterfragen sie die inhaltliche Plausibilität der Planungsgrundlagen, bietet ihre Innenorientierung eine plausible Erklärung dafür, dass sie die Möglichkeit einer Spiegelung der Planungsgrundlagen – zum Beispiel der Prognosen[771] – an vergleichbaren Projekten der Vergangenheit nicht wahrnehmen oder den Nutzen dieser Möglichkeit in Erweiterung der Evaluating-Annahme unterbewerten.[772] Machen Controller von der Möglichkeit eines solchen Benchmarkings Gebrauch, kann ihnen wiederum das Wissen fehlen zu beurteilen, welche der in der Vergangenheit bewerteten und durchgeführten Handlungsalternativen einen sinnvollen Vergleich darstellen.[773]

Die mentalen Modelle von Controllern und die dadurch entstehenden Bewertungsverzerrungen können erklären, dass diese bei der finanziellen Vorteilhaftigkeit einer Handlungsalternative weitere Überlegungen zur Rationalitätssicherung, zum Beispiel das Hinterfragen der strategischen Sinnhaftigkeit einer Handlungsalternative angesichts des Unternehmensportfolios, der Aktivitäten der Wettbewerber etc., unterlassen.[774] Dabei ist es gerade ihre Aufgabe – da Manager Entscheidungen oftmals isoliert treffen[775] –, eine umfassende, auch externe Perspektive zu gewährleisten. Umgekehrt kann die finanzielle Nachteiligkeit einer Handlungsalternative auch dazu führen, dass Controller das Scheitern dieser Handlungsalternative dann vertreten, wenn Argumente aus anderen Perspektiven die Wahl dieser Handlungsalternative stützen. HIRSCH spricht in diesem Zusammenhang von der *„Blindheit ganzer Controllingabteilungen“*.[776]

Dass Controller den finanziellen Erfolg einer Handlungsalternative als alleinigen Maßstab heranziehen, kann durch den ebenfalls die Evaluating-Annahme erweiternden Immediately-Effekt verstärkt werden. Controller bewerten kurzfristige Wirkungen gerade finanzieller Effekte höher als langfristig zu erwartende Wirkungen. Die Erfüllung der in der Literatur formulierten Forderung, der Controller müsse sich vom reinen Zahlenknecht zum Value Finder entwickeln,[777] kann demnach nicht nur durch fehlendes Wissen von Controllern, sondern auch durch ihre spezifisch geprägten mentalen Modelle und ihre davon beeinflussten kognitiven Fähigkeiten verhindert werden. Controller können darüber hinaus bei der Alternativenbewertung oder der Rationalitätssicherung der Alternativenbewertung die in Erweiterung der Evaluating-Annahme dargestellten Bewertungsverzerrungen aufweisen, die die Prospect Theory begründet.

---

771 Vgl. zu dem Nutzen einer Außenperspektive bei der Validierung von Prognosen Kahneman, D./Lovallo, D. (1993). Siehe auch Bazerman, M. H./Chugh, D. (2006), S. 92.
772 Vgl. Demmer, A./Weinmiller, S./Pieroth, G. (2004), S. 14; Drews, H./Friedrichsen, M. (2006), S. 82f.
773 Zu der Wahl geeigneter Vergleichsgrößen vgl. auch Abschnitt 3.1.3.2.1.
774 Vgl. Weber, J./Schäffer, U./Bauer, M. (2000), S. 12; Weber, J. et al. (2003), S. 21f.
775 Vgl. Weber, J. et al. (2003), S. 20. Vgl. allgemein Tversky, A./Kahneman, D. (1986), S. 254ff.
776 Vgl. Hirsch, B. (2005), S. 285; Lixenfeld, C. (2006b), S. 3.
777 Vgl. Demmer, A./Weinmiller, S./Pieroth, G. (2004), S. 12. Zur Notwendigkeit einer Beurteilung auch nichtfinanzieller Aspekte vgl. Lüder, K. (2001), Sp. 1110.

Übergreifend leistet der Self-Serving Bias einen Erklärungsbeitrag. Zum einen stellt er die auf einem eigeninteressierten Handeln fußenden Erklärungsansätze für Defizite im Handeln von Controllern bei der Beschaffung der Datengrundlagen, bei der Bewertung und bei der Rationalitätssicherung als kognitive Verzerrung dar, die sich auf die Wahrnehmung, Wahrscheinlichkeitsbildung und Bewertung auswirken kann.[778] Zum anderen kann der Self-Serving Bias begründen, dass Rationalitätssicherungsmaßnahmen von Controllern im Rahmen der Alternativenbewertung insbesondere dann durch kognitive Verzerrungen gekennzeichnet sind, wenn sie in die Beschaffung der Planungsgrundlagen und die Bewertung eingebunden waren. Auch wenn Controller sich ihrem Managementcounterpart gegenüber sehr verpflichtet fühlen oder gar von ihm abhängig sind, vermag der Self-Serving Bias Rationalitätsdefizite in ihrem Handeln bei der Hinterfragung der Planansätze des Managers zu erklären.

3.1.2.2.4 Integration und Abstimmung von Teilplänen

Die Integration der Pläne verschiedener Planungsebenen, strategischer, taktischer und operativer Pläne, sowie die Abstimmung der Teilpläne verschiedener Funktions- oder Geschäftsbereiche – auch Top-down und Bottom-up erstellter Planansätze[779] – zählen ebenfalls zu den Aufgaben von Controllern. Potentielle Rationalitätsdefizite hierbei haben die Nichterfüllung des Koordinationszwecks der Planung zur Folge.[780]

Die mangelnde Integration der strategischen, taktischen und operativen Planung ist ein in der Literatur vielfach beschriebenes Rationalitätsdefizit,[781] das teilweise als ein Defizit im Handeln von Controllern erklärt werden kann.[782] Auf der einen Seite kann ein eigeninteressiertes Handeln von Controllern, insbesondere ein arbeitsscheues Verhalten, dieses Defizit erklären. Zum Beispiel erfüllt die theoretisch als Bindeglied zwischen der strategischen und operativen Planung konzipierte Mittelfristplanung diese Funktion nicht, wenn sie de facto eine Fortschreibung der operativen Planung für den zeitlichen Horizont der Mittelfristplanung darstellt.[783] Diese Herangehensweise ist jedoch geeignet, den Arbeitsaufwand von Controllern zu reduzieren.

Auf der anderen Seite erklären kognitive Beschränkungen von Controllern eine mangelnde Integration der strategischen und operativen Planung. In Erweiterung der Resourceful-Annahme leistet unzureichendes Wissen einen Erklärungsbeitrag. Einerseits kann Control-

---

778 Siehe auch Weber, J./Riesenhuber, M. (2002), S. 29.

779 Vgl. Küpper, H.-U. (2001), S. 305f.; Horváth, P. (2003), S. 195f.; Weber, J. (2004a), S. 367ff.

780 Vgl. Egger, A. (1992), S. 51ff.

781 Vgl. zum Beispiel Kaplan, R. S./Norton, D. (1997), S. 10ff.; Horváth, P./Kaufmann, L. (1998), S. 40; Hungenberg, H./Wulf, T. (2003), S. 249f.; Kaufmann, L. (2002), S. 35.

782 Vgl. Waniczek, M. (2001), S. 337; Hartung, W. (2002), S. 502.

783 HIRSCH/HUFSCHLAG/PIEROTH sprechen in diesem Zusammenhang auch von einem Bruch zwischen strategischer und operativer Planung. Vgl. Hirsch, B./Hufschlag, K./Pieroth, G. (2005), S. 253.

lern Wissen über die unternehmensspezifischen Inhalte der bei der strategischen Planung relevanten Größen fehlen – die übergeordnete Wettbewerbsstrategie, in deren Rahmen die einem Unternehmen offen stehenden Erfolgspotentiale durch Einsatz der Kernkompetenzen des Unternehmens zu erschließen sind, so dass schließlich Wettbewerbsvorteile generiert werden.[784] Andererseits kann es ihnen auf der Ebene der operativen Planung – obwohl die formalzielorientierte operative Planung eine ihrer Kernaufgaben ist – im Bereich der sachzielorientierten Planung an Wissen über das operative Geschäft und die zu integrierenden Pole, die strategische und operative Planung, mangeln.[785] Darüber hinaus können die für Defizite bei der Operationalisierung angeführten Ursachen auf die Aufgabe der Planintegration übertragen werden, da die Operationalisierung abstrakter Ziele über Werttreiberhierarchien zugleich eine Möglichkeit zur Strategieumsetzung darstellt.[786]

Auch bei der Abstimmung von Teilplänen unterschiedlicher Funktions- oder Geschäftsbereiche können Inkonsistenzen zwischen Bereichen oder zum Beispiel zwischen den Teilzielen und dem übergeordneten Unternehmensziel, oder zwischen den zugrunde gelegten Prämissen bestehen.[787] Da Inkonsistenzen zwischen Teilplänen nicht nur das Ergebnis kognitiver Beschränkungen der Planersteller, sondern auch ihrer – unter Umständen den Unternehmenszielen zuwiderlaufenden – Interessen sind, bewegen Controller sich mit dieser Aufgabe in einem Spannungsfeld divergierender Interessen.[788]

Nicht immer, zum Beispiel wenn Unternehmensbereiche über innerbetriebliche Leistungen miteinander verbunden sind, gibt es überhaupt sachliche Gründe für den Vorrang eines Planes. Dass Controller möglicherweise auf Unstimmigkeiten nicht hinweisen, kann zum einen ihre Präferenz, das Arbeitsleid zu reduzieren, erklären, da sich an die Identifizierung einer Inkonsistenz Abstimmungsprozesse anschließen und auch die Lösung der dadurch hervorgerufenen Konflikte mit Arbeit verbunden ist. Karrierepräferenzen können erklären, dass

---

784 Vgl. Rasche, C. (1994).

785 In der Literatur bestehen unterschiedliche Ansichten darüber, ob Controller an der strategischen Planung zu beteiligen sind. Während die Gegner dieser Aufgabenzuordnung die für strategische und operative Planung erforderlichen unterschiedlichen Denkweisen und das interne Rechnungswesen als angestammten Controllerbereich anführen, betonen Befürworter, dass durch eine Beteiligung der Controller an der strategischen Planung auf allen Planungsebenen eine bessere Berücksichtigung der materiellen und zeitlichen Interdependenzen gewährleistet wird. Vgl. Baumgartner, B. (1980), S. 88f.; Pfohl, H.-C./Zettelmeyer, B. (1987a); Pfohl, H.-C./Zettelmeyer, B. (1987b); Gaulhofer, M. (1987); Niedermayr, R. (1994), S. 83ff.; Stoffel, K. (1995), S. 79; Schmidt, A. (1986), S. 107.

786 Die im Zusammenhang mit Werttreiberhierarchien angestellten Überlegungen besitzen auch für die Verwendung der Balanced Scorecard als Instrument zur Strategieumsetzung Gültigkeit. KAPLAN/NORTON bringen einen wesentlichen Nutzen der Balanced Scorecard auf die Formel: *„[T]ranslating strategy into action“*. Vgl. Kaplan, R. S./Norton, D. P. (1996); Kaplan, R. S./Norton, D. (1997). Siehe auch Brunner, J. (1999), S. 11 und 69. Zur Problematik der Ableitung von Ursache-Wirkungs-Beziehungen innerhalb einer Balanced Scorecard vgl. auch Weber, J./Schäffer, U. (1998), S. 350.

787 WANICZEK identifiziert das Defizit einer mangelnden Abstimmung von Teilplänen empirisch. Vgl. Waniczek, M. (2001), S. 337. Siehe auch Amshoff, B. (1993), S. 443.

788 Vgl. Macintosh, N. B. (1994), S. 202; Mueller, E. B. (1998), S. 43f.

Controller es vermeiden, für den Vorrang eines Plans zu plädieren, wenn sie dadurch Konflikte mit einem Manager eingehen, der Einfluss auf die Verteilung ihrer Anreize hat. Controller vermeiden es auch aufgrund ihrer Karrierepräferenzen, dann Inkonsistenzen aufzudecken und für den Vorrang eines Plans zu plädieren, wenn im weiteren Verlauf des Führungszyklus die Plangrößen zu Kontrollgrößen werden und deutlich wird, dass sie aufgrund kognitiver Beschränkungen den falschen Teilplan priorisiert haben. Da Inkonsistenzen zwischen Plänen jedoch nach kurzer Zeit offenkundig werden können, kann sich der vermeintliche Nutzen einer eigeninteressierten Nicht-Identifizierung dieser Unstimmigkeiten in sein Gegenteil verkehren.[789] Die Zeitpräferenzen von Controllern können daher wesentlich das Auftreten dieser Handlungsmuster beeinflussen.

Bei potentiellen kognitiven Beschränkungen können allgemein eine beschränkte Verarbeitungsfähigkeit sowie in Erweiterung der Resourceful-Annahme fehlendes Wissen über Planinhalte erklären,[790] dass Controller nicht in der Lage sind, zufriedenstellende Plausibilitätsprüfungen vorzunehmen und bestehende Inkonsistenzen zu erkennen. Wurden Inkonsistenzen zwischen Teilplänen, ihren Prämissen usw. aufgedeckt, kann fehlendes Wissen – ebenfalls eine Erweiterung der Resourceful-Annahme – dazu führen, dass Controller die sachliche Richtigkeit von Teilplänen nicht einschätzen können und demzufolge in Erweiterung der Evaluating-Annahme nicht in der Lage sind zu beurteilen, welcher Teilplan die Planabstimmung dominieren sollte.[791]

Controller können jedoch auch umgekehrt die ihnen zugeschriebene sachlich moderierende Rolle[792] für eine gezielte Gestaltung der Planinhalte im Rahmen der Abstimmung inkonsistenter Planansätze nutzen und auch auf diese Weise ihre Karriere- oder Risikopräferenzen oder Einfluss als eigenständiges Ziel verfolgen.

Die nachstehende Abbildung fasst die wesentlichen potentiellen Rationalitätsdefizite im Handeln von Controllern bei der Erfüllung ihrer Planungsaufgaben zusammen.

789 Vgl. Herzog, A. (1999), S. 218f.

790 WEBER betont die Bedeutung eines fundierten Geschäftswissens für die Aufgabe der Planabstimmung. Vgl. Weber, J. (2004a), S. 381. Siehe auch Herzog, A. (1999), S. 260.

791 Für in die Planabstimmung involvierte Bereichscontroller ist anzumerken, dass sie die durch ein eigeninteressiertes Handeln beziehungsweise einen Self-Serving Bias erklärten Handlungsmuster bei der anfänglichen Zielbildung, insbesondere der Budgetierung, aber auch bei der finalen Planabstimmung aufweisen können. Vgl. Abschnitt 3.1.2.2.1.1.

792 Vgl. Weber, J. (2004a), S. 345f.

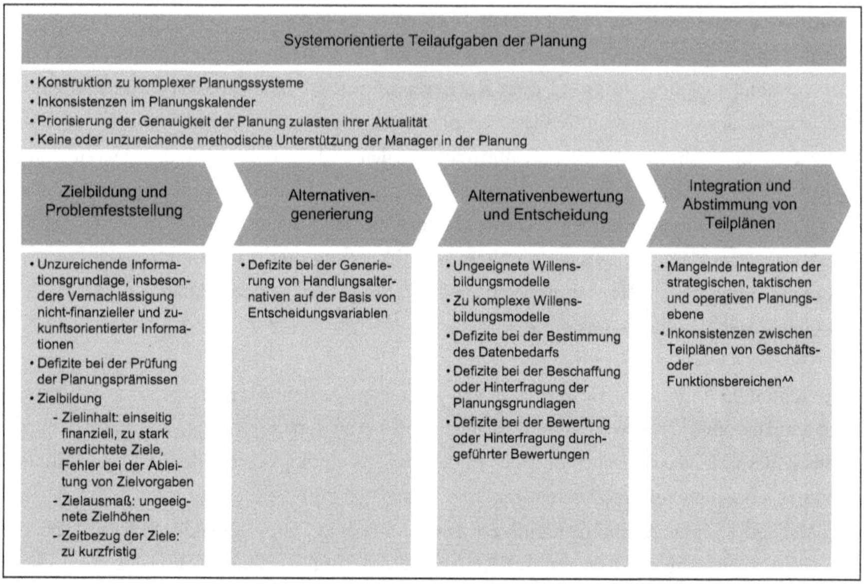

Abbildung 9: Potentielle Rationalitätsdefizite im Handeln von Controllern bei der Planung[793]

3.1.3 Kontrolle

Die dritte Kernaufgabe der Controller ist die Kontrolle. Sie ist eng mit der Informationsversorgungsaufgabe und der Planungsaufgabe verbunden. Im Informationsversorgungsprozess generierte Informationen fließen in die Kontrolle ein. Zugleich werden in der Kontrolle als informationsverarbeitendem Prozess, ebenso wie in der Planung, Informationen produziert, für deren Verwendung Controller Sorge zu tragen haben. SIEGWART/MENZL formulieren, dass *„jede Kontrolle von Informationen abhängig [ist], denn hinter ihr steht im Grunde immer das Gewinnen, Verarbeiten und Verwerten von Informationen"*.[794] Enge Verbindungen bestehen auch zwischen der Kontrolle und der Planung.[795] Mit der Erfüllung ihrer Zwecke – Dokumentation, Erkenntnisgewinnung und Prävention[796] – sichert die Kontrolle die Planung ab. Die dokumentierten Abweichungen liefern Erkenntnisse über die Güte der Planungsprämissen und der getätigten Prognosen sowie die Erreichbarkeit und das Erreichen der gesetzten Ziele. Es können einerseits rechtzeitig Maßnahmen zur Korrektur von Fehl-

793 Eigene Darstellung.
794 Vgl. Siegwart, H./Menzl, I. (1978), S. 14.
795 SCHÄFFER/WEBER sprechen von einem komplementären Verhältnis zwischen Kontrolle und Planung. Vgl. Schäffer, U./Weber, J. (2002), S. 18.
796 Vgl. Baumgartner, B. (1980), S. 63f.; Weber, J. (2004a), S. 314; Friedl, B. (2005), S. 263f.; Küpper, H.-U. (2001), S. 170f.; Macharzina, K./Wolf, J. (2005), S. 425.

entwicklungen im Hinblick auf die Zielerreichung eingeleitet und andererseits im Verlauf des Führungszyklus Normgrößen korrigiert werden. Auch der Kontrollzweck der Prävention zielt durch die Beeinflussung des Verhaltens auf die Sicherstellung der Planung ab. Dieser intendierte Effekt kann jedoch durch potentielle dysfunktionale Effekte der Kontrolle konterkariert werden.[797]

Potentielle Rationalitätsdefizite im Handeln von Controllern, die auf ein eigeninteressiertes Handeln und kognitive Beschränkungen zurückgeführt werden können, bewirken, dass die Kontrolle ihre Zwecke nicht oder nur unzureichend erfüllt. Rationalitätsdefizite im Handeln von Controllern bei der Erfüllung der Kontrollaufgaben wurden in den Kapiteln zur Informationsversorgungs- und Planungsaufgabe aufgrund der engen Verknüpfung zwischen den Kernaufgaben bereits gestreift. Sie sollen im Folgenden systematisch anhand der dargestellten Teilaufgaben der Kontrolle ergründet werden.

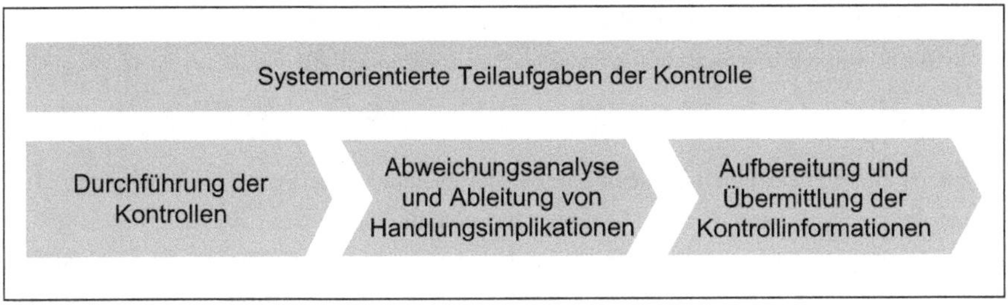

Abbildung 10: Untersuchungsobjekt „Kontrolle"[798]

3.1.3.1 Defizite bei der Erfüllung systemorientierter Teilaufgaben

Analog zu den systemorientierten Teilaufgaben der Informationsversorgung und der Planung kann auch bei den systemorientierten Teilaufgaben der Kontrolle ein Defizit im Handeln von Controllern die Konstruktion eines zu komplexen Kontrollsystems sein, das Ausdruck in der Festlegung einer Vielzahl detailliert zu kontrollierender Objekte unterschiedlicher Ebenen findet. Auch sehr komplexe Kontrollsysteme führen zu einer Scheinrationalität, die Sicherheit lediglich suggeriert. DRUCKER behauptet sogar: *„To control everything means to control nothing."*[799] In engem Zusammenhang damit steht die fehlende Fokussierung komplexer Kontrollsysteme auf relevante Kontrollgrößen. Sie kann unmittelbar ein Folgedefizit nicht fokussierter Planungssysteme sein, da das Kontrollsystem inhaltlich an das Planungssystem anknüpft. Die innerhalb des Kontrollsystems generierten Informationen

[797] Dies läuft auch dem Motivationszweck der Planung zuwider.
[798] Eigene Darstellung.
[799] Drucker, P. F. (1954), S. 135.

und damit Erkenntnisse dienen der Absicherung der Planung.[800] Doch selbst bei einem fokussierten Planungssystem sind die relevanten Kontrollobjekte nur in einer ersten Annäherung der Planung zu entnehmen.

Die Kontrolle soll kein Spiegelbild der Planung sein, sondern Schwerpunkte gemäß der tatsächlichen Kontrollbedürftigkeit der Objekte setzen.[801] Die Kontrollbedürftigkeit ergibt sich aus der spezifischen Unternehmens- beziehungsweise Entscheidungssituation, mit der die potentiellen Kontrollobjekte in Verbindung stehen.[802] Maßgeblich ist die Erwartung, dass bei einem Objekt eine erfolgsrelevante Abweichung zwischen angestrebter und tatsächlicher Ausprägung auftreten kann und diese Abweichung für die Zielerreichung relevant ist.[803] Mögliche Rationalitätsdefizite im Handeln von Controllern bei der Beurteilung der Kontrollbedürftigkeit von Objekten können auf ein eigeninteressiertes Handeln, ihre Präferenz, das Arbeitsleid zu reduzieren, zurückgeführt werden. Die Fokussierung auf relevante Kontrollobjekte kann aufwendiger sein als eine umfassende Abbildung von Kontrollgrößen. In Erweiterung der Resourceful-Annahme kann fehlendes Wissen von Controllern über das Geschäft und seine kritischen Erfolgsfaktoren Rationalitätsdefizite bei dieser Aufgabe erklären.[804]

Zudem ist für die einzelnen Kontrollobjekte der Nutzen einer Erkenntnisgewinnung den Kosten der Kontrolle sowie dem Disnutzen der potentiellen dysfunktionalen Nebeneffekte der Kontrolle gegenüberzustellen. Bewertungsverzerrungen in Erweiterung der Evaluating-Annahme vermögen zu erklären, dass Controller aufgrund ihres Erfahrungshorizonts verhaltensorientierte Aspekte vernachlässigen und daher systematisch den Nutzen einer Kontrolle überbewerten. Über die Scheinrationalität komplexer Systeme und das damit verbundene Rationalitätsdefizit einer mangelnden Fokussierung der Kontrollsysteme können die Folgen und Ursachen komplexer Informations- und Planungssysteme auf komplexe Kontrollsysteme übertragen werden.[805] Diese verlangen umfangreiche Informationsgrundlagen, binden Ressourcen für ihren Betrieb und zeichnen sich durch einen Trade-off zwischen Genauigkeit und Aktualität aus.[806] Sie suggerieren mit ihren Merkmalen Qualität, so dass sie den

---

800 Vgl. Siegwart, H./Menzl, I. (1978), S. 86.

801 SCHÄFFER/WEBER erläutern, dass der durch die Planung festgelegte Aufmerksamkeitsbereich durch die Kontrolle bestätigt, auf einen als kontrollbedürftig erachteten Ausschnitt reduziert oder sogar konterkariert werden könne. Kontrolle lenke so den durch die Planung ausgerichteten Scheinwerfer. Aufgrund empirischer Studien sei zu erwarten, dass eine enge Verbindung von Planung und Kontrolle positiv auf die Durchsetzung der Planungsinhalte wirke. Vgl. Schäffer, U./Weber, J. (2002), S. 19.

802 Vgl. Niedermayr, R. (1994), S. 80.

803 Vgl. Siegwart, H./Menzl, I. (1978), S. 27ff.

804 Zu Formen der strategischen Kontrolle vgl. in diesem Zusammenhang Weber, J. (2004a), S. 506. Siehe ähnlich Pieroth, G. (2002), S. 342. Vgl. hierzu auch die Überlegungen zu Defiziten im Handeln von Controllern bei der Operationalisierung von Zielen in Abschnitt 3.1.2.2.1.1.

805 Vgl. Abschnitt 3.1.1.1 und 3.1.2.1

806 Vgl. Baumgartner, B. (1980), S. 69.

Karrierepräferenzen von Controllern dienlich sind, oder eröffnen aufgrund ihrer Intransparenz Informations- oder Kompetenzasymmetrien. Sie können wie Informations- und Planungssysteme aus Defiziten bei der Informationsbedarfsermittlung oder einer unausgewogenen Aufgabenverteilung von Controllern resultieren.

Übergreifend ist zu Informations-, Planungs- und Kontrollsystemen anzumerken, dass ein hohes Maß an Komplexität dieser Systeme aufgrund der möglichen Folgen ein Rationalitätsdefizit im Handeln von Controllern darstellt. Gleichzeitig reflektieren die Systeme immer auch die Komplexität des Kontextes. Analog zu dem Verdichtungsgrad von Kennzahlen besteht das Ziel darin, die reale Komplexität angemessen abzubilden, ohne dabei die Handhabbarkeit einzubüßen. Dass Controller in diesem Sinne unangemessen komplexe Systeme gestalten, kann als Rationalitätsdefizit bei der Bestimmung des Kontextes auf der einen Seite und als durch ihre Sichtweise als Systemkonstrukteure geprägte Wahrnehmung und Bewertung (Erweiterungen der Resourceful- und Evaluating-Annahme) der Komplexität der Systeme erklärt werden.[807] Zudem ist anzumerken, dass übergreifend ein Rationalitätsdefizit im Handeln von Controllern in einer unzureichenden Abstimmung zwischen dem Informations-, Planungs- und Kontrollsystem bestehen kann.[808] Da eine solche Abstimmung mit einem hohen Aufwand verbunden ist, kann das Defizit auf ein eigeninteressiertes, arbeitsscheues Handeln zurückgeführt werden. Als erklärende kognitive Beschränkung ist in Erweiterung der Resourceful-Annahme die beschränkte Verarbeitungsfähigkeit von Controllern angesichts der Komplexität dieser Aufgabe als mögliche Ursache anzuführen.

Bezogen auf die Kontrollobjekte können unterschiedliche Kontrollarten angewendet werden, die im Rahmen der systemorientierten Teilaufgaben der Kontrolle festzulegen sind. Dies entspricht der in der Phase der Aufbereitung und Übermittlung von Informationen erwähnten Festlegung von Informationsbezügen.[809] Auf der Basis faktischer, prognostischer und normativer Informationen lassen sich Soll-Ist-, Soll-Wird-, Wird-Ist-, Ist-Ist-, Wird-Wird- und Soll-Soll-Vergleiche unterscheiden.[810] Der Soll-Ist-Vergleich, bei dem ein in der Planung entwickelter Sollwert dem realisierten Istwert desselben Kontrollobjekts gegenübergestellt wird, wird als Inbegriff der Kontrolle angesehen und in der Literatur oft zur Definition der Kontrolle herangezogen.[811] Ein potentielles Rationalitätsdefizit im Handeln von Controllern besteht darin, dass sie die übrigen Kontrollarten neben dem Soll-Ist-

807 Vgl. zu dem Rationalitätsdefizit eines zu hohen Verdichtungsgrades sowie den dafür angeführten Ursachen Abschnitt 3.1.1.2.3.

808 Vgl. Amshoff, B. (1993), S. 443.

809 Vgl. Abschnitt 3.1.1.2.4.

810 Bei Soll-Soll-Vergleichen werden verschiedene Ziele auf ihre Konsistenz hin überprüft. Diese Vergleichsart ist eher in der Planung zu verorten. Die übrigen Vergleichsmöglichkeiten sind für die Kontrolle im engeren Sinn durchaus relevant.

811 Vgl. Zimmermann, C. (2001), S. 113.

Vergleich, der klassischen Ergebniskontrolle, vernachlässigen. Dieses Defizit steht insbesondere der Realisierung des Zweckes der Dokumentation relevanter Zusammenhänge und damit auch des Zweckes der Erkenntnisgewinnung der Kontrolle entgegen. Da aus Kontrollen Informationen gewonnen werden, lässt sich dieses Defizit als Folgedefizit der dargestellten und auf ihre Ursachen zurückgeführten Defizite bei der Ermittlung des Informationsbedarfs erklären. Die Vernachlässigung anderer Kontrollarten neben dem Soll-Ist-Vergleich lässt sich auch durch die Präferenz, das Arbeitsleid zu reduzieren, erklären. Da die Sollwerte aus der Planung übernommen und die Istwerte ohnehin erhoben werden und Controller zudem bei der Durchführung von Soll-Ist-Vergleichen, der Abweichungsanalyse als einem der klassischen Controllinginstrumente,[812] routinierter sind, ist mit den übrigen Kontrollarten ein höherer Arbeitsaufwand verbunden. Auch erweiternde Annahmen zu der Resourceful- und Evaluating-Annahme des RREEMM-Modells können das Defizit erklären. Soll-Ist-Vergleiche beziehungsweise das klassische Controllinginstrument der Abweichungsanalyse sind in den mentalen Modellen von Controllern als Inbegriff der Kontrolle verankert. Dies vermag zu erklären, dass Controller bei der Entscheidung über die durchzuführenden Kontrollarten Bewertungsverzerrungen aufweisen.

Konkretere Erklärungen lassen sich für eine Vernachlässigung des Soll-Wird-Vergleichs beziehungsweise unterperiodischer Soll-Ist-Vergleiche gegenüber dem klassischen Soll-Ist-Vergleich finden.[813] Bei einem klassischen Soll-Ist-Vergleich werden Abweichungen zwischen einem Sollwert und einem Istwert am Ende der Planungsperiode festgestellt. Es können zwar die Ursachen dieser Abweichungen ergründet werden. Da die Betrachtung jedoch ex post erfolgt, sind Maßnahmen zur Korrektur des Ergebnisses nicht mehr möglich.[814] Eine größere Anpassungsfähigkeit kann mit den Erkenntnissen aus unterperiodischen Soll-Ist-Vergleichen erreicht werden.[815] Sollwerte werden für kürzere Zeitabschnitte definiert und entsprechend kontrolliert. Auch Soll-Wird-Vergleiche tragen zu einer zukunftsorientierten Steuerung bei, die Controller zur Sicherstellung der Rationalität der Führung gewährleisten sollten.[816] Der festgelegten Sollgröße werden im Laufe der Planungsperiode jeweils aktuelle Prognosen für die Erreichung der Sollgröße gegenübergestellt. Bei frühzeitig erkannten Soll-Wird-Abweichungen besteht zeitlich Handlungsspielraum zur Sicherstellung der Planerreichung.[817]

---

812 Vgl. allgemein zur Abweichungsanalyse Weber, J. (2004a), S. 412ff.

813 JENßEN/KLATT zeigen auf, dass Forecasts und damit Soll-Wird-Kontrollen vernachlässigt werden. Vgl. Jenßen, A./Klatt, M. M. (2004), S. 462.

814 PEEMÖLLER spricht von einer *„Heckwasser-Betrachtung"*. Peemöller, V. H. (1997), S. 138. Siehe auch Adam, D. (1996), S. 37.

815 Vgl. Niedermayr, R. (1994), S. 89; Peemöller, V. H. (1997), S. 263.

816 Vgl. Falkenhausen, H. v. (1990), S. 103; Lienhard, P. (2003), S. 74.

817 *„Daher darf sich die periodische Berichterstattung nicht mit einem retrospektiven Soll-Ist-Vergleich begnügen, sondern hat zukünftig mögliche Abweichungen aufzuzeigen und deren Konsequenzen zu erläutern,*

Unterperiodische Soll-Ist-Vergleiche sowie Soll-Wird-Vergleiche entsprechen einer Früherkennung der zweiten Generation.[818] Vernachlässigen Controller unterperiodische Soll-Ist-sowie Soll-Wird-Vergleiche, lösen sie nur einen Teil des Kontrollproblems – die Kontrolle bereits abgeschlossener Planrealisierungen.[819] Auch dieses Defizit lässt sich durch die Präferenz, das Arbeitsleid zu reduzieren, erklären. Bei potentiellen kognitiven Beschränkungen können die für die Vernachlässigung anderer Vergleiche neben dem Soll-Ist-Vergleich angeführten Ursachen konkretisiert werden. In Erweiterung der Resourceful-Annahme leisten die – durch einen ausgeprägten funktionalen Erfahrungshorizont beeinflussten – mentalen Modelle von Controllern, die sich eher durch eine Vergangenheits- als eine Zukunftsorientierung auszeichnen, einen Erklärungsbeitrag. Sie können – ebenfalls in Erweiterung der Resourceful-Annahme – die Wahrnehmung der Controller beeinflussen. Aufgrund ihrer selektiven Informationsaufnahme erkennen Controller die Notwendigkeit einer zukunftsorientierten Kontrolle nicht. In Erweiterung der Evaluating-Annahme weisen sie möglicherweise Bewertungsverzerrungen in ihrem Handeln auf und unterbewerten den Nutzen zukunftsorientierter Kontrollen. Die Bedeutung dieses Defizits im Handeln von Controllern variiert mit dem Kontext. In einem sehr stabilen Umfeld ist die Durchführung unterperiodischer Soll-Ist-Vergleiche und Soll-Wird-Vergleiche nicht in demselben Maße erforderlich wie in einem hochdynamischen Umfeld. Dort tragen die dargestellten Kontrollarten wesentlich zu einer hohen Anpassungsfähigkeit des Unternehmens bei. Wie an anderer Stelle erläutert, sind sich Controller jedoch der Bedeutung des Kontextes für ihr Handeln nicht immer bewusst und schätzen ihn falsch ein. Die Bedeutung zukunftsorientierter Kontrollen variiert auch mit der Planungsebene, auf die Bezug genommen wird. Für die strategische Kontrolle ist eine weitergehende Zukunftsorientierung im Sinne einer Früherkennung der zweiten und dritten Generation erforderlich.[820]

Als Rationalitätsdefizit im Handeln von Controllern ist auch ihre Vernachlässigung von Wird-Ist- und Wird-Wird-Kontrollen – Formen der Prämissenkontrolle – anzusehen. Auf der operativen Ebene ist Controllern die Überprüfung grundsätzlicher Planungsannahmen nicht vertraut. Prämissenkontrollen sind speziell bei der strategischen Kontrolle von großer Bedeutung.[821] Mit ihnen werden – zumeist im Anschluss an zuvor definierte Abschnitte der Planrealisierung – Erkenntnisse über die Gültigkeit der in der Planung erarbeiteten Annahmen – zum Beispiel auch für die Entwicklung vorlaufender Indikatoren – gewonnen.[822] Bei

bevor die Plandivergenzen tatsächlich eingetreten sind." Zünd, A. (1978b), S. 53. Siehe auch Pfohl, H.-C. (1981), S. 60; Weber, J. (2004a), S. 296f.

818 Vgl. Abschnitt 3.1.2.2.1.

819 Vgl. Amshoff, B. (1993), S. 443; Macharzina, K./Wolf, J. (2005), S. 372.

820 Vgl. Niedermayr, R. (1994), S. 104; Goeldel, H. (1997), S. 123. Vgl. Abschnitt 3.1.2.2.1.

821 Vgl. Weber, J. (2004a), S. 506f.

822 Die Prämissenkontrolle ist von der Überprüfung der Plausibilität der zugrunde gelegten Prämissen bei der Erarbeitung des Planansatzes zu trennen.

Wird-Wird-Vergleichen steht – analog zu Soll-Wird-Vergleichen – der ursprünglich prognostizierten Entwicklung einer Prämisse eine aktuelle Prognose gegenüber. Inhaltlich sollten sich Prämissenkontrollen nicht auf die explizit formulierten Prämissen beschränken, sondern auch die dahinter stehenden impliziten Annahmen berücksichtigen. Eine unzureichende Prämissenkontrolle hat zur Folge, dass sich das Handeln von Managern, aber auch von Controllern selbst an obsolet gewordenen Vorstellungen der Zukunft orientiert.[823] Auch für die Vernachlässigung von Prämissenkontrollen kann ihre Präferenz, das Arbeitsleid zu reduzieren, verantwortlich sein. Es ist im weitesten Sinn als rigides bürokratisches Verhalten aufzufassen, wenn Controller ausschließlich Kontrollen mit dem Sollwert als Normgröße durchführen, obwohl die Ergebnisse anderer Kontrollarten wie der Prämissenkontrollen auch auf das Erreichen des Sollwertes ausgerichtet sind.[824] Der letztgenannte Aspekt lässt sich auch durch kognitive Beschränkungen erklären. Controller sind zwar um die Absicherung der in der Planung generierten Sollwerte bemüht, damit zugleich aber in Erweiterung der Resourceful-Annahme auf die Beobachtung des Sollwertes fokussiert und in ihrer Wahrnehmung beschränkt. Trotz ihrer großen Bedeutung für die Planung haben Prämissen nur eine indirekte Bedeutung. Die Unwissenheit von Controllern über die Bedeutung von Prämissenkontrollen in Abhängigkeit des Kontextes sowie Fehleinschätzungen des Kontextes können ihre Vernachlässigung erklären. Die Bedeutung der Prämissenkontrolle nimmt mit der Dynamik des Kontextes zu.

Anzumerken ist, dass mit der Frage nach den Kontrollarten die Frage nach dem Kontrollzeitpunkt – ex ante oder ex post, unterperiodisch oder zum Periodenende – eng verbunden ist. Mit der Dynamik des Kontextes wächst die Bedeutung einer zukunftsgerichteten Kontrolle und damit des richtigen Kontrollzeitpunkts. Die Erkenntnisse einer frühzeitigen Kontrolle können nicht nur im Sinne einer Feed-Back-Kontrolle, sondern auch im Sinne einer Feed-Forward-Kontrolle dazu verwendet werden, die Planwerte in Frage zu stellen.[825] So sehen SCHREYÖGG/STEINMANN die Kontrolle in einem dynamischen Kontext auch als *„Bedingung der Möglichkeit der Planung"* an.[826]

823 Mit Bezug zu überholten Budgets vgl. Posselt, S. G. (1986), S. 77.
824 Vgl. Jaworski, B. J./Young, S. M. (1992), S. 19 und die dort angegebene Literatur.
825 Vgl. Höller, H. (1978), S. 211f.
826 Vgl. Schreyögg, G./Steinmann, H. (1985), S. 396.

3.1.3.2 Defizite bei der Erfüllung prozessorientierter Teilaufgaben

3.1.3.2.1 Durchführung der Kontrollen

Zur Durchführung der Kontrollen sind in einem ersten Schritt die den Normgrößen gegenüberzustellenden Vergleichsgrößen inhaltlich konkret zu bestimmen. Diese Aufgabe ist eine Routineaufgabe, da die Vergleichsgrößen inhaltlich zumeist eindeutig sind. Bei Ist-Ist-Vergleichen kann ein Rationalitätsdefizit im Handeln von Controllern jedoch darin bestehen, dass sie Größen auswählen, die einander sachlich nicht entsprechen. Auch Änderungen im Zeitablauf können der Grund dafür sein, dass Norm- und Vergleichsgrößen nicht (mehr) vergleichbar sind.[827] Die Kontrolle erfüllt in diesem Fall ihre Zwecke der Dokumentation und Erkenntnisgewinnung nicht. Die dokumentierten Abweichungen besitzen keine Erklärungskraft. Über die Erkenntnisgewinnung hinaus können die Rationalitätsdefizite auch dazu führen, dass die falschen Maßnahmen auf der Grundlage der in der Kontrolle generierten Informationen ergriffen werden.

Diese Defizite lassen sich durch ein arbeitsscheues Verhalten, eine mangelnde Sorgfalt von Controllern bei der Auswahl der Vergleichsgrößen sowie bei der kontinuierlichen Überprüfung der Eignung einmal ausgewählter Vergleichsangaben erklären. In Erweiterung der Resourceful-Annahme des RREEMM-Modells kann fehlendes Wissen von Controllern ungeeignete Vergleichsangaben erklären, da zur Auswahl zweckadäquater Vergleichsangaben Wissen über die zu analysierende Größe sowie über die Vergleichsgröße benötigt wird. Werden zum Beispiel bei einem Ist-Ist-Vergleich in Form eines Betriebsvergleichs die Produktionskosten einander gegenübergestellt, müssen Controller nicht nur Wissen über die Produktionsbedingungen im eigenen Unternehmen, sondern auch in dem Vergleichsunternehmen besitzen. Zeitlich bedingt ungeeignete Vergleichsgrößen lassen sich durch fehlendes Wissen über Änderungen der Determinanten der zu analysierenden Größen und eine mangelhafte Wahrnehmung dieser Änderungen erklären. Einen Erklärungsbeitrag für ungeeignete Vergleichsgrößen oder zumindest nicht erkannte sinnvolle Vergleichsgrößen leisten auch stark funktional geprägte mentale Modelle von Controllern. Eine innenorientierte Wahrnehmung kann zum Beispiel eine Ursache dafür sein, dass Controller das allgemeine Marktwachstum nicht als geeignete Vergleichsgröße für eine Gegenüberstellung mit der eigenen Umsatzentwicklung erkennen. In Erweiterung der Evaluating-Annahme des RREEMM-Modells vermag auch eine beschränkte Bewertungsfähigkeit sachlich oder zeitlich ungeeignete Vergleichsgrößen zu erklären. Es besteht die Gefahr, dass Controller die in der Vergangenheit herangezogenen Vergleichsgrößen als Referenzpunkt für die Bewertung der möglichen Vergleichsgrößen heranziehen und sie gemäß der Verankerungsheuristik

[827] Vgl. Peemöller, V. H. (1997), S. 254. Auch diese Aufgabe ist in Verbindung zu sehen mit der Aufgabe der Controller, bei der Konzipierung des Berichtsinhalts Informationsbezüge herzustellen. Vgl. Abschnitt 3.1.1.2.4.

nicht ausreichend anpassen. Ihre limitierte Wahrnehmungsfähigkeit erklärt wiederum, dass sie Informationen, die eine Anpassung der Vergleichsgrößen nahe legen, möglicherweise nicht wahrnehmen.

Nach der Festlegung der Vergleichsgrößen müssen Controller die zur Durchführung der Kontrollen benötigten Daten beschaffen. Diese Aufgabenzuteilung ist sinnvoll, da Controller häufig aufgrund ihrer Informationsversorgungsaufgabe die entsprechenden Systeme betreiben, aus denen die Daten generiert werden.[828] Deshalb ist es auch als ein Rationalitätsdefizit in ihrem Handeln anzusehen, wenn der Dateninput der Kontrolle unvollständig oder von unzureichender Qualität ist. Auch in Folge dieses Defizits ist der Zweck der Erkenntnisgewinnung nicht oder nur eingeschränkt erreichbar. Lernprozesse können nicht vollzogen werden oder führen zu falschen Erkenntnissen; auf dieser Basis ergriffene Maßnahmen zur Durchsetzung des gebildeten Willens schlagen fehl.

Sollwerte können aus der Planung übernommen oder abgeleitet werden.[829] Istwerte müssen Controller selbst erheben beziehungsweise – bei Überprüfung ihrer Qualität[830] – beschaffen. Wird-Werte sind das Ergebnis von Prognosen oder Hochrechnungen. Demzufolge resultiert ein qualitativ mangelhafter Dateninput der Kontrolle aus Rationalitätsdefiziten im Handeln von Controllern in der Zielbildungsphase der Planung oder der Basisaufgabe der Informationsversorgung. Darüber hinaus vermögen Karrierepräferenzen der Controller zu erklären dass sie die Datengrundlagen der Kontrollen manipulieren. Controller versprechen sich unter Umständen eine Verbesserung ihrer Anreize davon, wenn die Kontrollergebnisse den Managern zum Vorteil gereichen oder sie selbst und ihre zuvor geleistete Arbeit in ein gutes Licht rücken.[831] TANSKI spricht auch von den Gefahren einer In-sich-Kontrolle.[832] Bei kognitiven Beschränkungen erklären Wahrnehmungsverzerrungen aufgrund des Self-Serving Bias, dass Controller nur die Daten als relevante Datengrundlagen für die anstehenden Kontrollen wahrnehmen, mit denen sie ihre eigenen Interessen stärken. Weiter sind Verfügbarkeitsverzerrungen ebenfalls als Erweiterung der Resourceful-Annahme anzuführen. Analog zur Gestaltung des Informationsangebots können Verfügbarkeitsverzerrungen die Ursache dafür sein, dass Controller Kontrollen weniger aufgrund der im Rahmen ihrer systemorientierten Teilaufgaben ermittelten Kontrollbedürftigkeit der Kontrollobjekte durchführen oder Vergleichsgrößen aufgrund ihrer Sinnhaftigkeit heranziehen, sondern allein aufgrund der

---

828 Vgl. Schäffer, U./Weber, J. (2002), S. 9.

829 Vgl. Küpper, H.-U. (2001), S. 178.

830 Vgl. Thieme, H.-R. (1982), S. 38.

831 Vgl. Karlowitsch, M. (1997), S. 39. Siegwart, H./Menzl, I. (1978), S. 36: *„Besonders bei sehr selbständigen Stäben kann beispielsweise aus dem Bestreben, den eigenen Einflussbereich zu erweitern, die Versuchung groß sein, die Kontrolldaten derart zu manipulieren, dass sie den von ihnen gewünschten Entscheid geradezu präjudizieren. Mit der Aufbereitung der Kontrollinformationen wird damit der Entscheid faktisch vorweggenommen und die Entscheidungsbefugnis des Chefs faktisch von den Stäben ausgeführt."*

832 Vgl. Tanski, J. S. (2003), S. 94. Siehe auch Mueller, E. B. (1998), S. 125f.

Verfügbarkeit des für die Kontrollen benötigten Dateninputs.[833] Erweiternde Annahmen zu der Evaluating-Annahme erklären weiter, dass Controller Bewertungsverzerrungen dahingehend aufweisen, dass sie die aufgrund der Datenverfügbarkeit möglichen auch als die relevanten Kontrollen bewerten.

Sind die Vergleichsgrößen festgelegt und die erforderlichen Datengrundlagen beschafft, ist die Abweichung zwischen der Norm- und der Vergleichsgröße zu bestimmen. Hierbei handelt es sich um eine rechentechnische Prozedur. Das potentielle Rationalitätsdefizit im Handeln von Controllern, eine Abweichung falsch zu bestimmen, kann auf eine mangelnde Sorgfalt als Ausdruck der eigeninteressierten Präferenz, das Arbeitsleid zu reduzieren, zurückgeführt werden. Karrierepräferenzen können auch bei dieser Teilaufgabe der Kontrolle Controllern Manipulationen als zweckmäßig erscheinen lassen. Zudem können Fehlbestimmungen von Abweichungen in Erweiterung der Resourceful-Annahme durch die grundsätzlich beschränkte Verarbeitungsfähigkeit von Controllern oder fehlendes Methodenwissen erklärt werden, wobei letzteres wenig plausibel ist.[834]

Abschließend zu dieser Phase des Kontrollprozesses ist anzumerken, dass ein weiteres Rationalitätsdefizit darin bestehen kann, Kontrollen – insbesondere solche, deren Ergebnisse nicht in Standardberichten übermittelt werden, sondern Ergänzungs- oder Begrenzungsleistungen darstellen – nicht durchzuführen. Dieses Defizit ist vornehmlich durch ein eigeninteressiertes Handeln von Controllern, ein arbeitsscheues Verhalten oder Karrierepräferenzen zu erklären. Letztere können nicht nur ein Grund für Manipulationen bei der Durchführung der Kontrollen, sondern auch für unterlassene Kontrollen sein.

3.1.3.2.2 Abweichungsanalyse und Ableitung von Handlungsimplikationen

Im Anschluss an die Durchführung der Kontrollen sind die Ursachen der festgestellten Abweichungen zu ergründen, um für den Kontrollzweck der Erkenntnisgewinnung Korrekturmaßnahmen im Hinblick auf die Durchsetzung des gebildeten Willens ableiten und im Hinblick auf zukünftige Entscheidungen Lernprozesse vollziehen zu können. Es werden jedoch nur Abweichungen analysiert, die sich außerhalb bestimmter, zuvor festgelegter Toleranzbereiche befinden. Zu enge Toleranzbereiche sind mit der Gefahr verbunden, dass zu häufig Gegensteuerungsmaßnahmen ergriffen werden und es zu einem „Zick-Zack-Kurs" kommt.[835] Bei zu weiten Toleranzbereichen besteht die Gefahr, dass das Gespür für relevante Entwicklungen verloren geht.[836] Bei der Festlegung dieser Toleranzbereiche können Rationalitätsdefizite im Handeln von Controllern auftreten.[837] Sie lassen sich auf ein eigeninte-

---

833 Vgl. ausführlich insbesondere Abschnitt 3.1.1.2.2.
834 Vgl. Weber, J. et al. (2003), S. 47.
835 Vgl. Ellermeier, C. (1982), S. 36.
836 Vgl. Sayles, L. R. (1972), S. 27.
837 Vgl. Becker, W. (1988), S. 275; Amshoff, B. (1993), S. 262ff. und 308ff.; Niedermayr, R. (1994), S. 88f.

ressiertes, arbeitsscheues Verhalten zurückführen. Controller wählen zu weite Toleranzbereiche, um ihren Arbeitsaufwand zu reduzieren. Bei kognitiven Beschränkungen kann Controllern in Erweiterung der Resourceful-Annahme das Wissen fehlen zu beurteilen, ab welcher Höhe Abweichungen relevant sind. Dafür ist umfangreiches Faktenwissen über das Geschäft, insbesondere den sachlichen Hintergrund der Kontrollobjekte und deren Beziehungen zu anderen relevanten Größen, erforderlich. In Erweiterung der Expecting-Annahme kann dieses fehlende Faktenwissen dazu führen, dass Controller falsche Kausalurteile allgemein über die Auswirkungen von Abweichungen zwischen Norm- und Vergleichsgrößen und über unterschiedliche Abweichungshöhen bilden und folglich auch Toleranzbereiche falsch festlegen. Schließlich können Beschränkungen der Bewertungsfähigkeit als Erweiterung zu der Evaluating-Annahme angeführt werden. Aufgrund des möglicherweise fehlenden Faktenwissens behalten Controller aus dem Spektrum der denkbaren Schwellenwerte die Werte der Vergangenheit bei oder übernehmen Schwellenwerte von ihnen vergleichbar erscheinenden, sachlich jedoch nicht vergleichbaren, Kontrollobjekten und passen diese Referenzpunkte gemäß der Verankerungsheuristik aufgrund ihrer Wissensdefizite und beschränkten Wahrnehmungsfähigkeiten nicht oder nicht ausreichend an.

Ein weiteres potentielles Rationalitätsdefizit im Handeln von Controllern im Zusammenhang mit der Analyse festgestellter Abweichungen besteht darin, dass Controller positive Abweichungen nicht berücksichtigen und sie keiner detaillierten Analyse unterziehen.[838] Daraus kann zum einen folgen, dass die Leistungsträger, die diese positiven Abweichungen erzielt haben, frustriert sind. Zum anderen führt eine ausbleibende Rückkopplung dieser Kontrollergebnisse im Führungszyklus dazu, dass die Ziele der nächsten Periode zu viel Puffer enthalten. Darüber hinaus werden wertvolle Potentiale zur Erkenntnisgewinnung für zukünftiges Handeln verschenkt. Erklären lässt sich dieses Defizit ebenfalls durch ein arbeitsscheues Verhalten von Controllern und – im Hinblick auf die Zielbildung in der nächsten Periode – durch ihre Karrierepräferenzen.[839] Auch kognitive Beschränkungen, die funktional geprägten mentalen Modelle von Controllern, die ihre Handlungsgrundlage bilden, können als Erklärung in Erweiterung der Resourceful-Annahme angeführt werden. An anderer Stelle wurde bereits erwähnt, dass sich die mentalen Modelle von Controllern durch einen auf Misserfolge justierten Blickwinkel auszeichnen können.[840] Daher nehmen Controller positive Abweichungen möglicherweise nicht immer als Handlungsimpuls wahr oder weisen in Erweiterung der Evaluating-Annahme dahingehend Bewertungsverzerrungen auf, dass sie den Nutzen einer Analyse positiver Abweichungen unterbewerten.

838 Vgl. Posselt, S. G. (1986), S. 118.
839 Vgl. hierzu die Erläuterungen zu einem Puffer in der Budgetierung in Abschnitt 3.1.2.2.1.1.
840 Vgl. Abschnitt 3.1.1.2.4.

Bei der Abweichungsanalyse selbst werden rechentechnische und inhaltliche Analysen unterschieden.[841] Die Abweichungsanalyse im Sinne des gleichnamigen klassischen Controllinginstruments hat eher einen rechentechnischen Charakter.[842] Sie entstammt dem Rechnungswesen und findet insbesondere im Rahmen der Plankostenrechnung Anwendung. Rationalitätsdefizite im Handeln von Controllern bei der Durchführung einer klassischen Abweichungsanalyse können – neben mangelnder Sorgfalt oder bewusster Manipulation der Abweichungen zur Verfolgung von Eigeninteressen – durch die beschränkte Verarbeitungsfähigkeit der Controller als Erweiterung der Resourceful-Annahme erklärt werden. Die Analysen können ein erhebliches Maß an Komplexität erreichen.[843] Auch fehlendes Methodenwissen erklärt Defizite bei der Durchführung von Abweichungsanalysen. Da die Abweichungsanalyse jedoch integraler Bestandteil des Handwerkszeugs der Controller ist, sollten sie über dieses Wissen verfügen.

Das Prinzip der Abweichungsanalyse ist beliebig verfeinerbar. Neben den aus der klassischen Abweichungsanalyse bekannten Beschäftigungs-, Preis- und Verbrauchsabweichungen können weitere Abweichungen ermittelt werden.[844] Dies lässt die nicht zu vernachlässigende Gefahr erkennen, dass Controller rechentechnische Abweichungsanalysen in einem Maß verfeinern, dass der damit verbundene Aufwand den Nutzen übersteigt und Manager die zugrunde gelegten Annahmen aufgrund ihrer Komplexität nicht nachvollziehen können.[845] Dieses potentielle Rationalitätsdefizit ist analog zu den diskutierten Defiziten sehr komplexer Systeme und Instrumentenanwendungen zu verstehen und durch die in diesem Zusammenhang angeführten Ursachen zu erklären. Selbst bei einer stark verfeinerten Analyse sind die Ergebnisse rechentechnischer Abweichungsanalysen nicht zur vollständigen Ergründung der Abweichungsursachen geeignet. Zum Beispiel bietet die Feststellung, dass ein erhöhter Personaleinsatz die Ursache für die festgestellte Abweichung ist, noch keinen Anknüpfungspunkt für die Entwicklung geeigneter Gegenmaßnahmen. Rechentechnische Abweichungsanalysen liefern eine zu oberflächliche Sicht auf die Zusammenhänge, als dass sie eine geeignete Basis für die Erkenntnisgewinnung zu einer Ableitung nachhaltiger Handlungsimplikationen und zukunftsorientierter Lernprozesse bildeten.

Verstehen Controller Abweichungsanalysen nur als analytisches Zahlenspiel, machen sie zwar auf bestehende Probleme aufmerksam, tragen jedoch nicht zur Erkenntnisgewinnung

---

841 Vgl. Schäffer, U./Weber, J. (2002), S. 9; Weber, J. (2004a), S. 353.
842 Vgl. hierzu zum Beispiel Küpper, H.-U. (2001), S. 187ff.; Weber, J. (2004a), S. 412ff. Zur Bedeutung der Abweichungsanalyse vgl. Reichmann, T./Kleinschnittger, U. (1987), S. 1109; Weber, J./Kosmider, A. (1991), S. 22ff.
843 Vgl. Küpper, H.-U. (2001), S. 187.
844 Vgl. Weber, J. (2004a), S. 415.
845 Vgl. Murphy, C. et al. (1995), S. 17.
Siehe jeweils die Abschnitte zu Rationalitätsdefiziten im Handeln von Controllern bei der Erfüllung der systemorientierten Teilaufgaben ihrer Kernaufgaben, Abschnitte 3.1.1.1, 3.1.2.1 und 3.1.3.1.

im intendierten Sinn bei.[846] Es sind inhaltliche Abweichungsanalysen erforderlich, bei denen für Soll-Ist- oder Soll-Wird-Abweichungen zu ergründen ist, ob die Ursachen dieser Abweichungen bei einer fehlerhaften Zielsetzung oder Ausführung zu suchen sind.[847] Auch hierbei können Defizite im Handeln von Controllern auftreten.[848] Controller vernachlässigen möglicherweise inhaltliche Abweichungsanalysen aus den gleichen Gründen, aus denen sie rechentechnisch orientierte Analysen optimieren, oder weisen bei der Durchführung dieser Analysen Rationalitätsdefizite in ihrem Handeln auf. Diese Defizite lassen sich zum einen als Folgedefizit der bei den systemorientierten Kontrollaufgaben erläuterten Vernachlässigung anderer Kontrollarten neben dem klassischen Soll-Ist-Vergleich erklären. Ist-Ist-Vergleiche in Form von Zeit- oder Betriebsvergleichen sowie Prämissenkontrollen geben Aufschluss darüber, ob die Ursachen für Soll-Ist-Abweichungen bei den Zielen oder der Ausführung zu suchen sind: Wurden die Sollwerte zu einem anderen Zeitpunkt oder in einem anderen Unternehmen erreicht, sind Abweichungsursachen nicht bei den Zielen zu vermuten. Ebenso sind die Ursachen bei der Ausführung zu vermuten, wenn die Prämissenkontrolle zeigt, dass die Planungsannahmen valide waren und sind. Detailliertere Betriebsvergleiche geben weiteren Aufschluss über mögliche Abweichungsursachen. Darüber hinaus können Defizite bei inhaltlichen Abweichungsanalysen auf eine mangelnde Sorgfalt und damit die durch Eigeninteresse motivierte Präferenz, das Arbeitsleid zu reduzieren, zurückgeführt werden. Auch Karrierepräferenzen von Controllern können im gesamten Kontrollprozess – so auch bei der Abweichungsanalyse selbst – zu Defiziten führen.

Waren Controller in die Planung involviert und handelt es sich bei dem Kontrollobjekt zum Beispiel um eine Investition, deren Antrag sie geprüft und genehmigt haben, erklären Karrierepräferenzen, dass sie im Rahmen der Abweichungsanalyse bemüht sind, ihre Fehler der Vergangenheit zu vertuschen. Controller wenden in diesem Fall ähnliche Argumente wie Manager an. Sie bagatellisieren Abweichungen, deuten diese nur oberflächlich und verorten Ursachen vornehmlich in Bereichen – beispielsweise in der Ausführung –, die nicht in ihren Verantwortungsbereich fallen.[849] Die Gefahren einer In-sich-Kontrolle werden dadurch noch einmal deutlich.[850] Karrierepräferenzen können auch erklären, dass Controller Abweichungen bewusst so begründen, dass Manager diese Erklärungen zur Legitimierung ihrer Entscheidungen nutzen können. Controller demonstrieren ihrem Managementcounterpart gegenüber Loyalität und versprechen sich Vorteile von dieser Form kollusiven Verhaltens.

846 Vgl. Weber, J./Schäffer, U./Bauer, M. (2000), S. 24.

847 Vgl. Schubert-Kaselowsky, I. v. (1979), S. 13; Schäffer, U./Weber, J. (2002), S. 10.
Die Betrachtungen zu Rationalitätsdefiziten im Handeln von Controllern bei der Abweichungsanalyse konzentrieren sich auf Soll-Ist- oder Soll-Wird-Abweichungen.

848 Vgl. Amshoff, B. (1993), S. 443; Becker, W./Benz, K. (1996), S. 14; Benz, K. (1998), S. 117f.

849 Vgl. zum Beispiel Kormann, H. (1974), S. 1635; Weber, J. et al. (2003), S. 48.

850 Vgl. Tanski, J. S. (2003), S. 94. Siehe auch Mueller, E. B. (1998), S. 125f.

Diese Handlungsmuster können nicht nur durch ein eigeninteressiertes Handeln von Controllern, sondern auch durch kognitive Verzerrungen, insbesondere Bestätigungsverzerrungen zur Vermeidung kognitiver Dissonanzen beziehungsweise durch den Self-Serving Bias erklärt werden. Defizite bei der Abweichungsanalyse lassen sich zudem in Erweiterung der Expecting-Annahme des RREEMM-Modells auf Beschränkungen bei der Bildung von Kausalurteilen zurückführen. KÜPPER formuliert explizit, dass Abweichungsanalysen als eines der wichtigsten Instrumente der Kontrolle die gleiche Basis wie Prognosen haben.[851] Kausalurteile über die Ursachen identifizierter Abweichungen werden in einem kausalen Kontext gebildet, der durch das Wissen, die mentalen Modelle und die Wahrnehmung des Controllers geprägt und die entsprechenden erweiternden Annahmen zu der Resourceful-Annahme verzerrt sein kann. Mehr noch als für die Festlegung der Toleranzbereiche von Abweichungen ist für die Ursachenergründung festgestellter Abweichungen umfangreiches Faktenwissen erforderlich, das Controllern fehlen kann.[852] Nur auf der Basis einer genauen Kenntnis aller tangierten Parameter und eines umfangreichen Erfahrungswissens können Controller die Angemessenheit der Ziele und die Ausführung hinterfragen und Hypothesen über die Ursachen der identifizierten Abweichungen bilden.[853] Wissensdefizite werden durch die Komplexität des realen Ursache-Wirkungs-Geflechts in einem Unternehmen verstärkt. Um beispielsweise zu ergründen, ob ein gegenüber dem Sollwert erhöhter Personaleinsatz bereits auf einen unrealistischen Sollwert, einen urlaubsbedingten Einsatz von Aushilfskräften oder die mangelnde Einsatzbereitschaft des Stammpersonals oder gar eine Kombination dieser möglichen Erklärungen, zurückzuführen ist, müssen sie intensiv mit den sachlichen Hintergründen vertraut sein.[854]

Nach der Abweichungsanalyse besteht eine weitere Aufgabe von Controllern darin, Handlungsimplikationen abzuleiten, die sich analog zu den beiden Ursachenbereichen entweder innerhalb des gesetzten Ziel- oder Handlungsrahmens bewegen und an der Ausführung, der Effizienz der ergriffenen Maßnahmen, ansetzen oder darüber hinausgehen und im Sinne einer Feed-Forward-Kontrolle die Effektivität der Ziele und Handlungen im Hinblick auf

851 Vgl. Küpper, H.-U. (2005), S. 185.

852 Vgl. ähnlich Herzog, A. (1999), S. 159; Nüchter, N. P. (1999), S. 42.

853 Hierzu können die zur Zieloperationalisierung herausgearbeiteten Ursache-Wirkungs-Beziehungen genutzt werden. Vgl. Wall, F. (2001), S. 67.

854 Bei Prämissenkontrollen (Wird-Wird- und Wird-Ist-Vergleichen) festgestellte Abweichungen können auf der Annahme falscher Prämissen oder geänderten Rahmenbedingungen beruhen. Erklärungen dafür, dass Controller Prämissen nicht als unzutreffend erkennen oder Veränderungen der Rahmenbedingungen nicht wahrnehmen, bei eigeninteressiertem Handeln von Controllern übertragen werden. Bei kognitiven Beschränkungen sind ebenfalls als Erweiterungen der Resourceful-Annahme Wissensdefizite und Wahrnehmungsbeschränkungen und als Erweiterung der Expecting-Annahme Beschränkungen bei der Bildung von Kausalurteilen zu nennen. Auch um Defizite von Controllern bei der Abweichung von Zeit- oder Betriebsvergleichen (Ist-Ist-Vergleiche) zu erklären, können diese Ursachen angeführt werden.

den übergeordneten Zweck in Frage stellen.[855] Nicht immer sind die abgeleiteten Handlungsimplikationen jedoch geeignete Korrekturmaßnahmen für die festgestellten Abweichungen. Die Handlungsimplikationen ergeben sich aus den Ergebnissen der Abweichungsanalyse.[856] Daher sind Defizite bei der Ableitung von Handlungsimplikationen als Folgedefizite bei der Abweichungsanalyse anzusehen.[857] Auch darüber hinausgehende Erklärungsansätze sind sehr ähnlich zu den Erklärungen für Abweichungsanalysen.[858] Bei eigeninteressiertem Handeln können die Arbeitsscheu von Controllern und eine daraus resultierende mangelnde Sorgfalt angeführt werden. Karrierepräferenzen erklären auch hier, dass die Controller die von ihren erarbeiteten Handlungsimplikationen mit den Interessen der Manager abstimmen, um ihre Anreize zu verbessern. Zeitpräferenzen von Controllern können erklären, dass die von ihnen herausgearbeiteten Handlungsimplikationen lediglich zur kurzfristigen Korrektur der Abweichungen geeignet sind, jedoch keine langfristigen Verbesserungen versprechen. Controller stimmen die Maßnahmen mit dem von ihnen angenommenen Zeithorizont in der Position oder in dem Unternehmen ab. Bei kognitiven Beschränkungen erklären analog zu Defiziten bei der Abweichungsanalyse Beschränkungen bei der Bildung von Kausalurteilen von Controllern die Rationalitätsdefizite bezüglich der Ableitung von Handlungsimplikationen. Controller bilden Kausalurteile über mögliche Maßnahmen und ihre Wirkungen. Wissensdefizite und Wahrnehmungsbeschränkungen in Erweiterung der Resourceful-Annahme sowie Beschränkungen der Fähigkeit zur Bildung von Wahrscheinlichkeitsurteilen in Erweiterung der Expecting-Annahme vermögen Defizite bei der Ableitung von Handlungsimplikationen identifizierter Abweichungen zu erklären.

Bei der Entscheidung über die Fortführung oder den Abbruch eines Projektes aufgrund festgestellter Abweichungen der Sollvorgaben kann Controllern Erfahrungswissen aus ähnlichen Projekten fehlen oder sie treffen zu optimistische Prognosen bezüglich der weiteren Entwicklung des Projektes. Auch Beschränkungen der Fähigkeit von Controllern zur Bildung von Werturteilen beziehungsweise Verzerrungen bei der Bewertung können zur Erklärung der Rationalitätsdefizite angeführt werden. Controller über- oder unterbewerten möglicherweise den Nutzen von Handlungsalternativen. Controller können der kognitiven Verzerrung einer Verlustaversion im Sinne der Prospect Theory und den darauf basierenden Effek-

855 Vgl. Schäffer, U./Weber, J. (2002), S. 11f. SCHÄFFER/WEBER ziehen Parallelen zwischen der Kontrolle zur Erreichung der Sollwerte und einem Single-loop-learning sowie der Kontrolle, die auf ein Überdenken der Sollwerte ausgerichtet ist und einem Double-loop-learning. Vgl. Schäffer, U./Weber, J. (2002), S. 12ff. Zu den Lernformen Single-loop- und Double-loop-learning vgl. Argyris, C./Schön, D. A. (1996), S. 20ff.

856 ZÜND vergleicht die Abweichungsanalyse und die Ableitung von Handlungsimplikationen mit einem Thermometer und einem Thermostat. Vgl. Zünd, A. (1978b), S. 11f.

857 Für ein Beispiel vgl. Nerdinger, F. W./Horsmann, C. (2004), S. 707. NIEDERMAYR, AMSHOFF und BECKER/BENZ formulieren Korrekturvorschläge und -maßnahmen von Controllern zu Abweichungen als Effizienzindikator. Vgl. Amshoff, B. (1993), S. 443; Niedermayr, R. (1994), S. 169; Becker, W./Benz, K. (1996), S. 14; Benz, K. (1998), S. 118f.

858 Siehe hierzu die Abbildung bei Schäffer, U./Weber, J. (2002), S. 12.

ten wie dem Sunk-Cost- oder Status-quo-Effekt, dem Mental Accounting usw. erliegen. Insbesondere wenn Controller ein hohes Commitment für ein Projekt oder allgemein ein Kontrollobjekt empfinden, weil sie zum Beispiel in das Investitionsantragsverfahren involviert waren oder sich ihrem Managementcounterpart gegenüber sehr verbunden fühlen,[859] kann das dazu führen, dass die dargestellten kognitiven Beschränkungen und Verzerrungen durch den übergreifend wirkenden Self-Serving Bias ausgelöst oder verstärkt werden.[860] Sind Controller nicht mit der eigentlichen Abweichungsanalyse oder der Ableitung von Handlungsimplikationen, sondern damit betraut, von den Managern durchgeführte Analysen und erarbeitete Maßnahmen zu hinterfragen, erklären dieselben Ursachen auch hierbei ihre Defizite. Eigeninteressiertes Handeln von Controllern, speziell die Verfolgung ihrer Karrierepräferenzen, sowie kognitive Beschränkungen, speziell fehlendes Wissen – hier auch über die typischen Argumentationsmuster der Manager[861] – sowie der Self-Serving Bias können unzureichende Ergänzungs- und Begrenzungsleistungen erklären.[862]

3.1.3.2.3 Aufbereitung und Übermittlung der Kontrollinformationen

Neben den eigentlichen Kontrollhandlungen, der Abweichungsanalyse und der Ableitung der Handlungsimplikationen gehört es zu den Aufgaben von Controllern, die in diesem Prozess generierten Kontrollinformationen aufzubereiten und an ihre Adressaten, insbesondere die Träger der Führungshandlungen, zu übermitteln.[863] Damit stellen Controller das Erreichen des Dokumentationszwecks der Kontrolle sicher. Sie kommunizieren aber auch die von ihnen gewonnenen Erkenntnisse, initiieren damit Führungshandlungen zur Durchsetzung des gebildeten Willens und stoßen gemäß SCHÄFFERS Forderung, Kontrolle solle stets ein Lernen aus Abweichungen sein,[864] insbesondere bei den verantwortlichen Trägern der Führungshandlungen Lernprozesse an. Es wird nicht nur eine instrumentelle, sondern auch eine konzeptionelle Nutzung der Kontrollinformationen angestrebt. Kontrollinformationen können darüber hinaus symbolisch genutzt werden.[865] ANDERSON/SCHMIDT merken zu der Bedeutung der Übermittlung der Kontrollinformationen an: *„The final effect of any control system can be greatly improved or virtually destroyed by skill and judgment, or the lack*

---

859 HERZOG merkt an, dass der persönliche Erfolg eines Controllers mit dem Erfolg eines Projektes dann eng verknüpft ist, wenn er dieses maßgeblich geprägt hat. Vgl. Herzog, A. (1999), S. 248.

860 STAW/FOX zeigen empirisch, dass das Commitment von Akteuren zum Beispiel ihre Bereitschaft wachsen lässt, in ein verlustreiches Projekt weiter zu investieren. Vgl. Staw, B./Fox, A. (1977).

861 Vgl. zum Beispiel Kormann, H. (1974), S. 1635; Weber, J. et al. (2003), S. 48.

862 Vgl. Römer, G. (2003), S. 149.

863 Nicht immer ist die Ergründung der Abweichungsursachen und die Erarbeitung der Handlungsimplikationen Bestandteil der Aufgaben von Controllern. In diesem Fall dienen die Kontrollinformationen den Managern als informationelle Grundlage, diese Aufgaben selbst zu erfüllen.

864 Vgl. Schäffer, U. (2001a), S. 208.
Gemäß PIETSCH/SCHERM ist Reflexion als Voraussetzung von Lernprozessen und zur Sicherung der Anpassungsfähigkeit nur auf der Grundlage von Kontrolle denkbar. Vgl. Pietsch, G./Scherm, E. (2000), S. 405; Pietsch, G./Scherm, E. (2004), S. 536.

865 Vgl. Bauer, M. (2002), S. 118f.

thereof, in the way the information is reported."[866] Im Wesentlichen entsprechen die Aufgaben und potentiellen Rationalitätsdefizite im Handeln von Controllern bei der Aufbereitung und Übermittlung der Kontrollinformationen den Aufgaben und Defiziten der gleichnamigen Phase des Informationsversorgungsprozesses.[867] Einige Besonderheiten werden im Folgenden erläutert.

Der Inhalt des Kontrollberichts oder der diesem Zweck gewidmeten Teile eines Berichts und seine Defizite ergeben sich aus den dargestellten Defiziten im Handeln von Controllern bei der Erfüllung der vorgelagerten system- und prozessorientierten Kontrollaufgaben. Für Kontrollberichte ist insbesondere das Defizit eines zu hohen Detaillierungsgrades zu erwähnen, das zugleich die Berichtsform – die Menge der übermittelten Kontrollinformationen – betrifft. Der Detaillierungsgrad eines Kontrollberichts resultiert wesentlich aus dem Kontrollsystem. Ein sehr komplexes Kontrollsystem führt zu einem hohen Detaillierungsgrad. Prinzipiell erlaubt ein hoher Detaillierungsgrad zwar eine intensivere Kontrolle. Angesichts der beschränkten Verarbeitungsfähigkeit der Informationsempfänger und der damit verbundenen Gefahr eines Information Overloads kann er jedoch dazu führen, dass die Berichtsempfänger die relevanten Informationen nicht aufnehmen und insofern die erforderlichen Korrekturmaßnahmen bezüglich des gebildeten Willens oder seiner Durchsetzung sowie entsprechende Lernprozesse ausbleiben. Ein zu hoher Detaillierungsgrad der Kontrollberichte führt zu einer erheblichen Verschlechterung der Entscheidungsqualität.[868] Auch zu enge Toleranzbereiche bei der Abweichungsanalyse führen zu einem Information Overload, da selbst kleine Störungen als Abweichungen gemeldet und analysiert werden.[869]

Von besonderer Bedeutung ist die Aktualität der Kontrollinformationen.[870] Nur aktuelle Informationen gewährleisten, dass die erforderlichen Maßnahmen rechtzeitig ergriffen, Fehlentwicklungen korrigiert werden und Manager im Sinne der angestrebten Lernprozesse

866 Zitiert nach Baumgartner, B. (1980), S. 32. Zur Bedeutung der Übermittlung von Kontrollinformationen siehe auch Carroll, S. J./Tosi, H. L. (1970); Steers, R. M. (1975); Kim, J. S./Hamner, W. C. (1976).
Aufgrund der hohen Bedeutung der Aufbereitung und Übermittlung von Kontrollinformationen wird dieser Aufgabe – anders als der Aufbereitung und Übermittlung von Planungsinformationen – ein eigener Abschnitt gewidmet. Ihre hohe Bedeutung ergibt sich aus den Rückkopplungen im Führungszyklus, den Lernprozessen, die Kontrollinformationen auslösen sollen, aus ihrer Sensibilität im Hinblick auf das Verhalten der Informationsempfänger.

867 Vgl. Abschnitt 3.1.1.2.4.

868 Vgl. Murphy, C. et al. (1995), S. 17; Schäffer, U./Künkele, J. (2006), S. 7.

869 Vgl. Posselt, S. G. (1986), S. 161.

870 SCHÄFFER/KÜNKELE stellen in einer empirischen Untersuchung fest, dass erfolgreiche Unternehmen im Rahmen der Budgetkontrolle über zuverlässigere und aktuellere Informationen verfügen als ihre weniger erfolgreichen Wettbewerber. Die Aktualität der Kontrollinformationen ist von besonderer Bedeutung. Manager stufen jedoch die Aktualität der ihnen übermittelten Kontrollinformationen niedriger ein als Controller. Dies weist auf Verbesserungsbedarf hin. Vgl. Schäffer, U./Künkele, J. (2006), S. 7f.
Siehe auch Siegwart, H./Menzl, I. (1978), S. 18; Posselt, S. G. (1986), S. 155f.; Amshoff, B. (1993), S. 443; Niedermayr, R. (1994), S. 107.

Verbindungen zwischen dem Ergebnis und ihrer Handlung herstellen können.[871] Bezüglich der Aktualität und damit auch der Rechtzeitigkeit der Kontrollinformationen besteht Verbesserungsbedarf. Die Gestaltungsdimensionen des Berichtsinhaltes und des Berichtstermins sind eng miteinander verknüpft. Dieses Rationalitätsdefizit erklärt sich aus Defiziten bei der Bestimmung des angemessenen Aktualitätsgrades, sehr komplexen Kontrollsystemen und dem ihnen inhärenten Trade-off zwischen Genauigkeit und Aktualität, den Controller entgegen MINTZBERGS Äußerung *„Getting information rapidly appears to be more important than getting it absolutely right."* eher zugunsten der Genauigkeit entscheiden, und können als eine bewusste Verzögerung der Informationsübermittlung aus eigeninteressiertem Handeln von Controllern resultieren.[872]

Die Aufgabenerfüllung von Controllern ist nicht mit der Aufbereitung und Übermittlung der Kontrollinformationen abgeschlossen. Sie haben darüber hinaus das Verständnis und die richtige Nutzung der übermittelten Informationen zu gewährleisten.[873] Es ist die Aufgabe der Controller, sicherzustellen, dass Kontrollen zwar ihren Präventivzweck erfüllen, aber keine negativen Verhaltenseffekte hervorrufen. Oft werden Kontrollen und die daraus resultierenden Informationen als Druckmittel empfunden und führen zu leistungsmindernden Spannungen.[874] Daher müssen Controller dafür Sorge tragen, dass nicht die Sanktionierung der Abweichungen, sondern das zukunftsgerichtete Lernen daraus im Vordergrund steht.[875] Dass sie dies nicht tun oder es ihnen nicht gelingt, lässt sich durch ein eigeninteressiertes Handeln erklären. Karrierepräferenzen können der Grund dafür sein, dass Controller ungeachtet der möglichen dysfunktionalen Verhaltenseffekte negative Abweichungen akribisch aufdecken und betonen.[876] Auch damit folgen sie ihrem Image als „Bremser". Da die verhaltensorientierten Überlegungen im Controlling noch recht jung sind, bieten andererseits in Erweiterung der Resourceful-Annahme fehlendes Wissen von Controllern über die möglichen Wirkungen der Kontrolle[877] und die durch ein traditionelles Kontrollverständnis geprägten mentalen Modelle von Controllern in Erweiterung der Resourceful-Annahme eine Erklärung dafür, dass Controller gemäß einem antiquierten Kontrollverständnis agieren und den Lernaspekt der Kontrolle zu wenig berücksichtigen.[878]

---

871 Vgl. Höller, H. (1978), S. 186f.

872 Zu dem Trade-off zwischen Aktualität und Genauigkeit im Rahmen der Budgetkontrolle vgl. Posselt, S. G. (1986), S. 157f.

873 Vgl. Schäffer, U. (2001c), S. 409.

874 Vgl. Gabele, E. (1982), S. VII; Thieme, H.-R. (1982), S. 36; Posselt, S. G. (1986), S. 73f.

875 Vgl. Schäffer, U. (2001a), S. 208; Bauer, M. (2002), S. 99ff.

876 *„[T]hey [die Controller, A. P.] will become overzealous in searching for errors and shortfalls."* Vgl. Simons, R. (1995a), S. 87. Siehe auch Posselt, S. G. (1986), S. 151; Schäffer, U. (2001c), S. 407.

877 Vgl. Thieme, H.-R. (1982), S. 148.

878 Vgl. Herzog, A. (1999), S. 185. NIEDERMAYR arbeitet heraus, dass Controller zu kontrollorientiert sind. Vgl. Niedermayr, R. (1997), S. 60.

Defizite im Handeln von Controllern bei der Erfüllung der Kontrollaufgabe führen im Ergebnis dazu, dass nicht nur den Trägern der Führungshandlungen, sondern auch den Controllern selbst Erfahrungswissen aus Lernprozessen fehlt, das eine wesentliche Ursache von Rationalitätsdefiziten in ihrem Handeln bei der künftigen Erfüllung ihrer Aufgaben zur Sicherung der Rationalität der Führung darstellt.

Die nachstehende Abbildung fasst die wesentlichen potentiellen Rationalitätsdefizite im Handeln von Controllern bei der Erfüllung ihrer Kontrollaufgaben zusammen.

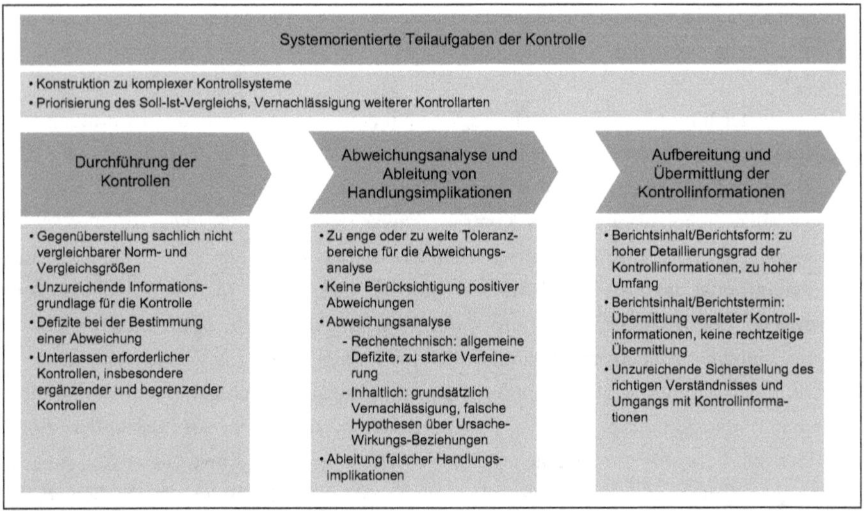

Abbildung 11: Potentielle Rationalitätsdefizite im Handeln von Controllern bei der Kontrolle[879]

[879] Eigene Darstellung.

3.2 Systematisierung der Ursachen potentieller Rationalitätsdefizite im Handeln von Controllern

Die Ursachen der identifizierten potentiellen Rationalitätsdefizite im Handeln von Controllern bei der Erfüllung ihrer drei klassischen Aufgabenbereiche – Informationsversorgung, Planung und Kontrolle – bilden die Grundlage für Überlegungen zu situativen Determinanten der Rationalitätsdefizite und zu geeigneten Gegenmaßnahmen und somit für die Beantwortung der zweiten und dritten Forschungsfrage dieser Arbeit.

3.2.1 Systematisierung der Ausprägungen eigeninteressierten Handelns als Ursache potentieller Rationalitätsdefizite im Handeln von Controllern

Im Kern des ökonomischen Ansatzes besteht die Annahme, dass der Akteur seinen Nutzen maximiert und eigeninteressiert handelt. Stimmen die Ziele des Akteurs nicht mit den Zielen des Unternehmens überein oder sind die Anreize in einer Handlungssituation nicht so gestaltet, dass der Akteur mit der Verfolgung seiner Ziele zur Realisierung der Unternehmensziele beiträgt, bestehen Zielkonflikte zwischen dem Akteur und dem Unternehmen. Besonders die Präferenz, das Arbeitsleid zu reduzieren, Karrierepräferenzen, das eigenständige Ziel, Einfluss auszuüben, Risiko- und Zeitpräferenzen von Controllern führen zu Zielkonflikten. Zielkonflikte zwischen Controllern und dem Unternehmen werden jedoch erst virulent, wenn Controller über einen Handlungsspielraum verfügen, in dem sie ihre Ziele verfolgen können. Die bei der Analyse potentieller Rationalitätsdefizite im Handeln von Controllern herausgearbeiteten auf ein eigeninteressiertes Handeln zurückgeführten Ursachen lassen sich wie folgt strukturieren.

Wenn Controller aufgrund von Informationsasymmetrien über Handlungsspielraum verfügen, besteht die Gefahr, dass sie ihre Aufgaben weniger sorgfältig erfüllen, sachlich notwendige Leistungen – insbesondere Ergänzungs- und Begrenzungsleistungen aufgrund der größeren Informationsasymmetrien – nicht erfüllen oder sachlich erforderliche, jedoch aufwendige Konflikte mit den Managern umgehen, um ihrer Präferenz, das *Arbeitsleid* zu reduzieren, gerecht zu werden.

Ebenso erklären *Karrierepräferenzen* von Controllern, dass diese im Schutz bestehender Informationsasymmetrien erforderliche Ergänzungen und Begrenzungen der Träger der Führungshandlungen unterlassen, wenn sie aufgrund der damit verbundenen potentiellen Konflikte negative Konsequenzen für ihre Karriere befürchten.[880]

[880] Vgl. Volmary, T. (2006), S. 79.

Controller verfolgen auch auf andere Weise ihre Karrierepräferenzen und versprechen sich davon eine Verbesserung ihrer Anreize. Bei der Informationsversorgungsaufgabe bestehen zwischen Controllern und Managern große Informationsasymmetrien. Controller verfügen über vielfältige Möglichkeiten der Informationsmanipulation.[881] Sie können Informationen durch eine entsprechende Verarbeitung der zugrunde liegenden Daten beeinflussen, Informationen bei der Aufbereitung manipulieren, unterschlagen oder verspätet beziehungsweise verfrüht übermitteln.[882] Da die Informationsversorgung die Basisaufgabe von Controllern darstellt, die eng mit den Aufgaben der Planung und Kontrolle verbunden ist, spielen auch bei der Erfüllung dieser Aufgaben die Manipulationsmöglichkeiten von Controllern eine große Rolle.[883] Controller können mit einer gezielten Informationsmanipulation ihre Karrierepräferenzen verfolgen, indem sie allgemein die Entscheidungen oder das Verhalten der Manager in ihrem Interesse beeinflussen oder gezielt Fehlentscheidungen von Managern induzieren, um sich im Anschluss gegenüber einer höheren Managementebene durch eine maßgeschneiderte Rationalitätssicherung zu profilieren.[884] Die Manipulation von Informationen ermöglicht es Controllern auch, ihre eigenen Rationalitätsdefizite der Vergangenheit zum Beispiel bei der Zielbildung, der Alternativengenerierung oder -bewertung beziehungsweise allgemein unzutreffende Prognosen oder Handlungsempfehlungen zu vertuschen. Explizit weist das Phänomen der In-sich-Kontrolle auf diese Gefahr hin.

Zudem können Controller die Möglichkeiten der Informationsmanipulation für eine spezielle Form, Karrierepräferenzen zu verfolgen, nutzen. Sie kolludieren mit den Trägern der Führungshandlungen. Sie helfen Managern, ihre Herrschaft abzusichern, auch wenn diese nicht im Einklang mit den Unternehmenszielen handeln. Durch Manipulationen generieren sie Informationen, die die Handlungen von Managern ex ante oder ex post – im letzten Fall werden Informationen symbolisch genutzt – legitimieren.[885] Demnach unterlassen sie nicht nur Begrenzungen eines eigeninteressierten Handelns von Managern, sondern unterstützen

881 Vgl. Wittmann, E. (1990), S. 94f. sowie Pettigrew, A. (1972); Pettigrew, A. (1973); Mintzberg, H. (1983), S. 198ff.

882 Vgl. Toan, A. B. (1965), S. 11f.; Livingstone, L. J. (1973); Lawler, E. E./Rhode, J. G. (1976); Crozier, M./Friedberg, E. (1979), S. 52f.; Kent, A. K. (1979), S. 17; Cooper, D. J./Hayes, D./Wolf, F. (1981), S. 182; Mintzberg, H. (1983), S. 202; Markus, M. L./Pfeffer, J. (1983), S. 208; Swanson, E. B. (1983), S. 219; Ansari, S./Euske, K. J. (1987), S. 553; March, J. G. (1987), S. 154; Krystek, U. (1990b), S. 332; Jaworski, B. J./Young, S. M. (1992), S. 22; Serfling, K. (1992), S. 92; Krystek, U./Zumbrock, S. (1993), S. 87; Niedermayr, R. (1994), S. 90; Lanter, N. (1996), S. 74f.; Aust, R. (1999), S. 58; Herzog, A. (1999), S. 216; Drews, H. (2001), S. 42f.; Peffekoven, F. P. (2004), S. 569. Zur Rolle des Gatekeepers vgl. Pettigrew, A. (1972), S. 189ff.

883 Vgl. Krystek, U./Zumbrock, S. (1993), S. 86; Hamprecht, M. (1996), S. 277; Herzog, A. (1999), S. 216.

884 Vgl. Weber, J. (2004a), S. 568.

885 Vgl. Markus, M. L./Pfeffer, J. (1983), S. 206; Mueller, E. B. (1998), S. 181; Pietsch, G./Scherm, E. (2003), S. 5; Weber, J. (2004a), S. 568.
Die institutionalistische Accountingtheorie setzt sich mit der Funktion des Controllings oder des Management Accountings auseinander, gegenüber externen, aber auch internen Anspruchsgruppen, Legitimation zu erzeugen. Vgl. Meyer, J. W. (1983), S. 235. Siehe auch Horváth, P. (1982), S. 256; Becker, A. (2004), S. 104.

diese sogar dabei. Eine Kollusion kann neben der Manipulation von Informationen auch andere Formen haben. Sie liegt zum Beispiel auch dann vor, wenn Controller Managern gegenüber ihre Loyalität auch gegen die Unternehmensziele demonstrieren, indem sie identifiziertes opportunistisches Handeln der Manager bewusst nicht aufdecken und begrenzen. Die Informationsasymmetrien bestehen in diesem Fall zu einer höheren Managementebene. Hinter einer Kollusion verbirgt sich oft das Kalkül von Controllern, einen Wechsel in den Kreis der Träger von Führungshandlungen zu erleichtern oder zu beschleunigen.[886]

Neben Informationsasymmetrien bieten auch Kompetenzasymmetrien Controllern Handlungsspielraum zur Verbesserung ihrer Anreize und damit zur Verfolgung ihrer Karrierepräferenzen. Durch die bewusste Erzeugung einer Intransparenz der von ihnen betriebenen Systeme – insbesondere der Informationssysteme –, die nur sie beherrschen, vergrößern Controller nicht nur Informationsasymmetrien zu Managern. Zugleich bauen sie so Kompetenzasymmetrien zulasten von Managern aus.[887] Kompetenzasymmetrien zwischen Controllern und Managern bestehen auch bezüglich der Bewältigung der Unsicherheit, der ein Unternehmen ausgesetzt ist,[888] sowie der Möglichkeiten von Controllern, die Herrschaft von Managern zu legitimieren.[889] Kompetenzasymmetrien zugunsten von Controllern bedeuten, dass diese aus der Perspektive der Manager wesentlich zu einer Realisierung von Kooperationsgewinnen beitragen. Insofern besteht eine Abhängigkeit zwischen Controllern und Managern,[890] die Controller für die Verfolgung ihrer Karrierepräferenzen nutzen können.[891]

---

886 WEBER spricht in diesem Zusammenhang von dem Prinzip *„eine Hand wäscht die andere"*. Weber, J. (2004a), S. 568.

887 DAVID spricht auch von der Controllerkompetenz der Datenhoheit. Vgl. David, U. (2005), S. 149f. HERZOG argumentiert, dass zusätzlich zu der monopolartigen Informationszugangsstellung durch die Erfüllung der Informationsversorgungsaufgabe innerhalb des Controllerbereichs eine das gesamte Unternehmen umspannende Informationshierarchie bestehen kann. Vgl. Herzog, A. (1999), S. 136ff. und 215, sowie Link, J. (1982), S. 274; Bartlett, R. W. (1983), S. 36ff.; Mintzberg, H. (1983), S. 202; Hamprecht, M. (1996), S. 276ff.; Mueller, E. B. (1998), S. 57f. und 180f.; David, U. (2005), S. 61 und 143.

888 Vgl. Baumgartner, B. (1980), S. 56f.; Markus, M. L./Pfeffer, J. (1983), S. 206f.; Bauer, M. (2002), S. 123. Die Kontrolle von Unsicherheitsfaktoren wird in der Literatur als bedeutende Determinante des Einflusses von Einheiten im Unternehmen angesehen, da sie für die Träger der Führungshandlungen von hoher Relevanz ist. Vgl. Hickson, D. J. et al. (1971), S. 219f.; Crozier, M./Friedberg, E. (1979), S. 51f.

889 Vgl. Pietsch, G./Scherm, E. (2003).

890 Vgl. hierzu auch ausführlich die Gedanken der Ressourcenabhängigkeitstheorie bei Pfeffer, J./Salancik, G. R. (1978).

891 Wissen über Systeme, Methoden und Instrumente in den Bereichen der Kostenrechnung, Planung, Kontrolle und dem Berichtswesen sowie die monetäre Bewertungsfähigkeit hat DAVID als eine zentrale Controllerkompetenz herausgearbeitet. Vgl. David, U. (2005), S. 150ff. Siehe auch Küpper, H.-U. (2005), S. 507f.; Denk, R./Kunesch, H. (1996), S. 537; Herzog, A. (1999), S. 79ff.; Deyhle, A. (1993), S. 3f.; Weber, J./David, U./Prenzler, C. (2001), S. 44.
MINTZBERG erläutert – jedoch ohne direkten Bezug zum Controlling –, dass *„an informal System of Expertise emerges to draw power away from that of formal authority"*. Vgl. Mintzberg, H. (1983), S. 163ff. insbesondere S. 164.

Einige der potentiellen Rationalitätsdefizite im Handeln von Controllern lassen sich auch dadurch erklären, dass diese das eigenständige Ziel der *Einflussnahme* verfolgen.[892] Controller nutzen ihre Möglichkeiten der Informationsmanipulation und die sich daraus ergebenden Möglichkeiten der informellen Einflussnahme zum faktischen Ausgleich nur geringer formaler Einflussmöglichkeiten.[893] Die Verfolgung dieses Ziels kann so weit führen, dass Controller – ihrem Image als „Bremser" getreu – die Manager bei ihrer Aufgabenerfüllung gezielt behindern. Auch ihre relativ geringen formalen Möglichkeiten der Einflussnahme setzen Controller in diesem Sinne ein.[894] Für Manager ist es nicht immer ersichtlich, ob Controller durch den Gebrauch ihrer Rechte sachlich gerechtfertigt Rationalität sichern oder eigeninteressiert handeln.[895]

Controller nutzen ihre durch Informationsasymmetrien abgesicherten Möglichkeiten der Einflussnahme auch für die Verfolgung ihrer individuellen *Risikopräferenzen.* Informationen können dahingehend manipuliert werden, dass sie Entscheidungen im Einklang mit den Risikopräferenzen der Controller nahe legen.

Zeitpräferenzen moderieren das Handeln von Controllern und damit auch ihr eigeninteressiertes, von den Zielen des Unternehmens abweichendes Handeln. Controller richten ihr Handeln an ihrer Verweildauer in einer Position oder im Unternehmen sowie an dem relevanten Beurteilungszeitraum aus. Da sie zumeist nicht an den langfristigen Folgen ihres Handelns gemessen werden,[896] zeichnet sich ihr Handeln durch eine zu kurzfristige Perspektive aus.

Erklärungen für potentielle Rationalitätsdefizite im Handeln von Controllern wurden in ihren aktuellen Eigenschaften gesucht und gefunden. Ergänzend kann eine dynamische Perspektive eingenommen werden. Dann bilden auch nicht erfolgte Lernprozesse von Controllern eine Rolle. Bestehen Informationsasymmetrien zugunsten von Controllern, erklären die Präferenz, das Arbeitsleid zu reduzieren, sowie Karriere- und Zeitpräferenzen, dass Controller arbeitsintensive oder solche Lernprozesse unterlassen, mit deren Ergebnissen sie nicht ihren der Realisierung ihrer Karrierepräferenzen zuträglichen allgemeinen Marktwert steigern können.

---

892 SIEGWART/MENZL illustrieren den Fall einer Einflussnahme um ihrer selbst willen anhand einer Präjudizierung von Entscheidungen der Manager durch Kontrollinformationen. Vgl. Siegwart, H./Menzl, I. (1978), S. 36.

893 Vgl. Serfling, K. (1992), S. 92; Denk, R./Kunesch, H. (1996), S. 537; David, U. (2005), S. 60.

894 TOAN spricht auch von der *„power to persuade"*. Toan, A. B. (1965), S. 11; Serfling, K. (1992), S. 92; Franz, K.-P. (1995), S. 407; Küpper, H.-U. (2005), S. 492ff.; Bauer, M. (2002), S. 92ff. und 239ff.

895 Vgl. Weber, J. (2004a), S. 568.

896 Vgl. Herzog, A. (1999), S. 218.

3.2.2 Systematisierung der Ausprägungen kognitiver Beschränkungen als Ursache potentieller Rationalitätsdefizite im Handeln von Controllern

Rationalitätsdefizite können nicht nur auf ein eigeninteressiertes Handeln von Controllern, sondern auch auf kognitive Beschränkungen zurückgeführt werden. Anders als die Annahme eines eigeninteressierten Handelns ist die Annahme kognitiver Beschränkungen jedoch nicht im Kern des ökonomischen Ansatzes und damit des RREEMM-Modells angelegt. Zu den einzelnen Annahmen des RREEMM-Modells wurden auf der inhaltlichen Grundlage des Informationsverarbeitungsansatzes und der methodischen Grundlage der Methode der abnehmenden Abstraktion nach LINDENBERG kognitive Beschränkungen betreffende Erweiterungen vorgenommen, die die identifizierten potentiellen Rationalitätsdefizite im Handeln von Controllern erklären.[897]

Die Analyse potentieller Rationalitätsdefizite im Handeln von Controllern bei der Erfüllung ihrer Kernaufgaben zeigt, dass grundsätzlich Erweiterungen aller diesbezüglich relevanten Annahmen des RREEMM-Modells – der Resourceful-, Expecting- und Evaluating-Annahme – einen Erklärungsbeitrag leisten. Die herausgearbeiteten, auf kognitive Beschränkungen zurückgeführten Ursachen lassen sich wie folgt strukturieren.

Erweiterungen zu der *Resourceful-Annahme* des RREEMM-Modells betreffen die prinzipiell beschränkte Verarbeitungsfähigkeit, fehlendes Wissen, unzulässige Verarbeitungsstrategien und eine beschränkte Wahrnehmungsfähigkeit von Controllern.

Grundsätzlich und insbesondere angesichts sehr anspruchsvoller Aufgaben wie zum Beispiel der Datenbeschaffung aus sehr komplexen Systemen, komplexen Datenauswertungen, der Erarbeitung des Planungskalenders oder des Entscheidungsfeldes und der Durchführung von Abweichungsanalysen kann die beschränkte Verarbeitungsfähigkeit von Controllern als Erklärung für potentielle Rationalitätsdefizite angeführt werden.

Das für die Erfüllung ihrer Aufgaben fehlende Wissen von Controllern kann vielfach mit ihrem spezifischen funktionalen Erfahrungshorizont in Zusammenhang gebracht werden. Zwar bestehen im Rationalitätssicherungsansatz auf einer abstrakten Ebene für Controller und Manager dieselben Eigenschaftsannahmen – eigeninteressiertes Handeln und kognitive Beschränkungen. Auf einer konkreteren Ebene erklären bei dem Wissen, den Fähigkeiten oder Persönlichkeitsmerkmalen unterstellte Unterschiede jedoch die Delegation von Aufgaben an Controller zur Realisierung spezifischer Nutzenkalküle. Stellenweise wird in der Controllingliteratur sogar angenommen, Controller und Manager seien unterschiedliche Menschentypen. Dies wird durch gegensätzliche Adjektive, wie analytisch für Controller

[897] Vgl. die Abschnitte 2.2.4.2 und 2.2.4.3.

und intuitiv für Manager, sachlich und emotional oder bremsend und treibend, illustriert.[898] WEBER/SCHÄFFER/BAUER haben diese typischen Controller- und Managerprofile in einer empirischen Studie weitgehend bestätigt.[899] Sofern Controller und Manager einen unterschiedlichen Ausbildungshintergrund haben, ist dies auch schlüssig. Oftmals ist ihr Werdegang jedoch ähnlich und der Karrierepfad sieht für Controller sogar einen Wechsel in das Management vor.[900] Allerdings lassen sich feststellbare Unterschiede in den fachlichen Fähigkeiten, dem Wissen und den Persönlichkeitsmerkmalen der Controller und Manager auch als das Resultat ihres jeweils spezifischen funktionalen Erfahrungshorizonts erklären.[901]

DEARBORN/SIMON haben dieses Phänomen einer Prägung durch den funktionalen Erfahrungshorizont empirisch belegt. In einer Studie haben sie festgestellt, dass die Abteilungszugehörigkeit wesentlich die Selektivität der Wahrnehmung der Akteure beeinflusst.[902] Sie baten Angestellte eines Unternehmens, sich in die Rolle des Top-Managements zu versetzen und die Probleme mit der höchsten Dringlichkeit im Unternehmen auszumachen. Die Antworten der Versuchspersonen korrelierten deutlich mit ihrer Abteilungszugehörigkeit.

Auch HERZOG sieht Unterschiede in den Eigenschaften von Akteuren nicht nur als Grund, sondern auch als Folge funktionaler Erfahrung an und spricht dabei von endogenen komparativen Vorteilen.[903] Controller und Manager ergänzen einander in ihrem Wissen und ihren Fähigkeiten.[904] Auf der Basis dieser Argumentation ist es zwar wahrscheinlich, jedoch nicht zwingend, dass Controller über das erforderliche Methodenwissen, beispielsweise Wissen über Methoden der Informationsbedarfsanalyse, der Alternativenbewertung oder Abweichungsanalyse, dessen Fehlen die entsprechenden Rationalitätsdefizite in ihrem Handeln erklärt, verfügen.[905]

---

898 Vgl. Weber, J. (2004a), S. 36ff.

899 Vgl. Weber, J./Schäffer, U./Bauer, M. (2000), S. 20f.

900 Die Eigenheiten der Controllership – ein breites Spektrum an Aufgaben mit Einblick in unterschiedliche Bereiche – führen dazu, dass der Controllerbereich auch als Pool für qualifizierten Führungsnachwuchs angesehen wird. Vgl. Herzog, A. (1999), S. 105 sowie die dort angegebene Literatur.

901 *„Years, even decades, of functional training and experience can powerfully frame people's view of their entire company or business generally. They learn to think like a marketer – or an accountant, engineer, psychologist, scientist, and so on – without realizing that applying a narrow frame to every decision they face will lead them to poor (or at least limited) conclusions."* Russo, J. E./Schoemaker, P. J. H. (2002), S. 28.

902 Vgl. Dearborn, D./Simon, H. A. (1958). Vgl. weitere Studien zu einer funktionalen Prägung von Akteuren, die insgesamt ein widersprüchliches Bild zeichnen, Kefalas, A./Schoderbek, P. P. (1973); Walsh, J. P. (1988); Waller, M. J./Huber, G. P./Glick, W. H. (1995).
KIRSCH interpretiert Organisationen auch als *„Konglomerat von Kontextgemeinschaften, deren Mitglieder bestimmte Kontexte teilen und in ihnen zu denken beziehungsweise zu sprechen gewohnt sind"*. Vgl. Kirsch, W. (1978), S. 126. Siehe auch Kochhan, W. (1979), S. 81ff.

903 Vgl. hierzu Herzog, A. (1999), S. 87ff., sowie Nystrom, P. C. (1981), S. 286.

904 Vgl. Pietsch, G./Scherm, E. (2001), S. 311; Lingnau, V. (2004), S. 18; Peffekoven, F. P. (2004), S. 569.

905 Vgl. David, U. (2005), S. 59.

Denkbar sind auch endogene komparative Nachteile. Die Aufgabenzuordnung und der damit verbundene funktionale Erfahrungshorizont beeinflussen die Aufgabenerfüllung nachteilig.[906] Controller sind mit den Aufgaben der Manager und den dahinter stehenden Inhalten nicht vollständig vertraut.[907] Vor diesem Hintergrund erscheint die Annahme fehlenden Faktenwissens von Controllern über die Inhalte und die Funktionsweise des Geschäfts und seine Erfolgsfaktoren sowie die sich daraus ergebenden Aufgaben und Problemstellungen von Managern plausibel und erklärt einige Rationalitätsdefizite in ihrem Handeln, wie Defizite bei der Ermittlung des objektiven Informationsbedarfs, bei der Auswahl geeigneter Instrumente zur Verarbeitung der Daten zu Informationen, bei der Zielbildung oder der Abweichungsanalyse.[908] Darüber hinaus erklären eine mangelnde Routine der eher in der Zahlenwelt verhafteten Controller im Umgang mit Sprache sowie fehlendes Wissen über verhaltensorientierte Aspekte wie Motivationstheorien die Rationalitätsdefizite – zum Beispiel beim Verfassen von Kommentaren oder der Bestimmung eines angemessenen Zielausmaßes. Controllern kann auch Wissen über Manager, ihre kognitiven Restriktionen sowie ihre Intentionen im politischen Unternehmensgeflecht oder allgemein Präferenzen, fehlen. Dies ist insbesondere bei einer nur gering ausgeprägten Interaktion zwischen Controllern und Managern wahrscheinlich. Mangelndes Wissen über die kognitiven Restriktionen der Manager und ihre Präferenzen erklärt allgemein Defizite bei der Rationalitätssicherung, der Ergänzung und Begrenzung der Manager.[909] Auch fehlendes Faktenwissen von Controllern, das nicht mit ihrem funktionalen Erfahrungshorizont in Verbindung steht, begründet Defizite in ihrem Handeln.

Neben Wissen im Allgemeinen erklären die mentalen Modelle von Controllern, die als implizite Wissenselemente und Möglichkeit der Komplexitätsreduzierung eine unzulässige Verarbeitungsstrategie darstellen können, direkt oder indirekt – unter Einfluss auf die Erweiterungen zu der Expecting- und Evaluating-Annahme – einen großen Teil der Rationalitätsdefizite im Handeln von Controllern. Da mentale Modelle das Ergebnis von Lernprozessen sind, manifestiert sich hier der funktionale Erfahrungshorizont von Controllern, der jedoch unterschiedlich stark ausgeprägt sein kann. Die Wurzeln der Controller im Rech-

---

906 Vgl. ähnlich Herzog, A. (1999), S. 87, Fußnote 4.

907 HUNGENBERG formuliert dies so: *„In den Controllingbereichen fehlt häufig das Verständnis für die wirklichen Anforderungen des Geschäftes, weil viele Mitarbeiter diese nicht aus eigener praktischer Erfahrung kennen."* Vgl. Hungenberg, H. (1992), S. 53.

908 Vgl. Murphy, C. et al. (1995), S. 34; Niedermayr, R. (1997), S. 60; Remmel, M. (1997), S. 14f.; Weber, J. (2004a), S. 567.

909 PIETSCH/SCHERM beschreiben die spezifischen Erfahrungs- und Wissenshorizonte von Managern und Controllern, die sich in einem kritischen Dialog ergänzen können. Während Manager vor allem über eine geschäfts- und managementpraktisch fundierte Erfahrung verfügen, liegen die Stärken der Controller in ihrem methodisch-instrumentell fundierten Wissen. Vgl. Pietsch, G./Scherm, E. (2001), S. 311. Siehe auch zum Beispiel Sjurts, I. (1995), S. 215; Lanter, N. (1996), S. 187; Weber, J./David, U./Prenzler, C. (2001), S. 44; Szyperski, N. (2001), S. 279ff., sowie Peffekoven, F. P. (2004), S. 569.
Controller müssen nicht das gleiche Faktenwissen wie die Manager besitzen, aber über Wissen in den generellen Problemfeldern verfügen. Vgl. Herzog, A. (1999), S. 234.

nungswesen, die als Kernkompetenz angesehene Gewinnung, Planung, Kontrolle und Weitergabe monetärer Informationen und ihre Tätigkeitsschwerpunkte führen dazu, dass sich die mentalen Modelle von Controllern zum Beispiel durch eine Vergangenheits- und Innenorientierung, durch eine Fokussierung auf finanzielle Aspekte[910] oder einen system- und methodenorientierten Fokus auszeichnen. Dies erklärt in allen Aufgabenbereichen der Controller Rationalitätsdefizite, etwa bei der Wahrnehmung der systemorientierten Aufgaben, bei der Ermittlung des Informationsbedarfs oder der Alternativenbewertung. Umgekehrt ist beispielsweise eine für Ergänzungsleistungen sowie eine adressatengerechte Gestaltung von Produkten wie die Berücksichtigung des subjektiven Informationsbedarfs erforderliche Marketingdenkweise nicht verankert. Die mentalen Modelle von Controllern erklären auch Kommunikationsprobleme mit Akteuren, die durch einen anderen funktionalen Erfahrungshorizont entsprechend andere mentale Modelle besitzen.

Geprägt von den mentalen Modellen von Controllern ist ihre selektive Wahrnehmung, die ebenfalls Rationalitätsdefizite in ihrem Handeln erklärt. Da die Wahrnehmung von Controllern gemäß der Hypothesentheorie der Wahrnehmung wesentlich dadurch beeinflusst wird, was sie erwarten beziehungsweise was für sie verfügbar ist, und dies wiederum von den aktuellen Verarbeitungsvorgängen in ihrem Kurzzeitgedächtnis und damit auch von ihrem im Langzeitgedächtnis vorhandenen Wissen, ist der wahrgenommene Realitätsausschnitt durch ihr spezifisches Wissen sowie ihre funktional geprägten mentalen Modelle verzerrt. So ist es zu erklären, dass Controller zum Beispiel bei der Festlegung der Beobachtungsbereiche in der Informationsversorgung, bei der Einschätzung des Handlungskontextes, bei der Generierung der Datenbasis für Prognosen im Allgemeinen oder bei der Budgetierung im Besonderen Rationalitätsdefizite in ihrem Handeln aufweisen.

Als Erweiterungen zu der Resourceful-Annahme erklären darüber hinaus nicht mit dem funktionalen Erfahrungshorizont im Zusammenhang stehende Wahrnehmungsverzerrungen sowie die drei am häufigsten diskutierten Heuristiken – die vom funktionalen Hintergrund der Controller beeinflusst sein können und darüber hinaus Erweiterungen zu der Expecting- und Evaluating-Annahme sind – Rationalitätsdefizite in ihrem Handeln.

Erweiterungen zu der *Expecting-Annahme* des RREEMM-Modells umfassen Beschränkungen der Fähigkeit, Wahrscheinlichkeitsurteile sowie Kausalurteile zu bilden. Sie erklären insofern Rationalitätsdefizite im Handeln von Controllern bei Prognosen, die in die Ermittlung des Informationsbedarfs, die Zielbildung oder Alternativenbewertung einfließen sowie bei der Bildung von Kausalurteilen im Rahmen der Zielbildung oder bei Abweichungsana-

910 Vgl. Herzog, A. (1999), S. 79. Vgl. hierzu, wenn auch in einem anderen Zusammenhang, Pfohl, H.-C./Zettelmeyer, B. (1987a), S. 152.

lysen und der Ableitung von Handlungsimplikationen. Zudem lassen sich Defizite im Hinterfragen der Prognosen von Managern – also bei der Rationalitätssicherung im engeren Sinne – so erklären. Aufgrund des übergreifenden Charakters der Resourceful-Annahme[911] beeinflussen die erweiternden Annahmen die Expecting-Annahme.

Die Datengrundlagen der Wahrscheinlichkeitsurteile von Controllern sind durch die Selektivität ihrer Wahrnehmung beziehungsweise durch Verfügbarkeitsverzerrungen geprägt. Diese werden wiederum durch das spezifische Wissen von Controllern, ihre mentalen Modelle, ihren ganzen funktionalen Erfahrungshorizont beeinflusst. Eine unvollständige oder verzerrte Datenbasis führt zu Defiziten bei der Ableitung von Wahrscheinlichkeiten. Beispielsweise hat die in den mentalen Modellen von Controllern angelegte Vergangenheitsorientierung eine ebenso geprägte Datenbasis zur Folge. Demzufolge wird die Schätzung von Wahrscheinlichkeiten über ein rationales Maß hinaus von der Vergangenheit bestimmt. Eine Vergangenheitsorientierung von Wahrscheinlichkeitsschätzungen ist umso gravierender, je höher die Dynamik des Kontextes ist. Gleichzeitig wird jedoch mit zunehmender Dynamik und Komplexität die Erfassung aller relevanten Einflussgrößen schwieriger. Controller weisen des Weiteren Verzerrungen bei der Ableitung von Wahrscheinlichkeiten auf. Sie wenden die Verfügbarkeits-, Repräsentativitäts- und Verankerungsheuristik an und sind gegenüber ihren Wahrscheinlichkeitsurteilen nicht kritisch genug.

Bei der Bildung von Kausalurteilen führt insbesondere der kausale Kontext, das Framing für die Kausalurteile, das durch ihr Wissen und ihre mentalen Modelle und damit ihren funktionalen Erfahrungshorizont geprägt ist, zu Rationalitätsdefiziten. Controllern fehlen zum Beispiel bei Abweichungsanalysen oder bei der Bestimmung geeigneter vorlaufender Indikatoren für zukünftige Entwicklungen im Rahmen einer systematischen Früherkennung die für Analogieschlüsse erforderlichen Bezugspunkte oder sie ziehen ungeeignete Bezugspunkte heran. Im Ergebnis weisen sie möglichen Kausalzusammenhängen die falschen Wahrscheinlichkeiten zu: Sie ignorieren Interdependenzen oder unterstellen falsche Zusammenhänge.

Erweiterungen zu der *Evaluating-Annahme* des RREEMM-Modells betreffen Beschränkungen der Fähigkeit von Controllern zur Bildung rationaler Werturteile sowie Verzerrungen hierbei. Sie erklären zum Beispiel Rationalitätsdefizite im Handeln von Controllern bei der Einschätzung des Nutzens der Genauigkeit von Planungsinformationen gegenüber ihrer Aktualität, bei Überlegungen zu ihrem Produktportfolio, bei der Einschätzung des Nutzens bestimmter Features der von ihnen angebotenen Produkte für Manager, unmittelbar bei der Bewertung von Handlungsalternativen im Rahmen der Planung, dem Hinterfragen von Be-

---

[911] Vgl. Abschnitt 2.2.4.3.

wertungen oder bei der Einschätzung der Bedeutung verhaltensorientierter Facetten der Kontrolle.

Controller bewerten Handlungsalternativen also nicht immer rational in einem Nutzenkalkül. Sie erliegen auch bei Bewertungen einem Framing, das sich aus ihrem Wissen und ihren mentalen Modellen ergibt. Insofern beeinflussen ihr funktionaler Erfahrungshorizont und die für die Resourceful-Annahme getroffenen Erweiterungen auch ihre Bewertungen. Fehlendes Wissen über die Funktionsweise des Geschäfts erklärt, dass sie Rationalitätsdefizite in ihrem Handeln aufweisen, wenn sie an der inhaltlichen Bewertung von Investitionen beteiligt sind oder die von den Trägern der Führungshandlungen entwickelten Planansätze und darin enthaltenen Alternativenbewertungen inhaltlich hinterfragen. Auch systematische Bewertungsverzerrungen lassen sich durch ein Framing von Controllern erklären. Gemäß der Verankerungsheuristik bewerten Controller ausgehend von einem Referenzpunkt, der sich aus ihrem Framing ergibt. Dieser Referenzpunkt – zum Beispiel die Ziele der Vergangenheit als Ausgangspunkt der Zielbildung – setzt den Maßstab für den Nutzen einer Handlungsalternative und wird unter Umständen nur unzureichend angepasst. Systematische Verzerrungen der Werturteile entstehen auch, wenn spezifisches Wissen beziehungsweise die Erfahrungen von Controllern ihre Bewertungen über Gebühr beeinflussen. Beispielsweise legen Controller bei der Entscheidung über einen angemessenen Verdichtungsgrad einer Kennzahl ihr Wissen über die Bestandteile der Kennzahl zugrunde und nicht das Wissen von Managern. Folglich entscheiden sie sich für einen zu hohen Verdichtungsgrad. Auch die mentalen Modelle von Controllern erklären Verzerrungen bei der Bildung von Werturteilen. Systematisch übergewichten Controller Kriterien, die im Einklang mit ihrem funktionalen Erfahrungshorizont stehen, und vernachlässigen entsprechend andere Kriterien. Zum Beispiel bewerten sie Investitionen ausschließlich auf der Grundlage ihrer finanziellen Vorteilhaftigkeit oder unterbewerten und unterlassen aufgrund ihrer mangelnden Zukunftsorientierung Soll-Wird-Kontrollen, eine Form der für die Planung essentiellen Früherkennung.

Ferner weisen auch Controller in ihrem Handeln die auf der Prospect Theory basierenden Bewertungsverzerrungen wie den Sunk-Cost-Effekt oder Status-quo-Effekt auf. Gemäß der Prospect Theory werden Verluste stärker gewichtet als betragsmäßig gleiche Gewinne. Die Verlustaversion resultiert aus den antizipierten kognitiven Dissonanzen im Falle eines Verlustes. Sie entstehen aus einem durch verschiedene Faktoren beeinflussten Commitment der Controller für die durchzuführende Bewertung. Es erklärt zum einen, dass Controller bei Entscheidungen, die unmittelbar ihre Aufgabenerfüllung betreffen und mit denen sie Sunk Costs verbinden, zum Beispiel Entscheidungen über System- und Produktveränderungen, Verzerrungen der Bewertung aufweisen. Zum anderen erklärt ein hohes Commitment der Controller, dass sie die Rationalität der Manager nicht sichern können, da sie selbst intensiv in die inhaltliche Arbeit eingebunden sind. Deshalb besitzen sie zwar das für eine rationale Bewertung erforderliche Wissen, haben jedoch ihre Unabhängigkeit verloren und können ihre Rolle des kritischen Counterparts nicht mehr wahrnehmen. Im Ergebnis treten in ihrem Handeln dieselben Rationalitätsdefizite wie bei Trägern der Führungshandlungen auf.

Übergreifend zu den einzelnen Annahmen des RREEMM-Modells ist der *Self-Serving Bias* eine wesentliche Ursache als Erklärung für die identifizierten Rationalitätsdefizite im Handeln von Controllern angeführt werden kann. Im Fall des Self-Serving Bias verfolgen Controller im Unterschied zu einem eigeninteressierten Handeln ihre eigenen Interessen nicht bewusst, sondern weisen dahingehend kognitive Verzerrungen auf.[912] Ihr Eigeninteresse verzerrt ihre Wahrnehmung, ihre Wahrscheinlichkeits-, Kausal- und Werturteile. Eine intensive Interaktion und die damit verbundene Nähe zu den Trägern der Führungshandlungen verstärken das Phänomen eines Self-Serving Bias: Controller verlieren ihre Unabhängigkeit und damit ihre kritische Distanz und Objektivität gegenüber Managern. Die Interessen der Manager werden zu ihren Interessen – insbesondere dann, wenn sie bei der Realisierung ihrer Karrierepräferenzen von den Managern abhängig sind.[913]

Bei einer dynamischen Betrachtung spielen im Hinblick auf die für Rationalitätsdefizite im Handeln von Controllern ursächlichen kognitiven Beschränkungen eine beschränkte Lernfähigkeit und damit Rationalitätsdefizite von Controllern bei der Attribution von Ursachen zu Defiziten in ihrem eigenen Handeln eine Rolle. Sie weisen wiederholt Rationalitätsdefizite in ihrem Handeln auf und verändern im Zuge eines Ex-post-Lernens durch einen Abgleich des intendierten mit dem eingetretenen Ergebnis ihrer Handlungen ihr Wissen, ihre mentalen Modelle und ihre kognitiven Fähigkeiten nicht. Gemäß dem Self-Serving Bias schreiben sie sich systematisch Erfolge zu, verorten aber Misserfolge außerhalb ihres Handlungsbereichs.

---

912 Für den Bereich der Wirtschaftsprüfung gehen BAZERMAN/MORGAN/LOEWENSTEIN so weit, von einer „*impossibility of auditor independence*" zu sprechen. Vgl. den gleichnamigen Artikel Bazerman, M. H./Morgan, K. P./Loewenstein, G. F. (1997), die damit auf den Self-Serving Bias Bezug nehmen. „*There is no claim, that these professionals are corrupt, only that biased judgment prevents them form making purely impartial, objective decisions.*" (Bazerman, M. H./Morgan, K. P./Loewenstein, G. F. (1997), S. 90).
GAMBLE/GIBSON fokussieren in ihrer Studie zwar auf die vorherrschenden Wertesysteme im asiatischen Raum, betonen jedoch, dass soziale Verflechtungen und Verpflichtungen sowie die Ausrichtung des Handelns an „*the boss that matters*" auch im westlichen Kulturraum für jeden karriereorientierten Manager von Relevanz sind. Vgl. Gamble, P. R./Gibson, D. A. (1999), S. 236f.

913 „*Attachment breeds bias.*", formulieren Bazerman, M./Loewenstein, G./Moore, D. (2002), S. 100.

Abstrakt können die für Rationalitätsdefizite im Handeln von Controllern ursächlichen kognitiven Beschränkungen zusammengefasst werden

- in Beschränkungen, die dem einzelnen Controller anhaften, wie eine stark beschränkte Verarbeitungsfähigkeit und fehlendes allgemeines Fakten- und Methodenwissen,
- in Beschränkungen und Verzerrungen, die sich aus dem funktionalen Erfahrungshorizont von Controller ergeben und
- in allgemeine kognitive Beschränkungen und Verzerrungen, die unabhängig von dem funktionalen Erfahrungshorizont auftreten können.

3.3 Zusammenfassung

Ausgehend von der Problemstellung dieser Arbeit, dem „Problem zweiter Ordnung", das sich aus der Konzeption des Controllings als Rationalitätssicherung der Führung und den in dieser Konzeption für die handelnden Akteure getroffenen Eigenschaftsannahmen ergibt, beantwortet das vorausgegangene Kapitel die erste Forschungsfrage nach potentiellen Rationalitätsdefiziten im Handeln von Controllern und ihren Ursachen.

Die Analyse der Aufgaben der Informationsversorgung, der Planung und der Kontrolle unter Berücksichtigung der unterschiedlichen Formen der Führungsunterstützung zeigt, dass Controller in allen drei klassischen Aufgabenbereichen gleichermaßen Rationalitätsdefizite in ihrem Handeln aufweisen können. Über die Aufgabenbereiche hinweg sind die Rationalitätsdefizite, die im Zuge der Erfüllung der systemorientierten Teilaufgaben auftreten können, strukturell sehr ähnlich. Darüber hinaus sind die Rationalitätsdefizite analog zu dem engen inhaltlichen Zusammenhang zwischen den drei Aufgabenbereichen teilweise im Sinne eines Input-Prozess-Output-Verhältnisses miteinander verbunden.

Die identifizierten Rationalitätsdefizite können sowohl auf ein eigeninteressiertes Handeln als auch auf kognitive Beschränkungen von Controllern zurückgeführt und unter Zuhilfenahme des methodologisch reflektiert entwickelten Strukturierungsrahmens genauer verortet werden.

Die für die identifizierten Rationalitätsdefizite herausgearbeiteten Ursachen können systematisch in Ausprägungen eines eigeninteressierten Handels und kognitiver Beschränkungen strukturiert werden. Dieser Strukturierungsversuch bildet die Grundlage für die Beantwortung der zweiten und dritten Forschungsfrage im folgenden Kapitel – die Frage nach situativen Determinanten der Rationalitätsdefizite im Handeln von Controllern und die Frage nach der Notwendigkeit, den Möglichkeiten und Grenzen einer Rationalitätssicherung von Controllern.

4 Ansätze zu einer Rationalitätssicherung von Controllern

Mit der Konzeption des Controllings als Rationalitätssicherung der Führung adressieren WEBER/SCHÄFFER das „Problem erster Ordnung" – potentielle Rationalitätsdefizite im Handeln von Managern aufgrund eigeninteressierten Handelns und kognitiver Beschränkungen derselben. Analog dazu ist die Problemstellung dieser Arbeit, das „Problem zweiter Ordnung", mit der Ergründung potentieller Rationalitätsdefizite im Handeln von Controllern nicht erschöpfend behandelt. Vielmehr sind in diesem vierten Kapitel Ansätze zu einer Sicherung der Rationalität von Controllern zu erarbeiten.

Das dritte Kapitel dieser Arbeit zeigt eine Vielzahl potentieller Rationalitätsdefizite im Handeln von Controllern auf, die aufgrund der Tatsache, dass die Problemstellung der vorliegenden Arbeit bisher noch nicht umfassend adressiert wurde, teilweise auf Plausibilitätsüberlegungen und teilweise auf Hinweisen in der Literatur basiert.

Rationalitätsdefizite im Handeln von Controllern bedeuten Einschränkungen der Effektivität und Effizienz ihrer Aufgabenerfüllung – der Informationsversorgung, Planung und Kontrolle – und führen dazu, dass der Zweck des Controllings in der hier zugrunde gelegten Controllingkonzeption – die Reduzierung von Rationalitätsdefiziten der Führung in einem durch Plankoordination gekennzeichneten Führungsumfeld – nicht vollständig erreicht wird. Obwohl die Vielzahl der aufgedeckten potentiellen Rationalitätsdefizite nicht den Eindruck vermitteln soll, das Handeln aller Controller sei stets durch Rationalitätsdefizite gekennzeichnet, weist die Gefahr potentieller Rationalitätsdefizite und der damit verbundenen Folgen auf die Notwendigkeit einer Rationalitätssicherung von Controllern hin. Sie ist dahingehend zu konkretisieren, dass Überlegungen hierzu sowohl an einem eigeninteressierten, von den Unternehmenszielen abweichenden Handeln als auch an kognitiven Beschränkungen von Controllern ansetzen müssen, da die identifizierten Rationalitätsdefizite gleichermaßen durch diese beiden Ursachenkategorien erklärt werden können.[914]

Das Ausmaß der Notwendigkeit einer Rationalitätssicherung von Controllern ist allerdings dann sorgfältig zu prüfen, wenn die Rationalitätssicherungsmaßnahmen auf Ursachen in den Eigenschaften von Controllern ausgerichtet sind, die ihrem spezifischen funktionalen Erfahrungshorizont entspringen. Diese controllingspezifischen kognitiven Beschränkungen können einerseits zu Rationalitätsdefiziten im Handeln von Controllern führen. Andererseits obliegt Controllern die Aufgabe, Manager zu ergänzen. Hierfür sind unterschiedliche funktionale Erfahrungshorizonte erforderlich. Daher ist die Rationalitätssicherung von Controllern oftmals eine anspruchsvolle Gratwanderung in diesem Spannungsfeld.

---

[914] Vgl. hierzu allgemein Jost, P.-J. (2000a), S. 599ff.

Zur Erarbeitung von Ansätzen zu einer Rationalitätssicherung von Controllern wird zunächst im ersten Abschnitt (4.1) die zweite Forschungsfrage dieser Arbeit beantwortet, die Frage nach situativen Determinanten, die die Wahrscheinlichkeit beeinflussen, dass das eigeninteressierte Handeln von Controllern und ihre kognitiven Beschränkungen zu Rationalitätsdefiziten in ihrem Handeln führen.

Sind die identifizierten situativen Determinanten potentieller Rationalitätsdefizite im Handeln von Controllern gestaltbar, stellen sie wertvolle Ansatzpunkte für die Erarbeitung der Möglichkeiten einer Rationalitätssicherung von Controllern dar. Der zweite Abschnitt dieses Kapitels (4.2) beschäftigt sich mit diesen Möglichkeiten.

Der Lösung des „Problems zweiter Ordnung" sind jedoch Grenzen gesetzt, die im dritten Abschnitt (4.3) aufgezeigt werden. Insgesamt dienen der zweite und dritte Abschnitt dieses Kapitels der Beantwortung der dritten Forschungsfrage dieser Arbeit.

Das Kapitel endet mit einer Zusammenfassung (4.4).

4.1 Situative Determinanten der Rationalitätsdefizite im Handeln von Controllern

Situative Determinanten der Rationalitätsdefizite im Handeln von Controllern[915] erhöhen oder reduzieren die Wahrscheinlichkeit dafür, dass ein eigeninteressiertes Handeln von Controllern oder ihre kognitiven Beschränkungen zu Rationalitätsdefiziten in ihrem Handeln führen. Hierauf bezieht sich die zweite Forschungsfrage dieser Arbeit.

Hypothesen über situative Determinanten der Rationalitätsdefizite im Handeln von Controllern können teilweise aus dem ökonomischen Ansatz und den in dieser Arbeit vorgenommenen, die kognitive Dimension menschlichen Handelns betreffenden Erweiterungen des ökonomischen Ansatzes abgeleitet werden. Darüber hinaus basieren sie auf der Forschung zu Kontextfaktoren des Controllings[916] oder sind das Resultat von Plausibilitätsüberlegungen. Für die im Folgenden angeführten situativen Determinanten wird insofern weder ein Anspruch auf Vollständigkeit erhoben noch sind sie empirisch fundiert.

4.1.1 Situative Determinanten eines eigeninteressierten Handelns als Ursache von Rationalitätsdefiziten im Handeln von Controllern

Es ist die Kernannahme des ökonomischen Ansatzes, dass der Akteur seinen Nutzen unter Restriktionen maximiert.[917] Informations- und Kompetenzasymmetrien wurden als Voraussetzungen für ein eigeninteressiertes Handeln herausgearbeitet.[918] Bestehen keine Asymmet-

---

915 Unter „situativen Determinanten" werden hier nicht nur Einflussfaktoren des Handelns gefasst, die Teil der Situation im engeren Sinne sind. Situative Determinanten können auch in dem Akteur selbst verankert sein. Es sollen allgemein je nach Situation veränderliche Einflussfaktoren des Handelns darunter verstanden werden.

916 Der Frage nach situativen Determinanten potentieller Rationalitätsdefizite im Handeln von Controllern liegt das Gedankengut des situativen Ansatzes zugrunde, der Zusammenhänge zwischen Kontextfaktoren und dem Unternehmenserfolg herzustellt. Der situative Ansatz entstand aus der Kritik an der Betriebswirtschaftslehre, die sich um die Bereitstellung allgemeingültiger, kontextunabhängiger Gestaltungsprinzipien bemühte. Vgl. Kieser, A. (2001), S. 169ff.
WOLF spricht von dem situativen Ansatz als der am weitesten verbreiteten Organisations-, Management- und Unternehmensführungstheorie. Vgl. Wolf, J. (2003), S. 148. Siehe auch Bühner, R. (1977), S. 73; Staehle, W. H. (1999), S. 47ff.; Kieser, A./Walgenbach, P. (2003), S. 43ff.
Als grundlegende Studien werden die von Burns, T. J./Stalker, G. M. (1961); Woodward, J. (1965) und Lawrence, P. R./Lorsch, J. W. (1969) angesehen.
Speziell für die Controllingforschung finden sich Untersuchungen zu der Fragestellung, wie unterschiedliche controllingrelevante Kontextbedingungen auf die Gestaltung der Controllingfunktion oder des Controllerbereichs wirken und welche Gestaltungsvarianten erfolgreich sind. Vgl. zum Beispiel Amshoff, B. (1993); Niedermayr, R. (1994); Aust, R. (1999) sowie für Übersichten Bauer, M. (2002), S. 52ff. Für die Betrachtung von Kontextfaktoren im weiter gefassten Bereich des Accountings vgl. grundlegend Otley, D. T. (1980) sowie Sathe, V. (1978b), S. 89ff.; Hopwood, A. G. (1983), S. 300; Chapman, C. S. (1997), insbesondere S. 191; Ittner, C. D./Larcker, D. F. (2001), S. 352ff.; Riahi-Belkaoui, A. (2002), S. 139ff.

917 Vgl. Homann, K./Suchanek, A. (2000), S. 29ff.; Wessling, E. (1991), S. 32. Siehe auch Camerer, C. F. (1999), S. 10575.

918 Vgl. Abschnitt 3.2.1.

rien, sind die Restriktionen eines eigeninteressierten Handelns groß.[919] Daher können situative Determinanten eines eigeninteressierten Handelns zum einen als solche Faktoren angesehen werden, die die Höhe der Informations- und Kompetenzasymmetrien beeinflussen. Zum anderen sind den Informations- und Kompetenzasymmetrien nachgelagerte, situative Determinanten ableitbar. Die situativen Determinanten eines eigeninteressierten Handelns von Controllern werden im Folgenden erläutert.

Die *organisatorischen Rahmenbedingungen* können auf unterschiedliche Weise ein für Rationalitätsdefizite im Handeln von Controllern ursächliches eigeninteressiertes Handeln beeinflussen.

Das organisatorische Gestaltungsmittel der Formalisierung, das beschreibt, inwiefern organisatorische Regeln wie Stellenbeschreibungen oder Handlungsprozesse schriftlich fixiert sind,[920] hat Einfluss auf das Ausmaß der Informationsasymmetrien. Da sich die Formalisierung auf die Beurteilbarkeit der Controllerleistungen auswirkt, ist anzunehmen, dass sie zu einer Reduzierung von Informationsasymmetrien beiträgt. Stärker formalisierte Handlungsprozesse bilden eine bessere Beurteilungsbasis des Controllerhandelns als weniger formalisierte Handlungsprozesse.

Eine weitere plausible Determinante eines eigeninteressierten Handelns von Controllern ist die organisatorische Gestaltung der Zusammenarbeit von Controllern untereinander sowie von Controllern und Managern, zu der auch die Anzahl der zusammenarbeitenden Controller und Manager zu rechnen ist. Es ist anzunehmen, dass sie die Beurteilbarkeit der Controllerleistungen und somit Informationsasymmetrien beeinflusst.

Auch der Positionszuschnitt ist ein organisatorisches Gestaltungsmittel, das eigeninteressiertes Handeln von Controllern determinieren kann. Der Positionszuschnitt von Controllern sowie ihrer möglichen Wettbewerber beeinflusst, inwiefern Manager von den Ressourcen der Controller abhängig sind. Daher kann sich der Positionszuschnitt auf die Höhe der Kompetenzasymmetrien zwischen Controllern und Managern auswirken.

Nachgelagert zu diesen organisatorischen Rahmenbedingungen, die die für ein eigeninteressiertes Handeln erforderlichen Informations- und Kompetenzasymmetrien zwischen Controllern und anderen Akteuren betreffen, sind die formalen Einflussmöglichkeiten von Controllern eine plausible situative Determinante eigeninteressierten Handelns. Auch ohne Informations- und Kompetenzasymmetrien bedeuten mehr Einflussmöglichkeiten auch mehr

[919] Vgl. Becker, G. S. (1993), S. 386; Homann, K./Suchanek, A. (2000), S. 31ff.; Heine, B.-O. et al. (2006), S. 18.

[920] Zu dem Begriff der Formalisierung vgl. Kieser, A./Walgenbach, P. (2003), S. 169ff.

Handlungsspielraum. Organisatorische Gestaltungsmittel, die die formalen Einflussmöglichkeiten von Controllern determinieren, sind unter anderem die hierarchische Einordnung sowie der Partizipations- und Delegationsgrad.

Schließlich kann die organisatorische Gestaltung der Zusammenarbeit zwischen Controllern und Managern auch im Hinblick auf eine Kollusion der Controller mit den Managern eine, möglichen Informationsasymmetrien *nachgelagerte*, situative Determinante sein. STRANGFELD arbeitet die Gruppengröße, Gruppenzusammensetzung und den Zeithorizont der Zusammenarbeit von Akteuren als Stylized Facts von Kollusion im Allgemeinen heraus.[921] Empirische Beobachtungen zeigen, dass kleine Gruppen, eine konstante Gruppenzusammensetzung und eine intensive Interaktion mit einem längeren Zeithorizont zu stabileren Kollusionsabsprachen führen als große, sich in ihrer Zusammensetzung rasch ändernde Gruppen.[922]

Als eine weitere situative Determinante eines eigeninteressierten Handelns von Controllern sind *Merkmale ihrer Aufgaben* anzusehen. Der Charakter der Führungsunterstützung einer Aufgabe, das heißt ob Controller Manager entlasten, ergänzen oder begrenzen, ist ausschlaggebend für die Beurteilbarkeit der Controllerleistungen und hat daher einen wesentlichen Einfluss auf Informationsasymmetrien zwischen Controllern und anderen Akteuren.[923]

Die Beurteilbarkeit der Controllerleistungen hängt zudem von der *Komplexität und Dynamik*[924] des externen[925] und internen[926] Handlungskontextes ab, so dass sie ebenfalls als situative Determinanten eines eigeninteressierten Handelns von Controllern anzusehen sind. Mit steigender Komplexität und Dynamik, einer wachsenden Anzahl von Wirkungsbeziehungen und einer höheren Geschwindigkeit, mit der relevante Größen des Handlungskontextes sich

[921] Als Stylized Facts werden die auf der Basis empirischer Beobachtungen gut gestützten charakteristischen Eigenschaften eines Phänomens – hier der Kollusion – bezeichnet. Vgl. zu dem Konzept der Stylized Facts ausführlich den Aufsatz von Heine, B.-O./Meyer, M./Strangfeld, O. (2005).

[922] Vgl. Strangfeld, O. (2009), S. 79ff. und 90ff.

[923] Vgl. ausführlich Abschnitt 4.2.1.

[924] Unter Komplexität können die Anzahl und Verschiedenartigkeit relevanter Elemente sowie die Ursache-Wirkungs-Beziehungen dieser Elemente zueinander verstanden werden. Dynamik meint die Entwicklung – insbesondere die Häufigkeit von Änderungen, die Intensität, Vorhersehbarkeit und Regularität – dieser Elemente und ihrer Beziehungen im Zeitablauf. Vgl. Gaydoul, P. (1980), S. 34f.; Aust, R. (1999), S. 138.

[925] Die externe Komplexität und Dynamik und damit Unsicherheit wird durch die Komplexität und Dynamik der Absatz- und Beschaffungsmärkte, technologische Entwicklungen oder rechtliche Rahmenbedingungen beeinflusst.

[926] Wesentliche Treiber der internen Komplexität und Dynamik sind das Leistungsprogramm, die Produktionstechnologie, die Unternehmensgröße sowie die globale Organisationsstruktur wie der Grad der Dezentralisierung und damit zusammenhängend der Grad der Interdependenz von Unternehmensbereichen. Vgl. hierzu Amshoff, B. (1993), S. 369ff.; Aust, R. (1999), S 138ff.

verändern, nehmen Informationsasymmetrien zwischen Controllern und Managern tendenziell zu und damit die Beurteilbarkeit der Controllerleistungen ab.[927]

Informations- oder Kompetenzasymmetrien sind die Voraussetzungen dafür, dass Controller ihre *Präferenzen* auch gegen die Ziele des Unternehmens verfolgen können. Die Präferenzen von Controllern und die in dem Unternehmen bestehende Anreizstruktur können in unterschiedlichem Maße übereinstimmen. Daher können die Präferenzen der in dem Unternehmen tätigen Controller eine situative Determinante ihres eigeninteressierten Handelns sein.

Da die Controller mit der Verfolgung ihrer Präferenzen auf die Nutzenerwartungen, die Anreize in der Handlungssituation, reagieren,[928] kommen auch den *Anreizen* und eng verbunden damit der *Leistungsbemessungsgrundlage*[929] – etwa der Wahl des Zeithorizonts der Beurteilung und der beurteilenden Akteure – als situative Determinanten eines eigeninteressierten Handelns von Controllern jeweils eine hohe Bedeutung zu.[930] Gewinn und Bestrafung als weitere von STRANGFELD herausgearbeitete Stylized Facts von Kollusion unterstreichen die Bedeutung der Anreizgestaltung und der Leistungsbemessungsgrundlage als situative Determinanten eigeninteressierten Handelns.[931] Ist der potentiell mit einer Kollusion verbundene Nutzen beziehungsweise Gewinn höher als der ohne Kollusion zu erwartende, dann stabilisiert dies Kollusionsabsprachen und weist auf die Relevanz der Anreizgestaltung hin. Ebenso ist die Bedeutung der Leistungsbemessungsgrundlage als situative Determinante eigeninteressierten Handelns aus dem Stylized Fact Gewinn ableitbar. Für die mit einer Kollusion verbundenen Gewinne ist es von Bedeutung, wer die Leistungen von Controllern beurteilt. Angesichts der Leistungsbemessungsgrundlagen und der Träger einer Beurteilung der Controllerleistungen kann eine drohende Bestrafung Controller zu einer Kollusion mit Managern veranlassen.

Eine letzte situative Determinante eigeninteressierten Handelns von Controllern als Ursache der identifizierten Rationalitätsdefizite in ihrem Handeln ist die *Kultur* des Controllerbereichs beziehungsweise die Unternehmenskultur.[932] Kultur wird definiert als die Gesamtheit

---

927 Vgl. Herzog, A. (1999), S. 225. Siehe auch Weißenberger, B. E. (1997), S. 158ff.

928 Vgl. Kirchgässner, G. (1991), S. 21f.; Homann, K./Suchanek, A. (2000), S. 428ff.

929 Vgl. Jost, P.-J. (2000b), S. 25.

930 Es bestehen Interdependenzen zwischen den organisatorischen Rahmenbedingungen und der Anreizgestaltung, da die Arbeit selbst oder die Einflussmöglichkeiten Anreize für Controller darstellen können.

931 Vgl. Strangfeld, O. (2009), S. 86ff. und 93ff.
STRANGFELD argumentiert, dass es nicht weiter verwunderlich sei, dass die Beobachtungen beziehungsweise allgemein die Untersuchungen zu Kollusion den Stylized Fact Gewinne stützen, da bereits die Definition der Kollusion die Intention des Akteurs einer Nutzenerhöhung beinhaltet. Vgl. hierzu Strangfeld, O. (2009), S. 87. Zur Definition von Kollusion siehe Fußnote 569.

932 Ausgelöst durch den Erfolg des Managementklassikers „*In Search of Excellence*" von PETERS/WATERMAN stand die Unternehmenskultur insbesondere in den 80er Jahren im Zentrum des Interesses der Management-

der in einem Unternehmen bewusst oder unbewusst kultivierten Werte, Normen und Grundannahmen, die das Handeln der Akteure beeinflussen.[933] Insofern kann die Kultur auch Einfluss auf ein eigeninteressiertes Handeln von Controllern haben.[934] Sie kann aktiv gestaltet werden.[935]

Zusammenfassend sind die Komplexität und Dynamik des Kontextes sowie die Merkmale der Aufgaben von Controllern zwar veränderliche, jedoch kaum beeinflussbare, mögliche situative Determinanten eines eigeninteressierten, und als ursächlich für die identifizierten Rationalitätsdefizite anzusehenden Handelns. Die organisatorischen Rahmenbedingungen, die Präferenzen von Controllern und damit die Controller selbst, Aspekte der Anreizgestaltung und Leistungsbemessung sowie die Unternehmens- oder Unternehmensbereichskultur sind beeinflussbare situative Determinanten eines eigeninteressierten Handelns und daher bei der Beantwortung der dritten Forschungsfrage in den folgenden Abschnitten aufzugreifen.

4.1.2 Situative Determinanten kognitiver Beschränkungen als Ursache von Rationalitätsdefiziten im Handeln von Controllern

Der ökonomische Ansatz blendet die kognitive Dimension menschlichen Handelns zwar weitgehend aus.[936] Einen Anknüpfungspunkt für die Integration der kognitiven Dimension bietet jedoch die von dem Akteur subjektiv wahrgenommene Situation beziehungsweise das durch sein Wissen sowie seine kognitiven Fähigkeiten geprägte Bild der Situation, das seine Handlungsgrundlage darstellt. Daher ergeben sich situative Determinanten kognitiver Beschränkungen und der dadurch zu erklärenden Rationalitätsdefizite zum einen aus dem Potential des einzelnen Controllers, da *seine subjektive* Situationswahrnehmung die Handlungsgrundlage bildet. Zum anderen ergeben sich situative Determinanten aus der Situation an sich, da sie die *objektive* Basis der Handlungsgrundlage ist. Zur in diesem Zusammenhang relevanten Situation zählen die Merkmale der Controlleraufgaben, die Komplexität und Dynamik des Kontextes, die organisatorischen Rahmenbedingungen und die Kultur.

Das Potential eines Controllers kann in ein qualitatives und ein quantitatives Potential unterschieden werden. Bezüglich des qualitativen Potentials sind die Qualifikation und die Ausprägung des funktionalen Erfahrungshorizonts plausible situative Determinanten kogni-

forschung. Vgl. Peters, T./Waterman, R. (1982). Zur Kultur als Kontextfaktor des Controllings vgl. Denk, R./Kunesch, H. (1996), S. 537f.

933 Zur Definition des Kulturbegriffs vgl. Dill, P. (1987), S. 59; Schreyögg, G. (1992), Sp. 1525f.; Ulrich, P. (1993), Sp. 4352; Marré, R. (1997), S. 8ff.; Krohmer, H. (1999), S. 21ff.

934 Zu dem Einfluss der Kultur auf das Handeln von Controllern vgl. Schäffer, U. (1996a), S. 119; Herzog, A. (1999), S. 245; Weber, J. (2004a), S. 569.

935 Die Meinungen hierzu gehen in der Literatur jedoch auseinander. Vgl. zum Beispiel Ulrich, P. (1993), Sp. 4360ff.

936 Vgl. Meyer, M./Heine, B.-O. (2005), S. 14f. und 18; Heine, B.-O. et al. (2006), S. 6f.

tiver Beschränkungen. Allgemein umfasst die *Qualifikation* von Akteuren die personalen Merkmale, die ihnen in ihrer Gesamtheit eine dauerhaft erfolgreiche Aufgabenerfüllung ermöglichen.[937] Hier ist die Qualifikation präzisiert auf die Verarbeitungsfähigkeit im Allgemeinen und damit die Stärke der sich daraus ergebenden kognitiven Fähigkeiten sowie das Wissen – insbesondere das Methoden-, aber auch das Faktenwissen – als notwendige Voraussetzungen der Leistungserbringung. Entspricht die Qualifikation eines Controllers nicht den Anforderungen der Situation, lösen kognitive Beschränkungen Rationalitätsdefizite in seinem Handeln aus.[938] Die Analyse der potentiellen Rationalitätsdefizite im Handeln von Controllern und ihrer Ursachen hat verdeutlicht, dass die *Ausprägung des funktionalen Erfahrungshorizonts* als eine weitere situative Determinante der für Rationalitätsdefizite ursächlichen kognitiven Beschränkungen von Controllers von besonderer Bedeutung ist, da sie Wissenskomponenten sowie die kognitiven Fähigkeiten und Verzerrungen von Controllern beeinflusst. Das quantitative Potential eines Controllers meint seine *zeitliche Kapazität*, die sich aus dem Verhältnis zwischen der Kapazität des gesamten Controllerbereichs und dem Aufgabenvolumen ergibt. Es ist plausibel anzunehmen, dass kognitive Beschränkungen und dadurch ausgelöste Rationalitätsdefizite im Handeln von Controllern mit einer höheren Wahrscheinlichkeit auftreten, wenn dieses Verhältnis unausgewogen ist. Controller müssen ihre Aufgaben dann unter einem höheren zeitlichen Druck erfüllen.

Zu den in der Situation zu verortenden situativen Determinanten kognitiver Beschränkungen als Ursache potentieller Rationalitätsdefizite im Handeln von Controllern zählen die *Merkmale der Aufgaben*. Die Aufgabenmerkmale sind ausgehend von einer Unterscheidung in Aufgaben, die eher einen system- und methodenorientierten Fokus haben, und solche, die eher einen inhaltlichen Fokus haben, die sich stärker auf die Aufgaben von Managers beziehen, eine plausible situative Determinante. Diese Determinante steht in einem engen Zusammenhang mit der Qualifikation und dem funktionalen Erfahrungshorizont von Controllern. Bei starker Ausprägung ist zu erwarten, dass Controller bei der Erfüllung inhaltlich orientierter Aufgaben größeren kognitiven Beschränkungen unterworfen sind.

Auch die *Komplexität und Dynamik* des Handlungskontextes sind situative Determinanten kognitiver Beschränkungen von Controllern.[939] Anzunehmen ist, dass mit steigender Komplexität und Dynamik das Situationsverständnis von Controllers sinkt und Verzerrungen des durch die kognitiven Fähigkeiten und das Wissen geprägten Bildes der Situation, das ihre

937 Vgl. Amann, C. (1993), S. 207.

938 Der Competence-Difficulty-Ansatz von HEINER drückt die Beziehung zwischen dem Ausmaß des Wissens und der kognitiven Fähigkeiten auf der einen und den Anforderungen an die Qualifikation auf der anderen Seite aus. Vgl. Heiner, R. (1983); Heiner, R. (1988a).

939 Vgl. ähnlich Weber, J. et al. (1995), S. 11; Herzog, A. (1999), S. 225; Weber, J. (2004b), S. 475f.

Handlungsgrundlage darstellt, zunehmen.[940] Die Gefahr inadäquater mentaler Modelle steigt. Es ist folglich wahrscheinlich, dass das Handeln von Controllern bei einer hohen Komplexität und Dynamik stärker durch kognitive Beschränkungen gekennzeichnet ist.

Eine weitere situative Determinante kognitiver Beschränkungen von Controllers als Ursache potentieller Rationalitätsdefizite sind die *organisatorischen Rahmenbedingungen.* Das organisatorische Gestaltungsmittel der Formalisierung kann sich auf Richtlinien für die Aufgabenerfüllung oder auch die Einbeziehung weiterer Akteure in Handlungssituationen richten. Es trägt dann zu einer Strukturierung von Handlungssituationen bei und kann eine Wirkung auf kognitive Beschränkungen von Controllers entfalten.

Auch der Positionszuschnitt ist eine mögliche situative Determinante der kognitiven Beschränkungen von Controllern. Er kann die Ausprägung ihres funktionalen Erfahrungshorizonts beeinflussen. Die Wahrnehmung inhaltlich orientierter Aufgaben, die sich stärker auf die Aufgaben der Manager beziehen, kann zu einer Abschwächung des spezifischen funktionalen Erfahrungshorizonts eines Controllers führen. Unter diesem Aspekt sind auch die organisatorischen Gestaltungsmittel der Generalisierung oder Spezialisierung sowie des Partizipationsgrades und die damit verbundene Interaktion zwischen Controllern und Managern zu betrachten.[941]

Schließlich sind die *Kultur* des Controllerbereichs beziehungsweise die Unternehmenskultur ebenso plausible situative Determinanten kognitiver Beschränkungen wie eines eigeninteressierten Handelns, da die Kultur förderlich auf den Informationsaustausch zwischen Akteuren wirken kann und somit zu einer reflektierteren Situationswahrnehmung des einzelnen Controllers beiträgt.

Darüber hinaus sind die bei den situativen Determinanten eines eigeninteressierten Handelns angeführten Aspekte der Beurteilbarkeit von Controllerleistungen auch als situative Determinanten kognitiver Beschränkungen relevant. Die Beurteilbarkeit ist eine Voraussetzung für Feedback und darauf basierende Lernprozesse.

Zusammenfassend sind – analog zu den situativen Determinanten eines eigeninteressierten Handelns als Ursache von Rationalitätsdefiziten im Handeln von Controllern – die Komple-

940 Vgl. zum Beispiel speziell für Prognosen Plumlee, M. A. (2003), S. 275ff.

941 Unter einer Spezialisierung ist das Phänomen der Arbeitsteilung in Organisationen zu verstehen. Aus einer solchen strukturellen Spezialisierung kann eine personale Spezialisierung – im Zeitablauf erfolgte Lernprozesse – entstehen. Den Gegenpol bildet die Generalisierung. Mit einem niedrigen Grad der Arbeitsteilung soll eine personale Generalisierung, das heißt ein Erfahrungsaufbau, erzielt werden. Vgl. zu dieser Verwendungsweise der Begrifflichkeiten Kieser, A./Walgenbach, P. (2003), S. 77ff., sowie insbesondere Herzog, A. (1999), S. 40ff. und 87ff.

xität und Dynamik des Handlungskontextes sowie die Merkmale der zu erfüllenden Aufgaben nicht beeinflussbar. Ausgehend von den Aufgaben und den sich daraus ergebenden Anforderungen sind das qualitative und das quantitative Potential eines Controllers jedoch im Rahmen der Personalauswahl und der Potentialentwicklung unter Berücksichtigung der organisatorischen Rahmenbedingungen und der Kultur beeinflussbar. Die Handlungssituationen können zudem, ebenfalls durch eine adäquate Gestaltung der organisatorischen Rahmenbedingungen stärker strukturiert werden, um kognitiven Beschränkungen von Controllern entgegenzuwirken.

Abbildung 12 stellt die situativen Determinanten der Rationalitätsdefizite im Handeln von Controllern im Überblick dar. Es wird zwischen situativen Determinanten eines eigeninteressierten Handelns und kognitiver Beschränkungen als Ursachen von Rationalitätsdefiziten sowie zwischen beeinflussbaren und nicht beeinflussbaren situativen Determinanten unterschieden.

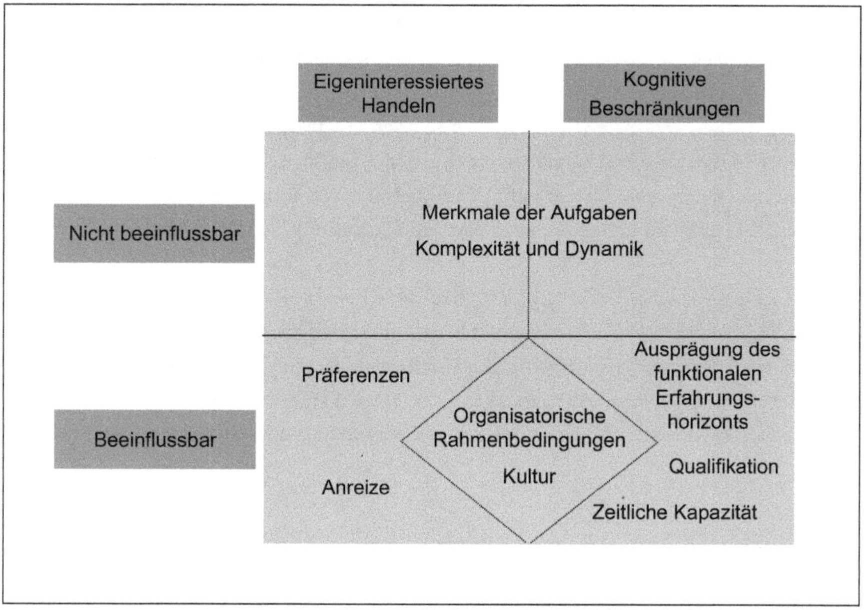

Abbildung 12: Situative Determinanten der Rationalitätsdefizite im Handeln von Controllern[942]

942 Eigene Darstellung.

4.2 Möglichkeiten einer Rationalitätssicherung von Controllern

Da die Analyse potentieller Rationalitätsdefizite im Handeln von Controllern gezeigt hat, dass die Notwendigkeit einer Rationalitätssicherung der Controller besteht, ist die dritte Forschungsfrage nach den Möglichkeiten einer Rationalitätssicherung der Controller zu beantworten.

Analog zu der Definition eines Rationalitätsdefizits als offenkundig inferiorem Zustand der Rationalitätsobjekte – also mangelnde Effizienz und Effektivität – zielt auch eine Rationalitätssicherung von Controllern nicht darauf ab, die Soll-Rationalität zu erreichen, sondern die Aufgabenerfüllung zu verbessern. Die Soll-Rationalität ist weder objektiv bestimmbar,[943] noch sind Maßnahmen zur Sicherung der Soll-Rationalität von Controllern unter Kosten-Nutzen-Gesichtspunkten sinnvoll.

Die Darstellung der Möglichkeiten einer Rationalitätssicherung von Controllern ist nicht als ein abgeschlossenes Rationalitätssicherungskonzept, sondern als Strukturierung möglicher Ansatzpunkte einer Rationalitätssicherung von Controllern zu verstehen. Diese Ansatzpunkte knüpfen an den herausgearbeiteten und strukturierten Ursachen der potentiellen Rationalitätsdefizite im Handeln von Controllern sowie den beeinflussbaren situativen Determinanten an, die die Wahrscheinlichkeit dafür, dass diese Ursachen im Handeln von Controllern zu Rationalitätsdefiziten führen, erhöhen oder reduzieren.

Während die Ergründung potentieller Rationalitätsdefizite im Handeln von Controllern vornehmlich die Ebene der Prozessrationalität betrifft, berühren die Überlegungen zu den Möglichkeiten einer Rationalitätssicherung von Controllern auch die Ebenen der Ergebnis- und Inputrationalität, da sowohl Ansatzpunkte einer Beurteilung der Controllerleistungen als auch Rationalitätssicherungsmaßnahmen auf den Ebenen der Input- und Ergebnisrationalität zu finden sind.

Die Basis der Erarbeitung von Ansatzpunkten einer Rationalitätssicherung von Controllern sind die Ansatzpunkte der Beurteilung von Controllerleistungen. Sie sind sowohl für die Sicherung eines eigeninteressierten Handelns als auch kognitiver Beschränkungen relevant.[944] Die im Anschluss dargestellten Ansatzpunkte einer Rationalitätssicherung von Controllern sind zum einen nach dem Zeitpunkt, zu dem die Maßnahmen ergriffen werden, in

943 Vgl. Abschnitt 2.2.3.

944 Rationalitätssicherungsmaßnahmen verursachen Kosten und sollten daher so präzise wie möglich an den identifizierten Defiziten und den dafür herausgearbeiteten strukturierten Ursachen ansetzen. Deshalb sind die Überlegungen zu der Beurteilbarkeit von Controllerleistungen ein wichtiger Ansatzpunkt. Vgl. in diesem Zusammenhang Wilson, T. D./Centerbar, D. B./Brekke, N. (2002), S. 191f.

reaktive und proaktive Rationalitätssicherungsmaßnahmen gegliedert. Angestrebt werden sowohl eine rückblickende Schadensbegrenzung als auch eine vorwärtsorientierte Vermeidung von Schäden.[945] Zum anderen sind sie nach den für die Rationalitätsdefizite ursächlichen Eigenschaften von Controllern – eigeninteressiertes Handeln und kognitive Beschränkungen – gegliedert.[946]

4.2.1 Beurteilbarkeit von Controllerleistungen

Bei der Darstellung der situativen Determinanten eines eigeninteressierten Handelns und kognitiver Beschränkungen wurde bereits deutlich, dass die Beurteilbarkeit der Controllerleistungen für beide relevant ist. Zudem ist sie auch bei der Differenzierung reaktiver und proaktiver Rationalitätssicherungsmaßnahmen bedeutsam.[947] Im Rahmen reaktiver Rationalitätssicherungsmaßnahmen ist die Beurteilbarkeit der Controllerleistungen die Voraussetzung für Kontrollen. Im Rahmen proaktiver Rationalitätssicherungsmaßnahmen ist sie auf Seiten eines eigeninteressierten Handelns ein Ansatzpunkt zur Beeinflussung des Handlungsspielraums von Controllern und die Voraussetzung für die Gestaltung von Anreizsystemen zur unternehmenszielkonformen Motivation von Controllern. Auf Seiten kognitiver Beschränkungen ist die Beurteilbarkeit der Leistungen eine Voraussetzung für Feedback und insofern für Lernprozesse von Controllern.

4.2.1.1 Ansatzpunkte der Beurteilung von Controllerleistungen

Die Leistungen des Controllerbereichs und damit auch eines einzelnen Controllers können nicht an der Rendite gemessen werden. Allerdings greift es zu kurz, ausschließlich an den Kosten als negativem Leistungsmerkmal anzusetzen. Auch die Qualität der Controllerleistungen und – sofern dies überhaupt möglich ist – die Erstellungsdauer von Controllerleistungen sind zu berücksichtigen. Hierzu werden im Folgenden Überlegungen angestellt.[948]

Einzelne Facetten der Qualität von Controllerleistungen können auf verschiedenen Messebenen, die unterschiedliche Stadien der Leistungserstellung von Controllern abbilden, beurteilt werden.[949] Zu unterscheiden sind die Messebenen der Wirkung (Outcome), des Ergebnisses der Leistungserstellung (Output), der Leistungserstellung und der Einsatzfaktoren (Input).[950]

---

945 Vgl. Witt, F.-J. (1998), S. 64.

946 *„The [last, A.P.] distinction is important in that the two sources of cost typically require very different remedies. Remedies for agency conflicts [eigeninteressiertes Handeln, A. P.] tend to emphasize the manipulation of the incentives. Remedies for behavioral pitfalls [kognitive Beschränkungen, A. P.] tend to emphasize training and process."* Shefrin, H. (2007), S. 3. Vgl. ähnlich Weber, J. et al. (2003), S. 10f.

947 Vgl. allgemein zu den unterschiedlichen Funktionen der Leistungsbeurteilung Schuler, H./Funke, U. (1995), S. 262; Weber, J. (2004a), S. 231ff.

948 Vgl. Gleich, R./Haindl, M. (1996), S. 263.

949 Wertvolle Hinweise für die Möglichkeiten einer Beurteilung der Controllerleistungen liefern die in der Forschung zur Effizienz und Effektivität des Controllings entwickelten Indikatoren, mit denen die Controllingeffizienz gemessen wird. Vgl. Küpper, H.-U. (2005), S. 513.

950 Vgl. hierzu die Ausführungen zur Leistungsrechnung bei Weber, J. (2004a), S. 233ff.

Auf der Messebene der Wirkung ist die letztlich intendierte Leistung zu erfassen. Die Controllerleistung in der Konzeption des Controllings als Rationalitätssicherung der Führung ist die Rationalität des Handelns von Trägern der Führungshandlungen. Es besteht jedoch das Problem, dass die Rationalität des Handelns von Managern und damit die Wirkung der Controllerleistung nicht direkt messbar sind. Der Unternehmenserfolg hängt zwar zu großen Teilen von der Rationalität der Führung und damit auch von der Qualität der Controllerleistungen ab. Er wird jedoch von weiteren Faktoren beeinflusst.[951]

Die Basis zur Erzielung der intendierten Wirkung ist das Ergebnis der Leistungserstellung. Zur Konkretisierung der Beurteilbarkeit von Controllerleistungen auf der Messebene des Ergebnisses der Leistungserstellung wird im Folgenden ein Ansatz der Informationsökonomik herangezogen. Die Informationsökonomik gibt die Annahme homogener Qualitäten auf einem Markt auf. Sie befasst sich im Kern mit *„der Analyse von Märkten bei Unsicherheit und asymmetrischer Information unter Marktteilnehmern"*.[952] Dabei thematisiert sie die Voraussetzungen und Konsequenzen der Marktunsicherheit beziehungsweise der asymmetrisch verteilten Informationen sowie Techniken zu ihrer Überwindung.[953] Die für diese Arbeit relevante Technik, Informationsasymmetrien abzubauen, ist das Screening, bei dem der Nachfrager die Initiative ergreift. Eine Form des Screenings wiederum ist die Prüfung.[954] Die Möglichkeit, durch eine Prüfung Unsicherheit zu reduzieren, hängt jedoch insbesondere von den Eigenschaften der Güter und Leistungen ab. In diesem Zusammenhang hat die maßgeblich von NELSON und DARBY/KARNI geprägte Unterscheidung in Such-, Erfahrungs- und Vertrauensgüter Beachtung gefunden.[955] Diese Unterscheidung beschreibt das Ausmaß

Ähnlich ist das von DONABEDIAN zur Messung der Dienstleistungsqualität entwickelte Konzept. Leistungen werden auch hier auf verschiedenen Ebenen in ihrer Qualität beurteilt. Dementsprechend unterscheidet er eine Potentialqualität, die der Ebene der Einsatzgüter für die Leistungserstellung entspricht, die Prozessqualität, die der Ebene der Leistungserstellung selbst entspricht, und die Ergebnisqualität. Vgl. Donabedian, A. (1980), S. 79ff. Die meisten Untersuchungen zur Qualität von Controllerleistungen folgen diesem Ansatz. Siehe zum Beispiel Bauer, M. (2002), S. 212.

951 Vgl. David, U. (2005), S. 85; Küpper, H.-U. (2005), S. 486.

952 Kaas, K. P. (1995), Sp. 972.

953 Unsicherheit besteht in Märkten zum einen über die zukünftige Entwicklung (exogene Unsicherheit). Sie resultiert aus *„der unvollkommenen Information der Beteiligten über die möglichen Zustände der Welt, die insofern von den Vertragspartnern nicht beeinflusst werden können."* (Kleinaltenkamp, M. (1992), S. 813). Zum anderen besteht Unsicherheit über die relevanten Daten der anderen Marktteilnehmer (endogene Unsicherheit). Diese Unsicherheit ist darauf zurückzuführen, dass asymmetrische Informationsverteilung im Markt besteht und jeder Marktteilnehmer hinsichtlich seiner eigenen Marktdaten Informationsvorsprünge hat. Vgl. insgesamt Kleinaltenkamp, M. (1992), S. 809ff.; Kaas, K. P. (1995), Sp. 971ff.

954 Auch ein Signaling ist geeignet, Informationsasymmetrien abzubauen. Hierbei ergreift der Anbieter die Initiative und signalisiert die Qualität seiner Angebote. Im Zusammenhang mit der Beurteilbarkeit der Controllerleistungen durch andere ist für diese Arbeit jedoch das Screening von Bedeutung. Vgl. Kaas, K. P. (1995), Sp. 974.

955 Im englischen Originaltext heißt es *„search, experience und credence qualities"*. Vgl. Nelson, P. (1970); Darby, M. R./Karni, E. (1973). Siehe auch Weißenberger, B. E. (1997), S. 153ff.; Spillecke, D. (2006), S. 61ff.

der Informationsasymmetrie zugunsten des Leistungserstellers und damit die Beurteilbarkeit der Produkte durch die Leistungsempfänger.[956]

Zu erwähnen ist, dass die Kategorisierung in Such-, Erfahrungs- und Vertrauensgüter keine eindeutige Zuordnung von Gütern oder Leistungen zu einer der Kategorien ermöglicht. Daher wird auch von Gütern oder Leistungen mit einem jeweils unterschiedlich hohen Anteil an Such-, Erfahrungs- und Vertrauenseigenschaften gesprochen. Die Zuordnung ist zudem subjektiv und von den individuellen Gegebenheiten des Nachfragers abhängig.[957]

Diese Unterscheidung der Informationsökonomik gilt nicht nur für Konsumgüter. Sie kann auch auf Controllerleistungen übertragen werden.[958] In Kombination mit der Differenzierung der Controlleraufgaben nach dem Charakter der Führungsunterstützung können Aussagen über die Beurteilbarkeit der Controllerleistungen generiert werden. Bei der Darstellung der situativen Determinanten der Rationalitätsdefizite im Handeln von Controllern wurden die Merkmale der Aufgaben, der Charakter der Führungsunterstützung auch als Einflussfaktoren der Beurteilbarkeit dargestellt.

Die Leistungserstellung von Controllern führt im Ergebnis häufig zu konkreten Produkten wie Plänen, Berichten oder Analysen. Diese Produkte resultieren überwiegend aus der Erfüllung von Entlastungsaufgaben. Sie können aber auch das Ergebnis von Ergänzungs- oder Begrenzungsaufgaben sein, wenn Controller zum Beispiel in einem Bericht sachlich erforderliche Informationen übermitteln, die Manager nicht nachgefragt haben, oder wenn sie inhaltlich zwingende Informationen bereitstellen, die es Managern nicht erlauben, ihre eigenen Ziele zu verfolgen. Die aus der Erfüllung von Entlastungsaufgaben resultierenden Produktkomponenten zeichnen sich überwiegend durch gut beurteilbare Sucheigenschaften und nur zu geringen Teilen durch Erfahrungseigenschaften aus. Beispielsweise kann die Güte der von Controllern getätigten Prognosen nur mit Zeitverzögerung umfassend beurteilt werden. Die aus der Erfüllung von Ergänzungs- oder Begrenzungsaufgaben resultierenden Produktkomponenten zeichnen sich durch Erfahrungs- oder Vertrauenseigenschaften aus und sind demzufolge nur mit Zeitverzögerung oder gar nicht beurteilbar.

---

956 Vgl. zu Beispielen für Such-, Erfahrungs- und Vertrauensgüter Weber, J. (2004a), S. 133f.

957 Vgl. Klee, A. (2000), S. 58.

958 Vgl. Spillecke, D. (2006), S. 178f. sowie für eine Übertragung auf Leistungen des Rechnungswesens Weißenberger, B. E. (1997), S. 158ff.

Die Leistungserstellung von Controllern führt jedoch nicht immer zu konkreten, beurteilbaren Produkten. Insbesondere die Erfüllung von Ergänzungs- und Begrenzungsaufgaben – zum Beispiel die Aufgaben, Planansätze auf kognitive Beschränkungen oder Eigeninteressen zu hinterfragen oder Ziele auf ihre Angemessenheit zu überprüfen – hat meist keine konkreten Produkte zur Folge. Die Ergebnisse der Erfüllung dieser Aufgaben zeichnen sich daher auch nicht durch Sucheigenschaften, sondern überwiegend durch Erfahrungs- und Vertrauenseigenschaften aus. KLEINALTENKAMP argumentiert, dass Produkte umso mehr Vertrauenseigenschaften aufweisen, je integrativer der Leistungserstellungsprozess und je größer der Anteil immaterieller Komponenten ist.[959] Beide Kriterien treffen auf Ergänzungs- und Begrenzungsaufgaben von Controllern zu. Die Ergebnisse von Ergänzungs- und Begrenzungsaufgaben sind daher meist gar nicht beurteilbar oder es lässt sich erst ex post mit Zeitverzögerung feststellen, dass eine Ergänzung oder Begrenzung eines Managers erforderlich gewesen wäre oder aber erfolgreich durchgeführt wurde.[960]

Für die Messebene des Ergebnisses ist insgesamt festzuhalten, dass insbesondere die Ergebnisse von Entlastungsaufgaben beurteilbar sind. Teilweise führt die Erfüllung von Ergänzungsaufgaben zu beurteilbaren Produktfacetten. In der Regel resultieren daraus jedoch nicht unmittelbar beurteilbare Produkte oder Produkteigenschaften. Das Ergebnis dieser Produkte ist mit der Wirkung der Controllerleistungen – der gesicherten oder nicht gesicherten Rationalität der Führung – gleichzusetzen, die jedoch Messprobleme aufweist.

Auf der Messebene der Leistungserstellung können für Entlastungsaufgaben ergänzend zu einer Beurteilung der Ergebnisse für eine detailliertere Analyse der identifizierten Hinweise auf Rationalitätsdefizite eigene Prozesskennzahlen definiert und erhoben oder umfassende Prozessaudits durchgeführt werden.[961] Hierzu zählt auch die Erfassung der Erstellungsdauer von Controllerleistungen. Für die Erfüllung von Ergänzungs- und Begrenzungsaufgaben können auf dieser Messebene Indikatoren definiert und als Anhaltspunkte für die Rationalitätssicherungsbemühungen herangezogen werden. Weiter können für wohldefinierte Ergänzungs- und Begrenzungsaufgaben Handlungsschritte erarbeitet und Controllern als formalisierte Richtlinien mit der Auflage vorgegeben werden, ihre Einhaltung zu dokumentieren.[962] Die eingeforderten Dokumentationen können allerdings wieder durch das Eigeninteresse

959 Vgl. Kleinaltenkamp, M. (1992), S. 811. Siehe auch Bauer, M. (2002), S. 131.

960 Vgl. Herzog, A. (1999), S. 214f.

961 Vgl. Weißenberger, B. E. (1997), S. 232ff.

962 Die Idee ist, dass *„[die] Transparenz und damit auch die Kontrollierbarkeit fremder Handlungen [höher wird], wenn diesen eine bekannte (normierte) Struktur zugrunde liegt."* Herzog, A. (1999), S. 249. Dadurch erhöhen sich für den kontrollierten Akteur die Wahrscheinlichkeit der Identifizierung eines von den Unternehmenszielen abweichenden Verhaltens und folglich auch die Sanktionen. Vgl. zu Strategien zur Vermeidung eigeninteressierten, nicht unternehmenszielkonformen Handelns Schäffer, U. (2002), S. 89.

und kognitive Beschränkungen von Controllern verzerrt sein. Zudem können die von den Controllern vollzogenen Leistungserstellungsprozesse kritisch hinterfragt werden.

Lassen sich auch auf der Ebene der Leistungserstellung mittels Indikatoren und Richtlinien keine – auch nur näherungsweisen – Aussagen über die Qualität der Controllerleistungen gewinnen, bleibt zuletzt die Ebene der benötigten Einsatzgüter, des Inputs. Auf dieser Messebene kann beurteilt werden, ob mit der Leistungserstellung ausreichend viele und hierfür qualifizierte und motivierte Controller betraut sind.

Diese Überlegungen zeigen, dass nur die Ergebnisse von Entlastungsaufgaben gut beurteilt werden können. Zur Beurteilung von Ergänzungs- und Begrenzungsaufgaben müssen andere Messebenen herangezogen werden. Übergreifend beeinflussen die Komplexität und Dynamik des Handlungskontextes, ausgehend von der Darstellung der situativen Determinanten der Rationalitätsdefizite im Handeln von Controllern, die Güte der Beurteilbarkeit der Controllerleistungen.

4.2.1.2 Potentielle Träger der Beurteilung von Controllerleistungen

Im Folgenden werden die Überlegungen zu der Beurteilbarkeit von Controllerleistungen um Überlegungen zu den potentiellen Trägern der Beurteilung erweitert. LANGENBACH hat Kriterien zur Beurteilung der Effektivität und Effizienz von Trägern der Rationalitätssicherung herausgearbeitet.[963] Die Effektivität eines Trägers der Rationalitätssicherung sieht er als die Summe des dafür erforderlichen Wissens beziehungsweise allgemein der erforderlichen kognitiven Fähigkeiten, der Motivation für diese Aufgabe sowie des Einflusses und der Akzeptanz. Die Effizienz ergibt sich aus den Kosten, die durch einen Träger im Vergleich zu anderen potentiellen Trägern der Rationalitätssicherung entstehen.

In diesem Abschnitt wird nicht die Frage der Eignung eines Trägers für die gesamte Rationalitätssicherung von Controllern ergründet, sondern lediglich die Frage, wer sich für die Beurteilung der Controllerleistungen eignet. Insofern sind nur die Kriterien des Wissens beziehungsweise der kognitiven Fähigkeiten und der Motivation sowie ergänzend der Effizienz der potentiellen Handlungsträger zu prüfen.[964]

Der nahe liegende Träger der Beurteilung von Controllerleistungen ist der *Managementcounterpart*.[965] Die Zusammenschau der Unterscheidung von Such-, Erfahrungs- und Ver-

---

[963] Vgl. Langenbach, W. (2001a), S. 107ff., insbesondere die Übersicht auf S. 124.

[964] Die im Folgenden betrachteten Träger einer Beurteilung von Controllerleistungen werden als die wichtigsten Aufgabenträger eingestuft. Daneben sind weitere Träger denkbar, auf die die Aussagen übertragen werden können. Vgl. Gleich, R./Haindl, M. (1996), S. 264.

[965] Vgl. Weber, J. (2004a), S. 569.

trauenseigenschaften von Controllerleistungen und der Differenzierung der Controlleraufgaben nach dem Charakter der Führungsunterstützung ergibt folgendes Bild:

Hat die Führungsunterstützung durch Controller entlastenden Charakter, bedeutet dies, dass sich die Controllerleistungen durch einen hohen Anteil von Sucheigenschaften auszeichnen und grundsätzlich gut beurteilt werden können. Da Entlastungsaufgaben überwiegend zur Realisierung von Kapazitätseffekten delegiert werden, ist davon auszugehen, dass insbesondere der Managementcounterpart diese Leistungen, die er lediglich aufgrund von Zeitrestriktionen nicht selbst erbringt, gut beurteilen kann. Haben die Controlleraufgaben einen starken inhaltlichen Fokus, besitzt der Managementcounterpart das erforderliche Wissen für die Beurteilung. Das Nutzenkalkül der Entlastungsaufgaben lässt aber auch den Schluss zu, dass der Managementcounterpart in der Regel nicht ausreichend Zeit hat, die Leistungserfüllung der Controller detailliert nachzuvollziehen und in ihrer Qualität zu beurteilen.[966] Einige der von Sucheigenschaften geprägten Produktfacetten kann allerdings allein der Managementcounterpart beurteilen, da sie auf seine Bedürfnisse zugeschnitten sind und insofern eine subjektive Komponente haben.[967]

Hat die Führungsunterstützung durch Controller ergänzenden oder begrenzenden Charakter, zeichnen sich die Controllerleistungen durch Erfahrungs- und Vertrauenseigenschaften aus. Dies allein erklärt, dass sie in der Regel nicht oder nur mit Zeitverzögerung beurteilt werden können. Die Definitionen von Ergänzungs- und Begrenzungsaufgaben sowie die mit der Delegation dieser Aufgaben verbundenen Nutzenkalküle – es sollen Erfahrungs-, Spezialisierungs- und Motivationseffekte realisiert werden – erklären darüber hinaus, dass der Managementcounterpart ergänzende Controllerleistungen nicht beurteilen kann, da diese gerade darauf ausgerichtet sind, seinen kognitiven Beschränkungen entgegenzuwirken. Ist er sich seiner kognitiven Beschränkungen bewusst, dann ist er für eine objektive Beurteilung der Controllerleistungen nicht motiviert, da er damit seine kognitiven Beschränkungen publik machen würde. Auch für die Beurteilung begrenzender Controllerleistungen ist er nicht motiviert, da er damit sich und sein eigeninteressiertes Handeln entlarven würde. Darüber hinaus hat die Analyse der Rationalitätsdefizite im Handeln von Controllern verdeutlicht, dass insbesondere die Erfüllung der systemorientierten Aufgaben sowie der Aufgaben der Informationsversorgung und auch die „informationsorientierten“ Teilaufgaben der Planung und Kontrolle teilweise nicht durch den Managementcounterpart beurteilt werden können. Allerdings sind sie nicht im engen Sinn auf eine Ergänzung kognitiver Beschränkungen von Managern ausgerichtet, sondern stellen zumeist Entlastungsaufgaben dar. Controller verfügen über spezifisches Wissen über Systeme, Methoden und Instrumente in den Bereichen

---

[966] Vgl. Schneider, D. (1991), S. 770.

[967] Vgl. Galgenmüller, F./Gleich, R. (2000), S. 38. Zu der Unterscheidung in die objektive und subjektive Qualität eines Produktes vgl. Weißenberger, B. E. (1997), S. 239.

des Berichtswesens, der Kostenrechnung, Planung und Kontrolle, die Informationsasymmetrien zwischen ihnen und den Managern erklären.[968] Festzuhalten ist, dass der Managementcounterpart für die Beurteilung von Entlastungsaufgaben, die sich durch einen hohen Anteil von Sucheigenschaften auszeichnen, die Effektivitätskriterien der Motivation und überwiegend des Wissens – besonders im Hinblick auf Produkte, die an seinen subjektiven Bedürfnissen orientiert sind – erfüllt. Für die Beurteilung von Ergänzungs- und Begrenzungsaufgaben erfüllt er die Effektivitätskriterien – insbesondere das Kriterium der Motivation – nicht. Das Effizienzkriterium erfüllt der Managementcounterpart nur eingeschränkt, da die Opportunitätskosten hoch sind.

Neben dem direkten Managementcounterpart kommen andere *Manager* – zum Beispiel einer höheren hierarchischen Ebene – für eine Beurteilung von Controllerleistungen in Frage. Ergebnisse der Erfüllung von Entlastungsaufgaben können Manager einer höheren Ebene aufgrund ihrer Sucheigenschaften prinzipiell gut beurteilen. Sie verfügen wie der Managementcounterpart über Geschäftswissen, mit dem sie entsprechende Facetten der Leistungserfüllung der Controller beurteilen können. Ebenfalls wie der Managementcounterpart können sie bei der Beurteilung sehr controllingspezifischer Aufgaben trotz des Entlastungscharakters der Aufgaben Wissensdefizite haben. Anders als der Managementcounterpart können sie die auf seine Bedürfnisse zugeschnittenen subjektiven Produktkomponenten nicht beurteilen.

Bei der Beurteilung von Ergänzungs- und Begrenzungsaufgaben sind die Manager einer höheren hierarchischen Ebene zwar auch mit dem Problem konfrontiert, dass sich diese durch einen hohen Anteil von Erfahrungs- und Vertrauenseigenschaften auszeichnen und kaum zu beurteilen sind. Oftmals haben gerade sie Controllern jedoch den Auftrag für eine Ergänzung oder Begrenzung des Managementcounterparts erteilt.[969] Daher wissen sie – anders als der Managementcounterpart –, dass Controller diese Leistungen erbringen sollen. Insofern ist es durchaus plausibel anzunehmen, dass sie feststellen können, ob die Controller die Rationalität des Handelns von Managern durch deren Ergänzung oder Begrenzung gesteigert haben. Ein Beispiel hierfür ist der Auftrag eines hierarchisch höheren Managers an den Controller, eine in einigen Annahmen unplausibel erscheinende, von dem Managementcounterpart erarbeitete Investitionsplanung zu hinterfragen. Als Auftraggeber kann der hierarchisch höher stehende Manager im Anschluss beurteilen, ob der Controller sich mit den Annahmen auseinandergesetzt hat und diese korrigiert und damit den Managementcounterpart ergänzt oder begrenzt hat. Darüber hinaus weisen Manager einer höheren hierarchischen Ebene nicht die dargestellten Verzerrungen des Managementcounterparts bei

[968] Vgl. Weber, J. (2004a), S. 567.
[969] Siehe Abschnitt 2.1.2.1.

der Beurteilung von Controllerleistungen auf, da nicht ihre kognitiven Beschränkungen zu ergänzen und nicht ihr eigeninteressiertes Handeln zu begrenzen ist. Sie beurteilen die Controllerleistungen objektiver und machen daher auch bereitwilliger von der Möglichkeit Gebrauch, Ergänzungs- und Begrenzungsleistungen auf anderen Messebenen – auf der Ebene der Leistungserstellung oder auf der Ebene der Einsatzgüter – zu beurteilen. Festzuhalten ist, dass andere Manager als der Managementcounterpart zwar subjektive Produktfacetten nicht beurteilen können, jedoch wie der Managementcounterpart die Effektivitätskriterien für die Beurteilung von Entlastungsaufgaben erfüllen. Für die Beurteilung von Ergänzungs- und Begrenzungsaufgaben erfüllen sie die Kriterien besser als der Managementcounterpart, da sie unter Umständen der Auftraggeber dieser Aufgaben sind und ihre Motivation nicht durch ihr Eigeninteresse verzerrt ist. Manager allgemein mit der Beurteilung der Controllerleistungen zu betrauen, ist jedoch aufgrund der Opportunitätskosten weniger effizient.

Auch *Controller* können Träger der Beurteilung von Controllerleistungen sein und die Leistungen ihrer Kollegen oder als vorgesetzte Controller der Mitarbeiter ihres Bereichs beurteilen.[970] Im Unterschied zu Managern können Controller zwar auch die Aspekte der Erfüllung von Entlastungsaufgaben beurteilen, für deren Beurteilung Managern das spezifische Controllerwissen fehlen kann – insbesondere system- und informationsorientierte Aufgaben. Ihnen fehlt aber oftmals – wie dem zu beurteilenden Controller selbst – das Wissen über das Geschäft, um diese Aspekte der Aufgabenerfüllung von Controllern zu beurteilen. Auch können sie auf die Bedürfnisse des Managementcounterparts zugeschnittene Produktfacetten nur eingeschränkt beurteilen. Bei der Beurteilung von Ergänzungs- und Begrenzungsaufgaben müssen auch Controller aufgrund des hohen Anteils von Erfahrungs- und Vertrauenseigenschaften auf andere Messebenen ausweichen. Sie sind jedoch aufgrund ihres Erfahrungshorizonts und des daraus resultierenden Wissens besser als die anderen potentiellen Träger dazu geeignet, auf der Messebene der Leistungserstellung zweckdienliche Indikatoren zur Leistungsbeurteilung zu definieren und zu überprüfen. Controller besitzen damit zwar prinzipiell das für eine Beurteilung der Leistungen anderer Controller erforderliche Wissen und ergänzen sich in ihrem Wissen mit den Managern. Sie sind aber nicht immer für eine Beurteilung der Leistungen ihrer Kollegen oder Mitarbeiter motiviert, denn sie weisen nicht immer die erforderliche Unabhängigkeit auf. Diese fehlt Controllern insbesondere dann, wenn ihre Kollegen umgekehrt ihre Leistungen beurteilen. Vorgesetzte Controller sind bei der Beurteilung der Leistungen ihrer Mitarbeiter möglicherweise unabhängiger. Allerdings müssen sie bei schlechten Beurteilungsergebnissen ihre Personalauswahl rechtfertigen. Zudem kann ihnen wiederum das erforderliche detaillierte Wissen über die Leis-

---

970 Vgl. Herzog, A. (1999), S. 229.
Die Wirksamkeit der Kontrolle wird durch das dem Prozess der Kooperation immanente Sanktionspotential sichergestellt. Vgl. Schäffer, U. (1996b), S. 273; Schäffer, U. (2002), S. 90; Ponemon, L. W./ Gabhart, D. R. L. (1993), S. 32.

tungserstellungsprozesse von Controllern fehlen. Bezüglich des Kriteriums der Effizienz potentieller Träger der Beurteilung von Controllerleistungen ist zu bemerken, dass Controller – auch vorgesetzte Controller – dieses Kriterium besser erfüllen als Manager. Letztere sind zudem grundsätzlich teurer.

In der Praxis ist auch die *interne Revision* mit der Aufgabe der Beurteilung von Controllerleistungen betraut.[971] Für die Mitarbeiter der internen Revision ergeben sich auf den unterschiedlichen Messebenen dieselben Möglichkeiten und Grenzen einer Beurteilung von Controllerleistungen wie für die anderen potentiellen Träger dieser Aufgabe. Innerhalb der grundsätzlich bestehenden Möglichkeiten der Beurteilung sind sie jedoch aufgrund ihres typischen funktionalen Erfahrungshorizonts, ihrer typischen Aufgaben im internen Kontrollsystem,[972] dazu prädestiniert, solche Beurteilungen vorzunehmen, die den Charakter einer System-, Wirtschaftlichkeits- oder Ordnungsmäßigkeitsprüfung haben.[973] Auch Revisoren erfüllen folglich für die Beurteilung von Controllerleistungen das Effektivitätskriterium des Wissens und ergänzen sich mit den anderen potentiellen Aufgabenträgern. Sie erfüllen darüber hinaus das Kriterium der Motivation. Kontrollen stellen den Kern ihrer Tätigkeit dar.[974] Dies ist auch der Grund dafür, dass keine Opportunitätskosten entstehen, wenn interne Revisoren Controllerleistungen beurteilen. Eine Beurteilung der Controllerleistungen durch interne Revisoren erscheint daher effizienter als durch andere Controller oder Manager.

4.2.2 Reaktive Rationalitätssicherung von Controllern

Gegenstand reaktiver Rationalitätssicherungsmaßnahmen ist die Identifizierung bereits aufgetretener Rationalitätsdefizite im Handeln von Controllern und die Beseitigung oder Reduzierung dieser Rationalitätsdefizite,[975] kurzum die Kontrolle von Controllern.[976] Reaktive Rationalitätssicherungsmaßnahmen erfolgen ex post, im Anschluss an die Leistungserstellung von Controllern. Sie setzen die Möglichkeiten der Beurteilung der Controllerleistungen voraus. Von den beeinflussbaren situativen Determinanten der Rationalitätsdefizite im Handeln von Controllern sind hierfür insbesondere Aspekte der organisatorischen Rahmenbedingungen von Bedeutung, die zu einer verbesserten Beurteilbarkeit der Controllerleistungen beitragen.

---

971 Vgl. Konnack, M./Ottenthal, J. (1993), S. 365; Peemöller, V. H. (1996), S. 372ff. Die interne Revision ist grundsätzlich ein Träger spezieller Kontrollaufgaben. Vgl. Schewe, G./Littkemann, J./Beckemeier, P. O. (1999), S. 1487.

972 Vgl. Schewe, G./Littkemann, J./Beckemeier, P. O. (1999), S. 1483ff.

973 Vgl. Heigl, A. (1989), S. 13f.; Konnack, M./Ottenthal, J. (1993), S. 364; Peemöller, V. H. (1996), S. 372.

974 Vgl. Peemöller, V. H. (1996), S. 372; Horváth, P./Reichmann, T. (2003), S. 312.

975 Vgl. Schäffer, U./Weber, J. (2003), S. 4f.; Florissen, A. (2005), S. 221f.

976 Zu dem prozessualen Kontrollverständnis dieser Arbeit vgl. Abschnitt 2.1.2.2.3.

Innerhalb der reaktiven Rationalitätssicherungsmaßnahmen wird nicht zwischen Maßnahmen unterschieden, die auf ein eigeninteressiertes Handeln oder kognitive Beschränkungen ausgerichtet sind. Jedes Rationalitätsdefizit kann multikausal, durch verschiedene Ursachen – zumeist sowohl eigeninteressiertes Handeln als auch kognitive Beschränkungen – erklärt werden. Ex post kann jedoch häufig nicht ergründet werden, welche Ursache das identifizierte Rationalitätsdefizit tatsächlich ausgelöst hat. Insofern können die Reaktionen auf ein identifiziertes Rationalitätsdefizit auch nicht nach den grundsätzlichen Ursachenkategorien differenziert werden. Anders verhält es sich bei den proaktiven Rationalitätssicherungsmaßnahmen. Voraussetzung dafür ist nicht die Ergründung der Ursache eines identifizierten Defizits, sondern das Wissen über potentielle Rationalitätsdefizite im Handeln von Controllern und ihre möglichen Ursachen. Insofern können proaktive Rationalitätssicherungsmaßnahmen nach den grundsätzlichen Ursachenkategorien differenziert werden.

4.2.2.1 Identifizierung, Beseitigung und Reduzierung von Rationalitätsdefiziten im Handeln von Controllern

Ein wesentlicher Teil der Kontrolle von Controllern ist die Identifizierung von Rationalitätsdefiziten oder Hinweisen auf Rationalitätsdefizite in ihrem Handeln und der Versuch der Ursachenergründung.[977]

Zum einen ist die Erfüllung von Entlastungsaufgaben der Controller zu kontrollieren. Die Erfüllung von Entlastungsaufgaben führt meist zu konkreten Controllingprodukten wie Berichten unterschiedlichen Typs, Plänen, Zielen, Werttreiberhierarchien, Analysen – beispielsweise Bewertungen von Handlungsalternativen oder Abweichungsanalysen. Kontrollen setzen an der Ergebnisebene an. Es ist die Aufgabe der wichtigsten potentiellen Träger einer Beurteilung der Controllerleistungen – des Managementcounterparts, Managern allgemein, der Controller und internen Revisoren[978] –, breit angelegte Kontrollen durchzuführen und sich auf die Aspekte zu konzentrieren, für die sie aus ihrer spezifischen Perspektive die Effektivitätskriterien des Wissens und der Motivation erfüllen. Zum Beispiel sollten das Informationsangebot im Allgemeinen und ein Bericht im Speziellen vollständig, zweckadäquat, zuverlässig, verständlich, rechtzeitig und wirtschaftlich sein.[979]

[977] Die Qualität der Controllerleistungen ist in den unterschiedlichen Stadien der Leistungserstellung zu erheben und im Hinblick darauf zu beurteilen, ob sie offenkundig inferior ist. Vgl. hierzu die Definition eines Rationalitätsdefizits in Abschnitt 2.2.3.

[978] In der Literatur findet sich vielfach der Hinweis auf die Möglichkeit der Eigenkontrolle. Eine Kontrolle der handelnden Controller durch sich selbst mit dem Ziel, durch eigeninteressiertes Handeln oder kognitive Beschränkungen ausgelöste Rationalitätsdefizite im eigenen Handeln zu identifizieren, ist nicht zweckadäquat. Eigeninteressiertes Handeln kann durch Eigenkontrollen nicht aufgedeckt werden. Auch für das Erkennen kognitiver Verzerrungen und dadurch ausgelöste Rationalitätsdefizite besteht bei Controllern selbst eine zu enge Handlungsvertrautheit. Vgl. Thieme, H.-R. (1982), S. 166f.; Weißenberger, B. E. (1997), S. 230f.; Herzog (1999), S. 227.

[979] Vgl. Abschnitt 2.1.2.2.1. Siehe auch Gleich, R./Haindl, M. (1996), S. 267f.; Weber, J. (1998), S. 319.

Der Managementcounterpart hat bei der Kontrolle ein besonderes Augenmerk auf die Eigenschaften eines Berichts zu legen, die wie die Vollständigkeit, die Zweckadäquanz im Hinblick auf seine Entscheidungsprobleme, die Rechtzeitigkeit sowie die Verständlichkeit – hierunter fallen auch formale Aspekte – aus seinem objektiven oder subjektiven Informationsbedarf abzuleiten sind und daher von ihm besonders gut oder sogar ausschließlich beurteilt werden können. Manager höherer Ebenen sind nicht in der Lage, die für den Managementcounterpart subjektive Verständlichkeit eines Berichts zu beurteilen. Aufgrund ihres Erfahrungshorizonts ist aber anzunehmen, dass sie den objektiven Informationsbedarf gut einschätzen und insofern feststellen können, ob dieser das Informationsangebot hinreichend geprägt hat. Controller sind unter anderem dazu geeignet, die Genauigkeit und Zuverlässigkeit der von ihren Kollegen angebotenen Informationen zu bewerten. Hierbei hilft ihnen ihr ausgeprägtes Methodenwissen zum Beispiel in dem Bereich der Kostenrechnung. Für gut abgrenzbare Aufgaben können die Kosten als negatives Leistungsmerkmal erhoben und an Werten aus der Vergangenheit oder anderen Unternehmensbereichen gemessen werden. Controller sind aufgrund ihres Erfahrungshorizonts besonders geeignet, die Angemessenheit des Ressourcenverbrauchs ihrer Kollegen zu beurteilen. Interne Revisoren sollten ihren Schwerpunkt darauf legen, die Zuverlässigkeit der Informationen beziehungsweise die Datenkonsistenz und die Wirtschaftlichkeit zu beurteilen, indem sie System- und Wirtschaftlichkeitsprüfungen durchführen.[980]

Es ist davon auszugehen, dass die Kontrolle der Ergebnisse von Entlastungsaufgaben häufig zu der Identifizierung sehr allgemeiner Defizite führt oder nur Hinweise dafür liefert, dass Rationalitätsdefizite im Handeln von Controllern bestehen können. Nicht immer ist es offenkundig, wo im Zuge der Erfüllung der vorgelagerten system- und prozessorientierten Teilaufgaben der klassischen Controlleraufgaben das Defizit zu verorten ist und ob eigeninteressiertes Handeln oder kognitive Beschränkungen ursächlich sind. Ein unvollständiger Bericht kann – um nur einige der vorausgegangenen Rationalitätsdefizite zu nennen – auf Defizite bei der Festlegung der Beobachtungsbereiche im Rahmen der systemorientierten Teilaufgaben der Informationsversorgung, Defizite bei der Ermittlung des Informationsbedarfs oder bei der Datenbeschaffung zurückgeführt werden. Daher sind die potentiellen Träger der Beurteilung von Controllerleistungen aufgefordert – sofern sie hierzu das erforderliche Wissen besitzen und motiviert sind –, ergänzend zu der Kontrolle der Controllingprodukte auf der Ergebnisebene die Möglichkeiten einer Beurteilung von Controllerleistungen in den unterschiedlichen Stadien der Leistungserstellung für eine „Sezierung" des identifizierten Defizits beziehungsweise des Hinweises zu nutzen.[981]

---

980 Vgl. Peemöller, V. H. (1996), S. 375.

981 Zu der Idee einer stärkeren Kontrolle der Leistungserstellungsprozesse vgl. Power, M. (1997), S. 59.

Auf der Ebene der Leistungserstellung können geeignete Anhaltspunkte generiert und zugleich auf der Ebene der Einsatzgüter Hinweise auf die eigentlichen Ursachen – eigeninteressiertes Handeln oder kognitive Beschränkungen von Controllern – gesammelt werden. Hierbei ist die Kenntnis der in dieser Arbeit identifizierten potentiellen Rationalitätsdefizite im Handeln von Controllern sowie der verdichteten Ursachen der Defizite hilfreich. Eine Dokumentation der Beobachtungsbereiche legt zum Beispiel offen, ob die Unvollständigkeit eines Berichts aus Defiziten bei der Festlegung der Beobachtungsbereiche resultiert. Ein Indikator für Defizite bei der Ermittlung des Informationsbedarfs ist die Intensität der Interaktion und Kommunikation zwischen Controllern und Managern über Aspekte des Berichtswesens. Schlüsse auf die Qualität der Informationsbedarfsermittlung können aus einer Überprüfung der von den Controllern vorgenommenen Handlungsschritte bei der Informationsbedarfsanalyse, aber auch – die Ebene der Einsatzgüter und damit die Ursachen des identifizierten Defizits betreffend – einer Überprüfung des Wissens von Controllern über Methoden der Informationsbedarfsermittlung, über die Aufgaben und Entscheidungsprobleme der Informationsempfänger oder über die Bedeutung des Kontextes für den Informationsbedarf gezogen werden. Dass ein unvollständiger Bericht aus Defiziten bei der Datenbeschaffung resultiert, ist dann wahrscheinlich, wenn Kommunikationsprobleme zwischen den Controllern und den Mitarbeitern der Abteilungen, aus denen die Daten zu beschaffen sind, bestehen. Kommunikationsschwierigkeiten sind umso wahrscheinlicher, je unterschiedlicher Controller und ihre Lieferanten – zum Beispiel Mitarbeiter des Marketings – funktional geprägt sind und je unterschiedlicher damit auch ihre mentalen Modelle sind. Auch fehlendes zu hinterfragendes Beziehungswissen von Controllern – das „Gewusst-wer" – erklärt Rationalitätsdefizite bei der Datenbeschaffung.

Neben der Erfüllung von Entlastungsaufgaben ist zum anderen die Erfüllung von Ergänzungs- und Begrenzungsaufgaben zu kontrollieren. Rationalitätsdefizite im Handeln von Trägern der Führungshandlungen sind zwar ein Hinweis auf unterlassene Ergänzungs- oder Begrenzungsleistungen von Controllern, wenn die intendierte Wirkung der Controllerleistungen nicht zu verzeichnen ist. Es bestehen jedoch Messprobleme auf der Ebene der Wirkung. Der Unternehmenserfolg – als Indikator für die Rationalität der Führung – hängt von weiteren Faktoren ab. Zudem können Manager die Rationalitätssicherungsbemühungen der Controller ignoriert haben. Auch Controller selbst werden versuchen, sich ihrer Verantwortung zu entziehen, auf eine Ignoranz der Manager hinweisen oder weitere Umstände wie ein nicht ausreichendes quantitatives Potential im Controllerbereich anführen.

Auf der Messebene des Ergebnisses können Ergänzungs- und Begrenzungsaufgaben von Controllern nur in Ausnahmefällen beurteilt werden. Manager können beispielsweise angeben, ob ein Monatsbericht über die von ihnen nachgefragten Informationen hinaus für ihre

Entscheidungsfindung nützliche und erforderliche Informationen enthält.[982] Insgesamt müssen Kontrollen der Rationalitätssicherungsaufgaben im engeren Sinne daher auf vorgelagerten Messebenen, an zuvor definierten und für die Kontrolle auch quantifizierten Indikatoren für die Erfüllung von Ergänzungs- und Begrenzungsaufgaben sowie an Richtlinien, die Controllern für wiederkehrende Aufgabenkonstellationen formalisierte Handlungsschritte vorgeben, ansetzen. Das organisatorische Gestaltungsmittel der Formalisierung wurde als eine situative Determinante von Rationalitätsdefiziten herausgearbeitet. Als Indikatoren für mit dem Ziel der Rationalitätssicherung unternommene Anstrengungen von Controllern der Ergänzung und Begrenzung können zum Beispiel die Anzahl der Gesprächsinitiativen der Controller oder der Anteil der Interaktion von Controllern mit ihrem Managementcounterpart an ihrer Arbeitszeit erhoben und mit Sollwerten verglichen werden. Dies sind plausible Indikatoren, da Entlastungsaufgaben weniger interaktionsintensiv sind. Richtlinien für das Hinterfragen der Güte von Prognosen von Managern können beispielsweise vorsehen, dass Controller den Prognoseprozess und damit die Prognosemethodik nachvollziehen, indem sie die Datenbasis der Manager analysieren, die daraus abgeleiteten Anker identifizieren, durch sachliche oder zeitliche Vergleichsgrößen die Notwendigkeit und das Ausmaß von Anpassungen der Ankergrößen bestimmen und mit den tatsächlich durchgeführten Anpassungen abgleichen.[983] Handelt es sich bei der Prognose zum Beispiel um eine Umsatzschätzung, sind die zuvor definierten relevanten Parameter wie das Gesamtmarktvolumen, der Marktanteil und die Preisentwicklung auf ihre Vollständigkeit und Plausibilität zu überprüfen.

Die Richtlinien zur Rationalitätssicherung können auch vorsehen, dass Controller den Managern Schlüsselfragen nach dem Zweck oder den kritischen Erfolgsfaktoren eines Projektes stellen.[984] Controller sind aufgefordert, die Orientierung ihres Handelns an den entwickelten Richtlinien zu dokumentieren. Ebenso erleichtert es die Kontrolle der Rationalitätssicherungsmaßnahmen von Controllern, wenn diese den Inhalt ihrer Ergänzungs- und Begrenzungsleistungen, insbesondere ihrer Beratungen, mit klaren Aussagen schriftlich dokumentieren.[985] Diese Dokumentationen bilden die Basis genauerer Kontrollen. Eine weitere Kontrollmöglichkeit ergibt sich daraus, dass die beurteilende Instanz Controller mit Fragen – auch zu den durch sie akzeptierten Antworten von Manager auf Schlüsselfragen – konfrontiert. Schließlich können auf der Messebene der Einsatzgüter das für die Rationalitätssicherungsaufgaben erforderliche Wissen und die Motivation von Controllern ergründet werden.

---

982 Vgl. Amshoff, B. (1993), S. 444.

983 Vgl. Nitzsch, R. v. (2002), S. 101f.; Eisenführ, F./Weber, M. (2003), S. 180.

984 Vgl. Pieroth, G. (2002), S. 343.

985 HERZOG argumentiert ähnlich und weist auf die Bedeutung der Transparenz bei der Erfüllung der Ergänzungs- und Begrenzungsaufgaben hin. Vgl. Herzog, A. (1999), S. 260.

Die Definition und die Überprüfung von Indikatoren und Richtlinien erlauben zwar eine Annäherung bei der Kontrolle der Erfüllung von Ergänzungs- und Begrenzungsaufgaben. Wie bereits angedeutet, bestehen hierbei jedoch verschiedene Probleme. Zum einen ist es schwierig, gezielt jeweils für Ergänzungs- oder Begrenzungsaufgaben Indikatoren und Richtlinien zu definieren und zu kontrollieren. Mit Indikatoren und Richtlinien kann nur ein Teil des Spektrums der Ergänzungs- und Begrenzungsaufgaben erfasst werden. Wenn überhaupt, dann liefern sie nur allgemeine Anhaltspunkte dafür, ob die Controller Rationalitätssicherungsbemühungen unternehmen oder nicht. Die Orientierung an der Erfüllung von Richtlinien bei der Kontrolle des Handelns von Controllern ist auch insofern nicht eindeutig, da Controller sich vorsehen werden, vorgegebene Richtlinien nicht zu befolgen. Eigeninteressiertes Handeln – insbesondere die Präferenz, das Arbeitsleid zu reduzieren – wäre andernfalls eine sehr nahe liegende Erklärung für ein aufgetretenes Defizit. Auch die von Controllern als Teil der Formalisierung geforderte Dokumentation ihres Handelns kann durch eigeninteressiertes Handeln sowie durch kognitive Beschränkungen verzerrt sein.[986]

Zu ergänzen ist eine besondere Form der Kontrolle – die „Doppelarbeit". Die Analyse potentieller Rationalitätsdefizite hat gezeigt, dass Controller ihre abweichenden Präferenzen – Karrierepräferenzen, Risikopräferenzen und Einfluss als eigenständiges Ziel – vielfach durch eine geschickte Informationsmanipulation sowohl im Rahmen von Entlastungs- als auch Ergänzungs- und Begrenzungsaufgaben verfolgen. Sofern ein begründeter Verdacht auf eine aber nur schwer nachweisbare Informationsmanipulation besteht[987] und die Umstände dies erlauben, können andere Controller – eines anderen Bereichs zum Beispiel – mit derselben Aufgabe betraut werden. Der Vergleich der Ergebnisse kann Manipulationen offenbaren.[988]

Die Durchführung der in ihrem Prinzip dargestellten und beispielhaft illustrierten, jedoch begrenzten Kontrollmöglichkeiten ist hinsichtlich verschiedener Aspekte wie Träger und Zeitpunkt zu formalisieren.[989] Die Anwendung des organisatorischen Gestaltungsmittels der Formalisierung sollte sich demnach nicht auf die Definition von Richtlinien als Grundlage einer Beurteilung der Controllerleistungen beschränken. Formalisierte Kontrollvorschriften

---

986 Ähnliche Bedenken äußert KILIAN mit Bezug auf das in der Wirtschaftsprüfung angewandte Verfahren des Peer Review nach §§ 57a ff. WPO. Es erfolgt keine Kontrolle der Qualität der Prüfung, sondern der Verfahrensabläufe und der Organisation. *„Die Grenzen dieses Systems sind offensichtlich: Defizite im Bereich von Verfahrensabläufen und Organisation, auf deren Ermittlung die Qualitätskontrolle zielt, sind bei den großen Prüfungsgesellschaften [...] nur selten auszumachen [...]."* Kilian, M. (2004), S. 193.

987 Bei dieser Form der Kontrolle sind Kosten und Nutzen gegeneinander abzuwägen.

988 *„Reactions to accountants and their data tended to be defensive and in one department distrust was so great that they ran their own accounting system to provide information for decisions and to challenge the formal system."* Hopper, T. M. (1980), S. 408.

989 Vgl. bezüglich des Zeitpunktes von Kontrollen zu dem Prinzip einer Stichprobenkontrolle, einer so genannten „Mal so, mal so"-Strategie zur Vermeidung eigeninteressierten Handelns Schäffer, U. (2002), S. 89.

reduzieren das mit Kontrollen verbundene Konfliktpotential, da der kontrollierte Akteur in der Durchführung einer formalisierten Kontrolle seiner Leistung kein besonderes Misstrauen erkennt.[990] Den Revisoren beispielsweise kann es zu festgelegten Zeitpunkten auferlegt werden, System- und Wirtschaftlichkeitsprüfungen der Informationsversorgung vorzunehmen. Manager und Controller – jedoch nicht die Controller, die die zu evaluierenden Produkte erstellt haben – sind turnusmäßig zu befragen, ob die konkreten Controllingprodukte die postulierten Eigenschaften erfüllen. Insbesondere die Managementcounterparts sind zu den ausschließlich von ihnen beurteilbaren Produktfacetten und ihrer Zufriedenheit damit zu befragen. Kontrollen haben den Charakter einer Erhebung der Kundenzufriedenheit. Festgestellte Abweichungen sind bei Bedarf von den hierzu prädestinierten Akteuren weiter zu ergründen. Zur Kontrolle der Erfüllung der Ergänzungs- und Begrenzungsaufgaben, der Rationalitätssicherungsaufgaben im engeren Sinn, ist es – in Abhängigkeit des dafür erforderlichen Wissens – Aufgabe von Managern – nicht jedoch des Managementcounterparts, bei dem wie erläutert mit Verzerrungen zu rechnen ist – Revisoren und anderer Controller, Indikatoren und Richtlinien zu definieren, zu erheben und ihre Einhaltung zu überprüfen.

Die Formalisierung von Handlungsrichtlinien und ihre Überprüfung ist nicht die einzige Möglichkeit, mittels einer Gestaltung der organisatorischen Rahmenbedingungen die Beurteilbarkeit der Controllerleistungen zu verbessern. Die Betrachtung potentieller Träger der Beurteilung von Controllerleistungen hat gezeigt, dass Controller die Effektivitätskriterien für eine Beurteilung ihrer Kollegen erfüllen und selbst zu den wichtigsten Trägern einer Beurteilung der Controllerleistungen zählen.[991] Bei der Darstellung der situativen Determinanten der Rationalitätsdefizite im Handeln von Controllern fand Erwähnung, dass die organisatorische Gestaltung der Zusammenarbeit im Controllerbereich die Beurteilbarkeit fördern kann. Es erscheint sinnvoll, die Arbeitsaufteilung im Controllerbereich so zu organisieren, dass Controller inhaltlich die gleiche Aufgabe, jedoch für unterschiedliche Adressaten erfüllen. Durch das im Zuge der Aufgabenerfüllung gewonnene Wissen können sie sich untereinander gut kontrollieren. Auch die Bearbeitung von Aufgaben im Team und ein damit verbundener enger Informationsaustausch erleichtern den involvierten Akteuren die Kontrolle der Leistungen ihrer Kollegen.[992] Durch eine entsprechende Arbeitsaufteilung kann zudem die Gefahr einer Kollusion von Controllern untereinander eingedämmt werden. Controller sollten sich zwar prinzipiell untereinander kontrollieren, dies sollte jedoch nicht so organisiert sein, dass sie sich auch gegenseitig kontrollieren, also der kontrollierte Cont-

[990] Vgl. Herzog, A. (1999), S. 230.

[991] Vgl. Weber, J. (2004a), S. 569.

[992] Es sind allerdings auch Rationalitätsdefizite bekannt, die speziell in Gruppen entstehen. Die Betrachtung von Rationalitätsdefiziten auf Gruppenebene wurde in dieser Arbeit jedoch ausgeklammert. Vgl. für Gruppen als ein in seiner Wirkung ambivalentes Phänomen Remer, A. (2000), S. 203ff., und für eine Übersicht zu Gruppen- und Interaktionstheorien den Sammelband Frey, D./Irle, M. (2002). Vgl. auch Jaworski, B. J./Young, S. M. (1992), S. 21f.; Herzog, A. (1999), S. 228.

roller seinen Kontrolleur kontrolliert. Kollusion ist in diesem Fall wahrscheinlich anzunehmen.

Zusammenfassend ist festzuhalten, dass Kontrollen von Controllern zur Identifizierung von Rationalitätsdefiziten in ihrem Handeln angesichts ihres umfassenden Aufgabenspektrums sehr breit angelegt sein müssen. Bei der Fokussierung der Kontrollen auf bestimmte Aufgabenbereiche von Controllern ist Erfahrungswissen der Kontrollträger über Rationalitätsdefizite der Vergangenheit erforderlich. Dazu gibt auch das dritte Kapitel dieser Arbeit Anhaltspunkte.

Die Identifizierung von Rationalitätsdefiziten oder Hinweisen darauf im Handeln von Controllern ist nur ein Teil der Kontrolle von Controllern. Identifizierte Rationalitätsdefizite müssen beseitigt oder reduziert, potentielle Folgedefizite verhindert werden.

Können aus den identifizierten Rationalitätsdefiziten oder Hinweisen auf Rationalitätsdefizite unmittelbar Maßnahmen zur Beseitigung oder Reduzierung der Defizite abgeleitet werden, sollten diese ergriffen werden. So ist zum Beispiel bei sehr komplexen Systemen eine einfachere Gestaltung anzustreben, eine Korrektur fehlerhafter Abweichungsanalysen einzufordern oder die Durchsetzung als inkonsistent erkannter Pläne zu verhindern.

Häufig sind die identifizierten Defizite oder generierten Hinweise jedoch zu wenig konkret, als dass sie geeignete Maßnahmen implizierten. In diesem Fall sind die aufgezeigten Möglichkeiten einer „Sezierung" der identifizierten Defizite auf den der Ergebnisebene vorgelagerten Ebenen der Leistungserstellung zu nutzen. Reaktive Rationalitätssicherungsmaßnahmen können an den Ergebnissen dieser tiefergehenden Analysen ansetzen. Ist es zum Beispiel gelungen, das übergeordnete Defizit eines unvollständigen Berichts auf konkretere Defizite bei der Datenbeschaffung, genauer auf Schnittstellenprobleme, einzugrenzen, sind diese zu überbrücken. Selbst wenn es gelingt, abstrakte Rationalitätsdefizite sowie Hinweise auf Rationalitätsdefizite im Handeln von Controllern präziser in deren Aufgabenbereichen zu verorten, können die eigentlichen Ursachen – eigeninteressiertes Handeln oder kognitive Beschränkungen – aufgrund der Multikausalität menschlichen Handelns nur selten bestimmt werden. Ein und dasselbe Rationalitätsdefizit im Handeln von Controllern kann durch mehrere der herausgearbeiteten möglichen Ursachen und oftmals sowohl durch ein eigeninteressiertes Handeln als auch kognitive Beschränkungen erklärt werden. Daher können auch die sich an die Kontrolle anschließenden Rationalitätssicherungsmaßnahmen nicht nach den

Ursachen differenziert werden.[993] Nur wenn eindeutig eigeninteressiertes Handeln von Controllern die identifizierten Rationalitätsdefizite erklärt – zum Beispiel, wenn offenkundig eine Informationsmanipulation vorliegt, wenn ein Prozessaudit mangelnde Sorgfalt beziehungsweise ein mangelndes Bemühen der Controller offenbart[994] oder wenn ein Benchmarking der Kosten einen unangemessenen Ressourcenverbrauch und damit eine Reduzierung des Arbeitsleids anzeigt, oder wenn eine nicht ausreichende und durch Controller nicht ohne weiteres zu erlangende Qualifikation als Ursache ausgemacht werden kann, sind Sanktionen zu ergreifen.[995] Andernfalls sollten Rationalitätssicherungsmaßnahmen an den potentiell ursächlichen kognitiven Beschränkungen ansetzen.[996]

Zur Beseitigung oder Reduzierung eines identifizierten Defizits sind in Abhängigkeit der potentiellen Ursachen in der konkreten Situation eine mangelnde Qualifikation der Controller oder kognitive Verzerrungen aufgrund ihres funktionalen Erfahrungshorizonts durch die Bereitstellung des als fehlend identifizierten Methoden- und Faktenwissens oder die gezielte Steuerung der Aufmerksamkeit der Controller gegenüber Signalen aus der Umwelt zu überwinden. Von besonderer Bedeutung ist es, Controllern auf der Basis der durchgeführten Kontrollen Feedback zu ihren Leistungen zu geben. Das zeigt ihnen die Zusammenhänge zwischen ihren Handlungen und dem Handlungsergebnis auf und bildet die Grundlage für Lernprozesse, bezogen auf ihre kognitiven Fähigkeiten und ihr Wissen, also auch ihre funktional geprägten mentalen Modelle.[997] Feedbackprozesse sollten ebenso systematisch und in ihrer Systematik formalisiert erfolgen wie die vorausgehenden Kontrollen.[998] Nur wenn das Ziel zu lernen aktiv verfolgt wird, findet Lernen auch statt.[999] An dieser Stelle wird noch einmal der Zweck der Erkenntnisgewinnung einer Kontrolle deutlich.

Aufgrund der eingeschränkten Möglichkeiten einer Beurteilung der Qualität von Controllerleistungen auf den unterschiedlichen Messebenen sind die Möglichkeiten einer Kontrolle von Controllern begrenzt. Aufgrund der Multikausalität menschlichen Handelns sind darüber hinaus die eigentlichen Ursachen identifizierter Rationalitätsdefizite nicht ohne weiteres zu ergründen. Insgesamt sind dadurch auch die Möglichkeiten, Maßnahmen zur Beseitigung oder Reduzierung der Defizite im Rahmen einer reaktiven Rationalitätssicherung zu ergreifen, beschränkt. Einige der herausgearbeiteten situativen Determinanten der Rationali-

---

993 Die Multikausalität der potentiellen Rationalitätsdefizite im Handeln von Controllern lässt die Einrichtung einer reinen Opportunismuskontrolle nicht sinnvoll erscheinen. Zudem wäre die motivatorische Wirkung einer solchen Kontrolle sehr negativ. Vgl. Krystek, U./Zumbrock, S. (1993), S. 114.

994 Vgl. Weißenberger, B. E. (1997), S. 232ff.

995 Vgl. Fischhoff, B. (1982), S. 426.

996 Eine sachlich ungerechtfertigte Sanktionierung ist zu vermeiden.

997 Vgl. Russo, J. E./Schoemaker, P. J. H. (1989), S. 194ff.; Eichenberger, R. (1992), S. 50; Schewe, G./Littkemann, J./Beckemeier, P. O. (1999), S. 1486.

998 Vgl. Herzog, A. (1999), S. 230.

999 Vgl. Russo, J. E./Schoemaker, P. J. H. (1989), S. 175f.

tätsdefizite im Handeln von Controllern beziehungsweise der Ursachen dieser Defizite sind jedoch zur Vermeidung potentieller Rationalitätsdefizite im Handeln von Controllern beeinflussbar. Hiermit beschäftigt sich der Abschnitt zu einer proaktiven Rationalitätssicherung von Controllern. Reaktive und proaktive Rationalitätssicherungsmaßnahmen sind eng miteinander verzahnt. Systematisches Feedback über Kontrollergebnisse ist nicht nur eine reaktive Rationalitätssicherungsmaßnahme, sondern entfaltet über die dadurch angestoßenen Lernprozesse auch eine proaktive Wirkung.

4.2.2.2 Potentielle Träger reaktiver Rationalitätssicherungsmaßnahmen

Die bei den Überlegungen zu der Beurteilbarkeit von Controllerleistungen diskutierten Eignungskriterien für die potentiellen Träger einer Beurteilung – Effektivität, insbesondere Wissen und Motivation, sowie Effizienz – sind für die Beurteilung der Eignung der Träger umfassender reaktiver Rationalitätssicherung um die Effektivitätskriterien der Akzeptanz und des Einflusses zu erweitern.[1000] Für die Durchführung von Kontrollen von Controllern und die Einleitung effektiver Maßnahmen zur Beseitigung oder Reduzierung identifizierter Rationalitätsdefizite im Handeln von Controllern sind Wissen und Motivation allein nicht ausreichend.

Kontrollen entfalten neben den intendierten Wirkungen auch dysfunktionale Wirkungen. Der Kontrollierte kann Kontrollen als Misstrauen ihm gegenüber interpretieren und mit Reaktanz reagieren.[1001] Die Akzeptanz der Rationalitätssicherer ist die Voraussetzung dafür, dass Kontrollen keine negativen Verhaltenswirkungen nach sich ziehen und Controller die reaktiven Maßnahmen zur Beseitigung oder Reduzierung von Rationalitätsdefiziten in ihrem Handeln annehmen. Die Akzeptanz des Rationalitätssicherers ergibt sich aus seiner Glaubwürdigkeit, die sein Sachverstand und seine Objektivität begründen, sowie seiner Attraktivität, die sich aus der Ähnlichkeit, Vertrautheit und Sympathie, die Controller ihm gegenüber empfinden, ableiten lässt. Manager verfügen für viele der zu kontrollierenden Bereiche über das erforderliche Wissen, das ihnen Glaubwürdigkeit und damit die Akzeptanz von Controllern einbringt. Insbesondere Beurteilungen von Aspekten, die allein der Managementcounterpart aus seiner spezifischen Perspektive evaluieren kann, sollten auf die Akzeptanz der Controller treffen. Controller akzeptieren ihren Managementcounterpart unter Umständen auch aufgrund der Nähe und damit verbundenen Vertrautheit. Allerdings zeichnen sich die Manager und der Managementcounterpart im Besonderen durch eine geringere wahrgenommene Objektivität als die anderen potentiellen Träger einer reaktiven Rationalitätssicherung aus. Es ist plausibel, dass Controller andere Controller als Kontrollinstanz akzeptieren, da diese nicht nur für viele relevante Fragestellungen aufgrund des gleichen

[1000] Vgl. Langenbach, W. (2001a), S. 107ff.

[1001] Vgl. Frey, B. S. (1993), S. 663ff.; Schewe, G./Littkemann, J./Beckemeier, P. O. (1999), S. 1485, sowie insgesamt Abschnitt 2.1.2.2.3.

Erfahrungshorizonts den erforderlichen Sachverstand besitzen und dadurch glaubwürdig erscheinen. Controller nehmen an anderen Controllern auch eine große Ähnlichkeit und Vertrautheit wahr, was ihre Akzeptanz dieser kontrollierenden Instanz fördert. Für die Akzeptanz der Internen Revision sprechen insbesondere die durch ihren Sachverstand begründete Glaubwürdigkeit, ihr Erfahrungswissen im Bereich der Kontrolle, sowie das hohe Maß an Objektivität, das sie kraft ihrer Funktion ausstrahlen.

Damit die von den Rationalitätssicherern der Rationalitätssicherer eingeleiteten Maßnahmen auch zu einer Änderung des Verhaltens führen, muss die Möglichkeit der Einflussnahme gegeben sein. Hierzu ist Macht erforderlich.[1002] Als Formen der Macht können formale, ökonomische und soziale Macht sowie Macht durch Wissen unterschieden werden. Formale Macht wird durch Verträge legitimiert, während ökonomische Macht eine Kontrolle über Ressourcen ist. Soziale Macht entsteht aus einer Interaktion von Akteuren. Macht durch Wissen resultiert aus Wissensvorteilen sowie Vorsprüngen in den wissensgenerierenden Fähigkeiten. Die Eignungskriterien „Wissen" für die Beurteilung von Controllerleistungen und Sachverstand als Voraussetzung für die Akzeptanz der potentiellen Handlungsträger einer Rationalitätssicherung der Controller gelten auch für die Einschätzung des Ausmaßes einer auf Wissen basierenden Macht der Akteure. Die Träger einer reaktiven Rationalitätssicherung von Controllern, denen Controller aufgrund einer empfundenen Attraktivität hohe Akzeptanz entgegenbringen – ihrem Managementcounterpart und Controllerkollegen –, verfügen auch über soziale Macht. Eine hohe Attraktivität und soziale Macht ergeben sich gleichermaßen aus wiederholter Interaktion und Nähe. Kontrollen, die auf sozialer Macht basieren, haben den Charakter sozialer Kontrollen[1003] und entfalten ihre Wirkung durch den drohenden Verlust der Wertschätzung der kontrollierenden Akteure. Die höchste formale Macht, Einfluss auf Controller auszuüben, haben Manager.[1004] Doch auch interne Revisoren sind legitimiert, auf der Basis einer Kontrolle bestimmter Bereiche Verhaltensänderungen der Controller einzufordern. Innerhalb des Controllerbereichs können vorgesetzte Controller gegenüber anderen Controllern legitimiert Einfluss üben.[1005] Vorgesetzten Controllern wurde auch eine höhere Unabhängigkeit und Objektivität bei der Beurteilung der Controller

---

[1002] Macht verstanden als Möglichkeit der Einflussnahme ist eine verbreitete Definition. Vgl. Harsanyi, J. (1965), S. 190ff.; Kirsch, W. (1977), III. Band, S. 184ff.; Crozier, M./Friedberg, E. (1979), S. 39ff.; Bartlett, R. W. (1983), S. 10ff.; Wittmann, E. (1990), S. 68ff.; Remer, A. (1992); Herzog, A. (1999), S. 212ff. Machtgrundlagen sind Ressourcen, auf die sich die Möglichkeiten der Einflussnahme stützen. In der Literatur finden sich zahlreiche Systematisierungen von Machtgrundlagen und damit auch von Formen der Macht. Vgl. French, J. R. P./Raven, B. (1959); Kirsch, W. (1977), III. Band, S. 204ff.; Crozier, M./Friedberg, E. (1979), S. 50; Mintzberg, H. (1983), S. 24f.; Krüger, W./Thost, W. (1989), Sp. 993.

[1003] Vgl. Schewe, G./Littkemann, J./Beckemeier, P. O. (1999), S. 1486.

[1004] Meist sind Controller dem Manager disziplinarisch unterstellt. Daher verfügen Manager in der Regel über ein breites Spektrum an Möglichkeiten, Einfluss auf Controller zu üben. Vgl. Weber, J. (2004a), S. 569.

[1005] Die formalen Einflussmöglichkeiten hängen von der organisatorischen Gestaltung ab. Nicht immer sind Controller ihren vorgesetzten Controllern sowohl fachlich als auch disziplinarisch unterstellt. Bei dem organisatorischen Gestaltungsprinzip der „Dotted-line" werden die fachliche und disziplinarische Unterstellung unterschiedlich gehandhabt. Vgl. Küpper, H.-U. (2001), S. 499ff.

zugesprochen. Formale Macht ist oft gepaart mit ökonomischer Macht. Der legitimierte Einfluss auf Controller erstreckt sich auch auf eine Kontrolle der zur Verfügung stehenden Ressourcen.

4.2.3 Proaktive Rationalitätssicherung von Controllern

Gegenstand proaktiver Rationalitätssicherungsmaßnahmen ist die Vermeidung potentieller Rationalitätsdefizite im Handeln von Controllern.[1006] Sie erfolgen ex ante, vor oder während einer Leistungserstellung von Controllern. Sie setzen zwar ebenfalls an den Ursachen von Rationalitätsdefiziten an. Ihr Anknüpfungspunkt sind jedoch nicht die Ursachen identifizierter Rationalitätsdefizite. Vielmehr fußen proaktive Rationalitätssicherungsmaßnahmen auf den potentiellen Rationalitätsdefiziten und den systematisch herausgearbeiteten Ursachen. Die Möglichkeiten einer proaktiven Rationalitätssicherung sind insofern nicht durch die Multikausalität menschlichen Handelns eingeschränkt. Sie ergeben sich allerdings auch hier aus der eingeschränkten Beurteilbarkeit der Controllerleistungen. Die Beurteilung ist sowohl für die Eindämmung eigeninteressierten Handelns – des Handlungsspielraums der Controller und die Leistungsmessung als Grundlage von Anreizsystemen – als auch die Reduzierung kognitiver Beschränkungen von Controllern – etwa durch Feedback für Lernprozesse – von Bedeutung. Proaktive Rationalitätssicherungsmaßnahmen sind in ihrer Ausprägung sehr vielfältig. Im Kern umfassen sie die Auswahl geeigneter Träger der Controlleraufgaben und die Entwicklung des Potentials von Controllern sowie eine im Hinblick auf mögliche Rationalitätsdefizite günstige Gestaltung der relevanten Rahmenbedingungen.

4.2.3.1 Ansatzpunkte zur Vermeidung eigeninteressierten Handelns

Unter Berücksichtigung der herausgearbeiteten situativen Determinanten werden zuerst Ansatzpunkte zur Vermeidung eigeninteressierten Handelns aufgezeigt. Diese Ansatzpunkte sind die Personalauswahl im Controllerbereich unter Berücksichtigung der Präferenzen der Bewerber, die Beeinflussung des Handlungsspielraums als Voraussetzung für ein eigeninteressiertes Handeln von Controllern unter Berücksichtigung der organisatorischen Rahmenbedingungen und des kulturellen Umfeldes im Controllerbereich sowie die Gestaltung eines Anreizsystems zur Harmonisierung der individuellen Präferenzen von Controllern mit den Zielen des Unternehmens.

Der Self-Serving Bias wurde als eine wesentliche Ursache für Rationalitätsdefizite im Handeln von Controllern herausgearbeitet. In der Literatur finden sich Aussagen, dass Maßnahmen, die ein bewusst eigeninteressiertes Handeln von Controllern verhindern sollen, auch kognitive Verzerrungen, die dem Eigeninteresse förderlich sind, verhindern können. Insofern sind die im Folgenden dargestellten Ansatzpunkte zur Vermeidung eigeninteres-

[1006] Vgl. Schäffer, U./Weber, J. (2003), S. 4f.; Florissen, A. (2005), S. 221f.

sierten Handelns auch geeignet, einem Self-Serving Bias von Controllern entgegenzuwirken.[1007]

4.2.3.1.1 Personalauswahl im Controllerbereich

Eine Annahme über das Verhalten von Akteuren ist, dass sie eigeninteressiert und ihren Nutzen maximierend handeln. Was einem Akteur jedoch Nutzen stiftet, welche Präferenzen er verfolgt, ist individuell unterschiedlich.[1008] Bei der Personalauswahl sind Controller zu bevorzugen, die, wenn sie eigeninteressiert, auf die Verfolgung ihrer Präferenzen gerichtet handeln, zugleich möglichst konform mit den Zielen des Unternehmens sind.[1009] Die Präferenzen von Controllern wurden auch als eine situative Determinante ihres eigeninteressierten Handelns herausgearbeitet. Bewerber sind geeignet, wenn ihre Präferenzen, in denen sich ihre Bedürfnisse, Einstellungen und Werte manifestieren, durch die in dem Unternehmen bestehende Anreizstruktur realisiert werden können.[1010] Bei extrinsischen Anreizen sollte ein Einklang zwischen den Präferenzen des Akteurs, seiner Leistung und der Belohnung, bei intrinsischen Anreizen zwischen den Präferenzen des Akteurs, seiner Leistung und dem Arbeitsinhalt angestrebt werden. Die Personalauswahl ist in diesem Sinn eine vorgelagerte proaktive Rationalitätssicherungsmaßnahme.[1011] Sie bietet Möglichkeiten zur Vermeidung eigeninteressierten Handelns und der dadurch verursachten Rationalitätsdefizite im Handeln von Controllern.[1012]

Grundsätzlich ist sicherzustellen, dass die ausgewählten Controller gegenüber den Zielen des Unternehmens – der „Sache an sich" – positiv eingestellt sind und den Unternehmensaktivitäten Interesse entgegenbringen.[1013] Es ist anzunehmen, dass dies einen im Sinne der Unternehmensziele positiven Einfluss auf die als relevant identifizierten, potentiell von den Zielen des Unternehmens abweichenden Präferenzen der Controller hat. Im Folgenden werden zu den möglicherweise abweichenden Präferenzen einige Überlegungen skizziert.

1007 Vgl. Bazerman, M./Loewenstein, G./Moore, D. (2002), S. 102.

1008 Vgl. Wottawa, H./Gluminski, I. (1995), S. 226ff.

1009 Eine vollständige Kongruenz zwischen den Zielen der Akteure und den Zielen des Unternehmens zu erzeugen, ist nicht realistisch. Es kann jedoch eine teilweise Integration der Perspektiven angestrebt werden. Vgl. Wottawa, H./Gluminski, I. (1995), S. 54f.

1010 Dementsprechend unterscheidet SCHULER zusätzlich zu den tätigkeitsspezifischen und tätigkeitsübergreifenden Anforderungen als dritte Anforderungskategorie das Befriedigungspotential einer Position. Vgl. Schuler, H. (2001), S. 44.

1011 Anzumerken ist, dass die Personalauswahl grundsätzlich – nicht nur im Hinblick auf ein eigeninteressiertes Handeln, sondern auch auf kognitive Fähigkeiten – durch Beurteilungsfehler verzerrt sein kann. Personalverantwortliche erliegen denselben Verzerrungen, wie sie in dieser Arbeit für Controller ausführlich diskutiert werden. Vgl. Finzer, P./Mungenast, M. (1992), Sp. 1594, sowie insgesamt Kanning, U. P. (1999).

1012 Zur Bedeutung der Personalauswahl in diesem Zusammenhang siehe auch Weißenberger, B. E. (1997), S. 219.

1013 Hierzu sind die in der Berufseignungsdiagnostik verwendeten Einstellungs-, Motivations- und Interessenstests durchzuführen. Vgl. Schuler, H. (1996), S. 102f.
WOTTAWA/GLUMINSKI bemerken, dass die Persönlichkeit, insbesondere die Motivstruktur von Mitarbeitern, zu wenig berücksichtigt wird, was auch auf die Schwierigkeiten bei der Erfassung dieser Aspekte zurückzuführen ist. Vgl. Wottawa, H./Gluminski, I. (1995), S. 222.

Im Hinblick auf die Präferenz von Controllern, ihr Arbeitsleid zu reduzieren, indem sie etwa Leistungen nicht oder nicht sorgfältig erbringen, ist bei der Personalauswahl zu testen, ob die Bewerber nicht nur extrinsisch, sondern auch intrinsisch motiviert sind.[1014] Intrinsisch motiviert zu sein, bedeutet, dass die Akteure ihre Arbeit nicht als Mittel zum Zweck, sondern als Zweck an sich begreifen.[1015] Es ist plausibel anzunehmen, dass Bewerber, die der „Sache an sich" gegenüber positiv eingestellt sind, mit einer höheren Wahrscheinlichkeit durch ihre Arbeit selbst eine Befriedigung ihrer Bedürfnisse erreichen. Sie empfinden bei ihrer Arbeit kein oder ein geringeres Arbeitsleid und neigen folglich nicht dazu, abweichend zu den Unternehmenszielen zu handeln.[1016] Die Arbeit selbst ist im Sinne der Zwei-Faktoren-Theorie von HERZBERG ein Motivator[1017] und kann der Befriedigung des Bedürfnisses nach Selbstverwirklichung gemäß der MASLOWSCHEN Bedürfnispyramide dienen. Controller werden in diesem Fall auch eine höhere Lernbereitschaft aufweisen.

Im Hinblick auf abweichende Karrierepräferenzen können im Personalauswahlprozess die Erwartungen der Bewerber an die Entwicklung ihrer Karriere mit dem in dem Unternehmen vorgesehenen Karriereweg, der Bestandteil der Anreize, der Erwartung über die Realisierung der Präferenzen, ist, abgeglichen werden. Besteht eine große Übereinstimmung, sinkt die Notwendigkeit und damit auch die Wahrscheinlichkeit, dass Controller ihre Karrierepräferenzen gegen die Unternehmensziele durchsetzen. Eng verbunden mit Karrierepräferenzen ist das Ziel, Einfluss zu nehmen.[1018] In diesem Zusammenhang ist zu ergründen, ob das Ausmaß, in dem die Bewerber Einfluss geltend machen möchten, insbesondere zu ihren formalen Einflussmöglichkeiten in einem ausgewogenen Verhältnis steht und gleichzeitig sachlich angemessen ist.[1019] Andernfalls ist es wahrscheinlich, dass sie ihre informellen und schlechter kontrollierbaren Einflussmöglichkeiten auch gegen die Unternehmensziele für die Realisierung dieses Ziels nutzen.

Als eine weitere eigeninteressiertem Handeln zuzurechnende Ursache für Rationalitätsdefizite im Handeln von Controllern wurden deren abweichende Risikopräferenzen herausgear-

---

1014 Während für die Erfassung der allgemeinen Leistungsmotivation keine zufrieden stellenden Messverfahren zur Verfügung stehen, können zur Erfassung der tätigkeitsspezifischen Leistungsmotivation so genannte Interessenstests durchgeführt werden. Vgl. Atkinson, J. W. (1978), S. 221ff. Siehe auch Schuler, H. (1996), S. 113f.; Schuler, H./Höft, S. (2001), S. 118ff.

1015 Vgl. Herzberg, F./Mausner, B./Snyderman, B. (1959); Gebert, D./Rosenstiel, L. v. (1996), S. 55. Zu der hohen Bedeutung der Motivation für die Leistung, aber auch zu den Schwierigkeiten ihrer Operationalisierung vgl. Schuler, H. (1996), S. 27f.

1016 Vgl. Amann, C. (1993), S. 246.

1017 Vgl. zu HERZBERGS Zwei-Faktoren-Theorie ausführlich Abschnitt 4.2.3.1.3.2.

1018 Vgl. die Ausführungen zu MCCLELLANDS Theorie der „sozialisierten" Bedürfnisse, insbesondere dem Bedürfnis nach Macht, bei Weinert, A. (1992), Sp. 1432ff.

1019 Vgl. hierzu Abschnitt 4.3.3.1.2, in dem die zu bewältigende Gratwanderung bei der Gestaltung des Handlungsspielraums von Controllern dargestellt wird.

beitet. Daher ist die Durchführung von Tests beziehungsweise von Fallstudien mit den Bewerbern angezeigt, um ihre Risikoeinstellung zu ergründen.

Im Hinblick auf möglicherweise mit den Unternehmenszielen konfligierende Zeitpräferenzen der Bewerber ist ihr persönlicher Zeithorizont, ihre geplante Verweildauer in der Position oder in dem Unternehmen, zu erforschen. Die daraus ableitbaren Handlungen sind in ihren Wirkungen auf die Unternehmensziele zu analysieren.

Entsprechend einer Selektion solcher Bewerber, deren Präferenzen voraussichtlich mit der Anreizstruktur im Unternehmen im Einklang stehen werden, ist auch eine Selbstselektion der Bewerber zu fördern.[1020] Dies kann zum Beispiel durch die Präsentation des Leitbildes des Controllerbereichs im Auswahlprozess gelingen. Ein Leitbild kann Aussagen zu dem Rollenverständnis von Controllern im Unternehmen und ihren Aufgabenschwerpunkten enthalten.[1021] Ein Leitbild ist aber auch Ausdruck der als situative Determinante herausgearbeiteten Kultur in einem Unternehmensbereich. Es kommuniziert die Wertvorstellungen und damit das von den Controllern erwünschte Verhalten. Die Auseinandersetzung der Bewerber mit dem Leitbild fördert eine unternehmenszielkonforme Selbstselektion.[1022] Enthalten Stellenbeschreibungen genaue Darstellungen der Arbeitsinhalte, der organisatorischen Einbindung sowie gegebenenfalls der mit einer Stelle verbundenen Entwicklungsmöglichkeiten, können Bewerber dies ex ante mit ihren Präferenzen abgleichen. Insofern sind auch detaillierte und präzise Stellenbeschreibungen zur gezielten Beeinflussung der Selbstselektion von Bewerbern geeignet.

4.2.3.1.2 Handlungsspielraum von Controllern

Eigeninteressiertes, von den Zielen des Unternehmens abweichendes Handeln von Controllern ist nur dann virulent, wenn sie über Handlungsspielraum verfügen, ihre abweichenden Präferenzen – ihre Präferenz, das Arbeitsleid zu reduzieren, Karriere-, Risiko- und Zeitpräferenzen sowie Einfluss als eigenständiges Ziel – zu verfolgen. Deshalb ist die Beeinflussung des Handlungsspielraums von Controllern ein wichtiger Ansatzpunkt, proaktiv ihre Rationalität zu sichern.

Eine Basis des Handlungsspielraums von Controllern sind ihre formalen Einflussmöglichkeiten, die als beeinflussbare situative Determinanten eines eigeninteressierten Handelns

---

[1020] Vgl. Spieß, E./Winterstein, H. (1999), S. 28f.; Winterhoff-Spurk, P. (2002), S. 51.

[1021] Vgl. Simons, R. (1995b), S. 101ff.; Mueller, E. B. (1998), S. 222ff.; David, U. (2005), S. 107f.

[1022] *„Our results indicate that as the individual internalizes the goals, values and beliefs of the organization, his actions are more likely to correspond with activities desired by the firm."* Jaworski, B. J./Young, S. M. (1992), S. 31.

von Controllern herausgearbeitet wurden. Sie ergeben sich aus der hierarchischen Einordnung, dem Delegations- und dem Partizipationsgrad.[1023]

In der Literatur wird die hierarchische Einordnung des Controllerbereichs auf der ersten, vor allem jedoch auf der zweiten Führungsebene diskutiert.[1024] Eine hohe hierarchische Einordnung des Controllerbereichs hat Vor- und Nachteile. Bezüglich ihrer damit verbundenen Einflussmöglichkeiten ist festzuhalten, dass sie mit der Höhe der hierarchischen Einordnung wachsen und es Controllern ermöglichen, die Rationalität der Führung zu sichern. Die Controller können die Einflussmöglichkeiten aber auch gegen die Unternehmensziele geltend machen.[1025] Darüber hinaus bestehen Vorteile darin, dass Manager Controller bei einer höheren hierarchischen Einordnung eher akzeptieren.[1026] Zudem werden Controllern Einblicke in das Geschäft gewährt, die die inhaltliche Basis für ergänzende und begrenzende Rationalitätssicherungshandlungen bilden. Als Nachteile sind anzuführen, dass Controller vielfach stärker in die Entscheidungen der Unternehmensführung eingebunden werden und nicht die nötige Distanz und geistige Unabhängigkeit gegenüber den Managern aufweisen.

Neben der Frage, auf welcher hierarchischen Ebene der Controllerbereich angesiedelt ist, stellt sich die Frage, ob der Bereich allein mit Stabs- oder auch mit Linienkompetenzen ausgestattet wird.[1027] Um ihren Rationalitätssicherungsaufgaben im engeren Sinne gerecht werden zu können, müssen Controller mit Linienkompetenzen ausgestattet werden.[1028] Sie können sich zum einen in dem Delegationsgrad ausdrücken. Delegation meint die Weitergabe von Entscheidungsbefugnissen und Verantwortung an nachgeordnete Stellen.[1029] Sie kann

---

1023 BAUER hat in einer empirischen Untersuchung für Einspruchsrechte von Controllern, die in der vorliegenden Arbeit unter Partizipation subsumiert werden, und den Delegationsgrad einen direkten Zusammenhang zu dem Einfluss von Controllern auf das Management nachgewiesen. Für die hierarchische Einordnung des Controllerbereichs blieb dieser Zusammenhang aus. Vgl. Bauer, M. (2002), S. 88ff., sowie S. 256ff. für eine Ergebnisübersicht. Dies schließt jedoch nicht aus, dass die hierarchische Einordnung des Controllerbereichs für die Stellung gegenüber anderen Bereichen nicht doch von Bedeutung ist. WEBER/SCHÄFFER/BAUER konnten in ihrer Studie einen – wenn auch nicht sehr starken – Zusammenhang zwischen hierarchischer Einordnung des Leiters des Controllerbereichs und der Höhe des Einflusses nachweisen. Vgl. Weber, J./Schäffer, U./Bauer, M. (2000), S. 31f.

1024 In 63% der Unternehmen ist der Controllerbereich auf der zweiten Führungsebene angesiedelt, vgl. Niedermayr, R. (1994), S. 209. Siehe auch Serfling, K. (1992), S. 84f.; Weber, J. (2004a), S. 582f.; Küpper, H.-U. (2005), S. 481ff. Für empirische Ergebnisse siehe Gaydoul, P. (1980), S. 255ff.; Amshoff, B. (1993), S. 330ff.

1025 Vgl. Mann, R. (1973), S. 172f.

1026 Vgl. Sathe, V. (1982), S. 148ff.; Niedermayr, R. (1994), S. 123.

1027 Vgl. allgemein Kieser, A./Walgenbach, P. (2003), S. 145ff. sowie Wielpütz, A. U. (1996), S. 169ff.; Küpper, H.-U. (2005), S. 493f.

1028 Eine reine Stabslösung ist abzulehnen. SERFLING führt hierfür als Begründung an, dass Mitarbeitern, die allein aufgrund ihrer Tätigkeit über informelle Einflussmöglichkeiten verfügen, nicht jegliche formale Einflussmöglichkeit vorenthalten werden sollte. Die Gefahr ist zu groß, dass sie andernfalls ihre informellen Einflussmöglichkeiten auch gegen die Unternehmensziele nutzen. Vgl. Serfling, K. (1992), S. 92.

1029 Zum Begriff „Delegation“ vgl. Remer, A. (2000), S. 216; Kieser, A./Walgenbach, P. (2003), S. 163ff.; Picot, A./Dietl, H./Franck, E. (2005), S. 233f.

sich auf verschiedene Objekte beziehen und inhaltlich unterschiedlich ausgestaltet sein. Ein hoher Delegationsgrad ermöglicht es Controllern, ihre Rolle des kritischen Counterparts auf der Grundlage ihrer eigenen Problemsicht wahrzunehmen und auszugestalten. Daher vermittelt ein hoher Delegationsgrad Controllern einerseits die Gestaltungsfreiheit und Unabhängigkeit, die sie zur Erfüllung ihrer Rationalitätssicherungsaufgaben benötigen.[1030] Eine unabhängige Position wird als Basis der Akzeptanz durch Manager angesehen.[1031] Andererseits besteht auch hier die Gefahr, dass sie die mit einem hohen Delegationsgrad verbundenen Einflussmöglichkeiten nicht im Sinne der Unternehmensziele ausüben.

Linienkompetenzen können sich zum anderen in einem hohen Partizipationsgrad ausdrücken, darin, inwiefern Controller an den Entscheidungen der Manager beteiligt sind.[1032] Partizipation kann von der Einbeziehung in die entscheidungsvorbereitende Informationsverarbeitung, über die Beratung, Mitentscheidung und das Anhörungsrecht bis zu einem Vetorecht der Controller reichen. Die Partizipation von Controllern an den Entscheidungen der Manager ist zwar einerseits die Basis der Rationalitätssicherung, da Manager bereit sind, Controller einzubinden. Zudem fördert eine Ausstattung von Controllern mit Anhörungs- und Vetorechten als einer Form der Partizipation die Unabhängigkeit von Controllern gegenüber Managern.[1033] Andererseits können Controller die sich aus einer Partizipation ergebenden Einsichten und Einflussmöglichkeiten zur Verfolgung ihrer eigenen Interessen nutzen.[1034] Die als Absicherung ihrer Unabhängigkeit erteilten Anhörungs- und Vetorechte erlauben es Controllern, das Geschäft „auszubremsen".[1035]

Deutlich wird, dass die Gestaltung der formalen Einflussmöglichkeiten von Controllern eine Gratwanderung zwischen intendierten Wirkungen und nicht intendierten Wirkungen ist. Diese Gratwanderung reflektiert das durch SATHE bekannt gewordene Spannungsfeld zwischen Unabhängigkeit und Einbindung.[1036] Das Aufgabenspektrum von Controllern erfordert Unabhängigkeit, kritische Distanz und Objektivität und zugleich die Einbindung in die

Die Überlegungen zu der Beurteilbarkeit von Controllerleistungen haben gezeigt, dass es bei Controllern nicht immer gelingen kann, Aufgaben und damit verbundene Entscheidungsbefugnisse sowie die Verantwortung für die Erfüllung der Aufgaben im Einklang zu delegieren. Die Wirkungen der Controllerleistungen unterliegen zahlreichen weiteren Einflussfaktoren.

1030 Vgl. Baumgartner, B. (1980), S. 129f.; Franz, K.-P. (1995), S. 407.

1031 Vgl. Delhees, K. H. (1985), S. 79; Herzog, A. (1999), S. 247ff.

1032 Zum Begriff „Partizipation" vgl. Kieser, A./Walgenbach, P. (2003), S. 168; Picot, A./Dietl, H./Franck, E. (2005), S. 234.

1033 WEBER formuliert anschaulich, dass fehlende Einwirkungskompetenzen Controller „zahnlos" machen. Vgl. Weber, J. (2004a), S. 561.

1034 TOAN spricht zum Beispiel von der *„power to persuade"*. Vgl. Toan, A. B. (1965), S. 11; Serfling, K. (1992), S. 92; Niedermayr, R. (1994), S. 123f.; Franz, K.-P. (1995), S. 407; Mueller, E. B. (1998), S. 57f.; Küpper, H.-U. (2005), S. 492ff.; Bauer, M. (2002), S. 92ff. und 239ff.; Weber, J. (2004a), S. 583f.

1035 Vgl. Weber, J. (2004a), S. 561f.

1036 Vgl. Sathe, V. (1982). Siehe auch Power, M. (1997), S. 67; Weber, J. (2004a), S. 559ff.; David, U. (2005), S. 142f.

Entscheidungen von Managern und die damit einhergehende Nähe.[1037] Ein ausbalanciertes Spannungsfeld zwischen Unabhängigkeit und Einbindung ist die Voraussetzung dafür, dass die Controller akzeptiert werden.[1038]

Beide Extrempunkte – sowohl eine zu große Unabhängigkeit als auch eine zu große Einbindung – eröffnen den Controllern Einflussmöglichkeiten, die sie potentiell auch nicht in Übereinstimmung mit den Unternehmenszielen nutzen können.[1039] Ein Ansatzpunkt zur Bewältigung dieser Gratwanderung und damit zum Ausbalancieren der Einflussmöglichkeiten im Hinblick auf eigeninteressiertes Handeln von Controllern ist eine aufgabenabhängige Ausstattung mit Linienkompetenzen.[1040] Controller können Entscheidungskompetenzen bei systemorientierten oder ihren Bereich betreffenden Aufgaben zugesprochen werden.[1041] Bei Aufgaben, die stärker das eigentliche Geschäft betreffen, werden ihnen Beratungs-, Anhörungs- oder gegebenenfalls sogar Vetorechte eingeräumt. Da Letztere jedoch mit großen Einflussmöglichkeiten verbunden sind, ist ihre Vergabe sehr restriktiv zu handhaben. Neben einer aufgabenabhängigen Kompetenzregelung kann als Gegenpol zu einem hohen Delegations- und Partizipationsgrad das organisatorische Gestaltungsmittel der Formalisierung eingesetzt werden, das unter den organisatorischen Rahmenbedingungen als situative Determinante angeführt wurde.[1042] Zum Beispiel werden Richtlinien erarbeitet, die die Bedingungen für den Gebrauch von Vetorechten regeln. Auch die durch die Delegation von Entscheidungsbefugnissen entstehende Gestaltungsfreiheit von Controllern bei ihrer Aufgabenerfüllung kann durch formalisierte Handlungsrichtlinien für die Erfüllung der Ergänzungs- und Begrenzungsaufgaben gelenkt werden.[1043] Die Gratwanderung zwischen Unabhängigkeit und Einbindung kann auch in dem Leitbild des Controllerbereichs thematisiert werden. WEBER konstatiert jedoch insgesamt, dass das Spannungsfeld zwischen Unabhängigkeit und Einbindung nicht grundsätzlich aufzulösen sei, *„zumal nicht mit aufbauorganisatorischen Instrumenten"*.[1044]

1037 Vgl. Weber, J. (2004a), S. 560ff.

1038 Vgl. Krystek, U./Zumbrock, S. (1993), S. 81; Wielpütz, A. U. (1996), S. 185ff.

1039 Vgl. Mueller, E. B. (1998), S. 57f.

1040 Für führungsunterstützende Aufgaben sind die mit Stabsstellen verbundenen Kompetenzen ausreichend. Bei einer Ausweitung der Aufgaben hin zu einer rationalitätssichernden Ergänzung und Begrenzung der Manager müssen Controller vermehrt mit Linienkompetenzen ausgestattet werden. KÜPPER führt aus, dass der spezifische Charakter der Controlleraufgaben es unmöglich macht, sich klar für eine organisatorische Form zu entscheiden. Mischformen sind denkbar, vgl. Küpper, H.-U. (2001), S. 493f., ähnlich Herzog, A. (1999), S. 121.

1041 Vgl. Franz, K.-P. (1995), S. 407f.

1042 Formalisierung kann jedoch auch die Anpassungsfähigkeit des Unternehmens reduzieren, vgl. Gordon, L. A./Miller, D. (1976), S. 62f.

1043 Vgl. Abschnitt 4.3.1.1.

1044 Weber, J. (2004a), S. 563.
Unternehmen mit einem zentralen und mehreren dezentralen Controllerbereichen machen häufig Gebrauch vom organisatorischen Gestaltungsprinzip der „Dotted-line". Controller sind dem Zentralcontroller disziplinarisch und dem Bereichsleiter fachlich unterstellt – oder umgekehrt. So soll ein Gleichgewicht zwischen

Damit Controller ihre formalen Einflussmöglichkeiten zur Verfolgung ihrer eigenen Interessen gegen die Unternehmensziele nutzen können, müssen Informations- oder Kompetenzasymmetrien zu ihren Gunsten bestehen. Die Informationsasymmetrien zugunsten von Controllern sind grundsätzlich hoch, da Controllerleistungen nur eingeschränkt beurteilt werden können. Daher sind auch die Möglichkeiten einer Kontrolle von Controllern begrenzt. Kontrollen können beispielsweise auch im Rahmen einer ex ante erfolgenden, proaktiven Rationalitätssicherung eingesetzt werden. Reaktive und proaktive Rationalitätssicherungsmaßnahmen sind eng miteinander verzahnt. Kontrollen schränken die Informationsasymmetrien zugunsten der Controller und damit deren Handlungsspielraum zwar nicht tatsächlich ein. Im Sinne ihres Präventivzwecks[1045] können Kontrollen jedoch den gefühlten Handlungsspielraum von Controllern einschränken und so dazu beitragen, eigeninteressiertes Handeln von Controllern zu reduzieren. Zu beachten sind allerdings die nicht intendierten Effekte von Kontrollen wie Misstrauen der kontrollierten Akteure.

Eine weitere Möglichkeit, den Handlungsspielraum von Controllern zu reduzieren und proaktiv Rationalitätsdefizite aufgrund eines eigeninteressierten Handelns der Controller zu vermeiden, ist die Anwendung des Vier-Augen-Prinzips.[1046] Wie bei den reaktiven Rationalitätssicherungsmaßnahmen sind auch hier die organisatorischen Rahmenbedingungen als situative Determinante von Rationalitätsdefiziten im Handeln von Controllern so zu gestalten, dass zwei oder mehr Controller zusammenarbeiten. Der Übergang zwischen reaktiven und proaktiven Rationalitätssicherungsmaßnahmen ist fließend. Der proaktive Einsatz des Vier-Augen-Prinzips im Controllerbereich bewirkt, dass Controller ihre Leistungen im Leistungserstellungsprozess, also schon bevor das Ergebnis feststeht oder Leistungen ihre Wirkung entfalten, untereinander beurteilen. Auf diese Weise soll sichergestellt werden, dass Controller untereinander ex ante Rationalitätsdefizite, die auf einem eigeninteressierten Handeln basieren, identifizieren und verhindern.[1047] Zum Beispiel ist vorzusehen, dass Controller den Gebrauch eines Vetorechts vorab mit ihren Kollegen abstimmen. Zur Absicherung des Vier-Augen-Prinzips kann das organisatorische Gestaltungsmittel der Job Rotation zum Einsatz kommen. Eine häufig wechselnde Besetzung der Controllerteams, das heißt, instabile Gruppenkonstellationen mit einem kurzen Zeithorizont, soll gewährleisten, dass Controller nicht miteinander kolludieren und gemeinsam ihre Ziele gegen die Unternehmensziele verfolgen. STRANGFELD arbeitet darüber hinaus die Gruppengröße als Styli-

Unabhängigkeit und Einbindung im Sinne SATHES erreicht werden. Vgl. Sathe, V. (1978a). Siehe auch Küpper, H.-U. (2001), S. 499f.; Weber, J. (2004a), S. 584ff.; Becker, H.-J. (2005), S. 30.

1045 Vgl. Frese, E. (1968), S. 80; Thieme, H.-R. (1982), S. 23f.; Amshoff, B. (1993), S. 187f.; Wall, F. (1996), S. 10; Küpper, H.-U. (2001), S. 178; Peffekoven, F. P. (2004), S. 178; Schäffer, U. (2004), S. 492; Weber, J. (2004a), S. 314; Macharzina, K./Wolf, J. (2005), S. 425. Explizit für den Controllingkontext siehe Herzog, A. (1999), S. 214.

1046 Vgl. Herzog, A. (1999), S. 228 und 231.

1047 Zu den Kontrollwirkungen sozialer Interaktion vgl. Schäffer, U. (2002), S. 90.

zed Fact von Kollusion heraus.[1048] Demnach sollte ein „Mehr-als-Vier-Augen-Prinzip" Anwendung finden. Analog sollte auch eine Kollusion zwischen Controllern und Managern vermieden werden, indem mehr als ein Controller und ein Manager zusammenarbeiten. Job Rotation gewährleistet auch hier, dass die Controller-Manager-Konstellationen häufig wechseln. Eine regelmäßige Job Rotation erschwert es Controllern, sich zu verbünden, und schränkt ihren Handlungsspielraum ein.[1049] Job Rotation wirkt darüber hinaus einem Self-Serving Bias von Controllern entgegen. BAZERMAN ET AL. führen eine intensive Interaktion und die damit verbundene Nähe zu den Trägern der Führungshandlungen als Einflussfaktor eines Self-Serving Bias an.[1050]

Neben Informationsasymmetrien wurden bei den systematisch herausgearbeiteten Formen eigeninteressierten Handels als Ursachen der Rationalitätsdefizite im Handeln von Controllern auch Kompetenzasymmetrien zwischen Controllern und Managern als Quelle eines Handlungsspielraums von Controllern angeführt.[1051] Kompetenzasymmetrien sind nicht grundsätzlich vermeidbar. Jedoch kann der Grad der Abhängigkeit der Manager von den Controllern durch die Gestaltung der organisatorischen Rahmenbedingungen als situative Determinante reduziert werden. Von Bedeutung ist der Positionszuschnitt, das heißt, welches Aufgabenspektrum Controllern und ihren potentiellen internen Wettbewerbern, auch Controllerkollegen und externen Mitanbietern obliegt.[1052] Dass Controller Kompetenzasymmetrien zur Verbesserung ihrer Anreize eigeninteressiert ausnutzen, kann dadurch verhindert werden, dass interne oder externe Wettbewerber mit klassischen Controlleraufgaben betraut werden. Hiervon sind Signalwirkungen zu erwarten. Manager reduzieren ihre Abhängigkeit von Controllern zudem, wenn sie gezielt Aufgaben nicht gebündelt vergeben oder wenn sie Aufgaben sogar doppelt vergeben.[1053]

Aufgrund der schlechten Beurteilbarkeit von Controllerleistungen sind die Möglichkeiten, den Handlungsspielraum von Controller einzuschränken, begrenzt. Dadurch kommt Ver-

1048 Vgl. die Erläuterung der Stylized Facts von Kollusion in Abschnitt 4.2.1. Bei der Analyse der Rationalitätsdefizite im Handeln von Controllern wurden dysfunktionale Gruppeneffekte ausgeblendet. Die Möglichkeit einer Kollusion von Controllern untereinander muss hier jedoch einschränkend zu den positiven Wirkungen von Gruppen erwähnt werden.

1049 Das American Institute of Certified Public Accountants (AICPA) hat aus diesem Grund Standards entwickelt, die eine Rotation der verantwortlichen Akteure zwischen den einzelnen Mandaten vorsehen. Vgl. Ponemon, L. W./Gabhart, D. R. L. (1993), S. 27.

1050 Vgl. Bazerman, M./Loewenstein, G./Moore, D. (2002), S. 100. Vgl. auch Ponemon, L. W./ Gabhart, D. R. L. (1993), S. 27.

1051 Vgl. in diesem Zusammenhang zu dem Machtindikator „Ersetzbarkeit" Hickson, D. J. et al. (1971), S. 220f.

1052 Vgl. für eine Darstellung des Wettbewerbsumfelds der Controller Mosiek, T. (2002), S. 160ff.; David, U. (2005), S. 91ff. Durch die Harmonisierung des Rechnungswesens ist insbesondere zwischen Controllern und Mitarbeitern des Accountings der Wettbewerb um die Aufmerksamkeit der Manager intensiviert. Vgl. David, U. (2005), S. 32.

1053 „Doppelarbeit" wurde als spezielle Form der Kontrolle angeführt. Sie ist auch hier unter Wirtschaftlichkeitsaspekten genau zu bedenken.

trauen eine wichtige Rolle zu. Der Begriff Vertrauen ist in der Literatur nicht einheitlich oder gar nicht definiert und wird häufig in seinem Alltagsverständnis verwendet.[1054] Den verschiedenen Begriffsauffassungen ist gemein, dass Vertrauen darin besteht, dass der Vertrauende in einer Interaktion eigeninteressiert handelnder Akteure eine einseitige Vorleistung erbringt. Er gewährt einen Vertrauensvorschuss, ohne die vollständige Kontrolle über die Vertrauensperson und ihre Handlungen zu haben.[1055]

Die Förderung von Vertrauen in einem Bereich oder einem Unternehmen ist als proaktive Rationalitätssicherungsmaßnahme anzusehen. Rationalitätsdefizite aufgrund eines eigeninteressierten Handelns sollen vermieden werden, indem mit Vertrauen die Lücke geschlossen wird, die dadurch entsteht, dass der Handlungsspielraum von Controllern unmittelbar kaum einzuschränken ist.[1056] Auf Vertrauen zu vertrauen, stehen jedoch die für die handelnden Akteure getroffenen Eigenschaftsannahmen entgegen. Da Controller ihren Nutzen maximieren wollen, besteht die Gefahr, dass sie den durch die Manager gewährten Vertrauensvorschuss und den damit verbundenen Handlungsspielraum missbrauchen. Andererseits kann ein rationales Kalkül der Controller gerade darin bestehen, keinen Vertrauensbruch zu begehen. Damit verfolgen sie zum Beispiel das Ziel, ihre Reputation aufzubauen beziehungsweise nicht zu zerstören und dadurch gleichzeitig ihre Karrierepräferenzen.[1057] Vertrauen trägt zudem zu einer Zielkongruenz innerhalb des Bereichs oder des Unternehmens bei und kann einem gegen die Unternehmensziele gerichteten eigeninteressierten Handeln von Controller entgegenwirken.[1058] SATHE sieht Vertrauen sogar als ein Mittel an, die Gratwanderung zwischen Unabhängigkeit und Einbindung von Controllern zu bewältigen: *„Potential problems associated with active controller involvement – loss of controller independence [...] – are overcome if controllers and other managers are able to create and maintain interpersonal trust and respect while challenging each other to excel."*[1059] Darüber hinaus werden mit einer vertrauensvollen Atmosphäre – nicht nur unter Controllern und Managern, sondern auch zwischen Controllern – wichtige Rahmenbedingungen für die Anwendung des Vier-Augen-Prinzips als proaktiver Rationalitätssicherungsmaßnahme zur Vermeidung eigeninteressierten Handelns und allgemein für Kontrollen von Controllern untereinander geschaffen. Eine vertrauensvolle Atmosphäre trägt dazu bei, dass Akteure die Sachverhalte

1054 Vgl. Sjurts, I. (1998), S. 285.

1055 Vgl. Luhmann, N. (1989), S. 2; Krystek, U./Zumbrock, S. (1993), S. 8f.; Sjurts, I. (1998), S. 285f.

1056 In der Literatur existieren unterschiedliche Ansichten über die Verträglichkeit von Vertrauen und anderen proaktiven und reaktiven Maßnahmen zur Beschränkung des Handlungsspielraums. (Vgl. Luhmann, N. (1989), S. 13; Schäffer, U. (1996b), S. 275; Schäffer, U. (2001b), S. 201f.; Rippberger, T. (1998); Walgenbach, P. (2000), S. 711). Die anderen Autoren argumentieren, dass sie unverträglich seien und Misstrauen durch gleichzeitige Kontrollen unbedingt zu vermeiden sei (vgl. Sjurts, I. (1998), S. 289). Siehe auch Das, T. K./Teng, B. S. (1998).

1057 Vgl. Walgenbach, P. (2000), S. 711.

1058 Vgl. Ouchi, W. (1980), S. 136.

1059 Sathe, V. (1982), S. 38.

miteinander klären können. Durch „Petzen" ausgelöste Missstimmungen werden vermieden.[1060]

Ob Vertrauen besteht, hängt von verschiedenen Faktoren ab und kann entsprechend gefördert werden.[1061] Ein Faktor sind Merkmale der Beziehung zwischen der Vertrauensperson und dem Vertrauenden – hier zwischen Controllern und Managern sowie Controllern untereinander. Gute Voraussetzungen findet Vertrauen in längerfristigen Beziehungen, bei denen zum einen Vertrauensbrüche durch das „Gesetz des Wiedersehens" erschwert werden: Der soziale Zusammenhang bleibt nach einem Vertrauensbruch bestehen.[1062] Zum anderen kann der Vertrauende gemäß dem Extrapolationsprinzip[1063] aus dem Handeln der Vertrauensperson in der Vergangenheit auf die Zukunft schließen. Auch eine wechselseitige Abhängigkeit der Interaktionspartner fördert Vertrauen. Ist hingegen der Nutzen der Vertrauensperson von dem Handeln des Vertrauenden abhängig, dann kann die Sachorientierung der Vertrauensperson gefährdet sein. Dies ist dem Vertrauen nicht zuträglich. Längerfristige Beziehungen sowohl zwischen Controllern und Managern als auch unter Controllern sind jedoch aufgrund der dargestellten Kollusionsproblematik abzulehnen, ebenso eine wechselseitige Abhängigkeit insbesondere der Controller und Manager untereinander. Allerdings ist die Unabhängigkeit des Nutzens der Vertrauenspersonen von den Vertrauenden – also der Controller von den Managern –, die als Einflussfaktor des Vertrauens genannt wird, grundsätzlich ein Ziel der proaktiven Rationalitätssicherungsmaßnahmen zur Vermeidung eigeninteressierten Handelns.[1064] Ein über die Beziehung zwischen der Vertrauensperson und dem Vertrauenden hinausgehendes Merkmal sind dichte soziale Netzwerke. Sie fördern Vertrauen, indem sie den Disnutzen aus Vertrauensbrüchen erhöhen. Der Reputationsschaden steigt mit der Netzwerkdichte.[1065] Das als Lösungsansatz für die Kollusionsproblematik vorgeschlagene organisatorische Gestaltungsmittel der Job Rotation fördert gleichzeitig soziale Netzwerke.

[1060] Vgl. Herzog, A. (1999), S. 229.
Eine Vertrauenskultur darf jedoch nicht dazu führen, dass Akteure, die ein nicht zielkongruentes Handeln von Controllern entdecken, dieses nicht melden. Vertrauen muss sich vielmehr auch darauf erstrecken, dass so genannte „Whistle-Blower" nicht bestraft werden. FINN kommt zu dem Schluss, dass *„[i]n many instances, persons who reported wrongdoings received greater punishments form management and fellows than those individuals who were responsible for the wrong-doing."* Finn, D. W. (1995), insbesondere S. 293. Siehe auch Casal, J. C./Zalkind, S. S. (1995).

[1061] Vgl. Sjurts, I. (1998), S. 286f.

[1062] Vgl. Deutsch, M./Kotik, P. (1978); Albach, H. (1980), S. 6; Walgenbach, P. (2000), S. 711.

[1063] Vgl. Albach, H. (1980), S. 5.

[1064] Vgl. Abschnitt 4.3.3.1.3.

[1065] Vgl. Walgenbach, P. (2000), S. 711.

Neben Beziehungsmerkmalen ist das als situative Determinante herausgearbeitete kulturelle Umfeld im Unternehmen oder im Controllerbereich geeignet, Vertrauen zu fördern.[1066] Ansatzpunkte sind die Werte, Normen und Grundannahmen, die über Leitbilder, Verhaltensregeln oder so genannte Artefakte – direkt erfassbare Objekte, Erzählungen oder Sprachelemente mit symbolischem Charakter[1067] – beeinflusst werden.[1068] Vertrauen ist als Wert, als Vorstellung des Wünschenswerten, in dem Leitbild des Controllerbereichs oder des Unternehmens zu verankern. Leitbilder werden nur bei Konsens wirksam, der durch die gemeinsame Erarbeitung sowie durch die Berücksichtigung der Leitbilder bei der Personalauswahl[1069] zu erreichen ist.[1070] Verhaltensregeln, aber auch Artefakte wie Erzählungen fördern Vertrauen, indem ein Vertrauensbruch durch Stigmatisierung und Isolation sozial sanktioniert wird.[1071] Darüber hinaus gedeiht Vertrauen bei hoher Transparenz, die zum Beispiel durch eine offene Kommunikation,[1072] eine enge Zusammenarbeit[1073] oder eine symbolische „offene Tür" umgesetzt werden kann. Einschränkend ist anzumerken, dass zu großes Vertrauen insbesondere zwischen Controllern und Managern wiederum mit der Gefahr einer Kollusion verbunden ist.[1074]

Werte, Normen und Grundannahmen fördern nicht nur durch eine entsprechende Gestaltung Vertrauen. Darüber hinaus erfüllen sie eine Verhaltenssteuerungsfunktion und unterbinden proaktiv gegen die Unternehmensziele verstoßendes eigeninteressiertes Handeln von Controllern.[1075] Werte und Normen innerhalb einer Gruppe, hier des Controllerbereichs, werden auch von den Akteuren selbst herausgebildet. Ein „esprit de corps" von Controllern wirkt einem eigeninteressierten Handeln entgegen.[1076] HORVÁTH plädiert zudem dafür, Controllern wertorientiertes Handeln anhand greifbarer Beispiele in Seminaren zu vermitteln und einzufordern.[1077]

1066 Vgl. Krystek, U./Zumbrock, S. (1993), S. 95.

1067 Vgl. Marré, R. (1997), S. 36ff.

1068 Vgl. Rosenstiel, L. v. (2000), S. 348ff.

1069 Vertrauen ist schließlich auch davon abhängig, wie hoch die Moralität der Vertrauensperson eingeschätzt wird. Vgl. Sjurts, I. (1998), S. 286f.

1070 Gemäß KRONAST soll das Leitbild eines Bereichs oder Unternehmens das Selbstverständnis dieses Bereichs reflektieren. Vgl. Kronast, M. (1989), S. 198f. Siehe auch Wielpütz, A. U. (1996), S. 142ff.; Benz, K. (1998), S. 131ff.; Weber, J. (2004a), S. 592ff.; David, U. (2005), S. 107ff.

1071 Vgl. Zündorf, L. (1986), S. 42; Luhmann, N. (1989), S. 39; Schäffer, U. (2002), S. 93f. Siehe auch Kieser, A. (1986), S. 50. Vgl. allgemein Bromley, D. B. (1993), S. 192ff.

1072 Vgl. Schäffer, U. (1996a), S. 119.

1073 HERZOG führt als Beispiel an, dass bei einer engen Zusammenarbeit zwischen Controllern und Manager ein Zurückhalten von Informationen des Controllers unwahrscheinlicher wird. Vgl. Herzog, A. (1999), S. 260.

1074 Vgl. Hoffjan, A. (1998), S. 120. Die dargestellte zwiespältige Wirkung einiger Einflussfaktoren von Vertrauen verdeutlicht dies.

1075 Vgl. ähnlich Rühli, E. (1991), S. 15f.; Jaworski, B. J./Young, S. M. (1992), S. 20ff.

1076 Vgl. Ponemon, L. W./Gabhart, D. R. L. (1993), S. 33. Siehe auch KIRSCH, der Verhaltensmustern innerhalb einer Gruppe eine größere Wirkung zuspricht als Verhaltensregeln in Form eines „Code of conduct". Vgl. Kirsch, G. (2004), S. 13.

1077 Vgl. Horváth, P. (2004b), S. 303.

4.2.3.1.3 Anreizsystem für Controller

Da Akteure nur dann ihre eigenen Interessen gegen die Ziele des Unternehmens verfolgen können, wenn sie über Handlungsspielraum verfügen, wurden im vorangegangenen Kapitel proaktive Rationalitätssicherungsmaßnahmen zur Beeinflussung des Spielraums aufgezeigt. Innerhalb ihres Handlungsspielraums reagieren Akteure mit der Verfolgung ihrer Präferenzen auf die Anreize in der Handlungssituation. Eine vorgelagerte proaktive Rationalitätssicherungsmaßnahme zur Vermeidung eigeninteressierten Handelns ist daher eine Personalauswahl, die auf den Einklang zwischen den Präferenzen der Bewerber und dem in dem Unternehmen bestehenden Anreizsystem sowie den sich daraus ergebenden Möglichkeiten zur Zielrealisierung ausgerichtet ist.[1078] Umgekehrt besteht eine weitere proaktive Rationalitätssicherungsmaßnahme zur Vermeidung eines eigeninteressierten Handelns von Controllern darin, das Anreizsystem unter Berücksichtigung der Präferenzen der Akteure zu gestalten.[1079]

Den theoretischen Hintergrund dafür, wie Motivation formal und losgelöst von Bedürfnisinhalten entsteht und das Handeln der Akteure beeinflusst und wie daher Anreizsysteme prinzipiell zu gestalten sind, bilden die auch als Anreiztheorien bezeichneten Erwartungs-Wert-Theorien. Sie sind innerhalb der Motivationsforschung den Prozesstheorien zuzuordnen.[1080] Ein unbefriedigtes Bedürfnis wird zum Motiv aktiviert und bestimmt die Handlung, die der Akteur zur Erreichung bestimmter individueller Präferenzen ergreifen wird, die letztlich in der Befriedigung des Bedürfnisses bestehen. Die Tendenz zu einer konkreten Handlung ergibt sich nach VROOM aus der Valenz der Handlungsergebnisse für die Ziele des Akteurs und seiner Erwartung, die Handlungsergebnisse zu erreichen.[1081] Dieser Motivationsprozess ist so zu beeinflussen, dass der Akteur die Erreichung der Unternehmensziele anstrebt und dies zur Realisierung seiner individuellen Ziele führt.[1082] Der Akteur muss die ihm vorgegebenen Ziele seines Aufgabenbereichs als persönliche Zielsetzung und gleichzeitig als Mittel zur Realisierung seiner persönlichen Ziele sowie zur Befriedigung

Mit Aussagen zu dem erwünschten Verhalten wird die Forschung zu ethischen Fragestellungen im Accounting berührt. Vgl. Ponemon, L. W. (1995) sowie Ponemon, L. W./Gabhart, D. R. L. (1990).
Verschiedene berufsständische Organisationen haben Ethikstandards entwickelt, die Anforderungsprofile an die Mitarbeiter in diesen Bereichen umfassen, die die Prinzipien der Objektivität, Unabhängigkeit, Integrität und Loyalität sowie die Forderung nach einem verantwortungsvollen Umgang mit Informationen thematisieren. Vgl. exemplarisch Larsen, E. J. (1997), S. 1ff.

1078 Von einem Anreizsystem ist zu sprechen, wenn mehrere Anreize mit der Funktion von Belohnungen angeboten und so aufeinander abgestimmt werden, dass sie im Wirkungsverbund erwünschte Verhaltensweisen auslösen und unerwünschte Verhaltensweisen unterdrücken. Was erwünscht oder unerwünscht ist, hängt von den Unternehmenszielen ab. Vgl. Drumm, H. H. (1994), S. 446.

1079 Vgl. Becker, F. G. (1998), S. 251; Rosenstiel, L. v. (1999), S. 51; Jost, P.-J. (2000a), S. 456f.

1080 Vgl. zu Prozesstheorien der Motivationstheorie zum Beispiel Bühner, R. (1994), S. 179ff.; Drumm, H. H. (1994), S. 382ff.; Berthel, J./Becker, F. G. (2003), S. 26ff.

1081 Vgl. Bühner, R. (1994), S. 181f.; Drumm, H. H. (1994), S. 384; Berthel, J./Becker, F. G. (2003), S. 27f.

1082 Vgl. Nerdinger, F. W. (2003), S. 4; Meyer, M. (2004), S. 62; Meyer, M./Heine, B.-O. (2005), S. 12.

seiner individuellen Bedürfnisse begreifen.[1083] Anreize sind daher so zu setzen, dass das Erreichen der Ziele beziehungsweise allgemein die Unternehmensziele fördernde Handlungsalternativen eine positive Valenz für den Akteur besitzen. Die Motivation eines Akteurs ergibt sich aus dem Zusammenspiel seiner Bedürfnisse und der Anreize als Bestandteile der Handlungssituation.

Überlegungen zu der Gestaltung eines Anreizsystems für Controller als proaktive Rationalitätssicherungsmaßnahme zur Vermeidung eigeninteressierten Handelns betreffen die Bemessungsgrundlagen für die Verteilung von Anreizen, die Gestaltung der Anreize selbst sowie die Verbindung zwischen den Bemessungsgrundlagen und den Anreizen.[1084]

4.2.3.1.3.1 Bemessungsgrundlagen

Der Idee eines Managements durch Zielvereinbarungen folgend, sind die Bemessungsgrundlagen als Zielvorgaben zu verstehen, deren Erreichen entscheidend für die Verteilung von Anreizen an Controller ist.[1085] Die Festlegung der Bemessungsgrundlagen für die Verteilung von Anreizen für Controller bewegt sich in einem Spannungsfeld zwischen dem, was messbar beziehungsweise beurteilbar ist und dem, was gemessen werden sollte. Überlegungen zu der Beurteilbarkeit der Controllerleistungen wurden bereits angestellt. Die Bemessungsgrundlagen sollten die auf die Handlungsebene von Controllern heruntergebrochenen Unternehmensziele reflektieren. Teilweise wirken bereits die Bemessungsgrundlagen und nicht erst ihre Kopplung an Anreize den von den Unternehmenszielen abweichenden Präferenzen von Controllern entgegen.

Gut messbar sind die *Kosten*, die Controller verursachen. Daraus können Einsparungen als Zielvorgaben für Controller und als Bemessungsgrundlage für die Verteilung der Anreize abgeleitet werden.[1086] Eine Betrachtung der Kosten greift für die Gestaltung eines umfassenderen, auf die Vermeidung eigeninteressierten Handelns ausgerichteten Anreizsystems für Controller jedoch zu kurz.[1087] Auch die *Leistungen* von Controllern sind als Bemessungsgrundlage für die Anreizverteilung heranzuziehen. Wie aus den Überlegungen zu der Beurteilbarkeit der Controllerleistungen hervorgeht,[1088] ist dies jedoch weitaus schwieriger.[1089] Dabei sind auch die verschiedenen Messebenen zu berücksichtigen.

Auf der Messebene des Ergebnisses können für die aus Entlastungsaufgaben resultierenden konkreten, gut beurteilbaren Controllingprodukte auch konkrete, gut messbare Ziele festge-

---

1083 Zu angemessenen Zielen allgemein vgl. Abschnitt 3.1.2.2.1.1.
1084 Vgl. Weißenberger, B. E. (1997), S. 228; Wagenhofer, A. (1999), S. 185.
1085 Vgl. Rosenstiel, L. v. (2000), S. 78; Berthel, J./Becker, F. G. (2003), S. 166f.; Weber, J. (2004a), S. 65ff.
1086 Vgl. David, U. (2005), S. 88f.
1087 Vgl. Gleich, R./Haindl, M. (1996), S. 263.
1088 Vgl. Abschnitt 4.3.1.1.
1089 Siehe zu dem Problem der Operationalisierung von Leistungen allgemein Becker, F. G. (2005), S. 1039f.

legt werden. Diese Ziele sind unternehmensspezifisch auszuarbeiten. Denkbar sind zum Beispiel die Vorgaben, den Anteil non-monetärer Informationen in dem steuerungsrelevanten Bericht auszubauen, die Abstimmung von Teilplänen zu verbessern oder vermehrt zukunftsorientierte Kontrollen durchzuführen.[1090] Auch bezüglich der Controllerleistungen, die einen hohen Anteil von Erfahrungseigenschaften aufweisen, zum Beispiel Prognosen als Bestandteil von Berichten oder als Teil einer Alternativenbewertung, aber auch die Treffsicherheit von Abweichungsanalysen, können Zielvorgaben erarbeitet und mit der entsprechenden zeitlichen Verzögerung beurteilt werden. Eine längerfristige Gestaltung des zeitlichen Horizonts der Leistungsbemessung fördert die Sorgfalt von Controllern bei der Leistungserstellung im Sinne einer größeren „Nachhaltigkeit" von Controllerleistungen. Auch den individuellen Zeitpräferenzen von Controllern wird auf diese Weise entgegengewirkt. Das Erreichen der dargestellten Ziele ist objektiv durch verschiedene Handlungsträger beurteilbar. Daneben können Ziele festgelegt werden, die – wie die Zufriedenheit mit der Erfüllung der Entlastungs-, aber auch der Rationalitätssicherungsaufgaben im engeren Sinne – nur subjektiv vom Managementcounterpart als dem direkten Leistungsempfänger beurteilt werden können. Er kann einschätzen, ob es den Controllern gelungen ist, den Umfang eines Berichts ohne Qualitätseinbußen zu reduzieren, ob sie die Klarheit und Eindeutigkeit von Zielen verbessert, die Komplexität ihrer Analysen reduziert und somit deren Verständlichkeit erhöht haben.

Für Entlastungsaufgaben können auch auf der Messebene der Leistungserstellung klare Zielvorgaben wie beispielsweise zeitliche Vorgaben für den Planungsprozess oder den Erstellungsprozess des Monatsberichts gemacht werden. Für die Ergänzungs- und Begrenzungsaufgaben, die Controller erfüllen sollen, können die erläuterten Indikatoren wie der Anteil der Interaktion mit den Managern an der Arbeitszeit von Controllern oder die Anzahl der Gesprächsinitiativen als Zielvorgaben eingesetzt werden. Die als Grundlage der Kontrolle der Rationalitätssicherungsaufgaben im engeren Sinne herangezogenen Handlungsrichtlinien sind als Zielvorgaben nicht geeignet. Bemessungsgrundlagen der Rationalitätssicherungsaufgaben im engeren Sinne dürfen insgesamt nicht so ausgewählt werden, dass sie ein eigeninteressiertes, den Karrierepräferenzen folgendes Handeln von Controllern hervorrufen, nach dem Motto dass der befördert wird, der die meisten Kerben am Colt hat.

Auf der Messebene der Einsatzgüter der Leistungserstellung können für den einzelnen Controller individuelle Ziele, etwa die Übernahme von Führungsverantwortung oder die Aneignung bestimmter Wissensmodule als Bemessungsgrundlage für die Verteilung von Anreizen, definiert werden. Grundsätzlich ist eine individuelle Gestaltung der Bemessungs-

[1090] Für weitere Beispiele vgl. Witt, F.-J. (2004), S. 23.

grundlagen, aber auch der Anreize für die Funktionsweise eines Anreizsystems von großer Bedeutung.

Schließlich bleibt die Wirkungsebene der Controllerleistungen zur Festlegung einer Bemessungsgrundlage für die Verteilung von Anreizen. In der Konzeption des Controllings als Rationalitätssicherung der Führung ist die Rationalität von Trägern der Führungshandlungen die letztlich intendierte Leistung. Der Unternehmenserfolg kann als Maß für die Rationalität der Manager und damit auch als Bemessungsgrundlage der Controllerleistungen herangezogen werden. Er unterliegt jedoch weiteren Einflussfaktoren. Eine Leistungsbemessungsgrundlage nicht vollständig beeinflussen zu können, verstößt gegen das so genannte Controllability-Prinzip.[1091] Dennoch kann diese Leistungsbemessungsgrundlage ein Handeln von Controllern im Einklang mit den Unternehmenszielen fördern. Die Controller erarbeiten Entscheidungsgrundlagen in dem Bewusstsein, dass die Wirkungen auf den Unternehmenserfolg ihre Anreizverteilung beeinflussen.[1092] Gleichzeitig erweitert der Unternehmenserfolg als Bemessungsgrundlage den Zeithorizont der Leistungsbeurteilung und wirkt sehr kurzfristigen Zeitpräferenzen von Controllern entgegen. Es ist auch plausibel, dass eine Verteilung von Anreizen auf der Basis des Unternehmenserfolgs die Risikobereitschaft der Controller stärkt. Die Beeinflussung der Risikopräferenzen ist allerdings eine Gratwanderung. Ist auch der Controller risikofreudig, kann er die Risikopräferenzen von Managern nicht mehr ergänzen und wird der Aufgabe, die Rationalität von Managern zu sichern, nicht gerecht. Insgesamt kann es aber durchaus eine sinnvolle Abweichung von einem sehr streng interpretierten Controllability-Prinzip sein, Controller in Teilen auch an dem Unternehmenserfolg zu messen.

Bei der Festlegung der Leistungsbemessungsgrundlagen für die Gestaltung eines Anreizsystems für Controller sind neben den intendierten Wirkungen immer auch mögliche dysfunktionale Wirkungen im Hinblick auf ein eigeninteressiertes, mit den Unternehmenszielen konfligierendes Handeln von Controllern zu berücksichtigen.[1093]

1091 Vgl. Wagenhofer, A. (1999), S. 188ff.; Weber, J./Schäffer, U. (2006), S. 238.

1092 Die daraus resultierende Inkongruenz zwischen den Einflussmöglichkeiten und der Verantwortungsübernahme von Controllern für die geplanten und erzielten Ergebnisse hat in der Literatur besondere Beachtung gefunden: *„Betriebswirtschaftlich gesehen trägt der Controller Transparenzverantwortung. Das Management trägt die Ergebnisverantwortung."* Gaulhofer, M. (1989), S. 146. Siehe auch Goossens, F. (1959), S. 75f.; Schneider, D. (1991), S. 765; Krystek, U./Zumbrock, S. (1993), S. 86f.; Denk, R./Kunesch, H. (1996), S. 537; Wielpütz, A. U. (1996), S. 171; Mueller, E. B. (1998), S. 183; Herzog, A. (1999), S. 267, und allgemeiner Markus, M. L./Pfeffer, J. (1983), S. 210.
In der Controllingliteratur wird dieses Problem auch als *„Disparität zwischen Informationsmacht und Verantwortung"* diskutiert. Vgl. Krystek, U. (1990b), S. 332; Krystek, U. (1991), S. 19f.
In der organisationstheoretischen Literatur wird dieses Problem im Zusammenhang mit dem Stab-Linien-Modell diskutiert. Stäbe üben aufgrund ihrer fachlichen Kompetenz Einfluss auf die Entscheidungen der Linie, ohne diese zu verantworten und ohne dass die Linie ihre Aufgabenausführung stets überblicken kann. Vgl. Laux, H./Liermann, F. (1993), S. 201. Siehe auch Bartlett, R. W. (1983), S. 36f.

1093 Beispiele für dysfunktionale Wirkungen von Anreizen gibt Rosenstiel, L. v. (1999), S. 72ff.

Ein übergeordnetes Problem ist das so genannte Multi-Tasking-Problem.[1094] Nicht alle Controllerleistungen können gleichermaßen gut beurteilt werden. Durch eine ausgewogene Festlegung der Bemessungsgrundlagen muss daher verhindert werden, dass Controller zur Reduzierung ihres Arbeitsleids ihr Handeln auf die gut beurteilbaren Entlastungsaufgaben konzentrieren. Sie müssen ebenso Ergänzungs- und Begrenzungsaufgaben erfüllen.[1095]

Controller sollten die herangezogenen Bemessungsgrundlagen zwar – im Sinne des Controllability-Prinzips – beeinflussen, nicht aber manipulieren können. Wird die Leistung der Controller beispielsweise an der Einhaltung des Budgets eines Bereichs gemessen, ist ein eigeninteressiertes Handeln von Controllern in der vorausgehenden Planung – sofern sie in diese involviert sind – oder bei der Budgetkontrolle, hier mit dem Charakter einer In-sich-Kontrolle, wahrscheinlich.[1096]

Dysfunktionale Wirkungen können auch von dem Zielausmaß ausgehen. Zielhöhen sollten so gewählt sein, dass Controllern kein Spielraum bleibt, durch „Nicht-Arbeit" ihr Arbeitsleid zu reduzieren, wenn sie die Vorgaben erreichen möchten. Kosten- oder Zeitvorgaben können jedoch auch bei mangelnder Sorgfalt – einer weiteren Möglichkeit, das Arbeitsleid zu reduzieren – erreicht werden.

Auch die Wahl der Träger zur Beurteilung von Leistungsbemessungsgrundlagen kann ein eigeninteressiertes, nicht im Einklang mit den Unternehmenszielen stehendes Handeln von Controllern fördern. Die potentiellen Träger der Beurteilung von Controllerleistungen sollten die von ihnen beurteilbaren Facetten der Leistungen bewerten. Dysfunktionale Wirkungen auf das eigeninteressierte Handeln von Controllern resultieren insbesondere dann, wenn allein oder überwiegend der Managementcounterpart die Controllerleistungen beurteilt und seine Zufriedenheit mit Leistungsfacetten maßgeblich für die Anreizverteilung ist. Controller verlieren dadurch ihre Unabhängigkeit gegenüber dem Managementcounterpart. Zur Verfolgung ihrer Karrierepräferenzen unterlassen sie sachlich erforderliche Rationalitätssicherungsmaßnahmen, um Konflikte mit dem Managementcounterpart zu vermeiden, und sind eher bereit zu kolludieren.[1097] Wie bei den situativen Determinanten eigeninteressierten Handelns erläutert, steigen die potentiellen Gewinne aus einer Kollusion mit dem Managementcounterpart, wenn dieser die Leistungsbemessungsgrundlagen für die Anreizverteilung beurteilt. Umgekehrt ist die drohende Bestrafung größer, wenn Controller nicht mit Mana-

1094 Vgl. Becker, F. G. (2005), S. 1040.

1095 Vgl. hierzu die Aussage eines Controllers bei Witt, F.-J. (2004), S. 27.

1096 Vgl. Benz, K. (1998), S. 210ff.; Küpper, H.-U. (2005), S. 513. Vgl. zu dieser Problematik bei zentralen und dezentralen Controllern Hungenberg, H. (1992), S. 53.

1097 In dieser Konstellation sind Controller auch eher gewillt, „faule Kompromisse" mit Manager bezüglich des Spannungsfeldes zwischen Intuition und Reflexion einzugehen, und lassen sich allzu leicht vor den Karren der Manager spannen. Vgl. Weber, J. (2004a), S. 349.

gern kolludieren. Ebenso sind die Träger der Leistungsbeurteilung von Controllern auch im Hinblick auf einen Self-Serving Bias auszuwählen.[1098] Ergänzend ist zu erwähnen, dass ein eigeninteressiertes Handeln von Controllern auch dann zu erwarten ist, wenn diese untereinander die für die Anreizverteilung relevanten Leistungsbemessungsgrundlagen beurteilen.[1099] Da sie jeweils anreizrelevante Beurteilungen ihrer Kollegen zu befürchten haben, sind die Beurteilungen positiv verzerrt.

4.2.3.1.3.2 Art der Anreizgestaltung

Zur Gestaltung eines Anreizsystems für Controller gehört neben der Bestimmung der Bemessungsgrundlagen die Festlegung der Anreize und der Kopplung zwischen den Bemessungsgrundlagen und den Anreizen.[1100] Überlegungen zu der Art der Anreizgestaltung erfolgen in dieser Arbeit unter der Maßgabe, proaktiv ein nicht im Einklang mit den Unternehmenszielen stehendes, eigeninteressiertes Handeln von Controllern zu vermeiden.[1101]

Die theoretische Grundlage für die Gestaltung der Anreize bilden die Inhaltstheorien der Motivationstheorie. Sie wollen erklären, welche Bedürfnisse das Handeln der Akteure bestimmen. Viel Beachtung hat die Bedürfnispyramide nach MASLOW gefunden.[1102] Die Anreize müssen so gestaltet sein, dass sie Controllern für den Fall der Zielerreichung die Realisierung ihrer Präferenzen und damit die Befriedigung ihrer Bedürfnisse beziehungsweise eine ausreichende Kompensation ihres Arbeitsleids in Aussicht stellen.[1103] Als überwiegend extrinsische, mit der Arbeit verknüpfte Anreize werden die Entlohnung und die Karriere, als intrinsische Anreize, die Arbeit an sich betreffende Aspekte, diskutiert.[1104]

1098 Mit Bezug auf den Self-Serving Bias im Kontext der Wirtschaftsprüfung formulieren BAZERMAN/LOEWENSTEIN: „*To eliminate this source of bias, we must remove the threat of being fired for delivering an unfavourable audit.*" Bazerman, M./Loewenstein, G./Moore, D. (2002), S. 102.

1099 Siehe auch Eccles, R. G./Crane, D. B. (1987), S. 189.

1100 Die Bedeutung der bewussten Festlegung von Anreizen und ihrer Kopplung an Bemessungsgrundlagen unterstreicht JENSEN, wenn er anmerkt: „*There are always incentives; the issue is simply which incentives do we encourage and which do we want to suppress.*" Jensen, M. C. (1994), S. 42.

1101 Die Gestaltung eines Anreizsystems ist nur einer von mehreren hier diskutierten Ansatzpunkten einer Rationalitätssicherung von Controllern. Daher können auch nur grundlegende Überlegungen angestellt werden. Die Gestaltung eines Anreizsystems birgt viele Optionen und zeichnet sich daher durch ein hohes Maß an Komplexität aus, die hier nicht ergründet werden soll.
Die hier angestellten Überlegungen haben einen allgemeinen Charakter. Anzumerken ist, dass Anreize möglichst individuell gestaltet werden sollten. Ein bekannter Ansatz, der auf die Notwendigkeit der Individualität der Anreize abstellt, ist der Cafeteria-Ansatz. Vgl. zum Beispiel Wagner, D. (1991). WITT stellt jedoch fest, dass Controller sich keine Cafeteria-Systeme, insbesondere nicht solche mit nicht-monetären Bestandteilen, wünschen. Vgl. Witt, F.-J. (2004), S. 23.

1102 Vgl. Maslow, A. H. (1954). Siehe ausführlich Abschnitt 2.2.4.3.

1103 Die Anreize an die Zielerreichung und damit an die Leistung der Controller zu knüpfen ist sinnvoll. JENSEN und MURPHY decken allgemein bei dieser Verknüpfung Verbesserungspotential auf: „*In most publicly held companies, the compensation of top executives is virtually independent of performance.*" Jensen, M. C./Murphy, K. J. (1990), S. 138.

1104 Zu extrinsischen und intrinsischen Anreizen und ihrer Wirkung vgl. Amann, C. (1993), S. 246; Jost, P.-J. (2000a), S. 503f. Für eine Diskussion unterschiedlicher Anreize siehe auch Winter, S. (1996), S. 15.

Die Entlohnung, insbesondere das Gehalt, ist ein recht universaler Anreiz, mit dem Controller einen Teil ihrer Grundbedürfnisse, ihrer Sicherheits-, aber auch ihrer Ich-Bedürfnisse befriedigen können.[1105] Ich-Bedürfnisse, die das Streben des Akteurs nach Anerkennung umfassen, lassen sich zum Beispiel befriedigen, indem das Gehalt für den Erwerb von Statussymbolen verwendet wird.[1106] Damit die Entlohnung eine Motivationswirkung entfalten kann, ist ihre Verteilung an die Bemessungsgrundlagen zu koppeln. Deutlich wurde jedoch, dass bezüglich der Controllerleistungen ein Messproblem besteht. Ein Großteil der erbrachten Controllerleistungen kann nicht gemessen und folglich nicht als Bemessungsgrundlage herangezogen werden. Demnach ist mit Controllern ein hoher Anteil ihres Gehaltes fix zu vereinbaren.[1107] Dies ist jedoch nicht nur gezwungenermaßen so, sondern soll zugleich sicherstellen, dass Controller ihrer Aufgabe der Rationalitätssicherung im engeren Sinne gerecht werden. Mit dem Anteil variabler Gehaltsbestandteile steigt die Abhängigkeit der Controller von ihrem Managementcounterpart, auch wenn dieser nicht der alleinige Träger der Beurteilung von Leistungen der Controller ist. Variable Gehaltsbestandteile werden an die vorgegebenen Ziele wie die Kosten, die messbaren Controllerleistungen auf der Ebene des Leistungserstellungsprozesses und des Ergebnisses sowie auf den einzelnen Controller zugeschnittene Vorgaben gekoppelt. Sinnvoll kann es auch sein, einen geringeren Teil der Entlohnung von dem Unternehmenserfolg abhängig zu machen. Der Anreiz einer zumindest in Teilen leistungsabhängigen Entlohnung wirkt in erster Linie der Präferenz von Controllern entgegen, ihr Arbeitsleid zu reduzieren.[1108] Erreichte Zielvorgaben werden als Indikator für den Arbeitseinsatz gewertet und bestimmen die Höhe der Entlohnung. Controller sind daher motiviert, Arbeitseinsatz zu zeigen.[1109]

Zudem sind andere Formen der Entlohnung denkbar. Zum Beispiel können für bestimmte Leistungen bezahlte Urlaubstage in Aussicht gestellt werden.[1110] Mit freier Zeit werden insbesondere soziale Bedürfnisse sowie Selbstentfaltungsbedürfnisse befriedigt. Auch diese Entlohnungsform wirkt der Präferenz von Controllern entgegen, ihr Arbeitsleid zu reduzieren. Der Anreiz entspricht unmittelbar dieser Präferenz. Zudem ist Arbeitseinsatz erforderlich, um die vorgegebenen Ziele zu erreichen. Eine weitere Entlohnungsform sind Aktienoptionen. Sie setzen auf der einen Seite Anreize zu einem längerfristigen Verhalten und wirken somit den zu kurzfristigen Zeitpräferenzen von Controllern entgegen. Auf der anderen Seite wird Aktienoptionen vielfach ein steigernder Einfluss auf die Risikobereitschaft

1105 Vgl. Weißenberger, B. E. (1997), S. 247f.
1106 Vgl. Nerdinger, F. W. (2003), S. 29f.
1107 Vgl. Becker, F. G. (1998), S. 250. Vgl. grundsätzlich Ewert, R./Wagenhofer, A. (2004), S. 374ff.
1108 Vgl. allgemein Becker, F. G. (2005), S. 1038 und die dort angegebene Literatur.
1109 Für variable Gehaltsbestandteile bei Controllern vgl. Witt, F.-J. (2004), S. 22ff.
1110 Vgl. zu der Bedeutung dieses Anreizes Opaschowski, H. W. (1991), S. 38.

zugesprochen. Andere empirische Studien sprechen ihnen diese Wirkung jedoch ab.[1111] Schließlich ist auf ein besonderes Prinzip der Entlohnung hinzuweisen – die Senioritätsentlohnung, bei der das Gehalt mit der Zugehörigkeit zum Unternehmen steigt. Auch dieses Prinzip vermag abweichende Zeitpräferenzen von Controllern mit dem Zeithorizont des Unternehmens in Einklang zu bringen. Es setzt Anreize für ein langfristiges kooperatives Zusammenwirken, die jedoch dann nur eingeschränkt wirken, wenn das Senioritätsprinzip so aufgefasst wird, dass man nur älter werden muss, um mehr zu verdienen.

Neben der Entlohnung können zur Vermeidung eines eigeninteressierten, nicht unternehmenszielkongruenten Handelns von Controllern Karriereanreize gesetzt werden.[1112] Sie ermöglichen unmittelbar die Erfüllung von Ich-Bedürfnissen, da Karriereschritte mit der Anerkennung anderer und einem steigenden Selbstwert verbunden sind. Mittelbar tragen Karriereanreize zur Befriedigung der Grund- und Sicherheitsbedürfnisse bei, da sie oft mit einer höheren Entlohnung einhergehen. Karriereanreize können gesetzt werden, indem für Controller einzelne Karriereschritte, etwa andere Positionen innerhalb des Controllerbereichs, die Aufnahme in ein Managemententwicklungsprogramm und längerfristig der Wechsel in eine Managementposition definiert werden.[1113] Zugleich können Ziele vereinbart werden, die Controller für den nächsten Karriereschritt erreichen müssen. Sowohl die Karriereschritte als auch die Ziele sind möglichst individuell festzulegen. Sie sollten den Karrierepräferenzen der Controller entsprechen. Die Ziele sollten umfassend die Leistungen von Controllern reflektieren. Karriereanreize sollten insbesondere auf der Messebene der Einsatzgüter – der Controller selbst – an individuelle Lernziele gekoppelt werden. Attraktiv gestaltet, wirken Karriereanreize einer Verfolgung individueller, von den Unternehmenszielen abweichender Karrierepräferenzen durch Controller entgegen. Es ist davon auszugehen, dass insbesondere die längerfristige Perspektive eines Wechsels in das Management aufgrund der damit verbundenen Führungskompetenz motivierend wirkt.[1114] Controller können ihre Kar-

---

[1111] Der aktuelle Forschungsstand ermöglicht keinen eindeutigen Schluss darüber, ob bei Aktienoptionen ein Anreiz zur Risikofreude oder zur Risikoaversion überwiegt.
Studien, die einen Anreiz zur Risikofreude von Aktienoptionen stützen sind Smith, C. W./Stulz, R. (1985), S. 399ff. sowie Guay, W. R. (1999); Rajgopal, S./Shevling, T. (2002); Rogers, D. A. (2002); Coles, J. L./Daniel, N. D./Naveen, L. (2006).
Studien, die einen Anreiz zur Risikoaversion stützen, sind Lambert, R. A./Larcker, D. F./Verrecchia, R. E. (1991); Carpenter, J. N. (2000).
ROSS meint in diesem Zusammenhang: *„The common folklore that giving options to agents will make them more willing to take risks is false. In fact, no incentive schedule will make all expected utility maximizers more or less risk averse."* Ross, S. A. (2004), S. 207.

[1112] Beruflichen Aufstieg als Motivator einzusetzen, ist nicht in vielen Unternehmen verbreitet. Vgl. Wottawa, H./Gluminski, I. (1995), S. 204. Siehe auch Nerdinger, F. W. (2003), S. 22.

[1113] Vgl. Becker, F. G. (1998), S. 250.

[1114] SCHEIN hat in einer empirischen Studie so genannte Karriereanker herausgearbeitet. Karriereanker interpretiert er als Karriereanreize. In der vorliegenden Arbeit werden sie als Anreize angesehen, die sich aus der Arbeit selbst ergeben. Einer dieser Karriereanker ist „Führungskompetenz" als die Legitimation, Führungshandlungen vorzunehmen. Vgl. ausführlich Schein, E. H. (1977). WEBER argumentiert, dass Controller sich

rierepräferenzen im Einklang mit den Unternehmenszielen verfolgen und die damit verbundenen Bedürfnisse befriedigen. Die leistungsabhängige Gestaltung der Karriereanreize wirkt zudem der Präferenz von Controllern entgegen, ihr Arbeitsleid zu reduzieren. Ebenfalls Ausdruck dieser Präferenz ist eine mangelnde Lernbereitschaft von Controllern, der durch individuelle Lernziele als Voraussetzung für Karriereschritte begegnet werden kann. Langfristige Karriereperspektiven – auch im Management des Unternehmens – fördern besonders die Bereitschaft, geschäftsspezifisches Wissen zu erlernen.[1115] Zugleich wirken sie Zeitpräferenzen von Controllern entgegen, da diese ihr Handeln an der erwarteten Verweildauer im Unternehmen ausrichten.

Weitere Anreize eröffnet die Arbeit der Controller. HERZBERG unterscheidet in seiner Zwei-Faktoren-Theorie zwei Klassen von Anreizen – Hygienefaktoren und Motivatoren. Während Hygienefaktoren mit den Grundbedürfnissen eines Akteurs korrespondieren und lediglich Arbeitsunzufriedenheit vermeiden, korrespondieren Motivatoren mit den so genannten Wachstumsbedürfnissen. Ihr Vorhandensein erzeugt Arbeitszufriedenheit.[1116] Der Leistungserfolg als eine Facette der Arbeit ist in HERZBERGS Zwei-Faktoren-Theorie ein wichtiger Motivator. Da die Verteilung der Entlohnung und der Karriereanreize zu Teilen an die Leistung der Controller gekoppelt ist, kann sie auch als Leistungserfolg, als Anreiz aus der Arbeit selbst, angesehen werden. Der Leistungserfolg vermittelt dem Akteur insbesondere die Befriedigung von Ich-Bedürfnissen durch Anerkennung für seine Leistungen. Leistungserfolge reduzieren das empfundene Arbeitsleid der Akteure.[1117] Für Controller ist jedoch einschränkend anzumerken, dass die Beurteilung durch den Managementcounterpart und daher auch eine Anerkennung durch diesen verzerrt ist.[1118]

Auch der Arbeitsinhalt ist ein Motivator, der das empfundene Arbeitsleid reduziert und damit der Präferenz von Controllern, ihr Arbeitsleid gegen die Unternehmensziele zu reduzieren, entgegenwirkt. Der spezifische Arbeitsinhalt von Controllern trägt zur Befriedigung der Ich-Bedürfnisse bei, da er ihnen unter anderem Unabhängigkeit und Kompetenz vermittelt. Controller benötigen für die Erfüllung ihrer Aufgaben ein hohes Maß an Unabhängigkeit sowie *„technisch-funktionale Kompetenz"*.[1119] Sie sollten nicht nur Methodenwissen für die Erfüllung ihrer Aufgaben der Informationsversorgung, Planung und Kontrolle, sondern auch

---

Führungskompetenz gegen die Unternehmensziele aneignen werden, wenn diese ihnen dauerhaft vorenthalten wird. Vgl. Weber, J. (2004a), S. 565f.

1115 Vgl. Weber, W. (1991), S. 348. Die mangelnde Bereitschaft, geschäftsspezifisches Wissen zu erlernen, ist nicht nur Ausdruck der Präferenz, das Arbeitsleid zu reduzieren. Sie kann auch Karrierepräferenzen der Controller entsprechen. Vgl. Abschnitt 3.1.1.1.

1116 Zu HERZBERGS Zwei-Faktoren-Theorie vgl. zum Beispiel Schanz, G. (1993), S. 112ff.; Drumm, H. H. (1994), S. 377; Berthel, J./Becker, F. G. (2003), S. 25ff.; Nerdinger, F. W. (2003), S. 17ff.

1117 Vgl. Nerdinger, F. W. (2003), S. 20f.; Weber, J. (2004a), S. 565f.

1118 Vgl. Weber, J. (2004a), S. 564.

1119 Schein, E. H. (1977), S. 53.

Faktenwissen über das Geschäft besitzen. Abwechslungsreiche Arbeitsinhalte können auch Selbstverwirklichungsbedürfnisse befriedigen. Bei der Gestaltung der organisatorischen Rahmenbedingungen müssen die Unternehmensführung und die Führung des Controllerbereichs um einen Zuschnitt der Controllerpositionen bemüht sein, der durch einen niedrigen Spezialisierungsgrad vielfältige Aufgabeninhalte vermittelt. Hierbei ist die Gratwanderung zwischen einer zu großen, überfordernden sowie einer zu geringen, langweilenden Aufgabenbreite zu bewältigen. Beide Extrempunkte demotivieren.[1120] Eine Veränderung des Arbeitsinhalts kann auch als Belohnung an erfolgreich erbrachte Leistungen der Controller geknüpft werden. Die Arbeit selbst wird dann zu einem extrinsischen Anreiz.[1121] Zu nennen sind hier insbesondere die organisatorischen Maßnahmen Job Enlargement – die Aufgaben des Akteurs werden horizontal erweitert – und Job Rotation – der Akteur wird regelmäßig auf andere Positionen der gleichen Hierarchieebene versetzt. Diese Maßnahmen haben gleichzeitig den Charakter von Potentialentwicklungsmaßnahmen. Auch die erforderliche „technisch-funktionale Kompetenz“ kann Controllern im Rahmen von Potentialentwicklungsmaßnahmen vermittelt werden, die eine Anreizwirkung entfalten.[1122]

Ebenso können die mit der Arbeit verbundenen Einflussmöglichkeiten einen Anreiz für Controller darstellen.[1123] Angesprochen sind hier die formalen Einflussmöglichkeiten, die sich aus der hierarchischen Einordnung, dem Delegations- sowie dem Partizipationsgrad und den damit verbundenen Einspruchsrechten ergeben. Sie befriedigen Ich-Bedürfnisse und wirken der Präferenz von Controllern entgegen, Einfluss gegen die Unternehmensziele auszuüben. Sie können jedoch nicht unbegrenzt gewährt werden.[1124]

Schließlich eröffnet die Arbeit aufgrund der mit ihr verbundenen sozialen Kontakte Anreize. Soziale Kontakte befriedigen unmittelbar die sozialen Bedürfnisse und tragen zu einer Reduzierung des empfundenen Arbeitsleids bei.[1125] Unternehmen verfügen über vielfältige Möglichkeiten, soziale Kontakte zwischen den Mitarbeitern im Rahmen der Arbeit – zum Beispiel durch die Formalisierung von Kontakten innerhalb und außerhalb des Controllerbereichs –, aber auch jenseits der Arbeit – zum Beispiel durch Betriebsausflüge – zu fördern.

[1120] Vgl. Rosenstiel, L. v. (1999), S. 65; Weber, J. (2004a), S. 557.

[1121] Zur den zwei grundsätzlichen Strategien, Positionen unabhängig oder abhängig von der Leistung der Akteure zu gestalten und zu verändern vgl. Wottawa, H./Gluminski, I. (1995), S. 223.

[1122] Demnach bestehen zwischen proaktiven Rationalitätssicherungsmaßnahmen zur Reduzierung eigeninteressierten Handelns und kognitiver Beschränkungen Interdependenzen. Vgl. Abschnitt 4.3.3.2.3.

[1123] Vgl. Becker, F. G. (1998), S. 250.

[1124] Vgl. den vorausgegangenen Abschnitt 4.3.3.1.2.

[1125] Soziale Kontakte sind nach HERZBERG ein Hygienefaktor. Vgl. etwa Berthel, J./Becker, F. G. (2003), S. 25f.; Nerdinger, F. W. (2003), S. 24f.

Für die spezifische Ausgestaltung der Arbeit ist unter Anreizgesichtspunkten zu beachten, aus welchen Facetten der jeweilige Controller Befriedigung zieht.[1126]

Anzumerken ist, dass – anders als bei den Kontrollen von Controllern im Rahmen der reaktiven Rationalitätssicherung – negative Anreize beziehungsweise Sanktionen bei einem Verfehlen der Zielvorgaben erfolgen können. Sind die Anreizsysteme zweckadäquat gestaltet und damit insbesondere die Bedürfnisse von Controllern richtig erfasst, ist zwar ein eigeninteressiertes Handeln als Ursache einer Zielverfehlung auszuschließen. Solange die Zielvorgaben jedoch erreichbar sind, spornen negative Anreize Controller zu besseren Leistungen an.

4.2.3.2 Ansatzpunkte zur Vermeidung kognitiver Beschränkungen

Neben einem eigeninteressierten Handeln können kognitive Beschränkungen die Ursache für Rationalitätsdefizite im Handeln von Controllern sein. Unter Berücksichtigung der herausgearbeiteten situativen Determinanten werden im Folgenden Ansatzpunkte dafür aufgezeigt, kognitive Beschränkungen von Controllern zu vermeiden. Diese Ansatzpunkte sind die Personalauswahl im Controllerbereich unter Berücksichtigung der Qualifikation der Bewerber sowie der Kapazität im Controllerbereich, die Erhöhung der Handlungssicherheit der Controller unter Berücksichtigung der organisatorischen Rahmenbedingungen sowie Maßnahmen zur Potentialentwicklung, die unmittelbar die Qualifikation und die Ausprägung des funktionalen Erfahrungshorizonts der Controller betreffen und ebenfalls zu den organisatorischen Rahmenbedingungen zählen.

4.2.3.2.1 Personalauswahl im Controllerbereich

Die Personalauswahl ist nicht nur eine Möglichkeit, eigeninteressiertes Handeln und dadurch ausgelöste Rationalitätsdefizite im Handeln von Controllern zu vermeiden. Sie kann auch als vorgelagerte proaktive Rationalitätssicherungsmaßnahme eingesetzt werden, mit der die Gefahr reduziert wird, dass kognitive Beschränkungen Rationalitätsdefizite im Handeln von Controllern verursachen.[1127] Die für Rationalitätsdefizite ursächlichen kognitiven Beschränkungen wurden zu abstrakten Kategorien zusammengefasst: allgemeine kognitive Beschränkungen und Verzerrungen, von dem funktionalen Erfahrungshorizont der Controller abhängige Beschränkungen und Verzerrungen sowie Beschränkungen, die dem individuellen Controller anhaften. Die Personalauswahl leistet insbesondere einen Beitrag dazu sicherzustellen, dass Positionen im Controllerbereich nicht mit Controllern besetzt werden, denen individuell kognitive Beschränkungen anhaften. Insbesondere ist zu gewährleisten,

[1126] *„‚[D]en‘ Controller, der alle Aufgabenspektren von Controllertätigkeit gleich motiviert ausführen kann, gibt es nicht."* Weber, J. (2004a), S. 557. Siehe auch Rosenstiel, L. v. (2000), S. 78.

[1127] SIMON ET AL. weisen auf die notwendige Qualität des Personals für die Qualität der Controllerleistungen hin. Vgl. Simon, H. A. et al. (1954), S. VI.

dass die allgemeine Verarbeitungsfähigkeit und das Wissen der Bewerber den Anforderungen der zu besetzenden Position im Controllerbereich genügen.[1128]

Die auf der Grundlage der Analyse potentieller Rationalitätsdefizite im Handeln von Controllern systematisch strukturierten ursächlichen kognitiven Beschränkungen sind ein wichtiger Bezugspunkt für die Personalauswahl. Allerdings müssen die sich daraus ergebenden Anforderungen an Controller für die spezifische zu besetzende Position konkretisiert werden. Hierzu können die Instrumente der Arbeits- und Anforderungsanalyse eingesetzt werden. Sie helfen, die Charakteristika einer Position und der damit verbundenen Arbeitsvollzüge festzustellen und die Anforderungen an geeignete Positionsinhaber als Grundlage einer zweckadäquaten Personalauswahl abzuleiten.[1129]

Mit der proaktiven Maßnahme der Personalauswahl kann insbesondere sichergestellt werden, dass Controller die für die Position erforderliche und in Anforderungsanalysen ermittelte Verarbeitungsfähigkeit besitzen.[1130] Diese sollte in einem ausgewogenen Verhältnis zu der Komplexität der zu erfüllenden Aufgaben stehen. Eine unzureichende Verarbeitungsfähigkeit führt in Erweiterung der Resourceful-Annahme zu Rationalitätsdefiziten im Handeln von Controllern. Darüber hinaus beeinflusst sie aufgrund der übergreifenden Stellung der Resourceful-Annahme die Fähigkeiten von Controllern zur Bildung von Wahrscheinlichkeits-, Kausal- oder Werturteilen in Erweiterung der Expecting- und Evaluating-Annahme. Zur Diagnose der Verarbeitungsfähigkeiten von Bewerbern steht der Intelligenztest zur Verfügung. Für eine anforderungsspezifischere Überprüfung der Verarbeitungsfähigkeit, der Qualität und Geschwindigkeit, mit der der Bewerber für ihn neuartige, für die Position je-

---

[1128] BENZ arbeitet die Qualifikation von Controllern angesichts der Aufgabenerfordernisse als Effizienzindikator des Controllings heraus. Vgl. Benz, K. (1998), S. 131f.

[1129] *„When we refer to job analysis, we simply mean a purposeful, systematic process for collecting information on the important, work-related aspects of a job."* Gatewood, R. D./Field, H. S. (1990), S. 251. Siehe auch Schuler, H. (2001), S. 44.
Es werden drei Methoden der Arbeitsanalyse unterschieden. Bei der personenbezogen-empirischen Methode werden von den derzeit in dieser oder in einer vergleichbaren Position tätigen Akteuren Rückschlüsse auf ihre Anforderungen gezogen. Die arbeitsplatzanalytisch-empirische Methode sieht eine empirische Untersuchung der Tätigkeiten und Situationen am Arbeitsplatz, zum Beispiel mit Fragebögen, und eine Übersetzung in Anforderungsmerkmale vor. Bei der erfahrungsgeleitet-intuitiven Methode werden aus einer Beschäftigung mit den Eigentümlichkeiten einer Position Anforderungen abgeleitet. In der Praxis werden die arbeitsplatzanalytisch-empirische Methode oder Kombinationen dieser Methoden präferiert. Vgl. ausführlich Schuler, H. (1996), S. 59ff.
Anzumerken ist, dass eine anforderungsbezogene Betrachtung von Qualifikation nur eine, jedoch unverzichtbare und für den Kontext dieser Arbeit relevante Sichtweise von Qualifikation ist. Unter dynamischeren und komplexeren Bedingungen ist sie um eine ressourcenbezogene Sichtweise zu ergänzen, bei der das Potential der Bewerber unabhängig von einer spezifischen Position erfasst und auf seinen Nutzen für das Unternehmen hinterfragt wird. Vgl. Amann, C. (1993), S. 213.

[1130] Vgl. auch Herzog, A. (1999), S. 234.

doch typische Aufgaben löst,[1131] können die Bewerber in Auswahlgesprächen auch mit typischen Aufgabenaspekten konfrontiert werden.[1132]

Es ist auch sicherzustellen, dass die Bewerber das für die Aufgaben notwendige Methoden- und Faktenwissen besitzen.[1133] Dadurch kann den Wissensdefiziten, die als eine wesentliche Ursache in Erweiterung der Resourceful-Annahme herausgearbeitet wurden, entgegengewirkt werden. Fehlendes Methodenwissen kann allerdings auch eine Erweiterung der Expecting- und Evaluating-Annahme darstellen. Aufschluss über diese Facette der Qualifikation können der Lebenslauf und der damit verbundene Erfahrungshorizont der Kandidaten geben. Das Methoden-, aber auch das Faktenwissen lassen sich zudem in Interviews und ebenfalls durch die Konfrontation mit typischen Aufgaben ergründen. Dadurch kann zugleich ein Gespür für die Ausprägung des funktionalen Erfahrungshorizonts der Controller im Hinblick auf daraus resultierende kognitive Beschränkungen und Verzerrungen entwickelt werden.[1134]

Analog zu den bei der Personalauswahl zur Vermeidung eigeninteressierten Handelns angestellten Überlegungen kann auch bei einer Personalauswahl zur Vermeidung kognitiver Beschränkungen von Controllern eine Selbstselektion der Bewerber gefördert werden. Hierzu werden die erwünschte Qualifikation und der Erfahrungshorizont in der Stellenausschreibung ausführlich dargestellt.

Neben einem unzureichenden qualitativen Potential bewirkt auch ein unangemessenes quantitatives Potential, dass Controller kognitive Beschränkungen aufweisen, die zu Rationalitätsdefiziten in ihrem Handeln führen. Reicht die zeitliche Kapazität von Controllern nicht aus, dann weisen sie aufgrund des höheren Drucks eher Rationalitätsdefizite in ihrem Handeln auf und erfüllen ihre Aufgaben nicht auf dem höchsten Qualitätsniveau oder nicht vollständig. Insbesondere besteht die Gefahr, dass sie ihre Kapazitäten ausschließlich auf die besser beurteilbaren Entlastungsaufgaben verwenden und Ergänzungs- und Begrenzungsaufgaben, Rationalitätssicherungsaufgaben im engeren Sinne, unterlassen. Bei der personalen Ausstattung des Controllerbereichs ist daher ein Gleichgewicht zwischen dem Aufgabenvolumen und der durch die Anzahl der Controller beschriebenen Kapazität des Controllerbereichs herzustellen.

[1131] Die *„Qualität und Geschwindigkeit bei der Lösung neuartiger Aufgaben"* ist eine allgemein akzeptierte Definition von Intelligenz. Vgl. Schuler, H. (1996), S. 25. Siehe auch De Grave, A./Schöppner, S. (1989), S. 497.

[1132] Auf diese Weise soll die Leistung beziehungsweise Leistungsfähigkeit der Bewerber in konkreten beruflichen Anforderungen erfasst werden. Vgl. zu simulationsorientierten Verfahren der Personalauswahl Höft, S./Funke, U. (2001), S. 135ff.

[1133] Vgl. Herzog, A. (1999), S. 94 und S. 234. Zu dem erwarteten Methodenwissen der Controller vgl. zum Beispiel Gleich, R. (1997), S. 347; Galgenmüller, F./Gleich, R. (2000), S. 35; Evers, C. (2006), S. 278.

[1134] Zu verschiedenen Varianten von Wissenstests vgl. Schuler, H./Höft, S. (2001), S. 108.

4.2.3.2.2 Handlungssicherheit von Controllern

Über die sorgfältige Auswahl qualifizierter Controller hinaus können weitere proaktive Rationalitätssicherungsmaßnahmen vermeiden, dass kognitive Beschränkungen zu Rationalitätsdefiziten im Handeln von Controllern führen. Eine solche Maßnahme ist die Erhöhung der Handlungssicherheit von Controllern. Während zur Vermeidung eines eigeninteressierten Handelns als Ursache potentieller Rationalitätsdefizite der Handlungsspielraum proaktiv einzuschränken ist, ist zur Vermeidung ursächlicher kognitiver Beschränkungen sicherzustellen, dass die Handlungssituation möglichst unverzerrt wahrgenommen wird und damit die Handlungssicherheit von Controllern erhöht wird. Den Ausgangspunkt zur Erhöhung der Handlungssicherheit bilden die Ergebnisse der Analyse potentieller Rationalitätsdefizite im Handeln von Controllern, die systematisch strukturierten ursächlichen kognitiven Beschränkungen sowie die durch Kontrollen in dem spezifischen Unternehmen identifizierten Rationalitätsdefizite.[1135] Deshalb ist die Beurteilbarkeit der Controllerleistungen auch für diese Rationalitätssicherungsmaßnahme eine wichtige Grundlage. Zugleich wird deutlich, dass der Übergang zwischen reaktiven und proaktiven Rationalitätssicherungsmaßnahmen fließend ist.

Die Handlungssicherheit von Controllern kann durch einen gezielten Einsatz des organisatorischen Gestaltungsmittels der Formalisierung der Aufgabenstellungen erhöht werden. Die organisatorischen Rahmenbedingungen wurden als situative Determinanten der Rationalitätsdefizite im Handeln von Controllern herausgearbeitet.[1136] Konkrete Aufgaben oder Aufgabenfacetten, bei deren Erfüllung kognitive Beschränkungen von Controllern zu Rationalitätsdefiziten führen können, lassen sich auf verschiedene Weise formalisieren. Controllern können Handlungsrichtlinien vorgegeben werden. Sie können bei der Aufgabenerfüllung in ihren kognitiven Möglichkeiten ergänzt, mit als kritisch erachteten Informationen versorgt und im Rahmen eines strukturierten Konflikts zu einer kritischen Reflexion ihrer Entscheidungen und Entscheidungsgrundlagen herausgefordert werden. Dadurch werden die ebenfalls als situative Determinanten herausgearbeiteten Größen der Qualifikation und des funktionalen Erfahrungshorizonts zur Vermeidung kognitiver Beschränkungen bei der Erfüllung bestimmter Aufgaben beeinflusst. Während die Maßnahmen im Rahmen der Personalauswahl im Controllerbereich überwiegend sicherstellen sollen, dass keine Controller eingestellt werden, die individuell starke kognitive Beschränkungen besitzen, kann die Formalisierung allgemeinen kognitiven Beschränkungen und Verzerrungen entgegenwirken, die Controller auch aufgrund ihres funktionalen Erfahrungshorizonts aufweisen können.

[1135] SCHEWE ET AL. sehen den Zweck von Verfahrensregeln darin, in der Zukunft Kontrollbeanstandungen zu reduzieren. Vgl. Schewe, G./Littkemann, J./Beckemeier, P. O. (1999), S. 1486.

[1136] Die Gestaltung der Organisationsstruktur zur Vermeidung von Fehlentscheidungen wird zum Beispiel von Sah, R./Stiglitz, J. (1986) oder Heiner, R. (1988b) diskutiert.

Eine proaktive Rationalitätssicherungsmaßnahme, mit der die Handlungssicherheit von Controllern erhöht und kognitive Beschränkungen vermieden oder reduziert werden können, ist die *Vorgabe von Handlungsrichtlinien* für die Erfüllung bestimmter Aufgaben der Controller.[1137] Handlungsrichtlinien erleichtern nicht nur die Beurteilbarkeit von Controllerleistungen und ermöglichen Kontrollen. Sie können auch eine positive Wirkung im Hinblick auf kognitive Beschränkungen von Controllern entfalten, da sie eine Handlungsorientierung bieten. Handlungsrichtlinien sollen sicherstellen, dass Controller alle relevanten Aspekte bei der Erfüllung einer Aufgabe berücksichtigen, insbesondere auch solche, die sie aufgrund ihres funktionalen Erfahrungshorizonts gegebenenfalls vernachlässigen. Bei sehr komplexen Aufgaben unterstützen organisatorische Regeln die Strukturierung und Objektivierung von Entscheidungen.[1138] Handlungsrichtlinien können durch Organisationshandbücher kommuniziert oder im Rahmen von Schulungen vermittelt werden.

Eine weitere Maßnahme zur Erhöhung der Handlungssicherheit von Controllern und damit zur proaktiven Reduzierung kognitiver Beschränkungen ist die *gezielte Informationsversorgung* von Controllern bei der Erfüllung bestimmter Aufgaben. Controller unmittelbar mit Informationen zu versorgen, für die angenommen wird, dass sie sie andernfalls vernachlässigen, ist weitreichender, als lediglich die Berücksichtigung bestimmter Informationen durch eine Handlungsrichtlinie vorzuschreiben. *Kognitive Fähigkeiten* der Controller können auch durch die Anwendung des Vier-Augen-Prinzips ergänzt werden. Insbesondere Controller mit unterschiedlich ausgeprägten Erfahrungshorizonten[1139] ergänzen sich in ihrem Wissen oder ihren kognitiven Fähigkeiten wie zum Beispiel ihrer Wahrnehmungsfähigkeit vor der Übermittlung bestimmter Leistungen an die Manager und erhöhen so die Handlungssicherheit – vier Augen sehen mehr als zwei.[1140] Das Vier-Augen-Prinzip ist demnach nicht nur geeignet, einem eigeninteressierten Handeln, sondern auch kognitiven Beschränkungen der Controller entgegenzuwirken. Da eine vertrauensvolle Atmosphäre eine wichtige Rahmenbedingung für die Funktionsweise des Vier-Augen-Prinzips ist, stellt die Förderung einer solchen Atmosphäre im Controllerbereich, aber auch darüber hinaus eine wichti-

---

1137 Vgl. Jost, P.-J. (2000a), S. 607, oder auch Russo, J. E./Schoemaker, P. J. H. (2002), S. 6. Vgl. ähnlich Fischhoff, B. (1982), S. 425.

1138 Vgl. Jost, P.-J. (2000a), S. 603ff.

1139 Vgl. Abschnitt 4.3.3.3.

1140 Vgl. Albach, H. (1994), S. 144; Herzog, A. (1999), S. 236ff.
Die durch die Anwendung des Vier-Augen-Prinzips intendierte Wirkung entspricht letztlich der positiven Wirkung, die Gruppen im Hinblick auf Entscheidungsprozesse zugesprochen wird. *„Groups serve as error-checking system during interaction. Second, ‚synergies' can emerge when people with complementary expertise interact. [...] The third and arguably most important reason that groups improve decision making is statistical. Groups increase the effective sample size of experience used to make a decision. The result is that on tasks that require novel solutions – such as creativity or hypothesis generation tasks – groups hold more diverse perspectives than any one individual. And on tasks that require estimation – such as forecasting or evaluation tasks – the larger sample and diversity of cue-usage in groups make the combination of individual judgments a powerful way to reduce individual error."* Larrick, R. P. (2004), S. 326f.

ge begleitende Maßnahme dar.[1141] Die gezielte Informationsversorgung sowie die Ergänzung der Controller können wiederum durch Handlungsrichtlinien für bestimmte Situationen formalisiert werden.

Schließlich können Controller im Rahmen eines *strukturierten Konflikts* zu einer kritischen Reflexion ihrer Entscheidungsgrundlagen und Entscheidungen herausgefordert werden, so wie sie Manager herausfordern. Eine kritische Reflexion trägt ebenfalls dazu bei, die Handlungssicherheit zu erhöhen, und beugt kognitiven Beschränkungen und dadurch ausgelösten Rationalitätsdefiziten im Handeln von Controllern vor.[1142] Sie kann auch die Form einer Warnung vor möglichen kognitiven Verzerrungen annehmen.[1143] Darüber hinaus werden zwei Formen des strukturierten Konflikts – „Consider the opposite" und „Consider the alternative" – unterschieden.[1144] *„Consider the opposite"* ist die Aufforderung an die Controller, gegensätzliche Argumente zum Überdenken ihrer Entscheidungen zu berücksichtigen. Infragestellung ihrer Entscheidungen zu bedenken.[1145] *„Consider the alternative"* ist die Aufforderung, den Entscheidungshorizont durch die Berücksichtigung möglicher Alternativen zu erweitern.[1146] Die Handlungssicherheit kann gerade dadurch erhöht werden, dass Controller mit der Unsicherheit ihres Handlungskontextes konfrontiert werden. Die Initiie-

---

1141 Vgl. Abschnitt 4.3.3.1.2.

1142 Dem kritischen Hinterfragen von Entscheidungen oder Entscheidungsgrundlagen wird in der Literatur eine große Wirkung zugeschrieben. Vgl. Koriat, A./Lichtenstein, S./Fischhoff, B. (1980), S. 107; Schwenk, C. R./Cosier, R. A. (1980), S. 64; Fischhoff, B. (1982), S. 422; Lord, C. G./Lepper, M. R./ Preston, E. (1984), S. 1231; Hoch, S. J. (1985), S. 719; Arkes, H. R. (1991), S. 486ff.; Nitzsch, R. v. (2002), S. 101; Russo, J. E./Schoemaker, P. J. H. (2002), S. 43 und 173f.; Kramer, R. M. (2003), S. 58ff.

1143 Vgl. Fischhoff, B. (1982), S. 426; Keren, G. (1990), S. 536.

1144 *„Consider the opposite"* oder *„consider the alternative"* werden als effiziente Strategien angesehen, verschiedene kognitive Verzerrungen von Akteuren wie den Overconfidence-Effekt, aus der Anwendung der Verankerungsheuristik resultierende Effekte oder Bestätigungsverzerrungen zu vermeiden. Vgl. Larrick, R. P. (2004), S. 323; Roese, N. J. (2004), S. 268.

1145 Für allgemeine Hinweise auf die positiven Effekte dieser Maßnahme vgl. Fischhoff, B. (1982), S. 438; Arkes, H. R. (1991), S. 494; Hirt, E. R./Markman, K. D. (1995), S. 1070; Russo, J. E./Schoemaker, P. J. H. (2002), S. 88f. und 110f.; Wilson, T. D./Centerbar, D. B./Brekke, N. (2002), S. 197f.; Larrick, R. P. (2004), S. 323.

„The consider-the-opposite strategy is thought to work because explicitly emphasizing contrary arguments and what could go wrong makes risks more salient to the decisionmaker. It also impresses upon a decisionmaker that he exerts less control over outcomes than he might believe, and emphasizing on arguments can overcome blind spots in considering likely competitor responses. Moreover, forcing an individual to wrestle with uncertainty can arrest a person's tendency to reconcile conflicting information in order to avoid the unpleasantness of cognitive dissonance." Paredes, T. A. (2005), S. 740f.

„,Consider the opposite' works because it directs attention to contrary evidence that would not otherwise be considered. By comparison, simply listing reasons typically does not improve decisions because decision makers tend to generate supportive reasons." Larrick, R. P. (2004), S. 323.

1146 Vgl. Arkes, H. R. (1991), S. 494; Hammond, J. S./Keeney, R. L./Raiffa, H. (1998), S. 52; Russo, J. E./Schoemaker, P. J. H. (2002), S. 61; Roese, N. J. (2004), S. 268; Epley, N./Gilovich, T. (2005), S. 200.

„Why is counterexplanation task effective in debiasing judgments? The preferred explanation for the debiasing effects of counterexplanation tasks is that such tasks explicitly force participants to consider alternative outcomes for an event. That is, participants must generate evidence that supports an alternative outcome (and thus contradicts the previously explained outcome), resulting in a more balanced and objective evaluation of the relevant evidence at the time of judgment." Hirt, E. R./Markman, K. D. (1995), S. 1070.

rung eines strukturierten Konflikts kann wiederum durch Handlungsrichtlinien für bestimmte Handlungssituationen von Controllern formalisiert werden.

Bei den Maßnahmen zur Erhöhung der Handlungssicherheit wird die enge – auch zeitliche – Verzahnung zwischen reaktiven und proaktiven Rationalitätssicherungsmaßnahmen sehr deutlich. Teilweise können diese Maßnahmen den Charakter einer proaktiven oder aber einer reaktiven Rationalitätssicherung haben. Sie erfolgen zwar in der Regel, bevor Controller die Ergebnisse ihrer Leistungserstellung übermitteln oder diese wirksam werden. Doch insbesondere bei den Maßnahmen, die die Initiierung eines strukturierten Konflikts zur kritischen Reflexion der Entscheidungen oder Entscheidungsgrundlagen vorsehen, ist die Leistungserstellung schon sehr weit fortgeschritten, was den reaktiven Anteil dieser Maßnahmen verstärkt. Insbesondere, wenn der Managementcounterpart der Träger dieser Maßnahmen ist, verlieren sie ihren proaktiven Charakter, da dieser nur zu einer kritischen Reflexion herausfordern kann, wenn zumindest Teile der Controllerleistungen bereits an ihn übermittelt worden sind.

Erweiterungen zu der *Resourceful-Annahme* des RREEMM-Modells, die Rationalitätsdefizite im Handeln von Controllern erklären, sind insbesondere eine beschränkte Verarbeitungsfähigkeit, fehlendes Wissen, funktional geprägte mentale Modelle sowie Wahrnehmungsverzerrungen. Die dargestellten Rationalitätssicherungsmaßnahmen zur Erhöhung der Handlungssicherheit von Controllern bei der Erfüllung bestimmter Aufgaben können diesen kognitiven Beschränkungen proaktiv entgegenwirken: In Handlungssituationen, in denen eine beschränkte Verarbeitungsfähigkeit von Controllern Rationalitätsdefizite, etwa bei der Datenbeschaffung aus komplexen Systemen, bei komplexen Datenauswertungen oder der Erarbeitung des Planungskalenders, erklärt, kann die Handlungssicherheit dadurch erhöht werden, dass mehrere Controller gleichzeitig mit der Aufgabe betraut werden und sich in ihren kognitiven Fähigkeiten ergänzen. Aus dem funktionalen Erfahrungshorizont der Controller resultierendes fehlendes Wissen, zum Beispiel über die Inhalte und Funktionsweise des Geschäfts, Prozessabläufe im Unternehmen, die Branche oder den Kontext, kann durch andere Akteure eingebracht werden. Beispielsweise können Controller mit einer längeren Erfahrung in dem Unternehmen dieses Wissen einfließen lassen. Relevant kann diese Maßnahme zum Beispiel bei Aufgaben wie der Informationsbedarfsanalyse, der Zielbildung oder dem Hinterfragen gebildeter Ziele, der Alternativenbewertung oder der Abweichungsanalyse sein. Auch fehlendes Methodenwissen kann auf diese Weise ergänzt werden. Darüber hinaus kann der Controllerbereich methodische Richtlinien für Aufgaben wie die Informationsbedarfsanalyse oder Alternativenbewertungen erarbeiten, die fehlendes Methodenwissen der Controller ergänzen. Für Aufgaben, die aus einer Interaktion zwischen Controllern und Managern resultierendes Wissen erfordern, beispielsweise bei der Bestimmung des subjektiven Informationsbedarfs, können Richtlinien einen Austausch zwischen Controllern und Managern vorgeben.

Das explizite und implizite Wissen, insbesondere die funktional geprägten mentalen Modelle, beeinflussen darüber hinaus die Wahrnehmung von Controllern und führen zu Wahrnehmungsverzerrungen wie Verfügbarkeits- oder Bestätigungsverzerrungen. Auch losgelöst von dem funktionalen Erfahrungshorizont können Wahrnehmungsverzerrungen im Handeln von Controllern auftreten. Zur Erhöhung der Handlungssicherheit von Controllern in Situationen, in denen kognitive Beschränkungen und Verzerrungen wirken, können verschiedene Maßnahmen ergriffen werden. Dies gilt zum Beispiel bei der Festlegung der Beobachtungsbereiche bei der systemorientierten Teilaufgaben der Informationsversorgung, bei der Datenbeschaffung allgemein sowie als Grundlage für Prognosen für die Zielbildung, bei der Einschätzung des Kontextes oder bei der Budgetierung. Eine erste Maßnahme ist die Vorgabe von Handlungsrichtlinien beziehungsweise detaillierten Handlungskriterien, die die Wahrnehmung etwa bei der Festlegung der Beobachtungsbereiche oder der Datenquellen steuert. Darüber hinaus können Informationen, die Controller aufgrund von Verfügbarkeits- oder auch Bestätigungsverzerrungen, beispielsweise bei Entscheidungen der Controller über Produktänderungen, möglicherweise nicht wahrnehmen könnten, gezielt bereitgestellt werden.[1147] Wahrnehmungsverzerrungen können auch durch die Beteiligung mehrerer Controller an der Lösung einer Aufgabe korrigiert werden. Die Perspektiven der beteiligten Controller sollten sich ergänzen.[1148] Schließlich können Controller bei der Erfüllung von Aufgaben, die für Wahrnehmungsverzerrungen anfällig sind, einem strukturierten Konflikt ausgesetzt werden. Verfügbarkeitsverzerrungen kann insbesondere durch die Aufforderung *„consider the alternative“* begegnet werden.[1149]

Erweiterungen zu der *Expecting-Annahme* des RREEMM-Modells, die Rationalitätsdefizite im Handeln von Controllern erklären, umfassen Beschränkungen und Verzerrungen der Fähigkeit zur Bildung der strukturell identischen Wahrscheinlichkeits- und Kausalurteile, die sich unter anderem auf die Erfüllung von Aufgaben im Rahmen der Zielbildung, Alternativenbewertung, Abweichungsanalyse und der Ableitung von Handlungsimplikationen auswirken können. Erweiterungen zu der Expecting-Annahme sind eng mit den Erweiterungen zu der Resourceful-Annahme verbunden, da die Datenbasis zur Bildung von Wahrscheinlichkeitsurteilen sowie der kausale Kontext, in dem Kausalurteile gefällt werden, durch das explizite Wissen, die mentalen Modelle sowie die Wahrnehmung geprägt sind. Zur proaktiven Vermeidung kognitiver Beschränkungen kann es daher auch bei der Bildung der Daten-

---

[1147] Vgl. Green, D. W. (1990), S. 553ff.; Russo, J. E./Schoemaker, P. J. H. (2002), S. 92f.

[1148] Vgl. Herzog, A. (1999), S. 179.
Siehe in diesem Zusammenhang zu dem so genannten Kollegialprinzip in der Verwaltung Groß, T. (1999).

[1149] Vgl. Kennedy, J. (1993), S. 232.

basis für Wahrscheinlichkeitsurteile oder des kausalen Kontextes für die Erfüllung der genannten Aufgaben sinnvoll sein, dass sich mehrere Controller in ihrem Wissen und in ihrer Wahrnehmung ergänzen. Auch können gezielt Informationen bereitgestellt werden – insbesondere solche, die die Klärung der Zulässigkeit der Übernahme von Werten aus der Vergangenheit erlauben. Für wiederholt zu tätigende Wahrscheinlichkeitsurteile wie die Prognose bestimmter Größen können Handlungsrichtlinien erarbeitet werden, welche Parameter wie zu berücksichtigen sind.[1150]

Auch bei dem Schritt der Ableitung von Wahrscheinlichkeiten weisen Controller Rationalitätsdefizite in ihrem Handeln auf. Häufig wenden sie die Verfügbarkeits-, Verankerungs- oder die Repräsentativitätsheuristik an. Daher kann ihre Handlungssicherheit durch die Vorgabe von Handlungsschritten sowie eine Erweiterung der Perspektive durch die Einbeziehung weiterer Akteure erhöht und proaktiv ihre Rationalität gesichert werden. Handlungsrichtlinien können Controllern die Durchführung von Szenarioanalysen verbindlich vorschreiben. Szenarioanalysen sind zugleich eine Form des strukturierten Konflikts – *„consider the alternative"*.[1151] Sie sind auch geeignet, die kritische Reflexion der Controller über die von ihnen gebildeten Urteile zu fördern, und wirken somit dem Overconfidence-Effekt entgegen.[1152] Die kritische Reflexion kann zudem gefördert werden, wenn Controller zusätzlich aufgefordert sind, Konfidenzintervalle zu den prognostizierten Werten zu bilden.[1153] Schließlich erhöht eine Spiegelung der Wahrscheinlichkeitsurteile an relevanten Benchmarking-Werten die Handlungssicherheit von Controllern. Der Controllerbereich kann zum Beispiel eine Datenbank mit relevanten Benchmarking-Werten vorhalten und die Controller gezielt mit Informationen aus dieser Datenbank versorgen.[1154] Aufgrund der in ihren funktional geprägten mentalen Modellen manifestierten Innenorientierung integrieren Controller nur selten eine Außenperspektive in ihre Entscheidungen.

1150 Vgl. Hammond, J. S./Keeney, R. L./Raiffa, H. (1998), S. 48.

1151 Für Szenarioanalysen als Rationalitätssicherungsmaßnahme zur Reduzierung kognitiver Beschränkungen vgl. Nitzsch, R. v. (2002), S. 160ff.; Russo, J. E./Schoemaker, P. J. H. (2002), S. 101ff. und 116ff.; Schoemaker, P. J. H. (2004), S. 284ff.

1152 Vgl. Hoch, S. J. (1985); Koriat, A./Lichtenstein, S./Fischhoff, B. (1980); Lord, C. G./ Lepper, M. R./Preston, E. (1984).

1153 Vgl. auch Russo, J. E./Schoemaker, P. J. H. (2002), S. 104ff. sowie Russo, J. E./Schoemaker, P. J. H. (1989), S. 96ff.; Weber, J. et al. (2003), S. 52.

1154 Vgl. Russo, J. E./Schoemaker, P. J. H. (2002), S. 42f. und 229ff.; Lovallo, D./Kahneman, D. (2003), S. 62f.; Shefrin, H. (2007), S. 47. Siehe auch Weber, J. et al. (2003), S. 18.
KAHNEMAN/TVERSKY betonen die Relevanz von Benchmarks: *„The singular information describes the specific features of the problem that distinguish it from others, while the distributional information characterizes the outcomes that have been observed in cases of the same general class. [...] The context of planning provides many examples in which the distribution of outcomes in past experience is ignored."* Kahneman, D./Tversky, A. (1982), S. 415.

Auch die Erweiterungen zu der *Evaluating-Annahme* des RREEMM-Modells sind eng mit den Erweiterungen zu der Resourceful-Annahme verbunden, da Controller bei ihren Bewertungen einem Framing unterliegen, das sich aus ihrem Erfahrungshorizont und somit ihrem Wissen und ihren mentalen Modellen ergibt. Im Extremfall fehlt ihnen Faktenwissen für die Bewertung. Für konkrete Aufgaben wie die Bewertung einer geplanten Investition kann dieses Wissen gezielt bereitgestellt werden oder es fließt durch die institutionalisierte Zusammenarbeit von Controllern mit mehr und weniger spezifischer Erfahrung in dem Unternehmen in die Aufgabenerfüllung ein. Das Framing von Controllern kann auch dazu führen, dass sie ihren Bewertungen zwar verfügbare, aber ungeeignete Referenzpunkte zugrunde legen, die den Maßstab für den Nutzen einer Handlungsalternative vorgeben, diese gemäß der Verankerungsheuristik unzureichend anpassen oder dass aus ihrem funktionalen Erfahrungshorizont resultierende Kriterien ihre Bewertungen systematisch verzerren. Darüber hinaus unterliegen auch Controller Bewertungsverzerrungen wie dem Outcome-Bias oder solchen, die die Prospect Theory erklärt. Deshalb sind auch bei den Aufgaben und Aufgabenaspekten der Controller, die von diesen Bewertungsverzerrungen betroffen sind, Maßnahmen zur Erhöhung der Handlungssicherheit von Controllern zu ergreifen. Zu diesen Aufgaben und Aufgabenaspekten gehören zum Beispiel die Bewertung von Handlungsalternativen oder das Hinterfragen von Bewertungen der Manager im Rahmen der Planung und die Ableitung von Handlungsimplikationen bei Entscheidungen über die Fortführung oder den Abbruch von Investitionen. Ebenso zählen die Festlegung der Beobachtungsbereiche für die Informationsversorgung, Entscheidungen über den Trade-off zwischen Aktualität und Genauigkeit in der Informationsversorgung und der Planung, die Einschätzung des Nutzens bestimmter Facetten der von ihnen angebotenen Produkte für die Manager oder die Einschätzung der Bedeutung verhaltensorientierter Facetten der Kontrolle zu ihren Aufgaben.

Auch um die Wahl ungeeigneter Referenzpunkte beziehungsweise durch den funktionalen Erfahrungshorizont der Controller geprägte subjektive Bewertungskriterien zu vermeiden, können weitere Akteure in die Bewertung einbezogen werden.[1155] Insbesondere um Bewertungsverzerrungen wie den Sunk-Cost-Effekt oder den Status-quo-Effekt zu vermeiden, die die Prospect Theory erklärt, kann die Anwendung des Vier-Augen-Prinzips geeignet sein. Diese Effekte entstehen aus antizipierten kognitiven Dissonanzen im Falle eines Verlustes gegenüber dem jeweiligen Referenzpunkt, die wiederum aus einem Commitment des Akteurs im Zusammenhang mit der Bewertung resultieren. Mit der Anwendung des Vier-Augen-Prinzips können kognitive Dissonanzen reduziert werden, da nicht ein Controller alleine die Verantwortung für die Bewertung und ihre Konsequenzen trägt. Das Vier-Augen-Prinzip ist auch dann geeignet, die Handlungssicherheit von Controllern zu erhöhen,

[1155] Vgl. Herzog, A. (1999), S. 179.

wenn diese – analog zu In-sich-Kontrollen – Bewertungen durchführen müssen, die ihre eigenen Handlungen betreffen – zum Beispiel in der Vergangenheit entwickelte Controllingprodukte – oder darüber hinaus grundsätzlich die Gefahr besteht, dass sie ihre Unabhängigkeit verloren haben.

Eine weitere Möglichkeit zur Erhöhung der Handlungssicherheit besteht darin, Handlungsrichtlinien zu erarbeiten, die – analog zu der Prognose bestimmter Größen – Referenzpunkte beziehungsweise Bewertungskriterien vorgeben. Um einseitige Bewertungen von Controllern zu vermeiden, können Richtlinien vorsehen, Bewertungen prinzipiell unter Zugrundelegung unterschiedlicher Referenzpunkte durchzuführen.[1156] Ebenfalls analog zu der Bildung von Wahrscheinlichkeitsurteilen können Handlungsrichtlinien zur Integration einer Außenperspektive ein Benchmarking der durchgeführten Bewertungen vorschreiben.[1157] Schließlich sind Controller durch die Initiierung eines strukturierten Konflikts zu einer kritischen Reflexion der von ihnen gewählten Referenzpunkte und Bewertungskriterien sowie der vorgenommenen Bewertungen anzuregen.

4.2.3.2.3 Potentialentwicklung von Controllern

Neben der Auswahl qualifizierter Controller und Maßnahmen zur Erhöhung ihrer Handlungssicherheit in konkreten Situationen ist die Potentialentwicklung eine weitere proaktive Maßnahme, kognitive Beschränkungen und dadurch ausgelöste Rationalitätsdefizite im Handeln von Controllern zu vermeiden. Potentialentwicklungsmaßnahmen sind darauf ausgerichtet, sowohl aus dem funktionalen Erfahrungshorizont der Controller resultierende als auch davon unabhängige, allgemeine kognitive Beschränkungen und solche, die dem einzelnen Controller anhaften, zu reduzieren.[1158] Das qualitative Potential der Controller – ihre Qualifikation und die Ausprägung ihres funktionalen Erfahrungshorizonts –, das als eine situative Determinante ihrer kognitiven Beschränkungen herausgearbeitet wurde, ist unter Berücksichtigung der Anforderungen der konkreten Controllerposition zu entwickeln. Die Maßnahmen berühren auch die organisatorischen Rahmenbedingungen und die Kultur des Controllerbereichs, die ebenfalls situative Determinanten kognitiver Beschränkungen von Controllern sind.

Potentialentwicklungsmaßnahmen und die Maßnahmen zur Erhöhung der Handlungssicherheit der Controller stellen gleichermaßen auf die Vermeidung kognitiver Beschränkungen ab. Während jedoch die Maßnahmen zur Erhöhung der Handlungssicherheit ihre Wirkung

1156 Vgl. Hammond, J. S./Keeney, R. L./Raiffa, H. (1998), S. 54. Dies entspricht dem Instrument der Nutzwertanalyse.

1157 Vgl. Weber, J. et al. (2003), S. 17f.

1158 Zur Bedeutung der Personalentwicklung im Controlling vgl. Simon, H. A. et al. (1954), S. VI. VON ROSENSTIEL sieht die Personalauswahl und die Potentialentwicklung als zwei Möglichkeiten zur Schaffung einer Kongruenz zwischen der Qualifikation eines Akteurs und den Anforderungen seiner Position an. Vgl. Rosenstiel, L. v. (2000), S. 132. Siehe auch Holling, H./Liepmann, D. (1995), S. 285.

in einer konkreten Handlungssituation entfalten sollen, ist die Wirkung der Potentialentwicklungsmaßnahmen über eine konkrete Handlungssituation hinaus angelegt. Allerdings regen die Maßnahmen zur Erhöhung der Handlungssicherheit Controller zur Reflexion an. Dies fördert im Zeitablauf die Entwicklung ihres qualitativen Potentials, so dass der Übergang zwischen Maßnahmen zur Erhöhung der Handlungssicherheit und zur Potentialentwicklung fließend ist.[1159]

Die Beurteilbarkeit der Controllerleistungen ist auch für die Potentialentwicklungsmaßnahmen eine wichtige Voraussetzung, da es von herausragender Bedeutung für die Entwicklung des qualitativen Potentials ist, Controllern auf der Basis der durchgeführten Kontrollen Feedback zu ihren Leistungen zu geben. Insofern verdeutlichen auch die Potentialentwicklungsmaßnahmen, dass der Übergang zwischen reaktiven und proaktiven Rationalitätssicherungsmaßnahmen fließend ist. Feedback zeigt Controllern die Beziehungen zwischen ihren Handlungen und dem Handlungsergebnis auf und bildet die Grundlage für Lernprozesse von Controllern, die Stärkung ihrer kognitiven Fähigkeiten und Verbesserung ihres Wissens einschließlich ihrer mentalen Modelle.[1160] Insofern ist es sinnvoll, wenn die Feedbackprozesse sowie die vorausgehenden Kontrollprozesse systematisch und in ihrer Systematik formalisiert erfolgen.[1161] Die Qualität der Lernprozesse wächst mit zunehmendem konkreten Handlungsbezug für den einzelnen Controller, der Präzision und Geschwindigkeit des Feedbacks.[1162]

Aufgrund der eingeschränkten Beurteilbarkeit von Controllerleistungen können jedoch nicht alle Rationalitätsdefizite im Handeln von Controllern identifiziert und die tatsächlichen Ursachen der identifizierten Defizite nur selten eindeutig ausgemacht werden. Daher basieren die Maßnahmen zur Entwicklung des qualitativen Potentials der Controller neben den Kontrollergebnissen im spezifischen Unternehmen auf den systematisch strukturierten ursächlichen kognitiven Beschränkungen der Controller. Die Potentialentwicklungsmaßnahmen setzen entweder unmittelbar an den kognitiven Beschränkungen und Verzerrungen oder an dem funktionalen Erfahrungshorizont der Controller an.

[1159] Die Unterscheidung in Maßnahmen zur Erhöhung der Handlungssicherheit und zur Potentialentwicklung entspricht im Wesentlichen der Unterscheidung von KEREN in *„procedural and structure modifying techniques"*. Vgl. Keren, G. (1990), S. 536.

[1160] *„The results show that feedback on the accuracy of decisions leads to more normative-like processing of information and improved performance."* Creyer, E. H./Bettman, J. R./Payne, J. W. (1990), S. 13.
Siehe auch Hogarth, R. W. (1980), S. 226; Russo, J. E./Schoemaker, P. J. H. (1989), S. 194ff.; Eichenberger, R. (1992), S. 50; Schewe, G./Littkemann, J./Beckemeier, P. O. (1999), S. 1486; Jost, P.-J. (2000a), S. 604f.

[1161] Vgl. Russo, J. E./Schoemaker, P. J. H. (1989), S. 175f.; Herzog, A. (1999), S. 230.

[1162] Vgl. Russo, J. E./Schoemaker, P. J. H. (2002), S. 106.

4.2.3.2.3.1 Stärkung der kognitiven Fähigkeiten

Zuerst werden Maßnahmen zur Entwicklung des qualitativen Potentials von Controllern aufgezeigt, die unmittelbar an den kognitiven Beschränkungen ansetzen. Sie zielen darauf ab, individuelle und allgemeine kognitive Beschränkungen und Verzerrungen zu vermeiden. Es gilt, Controllern fehlendes Wissen zu vermitteln, die kognitiven Fähigkeiten – ihre die Resourceful-Annahme betreffende Wahrnehmung, ihre die Expecting-Annahme betreffenden Fähigkeiten zur Bildung von Wahrscheinlichkeits- und Kausalurteilen sowie ihre die Evaluating-Annahme betreffende Fähigkeit zur Bildung rationaler Werturteile – zu stärken, eine nachhaltige Veränderung der mentalen Modelle zu bewirken und sie gegen weitere kognitive Verzerrungen zu immunisieren.[1163] Das Bemühen, bei Controllern ein Bewusstsein für ihre kognitiven Beschränkungen und Verzerrungen zu schaffen, sollte immer von dem Versuch begleitet sein, ihnen möglichst konkret aufzuzeigen, wie sie diesen Beschränkungen entgegenwirken können.[1164] Diese Maßnahmen haben im Wesentlichen den Charakter von Schulungen,[1165] die das Ausmaß der kognitiven Beschränkungen von Controllern ex ante – vor der Aufgabenerfüllung – reduzieren sollen.[1166] Die unter dem Schlagwort „Debiasing" arbeitende Forschung bestätigt empirisch die Wirksamkeit von Schulungsmaßnahmen.[1167]

Wissenslücken von Controllern resultieren vielfach aus ihrem spezifischen funktionalen Erfahrungshorizont. Daher trägt eine positive Beeinflussung des Erfahrungshorizonts zu einer Schließung dieser Lücken bei. Darüber hinaus sollte Controllern fehlendes Wissen unterstützend explizit, auch im Zusammenhang mit der Stärkung ihrer kognitiven Fähigkeiten, vermittelt werden. Wichtig ist beispielsweise Wissen über den internen und externen Kontext, in dem das Unternehmen agiert, über verhaltensorientierte Aspekte wie zum Beispiel Motivationstheorien oder Fachvokabular, das Controller für die Kommunikation mit Schnittstellenbereichen benötigen und das zur Reduzierung von Kommunikationsproblemen

---

1163 Siehe den Überblick über proaktive Rationalitätssicherungsmaßnahmen bei Florissen, A. (2005), S. 221.

1164 *„However it is instructive, that quite specific professional training may be necessary for debiasing to be successful. Arkes and Blumer showed that taking a course or two in general economics did not inoculate students against the sunk cost effect."* Arkes, H. R. (1991), S. 496. Siehe auch Arkes, H. R./Blumer, C. (1985).

1165 *„Making managers aware of their cognitive tendencies and how they process and interpret information (that is, teaching executives [hier Controller, A. P.] how they deviate from perfect rationality) can mitigate cognitive bias."* Paredes, T. A. (2005), S. 739. Und LARRICK ergänzt: *„Without accompanying recognition skills and decision tools, it is unlikely that ‚awareness' alone would be sufficient."* Larrick, R. P. (2004), S. 326. Siehe auch Fischhoff, B. (1982), S. 426; Bazerman, M./Loewenstein, G./Moore, D. (2002), S. 102.

1166 LARRICK betont, dass kognitive Beschränkungen unter anderem aufgrund des Self-Serving Bias bei einer Beurteilung der eigenen Handlungsergebnisse nur durch Außenstehende wirkungsvoll reduziert werden können. Vgl. Larrick, R. P. (2004), S. 318ff. Vgl. ähnlich Arkes, H. R. (1991), S. 493 und 495.

1167 Vgl. Fong, G. T./Krantz, D. H./Nisbett, R. E. (1986); Lehman, D. R./Nisbett, R. E. (1990); Fong, G. T./Nisbett, R. E. (1991). Die Wirkung von Schulungen ist jedoch nicht unumstritten. Vgl. beispielsweise Benson, P. G./Onkal, D. (1992) sowie die angegebene Literatur bei Clemen, R. T./Lichtendahl, K. C. J. (2002), S. 12f.

beitragen soll.[1168] Darüber hinaus ist die sprachliche Ausdrucksfähigkeit der Controller zu schulen, die sie zum Beispiel für das Verfassen von Kommentaren benötigen.

Zur Stärkung der die *Resourceful-Annahme* betreffenden Wahrnehmung sollten Controllern die theoretischen Grundlagen der Wahrnehmung, insbesondere die Hypothesentheorie über die Filterwirkung der Wahrnehmung erklärt werden. Aufgrund der Vielzahl von Signalen aus der Umwelt ist diese Filterwirkung zwar erforderlich, um ihre Aufgaben rational erfüllen zu können, müssen Controller jedoch die richtigen Signale filtern. Dazu ist es erforderlich, dass sie die Funktionsweise der Wahrnehmung und den Einfluss ihres Wissens auf ihre Wahrnehmung verstehen. Darüber hinaus ist ihnen das Wissen zu vermitteln, das sie für eine korrekte Wahrnehmung – also die Selektion der relevanten Signale – im Hinblick auf die Erfüllung ihrer Aufgaben sensibilisiert.[1169] Die für die Bestimmung des Informationsbedarfs von Managern relevanten Signale können Controller nur aufnehmen, wenn sie Wissen über die Aufgaben der Manager besitzen. Umfangreiches Wissen über den internen und externen Unternehmenskontext ist die Voraussetzung, um die relevanten Beobachtungsbereiche für die Problemfeststellung in der Planung bestimmen und screenen zu können.

Von besonderer Bedeutung für die Planung ist die Früherkennung von Chancen und Risiken. Daher benötigen Controller Wissen über relevante Frühwarnindikatoren. Wenn Controllern anhand von konkreten Beispielen aus der Vergangenheit Zusammenhänge zwischen Indikatoren und eingetretenen Ereignissen oder Entwicklungen aufgezeigt werden, bilden sie möglicherweise ein Gespür für die Wahrnehmung von Indikatoren aus. Zur Stärkung der Wahrnehmung gehört es auch, eine kritische Distanz von Controllern gegenüber ihrer eigenen Wahrnehmung zu fördern. Der funktionale Erfahrungshorizont von Controllern vermag zu erklären, dass sie Teile des gezielt zu vermittelnden Wissens nicht besitzen. Potentialentwicklungsmaßnahmen, die unmittelbar an dem funktionalen Erfahrungshorizont von Controllern ansetzen, sollen dazu beitragen, dass Controller dieses Wissen erlernen. Die Verankerung des Wissens kann unterstützt werden, indem es zudem im Zusammenhang mit den kognitiven Fähigkeiten sowie den konkreten Aufgaben, für deren Erfüllung es benötigt wird, vermittelt wird.

Bezüglich der die *Expecting-Annahme* betreffenden Fähigkeit von Controllern zur Bildung von Wahrscheinlichkeits- und Kausalurteilen ist zunächst festzustellen, dass sich eine gestärkte Wahrnehmungsfähigkeit positiv auf diese Fähigkeit, besonders auf die Konzeption der Datenbasis zur Ableitung von Wahrscheinlichkeiten sowie die Erfassung des kausalen Kontextes, auswirkt. Darüber hinaus kann diese Fähigkeit gestärkt werden, indem Control-

[1168] Vgl. Karlowitsch, M. (1997), S. 17.
[1169] Vgl. Kanning, U. P. (1999), S. 271f.

lern Methodenwissen vermittelt wird und ihre statistischen Fähigkeiten verbessert werden. Weiter müssen sie über den inhaltlichen Hintergrund der regelmäßig zu bildenden Wahrscheinlichkeitsurteile, der Prognosen, aber auch den kausalen Kontext der Kausalurteile wie zum Beispiel die Durchführung von Abweichungsanalysen oder die Bestimmung vorlaufender Frühwarnindikatoren instruiert werden. Valide Gewinnprognosen zum Beispiel können sie nur dann treffen, wenn sie auf der einen Seite Wissen über die Wettbewerber und Kunden beziehungsweise den Markt allgemein sowie die Kostenstrukturen auf der anderen Seite haben. Zudem sind Controller für die Möglichkeit eines Trendbruchs und die unkalkulierbaren Einflüsse menschlichen Handelns auf die Entwicklung relevanter Größen zu sensibilisieren. Ähnlich wie bei den Maßnahmen zur Erhöhung der Handlungssicherheit bei der Durchführung von Wahrscheinlichkeitsurteilen sind Controller in einem Denken in Szenarien und Optionen zu schulen.[1170] Neben die verbindliche Vorgabe, Szenarioanalysen durchzuführen, tritt der Versuch, ein Denken in Alternativen zu automatisieren. Dies erhöht die Sensibilisierung von Controllern für ihre Wahrscheinlichkeitsurteile und fördert ihre Kritik daran. Die Fähigkeit einzelner Controller zur Bildung von Wahrscheinlichkeitsurteilen lässt sich zudem stärken, indem der durchschnittliche Fehler bei Urteilen derselben Art ermittelt und diese Information als Basis für Lernprozesse bereitgestellt wird.[1171]

Auch die Stärkung der die *Evaluating-Annahme* betreffenden Fähigkeit von Controllern zur Bildung rationaler Werturteile erfolgt in erster Linie über die Vermittlung von Methoden- und Faktenwissen. Controller können Handlungsalternativen nur dann systematisch gegeneinander abwägen und die Alternative mit dem größten Nutzenbeitrag bestimmen, wenn sie die relevanten Nutzenkomponenten und deren Ausprägung identifizieren und bestimmen können. Hierzu ist Wissen erforderlich, das Controllern für wiederkehrende Bewertungen zum Beispiel bei der Zielbildung oder der Alternativenbewertung zu vermitteln ist.

Die Potentialentwicklungsmaßnahmen, die unmittelbar an den kognitiven Beschränkungen ansetzen, umfassen außerdem Maßnahmen, die kognitive Verzerrungen bei Controllern vermeiden sollen. Das Schaffen eines Bewusstseins für kognitive Verzerrungen ist die beste Schutzmaßnahme.[1172] In Schulungen sollen die kognitiven Verzerrungen und ihre Folgen im

---

[1170] Vgl. Schoemaker, P. J. H. (1995), S. 25; Goodwin, P./Wright, G. (2001), S. 2.

[1171] Vgl. in diesem Zusammenhang CLEMEN/LICHTENDAHL, die ein Modell zur Kalibrierung von Wahrscheinlichkeitsurteilen entwickeln. Auf einer breiten Datenbasis kann ein so genannter „Inflation Factor“ für die Wahrscheinlichkeitsurteile eines Akteurs ermittelt werden, der bei der Einschätzung der Güte seiner Wahrscheinlichkeitsurteile zu berücksichtigen ist. Dabei kann jedoch das Problem auftreten, dass der Akteur, dessen Wahrscheinlichkeitsurteil kalibriert wird, im Bewusstsein dieser Korrektur möglicherweise absichtlich weitaus stärker verzerrte Wahrscheinlichkeitsurteile abgibt. Vgl. Clemen, R. T./Lichtendahl, K. C. (2002), S. 12f.

[1172] Vgl. Russo, J. E./Schoemaker, P. J. H. (1989), S. 93; Hammond, J. S./Keeney, R. L./Raiffa, H. (1998), S. 58.

Handeln von Controllern systematisch anhand von Beispielen offengelegt werden.[1173] Ziel ist es, Controller gegen eine Anfälligkeit für diese Verzerrungen in ihrem zukünftigen Handeln zu immunisieren, indem Automatismen unterbrochen werden und bewusste Entscheidungen an ihre Stelle treten.[1174] Controllern sind die Auswirkungen einer Anwendung der Verfügbarkeits-, Verankerungs- und Repräsentativitätsheuristik sowie der dadurch zu erklärenden Effekte auf ihre Wahrnehmung, Prognose und Bewertung zu erläutern. Auch muss die Wirkung der sich aus diesen Heuristiken ergebenden oder davon losgelösten Effekte wie des Overconfidence-Effekts oder der unter die Prospect Theory zu fassenden Effekte, bewusst gemacht werden.

Eine häufige Wahrnehmungsverzerrung, die in Erweiterung zu der *Resourceful-Annahme* zu Rationalitätsdefiziten im Handeln von Controllern führt, sind Verfügbarkeitsverzerrungen. Controllern ist deren Wirkung zum Beispiel bei der Einschätzung des Kontextes oder der Datenbeschaffung aufzuzeigen und sie sind vor dieser Verzerrung in ihrem zukünftigen Handeln zu warnen.[1175]

Wahrscheinlichkeitsurteile von Controllern können – in Erweiterung der *Expecting-Annahme* – durch eine Anwendung der Verfügbarkeits- und Verankerungsheuristik verzerrt sein. Zeichnen sich zum Beispiel die Prognosen von Controllern durch eine systematische Orientierung an den Werten der Vergangenheit aus, sind sie auf die Bedeutung der Verfügbarkeits- und Verankerungsheuristik für ihr Handeln hinzuweisen und mit den daraus potentiell resultierenden Gefahren zu konfrontieren.[1176] Eine häufige Verzerrung von Wahrscheinlichkeitsurteilen ist die Anwendung des Overconfidence-Effekts, die erklärt, dass

---

Experimentelle Untersuchungen zeigen, dass Akteure ihre Entscheidungen an die Axiome der Erwartungsnutzentheorie anpassen, wenn sie auf inkonsistente Entscheidungen hingewiesen werden. Vgl. Jost, P.-J. (2000a), S. 603ff.

1173 Siehe in diesem Zusammenhang die Ausführung von KANNING zu der Rolle eines Supervisors. Kanning, U. P. (1999), S. 273.

1174 Vgl. Kanning, U. P. (1999), S. 270.
Maßnahmen, die auf die Unterbrechung von Automatismen im Handeln von Controllern ausgerichtet sind, sollen eine kritische Reflexion von Controllern fördern, die über eine konkrete Handlungssituation hinausgeht. Anders als bei der Erhöhung der Handlungssicherheit in einer konkreten Situation, in der die kritische Reflexion „von außen" initiiert wird, gilt es hier, Controller zu einer ständigen Selbstreflexion zu befähigen. Vgl. Messick, D. M./Bazerman, M. H. (1996), S. 20.

1175 Vgl. Kanning, U. P. (1999), S. 274; Larrick, R. P. (2004), S. 324ff.

1176 Vgl. Russo, J. E./Schoemaker, P. J. H. (2002), S. 97.
EPLEY/GILOVICH zeigen, dass Akteure, denen die Verankerungsheuristik und eine unzureichende Anpassung der herangezogenen Anker erläutert werden, diese kognitive Verzerrung in ihrem zukünftigen Handeln seltener aufweisen, wenn sie den Anker selbst gesetzt haben. Wurde der Anker von Dritten vorgegeben tragen eine Reflexion und Warnungen nicht zu einer Reduzierung dieser Beschränkung bei. Vgl. Epley, N./Gilovich, T. (2005), S. 207.

Controller ihre Wahrscheinlichkeitsurteile nicht kritisch hinterfragen. Auch diesbezüglich versprechen Schulungen einen positiven Effekt.[1177]

Die Bewertungen von Controllern können – in Erweiterung der *Evaluating-Annahme* – ebenfalls durch die Verfügbarkeits- und Verankerungsheuristik verzerrt sein. Das Bewusstsein der Controller für die Referenzpunkte ihrer Bewertungen und die Notwendigkeit einer Anpassung von Referenzpunkten im Zeitablauf ist zu schärfen.[1178] Darüber hinaus sind der Regret-Effekt und im Zusammenhang mit den Erkenntnissen der Prospect Theory der Sunk-Cost-, der Status-quo- sowie der Immediately-Effekt häufige Verzerrungen. Bezogen auf den Sunk-Cost-Effekt erachten BELSKY/GILOVICH es als essentiell, den Akteuren, hier den Controllern, einzuschärfen, dass Fehler der Vergangenheit nicht die Zukunft bestimmen sollten.[1179] Die Wirksamkeit von Schulungen zur Vermeidung des Sunk-Cost-Effekts ist empirisch belegt.[1180] Bezogen auf den Status-quo-Effekt werden Controller darin geschult, den Status-quo als Mittel, die verfolgten Zwecke zu erreichen, in Frage zu stellen.[1181] Bezogen auf den Immediately-Effekt ist Controllern bewusst zu machen, dass die Schnelligkeit, mit der eine Handlung zu einem Ergebnis führt, nicht immer der relevante Maßstab für die Bewertung von Handlungsalternativen ist.

Die Anwendung mentaler Modelle ist eine besondere Form kognitiver Verzerrungen. In der Vergangenheit angewendete unpassende mentale Modelle sind systematisch zu korrigieren. Zusätzlich zu einer Beeinflussung ihres funktionalen Erfahrungshorizonts sind Controller auf mentale Modelle, in denen sich ihre funktionale Prägung manifestiert und die ihr Handeln verzerren, hinzuweisen und es sind Potentialentwicklungsmaßnahmen zu ergreifen, die direkt daran ansetzen. Da mentale Modelle implizite Wissenselemente sind, kommt dem Versuch ihrer Explizierung eine hohe Bedeutung zu. Veränderungen sind nur möglich, wenn Controller ihre aktuellen mentalen Modelle und die Quellen dieser Modelle verstehen. Daher ist ihnen beispielsweise aufzuzeigen, inwiefern sich eine Vergangenheits- oder Innenorientierung in ihren mentalen Modellen manifestiert und ihr Handeln beziehungsweise ihre Entscheidungen über das Informationsangebot, ihre Prognosen oder Kontrollen beeinflusst und welche Auswirkungen eine andere Sichtweise auf die Handlungssituation hät-

[1177] CLEMEN/LICHTENDAHL beziehen sich auf den Overconfidence-Effekt, wenn sie sagen: *„The most promosing debiasing technique is training."* Clemen, R. T./Lichtendahl, K. C. J. (2002), S. 13.
FISCHHOFF betont die Bedeutung von Feedback für Schulungen zur Reduzierung des Overconfidence-Effekts. Vgl. Fischhoff, B. (1982), S. 437.

[1178] Vgl. Russo, J. E./Schoemaker, P. J. H. (2002), S. 53.

[1179] *„[P]ast mistakes shouldn't lead you to make future ones. The past is past, and what matters is what is likely to happen from now on."* Belsky, G./Gilovich, T. (1999), S. 203.

[1180] Vgl. Larrick, R. P./Morgan, J. N./Nisbett, R. E. (1990), S. 362ff.

[1181] *„Ask yourself whether you would choose the status quo alternative if in fact it weren't the status quo."* Hammond, J. S./Keeney, R. L./Raiffa, H. (1998), S. 50.

te.[1182] Die Veränderung mentaler Modelle kann auch zur Reduzierung einer Verlustaversion von Controllern, insbesondere in Form von Urteilsverzerrungen des Sunk-Cost- und Status-quo-Effekts beitragen. Es ist in den mentalen Modellen von Controllern zu verankern, dass zum Beispiel die Ablösung alter Informationsversorgungssysteme oder der Abbruch von Projekten nicht die Konnotation des Scheiterns haben. Darüber hinaus sind an relevanten Schnittstellen zwischen dem Controllerbereich und anderen Bereichen im Unternehmen gemeinsame mentale Modelle zu entwickeln. Gemeinsame Denkschemata fördern die Kommunikation.

4.2.3.2.3.2 Beeinflussung des funktionalen Erfahrungshorizonts

Die systematisch strukturierten kognitiven Beschränkungen als Ursachen von Rationalitätsdefiziten im Handeln von Controllern verdeutlichen, dass der funktionale Erfahrungshorizont von Controllern und eine mangelnde Interaktion mit den Managern bestimmte Wissenslücken, unpassende mentale Modelle sowie die inhaltliche Ausprägung kognitiver Verzerrungen der Controller erklären, die Rationalitätsdefizite in ihrem Handeln auslösen. Daher sind neben den Potentialentwicklungsmaßnahmen, die unmittelbar an den kognitiven Beschränkungen von Controllern ansetzen, Maßnahmen zu ergreifen, mit denen der funktionale Erfahrungshorizont beeinflusst wird.

Die Maßnahmen sind darauf ausgerichtet, durch die gezielte Beeinflussung des funktionalen Erfahrungshorizonts entsprechende Lernprozesse der Controller anzustoßen. Es sind Impulse zu setzen, die Controller dazu veranlassen, ihre Handlungsgrundlage, die Wahrnehmung der Situation, in Frage zu stellen.[1183] Konkreter soll die Entwicklung des qualitativen Potentials der Controller durch eine Beeinflussung ihres funktionalen Erfahrungshorizonts dazu beitragen, Wissen über das Geschäft, die Prozesse und Erfolgsfaktoren oder die Branche, über die Manager, deren Aufgaben, kognitiven Beschränkungen und Intentionen, Wissen über verhaltensorientierte Aspekte oder das erforderliche Beziehungswissen zu erlernen. Auch Veränderungen der mentalen Modelle von Controllern, in denen sich ihre funktionale Prägung, ihre Vergangenheits- und Innenorientierung oder ihre Fokussierung auf finanzielle Aspekte manifestiert, sollen angestoßen werden. Das Erlernen dieses expliziten und impliziten Wissens kann einer Vielzahl von Rationalitätsdefiziten im Handeln von Controllern entgegenwirken. Da die Wahrnehmung wissensbasiert erfolgt, können angepasste mentale Modelle und hinzugewonnenes Wissen auch die Wahrnehmungsfähigkeit von Controllern beeinflussen und tragen zur Vermeidung von Rationalitätsdefiziten bei, die aus einer funktional geprägten Wahrnehmung resultieren. Wegen des übergreifenden Charakters der Resourceful-Annahme des RREEMM-Modells können zudem Rationalitätsdefizite aufgrund von Prognoseverzerrungen und Verzerrungen bei der Bildung von Kausalurteilen sowie auf-

[1182] Vgl. ähnlich Russo, J. E./Schoemaker, P. J. H. (1989), S. 42ff.

[1183] Vgl. Mueller, E. B. (1998), S. 133, sowie die dort angegebene Literatur.

grund von Bewertungsverzerrungen vermieden werden, die ebenfalls durch den funktionalen Erfahrungshorizont von Controllern erklärt werden können.[1184] Die Potentialentwicklungsmaßnahmen zur Beeinflussung des funktionalen Erfahrungshorizonts setzen vornehmlich an den organisatorischen Rahmenbedingungen an, die als situative Determinanten kognitiver Beschränkungen herausgearbeitet wurden. Demzufolge wird das qualitative Potential von Controllern als eine situative Determinante durch weitere situative Determinanten beeinflusst.

Der funktionale Erfahrungshorizont von Controllern kann durch eine intensivere Interaktion zwischen Controllern und Managern ausbalanciert werden.[1185] Daher ist ihre Zusammenarbeit, insbesondere die Kommunikation, zu formalisieren. Gleichzeitig können Controller auf diese Weise Wissen über die Manager, ihre Intentionen und kognitiven Beschränkungen erlangen, das für die Rationalitätssicherung erforderlich ist.[1186] Die Interaktion kann auch durch das organisatorische Gestaltungsmittel der Partizipation, insbesondere in den Formen entscheidungsvorbereitender Informationsverarbeitung, Beratung und Mitentscheidung, gefördert werden. Partizipation bedeutet jedoch nicht nur Interaktion, sondern in erster Linie eine Einbindung der Controller in die Entscheidungen der Manager. Dies sowie die dadurch bedingte Nähe der Controller zu den Managern können ebenfalls zu einer Beeinflussung des Erfahrungshorizonts in der intendierten Weise beitragen.[1187] Die Partizipation ist jedoch in ihrer Wirkung ambivalent. Bei den Überlegungen zu einer Einschränkung des Handlungsspielraums von Controllern zur Vermeidung eigeninteressierten Handelns wurden die Vor- und Nachteile eines hohen Partizipationsgrades diskutiert. Er bedeutet zwar, dass die Controller nah an den Managern agieren und daher Wissen über das operative Geschäft und die Manager gewinnen, so dass Rationalitätsdefizite in ihrem Handeln – insbesondere bei der Ergänzung und Begrenzung der Manager – vermieden werden. Ein zu hoher Partizipationsgrad aber kann bedeuten, dass Controller aufgrund der Nähe zu den Managern ihre kritische Distanz und Objektivität und damit ihre Unabhängigkeit verlieren und die Denkweise der Manager übernehmen. Wie aufgezeigt, verstärkt eine mangelnde Unabhängigkeit von Controllern Rationalitätsdefizite in ihrem Handeln. Bei der Ableitung von Handlungsimplikationen aus der Abweichungsanalyse von Investitionen kann sie beispielsweise dazu führen, dass Controller dieselben kognitiven Beschränkungen wie die Manager aufweisen und die sachlich sinnvolle Empfehlung eines Projektabbruchs unterlassen.[1188] Der Verlust

[1184] Vgl. dazu das dritte Kapitel, insbesondere Abschnitt 3.2.

[1185] Zur Bedeutung der Interaktion zwischen Controllern und Managern vgl. Lanter, N. (1996), S. 198.

[1186] HIROMOTO, der sich mit der Arbeitsweise japanischer und deutscher Controller im Vergleich auseinandergesetzt hat, hebt für japanische Controller hervor, dass diese nicht streng innerhalb der Grenzen ihrer Aufgaben, sondern in hohem Maße teamorientiert arbeiten und enge und häufige Kontakte zu allen Managern und anderen Mitarbeitern ihre Arbeitsweise prägen. Er bezeichnet dies auch als *„accounting by walking around and listening“*. Vgl. Hiromoto, T. (1989), S. 321.

[1187] Vgl. ähnlich Simon, H. A. et al. (1954), S. 7.

[1188] Vgl. Abschnitt 3.1.3.2.2. Siehe auch Weber, J. (2004a), S. 560f.

der geistigen Unabhängigkeit kann auch dazu führen, dass Controller nicht zu einem Ausgleich zwischen der Reflexion und Intuition in der Planung beitragen, sondern sich von den Managern vor *„jeden [intuitiven, A. P.] Karren“*[1189] spannen lassen. Maßnahmen, die wie insbesondere ein hoher Delegationsgrad die Unabhängigkeit von Controllern stärken, dürfen nur in Maßen ergriffen werden, da der funktionale Erfahrungshorizont der Controller bei einer hohen Unabhängigkeit stärker ausgeprägt sein kann. Die Potentialentwicklungsmaßnahmen, die an dem funktionalen Erfahrungshorizont von Controllern ansetzen, betreffen daher auch das Spannungsfeld zwischen Unabhängigkeit und Einbindung von Controllern.[1190] Sowohl eine zu intensive Einbindung als auch eine zu große Unabhängigkeit rufen kognitive Beschränkungen von Controllern hervor.[1191]

Eine die Unabhängigkeit von Controllern fördernde Maßnahme kann aber auch gezielt eingesetzt werden, um ihren funktionalen Erfahrungshorizont auszubalancieren, der Einsatz des organisatorischen Gestaltungsmittels der Job Rotation. Job Rotation sieht vor, dass sequentiell unterschiedliche Positionen in einem Unternehmen besetzt und die damit verbundenen Aufgaben erfüllt werden.[1192] Die unterschiedlichen Positionen erweitern den Erfahrungshorizont und vermitteln Controllern spezifisches Wissen. In einem dezentralisierten Unternehmen können Controller zum Beispiel zwischen dem zentralen und dem dezentralen Controllerbereich rotieren. Dezentralen Controllern wird im Vergleich zu zentralen Controllern eine größere Nähe zu ihren Managementcounterparts und eine intensivere Einbindung in deren Entscheidungen zugesprochen.[1193] Demzufolge können Controller in dezentralen Positionen gegebenenfalls mehr Wissen über das Geschäft erwerben.[1194] HOPPER zeigt zudem, dass dezentral agierende Controller die Bedürfnisse ihrer Manager wesentlich besser

---

1189 Vgl. Weber, J. (2004a), S. 349.

1190 Vgl. Abschnitt 4.3.3.1.2.

1191 Deshalb reflektiert auch das Spannungsfeld zwischen Unabhängigkeit und Einbindung der Controller Aspekte der Stab-Linien-Beziehung sowie der damit verbundenen Konflikte. Vgl. Sathe, V. (1982), S. 6ff.

1192 Bereits 1954 erwähnen SIMON ET AL Job Rotation als Instrument zur Beeinflussung des Erfahrungshorizonts der Controller und damit ihres Wissens und ihrer kognitiven Fähigkeiten: *„Recommended are policies for the horizontal transfer of accounting personnel at several stages in their careers, for training prior to and during employment to deepen and broaden their comprehension of general business problems, and for furthering the opportunities for interdepartmental promotions.“* Simon, H. A. et al. (1954), S. 9. Siehe auch Gleich, R./Haindl, M. (1996), S. 270; Mueller, E. B. (1998), S. 82; Herzog, A. (1999), S. 264, sowie Russo, J. E./Schoemaker, P. J. H. (2002), S. 32; David, U. (2005), S. 142f.
GROBE/SEIDLER betonen die Bedeutung ihrer Erfahrungen in verschiedenen Unternehmensbereichen, auch außerhalb des Controllerbereichs, für ihre Tätigkeit als Controller. Vgl. Große, F. P./Seidler, S. (2006), S. 142.
Es muss aber darauf hingewiesen werden, dass sich Job Rotation in der betrieblichen Praxis nicht ohne Weiteres realisieren lässt.

1193 Organisationstheoretisch wird Dezentralisierung unter anderem auch mit dem Vorteil größerer Realitätsnähe assoziiert. Vgl. zum Beispiel Remer, A. (2000), S. 197.

1194 Vgl. Weber, J. (2004a), S. 578ff.
SATHE stellt eine bessere finanzielle Performance von Unternehmen mit einer stärkeren Entscheidungsbeteiligung dezentraler Controller fest. Vgl. Sathe, V. (1982), S. 22f.

befriedigen, da sie intensiver mit ihnen interagieren.[1195] Die Wirkungen einer Rotation in diese Positionen entsprechen damit den direkten Wirkungen der Partizipation. Zentrale Controller hingegen besitzen ein besseres Überblickswissen, da bei ihnen Informationen zusammenfließen. Job Rotation kann auch einen Wechsel zwischen den Controllerbereichen vorsehen, die den Funktionsbereichen angegliedert sind – zum Beispiel die Bereiche des Produktions-, Marketing- oder Vertriebscontrollings. Auch dort können Controller Wissen über die Prozesse im Unternehmen erlangen. Im Zuge der Job Rotation können Controller zudem fehlendes Beziehungswissen aufbauen.[1196] Sowohl die proaktiven Rationalitätssicherungsmaßnahmen zur Vermeidung kognitiver Beschränkungen als auch zur Vermeidung eigeninteressierten Handelns sehen Job Rotation als ein geeignetes Instrument an. Diesbezüglich bestehen folglich zwischen den Rationalitätssicherungsmaßnahmen keine Konflikte.

Job Rotation berührt über eine Stärkung der Unabhängigkeit von Controllern nicht nur das Spannungsfeld zwischen Unabhängigkeit und Einbindung. Job Rotation trägt auch zu einer Generalisierung der Controller bei und betrifft daher das Spannungsfeld zwischen Generalisierung und Spezialisierung. Generalisierung bedeutet, dass in verschiedenen Aufgabenbereichen Erfahrungsvorteile generiert werden. Spezialisierung bedeutet, dass konzentriert in einem Aufgabenbereich eine große Expertise aufgebaut wird. Controller müssen in ihren klassischen Aufgabenbereichen über Spezialisierungsvorteile verfügen, damit insbesondere bei den Entlastungsaufgaben das Kalkül einer Delegation von Aufgaben an Controller aufgeht. Allerdings ist eine starke Spezialisierung gleichbedeutend mit einem ausgeprägten funktionalen Erfahrungshorizont und kann zu einer Verengung des Blickwinkels führen.[1197] Insofern sind auch Maßnahmen wie Job Rotation zu ergreifen, die eine Generalisierung der Controller fördern und zu einer Erweiterung ihres Erfahrungshorizonts führen. Ein weiterer Ansatzpunkt ist in diesem Zusammenhang der Zuschnitt der Position, die Controller besetzen, und das damit verbundene Aufgabenspektrum. Controller, die nicht nur mit system- und methodenorientierten, sondern auch mit inhaltlich orientierten Aufgaben betraut werden, sind stärker generalisiert und können einen ausgewogeneren funktionalen Erfahrungshorizont ausbilden. Ein solches Job Enlargement sowie Job Rotation stellen zudem extrinsische Anreize für Controller dar.

Bei der Beeinflussung des funktionalen Erfahrungshorizonts von Controllern ist grundsätzlich zu berücksichtigen, dass ein Delegationskalkül der Übertragung von Aufgaben an Controller gerade darin besteht, dass sie vor dem Hintergrund ihres spezifischen funktionalen Erfahrungshorizonts die ebenso spezifische Perspektive der Manager ergänzen. Dieses Kalkül darf nicht dadurch zerstört werden, dass unreflektiert Maßnahmen zur Beeinflussung

1195 Vgl. Hopper, T. M. (1980), S. 405ff.
1196 Vgl. Brockhoff, K. (1994), S. 38.
1197 Vgl. Herzog, A. (1999), S. 89f.

des funktionalen Erfahrungshorizonts der Controller ergriffen werden, die eine Angleichung der Perspektiven zum Ergebnis haben.[1198]

4.2.3.3 Potentielle Träger proaktiver Rationalitätssicherungsmaßnahmen

Der Übergang zwischen reaktiven und proaktiven Rationalitätssicherungsmaßnahmen ist fließend. Teilweise sind die Kontrollen – wie beispielsweise bei der Einschränkung des Handlungsspielraums von Controllern – Bestandteil oder ihre Ergebnisse bilden eine Grundlage der proaktiven Rationalitätssicherungsmaßnahmen. Diesbezüglich sind die Überlegungen zu den potentiellen Trägern einer Beurteilbarkeit der Controllerleistungen beziehungsweise der reaktiven Rationalitätssicherungsmaßnahmen übertragbar. Darüber hinaus sind in erster Linie Manager und Controller, insbesondere die leitenden Controller im Controllerbereich, potentielle Träger proaktiver Maßnahmen zur Sicherung der Rationalität. Die Eignung der potentiellen Träger proaktiver Rationalitätssicherungsmaßnahmen kann nicht wie bei den reaktiven Maßnahmen zusammenfassend beurteilt werden. Sie muss für die einzelnen Maßnahmen gesondert betrachtet werden, da die proaktiven Maßnahmen sehr unterschiedlich sind. Nicht alle von LANGENBACH entwickelten Kriterien – Wissen, Motivation, Einfluss, Akzeptanz und Effizienz[1199] – sind für die Beurteilung der Eignung der potentiellen Träger für jede Rationalitätssicherungsmaßnahme relevant. Bezüglich des Kriteriums der Effizienz ist übergreifend festzustellen, dass die Opportunitätskosten von Managern als Träger proaktiver Rationalitätssicherungsmaßnahmen grundsätzlich höher sind.

Für eine zweckadäquate *Personalauswahl* im Controllerbereich, mit der sowohl eigeninteressiertes Handeln als auch kognitive Beschränkungen vermieden werden sollen, müssen die Handlungsträger Wissen über die mit der zu besetzenden Position verbundenen Anforderungen und Anreize sowie die Möglichkeiten zur Feststellung der Eignung der Bewerber besitzen. In ihrem Wissen über die Anforderungen und Anreize der Position ergänzen Controller und Manager einander. Manager, insbesondere der Managementcounterpart, spezifizieren die Anforderungen an die Controllerposition, die sich aus ihrem Geschäft ergeben, während Controller Wissen über die methodischen Anforderungen einer Position einbringen. Die mit einer Controllerposition verbundenen Anreize legen die Leitung des Controllerbereichs und dafür zuständige Manager gemeinsam fest, so dass beide Seiten das im Hinblick auf die Personalauswahl erforderliche Wissen besitzen. Wissen über Verfahren zur

---

1198 *„Sollte nicht jeder Unternehmer ein Controller und jeder Controller ein Unternehmer sein? Offensichtlich nicht: Es sind zwei unterschiedliche Rollen, zu deren Spiel unterschiedliche Fähigkeiten und Erfahrungswelten gehören."* Szyperski, N. (2001), S. 280. Vgl. auch Becker, W. (1988), S. 275 sowie Abschnitt 4.1. BECKER führt an, dass die im Rationalitätssicherungsansatz identifizierten Rationalitätsdefizite im Licht der interpretativen Accountingtheorie *„eher Ausdruck strukturinduzierter unterschiedlicher Perspektiven und Interessen als des Opportunismus [sind, A. P.]. Dann geht es auch nicht einfach darum, die ‚richtige' Perspektive (des rationalen Controllers bzw. der rationalen Controllerin) durchzusetzen, sondern in einen stärker partizipativen Diskurs über die adäquate oder viable Lösung einzutreten."* Becker, A. (2004), S. 103f.

1199 Vgl. Abschnitt 4.3.1.2.

Personalauswahl müssen sich sowohl Controller als auch Manager gleichermaßen aneignen. Die Personalabteilung sollte hierbei mit ihrem Expertenwissen unterstützen. Manager und Controller sind gleichermaßen motiviert, für den Controllerbereich geeignetes Personal auszuwählen. Controller sind motiviert, da sie mit gutem Personal die Reputation ihres Bereichs stärken. Manager sind motiviert, da sie das Kalkül einer Delegation von Aufgaben an Controller realisieren wollen. Das Effektivitätskriterium Einfluss bedeutet in diesem Zusammenhang, dass die Handlungsträger die formalen Kompetenzen für die Personalauswahl besitzen müssen. Diese Kompetenzen sind Controllern und Managern jeweils für die von ihnen beurteilbaren Facetten zuzusprechen.

Für die *Einschränkung des Handlungsspielraums* von Controllern, mit der ein eigeninteressiertes Handeln vermieden werden soll, ist Wissen über die Gestaltbarkeit und die Wirkung der organisatorischen Rahmenbedingungen erforderlich. Dabei sind weder die leitenden Controller im Controllerbereich noch die Manager im Vorteil. Im Hinblick auf die Motivation der Handlungsträger ist bei leitenden Controllern mit einer Verzerrung zu rechnen, da sie mit den Maßnahmen zur Einschränkung des Handlungsspielraums von Controllern auch ihren eigenen Handlungsspielraum beeinflussen. Die Motivation von Managern ist bei dieser Aufgabe weniger verzerrt. Manager besitzen in der Regel auch die größeren Einflussmöglichkeiten, die Organisationsstruktur zu verändern. Dies gilt umso mehr, wenn der Grad der Delegation von Entscheidungen an Controller oder der Grad der Partizipation der Controller an den Entscheidungen von Managern festzulegen ist.

Auch um ein *Anreizsystem* für Controller zu gestalten, ist Wissen erforderlich. Die Festlegung der Bezugsgrößen ergibt sich zu großen Teilen aus der grundsätzlichen Beurteilbarkeit der Controllerleistungen. Daher können die Überlegungen zu den potentiellen Trägern der Beurteilung von Controllerleistungen übertragen werden. Für die Festlegung der Art der Anreizgestaltung muss das allgemeine Wissen von Managern um das spezifische Wissen von Controllern, zum Beispiel bezüglich solcher Anreize, die die Arbeit selbst betreffen, einfließen. Das Kriterium der Motivation erfüllen Manager besser als leitende Mitarbeiter des Controllerbereichs. Bei letzteren besteht die Gefahr, dass sie die Anreizsysteme vor dem Hintergrund ihrer eigenen Interessen gestalten. Manager verfügen für die Gestaltung von Anreizsystemen zudem über weitreichendere Kompetenzen als Controller. Grundsätzlich ist eine Unterstützung durch die Mitarbeiter der Personalabteilung angezeigt, die Expertenwissen über Bemessungsgrundlagen und Anreize und diesbezüglich ein hohes Maß an Neutralität besitzen.

Die proaktiven Rationalitätssicherungsmaßnahmen, die auf die *Erhöhung der Handlungssicherheit* und die *Entwicklung des Potentials* von Controllern abzielen, sind eng miteinander verbunden. Manager und Controller ergänzen einander in dem dafür erforderlichen Wissen. Controller, die über eine längere Erfahrung in dem spezifischen Unternehmen verfügen, können ihr Erfahrungswissen einbringen und Handlungsrichtlinien erarbeiten, die für die Erfüllung bestimmter Aufgaben vorgegeben werden, andere Controller gezielt mit Informationen versorgen, deren kognitiven Beschränkungen ergänzen, sie zu einer kritischen Reflexion ihrer Entscheidungen veranlassen oder an Schulungen für Controller mitwirken. Manager besitzen Wissen über die Anforderungen, die das operative Geschäft an Controller stellt, und können aus dieser Perspektive zur Reduzierung kognitiver Beschränkungen beitragen. Für Schulungen im Controllerbereich sind zudem externe Trainer, die Wissen über Beschränkungen kognitiver Fähigkeiten und Verzerrungen sowie deren Reduzierung besitzen, geeignete Handlungsträger. Ergänzend ist zu erwähnen, dass die Träger der Rationalitätssicherung keine ausgewiesenen Experten in dem Aufgabengebiet der Controller sein müssen, um einen strukturierten Konflikt erzeugen zu können.[1200] Analog zu der Argumentation, dass Manager und Controller gleichermaßen für eine zweckadäquate Personalauswahl im Controllerbereich motiviert sind, werden sie gleichermaßen motiviert sind, diese proaktiven Maßnahmen durchzuführen, mit denen kognitive Beschränkungen von Controllern vermieden werden sollen. Die Überlegungen zu dem Einfluss von Manager und Controllern als potentielle Träger einer reaktiven Rationalitätssicherung können auf ihren Einfluss im Rahmen der Maßnahmen zur Erhöhung der Handlungssicherheit und Potentialentwicklung übertragen werden. Die Kompetenz, den funktionalen Erfahrungshorizont der Controller zu beeinflussen, besitzen leitende Controller für Maßnahmen innerhalb des Controllerbereichs und Manager für darüber hinausgehende Maßnahmen. Damit die Maßnahmen zur Erhöhung der Handlungssicherheit fruchten und das Potential der Controller nachhaltig entwickelt wird, müssen Controller die Rationalitätssicherer akzeptieren.[1201] Wie bei der Beurteilung potentieller Träger reaktiver Rationalitätssicherungsmaßnahmen erläutert, akzeptieren Controller andere Controller und Manager. Sie empfinden allerdings die Objektivität von Managern niedriger als die Objektivität von Controllern.[1202] Bezüglich der Effizienz ist es aufgrund der höheren Opportunitätskosten nicht zweckadäquat, wenn Manager die Rationalitätssicherungsmaßnahmen zur Erhöhung der Handlungssicherheit und Potentialentwicklung von Controllern durchführen.

Die nachstehende Abbildung fasst die Überlegungen zu den Ansatzpunkten einer Rationalitätssicherung von Controllern zusammen:

[1200] Vgl. Jost, P.-J. (2000a), S. 606; Weber, J./Schäffer, U. (2006), S. 249.
[1201] Vgl. Paredes, T. A. (2005), S. 745.
[1202] Vgl. Abschnitt 4.3.2.3.

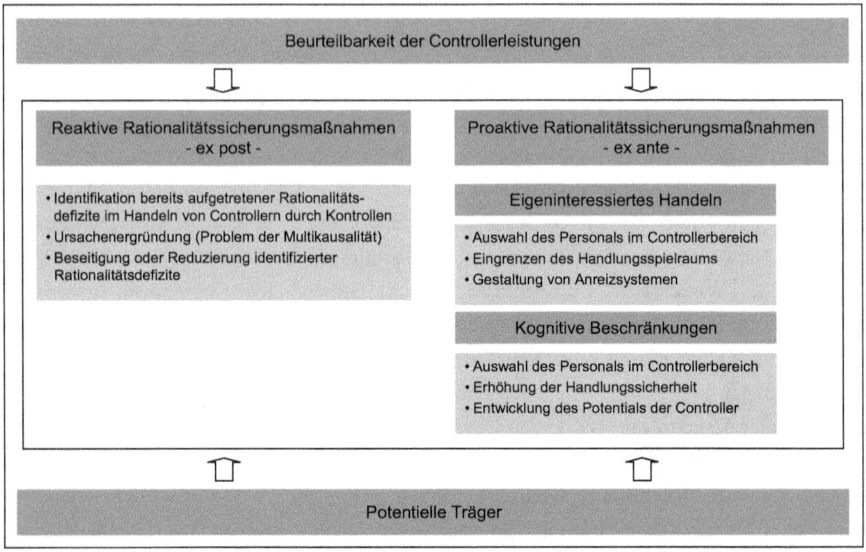

Abbildung 13: Möglichkeiten einer Rationalitätssicherung von Controllern[1203]

[1203] Eigene Darstellung.

4.3 Grenzen einer Rationalitätssicherung von Controllern

Trotz der vielfältigen Ansatzpunkte zu einer Rationalitätssicherung von Controllern sind die Möglichkeiten ihrer Rationalitätssicherung begrenzt. Wesentliche Grenzen werden im Folgenden dargestellt.

Eine grundsätzliche Grenze stellen die mit den Rationalitätssicherungsmaßnahmen verbundenen Kosten dar. Rationalitätssicherungsmaßnahmen sind nur dann zu ergreifen, wenn der zu realisierende Nutzen höher ist als die entstehenden Kosten. BESHAROV zeigt, dass zumindest der Nutzen von Rationalitätssicherungsmaßnahmen zur Reduktion kognitiver Beschränkungen schnell von den entstandenen Kosten übertroffen wird.[1204]

Eine weitere Grenze der Möglichkeiten einer Rationalitätssicherung von Controllern offenbart bereits die Betrachtung der situativen Determinanten der Rationalitätsdefizite im Handeln von Controllern. Nicht alle der herausgearbeiteten situativen Determinanten, die die Wahrscheinlichkeit dafür erhöhen oder reduzieren, dass Rationalitätsdefizite im Handeln von Controllern auftreten, sind beeinflussbar. Darüber hinaus bestehen weitere Grenzen einer Rationalitätssicherung von Controllern. Zum einen haften den Rationalitätssicherungsmaßnahmen grundsätzliche, von dem Kontext des Controllings unabhängige Grenzen an. Zum anderen sind controllingspezifische Grenzen zu konstatieren.

Unabhängig von dem Kontext des Controllings haben Maßnahmen, mit denen das komplexe durch eigeninteressiertes Handeln und kognitive Beschränkungen charakterisierte menschliche Handeln beeinflusst werden soll, neben den intendierten Wirkungen immer auch nicht intendierte Wirkungen. Weiter ist für die Rationalitätssicherungsmaßnahme der Personalauswahl anzumerken, dass die Möglichkeiten, die Präferenzen und die Qualifikation der Bewerber reliabel und valide zu erfassen, eingeschränkt sind. Maßnahmen der Personalauswahl können insofern nur innerhalb dieser Einschränkungen zu einer Sicherung der Rationalität von Controllern beitragen. Schließlich ist einschränkend anzuführen, dass die Maßnahmen zur Erhöhung der Handlungssicherheit sowie zur Entwicklung des qualitativen Potentials von Controllern, die auf die Vermeidung kognitiver Beschränkungen und Verzerrungen als Ursache von Rationalitätsdefiziten im Handeln von Controllern ausgerichtet sind, nicht immer fruchten. SHEFRIN fasst dies so zusammen: *„Debiasing turns out to be an enormous challenge. Psychologists have repeatedly demonstrated that recognizing our errors and biases does not lead us to change our behavior automatically. The psychology that*

1204 *„[W]hen correction of biases is costly, full correction will generally not occur [...] [A]n outside observer must know a great deal about cognitive biases, their effect on decision making, and their cost of correction in order to make statements about whether a particular bias should be corrected.“* Besharov, G. (2004), S. 19.

underlies errors and biases is remarkably resistant to change."[1205] Selbst das Erkennen kognitiver Beschränkungen bedeutet nicht, dass zukünftiges Handeln nicht wieder durch diese Beschränkungen gekennzeichnet ist.[1206] Der Forschungsbedarf bezüglich der wirkungsvollen Bekämpfung kognitiver Beschränkung ist groß. LARRICK bemerkt: „*Research on debiasing tends to be overshadowed by research demonstrating biases: It is more newsworthy to show that something is broken than to show how to fix it.*"[1207]

Speziell für die Rationalitätssicherung von Controllern ist einschränkend anzumerken, dass sich die Gratwanderung zwischen intendierten und nicht intendierten Wirkungen insbesondere in dem für Controller typischen und von SATHE formulierten Spannungsfeld zwischen Unabhängigkeit und Einbindung manifestiert. Ein Ungleichgewicht dieses Spannungsfeldes führt sowohl auf Seiten eines eigeninteressierten Handelns als auch auf Seiten kognitiver Beschränkungen zu unerwünschten Nebenwirkungen. Darüber hinaus bestehen weitere Interdependenzen wie zum Beispiel, dass häufig wechselnde Controller-Manager-Konstellationen erforderlich sind, um einer Kollusion entgegenzuwirken. Gleichzeitig ist eine intensive und längerfristige Interaktion zwischen einem Manager und einem Controller aber gerade geeignet, Rationalitätsdefiziten im Handeln von Controllern entgegenzuwirken.

Eine weitere wesentliche Grenze der Rationalitätssicherung von Controllern ergibt sich aus der eingeschränkten Beurteilbarkeit der Controllerleistungen.[1208] Rationalitätsdefizite und ihre Ursachen können nicht vollständig identifiziert werden, daher ist der reaktiven Rationalitätssicherung von Controllern eine Grenze gesetzt, ebenso wie der proaktiven Rationalitätssicherung. Eine eingeschränkte Beurteilbarkeit der Controllerleistungen bedeutet, dass Informationsasymmetrien zugunsten von Controllern bestehen. Ihr Handlungsspielraum kann zwar verringert, jedoch nicht vollständig eliminiert werden. Probleme bei der Beurteilung von Controllerleistungen erschweren auch die Gestaltung eines Anreizsystems für Controller, da die Definition von Bemessungsgrundlagen sowie die Kopplung der Anreize daran erschwert ist. Schließlich ist auch den Maßnahmen zur Erhöhung der Handlungssicherheit sowie zur Potentialentwicklung von Controllern durch die begrenzte Beurteilbarkeit der Controllerleistungen eine wichtige Grundlage entzogen. Da reaktive und proaktive Rationalitätssicherungsmaßnahmen eng miteinander verbunden sind und im Unternehmen Rationalitätsdefizite vielfach nicht identifiziert werden können, bleibt das Feedback, das die Controller erhalten, meist unvollständig.

1205 Shefrin, H. (2007), S. 15.
1206 Vgl. Shefrin, H. (2007), S. 15.
1207 Larrick, R. P. (2004), S. 334.
1208 „*Es gibt keine absolute Möglichkeit zu prüfen, ob das, was der Controller präsentiert, auch wirklich richtig ist, weil es letztendlich immer auch eine Frage von Meinungen ist.*" Lanter, N. (1996), S. 149f.

Aus einer dynamischen Perspektive sind Ursachen dafür, dass sich die Rationalitätsdefizite im Handeln von Controllern im Laufe der Zeit nicht verringern, neben den grundsätzlichen Grenzen einer Rationalitätssicherung von Controllern und unzweckmäßigen konkreten Rationalitätssicherungsmaßnahmen, bezogen auf kognitive Beschränkungen die mangelnde Lernbereitschaft oder die beschränkte Lernfähigkeit von Controllern.[1209] Ansatzpunkte zur Verschiebung dieser Grenzen einer Rationalitätssicherung von Controllern können folgende sein:

Die Lernbereitschaft sollte durch eine entsprechende Personalauswahl und zweckadäquate Gestaltung der Anreizsysteme gesichert sein. Karriereanreize sind systematisch an erreichte Lernziele zu knüpfen. Darüber hinaus wird die Personalentwicklung als Förderung der Qualifikation vielfach als eigenständiger Anreiz wahrgenommen.[1210] Die Sicherstellung der Lernbereitschaft von Controllern allein ist jedoch nicht ausreichend.[1211] Gleichzeitig muss ihre Lernfähigkeit gestärkt werden.[1212] Beschränkte Lernfähigkeiten der Controller können aus Beschränkungen der Verarbeitungsfähigkeit resultieren. Diese Ursache sollte durch die Personalauswahl im Controllerbereich gesichert sein, deren Möglichkeiten jedoch auch begrenzt sind.

Darüber hinaus besteht eine übergeordnete proaktive Rationalitätssicherungsaufgabe zur Vermeidung kognitiver Beschränkungen in der Zukunft darin, die Lernfähigkeit von Controllern zu stärken. Das Bewusstsein der Controller für die als Lernen bezeichneten Verarbeitungsvorgänge ist zu schärfen und die Bedeutung einer Rückkopplung zwischen Handlungsergebnissen und Handlungen für ein erfolgreiches Ex-post-Lernen zu erläutern. Die Bedeutung von Feedback für die proaktive Vermeidung kognitiver Beschränkungen wurde bereits hervorgehoben. Die Controller sollten zudem aktiv Feedback zu ihren Leistungen einfordern.[1213] Zugleich ist sicherzustellen, dass sie dieses Feedback vollständig und unver-

---

1209 Wie RUSSO/SCHOEMAKER feststellen, *„[o]nly by systematically learning from the results of past decision-makers continually improve their skills."* Russo, J. E./Schoemaker, P. J. H. (2002), S. 6.

1210 Vgl. Becker, F. G. (1998), S. 250.

1211 *„It is a mistake to believe that monetary incentives alone can mitigate behavioral bias."* Shefrin, H. (2007), S. 50.

1212 Nicht nur in einer dynamischen Perspektive, sondern grundsätzlich müssen stets beide Ursachenkategorien, eigeninteressiertes Handeln und kognitive Beschränkungen, berücksichtigt werden. Die unzureichende Sicherung eines eigeninteressierten Handelns von Controllern kann zwar der Grund dafür sein, dass kognitive Beschränkungen mit einer größeren Wahrscheinlichkeit zu Rationalitätsdefiziten in ihrem Handeln führen (vgl. Wilson, T. D./Centerbar, D. B./Brekke, N. (2002) sowie Jost, P.-J. (2000a), S. 604ff.) Jedoch reicht die vollständige – sofern dies überhaupt möglich ist – Sicherung eines eigeninteressierten Handelns niemals aus, kognitiven Beschränkungen entgegenzuwirken.
LARRICK formuliert diesen Zusammenhang so: *„For incentives to improve decision making, decision makers must possess effective strategies that they either fail to apply or apply with insufficient effort when incentives are absent. In the words of Camerer and Hogarth, decision makers must possess the necessary "cognitive capital" to which they can apply additional effort."* Larrick, R. P. (2004), S. 321. Vgl. Camerer, C. F./Hogarth, R. M. (1999). Siehe auch Eichenberger, R. (1992), S. 43ff.

1213 Vgl. Russo, J. E./Schoemaker, P. J. H. (2002), S. 211.

zerrt aufnehmen. Das Stärken der Lernfähigkeit bedeutet sicherzustellen, dass Controller den Handlungsergebnissen die richtigen Ursachen zuordnen. Insbesondere ist zu gewährleisten, dass sie keine selbstwertdienlichen Attributionstendenzen bei der Ursachenzuschreibung zeigen. Hierzu können Anreize gesetzt werden, die ein erfolgreiches Ex-post-Lernen honorieren und auf diese Weise den Selbstwert von Controllern trotz ihrer Rationalitätsdefizite in der Vergangenheit stärken. Zum anderen können Handlungsrichtlinien vorgegeben werden, dass Controller vor der Aufgabenerfüllung ihre Annahmen und Erwartungen dokumentieren und ex post abgleichen.[1214]

Lernprozesse der Controller können durch die Gestaltung der situativen Determinante der Kultur des Controllerbereichs beziehungsweise des Unternehmens unterstützt werden. Mit den Maßnahmen, die eine Kultur des Vertrauens fördern, kann nicht nur ein eigeninteressiertes Handeln von Controllern eingeschränkt werden. Mittelbar werden auch ihre kognitiven Beschränkungen reduziert. Eine Vertrauenskultur ermöglicht es Controllern, Feedback zu ihren Leistungen gesichtswahrend anzunehmen.[1215] Identifizierte Rationalitätsdefizite werden nicht als persönliche Verfehlung, sondern als Chance zum Lernen begriffen.[1216] Eine Vertrauenskultur trägt zur Förderung eines positiv konnotierten Verständnisses der Kontrolle als Lernprozess bei.[1217]

1214 Vgl. Russo, J. E./Schoemaker, P. J. H. (1989), S. 188; Russo, J. E./Schoemaker, P. J. H. (2002), S. 210.

1215 Vgl. Herzog, A. (1999), S. 245f.

1216 Vgl. Rehfeld, J. (1991), S. 84; Krystek, U./Zumbrock, S. (1993), S. 103.

1217 Zur Unternehmenskultur als Einflussfaktor des Lernens vgl. Fiol, C. M./Lyles, M. A. (1985), S. 804; Güldenberg, S. (1997), S. 139f. Zur Kontrolle als Lernprozess vgl. insgesamt Schäffer, U. (2001b).

4.4 Zusammenfassung

Die zweite und dritte Forschungsfrage dieser Arbeit, die Fragen nach den situativen Determinanten der Rationalitätsdefizite im Handeln von Controllern, der Notwendigkeit, den Möglichkeiten und Grenzen einer Rationalitätssicherung von Controllern selbst, lassen sich zu der Frage zusammenfassen, wie das „Problem zweiter Ordnung" gelöst werden kann. Das vorausgegangene Kapitel beantwortet diese Frage.

Die Notwendigkeit einer Rationalitätssicherung von Controllern ergibt sich aus der Vielzahl der identifizierten potentiellen Rationalitätsdefizite im Handeln von Controllern bei der Erfüllung ihrer klassischen Aufgaben der Informationsversorgung, Planung und Kontrolle.

Situative Determinanten der Rationalitätsdefizite im Handeln von Controllern sind mit der Logik des ökonomischen Ansatzes und den in dieser Arbeit vorgenommenen Erweiterungen des ökonomischen Ansatzes in der kognitiven Dimension menschlichen Handelns vereinbar. Es ist durchaus plausibel anzunehmen, dass situative Determinanten der Rationalitätsdefizite zum einen in dem Potential beziehungsweise den Präferenzen der Controller liegen und zum anderen die Komplexität und Dynamik des Handlungskontextes, Merkmale der Aufgaben, die organisatorischen Rahmenbedingungen und die Kultur als situative Determinanten wirken. Sie erhöhen oder reduzieren die Wahrscheinlichkeit dafür, dass die herausgearbeiteten Ursachen zu den identifizierten potentiellen Rationalitätsdefiziten im Handeln von Controllern führen. Teilweise sind die situativen Determinanten beeinflussbar. Sie sind in diesem Fall ein wichtiger Ansatzpunkt für die Erarbeitung der Möglichkeiten einer Rationalitätssicherung von Controllern.

Den Ausgangspunkt der Betrachtungen zu den Möglichkeiten einer Rationalitätssicherung von Controllern bilden Überlegungen zur Beurteilbarkeit von Controllerleistungen. Sowohl für reaktive Rationalitätssicherungsmaßnahmen als auch für proaktive Rationalitätssicherungsmaßnahmen spielt die Beurteilbarkeit der Controllerleistungen eine wichtige Rolle. Reaktive Rationalitätssicherungsmaßnahmen setzen an identifizierten Rationalitätsdefiziten an, die ex post beseitigt werden sollen. Sie werden wegen der Multikausalität identifizierter Defizite nicht in Abhängigkeit der Ursachen unterschieden. Proaktive Rationalitätssicherungsmaßnahmen hingegen werden in Maßnahmen, die einem eigeninteressierten Handeln und Maßnahmen, die kognitiven Beschränkungen entgegenwirken sollen, unterschieden. Zur Vermeidung eigeninteressierten Handelns ist zum einen der Handlungsspielraum von Controllern einzuschränken. Zum anderen sind Anreize zu setzen, die eine Kongruenz zwischen den Zielen von Controllern und denen des Unternehmens fördern. Zur Vermeidung kognitiver Beschränkungen ist zum einen in konkreten Handlungssituationen die Handlungssicherheit der Controller zu erhöhen. Zum anderen ist das qualitative Potential der Controller durch die Steuerung von Lernprozessen zu entwickeln. Die Personalauswahl im Controllerbereich kann sowohl mit dem Ziel der Vermeidung eigeninteressierten Handelns als auch kognitiver Beschränkungen ausgestaltet werden. Trotz zahlreicher Ansatzpunkte, die Rationalität von Controllern zu sichern, sind den Möglichkeiten der Rationalitätssicherung Grenzen gesetzt.

Die Überlegungen zu den potentiellen Trägern einer Rationalitätssicherung von Controllern zeigen, dass Managern und Controllern, auch leitenden Controllern im Controllerbereich, eine besondere Rolle bei der Rationalitätssicherung zukommt. Anzumerken ist allerdings, dass die genannten Möglichkeiten einer Rationalitätssicherung von Controllern nicht vorsehen, dass das „Problem zweiter Ordnung" gelöst wird, indem ein „Metacontroller" Controller ergänzt oder begrenzt. Dies würde der Diskussion um einen infiniten Regress Tür und Tor öffnen.[1218] Vielmehr ist es die Aufgabe der verschiedenen potentiellen Handlungsträger, eine Reihe von Rationalitätssicherungsmaßnahmen durchzuführen. Dazu zählen zwar auch eine klassische Kontrolle der Controller und die Anwendung des Vier-Augen-Prinzips. Der Schwerpunkt liegt jedoch auf Maßnahmen zur Gestaltung der Rahmenbedingungen und der Förderung des Potentials der Controller.

1218 *„If we start hiring a private detective to follow the private detective who is following a lover, when does the need for checking stop?"* Power, M. (1997), S. 2. Mit Bezug auf Planungs- und Kontrollsysteme vgl. Höller, H. (1978), S. 224.

5 Schlussbetrachtung

In der Konzeption des Controllings als Rationalitätssicherung der Führung übernimmt das Controlling die Funktion, akute und potentielle Rationalitätsdefizite im Handeln von Managern zu identifizieren und zu lindern. Die in dieser Controllingkonzeption getroffenen Eigenschaftsannahmen – eigeninteressiertes Handeln und kognitive Beschränkungen – bestehen nicht nur für Manager, sondern auch für Controller als exponierter Träger der Controllingfunktion, und führen daher zu dem analysierten „Problem zweiter Ordnung". Analog zu dem „Problem erster Ordnung", der Frage nach potentiellen Rationalitätsdefiziten im Handeln von Managern und ihrer Rationalitätssicherung, wird mit dem „Problem zweiter Ordnung" die Frage nach potentiellen Rationalitätsdefiziten im Handeln von Controllern und der Rationalitätssicherung der Rationalitätssicherer, der Controller selbst, aufgeworfen. Dieses „Problem zweiter Ordnung" wird im Kontext des Rationalitätssicherungsansatzes zwar thematisiert, jedoch bisher nicht umfassend adressiert.

Die vorliegende Arbeit ist der erste Versuch einer systematischen Auseinandersetzung mit dem „Problem zweiter Ordnung" im Kontext des Controllings. Es war das Ziel der vorliegenden Arbeit, einen Beitrag zur Schließung der dargestellten Forschungslücke zu leisten und die Relevanz sowie mögliche Lösungen für das „Problem zweiter Ordnung" zu ergründen.

Die Arbeit ist wegen der ihr zugrunde liegenden Eigenschaftsannahmen eigeninteressierten Handelns und kognitiver Beschränkungen der verhaltensorientierten betriebswirtschaftlichen Forschung, insbesondere der verhaltensorientierten Controllingforschung, zuzurechnen. Für diese Perspektive eines „Behavioral Controlling"[1219] postuliert HIRSCH unter anderem: *„Sie [die Controllingforschung, A. P.] sollte versuchen, Kontexte und Situationen zu identifizieren und zu klassifizieren, in denen Controller nur beschränkte Fähigkeiten besitzen und auch ihren eigenen Willen über den des Unternehmens oder der Manager stellen."*[1220]

Diese Forderung wird mit der ersten Forschungsfrage dieser Arbeit, der Frage nach potentiellen Rationalitätsdefiziten im Handeln von Controllern und den möglichen Ursachen im menschlichen Handeln, aufgegriffen. Darauf aufbauend beziehen sich die zweite und dritte Forschungsfrage auf eine Rationalitätssicherungskonzeption für Controller. Die zweite Forschungsfrage konzentriert sich auf Hypothesen über situative Determinanten, die die Wahrscheinlichkeit für Rationalitätsdefizite im Handeln von Controllern beeinflussen. Die dritte

[1219] Vgl. die gleichnamige Habilitationsschrift von Hirsch, B. (2007).

[1220] Vgl. Hirsch, B. (2003), S 98.

Forschungsfrage umfasst die Fragen nach der Notwendigkeit, den Möglichkeiten und Grenzen einer Rationalitätssicherung von Controllern.

Im Zuge der Beantwortung der ersten Forschungsfrage wurden auf der Basis der konzeptionellen und empirischen Controllingliteratur die klassischen Aufgabenbereiche der Controller sowie die quer dazu liegenden unterschiedlichen Formen der Führungsunterstützung konkretisiert und als Untersuchungsobjekt für die systematische Identifikation potentieller Rationalitätsdefizite im Handeln von Controllern herangezogen. Im Ergebnis wurden für alle Teilaufgaben und Phasen der Informationsversorgung, Planung und Kontrolle eine Vielzahl potentieller Rationalitätsdefizite im Handeln von Controllern identifiziert. Ursachen der identifizierten Defizite wurden ausschließlich im Handeln individueller Akteure gesucht. Bei der systematischen Ursachenergründung half ein ausgehend von dem ökonomischen Ansatz methodologisch reflektiert entwickelter Strukturierungsrahmen. Die Annahme eigeninteressierten Handelns steckt im Kern des ökonomischen Ansatzes. Um eine detailliertere Ursachenergründung zu ermöglichen, wurde diese Annahme in unterschiedliche, von den Unternehmenszielen abweichende Präferenzen aufgefächert. In der kognitiven Dimension menschlichen Handelns musste der ökonomische Ansatz ausdifferenziert werden. Die inhaltliche Grundlage hierzu bildeten der Informationsverarbeitungsansatz sowie zahlreiche Erkenntnisse aus der Kognitionspsychologie. Die methodische Grundlage war die Methode der abnehmenden Abstraktion des Soziologen LINDENBERG. Anhand dieses Strukturierungsrahmens konnten die identifizierten Rationalitätsdefizite zunächst durch ein eigeninteressiertes Handeln und unter Erweiterungen des ökonomischen Ansatzes durch kognitive Beschränkungen erklärt werden. Die Analyse hat gezeigt, dass insbesondere Lücken des Methoden- und Faktenwissens von Controllern, unpassende, funktional geprägte mentale Modelle sowie Beschränkungen und Verzerrungen der Wahrnehmung sowie der Fähigkeit von Controllern zur Bildung von Wahrscheinlichkeits-, Kausal- und Werturteilen Erklärungsbeiträge leisten.

Die zweite Forschungsfrage konnte dahingehend beantwortet werden, dass ausgehend von den systematisch strukturierten Ursachen der identifizierten potentiellen Rationalitätsdefizite Hypothesen über situative Determinanten dieser Rationalitätsdefizite aufgestellt wurden. Situative Determinanten ergeben sich unmittelbar aus dem ökonomischen Ansatz, den vorgenommenen Erweiterungen in der kognitiven Dimension menschlichen Handelns, der Forschung zu Kontextfaktoren des Controllings oder sie sind das Ergebnis von Plausibilitätsüberlegungen. Situative Determinanten bestehen entweder in den Präferenzen und dem qualitativen und quantitativen Potential der Controller oder in der Situation an sich. Teilweise kann ihre Ausprägung gezielt beeinflusst werden.

Da die Beantwortung der ersten Forschungsfrage ergeben hat, dass Rationalitätsdefizite im Handeln von Controllern auftreten können, besteht die Notwendigkeit einer Rationalitätssicherung von Controllern. Die im Rahmen der Beantwortung der dritten Forschungsfrage aufgezeigten Möglichkeiten einer Rationalitätssicherung von Controllern knüpfen an die identifizierten Defizite und insbesondere an die verdichteten Ursachen dieser Defizite an. Eine wichtige Grundlage für den Entwurf einer Rationalitätssicherungskonzeption für Controller sind die erarbeiteten Hypothesen über situative Determinanten der Rationalitätsdefizite. Als beeinflussbar identifizierte situative Determinanten sind Anknüpfungspunkte für die Ableitung von Ansätzen zu einer Rationalitätssicherung von Controllern.

Als eine Voraussetzung für die Rationalitätssicherung von Controllern konnte die Beurteilbarkeit ihrer Leistungen herausgearbeitet werden. Daher wurde detailliert erarbeitet, welche Controllerleistungen inwiefern beurteilbar sind. Ausgehend davon konnten umfangreiche reaktive und proaktive Maßnahmen zur Sicherung der Rationalität von Controllern erarbeitet werden. Reaktive Rationalitätssicherungsmaßnahmen erfolgen im Anschluss an die Leistungserstellung von Controllern und stellen letztlich eine Kontrolle der Controller dar. Proaktive Rationalitätssicherungsmaßnahmen erfolgen vor oder während der Leistungserstellung der Controller. Für die Ursachenkategorien eigeninteressiertes Handeln und kognitive Beschränkungen konnten umfassende Maßnahmenbündel erarbeitet werden. Als Träger dieser Rationalitätssicherungsmaßnahmen kommen verschiedene Akteure in Betracht. Ausgehend von den von LANGENBACH entwickelten Kriterien wurde die Eignung potentieller Träger beleuchtet. Den Möglichkeiten einer Rationalitätssicherung von Controllern sind jedoch Grenzen gesetzt. Diese haften allgemein den Rationalitätssicherungsmaßnahmen an oder ergeben sich aus spezifischen Controllingaspekten – wie der eingeschränkten Beurteilbarkeit von Controllerleistungen.

Insbesondere mit den Ergebnissen zur dritten Forschungsfrage wird die Arbeit ihrem pragmatischen Wissenschaftsziel gerecht. Es werden dezidierte Hinweise für die Lösung des „Problems zweiter Ordnung" in der Praxis geliefert. Die Antworten auf die erste und zweite Forschungsfrage stellen hierfür notwendige Voraussetzungen dar. Darüber hinaus besitzt die erste Forschungsfrage eine eigenständige Relevanz für die Unternehmenspraxis. Die Antworten auf diese Frage sollten Controller für potentielle Rationalitätsdefizite und deren mögliche Ursachen in ihrem Handeln sensibilisieren.

Mit der vorliegenden Arbeit wird eine in höchstem Maße praxisrelevante Problemstellung erstmals systematisch aufgearbeitet. Denn auch wenn das „Problem zweiter Ordnung" nicht explizit als solches in der Praxis bezeichnet und diskutiert wird, sind doch die hier identifizierten potentiellen Rationalitätsdefizite in der Praxis anzutreffen. Bislang werden sie jedoch nicht systematisch mit geeigneten Gegenmaßnahmen adressiert.

Die Arbeit weist gleichwohl Restriktionen auf, die ihrem hohen Innovationsgrad zuzuschreiben sind. Da mit der vorliegenden Arbeit das „Problem zweiter Ordnung" im Controlling erstmals systematisch adressiert wird, ist die Arbeit breit angelegt. Daraus resultiert an einigen Stellen ihr Überblickscharakter. Die Darstellung der potentiellen Rationalitätsdefizite im Handeln von Controllern deckt zwar ein breites Spektrum ab, ist jedoch nicht vollständig. Die Aufgaben von Controllern können bis hin zu einzelnen Controllinginstrumenten stärker detailliert werden. Dann könnten auch Rationalitätsdefizite im Handeln von Controllern mit einer höheren „Auflösung" identifiziert werden. Auch die möglichen Ursachen der Rationalitätsdefizite lassen sich stärker konkretisieren. Kognitive Verzerrungen können detaillierter in ihrer Wirkung betrachtet werden. Zudem können Ursachen aus der Interaktion mehrerer Controller abgeleitet werden. Auch die Vielzahl der aufgezeigten Ansätze zu einer Rationalitätssicherung von Controllern kann – insbesondere in Kombination mit detaillierter herausgearbeiteten Ursachen von Rationalitätsdefiziten im Handeln von Controllern – weiter aufgefächert werden. Eine Restriktion der Arbeit ist auch der hypothetische Charakter vieler Aussagen. Angesichts der großen Forschungslücke, zu deren Schließung diese Arbeit einen Beitrag leistet, erscheint dies jedoch durchaus gerechtfertigt zu sein.

Die Restriktionen dieser Arbeit weisen auf den weiteren Forschungsbedarf in diesem Bereich hin. Insbesondere sollten ausgewählte Zusammenhänge empirisch untersucht werden.

Literaturverzeichnis

Abdel-Khalik, A. R. (1973): The Effect of Aggregation of Accounting Reports on the Quality of the Lending Decision: An Empirical Investigation, in: Journal of Accounting Research, Vol. 11, S. 104-138.

Abel, B. (1977): Problemorientiertes Informationsverhalten, Darmstadt.

Ackoff, R. L. (1967): Management Misinformation Systems, in: Management Science, Vol. 14, S. B147-B156.

Ackoff, R. L. (1970): A Concept of Corporate Planning, New York u. a.

Ackoff, R. L./Sasieni, M. W. (1968): Fundamentals of Operations Research, New York u. a.

Adam, D. (1996): Planung und Entscheidung. Modelle – Ziele – Methoden, 4. Auflage, Wiesbaden.

Ahn, H./Dyckhoff, H. (2004): Zum Kern des Controllings: Von der Rationalitätssicherung zur Effektivitäts- und Effizienzsicherung, in: Scherm, E./Pietsch, G. [Hrsg.]: Controlling. Theorien und Konzeptionen, München, S. 501-525.

Albach, H. (1980): Vertrauen in der ökonomischen Theorie, in: JITE. Journal of Institutional and Theoretical Economics (Zeitschrift für die gesamte Staatswissenschaft), Vol. 136, S. 2-11.

Albach, H. (1990): Der dispositive Faktor in Theorie und Praxis, in: Zeitschrift für Betriebswirtschaft, 60. Jg., S. 533-548.

Albach, H. (1994): Culture and Technical Innovation: A Cross-Cultural Analysis and Policy Recommendations, Forschungsbericht 9 der Akademie der Wissenschaften zu Berlin, Berlin u. a.

Amann, C. (1993): Personalstruktur. Terminologische Bestandsaufnahme und systematische Weiterentwicklung, Bayreuth.

Ambrosini, V./Bowman, C. (2001): Tacit Knowledge. Some Suggestions for Operationalization, in: Journal of Management Studies, Vol. 38, S. 811-829.

American Accounting Association (1974): Report of the Committee on the Relationship of Behavioral Science and Accounting, in: The Accounting Review, Vol. 49, S. 127-139.

Amshoff, B. (1993): Controlling in deutschen Unternehmungen: Realtypen, Kontext und Effizienz, 2. aktualisierte Auflage, Wiesbaden.

Andrews, K. (1980): The Concept of Corporate Strategy, Homewood.

Ansari, S./Euske, K. J. (1987): Rational, Rationalizing and Reunifying Uses of Accounting Data in Organizations, in: Accounting, Organizations and Society, Vol. 12, S. 549-570.

Ansoff, H. I. (1976): Managing Surprise and Discontinuity – Strategic Response to Weak Signals, in: Zeitschrift für betriebswirtschaftliche Forschung, 26. Jg., S. 129-152.

Anthony, R. N. (1965): Planning and Control Systems, Boston.

Anthony, R. N./Govindarajan, V. (2003): Management Control Systems, 11. Auflage, Boston.

Arbeitskreis „Finanzierung“ der Schmalenbach-Gesellschaft – Deutsche Gesellschaft für Betriebswirtschaft e. V. (1994): Investitions-Controlling – Zum Problem der Informationsverzerrung bei Investitionsentscheidungen in dezentralisierten Unternehmen, in: Zeitschrift für betriebswirtschaftliche Forschung, 46. Jg., S. 899-925.

Arbeitskreis „Integrierte Unternehmensplanung“ der Schmalenbach-Gesellschaft – Deutsche Gesellschaft für Betriebswirtschaft e. V. (1991): Grenzen der Planung – Herausforderungen an das Management, in: Zeitschrift für betriebswirtschaftliche Forschung, 43. Jg., S. 811-829.

Argyris, C. (1952): The Impact of Budgets on People, New York.

Argyris, C. (1971): Management Information Systems: The Challenge to Rationality and Emotionality, in: Management Science, Vol. 17, S. B-275-B-292.

Argyris, C./Schön, D. A. (1978): Organizational Learning. A Theory of Action Perspective, Reading.

Argyris, C./Schön, D. A. (1996): Organizational Learning II. Theory, Method, and Practice, Reading.

Arkes, H. R. (1991): Costs and Benefits of Judgment Errors: Implications for Debiasing, in: Psychological Bulletin, Vol. 110, S. 486-498.

Arkes, H. R./Blumer, C. (1985): The Psychology of Sunk Cost, in: Organizational Behavior & Human Decision Processes, Vol. 35, S. 125-140.

Arkes, H. R./Blumer, C. (2000): The Psychology of Sunk Cost, in: Connolly, T./Arkes, H. R./Hammond, K. R. [Hrsg.]: Judgment and Decision Making, 2. Auflage, Cambridge u. a., S. 97-113.

Asser, G. (1971): Das Berichtswesen (Analyse, Aufbau, Kontrolle), in: Bobsin, R. [Hrsg.]: Handbuch der Kostenrechnung, München, S. 653-678.

Atkinson, J. W. (1978): Motivational Determinants of Intellective Performance and Cumulative Achievement, in: Atkinson, J. W./Rynor, J. O. [Hrsg.]: Personality, Motivation, and Achievement, Washington, S. 221-242.

Auer-Rizzi, W. (1998): Entscheidungsprozesse in Gruppen. Kognitive und soziale Verzerrungstendenzen, Wiesbaden.

Aust, R. (1999): Kostenrechnung als unternehmensinterne Dienstleistung, Wiesbaden.

Bach, S. et al. (2002): Grundmodell einer dynamischen Theorie ökonomischer Akteure, Wissenschaftliche Hochschule für Unternehmensführung (WHU) – CCM-Forschungspapier Nr. 6, Vallendar.

Bach, S. et al. (2001): Grundmodell einer dynamischen Theorie ökonomischer Akteure, in: Weber, J./Schäffer, U. [Hrsg.]: Rationalitätssicherung der Führung. Beiträge zu einer Theorie des Controlling, Wiesbaden, S. 96-104.

Barefield, R. (1972): The Effect of Aggregation on Decision Success: A Laboratory Study, in: Journal of Accounting Research, Vol. 10, S. 355-361.

Barnard, C. I. (1938): The Functions of the Executive, unveränderter Nachdruck der Erstauflage, Cambridge 1964.

Bartlett, R. W. (1983): Power Base Attribution and the Perceived Legitimacy of Managerial Accounting, Ann Arbor, Michigan.

Bartram, P. (1969): Die innerbetriebliche Kommunikation, ihre organisatorische Gestaltung und ihre ungeregelte Entwicklung im Betriebsgeschehen, Berlin.

Bauer, M. (2002): Controllership in Deutschland. Zur erfolgreichen Zusammenarbeit von Controllern und Managern, Wiesbaden.

Bauer, M. (2003): "Lotse in schwerer See": Was Controller in Deutschland zum Unternehmenserfolg beitragen, in: Zeitschrift für Controlling und Management, 47. Jg., S. 117-122.

Baumgartner, B. (1980): Die Controller-Konzeption: Theoretische Darstellung und praktische Anwendung, Schriftenreihe des Instituts für Betriebswirtschaftliche Forschung an der Universität Zürich, Band 35, Bern u. a.

Bazerman, M./Loewenstein, G./Moore, D. (2002): Why Good Accountants Do Bad Audits, in: Harvard Business Review, Vol. 80, Heft 11, S. 96-102.

Bazerman, M. H. (2005): Judgement in Managerial Decision Making, 6. Auflage, New Jersey.

Bazerman, M. H./Chugh, D. (2006): Decisions without Blinders, in: Harvard Business Review, Vol. 84, Special Issue January, S. 88-97.

Bazerman, M. H./Morgan, K. P./Loewenstein, G. F. (1997): The Impossibility of Auditor Independence, in: Sloan Management Review, Vol. 38, Summer, S. 89-94.

Becker, A. (2003): Controlling als reflexive Steuerung von Organisationen, Stuttgart.

Becker, A. (2004): Jenseits des Kerns des Controlling: Management Accounting as Social and Institutional Practice, in: Zeitschrift für Controlling und Management, 48. Jg., S. 95-107.

Becker, F. G. (1998): Anreizsysteme für Controller bzw. für das Controlling, in: Börsig, C./Coenenberg, A. G. [Hrsg.]: Controlling und Rechnungswesen im internationalen Wettbewerb, Stuttgart, S. 241-253.

Becker, F. G. (2005): Leistungs- und erfolgsabhängige Vergütungen, in: Das Wirtschaftsstudium, 34. Jg., S. 1038-1043.

Becker, G. S. (1983): Human Capital. A Theoretical and Empirical Analysis, 2. Auflage, Chicago.

Becker, G. S. (1993): Nobel Lecture: The Economic Way of Looking at Behavior, in: Journal of Political Economy, Vol. 101, S. 385-409.

Becker, H.-J. (2005): Controller und Controlling, 3. Auflage, Renningen.

Becker, J. (2003): Die Entscheidungsanomalien des homo oeconomicus, in: Beckenbach, F. et al. [Hrsg.]: Jahrbuch Ökologische Ökonomik, Band 3: Psychologie und Umweltökonomik, Marburg, S. 41-83.

Becker, S. W. (1967): Discussion of the Effect of Frequency of Feedback on Attitudes and Performance, in: Journal of Accounting Research, Vol. 5, S. 225-228.

Becker, W. (1988): Funktionen und Aufgaben des Controlling, in: Kostenrechnungspraxis, 32. Jg., S. 273-275.

Becker, W./Benz, K. (1996): Ergebnisse einer empirischen Untersuchung zur Effizienz des Controlling, Nr. 114 der Bamberger Betriebswirtschaftliche Beiträge, Bamberg.

Behling, O./Eckel, N. L. (1991): Making Sense out of Intuition, in: Academy of Management Executive, Vol. 5, S. 46-54.

Belsky, G./Gilovich, T. (1999): Why Smart People Make Big Money Mistakes and How to Correct Them, New York u. a.

Benson, P. G./Onkal, D. (1992): The Effects of Feedback and Training on the Performance of Probability Forecasters, in: International Journal of Forecasting, Vol. 8, S. 559-573.

Benz, K. (1998): Effizienz des Controlling. Analytische und empirische Ableitung von Merkmalen der Controlling-Effizienz, Bamberg.

Bernstein, P. L. (1996): Risiken gehorchen keinen Zahlen, in: Harvard Business Manager, o. Jg., Heft 3, S. 113-116.

Berthel, J. (1975): Betriebliche Informationssysteme, Stuttgart.

Berthel, J. (1992): Informationsbedarf, in: Frese, E. [Hrsg.]: Handwörterbuch der Organisation, 3. Auflage, Stuttgart, Sp. 872-886.

Berthel, J./Becker, F. G. (2003): Personal-Management, 7. Auflage, Stuttgart.

Berthel, J./Moews, D. (1970): Information und Planung in industriellen Unternehmungen. Eine empirische Studie, Berlin.

Besharov, G. (2004): Second-Best Considerations in Correcting Cognitive Biases, in: Southern Economic Journal, Vol. 71, S. 12-20.

Biel, A. (1988): Motivation und Controlling, in: Controller Magazin, 13. Jg., S. 35-41.

Birnberg, J. G./Shields, J. F. (1989): Three Decades of Behavioral Accounting Research: A Search For Order, in: Behavioral Research in Accounting, Vol. 1, S. 23-74.

Birnberg, J. G./Turopolec, L./Young, S. M. (1983): The Organizational Context of Accounting, in: Accounting, Organizations and Society, Vol. 8, S. 111-129.

Bleicher, K./Meyer, E. (1976): Führung in der Unternehmung: Formen und Modelle, Reinbek bei Hamburg.

Blohm, H. (1971): Buchbesprechung zu Werner Kirsch: Entscheidungsprozesse, in: Zeitschrift für Betriebswirtschaft, 41. Jg., S. 893-895.

Blohm, H./Heinrich, L. J. (1965): Schwachstellen der betrieblichen Berichterstattung, Baden-Baden u. a.

Bode, J. (1997): Der Informationsbegriff in der Betriebswirtschaftslehre, in: Zeitschrift für betriebswirtschaftliche Forschung, 49. Jg., S. 449-468.

Bolger, F./Harvey, N. (1993): Context-sensitive Heuristics in Statistical Reasoning [Special issue: The Cognitive Psychology of Reasoning], in: Quarterly Journal of Experimental Psychology, Vol. 46a, S. 779-811.

Boulding, K. E. (1956): The Image, New York.

Bower, J. (1970): Managing the Resource Allocation Process, Division of Research, Graduate School of Business Administration, Boston.

Böhm, C./Müller, J. (1996): Führungskräfteinformation, in: Eschenbach, R. [Hrsg.]: Controlling, 2. Auflage, Stuttgart, S. 505-521.

Bramsemann, U./Heineke, C. (2004): Die Verwendung von Werttreiberhierarchien im Spannungsfeld zwischen operativer und strategischer Steuerung, in: Zeitschrift für Controlling und Management, 48. Jg., S. 61-67.

Bramsemann, U./Heineke, C./Kunz, J. (2004): Verhaltensorientiertes Controlling – Konturierung und Entwicklungsstand einer Forschungsperspektive, in: Die Betriebswirtschaft, 64. Jg., S. 550-570.

Brockhoff, K. (1983): Informationsverarbeitung in Entscheidungsprozessen, in: Zeitschrift für Betriebswirtschaft, 53. Jg., S. 53-62.

Brockhoff, K. (1994): Management organisatorischer Schnittstellen unter besonderer Berücksichtigung der Koordination von Marketingbereichen mit Forschung und Entwicklung, Göttingen.

Brockner, J. (1992): The Escalation of Commitment to a Failing Course of Action: Toward Theoretical Progress, in: Academy of Management Review, Vol. 17, S. 39-61.

Bromley, D. B. (1993): Reputation, Image and Impression Management, New York.

Bruner, J. S./Goodnow, J. J./Austin, G. A. (1956): A Study of Thinking, New York.

Bruner, J. S./Postman, L. (1951): An Approach to Social Perception, in: Dennis, W./Lippitt, R. [Hrsg.]: Current Trends in Social Psychology, Pittsburgh, S. 71-118.

Brunner, J. (1999): Value-Based Performance Management, Wiesbaden.

Bruns, W. J./DeCoster, D. T. (1969) [Hrsg.]: Accounting and its Behavioral Implications, New York.

Budäus, D. (1972): Betriebswirtschaftslehre und Wissenschaftstheorie. Ein Beitrag im Rahmen der Diskussion um die „Entscheidungsprozesse“ von W. Kirsch, in: Zeitschrift für Betriebswirtschaft, 42. Jg., S. 373-375.

Buggert, W. (1991): Dysfunktionale Verhaltenswirkungen von Budgetierungssystemen, in: Controller Magazin, 16. Jg., S. 28-38.

Bühner, R. (1977): Zum Situationsansatz in der Organisationsforschung, in: Zeitschrift für Organisation, 46. Jg., S. 67-74.

Bühner, R. (1994): Personalmanagement, Landsberg/Lech.

Bungenstock, C. (1995): Entscheidungsorientierte Kostenrechnungssysteme. Eine entwicklungsgeschichtliche Analyse, Wiesbaden.

Burns, T. J./Stalker, G. M. (1961): The Management of Innovation, London.

Calingo, L. M. R. (1989): Achieving Excellence in Strategic Planning Systems, in: Advanced Management Journal, Vol. 54, S. 21-23.

Camerer, C. F. (1999): Behavioral Economics: Reunifying Psychology and Economics, in: Proceedings of the National Academy of Sciences of the United States of America, Vol. 96, S. 10575-10577.

Camerer, C. F./Hogarth, R. M. (1999): The Effects of Financial Incentives in Experiments: A Review and Capital-Labor-Production Framework, in: Journal of Risk and Uncertainty, Vol. 19, S. 7-42.

Carpenter, J. N. (2000): Does Option Compensation Increase Managerial Risk Appetite?, in: Journal of Finance, Vol. 55, S. 2311-2331.

Carroll, S. J./Tosi, H. L. (1970): Goal Characteristics and Personality Factors in a Management by Objectives Program, in: Administrative Science Quarterly, Vol. 15, S. 295-305.

Casal, J. C./Zalkind, S. S. (1995): Consequences of Whistle-Blowing: A Study of the Experiences of Management Accountants, in: Psychological Reports, Vol. 77, S. 795-802.

Chapman, C. S. (1997): Reflections on a Contingent View of Accounting, in: Accounting, Organizations and Society, Vol. 22, S. 189-205.

Chenhall, R. H./Morris, D. (1986): The Impact of Structure, Environment and Interdependence on the Perceived Usefulness of Management Accounting Systems, in: The Accounting Review, Vol. 61, S. 16-35.

Chmielewicz, K. (1994): Forschungskonzeptionen der Wirtschaftswissenschaft, 3. Auflage, Stuttgart.

Clemen, R. T./Lichtendahl, K. C. (2002): Debiasing Expert Overconfidence: A Bayesian Calibration Model, Working Paper, Duke University.

Coenenberg, A. G. (1966): Die Kommunikation in der Unternehmung, Wiesbaden.

Coles, J. L./Daniel, N. D./Naveen, L. (2006): Managerial Incentives and Risk-Taking, in: Journal of Financial Economics, Vol. 79, S. 431-468.

Conlisk, J. (1996): Why bounded rationality, in: Journal of Economic Literature, Vol. 34, S. 669-700.

Connolly, T./Ordóñez, L. (2003): Judgment and Decision Making, in: Borman, W. C./Ilgen, D. R./Klimoski, R. J. [Hrsg.]: Handbook of Psychology, Hoboken, New Jersey, S. 493-517.

Conroy, R. M./Hughes, J. S. (1987): Delegated Information Gathering Decisions, in: The Accounting Review, Vol. 62, S. 50-66.

Cooper, D. J./Hayes, D./Wolf, F. (1981): Accounting in Organized Anarchies: Understanding and Designing Accounting Systems in Ambiguous Situations, in: Accounting, Organizations and Society, Vol. 6, S. 175-191.

Copeland, T./Koller, T./Murrin, J. (2002): Unternehmenswert – Methoden und Strategien für eine wertorientierte Unternehmensführung, 3. Auflage, Frankfurt a. M.

Creyer, E. H./Bettman, J. R./Payne, J. W. (1990): The Impact of Accuracy and Effort Feedback and Goals on Adaptive Decision Behavior, in: Journal of Behavioral Decision Making, Vol. 3, S. 1-16.

Crozier, M./Friedberg, E. (1979): Macht und Organisation: Die Zwänge kollektiven Handelns, Königstein.

Cyert, R. M./March, J. G. (1963): A Behavioral Theory of the Firm, Englewood Cliffs.

Dambrowski, J./Hieber, W. L. (1997): Activity Based Budgeting (ABB) – Effizienzsteigerung in der Budgetierung, in: Gleich, R./Seidenschwarz, W. [Hrsg.]: Die Kunst des Controlling: Prof. Dr. Péter Horváth zum 60. Geburtstag, München, S. 293-312.

Darby, M. R./Karni, E. (1973): Free Competition and the Optimal Amount of Fraud, in: Journal of Law and Economics, Vol. 16, S. 67-88.

Das, T. K./Teng, B. S. (1998): Between Trust and Control: Developing Confidence in Partner Cooperation in Alliances, in: Academy of Management Review, Vol. 23, S. 491-512.

David, U. (2005): Strategisches Management von Controllerbereichen. Konzept und Fallstudien, Wiesbaden.

Davis, L. R. (1989): Report Format and the Decision Maker's Task: An Experimental Investigation, in: Accounting, Organizations and Society, Vol. 14, S. 495-508.

De Bondt, W. F. M./Thaler, R. H. (1995): Financial Decision-Making in Markets and Firms: A Behavioral Perspective, in: Jarrow, R. A./Maksimovic, V./Ziemba, W. T. [Hrsg.]: Handbooks in Operations Research and Management Science: Finance, Amsterdam u. a., S. 385 410.

De Grave, A./Schöppner, S. (1989): Ergebnisse der Qualifikationsforschung, in: Personalführung, 5. Jg., S. 493-497.

Dearborn, D./Simon, H. A. (1958): Selective Perception: A Note on Departmental Identifications of Executives, in: Sociometry, Vol. 21, S. 140-144.

Dehler, M. (2001): Entwicklungsstand der Logistik. Messung – Determinanten – Erfolgswirkungen, Wiesbaden.

Deibl, M. (1995): Kommunikation im Betrieb, Wien.

Delhees, K. H. (1985): Das Verhaltensrepertoire des Controllers, in: Probst, G. J. B./Schmitz-Dräger, R. [Hrsg.]: Controlling und Unternehmensführung, Bern, S. 66-81.

Dellmann, K. (1992): Eine Systematisierung der Grundlagen des Controlling, in: Spremann, K./Zur, E. [Hrsg.]: Controlling. Grundlagen, Informationssysteme, Anwendungen, Wiesbaden, S. 113-140.

Demmer, A./Weinmiller, S./Pieroth, G. (2004): Investitionsrechnung bei Procter & Gamble: Value Finders at Work, in: Zeitschrift für Controlling und Management, 48. Jg., Sonderheft 1, S. 6-14.

Demski, J. S./Frimor, H./Sappington, D. E. M. (2004): Efficient Manipulation in a Repeated Setting, in: Journal of Accounting Research, Vol. 42, S. 31-49.

Denk, R./Kunesch, H. (1996): Einsatzvoraussetzungen, Gestaltungskontext und kritische Erfolgsfaktoren für die Gestaltung von Controllingsystemen, in: Eschenbach, R. [Hrsg.]: Controlling, 2. Auflage, Stuttgart, S. 525-545.

Denzau, A. T./North, D. C. (1994): Shared Mental Models: Ideologies and Institutions, in: Kyklos, Vol. 47, S. 3-31.

Deppe, H. (1987): Möglichkeiten und Grenzen der Zusammenarbeit von Interner Revision und Controlling, in: Betriebswirtschaftliche Forschung und Praxis, 39. Jg., S. 127-138.

Dermer, J. D. (1973): Cognitive Characteristics and Perceived Importance of Information, in: The Accounting Review, Vol. 48, S. 511-519.

Dermer, J. D. (1975): Human Information Processing and Problem Solving, in: Livingstone, L. J. [Hrsg.]: Managerial Accounting: The Behavioral Foundations, Columbus/Ohio, S. 191-208.

Deters, J. (1992): Verhaltenswissenschaftliche Ursprünge in der Betriebswirtschaftslehre, in: Staehle, W. H./Conrad, P. [Hrsg.]: Managementforschung 2, Wiesbaden, S. 39-110.

Deutsch, M./Kotik, P. (1978): Altruism and Bargaining, in: Sauermann, H. [Hrsg.]: Bargaining Behavior, Band 7 der Beiträge zur Experimentellen Wirtschaftsforschung, Tübingen, S. 20-40.

Deyhle, A. (1993): Management & Controlling Brevier, Band 1, Manager & Controller im Team, 6. Auflage, Wörthsee-Etterschlag.

Dhebar, A. (1993): Managing the Quality of Quantitative Analysis, in: Sloan Management Review, Vol. 34, Winter, S. 69-75.

Dill, P. (1987): Unternehmenskultur, Bonn.

Donabedian, A. (1980): The Definition of Quality and Approaches to its Assessment: Explorations in Quality Assessment and Monitoring, Ann Arbor, Michigan.

Dörner, D. (1989): Die Logik des Mißlingens. Strategisches Denken in komplexen Situationen, Reinbek bei Hamburg.

Drews, H. (2001): Instrumente des Kooperationscontrollings, Wiesbaden.

Drews, H./Friedrichsen, M. (2006): Budgetierung und selektive Wahrnehmung, in: Controlling, 18. Jg., S. 79-83.

Driver, M. J./Mock, T. J. (1975): Human Information Processing Decision Style Theory and Accounting Information Systems, in: The Accounting Review, Vol. 50, S. 490-508.

Drucker, P. F. (1954): The Practice of Management, New York.

Drumm, H. H. (1994): Personalwirtschaftslehre, 3. Auflage, Berlin u. a.

Dworatschek, S./Donike, H. (1972): Wirtschaftlichkeitsanalyse von Informationssystemen, Berlin u. a.

Dyckhoff, H./Ahn, H. (2001): Sicherstellung der Effektivität und Effizienz der Führung als Kernfunktion des Controlling, in: Kostenrechnungspraxis, 45. Jg., S. 111-121.

Eberenz, R. (1999): Controller, aufgepaßt!, in: Kostenrechnungspraxis, 43. Jg., S. 139-140.

Eccles, R. G. (1991): The Performance Measurement Manifesto, in: Harvard Business Review, Vol. 69, Heft 1, S. 131-137.

Eccles, R. G./Crane, D. B. (1987): Managing Through Networks in Investment Banking, in: California Management Review, Vol. 30, S. 176-194.

Egger, A. (1992): Operative Unternehmensplanung – Die operativen Teilpläne und deren Integration in die unternehmerische Gesamtplanung, in: Risak, J./Deyhle, A. [Hrsg.]: Controlling: State of the Art und Entwicklungstendenzen. Rolf Eschenbach zum 60. Geburtstag, Wiesbaden, S. 47-67.

Egner, H. (1984): Über „grenzüberschreitendes wissenschaftliches Arbeiten" und Dilettantismusgefahr, in: Zeitschrift für betriebswirtschaftliche Forschung, 36. Jg., S. 421-431.

Eichenberger, R. (1992): Verhaltensanomalien und Wirtschaftswissenschaft, Wiesbaden.

Einhorn, H./Hogarth, R. W. (1986): Judging Probable Cause, in: Psychological Bulletin, Vol. 99, S. 3-19.

Eisenführ, F./Weber, M. (2003): Rationales Entscheiden, 4. Auflage, Berlin u. a.

Ellermeier, C. (1982): Operative Planung als Teilbereich des Controlling, in: Pfohl, H.-C./Braun, G. E. [Hrsg.]: Beiträge zur Controllingpraxis Nr. 4, Fachbereich Wirtschaftswissenschaft Universität Essen-Gesamthochschule Essen, Essen, S. 25-45.

Epley, N./Gilovich, T. (2005): When Effortful Thinking Influences Judgmental Anchoring: Differential Effects of Forewarning and Incentives on Self-generated and Externally Provided Anchors, in: Journal of Behavioral Decision Making, Vol. 18, S. 188-212.

Eschenbach, R./Niedermayr, R. (1996): Die Konzeption des Controlling, in: Eschenbach, R. [Hrsg.]: Controlling, 2. Auflage, Stuttgart, S. 65-94.

Evers, C. (2006): „Das Controlling wird zukünftig noch mehr Sparringspartner der Entscheidungsträger werden" Interview mit Carsten Evers, Leiter Corporate Controlling der Thyssen Krupp AG, in: Zeitschrift für Controlling und Management, 50. Jg., S. 276-278.

Ewert, R./Wagenhofer, A. (2004): Interne Unternehmensrechnung, 6. Auflage, Berlin u. a.

Ewusi-Mensah, K. (1981): The External Organizational Environment and its Impact on Management Information Systems, in: Accounting, Organizations and Society, Vol. 6, S. 301-316.

Exner, K. (2003): Controlling in der New Economy. Herausforderungen, Aufgaben, Instrumente, Wiesbaden.

Falkenhausen, H. v. (1990): Controlling in Mehrbereichsunternehmen: Gratwanderung zwischen Zentralisierung und Dezentralisierung, in: Küpper, H.-U. et al. [Hrsg.]: Unternehmensführung und Controlling, Wiesbaden, S. 89-106.

Feldman, M. S./March, J. G. (1981): Information in Organizations as Signal and Symbol, in: Administrative Science Quarterly, Vol. 26, S. 171-186.

Ferris, K. R./Haskins, M. E. (1989): Perspectives on Accounting Systems and Human Behavior, in: Accounting, Auditing and Accountability, Vol. 1, S. 3-18.

Festinger, L. (1957): A Theory of Cognitive Dissonance, Stanford.

Fink, C. A./Heineke, C. (2004): Zielvereinbarungssysteme auf der Basis von operativen Werttreiberhierarchien und Balanced Scorecards - Notwendigkeit, Anforderungen und Vorgehen einer Integration, in: Bramsemann, R. [Hrsg.]: Kennzahlengestütztes Controlling, Münster, S. 91-111.

Finn, D. W. (1995): Ethical Decision Making in Organizations: A Management Employee-Organization Whistleblowing Model, in: Ponemon, L. W. [Hrsg.]: Research on Accounting Ethics, Vol. 1, Greenwich u. a., S. 291-313.

Finzer, P./Mungenast, M. (1992): Personalauswahl, in: Gaugler, E./Weber, W. [Hrsg.]: Handwörterbuch des Personalwesens, Stuttgart, Sp. 1583-1596.

Fiol, C. M./Lyles, M. A. (1985): Organizational Learning, in: Academy of Management Review, Vol. 10, S. 803-813.

Fischhoff, B. (1982): Debiasing, in: Kahneman, D./Slovic, P./Tversky, A. [Hrsg.]: Judgement under Uncertainty. Heuristics and Biases, Cambridge, S. 422-444.

Florissen, A. (2005): Rationalitätssicherung im Preismanagement, Wiesbaden.

Fong, G. T./Krantz, D. H./Nisbett, R. E. (1986): The Effects of Statistical Training on Thinking about Everyday Problems, in: Cognitive Psychology, Vol. 18, S. 253-292.

Fong, G. T./Nisbett, R. E. (1991): Immediate and Delayed Transfer of Training Effects in Statistical Reasoning, in: Journal of Experimental Psychology, Vol. 120, S. 34-35.

Franz, K.-P. (1995): Controlling, in: Corsten, H./Reiß, M. [Hrsg.]: Handbuch Unternehmungsführung, Wiesbaden, S. 395-408.

Franz, S. (1989): Controlling und effiziente Unternehmensführung, Wiesbaden.

Freimuth, J. (1987): Controlling und Unternehmenskultur – paradoxe Reaktionen bei der Unternehmenssteuerung, in: Organisationsentwicklung, 6. Jg., Nr. 3, S. 15-29.

Freimuth, J. (1990): Controlling aus der Sicht der Kommunikationstheorie, in: Weber, J./Tylkowski, O. [Hrsg.]: Konzepte und Instrumente von Controlling-Systemen in öffentlichen Institutionen, Stuttgart, S. 243-260.

French, J. R. P./Raven, B. (1959): The Bases of Social Power, in: Cartwright, D. [Hrsg.]: Studies in Social Power, Ann Arbor, Michigan, S. 150-167.

Frese, E. (1968): Kontrolle und Unternehmungsführung. Entscheidungs- und organisationstheoretische Grundfragen, Wiesbaden.

Frey, B. S. (1993): Does Monitoring Increase Work Effort? The Rivalry With Trust and Loyalty, in: Economic Inquiry, Vol. 31, S. 663-670.

Frey, D. (1981): Informationssuche und Informationsbewertung bei Entscheidungen, Bern u. a.

Frey, D./Gaska, A. (1993): Die Theorie der kognitiven Dissonanz, in: Frey, D./Irle, M. [Hrsg.]: Theorien der Sozialpsychologie, Band I: Kognitive Theorien, Bern u. a., S. 275-326.

Frey, D./Irle, M. (2002): Theorien der Sozialpsychologie, Band II: Gruppen-, Interaktions- und Lerntheorien, 2. Auflage, Bern u. a.

Friedag, H. R. (1999): Balanced Scorecard: mehr als ein Kennzahlensystem, Freiburg.

Friedl, B. (2005): Controlling, in: Bea, F. X./Friedl, B./Schweitzer, M. [Hrsg.]: Allgemeine Betriebswirtschaftslehre. Band 2: Führung, 9. Auflage, Stuttgart, S. 235-335.

Gabele, E. (1982): Vom „Technischen Soll-Ist-Vergleich" zur „Aktiven Kontrolle" in Organisationen. Einleitende Bemerkungen zu der Arbeit von H.-R. Thieme, in: Thieme, H.-R. [Hrsg.]: Verhaltensbeeinflussung durch Kontrolle – Wirkung von Kontrollmaßnahmen und Folgerungen für die Kontrollpraxis, Berlin, S. VII-XV.

Galgenmüller, F./Gleich, R. (2000): Sind Controller Dienstleister? Performance Measurement im Controlling, in: Risak, J. [Hrsg.]: Marktnahes Controlling, Wien, S. 31-49.

Gälweiler, A. (1986): Unternehmensplanung, Neuausgabe bearbeitet von M. Schwaninger, Frankfurt a. M. u. a.

Gamble, P. R./Gibson, D. A. (1999): Executive Values and Decision Making: The Relationship of Culture and Information Flows, in: Journal of Management Studies, Vol. 36, S. 217-240.

Gatewood, R. D./Field, H. S. (1990): Human Resource Selection, 2. Auflage, Chicago.

Gaugler, E. (1966): Instanzenbildung als Problem der betrieblichen Führungsorganisation, Berlin.

Gaulhofer, M. (1987): Strategische Planung beim Controller? – Anmerkungen zu den Ausführungen von Pfohl und Zettelmeyer, in: Zeitschrift für Betriebswirtschaft, 57. Jg., S. 11211127.

Gaulhofer, M. (1989): Controlling und menschliches Verhalten – Ein Plädoyer für die Einbeziehung verhaltenswissenschaftlicher Erkenntnisse in die Controlling-Diskussion, in: Zeitschrift für Betriebswirtschaft, 59. Jg., S. 141-154.

Gaydoul, P. (1980): Controlling in der deutschen Unternehmenspraxis, Darmstadt.

Gebert, D./Rosenstiel, L. v. (1996): Organisationspsychologie: Person und Organisation, 4. Auflage, Stuttgart u. a.

Geiß, W. (1986): Betriebswirtschaftliche Kennzahlen. Theoretische Grundlagen einer problemorientierten Kennzahlenanwendung, Frankfurt a. M.

Gemünden, H. G. (1992): Informationsverhalten, in: Frese, E. [Hrsg.]: Handwörterbuch der Organisation, 3. Auflage, Stuttgart, Sp. 1010-1029.

Gemünden, H. G. (1993): Information: Bedarf, Analyse und Verhalten, in: Wittmann, W. et al. [Hrsg.]: Handwörterbuch der Betriebswirtschaft, Band 2, 5. Auflage, Stuttgart, Sp. 1725-1735.

Gentner, D./Stevens, A. L. (1983) [Hrsg.]: Mental Models, London.

Gerecke, U. (1998): Soziale Ordnung in der modernen Gesellschaft: Ökonomik, Systemtheorie, Ethik, Tübingen.

Gilchrist, J. C./Shaw, M. E./Walker, L. C. (1954): Some Effects of Unequal Distribution of Information in a Wheel Group Structure, in: Journal of Abnormal and Social Psychology, Vol. 49, S. 554-556.

Gladen, W. (2001): Kennzahlen und Berichtssysteme. Grundlagen zum Performance Measurement, Wiesbaden.

Gleich, R. (1997): Performance Measurement im Controlling, in: Gleich, R./ Seidenschwarz, W. [Hrsg.]: Die Kunst des Controlling: Prof. Dr. Péter Horváth zum 60. Geburtstag, München, S. 343-365.

Gleich, R./Haindl, M. (1996): Performance Measurement im Controlling am Beispiel eines Unternehmens der chemischen Industrie, in: Controlling, 8. Jg., S. 262-271.

Goeldel, H. (1997): Gestaltung der Planung: Konzeptioneller Ansatz und Fallstudien, Wiesbaden.

Goldberg, J./Nitzsch, R. v. (2000): Behavioral Finance, München.

Goodwin, P./Wright, G. (2001): Enhancing Strategy Evaluation in Scenario Planning. A Role for Decision Analysis, in: Journal of Management Studies, Vol. 38, S. 1-16.

Goossens, F. (1959): Der Controller – Chef des Unternehmens ohne Gesamtverantwortung, in: Mensch und Arbeit, S. 75-76.

Göpfert, I. (2002): Berichtswesen, in: Küpper, H.-U./Wagenhofer, A. [Hrsg.]: Handwörterbuch Unternehmensrechnung und Controlling, 4. Auflage, Stuttgart, Sp. 143-155.

Göpfert, I./Hoppenheit, C. (1991): Controlling in Forschung und Entwicklung, in: Zeitschrift für Betriebswirtschaft, 61. Jg., Ergänzungsheft, S. 147-166.

Gordon, L. A./Miller, D. (1976): A Contingency Framework for the Design of Accounting Information Systems, in: Accounting, Organizations and Society, Vol. 1, S. 59-69.

Götzelmann, F. (1991): Rationalität in betriebswirtschaftlichen Ansätzen, in: Das Wirtschaftsstudium, 19. Jg., S. 573-575.

Green, D. W. (1990): Confirmation Bias, Problem-Solving and Cognitive Models, in: Caverni, J.-P./Fabre, J.-M./Gonzalez, M. [Hrsg.]: Cognitive Biases, Amsterdam u. a., S. 553-562.

Grochla, E. (1976): Praxeologische Organisationstheorie durch sachliche und methodologische Integration, in: Zeitschrift für betriebswirtschaftliche Forschung, 28. Jg., S. 617-637.

Grochla, E. (1978): Einführung in die Organisationstheorie, Stuttgart.

Groß, T. (1999): Das Kollegialprinzip in der Verwaltungsorganisation, Tübingen.

Große, F. P./Seidler, S. (2006): „Ein Controller muss unabhängig von den Berichtslinien Laut geben und sagen, was er zu sagen hat." Interview mit Frank Peter Große und Sven Seidler zur veränderten Aufbauorganisation des Controllings bei der Deutsche Post World Net, in: Zeitschrift für Controlling und Management, 50. Jg., S. 140-142.

Grünewald, H.-G. (1989): Informationssysteme für Planung, in: Szyperski, N./Winand, U. [Hrsg.]: Handwörterbuch der Planung, Stuttgart, Sp. 692-708.

Guay, W. R. (1999): The Sensitivity of CEO Wealth to Equity Risk: An Analysis of the Magnitude and Determinants, in: Journal of Financial Economics, Vol. 53, S. 43-71.

Güldenberg, S. (1997): Wissensmanagement und Wissenscontrolling in lernenden Organisationen, 1. Auflage, Wiesbaden.

Günther, T./Niepel, M. (2000): Controlling. Sammelrezension zu ausgewählten Werken, in: Die Betriebswirtschaft, 60. Jg., S. 222-240.

Gutenberg, E. (1929): Die Unternehmung als Gegenstand betrieblicher Theorie, Berlin u. a.

Gutenberg, E. (1951/1969): Die Produktion, Berlin u. a.

Gutenberg, E. (1983): Grundlagen der Betriebswirtschaftslehre, Band 1: Die Produktion, 23. Auflage, Berlin u. a.

Gutenberg, E. (1989): Bauen am System, in: Albach, H. [Hrsg.]: Zur Theorie der Unternehmung: Schriften und Reden von Erich Gutenberg; aus dem Nachlaß, Berlin u. a., S. 44-58.

Habermas, J. (1988): Theorie des kommunikativen Handelns. Band 1: Handlungsrationalität und gesellschaftliche Rationalisierung, Frankfurt a. M.

Hahn, D. (1978): Hat sich das Konzept des Controllers in Unternehmungen der deutschen Industrie bewährt?, in: Betriebswirtschaftliche Forschung und Praxis, 30. Jg., S. 101-128.

Hahn, D. (1987): Controlling – Stand und Entwicklungstendenzen unter besonderer Berücksichtigung des CIM-Konzeptes, in: Scheer, A.-W. [Hrsg.]: Rechnungswesen und EDV, 8. Saarbrücker Arbeitstagung, Heidelberg, S. 3-39.

Hahn, D./Hungenberg, H. (2001): PuK: Planung und Kontrolle, Planungs- und Kontrollsysteme, Planungs- und Kontrollrechnung, 6. Auflage, Wiesbaden.

Haller, A. (1989): Behavioral Accounting, in: Die Betriebswirtschaft, 49. Jg., S. 383-385.

Hammond, J. S./Keeney, R. L./Raiffa, H. (1998): The Hidden Traps in Decision Making, in: Harvard Business Review, Vol. 76, Heft 5, S. 47-58.

Hamprecht, M. (1996): Controlling von Konzernplanungssystemen, Wiesbaden.

Harbert, L. (1982): Controlling-Begriffe und Controlling-Konzeptionen, Bochum.

Harsanyi, J. (1965): Messung der sozialen Macht, in: Shubik, M. [Hrsg.]: Spieltheorie und Sozialwissenschaften, Hamburg, S. 190-215.

Hartung, W. (2002): Leistungsmessung und Leistungssteigerung des Controlling, in: Controlling, 14. Jg., S. 501-506.

Harvey, N. (1990): Overconfidence in Self-Assessment of Motor Skill Performance, in: Caverni, J.-P./Fabre, J.-M./Gonzalez, M. [Hrsg.]: Cognitive Biases, Amsterdam u. a., S. 499-509.

Hauke, P. (1984): Informationsverarbeitungsprozesse und Informationsbewertung, München.

Hauschildt, J. (1987): Schaffung von Handlungsspielraum – durch Organisation und Controlling?, in: Krumnow, J./Metz, M. [Hrsg.]: Rechnungswesen im Dienste der Bankpolitik, Stuttgart, S. 145-157.

Hauschildt, J. (1988): Teil 2: Entscheidungsziele, D. Ziel-Klarheit und kontrollierte Ziel-Unklarheit, in: Witte, E./Hauschildt, J./Grün, O. [Hrsg.]: Innovative Entscheidungsprozesse. Die Ergebnisse des Projektes „Columbus", Tübingen, S. 97-108.

Hauschildt, J. (1989): Informationsverhalten bei innovativen Problemstellungen, in: Zeitschrift für Betriebswirtschaft, 59. Jg., S. 377-396.

Hayek, F. A. v. (1979): The Counter-Revolution of Science: Studies on the Abuse of Reason, 2. Auflage, Indianapolis.

Hayes, D. C. (1983): Accounting for Accounting: A Story about Managerial Accounting, in: Accounting, Organizations and Society, Vol. 8, S. 241-249.

Heckert, J. B./Willson, J. D. (1967): Business Budgeting and Control, New York.

Heide, T. (2001): Informationsökonomische und verhaltenswissenschaftliche Ansätze als Beitrag zu einer theoretischen Fundierung des Controlling. Eine vergleichende Analyse anhand ausgewählter Beispiele, Frankfurt a. M.

Heigl, A. (1989): Controlling – Interne Revision, 2. Auflage, Stuttgart u. a.

Heine, B.-O. et al. (2006): Zur Modellierung ökonomischer Akteure mit begrenzten kognitiven Fähigkeiten - Anleitung zu einer problemspezifischen Ausdifferenzierung des Homo oeconomicus, WHU-Forschungspapier Nr. 110, Vallendar.

Heine, B.-O./Meyer, M./Strangfeld, O. (2005): Stylized Facts als Konzept zur Messung und Bewertung wissenschaftlichen Fortschritts, in: Zelewski, S./Akca, N. [Hrsg.]: Fortschrittskonzepte und Fortschrittsmessung in Betriebswirtschaftslehre und Wirtschaftsinformatik, Essen, S. 119-138.

Heineke, C. (2005): Kennzahlen als Instrument der Führung, Hamburg.

Heinen, E. (1962): Die Zielfunktion der Unternehmung, in: Koch, H. [Hrsg.]: Zur Theorie der Unternehmung – Festschrift zum 65. Geburtstag von Erich Gutenberg, Wiesbaden, S. 9-71.

Heinen, E. (1971): Der entscheidungsorientierte Ansatz der Betriebswirtschaftslehre, in: Zeitschrift für Betriebswirtschaft, 41. Jg., S. 429-444.

Heinen, E. (1976): Grundfragen der entscheidungsorientierten Betriebswirtschaftslehre, München.

Heiner, R. (1983): The Origin of Predictable Behavior, in: American Economic Review, Vol. 73, S. 560-595.

Heiner, R. (1988a): The Necessity of Imperfect Decisions, in: Journal of Economic Behavior and Organization, Vol. 10, S. 29-55.

Heiner, R. (1988b): Imperfect Decisions in Organizations, in: Journal of Economic Behavior and Organization, Vol. 9, S. 25-44.

Henke, J. W. (1986): Involving the Board of Directors in Strategic Planning, in: Journal of Business Strategy, Vol. 7, S. 87-95.

Hermann, F./Seidensticker, F.-J. (2004): Die 20-Zahlen-Diät, in: Harvard Business Manager, o. Jg., Heft 8, S. 8-9.

Herzberg, F. (1966): Work and the Nature of Man, New York.

Herzberg, F./Mausner, B./Snyderman, B. (1959): The Motivation to Work, New York.

Herzog, A. (1999): Gestaltung von Controllership – Die Zuordnung von Aufgaben zu Controllern, Wiesbaden.

Hickson, D. J. et al. (1971): A Strategic Contingencies' Theory of Intraorganizational Power, in: Administrative Science Quarterly, Vol. 16, S. 216-229.

Hiromoto, T. (1989): Management Accounting in Japan: Ein Vergleich zwischen japanischen und westlichen Systemen des Management Accounting, in: Controlling, 1. Jg., S. 316-323.

Hirsch, B. (2003): Nobelpreis gibt Anregungen für das Controlling, in: Zeitschrift für Controlling und Management, 47. Jg., S. 98.

Hirsch, B. (2005): Verhaltensorientiertes Controlling, in: Zeitschrift für Controlling und Management, 49. Jg., S. 282-288.

Hirsch, B. (2006): Die Anwendung des Modellierungsansatzes auf das Untersuchungsobjekt „Implementierungsprobleme der wertorientierten Zielplanung“, in: Heine, B.-O. (2006) et al., S. 24-34.

Hirsch, B. (2007): Behavioral Controlling, Veröffentlichung in Vorbereitung.

Hirsch, B./Hufschlag, K./Pieroth, G. (2005): Die Mittelfristplanung als verknüpfendes Element zwischen Strategieformulierung und operativer Umsetzung von Zielen, in: Zeitschrift für Planung und Unternehmenssteuerung, 16. Jg., S. 249-266.

Hirsch, B./Paefgen, A./Schaier, S. (2008): Theorie und Praxis der Gestaltung von Management-Berichten, in: Zeitschrift für Controlling und Management, 52. Jg., Veröffentlichung in Vorbereitung.

Hirt, E. R./Markman, K. D. (1995): Multiple Explanation: A Consider-an-Alternative Strategy for Debiasing Judgments, in: Journal of Personality & Social Psychology, Vol. 69, S. 1069-1086.

Hoch, S. J. (1985): Counterfactual Reasoning and Accuracy in Predicting Personal Events, in: Journal of Experimental Psychology: Learning, Memory, and Cognition, Vol. 11, S. 719-731.

Hoffjan, A. (1998): Entwicklung einer verhaltensorientierten Controlling-Konzeption für die Arbeitsverwaltung, 2. Auflage, Wiesbaden.

Hoffjan, A. (2003): Das Rollenbild des Controllers in Werbeanzeigen, in: Zeitschrift für Betriebswirtschaft, 73. Jg., S. 1025-1050.

Hoffmann, F. (1972): Merkmale der Führungsorganisation amerikanischer Unternehmen, in: Zeitschrift Führung und Organisation, 41. Jg., S. 3-8, 85-89, 145-148.

Hofstetter, P. A. (1993): Das Informationssystem als Element des Controlling, Zürich.

Holland, J. H./Miller, A. (1991): Artificial Adaptive Agents in Economic Theory, in: American Economic Review, Vol. 81, S. 365-370.

Höft, S./Funke, U. (2001): Simulationsorientierte Verfahren der Personalauswahl, in: Schuler, H. [Hrsg.]: Lehrbuch der Personalpsychologie, Göttingen u. a., S. 135-173.

Hogarth, R. W. (1980): Judgment and Choice, Chichester.

Höller, H. (1978): Verhaltenswirkungen betrieblicher Planungs- und Kontrollsysteme. Ein Beitrag zur verhaltensorientierten Weiterentwicklung des betrieblichen Rechnungswesens, München.

Holling, H./Liepmann, D. (1995): Personalentwicklung, in: Schuler, H. [Hrsg.]: Lehrbuch der Organisationspsychologie, 2. Auflage, Bern u. a., S. 285-316.

Holyoak, K. J. (1984): Mental Models in Problem Solving, in: Anderson, J. R./Kosslyn, S. M. [Hrsg.]: Tutorials in Learning and Memory, San Francisco u. a., S. 193-218.

Holzer, P./Lück, W. (1978): Verhaltenswissenschaft und Rechnungswesen. Entwicklungstendenzen des Behavioral Accounting in den USA, in: Die Betriebswirtschaft, 38. Jg., S. 509-523.

Homann, K./Suchanek, A. (2000): Ökonomik: Eine Einführung, Tübingen.

Homburg, C. et al. (2000): Interne Kundenorientierung der Kostenrechnung? Ergebnisse einer empirischen Untersuchung in deutschen Industrieunternehmen, in: Die Betriebswirtschaft, 60. Jg., S. 241-256.

Hope, J./Fraser, R. (2003): Who Needs Budgets?, in: Harvard Business Review, Vol. 81, Heft 2, S. 108-115.

Hopper, T. M. (1980): Role Conflicts of Management Accountants and Their Position Within Organisation Structures, in: Accounting, Organizations and Society, Vol. 5, S. 401-411.

Hopwood, A. G. (1974): Accounting and Human Behaviour, London.

Hopwood, A. G. (1976): Accounting and Human Behaviour, 1st American edition, Englewood Cliffs.

Hopwood, A. G. (1983): On Trying to Study Accounting in the Contexts in which it Operates, in: Accounting, Organizations and Society, Vol. 8, S. 287-305.

Horak, C./Pelzmann, L. (1996): Psychologische Regeln für die Einführung und Durchsetzung von Controllingsystemen, in: Eschenbach, R. [Hrsg.]: Controlling, 2. Auflage, Stuttgart, S. 579-604.

Horngren, C. T. (1992): Reflections on Activity Based Accounting in the United States, in: Zeitschrift für betriebswirtschaftliche Forschung, 44. Jg., S. 289-297.

Horváth, P. (1978): Entwicklung und Stand einer Konzeption zur Lösung der Adaptions- und Koordinationsprobleme der Führung, in: Zeitschrift für Betriebswirtschaft, 48. Jg., S. 194-208.

Horváth, P. (1982): Controlling in der "organisierten Anarchie". Zur Gestaltung von Budgetierungssystemen, in: Zeitschrift für Betriebswirtschaft, 52. Jg., S. 194-298.

Horváth, P. (2003): Controlling, 9. Auflage, München.

Horváth, P. (2004a): Editorial: Falsche Signale aus dem Bauch!, in: Controlling, 16. Jg., S. 123.

Horváth, P. (2004b): Editorial: Controller als Moralapostel, in: Controlling, 16. Jg., S. 303.

Horváth, P./Gaydoul, P./Hagen, W. (1978): Planung, Kontrolle und Rechnungswesen, Frankfurt a. M.

Horváth, P./Kaufmann, L. (1998): Balanced Scorecard – ein Werkzeug zur Umsetzung von Strategien, in: Harvard Business Manager, o. Jg., Heft 5, S. 39-48.

Horváth, P./Reichmann, T. (2003) [Hrsg.]: Vahlens Großes Controlling Lexikon, 2. Auflage, München.

Hummel, S./Männel, W. (1990): Kostenrechnung 1: Grundlagen, Aufbau und Anwendung, 4. Auflage, Wiesbaden.

Hungenberg, H. (1992): Controlling in der Sackgasse? Vertrauen als Grundregel, in: Gablers Magazin, o. Jg., Heft 10, S. 52-55.

Hungenberg, H./Wulf, T. (2003): Gestaltung der Schnittstelle zwischen strategischer und operativer Planung, in: Horváth, P./Gleich, R. [Hrsg.]: Neugestaltung der Unternehmensplanung: Innovative Konzepte und erfolgreiche Praxislösungen, Stuttgart, S. 249-267.

Internationaler Controllerverein e. V. (2003): „One Page Only" Lösung der Sick AG siegt, (http://www.controllerverein.de/_cmsdata/_cache/cms_104651.html, Download: 28.2.2007).

Irle, M. (1971): Macht und Entscheidungen in Organisationen – Studie gegen das Stab-Linien-Prinzip, Frankfurt a. M.

Irrek, W. (2002): Controlling als Rationalitätssicherung der Unternehmensführung? – Denkanstöße zur jüngsten Entwicklung der Controllingdiskussion, in: Kostenrechnungspraxis, 46. Jg., S. 46-51.

Ittner, C. D./Larcker, D. F. (2001): Assessing Empirical Research in Managerial Accounting: a Value-based Management Perspective, in: Journal of Accounting and Economics, Vol. 32, S. 349-410.

Jaworski, B. J./Young, S. M. (1992): Dysfunctional Behavior and Management Control: An Empirical Study of Marketing Managers, in: Accounting, Organizations and Society, Vol. 17, S. 17-35.

Jensen, M. C. (1994): Self-Interest, Altruism, Incentives and Agency Theory, Working Paper, (http://www.business.uiuc.edu/~shelley1/Readings/Self-Interest.pdf, Download: 7.7.2004).

Jensen, M. C./Meckling, W. H. (1976): Theory of the Firm: Managerial Behavior, Agency Costs and Ownership Structure, in: Journal of Financial Economics, Vol. 3, S. 305-360.

Jensen, M. C./Murphy, K. J. (1990): CEO Incentives – It's Not How Much You Pay, But How, in: Harvard Business Review, Vol. 68, Heft 5, S. 138-149.

Jenßen, A./Klatt, M. M. (2004): Controlling immer am Puls der Zeit: Der Forecast, in: Controller Magazin, 29. Jg., S. 262-266.

Johnson, H. T. (1992): Relevance Regained – From Top-down Control to Bottom-up Empowerment, New York.

Johnson-Laird, P. N. (1980): Mental Models in Cognitive Science, in: Cognitive Science, Vol. 4, S. 71-115.

Johnson-Laird, P. N. (1983): Mental Models. Towards a Cognitive Science of Language, Inference, and Consciousness, Cambridge.

Joos-Sachse, T. (1997): Controlling: Ist-Zustand, Defizite und Optimierungsansätze, in: Energiewirtschaftliche Tagesfragen, 47. Jg., S. 465-470.

Jordan, J. P. (1929): The Controller, his Functions, Activities and Relationships with the Line Organization and Other Specialized Departments, New York.

Jost, P.-J. (2000a): Organisation und Motivation, Wiesbaden.

Jost, P.-J. (2000b): Organisation und Koordination, Wiesbaden.

Kaas, K. P. (1995): Informationsökonomik, in: Tietz, B./Köhler, R./Zentes, J. [Hrsg.]: Handwörterbuch des Marketing, 2. Auflage, Stuttgart, Sp. 971-981.

Kahneman, D./Knetsch, J. L./Thaler, R. H. (2000): Anomalies. The Endowment Effect, Loss Aversion, and Status Quo Bias, in: Kahneman, D./Tversky, A. [Hrsg.]: Choices, Values, and Frames, Cambridge u. a., Nachdruck, S. 159-170.

Kahneman, D./Lovallo, D. (1993): Timid Choices and Bold Forecasts: A Cognitive Perspective on Risk Taking, in: Management Science, Vol. 39, S. 17-31.

Kahneman, D./Tversky, A. (1973): On the Psychology of Prediction, in: Psychological Review, Vol. 80, S. 237-251.

Kahneman, D./Tversky, A. (1979): Prospect Theory: An Analysis of Decision Under Risk, in: Econometrica, Vol. 47, S. 263-291.

Kahneman, D./Tversky, A. (1982): Intuitive Prediction: Biases and Corrective Procedures, in: Kahneman, D./Slovic, P./Tversky, A. [Hrsg.]: Judgement under Uncertainty. Heuristics and Biases, Cambridge, S. 414-421.

Kahneman, D./Tversky, A. (2000): Choices, Values and Frames, in: Connolly, T./Arkes, H. R./Hammond, K. [Hrsg.]: Judgement and Decision Making, Cambridge, S. 147-165.

Kanning, U. P. (1999): Die Psychologie der Personenbeurteilung, Göttingen u. a.

Kanning, U. P. (2001): Heuristiken, in: Wenninger, G. [Hrsg.]: Lexikon der Psychologie in fünf Bänden, Band 2, Heidelberg/Berlin, S. 202-203.

Kaplan, R. S./Atkinson, A. A. (1998): Advanced Management Accounting, 3. Auflage, London u. a.

Kaplan, R. S./Norton, D. (1997): The Balanced Scorecard – Strategien erfolgreich umsetzen, Stuttgart.

Kaplan, R. S./Norton, D. P. (1996): Using the Balanced Scorecard as a Strategic Management System, in: Harvard Business Review, Vol. 74, Heft 1, S. 75-85.

Kaplan, T. R./Ruffle, B. J. (2004): The Self-Serving Bias and Beliefs about Rationality, in: Economic Inquiry, Vol. 42, S. 237-246.

Kappler, E. (1993): Rationalität und Ökonomik, in: Wittmann, W. et al. [Hrsg.]: Handwörterbuch der Betriebswirtschaft, Band 3, 5. Auflage, Stuttgart, Sp. 3648-3664.

Kappler, E. (2000): Entgrenzung – Leitfragen als zentrales Element des strategischen Controlling, in: Seicht, G. [Hrsg.]: Jahrbuch für Controlling und Rechnungswesen, Wien, S. 299-338.

Karlowitsch, M. (1997): Entwicklung einer Konzeption des verhaltensorientierten Controlling, Aachen.

Karlshaus, J. T. (2000): Die Nutzung von Kostenrechnungsinformationen im Marketing. Bestandsaufnahme, Determinanten, Erfolgsauswirkungen, Wiesbaden.

Kaufmann, L. (2002): Der Feinschliff für die Strategie, in: Harvard Business Manager, o. Jg., Heft 6, S. 35-41.

Kastrop, C. (1993): Rationale Ökonomik? Überlegungen zu den Kriterien der ökonomischen Theoriedynamik, Berlin.

Kefalas, A./Schoderbek, P. P. (1973): Scanning the Business Environment. Some Empirical Results, in: Decision Sciences, Vol. 4, S. 63-74.

Kehrmann, T. (2002): Rationalitätssicherung bei hohen Wissensdefiziten. Entwicklung eines Modells zum Controlling strategischer Problemlösungsteams, Wiesbaden.

Keller, T. (1994): Entwicklung eines Anreizsystems zur Steigerung der Aufgabenbereitschaft von Informationen im Informationssystem der Unternehmung, Hamburg.

Kenis, I. (1979): Effects of Budgetary Goals Characteristics on Managerial Attitudes and Performance, in: The Accounting Review, Vol. 54, S. 707-721.

Kennedy, J. (1993): Debiasing Audit Judgment with Accountability: A Framework and Experimental Results, in: Journal of Accounting Research, Vol. 31, S. 231-245.

Kent, A. K. (1979): Information as Power, in: Aslib Proceedings, Vol. 31, S. 16-20.

Keren, G. (1990): Cognitive Aids and Debiasing Methods: Can Cognitive Pills Cure Cognitive Ills?, in: Caverni, J.-P./Fabre, J.-M./Gonzalez, M. [Hrsg.]: Cognitive Biases, Amsterdam u. a., S. 523-552.

Keren, G./Teigen, K. H. (2004): Yet Another Look at the Heuristics and Biases Approach, in: Koehler, D. J./Harvey, N. [Hrsg.]: Blackwell Handbook of Judgment and Decision Making, Malden u. a., S. 89-109.

Keren, M./Levhari, D. (1989): Decentralization, Aggregation, Control Loss and Costs in a Hierarchical Model of the Firm, in: Journal of Economic Behavior and Organization, Vol. 11, S. 213-236.

Kieser, A. (1986): Unternehmenskultur und Innovation, in: Staudt, E. [Hrsg.]: Das Management von Innovationen, Frankfurt a. M., S. 42-50.

Kieser, A. (2001): Organisationstheorien, 4. unveränderte Auflage, Stuttgart u. a.

Kieser, A./Walgenbach, P. (2003): Organisation, 4. Auflage, Stuttgart.

Kilian, M. (2004): Glaubwürdigkeit des Jahresabschlusses: Die Kontrolle der Kontrolleure, in: Zeitschrift für Unternehmens- und Gesellschaftsrecht, Heft 2, S. 189-226.

Kim, J. S./Hamner, W. C. (1976): Effect Performance Feedback and Goal Setting on Productivity and Satisfaction in an Organizational Setting, in: Journal of Applied Psychology, Vol.61, S. 48-54.

Kirchgässner, G. (1991): Homo Oeconomicus. Das ökonomische Modell individuellen Verhaltens und seine Anwendung in den Wirtschafts- und Sozialwissenschaften, Tübingen.

Kirsch, G. (2004): Der gezähmte Manager, in: Frankfurter Allgemeine Zeitung, 30. Oktober 2004, S. 13.

Kirsch, W. (1972): „Entscheidungsprozesse" – Eine weitere Replik auf die Buchbesprechung meines gleichnamigen Werkes durch H. Blohm, in: Zeitschrift für Betriebswirtschaft, 42. Jg., S. 222-226.

Kirsch, W. (1977): Einführung in die Theorie der Entscheidungsprozesse, 2. durchgesehene und ergänzte Auflage der Bände I bis III als Gesamtausgabe, Wiesbaden.

Kirsch, W. (1978): Die Handhabung von Entscheidungsproblemen, München.

Kirsch, W. (2001): Die Führung von Unternehmen, völlig neu verfasster und erweiterter Nachfolgeband zur 5. Auflage des Bandes 70 dieser Reihe: „Betriebswirtschaftslehre – eine Annäherung aus der Perspektive der Unternehmensführung", München.

Kirsch, W./Klein, H.-K. (1977a): Management-Informationssysteme I. Wege zur Rationalisierung der Führung, Stuttgart.

Kirsch, W./Klein, H.-K. (1977b): Management-Informationssysteme II. Auf dem Weg zu einem neuen Taylorismus?, Stuttgart.

Klee, A. (2000): Strategisches Beziehungsmanagement. Ein integrativer Ansatz zur Steuerung der Qualität von Geschäftsbeziehungen auf industriellen Märkten, Aachen.

Kleinaltenkamp, M. (1992): Investitionsgüter-Marketing aus informationsökonomischer Sicht, in: Zeitschrift für betriebswirtschaftliche Forschung, 44. Jg., S. 809-829.

Kleindorfer, P. R./Kunreuther, H. C./Schoemaker, P. J. H. (1993): Decision Sciences. An Integrative Perspective, Cambridge.

Kluckhohn, C. (1951): Values and Value-Orientations in the Theory of Action, in: Parsons, T./Shils, E. A. [Hrsg.]: Towards a General Theory of Action, Cambridge, S. 388-433.

Knorren, N. (1998): Wertorientierte Gestaltung der Unternehmensführung, Wiesbaden.

Koch, R. (1994): Betriebliches Berichtswesen als Informations- und Steuerungsinstrument, Frankfurt a. M.

Kochhan, W. (1979): Rechnungswesen und Verhalten: Die Auswirkungen verschiedener Methoden des Rechnungswesens auf das Verhalten der Informationsempfänger, Aachen.

Köhler, R. (1977): Die empirische und die handlungstheoretische Forschungskonzeption im Sinne Eberhard Wittes bzw. Helmut Kochs. Stand und Entwicklungsmöglichkeit, in: Köhler, R. [Hrsg.]: Empirische und handlungstheoretische Forschungskonzeptionen in der Betriebswirtschaftslehre, Stuttgart, S. 301-335.

Köhler, R. (1985): Marketing und Rechnungswesen: „Zwei Welten“ oder Partner?, in: Absatzwirtschaft, 28. Jg., Heft 8, S. 72-77.

Konnack, M./Ottenthal, J. (1993): Controlling und Interne Revision, in: Controller Magazin, 18. Jg., S. 364-366.

Koonce, L./Mercer, M. (2005): Using Psychology Theories in Archival Financial Accounting Research, (http://faculty.fuqua.duke.edu/courses/phd/2004-2005/ba591/Class%205/Koonce%20&%20Mercer,%20Using%20Psychology%20Theories%20in%20Archival%20Financial%20Accoungting%20Reserach.pdf, Download vom 15.1.2006).

Koreimann, D. S. (1964): Die betrieblichen Störgrößen. Ein Beitrag zu einer Systematik, in: Betriebswirtschaftliche Forschung und Praxis, 16. Jg., S. 97-105.

Koreimann, D. S. (1971): Methoden und Organisation von Management-Informationssystemen, Berlin u. a.

Koreimann, D. S. (1976): Methoden der Informationsbedarfsanalyse, Berlin u. a.

Koriat, A./Lichtenstein, S./Fischhoff, B. (1980): Reasons for Confidence, in: Journal of Experimental Psychology: Human Learning and Memory, Vol. 6, S. 107-118.

Kormann, H. (1974): Die Manipulation in Planungs- und Kontrollsystemen, in: Der Betrieb, 27. Jg., S. 1633-1637/1683-1687.

Kosiol, E. (1965): Planung als Lenkungsinstrument der Unternehmungsleitung, in: Zeitschrift für Betriebswirtschaft, 35. Jg., S. 389-401.

Kosiol, E. (1966): Die Unternehmung als wirtschaftliches Aktionszentrum, Reinbek bei Hamburg.

Kotler, P./Bliemel, F. (1999): Marketing-Management. Analyse, Planung, Umsetzung und Steuerung, 9. Auflage, Stuttgart.

Kramer, R. M. (2003): The Harder They Fall, in: Harvard Business Review, Vol. 81, Heft 10, S. 58-66.

Kretschmer, P. (1979): Unternehmungsplanung, 2. Auflage, München.

Kroeber-Riel, W./Weinberg, P. (1999): Konsumentenverhalten, 7. Auflage, München.

Krohmer, H. (1999): Marktorientierte Unternehmenskultur als Erfolgsfaktor der Strategieimplementierung, Wiesbaden.

Kronast, M. (1989): Controlling: Notwendigkeit eines unternehmensspezifischen Selbstverständnisses, Herrsching.

Krüger, W. (1979): Controlling: Gegenstandsbereich, Wirkungsweise und Funktionen im Rahmen der Unternehmenspolitik, in: Betriebswirtschaftliche Forschung und Praxis, 31. Jg., S. 158-169.

Krüger, W./Thost, W. (1989): Macht und Planung, in: Szyperski, N./Winand, U. [Hrsg.]: Handwörterbuch der Planung, Stuttgart, Sp. 993-999.

Krystek, U. (1990a): Früherkennungssysteme als Instrument des Controlling, in: Mayer, E./Weber, J. [Hrsg.]: Handbuch Controlling, Stuttgart, S. 419-442.

Krystek, U. (1990b): Vertrauensbasiertes Controlling. Thesen zur Bedeutung von Vertrauen/Mißtrauen für das Controlling in der Praxis, in: Controlling, 2. Jg., S. 332-333.

Krystek, U. (1991): Controlling: Speerspitze einer Mißtrauensorganisation?, in: Gablers Magazin, o. Jg., Heft 5, S. 18-22.

Krystek, U. (1996): Früherkennungssysteme, in: Schulte, C. [Hrsg.]: Lexikon des Controlling, München, S. 266-271.

Krystek, U./Zumbrock, S. (1993): Planung und Vertrauen. Die Bedeutung von Vertrauen und Mißtrauen für die Qualität von Planungs- und Kontrollsystemen, Stuttgart.

Küpper, H.-U. (2001): Controlling. Konzeption, Aufgaben, Instrumente, 3. Auflage, Stuttgart.

Küpper, H.-U. (2005): Controlling. Konzeption, Aufgaben, Instrumente, 4. Auflage, Stuttgart.

Küpper, H.-U./Weber, J. (1997): Taschenlexikon Controlling, Stuttgart.

Kurrle, A. (1995): Controlling und Effizienz: Die Messung der Effizienz des Controlling in der Industrie auf der Grundlage einer empirischen Einzelanalyse, Bielefeld.

Küting, K. (1983): Grundsatzfragen von Kennzahlen als Instrumente der Unternehmensführung, in: Wirtschaftswissenschaftliches Studium, 12. Jg., S. 237-241.

Lachnit, L. (1976): Zur Weiterentwicklung betriebswirtschaftlicher Kennzahlensysteme, in: Zeitschrift für betriebswirtschaftliche Forschung, 28. Jg., S. 216-230.

Lambert, R. A. (2001): Contracting Theory and Accounting, in: Journal of Accounting and Economics, Vol. 32, S. 3-87.

Lambert, R. A./Larcker, D. F./Verrecchia, R. E. (1991): Portfolio Considerations in Valuing Executive Compensation, in: Journal of Accounting Research, Vol. 29, S. 129-149.

Landsberg, G. v. (1987): Berufsprobleme der Controller: Über inner- und außerberufliche Störungen der Controllerarbeit, in: Controller Magazin, 12. Jg., S. 275-278.

Landsberg, G. v. (1988): Control Reporting. Informationsverdichtung und Abweichungserklärung, in: Kostenrechnungspraxis, 32. Jg., S. 101-106.

Landsberg, G. v./Mayer, E. (1988): Berufsbild des Controllers, Stuttgart.

Langenbach, W. (2001a): Börseneinführungen von Tochtergesellschaften, Wiesbaden.

Langenbach, W. (2001b): Rationalitätssicherung durch externe Märkte, in: Weber, J./Schäffer, U. [Hrsg.]: Rationalitätssicherung der Führung. Beiträge zu einer Theorie des Controlling, Wiesbaden, S. 196-232.

Langer, A./Munhoz, S. (2005): Qualitätssicherung und -steuerung für das Controlling bei DaimlerChrysler do Brasil Ltda., in: Controlling, 17. Jg., S. 663-669.

Lanter, N. (1996): Beziehungsdynamik im Controlling. Schwierigkeiten in der Zusammenarbeit zwischen Managern und Controllern, Bern u. a.

Lanzetta, J. T./Roby, T. B. (1957): Group Learning and Communication as a Function of Task and Structure 'Demands', in: Journal of Abnormal and Social Psychology, Vol. 55, S. 121-131.

Larrick, R. P. (2004): Debiasing, in: Harvey, N./Koehler, D. J. [Hrsg.]: Blackwell Handbook of Judgment and Decision Making, Malden u. a., S. 316-337.

Larrick, R. P./Morgan, J. N./Nisbett, R. E. (1990): Teaching the Use of Cost-Benefit Reasoning in Everyday Life, in: Psychological Science, Vol. 1, S. 362-370.

Larsen, E. J. (1997): Modern Advanced Accounting, 7. Auflage, Boston u. a.

Laux, H./Liermann, F. (1993): Grundlagen der Organisation. Die Steuerung von Entscheidungen als Grundproblem der Betriebswirtschaftslehre, 3. Auflage, Berlin u. a.

Lawler, E. E./Rhode, J. G. (1976): Information and Control in Organizations, Pacific Palisades.

Lawrence, P. R./Lorsch, J. W. (1969): Organization and Environment, Homewood.

Lederer, A. L./Smith, G. L. (1988/1989): Individual Differences and Decision-Making Using Various Levels of Aggregation of Information, in: Journal of Management Information Systems, Vol. 5, Winter, S. 53-69.

Lehman, D. R./Nisbett, R. E. (1990): A Longitudinal Study of the Effects of Undergraduate Education on Reasoning, in: Developmental Psychology, Vol. 26, S. 952-960.

Lehner, F./Maier, R. (1994): Information in Betriebswirtschaftslehre, Informatik und Wirtschaftsinformatik, Forschungsbericht Nr. 1, Schriftenreihe des Lehrstuhls für Wirtschaftsinformatik und Informationsmanagement, WHU – Otto Beisheim School of Management, Vallendar.

Leschke, M. (1996): Das Greshamsche Gesetz in der Politik, in: Wirtschaftswissenschaftliches Studium, 35. Jg., S. 194-196.

Lichtenstein, S./Fischhoff, B./Phillips, L. D. (1982): Calibration of Probabilities: The State of the Art to 1980, in: Kahneman, D./Slovic, P./Tversky, A. [Hrsg.]: Judgement under uncertainty: Heuristics and Biases, Cambridge, S. 306-334.

Liekweg, A. (2003): Risikomanagement und Rationalität, Wiesbaden.

Lienhard, P. (2003): Information Supply Chain: Handlungs- und ursachenbezogene Informationsversorgung durch Collaboration Workflow-Unterstützung, Zürich.

Likert, R. (1967): The Human Organization, New York u. a.

Lindenberg, S. (1985): An Assessment of the New Political Economy: Its Potential for the Social Sciences and for Sociology in Particular, in: Sociological Theory, Vol. 3, S. 99-114.

Lindenberg, S. (1991): Die Methode der abnehmenden Abstraktion: Theoriegesteuerte Analyse und empirischer Gehalt, in: Esser, H./Troitzsch, K. G. [Hrsg.]: Modellierung sozialer Prozesse. Neuere Ansätze und Überlegungen zur soziologischen Theoriebildung. Ausgewählte Beiträge zu Tagungen der Arbeitsgruppe „Modellierung sozialer Prozesse" der Deutschen Gesellschaft für Soziologie, Bonn, S. 29-78.

Lindenberg, S. (1992): The Method of Decreasing Abstraction, in: Coleman, J. S./Fararo, T. J. [Hrsg.]: Rational Choice Theory: Advocacy and Critique, Newbury Park, S. 3-20.

Lindenberg, S. (2000): It Takes Both Trust and Lack of Mistrust: The Workings of Cooperation and Relational Signaling in Contractual Relationships, in: Journal of Management and Governance, Vol. 4, S. 11-33.

Lingle, J. H./Schiemann, W. A. (1996): From Balanced Scorecard to Strategic Gauges: Is Measurement Worth it?, in: Management Review, Vol. 85, S. 56-61.

Lingnau, V. (2004): Controlling – Ein kognitionsorientierter Ansatz, Beiträge zur Controlling-Forschung, Nr. 4, Kaiserslautern.

Link, J. (1982): Die methodologischen, informationswirtschaftlichen und führungspolitischen Aspekte des Controlling, in: Zeitschrift für Betriebswirtschaft, 52. Jg., S. 261-280.

Littkemann, J. (1997): Kontingenzansatz des Behavioral Accounting, in: Die Betriebswirtschaft, 57. Jg., S. 861-864.

Livingstone, L. J. (1973): Managerial Accounting and Organizational Coordination, in: Stone, W. [Hrsg.]: The Accountant in Changing Business Environment, S. 28-56.

Lixenfeld, C. (2006a): Wenn Controller im Cockpit sitzen, in: Handelsblatt, 10./11./12. Februar 2006, S. 3.

Lixenfeld, C. (2006b): Von Zahlenbergen erdrückt, in: Handelsblatt, 10./11./12. Februar 2006, S. 2.

Locke, E. A. (1966): The Relationship of Intentions to Level of Performance, in: Journal of Applied Psychology, Vol. 50, S. 60-66.

Locke, E. A. (1968): Toward a Theory of Task Motivation and Incentives, in: Organizational Behavior and Human Performance, Vol. 3, S. 157-189.

Locke, E. A./Latham, G. P. (1984): Goal Setting: A Motivational Technique that Works, Englewood Cliffs.

Locke, E. A./Latham, G. P. (1990): A Theory of Goal Setting and Task Performance, Englewood Cliffs.

Lord, C. G./Lepper, M. R./Preston, E. (1984): Considering the Opposite: A Corrective Strategy for Social Judgment, in: Journal of Personality & Social Psychology, Vol. 46, S. 1231-1243.

Lovallo, D./Kahneman, D. (2003): Delusion of Success. How Optimism Undermines Executives' Decisions, in: Harvard Business Review, Vol. 81, Heft 7, S. 56-63.

Lowe, E. A./Shaw, R. W. (1968): An Analysis of Managerial Biasing: Evidence from a Company's Budgeting Process, in: Journal of Management Studies, S. 304-315.

Lubit, R. (2001): Tacit Knowledge and Knowledge Management. The Keys to Sustainable Competitive Advantage, in: Organizational Dynamics, Vol. 29, S. 164-178.

Lüder, K. (2001): Investitionsplanung und -kontrolle, in: Gerke, W./Steiner, M. [Hrsg.]: Handwörterbuch des Bank- und Finanzwesens, 3. Auflage, Stuttgart, Sp. 1108-1117.

Luhmann, N. (1989): Vertrauen – Ein Mechanismus der Reduktion sozialer Komplexität, 3. Auflage, Stuttgart.

Lutz, J. (2006): Superman im Controlling, in: Handelsblatt, 10./11./12. Februar 2006, S. 8.

Macharzina, K. (1976): Die Bedeutung verhaltenstheoretischer Aussagen für kosten- und leistungsorientierte Planungs- und Kontrollrechnungen, in: Coenenberg, A. G. [Hrsg.]: Unternehmensrechnung. Betriebliche Planungs- und Kontrollrechnungen auf der Basis von Kosten und Leistungen, München, S. 324-345.

Macharzina, K. (1984): Strategische Fehlentscheidungen in der internationalen Unternehmung als Folge von Informationspathologien, in: Macharzina, K. [Hrsg.]: Diskontinuitätenmanagement, S. 77-140.

Macharzina, K. (2003): Unternehmensführung. Das internationale Managementwissen, 4. Auflage, Wiesbaden.

Macharzina, K./Wolf, J. (2005): Unternehmensführung. Das internationale Managementwissen, 5. Auflage, Wiesbaden.

Macintosh, N. B. (1981): A Contextual Model of Information Systems, in: Accounting, Organizations and Society, Vol. 6, S. 39-53.

Macintosh, N. B. (1994): Management Accounting and Control Systems. An Organizational and Behavioral Approach, New York.

Mann, R. (1973): Die Praxis des Controlling, München.

Mansfield, E. et al. (1971): Research and Innovation in the Modern Corporation, New York.

March, J. G. (1987): Ambiguity and Accounting: The Elusive Link Between Information and Decision Making, in: Accounting, Organizations and Society, Vol. 12, S. 153-168.

March, J. G./Simon, H. A. (1993): Organizations, 2. Auflage, Cambridge.

Markus, M. L./Pfeffer, J. (1983): Power and the Design and Implementation of Accounting and Control Systems, in: Accounting, Organizations and Society, Vol. 8, S. 205-218.

Marré, R. (1997): Die Bedeutung der Unternehmenskultur für die Personalentwicklung, Frankfurt a. M. u. a.

Martens, K. (2003): Aufgaben und Probleme des Investitionscontrollings in der Praxis, in: Zeitschrift für Controlling und Management, 47. Jg., S. 143-147.

Maslow, A. H. (1954): Motivation and Personality, New York.

Mason, R. O./Mitroff, I. I. (1973): A Program for Research on Management Information Systems, in: Management Science, Vol. 19, S. 475-485.

Mason, R. O./Swanson, E. B. (1979): Measurement for Management Decision. A Perspective, in: California Management Review, Vol. 21, S. 70-85.

May, R. G./Mueller, G. G./Williams, T. H. (1975): A Brief Introduction to Managerial and Social Uses of Accounting, Englewood Cliffs.

McFadden, D. (1999): Rationality for Economists?, in: Journal of Risk and Uncertainty, Vol. 19, S. 73-105.

McKinnon, S. M./Bruns, W. J. (1992): The Information Mosaic: How Managers Use Information, Hamilton: The Society of Management Accountants of Canada.

McNeil, B. J./Pauker, S. G./Tversky, A. (1988): On the Framing of Medical Decisions, in: Bell, D. E./Raiffa, H. [Hrsg.]: Decision Making: Descriptive, Normative, and Prescriptive Interactions, Cambridge, S. 562-568.

Meadows, D. (1968): Estimate Accuracy and Project Selection Models in Industrial Research, in: Industrial Management Review, Vol. 9, S. 105-119.

Meckling, W. H. (1976): Values and the Choice of the Model of the Individual in the Social Science, in: Schweizerische Zeitschrift für Volkswirtschaft und Statistik, 112. Jg., S. 545-559.

Meffert, H. (1997): Marketing. Grundlagen marktorientierter Unternehmensführung, 9. Auflage, Wiesbaden.

Mellerowicz, K. (1976): Unternehmenspolitik, Band 1, 3. Auflage, Berlin.

Menon, A./Varadarajan, P. R. (1992): A Model of Marketing Knowledge Use Within Firms, in: Journal of Marketing, Vol. 56, S. 53-71.

Mertens, P./Griese, J. (1988): Industrielle Datenverarbeitung. Band II: Informations- und Planungssysteme, 5. Auflage, Wiesbaden.

Mertens, P./Hansen, K./Rackelmann, G. (1977): Selektionsentscheidungen im Rechnungswesen. Überlegungen zu computergestützten Kosteninformationssystemen, in: Die Betriebswirtschaft, 37. Jg., S. 77-88.

Messick, D. M./Bazerman, M. H. (1996): Ethical Leadership and the Psychology of Decision Making, in: Sloan Management Review, Vol. 38, Spring, S. 9-22.

Meyer, J.-A. (1996): Visualisierung im Management, Wiesbaden.

Meyer, J. W. (1983): On the Celebration of Rationality: Some Comments on Boland and Pondy, in: Accounting, Organizations and Society, Vol. 8, S. 235-240.

Meyer, M. (2004): Prinzipale, Agenten und ökonomische Methode. Von einseitiger Steuerung zu wechselseitiger Abstimmung, Tübingen.

Meyer, M. (2005): Akteursmodell und ökonomischer Ansatz. Eine Verhältnisbestimmung, WHU-Forschungspapier Nr. 106, Vallendar.

Meyer, M./Heine, B.-O. (2005): Motivation und Einordnung des „Akteursmodells". Überlegungen zur Integration von Anreizen und Kognition in der betriebswirtschaftlichen Forschung, WHU-Forschungspapier Nr. 105, Vallendar.

Mia, L./Chenhall, R. H. (1994): The Usefulness of Management Accounting Systems, Functional Differentiation and Managerial Effectiveness, in: Accounting, Organizations and Society, Vol. 19, S. 53-71.

Milburn, M. A. (1978): Sources of Bias in the Prediction of Future Events, in: Organizational Behavior and Human Performance, Vol. 21, S. 17-26.

Miller, A. C. (2003): Erwartungsbildung ökonomischer Akteure, Wiesbaden.

Miller, G. A. (1956): The Magical Number Seven, Plus or Minus Two: Some Limits on our Capacity for Processing Information, in: Psychological Review, Vol. 63, S. 81-97.

Miller, J. G. (1960): Information Input Overload and Psychopathology, in: American Journal of Psychiatry, Vol. 116, S. 695-704.

Mintzberg, H. (1972): The Myths of MIS, in: California Management Review, Vol. 15, S. 92-97.

Mintzberg, H. (1976): Planning on the Left Side and Managing on the Right, in: Harvard Business Review, Vol. 54, Heft 4, S. 49-58.

Mintzberg, H. (1983): Power in and around organizations, Englewood Cliffs.

Mock, T. J./Estrin, T. L./Vasarhelyi, M. A. (1972): Learning Patterns, Decision Approach, and Value of Information, in: Journal of Accounting Research, Vol. 10, S. 129-153.

Morgan, G. (1988): Accounting as Reality Construction: Towards a New Epistemology for Accounting Practice, in: Accounting, Organizations and Society, Vol. 13, S. 477-485.

Mosiek, T. (2002): Interne Kundenorientierung des Controlling, Frankfurt a. M.

Mueller, E. B. (1998): Verhaltensbarrieren bei der Umsetzung moderner Controllingansätze, Zürich.

Müller, A. (2003): Controlling als Funktion zur Sicherstellung der Führungsrationalität?, in: Controller Magazin, 28. Jg., S. 481-485.

Müller, W. (1974): Die Koordination von Informationsbedarf und Informationsbeschaffung als zentrale Aufgabe des Controlling, in: Zeitschrift für betriebswirtschaftliche Forschung, 26. Jg., S. 683-693.

Murphy, C. et al. (1995): Deciding the Future: Management Accountants as Decision Support Personnel, London.

Myrdal, G. (1933): Das Zweck-Mittel-Denken in der Nationalökonomie, in: Zeitschrift für Nationalökonomie, 4. Jg., S. 305-329.

Nelson, P. (1970): Information and Consumer Behavior, in: Journal of Political Economy, Vol. 78, S. 311-329.

Nerdinger, F. W. (2003): Motivation von Mitarbeitern, Göttingen u. a.

Nerdinger, F. W./Horsmann, C. (2004): Psychologie und Controlling, in: Scherm, E./Pietsch, G. [Hrsg.]: Controlling. Theorien und Konzeptionen, München, S. 709-727.

Newell, A./Simon, H. A. (1972): Human Problem Solving, Englewood Cliffs.

Niedermayr, R. (1994): Entwicklungsstand des Controlling. System, Kontext und Effizienz, Wiesbaden.

Niedermayr, R. (1997): Zukunft des Controlling – Controlling der Zukunft, in: Controller Verein e.V. [Hrsg.]: Entwicklungstendenzen und Änderungsbedarf im Controlling, Gauting, S. 58-70.

Nitzsch, R. v. (2002): Entscheidungslehre. Wie Menschen entscheiden und wie sie entscheiden sollten, Stuttgart.

Nüchter, N. P. (1999): Controlling, Konflikte, Konfliktbewältigung, Regensburg u. a.

Nystrom, P. C. (1981): Designing Jobs and Assigning Employees, in: Nystrom, P. C./Starbuck, W. H. [Hrsg.]: Handbook of Organizational Design, Vol. 2, S. 272-301.

o. V. (2002): Foundations of Behavioral and Experimental Economics: Daniel Kahneman and Vernon Smith, (http://nobelprize.org/economics/laureates/2002/adv.html, Download: 10.3.2005).

Onsi, M. (1973): Factor Analysis of Behavioral Variables Affecting Budgetary Slack, in: The Accounting Review, Vol. 48, S. 535-548.

Opaschowski, H. W. (1991): Von der Geldkultur zur Zeitkultur, in: Schanz, G. [Hrsg.]: Handbuch Anreizsysteme, Stuttgart, S. 35-51.

O'Reilly, C. A. (1978): The Intentional Distortion of Information in Organizational Communication: A Laboratory and Field Approach, in: Human Relations, Vol. 31, S. 173-193.

O'Reilly, C. A./Roberts, K. H. (1974): Information Filtration in Organizations: Three Experiments, in: Organizational Behavior and Human Decision Processes, Vol. 11, S. 253-265.

Ossadnik, W. (2000): Betriebsbedingungen für die Prozesskostenrechnung, in: Seicht, G. [Hrsg.]: Jahrbuch für Controlling und Rechnungswesen, Wien, S. 361-376.

Otley, D. T. (1980): The Contingency Theory of Management Accounting: Achievement and Prognosis, in: Accounting, Organizations and Society, Vol. 5, S. 413-428.

Ouchi, W. (1980): Markets, Bureaucracies and Clans, in: Administrative Science Quarterly, Vol. 25, S. 129-141.

Paredes, T. A. (2005): Too Much Pay, Too Much Deference: Behavioral Corporate Finance, CEOs, and Corporate Governance, in: Florida State University Law Review, Vol. 32, S. 673-762.

Peemöller, V. H. (1996): Interne Revision und Controlling, in: Schulte, C. [Hrsg.]: Lexikon des Controlling, München, S. 372-377.

Peemöller, V. H. (1997): Controlling. Grundlagen und Einsatzgebiete, 3. Auflage, Berlin.

Peffekoven, F. P. (2004): Erkenntnistheoretische Grundlagen einer reflexionsorientierten Controllingforschung, in: Scherm, E./Pietsch, G. [Hrsg.]: Controlling. Theorien und Konzeptionen, München, S. 557-579.

Peirce, J. L. (1954): The Planning and Control Concept, in: The Controller, S. 403-406.

Peters, T./Waterman, R. (1982): In Search of Excellence, New York.

Pettigrew, A. (1972): Information Control as a Power Resource, in: Sociology, Vol. 6, S. 187 204.

Pettigrew, A. (1973): The Politics of Organization Decision-Making, London.

Pfeffer, J. (1999): Power-Management: Wie Macht in Unternehmen erfolgreich eingesetzt wird, Wien.

Pfeffer, J./Salancik, G. R. (1978): The External Control of Organizations. A Resource Dependence Perspective, New York u. a.

Pfohl, H.-C. (1981): Planung und Kontrolle, Stuttgart.

Pfohl, H.-C./Braun, G. E. (1981): Entscheidungstheorie. Normative und deskriptive Grundlagen des Entscheidens, Landsberg am Lech.

Pfohl, H.-C./Stölzle, W. (1997): Planung und Kontrolle, 2. Auflage, München.

Pfohl, H.-C./Zettelmeyer, B. (1987a): Strategisches Controlling?, in: Zeitschrift für Betriebswirtschaft, 57. Jg., S. 145-175.

Pfohl, H.-C./Zettelmeyer, B. (1987b): Der Controller: Geringer oder anders qualifiziert als der Linienmanager? – Erwiderung zu den Anmerkungen von Dr. Manfred Gaulhofer, in: Zeitschrift für Betriebswirtschaft, 57. Jg., S. 1128-1135.

Picot, A./Dietl, H./Franck, E. (2005): Organisation. Eine ökonomische Perspektive, 4. Auflage, Stuttgart.

Picot, A./Franck, E. (1988): Die Planung der Unternehmensressource Information, I und II, in: Das Wirtschaftsstudium, 17. Jg., S. 544-550 und 608-614.

Pieroth, G. (2002): Zum Umgang mit der Irrationalität – Ein Erfahrungsbericht, in: Kostenrechnungspraxis, 46. Jg., S. 341-345.

Pietsch, G. (2003): Reflexionsorientiertes Controlling – Konzeption und Gestaltung, Wiesbaden.

Pietsch, G./Scherm, E. (2000): Die Präzisierung des Controlling als Führungs- und Führungsunterstützungsfunktion, in: Die Unternehmung, 54. Jg., 395-411.

Pietsch, G./Scherm, E. (2001): Die Reflexionsaufgabe im Zentrum des Controlling, in: Kostenrechnungspraxis, 45. Jg., S. 307-313.

Pietsch, G./Scherm, E. (2003): Legitimation und Controller, Diskussionsbeiträge des Fachbereichs Wirtschaftswissenschaft der Fern-Universität in Hagen, Diskussionsbeitrag Nr. 349, Hagen.

Pietsch, G./Scherm, E. (2004): Reflexionsorientiertes Controlling, in: Scherm, E./Pietsch, G. [Hrsg.]: Controlling. Theorien und Konzeptionen, München, S. 529-553.

Plumlee, M. A. (2003): The Effect of Information Complexity on Analysts' Use of that Information, in: The Accounting Review, Vol. 78, S. 275-296.

Pohle, K. (1990): Kritische Analyse des Management-Informationssystems aus der Sicht des Vorstands, in: Küpper, H.-U. et al. [Hrsg.]: Unternehmensführung und Controlling, Wiesbaden, S. 1-18.

Polanyi, M. (1966): Implizites Wissen, Frankfurt a. M.

Ponemon, L. W. (1995) [Hrsg.]: Research on Accounting Ethics, Vol. 1, Greenwich u. a.

Ponemon, L. W./Gabhart, D. R. L. (1990): Auditor Independence Judgments: A Cognitive Developmental Model and Experimental Evidence, in: Contemporary Accounting Research, Vol. 7, S. 227-251.

Ponemon, L. W./Gabhart, D. R. L. (1993): Ethical Reasoning in Accounting and Auditing, Vancouver.

Popper, K. R. (1967/2000): Das Rationalitätsprinzip, in: Popper, K. R./Miller, D. [Hrsg.]: Lesebuch: Ausgewählte Texte zu Erkenntnistheorie, Philosophie der Naturwissenschaften, Metaphysik, Sozialphilosophie, 2. Auflage, Tübingen, S. 350-359.

Posselt, S. G. (1986): Budgetkontrolle als Instrument zur Unternehmungssteuerung, Darmstadt.

Power, M. (1997): The Audit Society. Rituals of Verification, Oxford.

Prakash, P./Rappaport, A. (1977): Information Inductance and its Significance for Accounting, in: Accounting, Organizations and Society, Vol. 2, S. 29-38.

Preißler, P. R. (2000): Controlling, 12. Auflage, München.

Preuß, R. K. (1991): Gestaltung des internen Rechnungswesens zur Beeinflussung von Entscheidungsvollzug und Entscheidungsfindung aus verhaltensorientierter Sicht, Köln.

Pritsch, G. (2000): Realoptionen als Controlling-Instrument. Das Beispiel pharmazeutische Forschung und Entwicklung, Wiesbaden.

Pritsch, G./Weber, J. (2001): Realoptionen als Controlling-Instrument, in: Weber, J./Schäffer, U. [Hrsg.]: Rationalitätssicherung der Führung. Beiträge zu einer Theorie des Controlling, Wiesbaden, S. 171-195.

Pritsch, G./Weber, J. (2004): Die Bedeutung des Realoptionsansatzes aus Controllingsicht, in: Zeitschrift für Controlling und Management, 48. Jg., Sonderheft 1, S. 72-85.

Rajgopal, S./Shevlin, T. (2002): Empirical Evidence on the Relation between Stock Option Compensation and Risk Taking, in: Journal of Accounting and Economics, Vol. 33, S. 145-171.

Rappaport, A. (1999): Shareholder Value – Ein Handbuch für Manager und Investoren, 2. Auflage, Stuttgart.

Rasche, C. (1994): Wettbewerbsvorteile durch Kernkompetenzen, Wiesbaden.

Read, W. (1959): Factors Affecting Upward Communication at Middle Management Levels in Industrial Organizations, Michigan.

Read, W. (1962): Upward Communication in Industrial Hierarchies, in: Human Relations, S. 3-15.

Reber, G. (1972): „Entscheidungsprozesse" – Kritische Bemerkungen zu der Buchbesprechung von W. Kirschs „Entscheidungsprozesse" durch H. Blohm, in: Zeitschrift für Betriebswirtschaft, 42. Jg., S. 147-150.

Reber, G. (1978): Individuum, Individuum über alles... – Gibt es in der verhaltensorientierten Betriebswirtschaftslehre eine Objekt-Krise ähnlich wie in der Sozialpsychologie?, in: Die Betriebswirtschaft, 38. Jg., S. 83-102.

Rehfeld, J. (1991): Japan I: Methoden, die sie nicht kennen – ein Topmanager berichtet., in: Harvard Business Manager, o. Jg., Heft 3, S. 81-92.

Reichmann, T. (2001): Controlling mit Kennzahlen und Managementberichten, 6. Auflage, München.

Reichmann, T. (2004): Kennzahlengestützte Controlling-Konzeption, in: Scherm, E./ Pietsch, G. [Hrsg.]: Controlling. Theorien und Konzeptionen, München, S. 83-101.

Reichmann, T./Kleinschnittger, U. (1987): Die Controllingfunktion in der Unternehmenspraxis, in: Zeitschrift für Betriebswirtschaft, 57. Jg., S. 1090-1120.

Reinecke, S. (2000): Konzeptionelle Anforderungen an Marketing-Kennzahlensysteme, Arbeitspapier des Forschungsinstituts für Absatz und Handel an der Universität St. Gallen, St. Gallen.

Reiß, M./Höge, R. (1995): Controlling-Unterstützung für Center-Organisationen und Marktkoordination, in: Der Betrieb, 48. Jg., S. 1721-1725.

Remer, A. (1992): Organisatorische Aspekte der Macht, in: Frese, E. [Hrsg.]: Handwörterbuch der Organisation, 3. Auflage, Stuttgart, Sp. 1271-1286.

Remer, A. (2000): Organisationslehre, Bayreuth.

Remmel, M. (1997): Entwicklungstendenzen im Controlling: Leitbild, Anforderungsprofil und strukturelle Einordnung des Controllers, in: Controller Verein [Hrsg.]: Entwicklungstendenzen und Änderungsbedarf im Controlling, Gauting, S. 12-17.

Rescher, N. (1988): Rationality. A Philosophical Inquiry into the Nature and the Rationale of Reason, Oxford.

Revsine, L. (1970): Data Expansion and Conceptual Structure, in: The Accounting Review, Vol. 45, S. 704-711.

Riahi-Belkaoui, A. (2002): Behavioral Management Accounting, Westport u. a.

Richter, M. (1999): Personalführung – Grundlagen und betriebliche Praxis, 4. Auflage, Stuttgart.

Richter, R./Furubotn, E. G. (1999): Neue Institutionenökonomik: Eine Einführung und kritische Würdigung, 2. Auflage, Tübingen.

Ridgway, V. F. (1983): Dysfunctional Consequences of Performance Measurements, in: Bell, J. [Hrsg.]: Accounting Control Systems: A Behavioral and Technical Integration, New York, S. 321-326.

Rippberger, T. (1998): Ökonomik des Vertrauens, Tübingen.

Roese, N. J. (2004): Twisted Pair: Counterfactual Thinking and the Hindsight Bias, in: Koehler, D. J./Harvey, N. [Hrsg.]: Blackwell Handbook of Judgment and Decision Making, Malden u. a., S. 258-273.

Rogers, D. A. (2002): Does Executive Portfolio Structure Affect Risk Management? CEO Risk-Taking Incentives and Corporate Derivatives Usage, in: Journal of Banking & Finance, Vol. 26, S. 271-295.

Römer, G. (1987): Verhalten und Controlling, in: Controller Magazin, 12. Jg., S. 191-200.

Römer, G. (2003): Gerät der Controller bei Verlust in eine Wahrnehmungsfalle?, in: Controller Magazin, 28. Jg., S. 149.

Rosenstiel, L. v. (1999): Motivationale Grundlagen von Anreizsystemen, in: Bühler, W./Siegert, T. [Hrsg.]: Unternehmenssteuerung und Anreizsysteme: Kongress-Dokumentation, 52. Deutscher Betriebswirtschafter-Tag 1998, Stuttgart, S. 47-77.

Rosenstiel, L. v. (2000): Grundlagen der Organisationspsychologie: Basiswissen und Anwendungshinweise, 4. Auflage, Stuttgart.

Ross, S. A. (2004): Compensation, Incentives, and the Duality of Risk Aversion and Riskiness, in: Journal of Finance, Vol 59, S. 207-225.

Roth, K. (1976): Informationsbeschaffung von Organisationen – Analyse des Informationsverhaltens von Organisationen am Beispiel von Entscheidungsprozessen auf Investitionsgütermärkten, Mannheim.

Rühli, E. (1989): Entscheidungsorientierter Ansatz und Allgemeine Betriebswirtschaftslehre, in: Kirsch, W./Picot, A. [Hrsg.]: Die Betriebswirtschaftslehre im Spannungsfeld zwischen Generalisierung und Spezialisierung, Wiesbaden, S. 99-117.

Rühli, E. (1991): Unternehmungskultur - Konzepte und Methoden, in: Rühli, E./Keller, A. [Hrsg.]: Kulturmanagement in schweizerischen Industrieunternehmungen, Bern u. a., S. 10-49.

Russo, J. E./Schoemaker, P. J. H. (1989): Decision Traps. Ten Barriers to Brilliant Decision-Making and How to Overcome Them, New York.

Russo, J. E./Schoemaker, P. J. H. (2002): Winning Decisions. How to Make the Right Decision the First Time, London.

Sah, R./Stiglitz, J. (1986): The Architecture of Economic Systems: Hierarchies and Polyarchies, in: American Economic Review, Vol. 76, S. 716-727.

Sahl, N./Schmidt, R. (1991): Funktionen des Controllers und deren Einflussfaktoren, in: Kostenrechnungspraxis, 35. Jg., S. 29-37.

Sandt, J. (2004): Management mit Kennzahlen und Kennzahlensystemen, Wiesbaden.

Sathe, V. (1978a): Who Should Control Division Controllers?, in: Harvard Business Review, Vol. 56, September/October, S. 99-104.

Sathe, V. (1978b): The Relevance of Modern Organisation Theory for Managerial Accounting, in: Accounting, Organizations and Society, Vol. 3, S. 89-92.

Sathe, V. (1982): Controller Involvement in Management, Englewood Cliffs.

Sayles, L. R. (1972): The Many Dimensions of Control, in: Organizational Dynamics, Vol. 1, S. 21-31.

Schaefer, S./Lange, C. (2004): Informationsorientierte Controllingkonzeptionen – Ein Überblick und Ansatzpunkte der Weiterentwicklung, in: Scherm, E./Pietsch, G. [Hrsg.]: Controlling. Theorien und Konzeptionen, München, S. 103-123.

Schäffer, U. (1996a): Controlling für selbstabstimmende Gruppen?, Wiesbaden.

Schäffer, U. (1996b): Kontrolle von Teams bei hohen Wissensbeschränkungen der Instanz, in: Zeitschrift für Planung, 7. Jg., S. 271-286.

Schäffer, U. (2001a): Die Bedeutung der Kontrolle für Controller, in: Kostenrechnungspraxis, 45. Jg., S. 207-211.

Schäffer, U. (2001b): Kontrolle als Lernprozess, Wiesbaden.

Schäffer, U. (2001c): Kontrollieren Controller? – und wenn ja: sollten sie es tun?, in: Die Unternehmung, 55. Jg., S. 401-418.

Schäffer, U. (2002): Strategien zur Vermeidung opportunistischen Verhaltens, in: Betriebswirtschaftliche Forschung und Praxis, 54. Jg., S. 86-99.

Schäffer, U. (2004): Rationalitätssicherung durch Kontrolle, in: Scherm, E./Pietsch, G. [Hrsg.]: Controlling. Theorien und Konzeptionen, München, S. 487-500.

Schäffer, U./Künkele, J. (2006): Budgetkontrolle in deutschen Unternehmen, in: Controlling, 18. Jg., S. 5-12.

Schäffer, U./Steiners, D. (2004): Zur Nutzung von Controllinginformationen, in: Zeitschrift für Planung und Unternehmenssteuerung, 15. Jg., S. 377-404.

Schäffer, U./Steiners, D. (2005): Controllinginformationen für das Top-Management deutscher Industrieunternehmen – Angebot und Nutzung im Spiegel einer empirischen Erhebung, in: Zeitschrift für Controlling und Management, 49. Jg., S. 209-224.

Schäffer, U./Weber, J. (2002): Erfolg durch Kontrolle, Schriftenreihe Advanced Controlling Band 26, Vallendar.

Schäffer, U./Weber, J. (2003): Thesen zum Controlling (II), CCM-Forschungspapier Nr. 8, Oktober 2003, Vallendar.

Schäffer, U./Weber, J. (2004): Thesen zum Controlling, in: Scherm, E./Pietsch, G. [Hrsg.]: Controlling. Theorien und Konzeptionen, München, S. 459-466.

Schanz, G. (1977): Wege zur individualisierten Organisation – Teil 1: Ein theoretisches Modell, in: Zeitschrift Führung und Organisation, 46. Jg., S. 183-192.

Schanz, G. (1978): Verhalten in Wirtschaftsorganisationen. Personalwirtschaftliche und organisationstheoretische Probleme, München.

Schanz, G. (1979): Rationalität und Verhalten, in: Wirtschaftswissenschaftliches Studium, 8. Jg., S. 469-473.

Schanz, G. (1988): Erkennen und Gestalten – Betriebswirtschaftslehre in kritisch-rationaler Absicht, Stuttgart.

Schanz, G. (1993): Personalwirtschaftslehre. Lebendige Arbeit in verhaltenswissenschaftlicher Perspektive, 2. Auflage, München.

Schanz, G. (1993a): Verhaltenswissenschaften und Betriebswirtschaftslehre, in: Wittmann, W. et al. [Hrsg.]: Handwörterbuch der Betriebswirtschaft, Band 3, 5. Auflage, Stuttgart, Sp. 4521-4532.

Schauenberg, B. (1985): Jenseits von Logik und Empirie – Anmerkungen zur Pragmatik betriebswirtschaftlicher Entscheidungstheorie, in: Stöppler, S. [Hrsg.]: Information und Produktion, Stuttgart, S. 277-292.

Schein, E. H. (1977): Career Anchors and Career Paths: A Panel Study of Management School Graduates, in: Maanen, J. v. [Hrsg.]: Organizational Careers: Some New Perspectives, New York, S. 49-64.

Schewe, G./Littkemann, J./Beckemeier, P. O. (1999): Interne Kontrollsysteme – Verhaltenswirkungen und organisatorische Gestaltung, in: Das Wirtschaftsstudium, 28. Jg., S. 1483-1488.

Schiff, M./Lewin, A. Y. (1968): Where Traditional Budgeting Fails, in: Industrial Engineering, Vol. 46, S. 51-62.

Schiff, M./Lewin, A. Y. (1970): The Impact of People on Budgets, in: The Accounting Review, Vol. 45, S. 259-268.

Schildbach, T. (1992): Begriff und Grundproblem des Controlling aus betriebswirtschaftlicher Sicht, in: Spremann, K./Zur, E. [Hrsg.]: Controlling. Grundlagen, Informationssysteme, Anwendungen, Wiesbaden, S. 21-36.

Schimank, C. (1995): Leistungssteigerung des Controlling - Ergebnisse eines neuorientierten Controllingdesigns, in: Horváth, P. [Hrsg.]: Controllingprozesse optimieren, Stuttgart, S. 59-77.

Schmidt, A. (1986): Das Controlling als Instrument zur Koordination der Unternehmensführung - Eine Analyse der Koordinationsfunktion des Controlling unter entscheidungsorientierten Gesichtspunkten, Frankfurt a. M.

Schneider, D. (1981): Geschichte betriebswirtschaftlicher Theorie – Allgemeine Betriebswirtschaftslehre für das Hauptstudium, München.

Schneider, D. (1984): Dilettantismusgefahr und „grenzüberschreitendes wissenschaftliches Arbeiten" – Anmerkungen zu einem Beitrag von Henning Egner, in: Zeitschrift für betriebswirtschaftliche Forschung, 36. Jg., S. 1070-1073.

Schneider, D. (1991): Versagen des Controlling durch eine überholte Kostenrechnung – Zugleich ein Beitrag zur innerbetrieblichen Verrechnung von Dienstleistungen, in: Der Betrieb, 44. Jg., S. 765-772.

Schoeffler, S. (1954): Toward a General Definition of Rational Action, in: Kyklos, Vol. 7, S. 245-273.

Schoemaker, P. J. H. (1995): Scenario Planning. A Tool for Strategic Thinking, in: Sloan Management Review, Vol. 36, Winter, S. 25-40.

Schoemaker, P. J. H. (2004): Forecasting and Scenario Planning: The Challenges of Uncertainty and Complexity, in: Harvey, N./Koehler, D. J. [Hrsg.]: Blackwell Handbook of Judgment and Decision Making, Malden u. a., S. 274-296.

Schoenfeld, H.-W. M. (1993): Behavioral Accounting, in: Wittmann, W. et al. [Hrsg.]: Handwörterbuch der Betriebswirtschaft, Band 1, 5. Auflage, Stuttgart, Sp. 280-291.

Scholl, W. (1992): Informationspathologien, in: Frese, E. [Hrsg.]: Handwörterbuch der Organisation, 3. Auflage, Stuttgart, Sp. 900-912.

Schönbrunn, N. (1988): Rechnungswesen und Verhaltenswissenschaften. Entwicklungsstand und motivationstheoretische Grundlagen des Behavioral Accounting, Marburg.

Schorb, M. (1994): Verhaltensorientiertes F&E-Controlling, München.

Schreyögg, G. (1992): Organisationskultur, in: Frese, E. [Hrsg.]: Handwörterbuch der Organisation, 3. Auflage, Stuttgart, Sp. 1525.1537.

Schreyögg, G./Steinmann, H. (1985): Strategische Kontrolle, in: Zeitschrift für betriebswirtschaftliche Forschung, 37. Jg., S. 391-410.

Schroder, H. M./Driver, M. J./Streufert, S. (1967): Human Information Processing, New York.

Schubert-Kaselowsky, I. v. (1979): Verhaltensprobleme im Rechnungswesen-Informationssystem in drei Unternehmungen des graphischen Gewerbes, Bielefeld.

Schuler, H. (1996): Psychologische Personalauswahl, Göttingen.

Schuler, H. (2001): Arbeits- und Anforderungsanalyse, in: Schuler, H. [Hrsg.]: Lehrbuch der Personalpsychologie, Göttingen u. a., S. 43-61.

Schuler, H./Funke, U. (1995): Diagnose beruflicher Eignung und Leistung, in: Schuler, H. [Hrsg.]: Lehrbuch Organisationspsychologie, 2. Auflage, Bern u. a., S. 235-283.

Schuler, H./Höft, S. (2001): Konstruktorientierte Verfahren der Personalauswahl, in: Schuler, H. [Hrsg.]: Lehrbuch der Personalpsychologie, Göttingen u. a., S. 93-133.

Schweitzer, M. (2005): Planung und Kontrolle, in: Bea, F. X./Friedl, B./Schweitzer, M. [Hrsg.]: Allgemeine Betriebswirtschaftslehre. Band 2: Führung, 9. Auflage, Stuttgart, S. 16-139.

Schweitzer, M./Friedl, B. (1992): Beitrag zu einer umfassenden Controlling-Konzeption, in: Spremann, K./Zur, E. [Hrsg.]: Controlling. Grundlagen, Informationssysteme, Anwendungen, Wiesbaden, S. 141-167.

Schwenk, C. R./Cosier, R. A. (1980): Effects of the Expert, Devil's Advocate, and Dialectical Inquiry Methods on Prediction Performance, in: Organizational Behavior & Human Decision Processes, Vol. 26, S. 409-424.

Senge, P. M. (1990): The Fifth Discipline. The Art and Practice of the Learning Organization, New York u. a.

Senge, P. M. et al. (1994): The Fifth Discipline Fieldbook: Strategies and Tools for Building a Learning Organization, New York.

Serfling, K. (1992): Controlling, 2. Auflage, Stuttgart u. a.

Shefrin, H. (2007): Behavioral Corporate Finance. Decisions that Create Value, Boston u. a.

Siefke, M. (1999): Externes Rechnungswesen als Datenbasis der Unternehmenssteuerung – Vergleich mit der Kostenrechnung und Shareholder-Value-Ansätzen, Wiesbaden.

Siegwart, H. (1986): Controlling-Konzepte und Controller-Funktionen in der Schweiz, in: Mayer, E. [Hrsg.]: Controlling-Konzepte im internationalen Vergleich. 15 Jahre AWW Köln/1. Kölner Kolloquium, Freiburg i. Br., S. 105-131.

Siegwart, H. (1998): Kennzahlen für die Unternehmensführung, 5. Auflage, Bern.

Siegwart, H./Menzl, I. (1978): Kontrolle als Führungsaufgaben. Führen durch Kontrolle von Verhalten und Prozessen, Bern u. a.

Simon, H. A. (1955): A Behavioral Model of Rational Choice, in: Quarterly Journal of Economics, Vol. 69, S. 99-118.

Simon, H. A. (1957): Administrative Behavior: A Study of Decision-Making Processes in Administrative Organizations, 2. Auflage, New York u. a.

Simon, H. A. (1959): Theories of Decision-Making in Economics and Behavioral Science, in: American Economic Review, Vol. 49, S. 253-283.

Simon, H. A. et al. (1954): Centralization versus Decentralization in Organizing the Controller's Department. A Research Study and Report Prepared for Controllership Foundation, New York.

Simons, R. (1995a): Levers of Control. How Managers Use Innovative Control Systems to Drive Strategic Renewal, Cambridge

Simons, R. (1995b): Kontrolle bei selbständig handelnden Mitarbeitern, in: Harvard Business Manager, o. Jg., Heft 3, S. 98-105.

Simonson, I. (1990): The Effect of Purchase Quantity and Timing on Variety-Seeking Behavior, in: Journal of Marketing Research, Vol. 37, S. 150-162.

Sjurts, I. (1995): Kontrolle, Controlling und Unternehmensführung, Wiesbaden.

Sjurts, I. (1998): Kontrolle ist gut, ist Vertrauen besser?, in: Die Betriebswirtschaft, 58. Jg., S. 283-298.

Slovic, P./Fischhoff, B./Lichtenstein, S. (1979): Rating the Risks, in: Environment, Vol. 21, S. 14-39.

Smith, C. W./Stulz, R. (1985): The Determinants of Firms' Hedging Policies, in: Journal of Financial & Quantitative Analysis, Vol. 20, S. 391-405.

Solaro, D. (1997): Controlling und Controllingphilosophie, in: Gleich, R./Seidenschwarz, W. [Hrsg.]: Die Kunst des Controlling: Prof. Dr. Péter Horváth zum 60. Geburtstag, München, S. 421-440.

Sorg, S. (1982): Informationspathologien und Erkenntnisfortschritt in Organisationen, München.

Spieß, E./Winterstein, H. (1999): Verhalten in Organisationen. Eine Einführung, Stuttgart u. a.

Spillecke, D. (2005): Interne Kundenorientierung des Controllerbereichs, Wiesbaden.

Staehle, W. H. (1969): Kennzahlen und Kennzahlensysteme als Mittel der Organisation von Führung von Unternehmen, Wiesbaden.

Staehle, W. H. (1999): Management: Eine verhaltenswissenschaftliche Perspektive, 8. Auflage, überarbeitet von P. Conrad und J. Sydow, München.

Stamm, M. (1991): 19 Fehler, die passieren beim Arbeiten an schwierigen, vielschichtigen Fragen … in: Controller Magazin, 16. Jg., S. 198-203.

Stata, R. (1989): Organizational Learning – The Key to Management Innovation, in: Sloan Management Review, Vol. 30, Spring, S. 63-74.

Staudt, E. et al. (1985): Kennzahlen und Kennzahlensysteme. Grundlagen zur Entwicklung und Anwendung, Berlin.

Staw, B./Fox, A. (1977): Escalation: The Determinants to a Chosen Course of Action, in: Human Relations, Vol. 30, S. 431-450.

Stedry, A. C. (1960): Budget Control and Cost Behavior, Englewood Cliffs.

Stedry, A. C./Kay, E. (1964): The Effects of Goal Difficulty on Performance: A Field Experiment, Management Science Research Report No. 23, Carnegie Institute of Technology, Pittsburgh.

Steers, R. M. (1975): Task-Goals Attributes, Achievement, and Supervisory Performance, in: Organizational Behavior and Human Performance, Vol. 13, S. 392-403.

Steinle, C./Bruch, H. (1999): Controlling: Kompendium für Controller/innen und deren Ausbildung, 2. Auflage, Stuttgart.

Stoffel, K. (1995): Controllership im internationalen Vergleich, Wiesbaden.

Strack, F./Deutsch, R. (2002): Urteilsheuristiken, in: Frey, D./Irle, M. [Hrsg.]: Theorien der Sozialpsychologie, Band III. Motivations-, Selbst- und Informationsverarbeitungstheorien, 2. Auflage, Bern, S. 352-384.

Strangfeld, O. (2009): Die Kollusionsproblematik bei relativen Anreizschemata – eine agentenbasierte Computersimulation, Veröffentlichung in Vorbereitung.

Suchanek, A. (1994): Ökonomischer Ansatz und theoretische Integration, Tübingen.

Sunder, S. (1997): Theory of Accounting and Control, Cincinnati.

Süßmair, A. (2000): Behavioral Accounting. Verhaltenstheoretische Grundlagen des internen Rechnungswesens, Wiesbaden.

Süßmair, A. (2004): Verhaltenswirkungen des Controllings, in: Scherm, E./Pietsch, G. [Hrsg.]: Controlling. Theorien und Konzeptionen, München, S. 636-663.

Swanson, E. B. (1983): Rationality and Politics in Information System Design and Implementation: A Juxtaposition of Two Views, in: Accounting, Organizations and Society, Vol. 8, S. 219-221.

Swieringa, R. J. et al. (1976): Experiments in the Heuristics of Human Information Processing, in: Journal of Accounting Research, Vol. 14, S. 159-187.

Szyperski, N. (2001): Editorial: Unternehmer versus Controller. Paradoxon versus Syndrom?, in: Die Betriebswirtschaft, 61. Jg., S. 279-282.

Szyperski, N./Müller-Böling, D. (1984): Aufgabenspezialisierung in Planungssystemen, in: Zeitschrift für betriebswirtschaftliche Forschung, 36. Jg., S. 124-147.

Tanski, J. S. (2003): Aktuelle Entwicklungen von Corporate Governance und Interner Revision. Eine Analyse zur Zeit nach Enron und WorldCom, in: Zeitschrift für Interne Revision, o. Jg., S. 90-98.

Teichmann, H. (1984): Informationsbewertung, in: Grochla, E./Wittmann, E. [Hrsg.]: Handwörterbuch der Betriebswirtschaft, Band 2, 4. Auflage, Stuttgart, Sp. 1894-1900.

Tenbruck, F. H. (1972): Zur Kritik der planenden Vernunft, Augsburg.

Terharn, J. (1996): Innerbetriebliche Informationsbarrieren. Eine empirische Erfassung und Analyse der Ursachen im Controlling von Industrieunternehmen, Frankfurt a. M. u. a.

Thaler, R. H. (1980): Toward a Positive Theory of Consumer Choice, in: Journal of Economic Behavior and Organization, Vol. 1, S. 39-60.

Thieme, H.-R. (1982): Verhaltensbeeinflussung durch Kontrolle: Wirkungen von Kontrollmaßnahmen und Folgerungen für die Kontrollpraxis, Berlin.

Thompson, J. D. (1967): Organizations in Action, New York u. a.

Toan, A. B. (1965): Power, Influence, Persuasion and Management Reports, in: Financial Executive, August, S. 11-17.

Tushman, M. L./Nadler, D. A. (1978): Information Processing as an Integration Concept in Organizational Design, in: Academy of Management Review, Vol. 3, S. 613-624.

Tversky, A./Kahneman, D. (1973): Availability – A Heuristic for Judging Frequency and Probability, in: Cognitive Psychology, Vol. 5, S. 207-232.

Tversky, A./Kahneman, D. (1974): Judgement Under Uncertainty: Heuristics and Biases, in: Science, Vol. 185, S. 1124-1131.

Tversky, A./Kahneman, D. (1981): The Framing of Decisions and the Psychology of Choice, in: Science, Vol. 211, S. 453-458.

Tversky, A./Kahneman, D. (1986): Rational Choice and the Framing of Decisions, in: Journal of Business, Vol. 59, S. 251-278.

Tversky, A./Kahneman, D. (1991): Loss Aversion in Riskless Choice: A Reference Dependent Model, in: Quarterly Journal of Economics, 106, 4, 1039-1061.

Udehn, L. (2002): The Changing Face of Methodological Individualism, in: Annual Review of Sociology, Vol. 28, S. 479-507.

Uhlendorf, M. (1994): Psychologische Aspekte bei der Einführung eines Controlling Systems, in: Controller Magazin, 19. Jg., S. 309-310.

Ulrich, P. (1993): Unternehmenskultur, in: Wittmann, E. et al. [Hrsg.]: Handwörterbuch der Betriebswirtschaft, Band 3, 5. Auflage, Stuttgart, Sp. 4351-4366.

Valcárel, S. (2004): Rationalität, in: Schreyögg, G./Werder, A. v. [Hrsg.]: Handwörterbuch Unternehmensführung und Organisation, 4. Auflage, Stuttgart, Sp. 1236-1244.

Varian, H. R. (1991): Gründzüge der Mikroökonomik, 2. Auflage, München.

Volmary, T. (2006): Firmenportrait: Adler Modemärkte GmbH, Interview zum Financial Reporting und Controlling mit Tono Volmary, CFO der Adler Gruppe, in: Zeitschrift für Controlling und Management, 50. Jg., S. 74-79.

Wacker, W. H. (1971): Betriebswirtschaftliche Informationstheorie. Grundlagen des Informationssystems, Opladen.

Wagenhofer, A. (1999): Anreizkompatible Gestaltung des Rechnungswesens, in: Bühler, W./Siegert, T. [Hrsg.]: Unternehmenssteuerung und Anreizsysteme: Kongress-Dokumentation, 52. Deutscher Betriebswirtschafter-Tag 1998, Stuttgart, S. 183-205.

Wagner, D. (1991): Anreizpotentiale und Gestaltungsmöglichkeiten von Cafeteria-Modellen, in: Schanz, G. [Hrsg.]: Handbuch Anreizsysteme, Stuttgart, S. 91-109.

Walgenbach, P. (2000): Das Konzept der Vertrauensorganisation, in: Die Betriebswirtschaft, 60. Jg., S. 707-720.

Wall, F. (1996): Organisation und betriebliche Informationssysteme. Elemente einer Konstruktionstheorie, Wiesbaden.

Wall, F. (1999): Planungs- und Kontrollsysteme. Informationstechnische Perspektiven für das Controlling, Wiesbaden.

Wall, F. (2000): Koordinationsfunktion des Controlling und Organisation – Überlegungen zur Eigenständigkeit eines koordinationsorientierten Controlling, in: Kostenrechnungspraxis, 44. Jg., S. 295-304.

Wall, F. (2001): Ursache-Wirkungsbeziehungen als ein zentraler Bestandteil der Balanced Scorecard, in: Controlling, 13. Jg., S. 65-74.

Waller, M. J./Huber, G. P./Glick, W. H. (1995): Functional Background as a Determinant of Executives' Selective Perception, in: Academy of Management Journal, Vol. 38, S. 943-965.

Walsh, J. P. (1988): Selectivity and Selective Perception: An Investigation of Managers' Belief Structure and Information Processing, in: Academy of Management Journal, Vol. 31, S. 873-897.

Walter-Busch, E. (1984): Methodische Aspekte, in: Ulrich, H. et al. [Hrsg.]: Grundlegung einer allgemeinen Theorie der Gestaltung, Lenkung und Entwicklung zweckorientierter sozialer Systeme, St. Gallen, S. 226-252.

Walter-Busch, E. (1991): Entwicklung von Leitmotiven verhaltensorientierten Managementwissens, in: Staehle, W. H./Sydow, J. [Hrsg.]: Managementforschung 1, Wiesbaden, S. 347-399.

Waniczek, M. (2001): Entwicklungstendenzen im Controlling – Controlling-Audits – Ergebnisse 1991-2001, in: Kostenrechnungspraxis, 45. Jg., S. 336-340.

Waterhouse, J. H./Tiessen, P. (1978): A Contingency Framework for Management Accounting Systems Research, in: Accounting, Organizations and Society, Vol. 3, S. 65-76.

Weber, J. (1994): Kostenrechnung zwischen Verhaltens- und Entscheidungsorientierung, in: Kostenrechnungspraxis, 38. Jg., S. 99-104.

Weber, J. (1996): Selektives Rechnungswesen, in: Zeitschrift für Betriebswirtschaft, 66. Jg., S. 925-946.

Weber, J. (1997): Marktorientiertes Controlling, Schriftenreihe Advanced Controlling Band 4, Vallendar.

Weber, J. (1998): Einführung in das Controlling, 7. Auflage, Stuttgart.

Weber, J. (1999): Controlling – Entwicklungstendenzen und Zukunftsperspektiven, in: Die Unternehmung, 53. Jahrgang, Heft 6, 465-480.

Weber, J. (2002a): Einführung in das Controlling, 9. Auflage, Stuttgart.

Weber, J. (2002b): Was machen Controller wann warum?, Schriftenreihe Advanced Controlling Band 30, Vallendar.

Weber, J. (2003a): Controlling in unterschiedlichen Führungskontexten – ein Überblick, in: Zeitschrift für Controlling und Management, 47. Jg., 183-192.

Weber, J. (2003b): Zur Kontextabhängigkeit der Kostenrechnung. Konzeptionelle Überlegungen, empirische Erkenntnisse, CCM-Forschungspapier Nr. 7, Vallendar.

Weber, J. (2004a): Einführung in das Controlling, 10. Auflage, Stuttgart.

Weber, J. (2004b): Möglichkeiten und Grenzen der Operationalisierung des Konstrukts „Rationalitätssicherung“, in: Scherm, E./Pietsch, G. [Hrsg.]: Controlling. Theorien und Konzeptionen, München, S. 467-486.

Weber, J./Blum, H. (2001): Logistik-Controlling. Konzept und empirischer Stand, Schriftenreihe Advanced Controlling Band 25, Vallendar.

Weber, J. et al. (1995): Grundgedanken zur Entwicklung einer Theorie der Unternehmensführung, WHU-Forschungspapier Nr. 30, Vallendar.

Weber, J. et al. (2003): Verhaltensorientiertes Controlling. Der Mensch im Mittelpunkt, Schriftenreihe Advanced Controlling Band 34, Vallendar.

Weber, J. et al. (2004): Wertorientierte Unternehmenssteuerung. Konzepte, Implementierung, Praxisstatements, Wiesbaden.

Weber, J. et al. (2005): Value Based Management erfolgreich umsetzen, in: Weber, J. [Hrsg.]: Das Advanced-Controlling-Handbuch, Weinheim, S. 175-216.

Weber, J./David, U./Prenzler, C. (2001): Controller Excellence. Strategische Neuausrichtung der Controller, Schriftenreihe Advanced Controlling Band 23/24, Vallendar.

Weber, J./Grothe, M./Schäffer, U. (2001): Mentale Modelle, in: Weber, J./Schäffer, U. [Hrsg.]: Rationalitätssicherung der Führung - Beiträge zu einer Theorie des Controlling, Wiesbaden, S. 105-111.

Weber, J./Kosmider, A. (1991): Controlling-Entwicklung in der Bundesrepublik Deutschland im Spiegel von Stellenanzeigen, in: Zeitschrift für Betriebswirtschaft, Ergänzungsheft 3, S. 17-35.

Weber, J./Linder, S. (2003): Budgeting, Better Budgeting oder Beyond Budgeting? Konzeptionelle Eignung und Implementierbarkeit, Schriftenreihe Advanced Controlling Band 33, Vallendar.

Weber, J./Paefgen, A./Spillecke, D. (2004): Marketingstrategien für Controller, Schriftenreihe Advanced Controlling Band 42, Vallendar.

Weber, J./Radtke, B./Schäffer, U. (2001): Erfahrungen mit der Balanced Scorecard, Schriftenreihe Advanced Controlling Band 19, Vallendar.

Weber, J./Riesenhuber, M. (2002): Controlling & Psychologie, Schriftenreihe Advanced Controlling Band 29, Vallendar.

Weber, J./Sandt, J. (2001): Erfolg durch Kennzahlen. Neue empirische Erkenntnisse, Schriftenreihe Advanced Controlling Band 21, Vallendar.

Weber, J./Schäffer, U. (1998): Balanced Scorecard – Gedanken zur Einordnung des Konzepts in das bisherige Controlling-Instrumentarium, in: Zeitschrift für Planung, 9. Jg., S. 341-365.

Weber, J./Schäffer, U. (1999a): Sicherstellung der Rationalität von Führung als Funktion des Controlling?, in: Die Betriebswirtschaft, 59. Jg., S. 731-746.

Weber, J./Schäffer, U. (1999b): Sicherung der Rationalität in der Willensbildung durch die Nutzung des fruchtbaren Spannungsverhältnisses von Reflexion und Intuition, in: Zeitschrift für Planung, 10. Jg., S. 204-224.

Weber, J./Schäffer, U. (1999c): Der rote Faden in der Arbeit des Controllers, in: Controller Magazin, 24. Jg., S. 30-36.

Weber, J./Schäffer, U. (1999d): Balanced Scorecard & Controlling: Implementierung – Nutzen für Manager und Controller – Erfahrungen in deutschen Unternehmen, Wiesbaden.

Weber, J./Schäffer, U. (2000): Controlling als Koordinationsfunktion?, in: Kostenrechnungspraxis, 44. Jg., S. 109-118.

Weber, J./Schäffer, U. (2001): Sicherstellung der Rationalität von Führung als Funktion des Controlling, in: Weber, J./Schäffer, U. [Hrsg.]: Rationalitätssicherung der Führung – Beiträge zu einer Theorie des Controlling, Wiesbaden, S. 25-45.

Weber, J./Schäffer, U. (2006): Einführung in das Controlling, 11. Auflage, Stuttgart.

Weber, J./Schäffer, U./Bauer, M. (2000): Controller und Manager im Team, Schriftenreihe Advanced Controlling Band 14, Vallendar.

Weber, J./Schäffer, U./Langenbach, W. (2001): Gedanken zur Rationalitätskonzeption des Controlling, in: Weber, J./Schäffer, U. [Hrsg.]: Rationalitätssicherung der Führung – Beiträge zu einer Theorie des Controlling, Wiesbaden, S. 46-76.

Weber, J./Schäffer, U./Prenzler, C. (2001): Zur Charakterisierung und Entwicklung von Controlleraufgaben, in: Zeitschrift für Planung, 12. Jg., S. 25-46.

Weber, J./Schaier, S./Strangfeld, O. (2005): Berichte für das Top-Management. Ergebnisse einer Benchmarking-Studie, Schriftenreihe Advanced Controlling Band 43, Weinheim.

Weber, J./Weißenberger, B. E./Aust, R. (1997): Benchmarking von Kostenrechnungsprozessen: Ansatzpunkte für eine wirtschaftlichere Leistungserbringung, in: Kostenrechnungspraxis, 41. Jg., S. 27-33.

Weber, M. (1972): Wirtschaft und Gesellschaft. Grundriss der verstehenden Soziologie, 5. Auflage, Tübingen.

Weber, M. (1988): Gesammelte Aufsätze zur Wissenschaftslehre, 7. Auflage, Tübingen.

Weber, W. (1991): Anreize für Mitarbeiter zur Weiterbildung, in: Schanz, G. [Hrsg.]: Handbuch Anreizsysteme, Stuttgart, S. 331-351.

Weinert, A. (1992): Motivation, in: Gaugler, E./Weber, W. [Hrsg.]: Handwörterbuch des Personalwesens, Stuttgart, Sp. 1429-1442.

Weinrich, G. (1988): Fehler beim Controlling, in: Harvard Business Manager, o. Jg., Heft 3, S. 119-123.

Weißenberger, B. E. (1997): Die Informationsbeziehung zwischen Management und Rechnungswesen, Wiesbaden.

Welge, M. K. (1988): Unternehmensführung. Band 3: Controlling, Stuttgart.

Wessling, E. (1991): Individuum und Information. Die Erfassung von Information und Wissen in ökonomischen Handlungstheorien, Tübingen.

Westhoff, A. (2003): Glaubwürdigkeit des Jahresabschlusses: Brauchen wir eine Kontrolle der Kontrolleure bezogen auf die Abschlussprüfer und wenn ja, welche?, in: Deutsches Steuerrecht, 41. Jg., S. 2068-2092/S. 2132-2136.

Wielpütz, A. U. (1996): Verhaltensorientiertes Controlling, Lohmar u. a.

Wild, J. (1982): Grundlagen der Unternehmensplanung, 4. Auflage, Opladen.

Wilensky, H. L. (1967): Organizational Intelligence. Knowledge and Policy in Government and Industry, New York u. a.

Williamson, O. E. (1964): The Economics of Discretionary Behavior. Managerial Objectives in a Theory of the Firm, Englewood.

Williamson, O. E. (1985): The Economic Institutions of Capitalism, New York.

Wilson, T. D./Centerbar, D. B./Brekke, N. (2002): Mental Contamination and the Debiasing Problem, in: Gilovich, T./Griffin, D./Kahneman, D. [Hrsg.]: Heuristics and Biases: The Psychology of Intuitive Judgment, Cambridge, S. 185-200.

Winter, S. (1996): Prinzipien der Gestaltung von Managementanreizsystemen, Wiesbaden.

Winterhoff-Spurk, P. (2002): Organisationspsychologie: Eine Einführung, Stuttgart.

Wirth, T. (2000): Leserorientierte Gestaltung von Managementberichten – Hinweise aus der angewandten Psychologie, in: Kostenrechnungspraxis, 44. Jg., S. 79-85.

Wiswede, G. (1995): Einführung in die Wirtschaftspsychologie, 2. Auflage, München u. a.

Witt, F.-J. (1988): Mehr Markt für das innerbetriebliche Rechnungswesen, in: Controller Magazin, 13. Jg., S. 160-164.

Witt, F.-J. (1991): Das Konzept des Prozeßmanagement, in: Witt, F.-J. [Hrsg.]: Aktivitätscontrolling und Prozeßkostenmanagement, Stuttgart, S. 3-38.

Witt, F.-J. (1996): Controller-Performance. Kriterien zur Leistungsmessung im Controlling, in: Eschenbach, R. [Hrsg.]: Controllerleistung – messen, steigern, besser vermarkten, Wien, S. 13-30.

Witt, F.-J. (1998): Controllingfehler im Beschaffungswesen, in: Beschaffung aktuell, S. 64-66.

Witt, F.-J. (2004): Controller's Incentivemodelle, in: Controller Magazin, 29. Jg., S. 22-27.

Witt, K./Witt, F.-J. (1991): Controllerperformance, in: Controller Magazin, 16. Jg., S. 44-46.

Witte, E. (1972): Das Informationsverhalten in Entscheidungsprozessen, Tübingen.

Witte, E. (1984): Informationsverhalten, in: Grochla, E./Wittmann, E. [Hrsg.]: Handwörterbuch der Betriebswirtschaft, Band 2, 4. Auflage, Stuttgart, Sp. 1915-1924.

Wittmann, E. (1990): Neue Informations- und Kommunikationstechnik und Macht in der Unternehmung. Eine Analyse der machtpolitischen Veränderungen aus individueller und organisatorischer Perspektive, München.

Wittmann, W. (1959): Unternehmung und unvollkommene Information, Köln u. a.

Wittmann, W. (1980): Information, in: Grochla, E. [Hrsg.]: Handwörterbuch der Organisation, 2. Auflage, Stuttgart,

Wöhe, G./Döring, U. (2002): Einführung in die Allgemeine Betriebswirtschaftslehre, 21. Auflage, München.

Wolf, J. (2003): Organisation, Management, Unternehmensführung. Theorien und Kritik, Wiesbaden.

Woodward, J. (1965): Industrial Organization Theory and Practice, London.

Wottawa, H./Gluminski, I. (1995): Psychologische Theorien für Unternehmen, Göttingen.

Wunderer, R./Grunwald, W. (1980): Führungslehre – Band 1: Grundlagen der Führung, Berlin u.a.

Yakhou, M./Dorweiler, V. P. (1995): Advanced Cost Management Systems: An Empirical Comparison of England, France, and the United States, in: Doupnik, T. S. [Hrsg.]: Advances in International Accounting, Vol. 8, Greenwich, Conn., S. 99-127.

Zelazny, G. (2003): Wie aus Zahlen Bilder werden, Wiesbaden.

Zenz, A. (1998): Controlling – Bestandsaufnahme und konstruktive Kritik theoretischer Ansätze, in: Dyckhoff, H. [Hrsg.]: Produktentstehung, Controlling und Umweltschutz: Grundlagen eines ökologieorientierten F&E-Controlling, Heidelberg, S. 27-60.

Zimbardo, P. G./Gerrig, R. J. (1999): Psychologie, 7. Auflage, Berlin u. a.

Zimmermann, C. (2001): Controlling in international tätigen mittelständischen Unternehmen. Einführung, Gestaltung, Performance, Wiesbaden.

Zintl, R. (1989): Der Homo Oeconomicus: Ausnahmeerscheinung in jeder Situation oder Jedermann in Ausnahmesituationen, in: Analyse & Kritik, 11. Jg., S. 52-69.

Zünd, A. (1974): Rechnungswesen und menschliches Verhalten in der Unternehmung, in: Schweizerische Zeitschrift für kaufmännisches Bildungswesen, S. 133-166.

Zünd, A. (1978a): Begriffsinhalte Controlling – Controller, in: Haberland, G./Preißler, P. R./Meyer, E. [Hrsg.]: Handbuch Revision, Controlling, Consulting, München, S. 1-25.

Zünd, A. (1978b): Vom Buchhalter zum Controller, in: Controller Magazin, 5. Jg., S. 51-54.

Zünd, A. (1985): Der Controller-Bereich (Controllership) – Randbemerkungen zur Institutionalisierung der Controller-Funktion, in: Gilbert, J./Probst, B./Schmitz-Dräger, R. [Hrsg.]: Controlling und Unternehmensführung, Bern, S. 28-40.

Zündorf, L. (1986): Macht, Einfluß, Vertrauen und Verständigung, in: Seltz, R./Mill, U./ Hildebrandt, E. [Hrsg.]: Organisation als soziales System, Berlin, S. 33-56.

FSC
www.fsc.org
MIX
Papier | Fördert
gute Waldnutzung
FSC® C083411

Kolibri 360 GmbH
Ferdinand-Jühlke-Straße 7
99095 Erfurt, Deutschland
produktsicherheit@kolibri360.de